KB046165

스탈린

독재자의 새로운 얼굴

스탈린 독재자의 새로운 얼굴

2017년 8월 10일 초판 1쇄 펴냄

펴낸곳 도서출판 **삼인**

지은이 올레크 V. 흘레브뉴크(Oleg V. Khlevniuk)
펴낸이 신길순
옮김이 유나영
감수자 류한수
부사장 홍승권
주간 김도언
실장 함윤경

등록 1996.9.16 제25100-2012-000046호
주소 03716 서울시 서대문구 연희로 5길 82(연희동 2층)

전화 (02) 322-1845
팩스 (02) 322-1846
전자우편 saminbooks@naver.com

디자인 디자인 지폴리
인쇄 수이북스
제책 은정제책

ISBN 978-89-6436-118-4 03910

값 35,000원

스탈린

독재자의 새로운 얼굴

올레크 V. 흘레브뉴크 지음 | 유나영 옮김 | 류한수 감수

삼인

아내 카탸(1961-2013)를 추모하며

차례

서문 010
감사의 글 022

 # 스탈린 권력의 소재지들 025

1. 혁명 이전 039
신학교 낙제생 046
지하 활동, 투옥, 유형 057
시베리아에서의 4년 070

 # 스탈린 권력의 보루들 077

2. 레닌의 그늘 아래서 091
레닌의 혁명에서의 스탈린 100
당의 군사화 109
총간사 스탈린 127
스승과의 다툼 135
집단 지도 체제의 실험 146
트로츠키와 지노비예프의 축출 155
선택 163

독서와 사색의 세계 173

3. 스탈린의 혁명 187
극좌로의 전환 195
농민과의 전쟁 203
기근 213
'온건론자' 스탈린 222
키로프의 살해 230
대숙청의 리허설 240

권력 최측근 집단 내의 공포 253

4. 테러와 다가오는 전쟁 267
이 모두는 예조프의 잘못이었을까? 279
동맹을 찾아서 286
휘몰아쳐 오는 전쟁 298
최고 권력의 공고화 309
선제공격? 317

 # 1번 환자 327

5. 전쟁에서의 스탈린 343
국방위원회 351
서투른 사령관 359
포위된 모스크바 안에서 368
1942년의 패배들 376
스탈린그라드와 쿠르스크 385
승리와 보복 394
군 독재 체제의 조정 403
승리의 무대들: 크림, 베를린, 포츠담, 만주 413

 # 가족 423

6. 대원수 443
동료 지도자들에 대한 단속 456
체제의 반영으로서의 화폐 개혁 465
소련 영향권의 공고화 473
마오와의 만남 483
제3차 세계대전의 위협 493
완고한 보수주의자 501
독재의 단말마 508

독재가 무너지다 521

장례식: 수령, 체제, 그리고 인민 533

해설 556

주석 574

찾아보기 630

서문

나는 이 인물을, 그리고 수백 수천만의 생명을 뒤엎고 완전히 말살한 그의 행동 저변에 깔린 근원과 논리를 20년 넘게 연구해 왔다. 이는 스트레스가 심하고 감정적으로 진이 빠지는 일이지만, 그것이 나의 소명이다. 더욱이 최근 러시아사의 역설적 전환들과, '대안적' 스탈린에 대한—스탈린의 효율적인 관리 능력을 본받을 가치가 있는 모델로 내세우는—신화가 대중의 정신에 대대적으로 스며들어 끼치고 있는 해악 탓에 내 연구는 학문적 적합성을 뛰어넘는 의미를 띠게 되었다.

스탈린과 그의 시대에 대한 문헌은 지극히 방대하다. 심지어 스탈린주의를 연구하는 학자들도 그중 절반조차 보지 못했음을 거리낌 없이 인정한다. 이 방대한 문헌들 가운데, 세심한 자료에 근거한 진지한 연구들이 일화와 루머와 날조를 무성의하게 끼워 맞추어 기계적으로 날려 쓴 책들과 공존하고 있다. 이 두 진영—역사학 학술서와 저속한(주로 친스탈린 입장의) 잡설—은 서로 만나는 일이 거의 없으며 둘이 화해한다는 생각조차 포기된 지 이미 오래다.

스탈린에 대한 학술적 전기는 소련 시대 전반에 대한 역사 기술과 동일한 단계를 밟아 왔다. 나는 소련 문서고에 접근이 불가능했던 시절에 집필된 몇몇 고전들을 높이 평가한다. 그중 두드러지는 두 저자는 애덤 울람과 로버트 터커이다.[1] 1970년대에 스탈린 시대를 연구했던 역사학자들은 안팎으로 입수 가능한 문서와 회고록이 드물었고 그 수효를 확대할 길도 거의 없었다는 점에서 고대 전공자들과 비슷했다. 이러한 문헌 결핍은 자료에 대한 철저한 연구와 우아하고 사려 깊은 추론을 촉진했다. 이런 상황은 문서고의 수문이 열려 자료가 봇물처럼 터져 나오면서 반전되었고, 그 후 우리가 수면 밖으로 머리를 내밀기까지는 다소 시간이 걸렸다. 새로 공개된 기록물을 참고한 새로운 저작들—스탈린의 학술적 전기는 물론이고 그 인물과 정치 체제의 연구를 포함하여—이 마침내 출현한 것은 역사학자들이 이 홍수에 대응하기 시작했다는 신호였다.[2]

1990년대 초의 문서고 개방에 힘입어, '과거 기밀문서 폭로 저널리즘'이라고 일컬을 수 있는 새로운 장르의 스탈린 전기들이 출현했다. 그 선구자로는 과거 충성 당원으로 페레스트로이카의 주역 중 한 명이었던 드미트리 볼코고노프와 러시아 극작가 에드바르트 라진스키가 있다. 이 장르는 '건조한' 통계나 행정 문서보다 개인적인 이야기를, 철저한 조사와 역사적 맥락화보다 술술 읽히는 줄거리를 더 선호한다. 많은 독자들에게 이런 '폭로 저널리즘'들은 스탈린의 이미지를 형성하는 데 중요한 역할을 했다.

새로 공개된 스탈린 시대의 사실에 대한 대중의 수요를 가장 훌륭하게 충족시킨 서구의 저자 중 한 명은 사이먼 시백 몬티피오리이다. 그가 취한 방법의 두드러진 특징은 회고록과 인터뷰뿐만 아니라 공식 문서까지 포함하여 폭넓은 자료를 인용한다는 점이다. 몬티피오리는 '폭로물' 장르에 다소의 학문적 규범을 불어넣으려 노력하는 한편, 학술 텍스트보다 더 광범위한 독자를 유인할 수 있게끔 잘 읽히는 역사서를 집필함으로써 일종의 타협점을 찾았다.[3]

한편 현재 러시아에서 스탈린의 이미지는 그에 대한 유사 학술적 변명이라 할 수 있는 것에 의해 주로 형성되고 있다. 각자 나름의 동기를 지닌 지극히 다양한 여러 저자들이 스탈린 신화에 기여하는 중이다. 대개의 경우 이 저자들에게는 가장 기초적인 지식의 결여와 대담한 주장을 하려는 의지가 혼재되어 있다. 이런 옹호물들은 주로 날조된 자료를 인용하거나 사실 자료를 뻔뻔스럽게 왜곡하여 전달한다. 이렇게 강한 이념적 공세가 독자들의 정신에 끼치는 영향은, 부패가 만연하고 사회적 불평등이 충격적인 수준에 다다른 현대 러시아의 사회상에 의해 더욱 심화된다. 사람들이 현재를 거부할 때 과거는 더 이상화되기 마련이다.

이제 스탈린 옹호자들은 그의 정권이 저지른 범죄들을 과거에 그랬던 것처럼 부인하려 들지 않는다. 대신에 그들은 역사를 좀 더 교묘하게 다시 쓰는 방식을 취한다. 그들은 비밀경찰 간부나 지역 당 위원회 간사* 같은 정부 하급 관료들이 대규모 탄압을 부추기고 이를 스탈린으로부터 은폐했다고 서술한다. 가장 몰염치한 스탈린주의자들은 다른 전략을 택하여, 스탈린 테러가 정당했으며 스탈린의 명령으로 살해된 수백만의 사람들은 실제로 '인민의 적'이었다고 주장한다.

러시아의 많은 스탈린주의자들은 여러 서구 역사가들이 개발한—테러가 자연 발생적으로 전개되었다든지, 스탈린이 거기에 깊숙이 관

* 흔히 서기, 서기장, 서기국으로 번역되는 용어들을 이 책에서는 간사, 총간사, 간사국으로 옮겼다. 이하 본문의 별표 주석은 옮긴이 주.

여하지 않았다든지, 그가 흔히들 생각하는 것보다 훨씬 더 '평범한' 정치 지도자였다는 등의 ―이론들을 끌어들이는 것이 편리하다는 사실을 깨달았다. 내 의도는 서구의 동료들이 재스탈린화를 조장한다고 비난하려는 것이 전혀 아니다. 현재 러시아의 정치 투쟁에 그들의 책임이 있다면 이는 마르크스가 볼셰비키 혁명에 져야 할 책임과 엇비슷할 것이다. 그럼에도 우리는 우리의 말이 기묘한 방향으로 반향을 일으킬 수 있음을 인식해야 한다.

이 옹호론 중 러시아의 지적·정치적 토양에서 광범위하게 배양되고 있는 한 변종은 '근대화 동력으로서의 스탈린주의'라는 비교적 온건한 개념이다. 이 이데올로기는 스탈린 테러의 수많은 희생자와 '대약진' 전략이 치른 엄청난 대가를 공식적으로 인정하면서도, 스탈린주의가 근대화와 전쟁 준비의 필요성에 대처하기 위한 유기적이고도 불가피한 수단이었다고 본다. 이 가정에서 우리는 러시아인의 사회적 의식에 깊이 뿌리박힌 편견을 탐지할 수 있다. 국가의 이익이 절대적 우선이며, 개개인은 하찮은 존재이고, 역사의 흐름은 고차원적 법칙에 지배된다는 것이다. 이 패러다임에 따르면 스탈린은 객관적이고 역사적인 요구의 표출이었다. 그가 취한 방식은 유감스러웠지만 필수적이었고 효과적이었다. 게다가 역사의 수레바퀴에는 어쩔 수 없이 피가 튀기 마련이다.

러시아사의 '장기 파동'이 볼셰비즘과 스탈린주의를 향한 길을 형성하는 데 일조했음을 부인하는 것은 옳지 않을 것이다. 권위주의적 전통을 지닌 강력한 국가, 미약한 사유 재산과 시민 사회 제도, 그리고 이른바 '수용소 군도'를 건설할 만큼 광활한 범위에 미치는 식민 권력은 스탈린 체제로 가는 길을 닦았다. 그러나 이런 요소들을 '러시아의 운명' 비슷한 것으로 격상시키면 이는 '스탈린주의의 불가피성'이라는 막다른 이론으로 이어진다. 이 이론의 지지자들은 구체적인 사실에 거의 관심이 없고 소련 역사에 스탈린주의적 해석을 재활용하는 편을 선호하며, 이따금 신선한 방식으로 재활용하기도 하지만 그렇지 않을 때가 더 많다. 그들은 변환과 군사적 승리를 위해 치른 대가, 대안적 발전 경로, 독재자의 역할에 대한 질문을 완강히 무시한다. 스탈린도 스스로 문제를 위기와 붕괴 상태로까지 몰고 갔을 때는 자신의 정책을 누그러뜨려야 했으며, 그럼으로써 스탈린주의의 틀 안에도 복수의 산업화 경로가 존재함을 드러냈다는 사실에 눈을 감는다. 그들은 스탈린의 지시로 1937~1938년에만 70만 명을 처형한 것이 근대화라는 목표에 어떻게 기여했는지를 설명하려는 시도조차 하지 않는다. 종합적으로 볼 때, 스탈린주의가 근대화를 이루었다는 이론은 스탈린 체제가 얼마나 효율적이었는지 실제로 확인하거나 1920년대부터 1950년대 초까지 소련의 발전에 스탈린이 기여한 역할을 평가하려는 시도를 진지하게 하지 않는다.

역사를 역사적 필연으로 환원하는 것은 과거를 가장 덜 창의적으로 제시하는 방법이다. 역사가들은 단순한 도식이나 정치적 억측이 아니라 구체적 사실을 취급해야만 한다. 문헌을 다루는 이들이 객관적 사실과 인물의 개성 사이, 혹은 패턴과 우연한 사건 사이의 복잡다단한 교직을 보지 않고 지나칠 수는 없다. 독재 국가에서는 독재자 개인의 성향, 편견, 집착의 역할이 대단히 크게 확대된다. 이처럼 문제가 복잡하게 엉킨 실타래를 푸는 데 전기보다 더 나은 수단이 있을까?

전기는 한쪽 극단으로 치우치면 역사적 맥락의 일부로 축소될 수도 있고 반대쪽 극단으로 치우치면 인간 행동의 자질구레한 소설적 세부로 부풀어 오를 수도 있는 독특한 연구 장르이다. 영혼 없는 맥락과 맥락 없는 영혼, 이 두 가지는 전기 작가가 마주치는 주된 함정이다. 그 사이를 누비는 일은 내게 도전이었다. 결국 나는, 스탈린 시대의 모든 중요한 측면과 에피소드들을 건성으로라도 이 책에서 전부 언급하는 일은 한마디로 불가능함을 깨달았다. 나는 스탈린과 그의 시대와 그의 이름이 붙은 체제를 가장 명확하고 생생하게 드러내는 듯한 사실과 사건들을 추려내고, 이 책에 포함시킬 가치가 가장 높은 현상과 경향들을 골라내야만 했다. 스탈린과 그의 시대를 조명하는 새로운 사료들이—지난 20년간—대단히 많이 출현했음을 고려할 때 이러한 정선은 더더욱 필요했다. 이 사료들을 간략히 짚고 넘어갈 필요가 있다.

첫째로, 예전의 역사학자들이 공식 출판물에 층층이 쌓인 왜곡을 걷어 내야 했던 반면, 소련 붕괴 이후 국가 문서고가 개방된 덕분에 이제는 1차 문헌의 원본을 참조할 수 있게 되었다. 그 좋은 예가 스탈린 자신의 글과 연설이다. 그 대부분은 지도자의 생전에 공개되었지만, 이제 우리는 그 원본을 확인하고 그가 실제로 말한 내용과 편집된 판본을 비교할 수 있게 되었다. 나아가 이제는 이미 공개된 스탈린의 방대한 연설문을 인쇄물에 드러나지 않은 내용으로 보완할 수 있다. 정치국 회의의 회의록과 속기록, 전시 국방위원회의 명령 등 스탈린 자신이 수장이었던 정부 기관에서 나온 서류들은 가장 중요한 문서에 속한다. 이런 건조한 관료적 문서들은 스탈린의 성격과 삶을 이해하는 데 엄청나게 중요하다. 이들은 스탈린 시대의 거대한 부분을 차지했고 그가 권력을 행사하는 수단이었다. 많은 결정에는 그가 깊숙이 개입하여 손댄 흔적이 있다.

물론 스탈린 치하에서 내려진 명령들 그 자체만으로는 전체상의 일부만을 볼 수 있을 뿐이다. 왜 그런 명령이 채택되었는가? 그의 지시 뒷면에 깔린 논리와 동기는 무엇이었나? 스탈린이 간간이 ―주로 휴가로 부재중이어서 모스크바에 있는 동료들의 행동 방침을 지시하기 위해 편지를 써야 할 때―정치국원들과 교환한 서신에는 더욱 흥미로운 사실들이 드러나 있다. 이런 서신 교환은 러시아에 믿을 만한 전화망이 개통되기 이전인 1920년대부터 1930년대 전반까지 가장 활발했다. 이는 기술 진보의 부진이 역사학자에게 천운으로 작용한 훌륭한 예이기도 하다. 전후에 안정된 전화망이 수립되고, 이제 권력의 정점에 확실히 올라선 스탈린은 부하들과 시시콜콜한 서신을 주고받을 필요를 덜 느끼게 되었다. 간략한 지시만으로도 충분했다. 단편적인 성격을 띠고 있기는 해도 스탈린의 편지들은 그 전체로서 중요한 문헌을 이루며 읽을거리로도 매우 흥미롭다. 이는 그가 후대에 남긴 가장 진솔한 증거물이다.[4]

역사학자들은 스탈린 크레믈 집무실의 방문 일지에서 중요한 정보를 대거 수집했다.[5] 이 일지에는 방문자의 이름과 그들이 집무실에 들어가고 나온 시간이 기록되어 있어 스탈린이 어떻게 일상 집무를 수행했는지를 알려 준다. 이를 (회고록이나 정치국 회의록 같은) 다른 자료들과 대조하면 다양한 결정이 내려진 주변 배경의 중요한 단서를 얻을 수 있다. 물론 그의 서신과 마찬가지로 이 일지에도 스탈린의 활동 중 일부분만이 반영되어 있다. 크레믈 집무실 외에도, 그는 가끔 스타라야 광장에 있는 당중앙위원회 본부의 개인 집무실에서 일하기도 했고 크레믈에 있는 그의 관저나 모스크바 외곽 및 남부에 산재한 그의 수많은 '다차(별장)'에서 방문객을 맞기도 했다. 우리는 소련 지도자들의 경호를 맡은 기관에서 스탈린의 크레믈 관저에 대한 방문 일지를 기록했음을 알고 있지만, 이 기록에는 연구자들의 접근이 불허되어 있다.[6] 당 중앙위원회 집무실이나 다차에 대해 이와 비슷한 기록이 있다는 흔적은 눈에 띄지 않는다.

방문일지는 스탈린의 비서실 직원이나 경호팀에 의해 기록되었다. 이런 기관에서 그들 나름의 목적을 위해 스탈린의 동선을 기록하거나, 경호원들이 교대시에 자기 근무 시간 중의 특이 사항을 보고했을 가능성도 있다. 스탈린의 전기 작가 입장에서 이런 자료들이 엄청난 가치를 띤다는 것은 말할 필요도 없다. 지금 시점에 이런 기록이 존재한다는 확실한 증거는 없다.

스탈린의 서신과 크레믈 집무실의 방문객 일지는 둘 다 그의 개인 아카이브의 일부로, 그의 직접 감독하에, 명백히 역사를 의식하여 정리 보존되었다. 이 컬렉션에 속한 많은 문서에는 '내 아카이브' 혹은 '개인 아카이브'라는 제목이 붙어 있다. 이 개인 아카이브에 추가된 중요한 자료가 바로 다양한 출처에서 수집된 스탈린 관련 자료 컬렉션이다. 스탈린 본인의 메모가 담긴 그의 장서를 비롯한 이 자료들은 중앙당 문서보관소에 집중되어 있었다. 오늘날에는 이 두 가지 자료 모두가 러시아 국립사회정치사문서보관소(RGASPI, 중앙당 문서보관소의 후신으로, 이곳에 있던 대부분의 자료를 그대로 이어받았다)[7]의 스탈린 컬렉션에 모여 있으며, 스탈린에 대한 지식의 핵심 출처로서 역사학자들에게 광범위하게 활용되고 있다.

그러나 그 중요성에도 불구하고 '스탈린 컬렉션'에는 심각한 결함이 있다. 이것으로는 스탈린의 생활 방식과 일처리 방식에 대한 제한된 통찰만을 얻을 수 있다. 이것의 결정적인 문제는 스탈린의 책상에 매일같이 올라왔던 방대한 서류들의 태반이 빠져 있다는 것이다. 그중에는 수천 통의 서한, 통계철, 외교 공문, 다양한 국가보안 부서에서 올라온 보고서와 전문들이 있다. 이런 문서에 접근할 수 없는 상태로는 스탈린이 정보를 얼마나 충분히 보고 받았는지, 주어진 문제를 얼마나 알았으며 그의 행동을 뒷받침한 논리는 무엇이었는지 역사학자들이 온전히 이해하기 힘들다. 이런 통찰을 가능하게 해 주는 문서들이 소실된 것은 아니다. 이들은 러시아연방대통령문서보관소(APRF, 과거 정치국 문서보관소)의 '주제별' 서류철로 분류되어 보관돼 있다.[8] 나는 이 책을 집필하면서 그중 일부를 검토할 수 있었다. 현재 대통령문서보관소는 체계적인 학술 연구에 폐쇄되어 있다. 그러나 이 서류철이 존재한다는 사실 자체는 희망적이다. 러시아의 역사적 선례로 미루어 볼 때 이 문서고도 조만간 개방될 것이다.

전기 작가에게 가장 구미가 당기는 자료는 언제나 일기와 회고록이다. 여기에는 공식 서류에서는 추출해 내기 힘든, 인물과 사건에 대한 일종의 입체적 서술이 들어 있다. 전기 작가들은 이런 직접 체험을 통한 서술을 참고하여 독자의 관심을 끄는 구체적 세부를 풍부하게 채울 수 있지만, 역사학자들은 이런 자료의 경향성에 대해 잘 알고 있다. 설령 솔직하게 썼다 하더라도 회고록 저자들이 객관적인 경우는 드물며, 사건과 날짜를 헷갈리거나 그냥 거짓말을 하는 경우도 흔하다. 소련 시절에 대한 회고록은 그런 위험성이 더더욱 크다. 우리가 아는 한 스탈린의 측근 중에서 일기를 쓴 사람은 없었으므로, 괴벨스의 유명한 일기가 히틀러의 전기 작가들에게 제공한 것과 같은 종류의 상세한 자료는 우리에게 없다. 회고록의 상황도 딱히 좋지 않다. 스탈린과 가까웠던 인물 중에 자세한 회고록을 남긴 사람은 니키타 흐루쇼프와 아나스타스 미코얀 둘뿐이다.[9] 이 회고록은 중요하고 가치 있는 자료이지만, (대규모 탄압에 그들이 얼마나 관여했는지 같은) 중대한 주제에 대해서는 두 사람 다 침묵하며, 단순히 그들이 알지 못하는 사실들도 많다. 스탈린의 측근 집단 내부에는, 개개인은 자기 임무의 효과적 수행을 위해 필요한 것 이외의 정보를 알아선 안 된다는 엄격한 규칙이 있었다. 미코얀의 경우에는 그의 아들이 출판용 원고를 손질하면서 회고록의 일부를 왜곡했다. 그는 아버지가 나중에 증언한 내용에 근거했다고 주장하면서, 따로 명시하지 않은 채 임의로 일부 내용을 삽입하고 구술 원고를 수정했다.[10]

또한 스탈린과 약간의—대개 극도로 제한된—교류를 가졌던 소련 및 외국 고위 관료와 기타 요인들의 회고록도 있다. 이런 책들은 그의 삶에 대해 우리가 아는 사실을 부수적으로 보완해 준다. 또 구소련 시절에 많은 회고록—일례로 소련군 원수들의 회고록—이 (자기 검열을 포함한) 검열을 거쳐 출판되었다. 소비에트 연방이 붕괴한 이후 스탈린과 만난 적이 있는 기타 많은 사람들의 증언이 터져 나왔다. 자유가 도래하자 스탈린 시대 지도자들의 자녀와 친척들이 쓴 회고록이 홍수를 이루었다.[11] 러시아 역사학자 옐레나 줍코바가 '자녀 문학'*이라고 매우 적절히 이름 붙인 이 장르는 주로 금전적 동기와 자기변호 욕망으로 이루어져 있으며 그 결과는 실로 유치하다.[12] 스탈린과 그 동료의 많은 친척들은 개인적 인상을 판타지와 뒤섞어 동화 같고 황당무계한 이야기들을 지어냈다. 정치에 대한 그들의 순진한 의견은 이 자녀들이 자기 아버지가 행한 일에 대해 거의 아무것도 몰랐음을 드러내는 데 기여할 뿐이며, 제삼자를 통한 간접적 정보와 루머와 가십으로 가득하

* 아동 문학이라는 뜻도 된다.

다. 스탈린의 수하들이 비밀 엄수에 집착했다는 사실은 이런 책의 잠재적 가치를 떨어뜨리는 주된 요인이다. 그들은 비밀경찰의 무자비한 감시와, 행여 정치적으로 치명적인 말실수를 저지를지 모른다는 끊임없는 공포 속에서 살았다. 그 어떤 동기에서 그들이 자기 가족에게 솔직해질 수 있었을지 상상하기란 힘들다. 그 대가가 너무나 컸기 때문이다.

많은 회고록에는 독자들이 분명히 재미있어 할 흥미로운 묘사와 일화들이 들어 있지만, 이 책에서는 회고록의 활용을 자제했다. 나는 기초적인 사료 비판 원칙에 의거하여, 회고록의 서술 내용을 다른 자료, 다른 무엇보다도 공식 기록물과 대조하는 데 전력을 기울였다. 대체로 사실 검증을 거친 회고록에는 더 큰 신뢰성을 부여했다. 반면에 오류가 많고 노골적인 날조가 들어갔다면, 그중 일부 내용이 다른 출처에 의해 거짓으로 입증되지 않았다 하더라도 이를 신뢰할 수 없다는 확실한 표시로 취급했다. 일부 회고록은 내 개인적인 블랙리스트에 올라가 있다. 다른 사람이 이런 책을 인용했다고 비판하지는 않겠지만, 나라면 절대 인용하지 않을 것이다.

그러나 모든 것을 종합해서 볼 때 스탈린의 전기를 쓰는 역사학자는 상대적으로 유리한 위치에 있다. 풍부한 기록물과 문헌 증거들은 장기적이고 심도 있고 (바라건대) 생산적인 결과물을 낼 기회를 제공한다. 상당한 공백과 접근이 불가능한 많은 자료들은 답답한 장애물이지만, 그럼에도 새로 공개된 문서고 덕분에 그와 그의 시대에 대한 우리의 이해가 바뀔 수밖에 없게 된 지금, 비로소 진정으로 '새로운' 스탈린 전기를 쓰는 것이 가능해졌다.

끝으로 이 전기의 두께와 구성에 대해 몇 마디 덧붙이고자 한다. 구성의 혁신을 착안한 것은 분량의 제한 덕분이었다. 시시콜콜한 세부 사항들은 버렸다. 참고 문헌과 주석을 최소한으로 해야 했으므로 인용문, 수치, 사실 관계의 출처를 최우선으로 표기했다. 내 동료들의 훌륭한 연구들을 전부 다 언급할 수 없었던 데 사의를 표한다. 이러한 경제성에 내가 느끼는 감정은 양가적이다. 많은 유효한 사실과 인용을 생략해야 했던 것이 유감스럽지만, 독자들 입장에서 생각하면 기쁘다. 나는 절대로 정복할 수 없을 벽돌 두께의 책 더미를 아련히 바라보는 느낌이 어떤지 잘 알고 있다.

적당한 두께와 더불어, 독서를 쉽게 해 줄 것으로 기대되는 이 책의 또 다른 측면은 구성이다. 통상적인 장절 구조의 연대기적 서술로는 스탈린 전기의 상호 의존적인 두 층위—하나는 그의 인생사를 시간 순서대로 기술한 것이고, 다른 하나는 그의 성격과 독재 정치에서 가장 두드러지는 특징들—를 제대로 드러낼 수 없다. 이런 어려움을 타개하기 위해, 두 개의 내러티브를 번갈아 배치하여 일종의 텍스트로 된 마트료시카—인형 안에 인형을 포개어 담은 것—를 만드는 아이디어를 착안하게 되었다. 한 줄의 개념 사슬을 통해서는 스탈린의 사망 직전 며칠을 배경으로 그의 성격과 통치 시스템을 면밀히 들여다보고, 다른 한 줄의 사슬을 통해서는 좀 더 익숙하게 연대기적으로 그의 생애의 주요 단계를 차례차례 밟아 나간다. 그러므로 이 책은 두 가지 방식으로 읽을 수 있다. 독자들은 저자인 나를 믿고 페이지 순으로 따라갈 수도 있지만, 먼저 한 겹을 다 읽은 다음 다른 한 겹을 읽을 수도 있다. 나는 어떤 식으로든 편하게 읽을 수 있게끔 이 책을 구성하려고 노력했다.

감사의 글

당시 예일대 출판부 편집국장이었던 조너선 브렌트와 '공산주의 연대기 시리즈(Annals of Communism Series)' 프로젝트 책임자였던 바딤 스타클로가 내게 스탈린 전기를 써 보라고 제안했을 때, 나는 기쁘다기보다 어리둥절했다. 하지만 이 책이 완성된 지금은 두 분에게 진심으로 감사한다.

나의 벗인 요람 고를리츠키, 안드레아 그라치오시, 얀 플램퍼, 데이비드 시어러보다 스탈린 시대에 대해 더 잘 아는 사람은 별로 없다. 원고를 읽고 귀중한 조언을 해 준 이들에게 감사한다. 이 책은 편집장 윌리엄 프루흐트의 숙련된 편집, 교열자 보야나 리스티치흐의 예리한 눈과 놀라운 기억력, 제작 담당 마거릿 오첼의 전문성 덕을 톡톡히 보았다. 이 책의 영어 번역자이며 나의 가장 세심하고 깐깐한 독자인 노라 파블로프는 결정적인 역할을 했다.

이 전기는 오랜 세월에 걸친 소비에트 러시아 및 소련사 연구의 결실이다. 그 세월 동안 나는 여러 해박한 동료들과의 협력과 우정을 키워 왔다. 그들 모두와의 소통이 이 책을 준비하는 데 도움이 되었다.

우선 이제는 우리 곁에 없는 분들로부터 시작하고 싶다. 나는 모셰 레빈, 빅토르 페트로비치 다닐로프, 빅토르 자슬랍스키, 데릭 왓슨으로부터 많은 것을 배웠다. 그들 모두가 뛰어난 역사학자이자 훌륭한 사람이었다.

다음으로, 내 친구 및 동료 기록물 연구자들과의 수십 년에 걸친 작업이 없었다면 이 책은 불가능했을 것이다. 나는 러시아 국립사회정치사문서보관소에서 안드레이 소로킨, 류드밀라 코셸레바, 마리나 아스타호바, 갈리나 고르스카야, 옐레나 키릴로바와 함께 일하는 행운을 누려 왔다. 러시아연방 국립문서보관소에서의 작업은 세르게이 미로넨코, 라리사 로고바야, 라리사 말라셴코, 디나 노호토비치, 소피야 소모노바, 갈리나 쿠즈네초바, 타티야나 주코바의 끊임없는 지원이 없었다면 불가능했을 것이다. 우리는 함께 수많은 사료집을 엮어 냈다.

나는 로버트 데이비스가 이끄는 팀의 일원으로서 25년째 활동하고 있음을 자랑스럽게 여긴다. 역사 연구에 대한 그의 헌신과 놀라운 생산성은 우리 모두에게 귀감이 되고 있다.

수많은 역사학자들과의 협업, 소통, 우정은 내 작업에 크나큰 기여를 했다. 나는 골포 알렉소풀로스, 외르크 바베로브슈키, 알랭 블룸, 이브 코엥, 마르타 크라브리, 빅토르 되닝하우스, 마이클 데이비드-폭스, 마크 일리, 베노 엥커, 클라우스 게스트바, 마크 해리슨, 재나 하울렛, 멜라니 일리치, 니콜라우스 카체르, 블라디미르 코즐로프, 세르게이 쿠드랴쇼프, 구로미야 히로아키, 테리 마틴, 실비오 폰스, 발레리 포즈네르, 아르본 레에스, 안드레아 로마노, 잉리트 시를레, 로버트 서비스, 제레미 스미스, 토미타 타케시, 알렉산드르 바틀린, 린 비올라, 아미르 와이너, 니콜라 베르트, 스티븐 위트크로프트, 옐레나 쥽코바에게 진심으로 감사를 표하고 싶다.

폴 그레고리, 론 수니, 실라 피츠패트릭, 피터 솔로몬, 디트리히 바이라우는 여러 해 동안 나의 주의 깊고 끈기 있는 대화 상대가 되어 주었다.

또한 모스크바 독일역사연구소, 인문학의 집 재단(fondation maison des sciences de l'homme), 우크라이나 연구기금의 지원에 대해 감사를 표한다.

언제나 그래왔듯이 나는 이 자리를 빌어 딸 다샤의 성공을 빌고자 한다.

이 프로젝트를 시작했을 때 공교롭게도 아내 카탸가 병이 들었다. 원고를 끝마쳤을 때 그녀는 이 세상 사람이 아니었다.

이 책을 그녀에게 바친다.

스탈린 권력의 소재지들

1953년 3월 1일 이른 새벽, 스탈린의 근처 다차. '5인방'의 최후 만찬.

1953년 2월 28일 토요일, 이오시프 스탈린은 그의 고위급 동료들 가운데 4명을 크레믈로 불렀다. 게오르기 말렌코프, 라브렌티 베리야, 니키타 흐루쇼프, 니콜라이 불가닌이었다.[1] 스탈린이 사망하기까지의 6개월간 그와 이 네 사람은 이른바 '지도 그룹', 혹은 '5인방'으로 불리는 그룹을 이루었으며, 스탈린의 자택에서 정기적으로 모임을 가졌다. 지도자의 다른 오랜 친구들—뱌체슬라프 몰로토프, 아나스타스 미코안, 클리멘트 보로실로프[2]—은 그의 신임을 잃었으므로 스탈린은 그들과 만나려 하지 않았다. 소규모의 지지 그룹을 자기 오른팔로 삼아서 나라를 지배하는 것은 스탈린 통치 방식의 핵심 요소였다. 그는 '5인방(퍄툐르카)', '6인방(셰스툐르카)', '7인방(세묘르카)', '8인방(보시묘르카)', '9인방(데뱟카)' 하는 식으로 구성원의 머리수를 따서 이 그룹의 이름을 짓곤 했다. 공식적인 당과 국가 조직이 나라를 일상적으로 운영하는 정식 관료 체제로서 기능했지만, 최고 권력 기관은 바로 이런 비공식 그룹이었다. 그는 정부를 공식 기관과 비공식 기관으로 구분함으로써 방대하고 광범위한 관료 기구의 역량을 활용하는 동시에 진짜 권력의 지렛대를 단단히 틀어쥘 수 있었다. 스탈린은 이 지도 집단의 구성을 수시로 바꾸었다. 또 그 구성원들을 항시 수족처럼 부리고 회의와 '친목' 모임에 무시로 부르며, 이 권력의 중심점에 대해 일상적이고 직접적인 통제를 유지했다. 요람 고를리츠키는 그가 이러한 관료 기구와 가산적家産的 권력의 조합을 통해 권력을 행사한 방식에 착안하여 '신가산제 국가'라는 용어를 고안했다.[3]

독재자가 그의 최측근 동료와 기타 고위급 관료들에게 휘두른 가산적 권력의 주된 동력은 공포였다. 소련의 공안 기관이 스탈린의 절대적 통제하에 있었으므로, 그는 누구든지 아무 때나 체포하고 그를 즉결 총살시킬 수 있었다. 그는 이런 일을 수없이 행했다. 이 가산제적 정치 사업 전체가 공포를 기반으로 하고 있었다.

가장 중대한 결정은 항상 독재자와의 직접 — 이상적으로는 대면 — 소통을 통해서 내려졌다. 이는 개인적·행정적 목표를 달성하는 가장 빠르고 효율적인 방법이었다. 그러나 그와 소통하려면 권력의 소재지에 접근할 수 있어야 했다. 수많은 소련 관료와 고위 측근들에게 이 장소들은 거의 신성한 분위기를 띠었고, 그 신성함의 정도는 곳에 따라 차이가 있었다. 스탈린이 권력을 휘두른 여러 소재지에는 무언의 위계가 존재했고, 몇몇 본거지에 출입할 수 있는 사람에게는 상대적으로 높은 지위가 부여되었다. 스탈린은 일생의 상당 부분을 이런 권력 소재지에서 보냈으며 그 각각의 장소에는 그의 성격과 독재의 일부 측면이 반영되어 있었다.

가장 주요하고 공식적인 권력 소재지는 스탈린의 크레믈 집무실이었다. 참나무 패널을 댄 이 널찍한 서재는 스탈린의 책상과 긴 회의 탁자의 두 구역으로 나뉘어 있었다. 그 밖의 기물로는 대형 괘종시계(스탈린은 자기가 소환한 사람이 즉시 도착하는지 감시하는 데 이것을 사용했다)와 유리 상자에 안치하여 특별 대좌에 전시된 레닌의 석고 데스마스크가 있었다. 벽에는 레닌과 마르크스의 초상화가 걸려 있었다. 전시에는 여기에 제정 러시아 시대의 군사 영웅인 알렉산드르 수보로프와 미하일 쿠투조프의 초상화가 추가되었다. 그 외의 장식물은 그가 이곳에서 보낸 여러 해 동안 거의 바뀌지 않았다. 전쟁 중 크레믈 지하에 지어진 방공호는 크기만 약간 작았을 뿐 그의 집무실을 거의 똑같이 모방하였다. 가구도 같았고, 초상화도 같았으며 커튼도 같았다(창문은 없었지만).[4]

30여 년간 서로 다른 거의 3,000명의 사람들이 이 크레믈 집무실을 방문했다.[5] 물론 스탈린의 최측근들도 이곳에 자주 왔지만, 방문객 중에는 정부 부처와 기업체의 대표, 학자, 문화계 인사, 경찰 및 군 고위급, 외국 사절들도 포함되었다. 크레믈 집무실은 스탈린의 권력 소재지 중에서 가장 접근이 쉬운 곳이었다.

1953년 2월 28일 저녁 스탈린에 의해 크레믈로 소환된 불가닌, 베리야, 말렌코프, 흐루쇼프는 이 집무실에 오래 머무르지 않았다. 스탈린은 곧 그들을 훨씬 더 접근이 제한된 장소인 크레믈 영화관으로 데리고 갔다. 폭 7.5미터, 길이 17미터의 면적에 20석을 갖춘 이 영화관은 러시아 차르의 겨울용 온실 정원이 있던 자리에 1934년 설치되었다. 이것이 지어지기 전에 소련 지도자들은 크레믈 바깥의 영화국 건물이나, 무성 영화 상영에 이용되었던 크레믈 안의 작은 방에서 영화를 관람했다.[6] 스탈린은 동지들과 함께 영화 보는 것을 즐겼고, 이러한 영화 관람은 점차 의무적인 행사가 되었다. 소련 영화 산업을 총괄했던 보리스 슈먀츠키의 상세한 기록 덕분에, 우리는 1934~1936년 이 영화관에서 그들이 어떤 저녁 시간을 보냈는지에 대해 상당히 많은 것을 알 수 있다.[7] 슈먀츠키는 영화를 가져와서 이에 대한 스탈린과 그 동료들의 논평을 들었고, 때때로 영화 관람 중에 내려지는 결정 내용을 듣기도 했다. 그의 기록은 스탈린 측근 그룹의 행동 양상과 이러한 모임의 분위기를 엿볼 수 있는 귀중한 창을 제공해 준다.

대체로 영화 관람은 저녁 늦게 시작해서 다음날 새벽 시간까지 이어졌다. 스탈린은 수뇌들에게 둘러싸여 맨 앞줄에 앉았다. 필름이 돌아가는 동안과 그 이후까지, 영화와 뉴스릴에 대해 항상 많은 토론이 이루어졌다. 첫 마디는 항상 스탈린의 몫이었다. 그는 구체적인 영화 내용과 소련 영화 산업과 이데올로기 전반에 대해 지시를 내리곤 했다. 영화관에서 그는 예산 문제부터 소련 언론에 정책 설정을 위한 기사를 게재하는 문제, 인사 문제에 이르는 여러 가지를 즉석에서 결정했다. 이따금 영화감독들이 자기 영화 상영에 초청되기도 했다. 이런 초청은 대단한 영예였다. 스탈린은 그들의 작품을 치하하고 이를 더 개선하기 위한 '조언'을 내리곤 했다. 슈먀츠키의 기록을 보면 이런 크레믈 영화관 모임은 소련 수뇌부의 단순한 휴식 시간이 아니었음이 분명하다. 이는 이데올로기와 문화 정책에 대한 문제가 결정되는 정부 고위급들의 비공식 회의였다. 스탈린과 그 동료들은 상영회 전후에 다른 국정에 대해서도 논의했을 가능성이 크다.

슈먀츠키의 기록은 1937년 초에 갑자기 중단된다. 물론 이는 국가의 탄압이 강화된 것과 관련이 있다. 슈마츠키 자신은 1938년 초에 체포되어 그 후 곧 총살되었다. 스탈린의 영화 관람은 계속되었지만, 그 이후의 영화 관람이 어떠했는지 우리는 전혀 모른다. 말년에 가서는 그의 최측근 동료들만이 크레믈 영화관에 입장할 수 있었던 것으로 보인다. 2월 28일 5인방의 회합은 스탈린의 마지막 영화 관람 모임이었다.

영화가 끝난 뒤, 스탈린은 자주 하던 대로 사람들을 모스크바 교외 볼린스코예의 다차에서 열리는 만찬에 초대했다. 이 다차는 그곳으로부터 불과 몇 분 거리에 있어서 '근처'(블리즈나야)라는 별칭으로 불렸다. 이따금 스탈린은 모스크바 주변의 이런 저런 집이나 다차, 또는 그가 매년 긴 휴가를 보내는 남부 지방의 다차로 거처를 옮겨 가며 지내기도 했다. 그러나 '근처' 다차는 그의 마음에서 특별한 위치를 차지했다. 이곳은 그의 삶과 통치에서 중요한 핵심지였다.

근처 다차의 첫 번째 건물은 1933년에 지어졌다. 이곳으로의 이사는 스탈린의 개인적·정치적 삶의 격변과 관련되어 있다. 1930년대 초 스탈린 정책의 결과로 극심한 기근이 국토를 휩쓸었고 그 무렵에 그의 가정에도 비극이 일어났다. 1932년 11월에 부인인 나데즈다 알릴루예바[8]가 스스로 목숨을 끊은 것이다. 스탈린은 새로운 장소에서 새 삶을 시작했다.

스탈린은 근처 다차의 여러 증축과 개조를 직접 감독했다. 그 결과로 지어진 커다란 건물은 기관 특유의 획일적인 분위기와 과시적인 분위기가 묘하게 혼합되어 있다.[9] 모든 방이 비슷비슷하게 생겼고 스탈린의 딸 스베틀라나의 말을 빌리면 '몰개성적'이었다.[10] 엘리베이터가 설치된 2층은 거의 사용되지 않았다. 스탈린이 말년에 가장 좋아한 방은 1층에 있는 일명 '작은 식당'이었다. 이 널찍한 공간에는 길이 3미터짜리 사각형 테이블, 소파, 찬장, 안락의자, 전화가 놓인 소형 탁자, 벽난로가 있었다. 벽면의 고리에는 쌍안경이 걸려 있고, 벽난로 옆에는 사냥총을 보관했다. 바닥에는 커다란 카펫이 깔려 있었다. 이 방은 유리벽으로 둘러싸인 베란다와 테라스로 이어졌다. 스베틀라나의 증언에 따르면 스탈린은 이 방에서 잠도 자고 일도 했다. 커다란 테이블 위에는 항상 서류와 책이 무더기로 쌓여 있었다. 방문객이 없을 때는 테이블 한 귀퉁이에서 식사를 했다. 찬장에는 약을 보관했다. 스탈린은 난롯가에 앉아 있는 것을 좋아했는데 때때로 샤실리크*를 시켜서

근처 다차. 아내가 자살한 뒤부터 스탈린은 주로 이곳에서 지냈고 결국 여기서 임종을 맞았다. 러시아 국립사회정치사문서보관소.

구워 먹기도 했다. 그는 이곳에서 방문객을 즐겨 맞았다. 또 이곳은 그가 죽기 직전에 뇌졸중으로 쓰러진 곳이기도 했다.

이 다차는 24만 제곱미터 크기의 녹지로 둘러싸여 있었다. 스탈린은 이곳 구내의 조경과 농사를 직접 감독했다. 그는 감귤 나무를 위한 온실을 설계하고 포도밭 설치를 감독했으며 수박을 직접 재배했고 연못에서는 물고기를 키웠다. 가끔 그는 자기가 수확한 수박의 일부를 모스크바의 상점으로 보내기도 했다. 또 여기에는 말, 암소, 병아리, 오리, 작은 양봉장도 있었다. 스탈린의 경호원들은 그가 이 농장 사업을 운영하는 데 많은 시간을 쏟았으며 가장 사소한 부분까지 세세히 파악하고 있었다고 증언했다. 스탈린이 이 영지의 관리 책임자 P.V. 로즈가초프

* 러시아와 중앙아시아 지방의 꼬치구이 요리.

중령에게 내린 수백 가지 지시 사항들은 상세히 기록되어 있다.

> 1950년 4월 7일: a) 5월 10일부터 모판에 수박과 멜론을 심을 것. b) 7월 중순에 수박과 멜론 덩굴을 잘라 줄 것.
>
> 4월 20일: …주방에서 연못으로 통하는 길을 따라 전나무를 심을 것…주 건물 옆, 그리고 연못 옆 정자 쪽의 사과나무들 사이에 0.5미터 간격으로 옥수수를 심을 것. 이곳에 콩도 심을 것…텃밭 가장자리에 가지, 옥수수, 토마토를 심을 것.

로즈가초프는 자기가 이런 지시를 거의 매일 받았다고 보고했다.[11] 요컨대 스탈린은 중요한 세부 사항들을 하인들의 손에 일임하지 않고 손수 챙기는 편을 선호하는 작은 영지의 주인이었다. 그가 자신의 다차를 경영한 가부장적 방식은 어떤 면에서 보면 그가 훨씬 거대한 자신의 '영지'인 소련을 경영했던 방식과 일치한다. 그는 국가의 자원과 매장량을 파악했고 그 할당을 통제했으며, 중요한 정보들을 특별한 공책에 메모했다.[12] 또 영화 각본, 건축 계획, 군사 장비 설계의 세부 사항에 몰두했다. 조경에 대한 그의 관심은 자기 개인 영지에만 머물지 않고 모스크바 거리에까지 미쳤다. "아르바트 광장에…아직도 보도블록(또는 아스팔트)이 깔리지 않았다고 하는데, 수치스러운 일입니다!…빨리 밀어붙여서 광장 공사를 끝내게끔 하십시오."[13]

이 다차의 사교적 중심 역할을 하는 방—155제곱미터 넓이의 홀—또한 스탈린의 건축 지시로 만들어졌다. 이 방에서 가장 중요한 가구는 폭 6미터, 길이 12미터 크기의 깔개 위에 놓인 길이 7미터짜리 테이블이었다. (부연하면 이 깔개의 넓이는 1953년도 소련 도시 거주민 16명의 거주

면적에 해당되었다. 당시 1인당 거주 면적은 4.5제곱미터였다.) 벽을 따라 소파와 안락의자가 놓여 있었다. 스탈린은 가끔 이 널찍한 방의 테이블이나 안락의자나 소파에서 일할 때도 있었지만 대개 이 방은 회의와 연회용으로 쓰였다.

이런 정기 연회에 참석한 많은 사람들이 이에 대한 기록을 남겼다. 음식은 손님들이 원하는 만큼 자기 접시에 덜어 아무 데나 앉아서 먹을 수 있도록 그냥 테이블에 놓여 있었다. 만찬은 여러 시간 동안 이어졌고 자정을 훌쩍 넘겨서, 때로는 동틀 때쯤에야 끝났다. 이런 식사 자리는 다양한 국정을 논의하고 결정하는 기회였지만 그것이 전부는 아니었다. 스탈린에게 이는 동료들을 감시하고 정보를 거두는 한 가지 수단이었다. 또 이는 그가 누릴 수 있었던 몇 안 되는 여흥 중 하나로서 중요한 사교적 욕구를 충족하는 수단이기도 했다. 이는 그의 고립감을 덜어 주었다. 흐루쇼프가 썼듯이, "그는 너무 외로움을 타서 혼자서는 어찌할 바를 몰랐다."[14]

테이블 주위에서는 대량의 술이 소비되었다. 스탈린은 노년 들어 스스로의 음주를 자제했지만, 다른 사람들의 과음을 부추기고 그들의 행동을 지켜보는 것을 좋아했다. 그는 다양한 방법으로 손님들이 원하는 양보다 더 많이 마시게끔 강제했다. 연거푸 건배를 제의했고, 자기 잔을 다 비우지 않는 일은 용납하지 않았다. "건배를 할 때 참여하지 않은 사람은 그 '벌'로 한 잔 또는 몇 잔을 추가로 더 비워야 했다."[15] 유고슬라비아의 정치가이자 작가인 밀로반 질라스는, 1948년 1월 그가 스탈린의 다차를 방문했을 때 목격한 술 마시기 게임을 훗날 이렇게 회상했다. "모두가 지금 바깥 기온이 영하 몇 도인지를 알아맞히고, 정확히 맞히지 못한 사람들은 그 벌로…틀린 온도차에 해당하는 개수의 술잔을 비워야 했다…베리야는 3도 차이로 틀렸는데, 자기가 보드카를 더 마시기 위해 일부러 틀렸다고 주장했다."[16]

알코올은 긴장을 느슨하게 만들었다. "이런 만찬회의 분위기는 거리낌 없었고, (많은 경우 걸쭉한) 농담으로 시끌벅적한 웃음이 터지곤 했다."[17] 여기에 좀 더 '문화적인' 여흥도 추가되었다. 가끔 그들은 혁명가와 민요를 불렀는데, 안드레이 즈다노프의 아내가 회상한 내용에 따르면 스탈린은 여기에 나지막한 테너로 합세하곤 했다.[18] 즈다노프[19]는 외설적인 속요로 동지들을 즐겁게 해 주었다. "그런 노래는 오직 스탈린 앞에서만 부를 수 있었다. 다른 어떤 곳에서도 절대 옮겨 부를 수 없었다"고 흐루쇼프는 회고했다.[20] 그 넓은 방에는 한동안 피아노가 놓여 있었다. 몇몇 사람들은 즈다노프가 그것을 연주했던 것을 기억했지만, 그가 무엇을 연주했고 연주 실력이 어땠는지에 대해서는 분명한 기록이 없다. 1948년 즈다노프가 사망한 뒤 스탈린은 피아노를 옆방으로 옮기도록 지시했다. 음악은 라디올라(라디오 겸용 전축)로 재생되는 일이 더 많았는데 스탈린은 이것으로 (러시아 민요와 클래식 음악) 레코드를 틀었다. 가끔 그는 자기가 소장한 인상적인 컬렉션(앨범이 2,700개 정도 되었다)을 혼자서 또는 손님들과 함께 감상하기도 했다. 이따금 춤을 추는 일도 있었는데, 흐루쇼프에 따르면 가장 춤을 잘 춘다고 인정받는 사람은 미코얀이었다. 모두가 열심히 춤을 추었다. 심지어 스탈린도 "양 팔을 벌리고 발을 놀리곤" 했다.[21]

3월 1일 새벽에 아마 춤은 없었을 것이다. 이는 스탈린이 가장 신뢰하는 동료로만 한정된 조용한 모임이었다. "우리는 스탈린의 거처를 매우 자주, 거의 매일 저녁 찾았다." 흐루쇼프는 이 시기를 이렇게 회고했다. 늙고 정신적으로 불안정한 스탈린과 함께 하는 이 정례 만찬 모임은 그 내객들에게 쉽지 않은 자리였다. 흐루쇼프의 말에 따르면, "우리는 자신이 맡은 직위에서 자기 직무를 수행하는 외에도, 일종의 연극 캐릭터처럼 스탈린의 만찬에 참석하여 그를 즐겁게 해 주어야 했다. 이는 우리에게 힘들고 고통스러운 시간이었다."[22] 그러나 스탈린의 동지들은 불평 없이, 측근 그룹에 드는 조건으로서의 이 만찬 의무를 성실히 수행했다. 모임은 여느 때처럼 새벽 무렵에 파했고(흐루쇼프는 모임이 오전 5시나 6시 무렵에 끝났다고 증언했다), 그들은 기분 좋게 헤어졌다. 흐루쇼프의 묘사에 따르면 "스탈린은 술이 얼근히 취했고 모두에게 호의적으로 보였다." 그는 내객들을 현관까지 데려다 주는 동안 "양손을 내저으며 농담을 많이 했다. 그리고 내 배를 손가락으로 찌르면서 '미키타'라고 불렀다. 그는 기분이 좋을 때면 항상 나를 우크라이나식 이름인 미키타라고 불렀다…만찬에서 불쾌한 일이 하나도 벌어지지 않았으므로 우리도 떠날 때 기분이 좋았다. 모든 만찬이 그렇게 좋게 끝나는 건 아니었다."[23] 우리는 흐루쇼프의 증언을 의심할 이유가 없다. 드미트리 볼코고노프는 스탈린이 짜증을 내며 그들을 위협했다고 주장했지만 구체적인 출처는 인용하지 않았다.[24]

스탈린은 자기 수하를 협박으로 으르는 것만큼이나 다정다감하게 보상하는 데도 능했다. 그는 거의 20년간 당근과 채찍(러시아어 표현으로는 채찍과 생강 과자, 물론 채찍이 훨씬 더 많았지만)을 써서 측근들뿐만 아니라 수천만의 소련 인민, 나중에는 전 '사회주의 진영'까지 수중에 넣고 통제했다.

그가 살았던 74년간, 이 소련 독재자는 험난한 역사적 지형을 완력으로 뚫고 끝까지 나아가 러시아뿐만 아니라 전 세계적 사건의 중요 변수가 되었다. 스탈린을 형성한 역사적·이념적 배경 — 러시아의 전통적 권위주의와 제국주의, 유럽의 혁명 전통, 레닌주의적 볼셰비즘—에 대해서는 학자들 사이에 논란보다 합의가 대세다.[25] 물론 이런 영향들이 있다고 해서 소련 특유의 전체주의 체제와 이데올로기 형성에 그가 개인적으로 중요하게 기여한 바가 축소되는 것은 아니다. 이념적 교리와 편견은 스탈린의 삶과 행동에서 흔히 결정적인 요소였지만, 그는 이를 수동적으로 받아들이지 않고 자신의 독재와 신흥 초강대국의 이익에 맞게끔 조정하여 적용했다. 그의 성격 또한 그가 구축한 정치적 경로에서 상당한 역할을 했다. 그는 기질적으로 잔인했고 공감이 결핍되어 있었다. 정치·사회·경제적 갈등을 풀기 위해 가능한 모든 방법 중에서도 그는 테러를 선호했고 그 활용을 자제할 이유를 찾지 못했다. 다른 독재자들처럼 그도 완고하고 융통성이 없었다. 양보와 타협은 자기 권력의 불가침성에 대한 위협으로 취급했다. 그는 사회경제적 위기가 한계점에 다다르고 체제의 안정이 위태로울 때에만 제한적이고 미지근한 개혁을 했다. 그의 정권을 규정한 폭력의 뿌리에는 그의 이론적 교조주의가 있었다.

스탈린의 세계관을 뒷받침한 것은 극단적 반자본주의였다. 이 체제에 대한 그의 적대감은 명백했고, 그는 레닌이 '신경제정책(네프)'을 실시하면서 행한 제한적 양보마저도 거부했다. 스탈린은 소련 체제에 화폐, 제한적 시장 관계, 사유 재산 같은 몇몇 자본주의 경제 수단의 도입을 마지못해 허용했다. 1932~1933년의 기근으로 수백만 명이 사망한 뒤, 그는 농민들이 집단·국영 농장 체제 밖에서 생산·판매할 자유를 제한적으로 허용하는 데 동의했다. 그러나 그는 혹독한 상황 탓에 어쩔 수 없이 양보해야 했어도 이는 곧 뒤집힐 것이며, 사회주의 경제는 인민이 국가의 지시에 따라 일하고 그 대가로 국가가 인민에게 필요하다고 판단한 천연재를 할당받는, 화폐 없는 거대한 공업 단지로 전환될 것이라고 끝까지 믿었다.

스탈린의 세계관에서 볼셰비키가 창조한 국가는 절대자였다. 모든 존재는 완전히 무조건 국가에 종속되었고 그 최고의 화신은 당과 그 지도자였다. 개인의 이익은 국가에 기여하는 한에서만 인정되었고, 국가는 인민에게 그들의 생명을 비롯하여 그 어떤 희생도 요구할 수 있는 절대적 권리를 지녔다. 국가는 그 행동에 제한을 받지 않으며, 역사적 진보의 최종 진리를 표상하므로 절대 오류를 범할 수 없었다. 정권의 모든 행동은 그 사명의 위대함에 의해 정당화될 수 있었다. 국가의 잘못과 범죄는 존재하지 않으며, 오로지 역사적 필연성과 불가피성, 혹은 (몇몇 경우에는) 새로운 사회를 건설하는 데 따르는 성장통만이 있을 뿐이었다.

국가에 대한 복종을 강제하고 개인과 사회를 억압하는 데 활용된 주된 수단은 국외와 국내의 '적'에 대항한 이른바 '계급 전쟁'이었다. 이 전쟁에서 스탈린은 최고의 이론가이자 무자비한 전략가였다. 그는 사회주의가 성공적으로 진전할수록 계급 전쟁은 오히려 더 강화된다고 주장했다. 이 생각은 그의 독재의 주춧돌이었다. 현실을 해석하는 수단으로서의 계급 전쟁 이론은 막강한 선전 도구이기도 했다. 부족한 정치·경제적 성과, 인민이 겪는 고통, 군사적 실패는 모두 '적'의 음흉한 책략으로 설명될 수 있었다. 국가 폭압의 수단으로서 계급 전쟁은 테러에 실제 전쟁과 같은 규모와 잔인성을 부여했다. 소련 독재자는 역사상 가장 강하고 무자비한 테러 기계의 조직자이자 지휘자로서 차별성을 획득했다.

스탈린은 마르크스주의와 볼셰비키-레닌주의 교리를 열강 제국주의와 결합하는 데 모순을 느끼지 않았다. 1937년 11월 그는 동료들에게 이렇게 말했다. "러시아의 차르들은 나쁜 짓을 많이 저질렀습니다. 그들은 인민을 수탈하고 노예로 삼았습니다. 전쟁을 벌이고 지주들의 이익을 위해 토지를 강탈했습니다. 그러나 그들은 한 가지 좋은 일을 했습니다. 캄차트카까지 이르는 거대한 나라를 이룩한 것입니다. 우리는 그 나라를 물려받았습니다. 그리고 역사상 최초로 우리 볼셰비키는…노동자의 이익을 위하여…이 나라를 단일하고 분리될 수 없는 국가로서 통합하고 강화했습니다."[26] 이 솔직한 발언은 중요한 혁명 국경일인 10월 혁명 20주년 기념 만찬회에서 나온 것이기에 더더욱 인상적이다. 스탈린의 제국 확장은 국제무대에서 그를 러시아 차르의 손색없는 후계자로 만들어 주었다. 이념적 외관만 달랐을 뿐이다. 1945년 포츠담 회담 전야의 베를린 역에서, 소련 주재 미국 대사인 애버렐 해리먼이 패배한 적국의 수도에 승자로서 입성한 기분이 어떠냐고 스탈린에게 묻자 그는 이렇게 대답했다. "알렉산드르 황제는 파리까지 입성했습니다."[27] 하지만 스탈린은 차르들을 능가했다고 말할 수 있다. 소련 제국은 유럽과 아시아의 광대한 영역까지 그 영향력을 확대했고 세계 양대 열강 중 하나로 변신했다.

2월 28일 방문객들과 헤어진 뒤 스탈린은 생애 마지막으로 자신의 승리를 돌아보았을까? 아니면 자신의 초년기—어린 시절, 청년 시절, 혁명—를 되짚어 보았을까? 동료 혁명가들의 삶이 그랬듯 스탈린의 삶 역시 혁명 이전과 이후의 두 부분으로 뚜렷이 나뉜다. 개념적으로, 그리고 연대기적으로 이 두 시기는 그의 인생을 대충 양분하고 있다. 그의 74년 인생 중 전반부 38년 동안 그는 혁명 이전의 삶을 살았고, 그중에서도 20년은 혁명을 위해 적극적으로 활동하면서 보낸 시기였다.

1

혁명 이전

소련의 스탈린 공식 전기에 따르면 그는 1879년에 태어났다. 실제로 이오세브 주가슈빌리*(그의 출생시 본명)는 그보다 1년 일찍 태어났다. 물론 스탈린은 자기가 언제, 어디서 태어났는지 알고 있었다. 바로 광대한 러시아 제국의 외딴 구석에 위치한 조지아의 소도시 고리였다. 고리의 교구 기록부(스탈린 개인 아카이브의 일부)에는 그 정확한 날짜가 1878년 12월 6일로 기재되어 있다. 이 생년월일은 그가 고리의 교회학교에서 받은 졸업증서 같은 다른 서류에서도 발견된다. 그는 1920년에 자신이 작성한 서류에도 생년을 1878년으로 기재했다. 그러나 그의 여러 조력자들이 작성한 서류에는 1879년이라는 연도가 나타나기 시작했고, 이 연도는 모든 백과사전과 참고 자료에 쓰이게 되었다.

* 외래어 표기법에 따르면 그의 조지아어 이름은 '이오세브 주가슈빌리', 러시아어 이름은 '이오시프 주가시빌리'이다.

그가 권력을 굳힌 뒤인 1929년 12월 21일에는 그의 50회 생일을 경축하는 대규모 행사가 열렸다. 그의 생년뿐만 아니라 생일 또한 12월 6일이 아니라 (율리우스력에 따라) 12월 9일로 알려져서 혼란을 빚었다. 이러한 왜곡이 역사학자들의 주의를 끌게 된 것은 1990년이 되어서였다.[1] 그 이유는 아직 확실히 알려지지 않았지만, 한 가지는 분명하다. 1920년에 스탈린은 한 살 젊어지기로 결심했다는 사실이다. 그리고 정말로 젊어졌다.

스탈린의 혈통을 둘러싸고 다양한 전설이 존재한다. 선정적인 이야기를 좇는 이들은 이오세브(이 조지아식 이름은 그가 주로 러시아어로 교류하기 시작한 뒤부터 이오시프로 바뀌었다)가 부유한 상인, 공장주, 대공, 심지어는 알렉산드르 3세의 사생아라고 주장해 왔다. 황제가 트빌리시**를 방문했을 때 이오시프의 어머니가 그의 시중을 들었다는 것이다. 하지만 역사 기록에 따르면 그의 출생 내력은 한결 무미건조하다. 이오시프 주가시빌리는 조지아의 한 미천한 가정에서 출생했다. 그의 어머니인 예카테리네(러시아어로는 예카테리나) 혹은 케케 겔라제는 1856년 농노의 딸로 태어났다. 그녀의 가족은 1864년 농노제 폐지 이후 고리로 이주했고, 이곳에서 그녀가 18세가 되었을 때 6살 연상의 구두장이인 베사리온 혹은 베소(러시아어로는 비사리온) 주가시빌리에게 시집보냈다. 그들의 첫 두 자녀는 아기 때 죽었고 이오시프(소소)는 셋째였다.[2]

스탈린의 어린 시절에 대한 문헌 증거는 남아 있는 것이 몇 개 없다. 이에 대해 우리가 아는 사실들의 주된 출처는 그가 이미 권력의 정점에 오른 이후에 쓰인 회고록들이다. 무비판적인 독자라도 이런 회고

** 조지아의 수도. 러시아어 명칭은 티플리스.

록의 저자들이 이오시프 주가시빌리의 어린 시절이 아닌 미래 독재자의 유년기와 청년기를 서술하고 있음을 알아챌 수 있을 것이다. 이런 편향은 내용을 선택적으로 과장하거나 배제하는 회고록 일반의 문제점을 한층 더 확대시킨다. 주변 상황과 저자의 정치 성향에 따라서 어떤 때는 이오시프의 미덕과 지도자로서의 자질이 강조되고 어떤 때는 그의 타고난 잔인성과 심리적 이상이 강조된다. 로널드 그리고리 수니 Ronald Grigor Suny가 설득력 있게 보여 주었듯이, 어린 이오시프 주가시빌리에게서 미래 독재자의 특성을 발견하려는 시도들은 매우 의심스러운 구석이 있다.

이오시프는 힘겨운 유년기를 보냈다는 것이 흔한 통념이다. 주정뱅이 아버지의 학대와 구타, 그리고 물질적 박탈이 소년의 마음에 적의를 심어 그를 무자비하고 복수심이 강한 인간으로 만들었다는 것이다. 그러나 이와 전혀 다른 정황을 뒷받침하는 증거도 수두룩하다. 여러 가지 면에서 스탈린의 유년기는 평범했고 심지어는 안락했다. 많은 증언에 따르면 그의 아버지는 숙련된 구두 장인이었을 뿐만 아니라, 조지아어를 읽을 수 있었고 러시아어를 비롯한 몇 개 국어로 의사소통이 가능했다. 그의 어머니도 어느 정도 가정교육을 받았으며 조지아어를 읽고 쓸 수 있었다. 당시 조지아의 낮은 문해율을 고려할 때 그의 가족은 확실히 나은 위치에 있었다. 이오시프가 태어난 직후 몇 해까지만 해도 베사리온 주가시빌리는 직업적으로 상당히 성공했고 살림도 괜찮은 편이었다.[3]

그 후 베사리온이 폭음을 시작하고 처자식을 저버린 뒤부터 어머니가 이오시프의 양육을 혼자 책임지게 되었다. 강인한 여성이며 근면한 일꾼이었던 예카테리나는 허드렛일부터 시작하여 어렵게 재봉 기술을 익혔다. 집안의 외동이었던(이는 매우 중요한 정황이다) 소소는 많은 동년배들과 달리 일하지 않아도 되었고 그래서 학교에 다닐 수 있었다. 1950년, 스탈린의 한 소꿉친구는 옛정을 생각하여 만나 달라고 간청하는 편지에서 이렇게 썼다. "1894년 당신이 학교를 졸업했을 때 나는 고리 시립 전문학교를 졸업했습니다. 그해 당신은 트빌리시 신학교에 입학을 허가받았지만 나는 학업을 계속할 수 없었습니다. 우리 집은 자식이 8남매라 가난했기 때문에 아버지를 도와야 했기 때문입니다."[4] 아들이 사회적 사닥다리를 올라가 사제가 되는 것이 꿈이었던 이오시프의 어머니는 이 꿈을 실현하기 위해 억척스럽게 일했고 그의 교육을 위해서라면 물불을 가리지 않았다. 이러한 헌신은 스탈린이 황폐하고 빈곤한 유년기의 산물이라는 관념과 조화되기 힘들다.

확실히 그의 가족에는 불화가 존재했고, 베사리온은 술에 취해 주먹을 휘둘렀다. 소소는 분명히 양친 모두에게 매를 맞았다. 그러나 로널드 수니가 올바로 언급했듯이, 주가시빌리 가족 내의 폭력이 그 시대 그 지방에서 예외적인 경우였는지를 판단하거나 그것이 세상에 대한 소소의 인식에 끼친 영향을 평가하기에는 우리가 지닌 증거가 불충분하다.[5] 스탈린의 유년기와 청소년기는 그가 나고 자란 환경 ― 가난하지만 극빈하지는 않은, 제국의 변경에 위치한 소도시 장인과 영세 상인들의 세계 ― 에서 지극히 전형적으로 보인다. 이는 거친 풍습과 이웃 간에 상부상조하는 전통이 공존하는 세계였고, 비교적 살만한 시기와 힘겨운 시기가 번갈아 오는 시대였다. 아이들은 가혹하고 잔인한 폭력에 노출되기도 했지만 다른 한편으로는 애정과 관용을 누리기도 했다. 소소 주가시빌리는 좋은 쪽과 나쁜 쪽 ― 아버지의 가혹함과 어머니의 한량없는 애정 ― 을 비교적 균형 잡힌 비율로 둘 다 경험했다. 소소가 학교에 다닐 때 그의 가족에게 닥친 경제적 어려움은 친지들의 도움으로 덜 수 있었다. 이오시프는 고리의 교회 학교에 다니고 그 후 트빌리시의 신학교에 입학할 때 정부의 원조를 받았고 그를 동정한 보호자들이 써 준 청원서의 도움을 받았다. 모자는 비록 가난했지만 이 조그만 지역 사회의 일원으로서 온전히 수용되었다.

스탈린은 그로부터 여러 해 뒤에 가진 인터뷰에서 이렇게 말했다. "나의 부모님은 비록 무학이었지만 어떤 식으로든 나를 모질게 대하지 않으셨다."[6] 그는 솔직하지 않았거나 유년기의 불쾌한 기억을 스스로 억압했을 가능성도 있다. 젊어서 세상을 떠난 아버지에게 스탈린이 어떤 감정을 지니고 있었는지 알려 주는 증거는 거의 없다. 그러나 어머니에게는 어느 모로 보나 진솔한 애정을 품었다. 훗날 그가 어머니에게 보낸 편지에는 이런 구절들이 들어 있다. "안녕하세요, 사랑하는 어머니! 어떻게 지내세요, 건강은 어떠신지요? 어머니한테서 오랫동안 편지를 못 받았는데—분명히 저한테 화가 나신 거겠죠. 하지만 어쩌겠어요? 정말로 너무 바쁜 걸요." "어머니, 안녕하세요! 숄과 재킷과 약을 보냅니다. 복용량은 의사가 정해야 하니 약을 드시기 전에 먼저 의사에게 보이세요."[7] 아들이 눈부시게 출세했음에도 케케는 죽을 때까지 조지아에 머물러 존경받으며 안락하게 살았다. 스탈린은 1937년 그녀의 장례식에 참석하지 않았다. 대숙청이 극에 달했던 이 해 내내 그는 모스크바 바깥으로 한 발짝도 나가지 않았다. 그가 장례 화환에 조지아어와 러시아어로 적어 보낸 헌사는 지금까지 전해진다. "사랑하고 경애하는 나의 어머니께, 아들 이오시프 주가시빌리(스탈린)로부터."[8]

스탈린은 그녀에게 진정한 감사의 빚을 졌다. 그녀는 빈곤으로부터 아들을 보호하고 그를 교육하기 위해 열심히 일했으며, 그의 얼굴에 평생 마맛자국을 남긴 천연두를 비롯하여 수많은 질병을 앓는 동안 그

스탈린의 모친 예카테리나(케케) 주가시빌리.
러시아 국립사회정치사문서보관소.

를 간호했다. 소소는 어린 시절에 가벼운 사고를 당하고 치료를 제대로 못 받은 탓에 왼팔에 심한 장애가 생겼다. 관절이 평생 마비되었고 팔이 영영 제 기능을 하지 못했다. 또 선천적인 신체 결함으로 왼발의 발가락 두 개가 붙어 있었다. 흔히 잔인해지곤 하는 사내아이들 무리가 이런 결함들을 언급하지 않고 지나갔을 것 같지는 않다. 그러나 소소는 따돌림 받는 아이가 아니었다. 그는 또래들과 대등한 지위를 유지했고 그들이 벌이는 모든 놀이에 끼었다. 남달리 힘겨운 어린 시절이 이오시프 주가시빌리에게 훗날 이오시프 스탈린에게서 나타날 잔인성의 씨앗을 뿌렸다고는 보이지 않는다. 또한 유년기에 그를 반항아로 변모시킬 뚜렷한 징후가 나타나는 것도 아니다.

1890년대 초 고리 종교 학교에 다닐 때의 스탈린.
러시아 국립사회정치사문서보관소.

신학교 낙제생

이오시프의 어머니는 아들이 출생 시의 사회적 조건을 훌륭하게 극복하리라는 희망으로 노력을 아끼지 않았지만, 그의 지적 능력을 알아본 사람은 비단 어머니뿐만이 아니었다. 소년을 학교에 보낼 때가 되었을 때 케케는 이 소년이 교육의 혜택을 입어 마땅하다고 확신하는 후원자들에게 도움을 청할 수 있었다. 이오시프가 사제가 되어야 한다는 그녀의 열망은 더없이 온당해 보였다. 그 후원자는 크리스토포르 차르크비아니라는 한 사제의 가족으로, 주가시빌리 가족은 그들 집의 방 한 칸을 빌렸다. 그들은 소소가 고리 교회 학교에 입학을 허가받을 수 있게 도와주었다. 학교 수업은 러시아어로 진행되었으므로 차르크비아니 집안의 자녀들이 그에게 러시아어를 가르쳐 주었다. 이 언어 강습 덕분에 소소는 곧바로 이 학교에서 최고 수준의 예비 학급에 들어갈 수 있었고, 확실히 이는 이 미래 지도자의 인생에서 의미심장한 순간이었다. 열 살 난 소소는 러시아 언어권으로 진입하는 중요한 첫걸음을 디뎠다.

그는 고리 교회 학교에서 1888년부터 1894년까지 거의 6년을 보냈다. 이는 주가시빌리 가족에게 극적인 변화의 시기였다. 숱한 가정불화 끝에 베사리온이 처자식의 생계를 팽개치고 고리를 떠나 버림으로써 소소의 학업 지속이 위태로워진 것이다. 그러나 케케는 도움을 구할 수 있었다. 소소의 학업 성적이 좋았기 때문에 도움을 얻기가 확실히 더 용이했을 것이다. 그는 모범생이었고 장학금까지 받았다. 어머니는 아들이 동급생들보다 어떤 면에서든 못하다고 느끼지 않게끔 신경 썼고, 항상 그를 날씨에 맞게 단정히 차려 입혔다. 수많은 회고담에 따르면 소소는 성실성과 근면함으로 학교에서 두각을 나타냈다. 그는 기도문을 잘 낭송하고 교회 성가대에서 노래를 잘 부르는 것으로 유명했으며 교사들과의 관계도 좋았다. 아이들 사이에서 '순사'라는 별명으로 통했던 한 러시아어 교사는 소소를 자기 조수로 삼아 책을 나누어 주는 일을 맡겼다.[9] 그로부터 수십 년이 흐른 1949년, 이 학교에서 그를 가르쳤던 또 다른 교사인 S.V. 말리놉스키는 옛 제자와 연락을 취하려는 과감한 시도를 했다. 그는 "이제 노년이 되어, 내 보잘 것 없는 노력이 당신의 교육에 조금이나마 기여했음을 자랑스럽게 여긴다"고 썼다. 말리놉스키는 "인생의 황혼을 연명할 필수품이나 충당하고, '위대한 제자'가 나를 가난 속에 버려두지 않았음을 아는 행복 속에서 죽기 위해" 개인적으로 연금을 지급해 달라고 요청했다.[10] 이 편지가 스탈린 앞에까지 갔다는 증거는 있지만, 보조금이 주어졌는지 여부는 기록이 불분명하다.

이오시프는 1894년에 졸업했다. 그에게 발급된 졸업 증명서에는 그가 수강한 과목과 받은 성적이 나열되어 있다. 그는 품행을 비롯하여 성역사聖歷史, 정교회 교리 문답, 전례 주해서와 규범서, 러시아어와 교회 슬라브어, 조지아어, 지리, 습자, 전례 성가에서 '수'를 받았고, 그가 가장 약했던 그리스어와 산수에서도 용케 '우'를 받았다. 그는 우수한 성적 덕분에 신학교 입학 추천서를 받을 수 있었다.[11] 교과 과정이 협소하긴 했지만, 소소는 고리의 학교에서 많은 기술과 지식을 얻었고 독서에 대한 열정을 키웠다. 더욱 중요한 일은 러시아어를 완벽히 습득한 것이었다. 이 학교에서의 그에 대한 회고담들은 리더를 자임하는 적극적인 아이의 모습을 묘사하고 있다. 우등생으로서 그의 위치는 그러한 자신감을 더욱 높여 주었을 것이다. 그는 이 시절에 대해 즐거운 추억을 간직하고 있었던 것 같다. 그는 수십 년 뒤까지도 학교 친구들을 기억하고 심지어 그들을 도우려고 나서기도 했다. 그가 65세 때인 1944년 5월의 한 메모에 스탈린은 이렇게 적었다. "1) 내 친구 페차에게 ―4만루블, 2) 그리샤에게 3만루블, 3) 제라제에게 3만루블" "그리샤! 이 작은 선물을 받아 주길 바란다…너의 소소로부터."[12] 조지아어로 쓰인 이 편지에는 한 나이 든 남자가 자신의 청소년기를 애정 어린 눈으로 회고하며 느끼는 향수가 묻어 있다.

회고록들 중에는 이오시프 주가시빌리의 반항적 행동과 종교와의 단절이 고리에서의 시절까지 거슬러 올라간다고 주장하는 내용도 있지만 이들은 모호하고 서로 모순된다. 스탈린의 첫(그리고 도저히 중립적이라 할 수 없는) 전기 작가 중 한 명인 레온(레프) 트로츠키[13]는 스탈린의 옛 급우들이 고리에서의 시절과 나중에 트빌리시에서 일어난 일들을 혼동하고 있다고 설득력 있게 주장한다. 그의 졸업 증명서와 신학교 입학 추천서에 적힌 극찬은 학동 소소의 모범적 행동과 규칙을 준수하는 태도를 가장 잘 보여주는 증거다.

1894년 9월, 입학시험을 훌륭히 통과한 어린 주가시빌리는 트빌리시 신학교에 들어갔다. 예카테리나와 그녀의 아들은 이곳에서도 행운을 누렸다. 신학교는 성직자 계층에서 태어난 학생들을 받는 데 더욱 열심이었고 그 외의 학생들은 학비를 내야 했다. 그러나 이오시프의 재능과 친지들의 청원서 덕택에 그는 무상으로 숙소를 쓰고 신학교 구내식당에서 공짜로 밥을 먹을 수 있었다. 그는 수업료와 의복 값만 지불하면 되었다.[14] 야심찬 소년은 이를 '가난한 친척'에 대한 모욕적인 적선으로 여겼을까? 그랬을 수도 있다. 하지만 이 보조금을 자신이 거둔 성취에 대한 상이자 인정으로 보았을 가능성도 있다.

스탈린은 1894년 가을부터 1899년 5월까지 4년 반 이상을 트빌리시 신학교에서 보냈다. 대도시로의 이주에는 확실히 어느 정도의 스트레스가 따랐다. 하지만 이오시프는 혼자가 아니라 고리 교회 학교에서 알고 지냈던 친구 및 지인들과 함께 왔다. 게다가 그에게 수업은 비교적 수월했던 것 같다. 그는 입학 첫 해에 반에서 8등을, 다음 해에 반에서 5등을 했다. 그의 품행은 '수'로 평가되었다.[15]

그러나 이 전도 유망한 외견 뒤에는 점점 커지는 불만과 반항이 도사리고 있었다. 그가 규칙을 준수하는 모범생의 길에서 일탈한 시점을 꼭 집어 말할 수는 없지만, 신학교의 견디기 힘든 생활환경을 보여 주는 유명한 두 가지 증거가 있다. 그 첫 번째 증언은 스탈린 자신의 것이다. 1931년 독일 작가 에밀 루드비히와의 인터뷰에서 그는 신학교가 자신을 반항으로 밀어 넣는 데 어떤 역할을 했는지를 이렇게 설명했다. "나는 신학교를 지배했던 부당한 체제와 위선적 방침에 저항하면서 혁명가가, 진정 혁명적인 가르침으로서의 마르크스주의 신도가 될 준비를 갖추었고 실제로 그렇게 되었습니다…그 예가 기숙사 염탐이었지요. 9시에 아침 차 시간 종이 울리면 우리는 식당으로 갔는데, 돌아와 보면 그 동안 누가 방을 수색해서 우리 소지품 함을 전부 뒤집어엎은 상태였습니다."[16] 스탈린의 한 급우가 회고한 내용 또한 널리 인용되어 그의 증언을 뒷받침했다.

> 그들은 우리를 4층짜리 건물로 데려 가서 거대한 공동 침실에 20~30명씩 수용했다…신학교에서의 생활은 반복적이고 단조로웠다. 우리는 아침 7시에 기상했다. 첫 번째로 기도를 해야 했다. 그 다음 차를 마시고, 종이 울리면 수업에 들어갔다…수업은 중간에 쉬는 시간을 포함하여 2시까지 계속되었다. 3시에는 식사를 했다. 5시가 점호 시간이었고, 그 이후에는 건물 밖 출입이 불허되었다. 우리는 감옥에 갇힌 것 같은 기분이었다. 다시 만과를 올리고, 8시에 차를 마시고, 학급별로 흩어져서 숙제를 한 뒤 10시에 소등하고 취침했다.[17]

이러한 통제로부터 자유로운 주일에도 신학생들의 삶은 그다지 밝아지지 않았을 것이다. 특히 그날은 의무적인 성찬 예배에 하루의 일부가 소요되었으므로 더더욱 그러했다. 이는 끊임없는 감시, 수색, 고발, 처벌로 점철된 체제였다. 교과목의 범위는 — 성서, 교회 성악, 러시아어 문헌학, 그리스어와 조지아어에 추가로 성서 역사 및 세속 역사와 수학도 포함되어 — 고리에서보다 다소 넓어졌지만, 지적 활동은 교리에 의해 엄격히 제한되었다. 세속 문학의 독서는 가혹하게 처벌했고 러시아로의 동화를 노골적으로 강제하여 조지아 신학생들의 민족적 자부심을 훼손했다. 학생들 사이에 강한 분노와 반항의 기류가 암암리에 존재한 것은 놀랄 일이 아니었다. 이오시프가 입학하기 1년 전에 동맹 휴업이 터졌다. 신학생들은 수업을 거부하고 교사들의 전횡 중단과 그중 일부의 해임을 요구했다. 이에 학교 당국은 시설을 폐쇄하고 다수의 학생을 퇴학시키는 것으로 대응했다.

소요에 대한 이런 빈틈없는 억압은 이오시프가 신학교에 다니는 동안 공공연한 저항이 없었던 이유를 설명해 준다. 개인적·집단적 차원의 모든 반발은 지하로 억눌렸다. 처음에 이오시프는 정의를 위한 투쟁의 귀감이 된 낭만주의 문학 영웅, 특히 조지아 문학 작품에 등장하는 영웅에서 그 출구를 찾았다. 그의 첫 번째 모델 중 한 명은 알렉산드레 카즈베기의 소설인 〈부친 살해자〉의 등장인물이었는데, 이는 용감무쌍하고 고귀한 복수의 화신 코바가 러시아 압제자와 조지아 귀족들을 혼내 주는 이야기였다.[18] 코바는 그의 첫 번째 가명이 되었고, 그는 평생토록 이 이름을 아끼며 가장 가까운 동지들에게 자기 본명 대신 쓰도록 허락해 주었다.

조지아 민족주의의 향취를 띤 낭만적 의적에 매혹된 젊은 스탈린이 시작詩作에 손댄 것은 예측 가능한 수순이었다. 그는 신학교 첫 해를 수료한 뒤 한 조지아 신문사의 편집부에 자작시 샘플을 투고했고, 1895년 6월부터 10월 사이에 다섯 편의 시가 게재되었다. 다음해 여름에는 다른 신문에 또 다른 시가 실렸다. 조지아어로 쓰인 이 시들은 조국과 동포에 대한 헌신을 찬양하는 내용이었다. 스탈린이 소련을 지배한 시기에 그의 시들이 러시아어로 번역되었지만 이 번역시들은 그의 저작집에 수록되지 않았다. 그는 자신의 범용하고 순진한 시들이 외골수 혁명가의 이미지에 들어맞지 않음을 이해했던 것이 틀림없다.

높은 구름 속 종달새
낭랑히 낭랑히 울고
기쁨에 찬 나이팅게일이 말했노라.
"피어나라, 아름다운 국토여,
환호하라, 조지아의 나라여.
그리고 그대, 조지아인이여,
배움으로 조국을 기쁘게 하라."[19]

이런 구절들이 독재자 스탈린의 이미지를 순화해 주지는 않지만, 조국과 동포에 대한 헌신이라는 개념에서 영감을 발견한 신학생 주가시빌리의 순수한 의도를 증언하는 것만은 사실이다. 이 희미하고 설익은 투쟁이 구체적인 단계로 이어진 것은 신학교 3학년 때였다. 이오시프는 신학생들의 비밀 토론 그룹에 가입했고 확실히 여기서 지도적인 위치에 올랐다. 이 그룹에서 읽는 책들은 완전히 합법이었지만 신학교에서는 금지되어 있었다. 신학생들의 품행을 기록한 일지에는, 주가시빌리가 1896년 말과 1897년 초에 빅토르 위고의 소설을 비롯한 금서를 읽어 교칙을 위반했다는 항목이 있다.[20] 3학년 들어서부터 이오시프의 성적은 떨어지기 시작했고 교칙 위반으로 적발되는 일이 점점 늘어났다.

이오시프 주가시빌리는 점점 급진적으로 변했다. 그는 시작을 중단하고 정치에 대한 열렬한 관심을 키웠다. 그는 뭔가 '실질적인' 일에 참여하길 갈망했고, 이 갈망은 그를 사회민주주의자와 마르크스주의에 대한 관심, 그리고 철도 노동자들의 불법 회합 참석으로 이끌었다. 그의 공식 전기에 따르면, 이오시프는 아직 신학교에 적을 두고 있던 1898년 8월 사회민주당 조직에 가입하여 소규모 노동자 그룹들을 위한 선전 활동가로 일하기 시작했다. 이 시점에 마르크스주의에 대한 그의 지식은 아마 상당히 피상적이었겠지만, 그는 여기에 강렬히 매혹되었다. 모든 것을 아우르며 그 보편성에 있어 거의 종교적인 수준인 마르크스주의의 성격은 젊은 신학생에게 대단히 매력적이었다. 이는 종교에 대한 환멸로 생겨난 그의 세계관의 간극을 메워 주었다. 인간 역사가 일련의 법칙에 의해 지배되며 인류가 사회주의라는 더 높은 단계를 향해 거침없이 진보하고 있다는 신념은 혁명적 투쟁에 특별한 의미를 부여했다. 그러나 당시 주가시빌리가 마르크스주의에 매료된 것은 전혀 유별난 일이 아니었다. 마르크스주의 신념은 실로 유행병이었다.

이오시프에게 영향을 끼친 한 부류는 조지아의 다른 지역에서 트빌리시로 들어온 연상의 동료 혁명가와 반란자들이었다. 이 맥락에서 가장 자주 언급되는 인물은 라도 케츠호벨리이다. 그는 아직 젊었음에도 청년 스탈린이 막 내딛은 여정에서 이미 상당히 앞서 있었다. 케츠호벨리는 트빌리시 신학교에서 쫓겨난 뒤 키예프 신학교에 등록했고, 그곳에서 불법 표현물 소지죄로 당국에 체포되었지만 마침 차르 니콜라이 2세의 대관식을 기념하여 일반 사면이 행해져 겨우 처벌을 면할 수 있었다. 이 열성적 혁명가는 그 후 트빌리시로, 다시 바쿠로 가서 지하 인쇄소를 조직하고 체제 전복을 위한 저작물 발행에 몰두했다. 1903년 그는 한 간수의 총에 맞아 죽었다. 떠도는 전설에 의하면 그는 혁명

구호를 외쳤다는 이유로 살해당했다고 한다. 그는 이오시프가 우러러 보았던 그러한 부류의 활동가였다.[21]

신학교에서 보낸 마지막 학년(1898~1899년), 사회민주당 운동에 점점 더 깊이 관여하게 된 시기 이오시프가 보인 행동에서는 과거와 단절하려는 의지가 뚜렷이 드러난다. 트빌리시에서의 첫 해에 맺혔던 온갖 분노가 수면으로 터져 나왔다. 신학교의 품행 일지는 그의 반항의 연대기나 다름없다. 9월에 그는 금서의 발췌본을 동지들과 함께 읽다가 적발되었다. 10월에는 기도 시간 무단결석, 예배 중의 태도 불량, 휴일 이후 지각 복귀로 징벌방에 세 차례 구금되었다. 그 이후에도 다양한 위반으로 인한 구금과 징계가 번갈아 가며 등장한다.[22]

1899년 1월, 이오시프는 신학교 당국과의 심각한 충돌로 한 달간 학교 밖으로의 외출을 금지 당했다. 역사학자 알렉산드르 오스트롭스키에 의하면 이 징계는 1939년 이오시프의 한 급우가 발표한 회고록에 기록된 사건이다.[23] 이 회고록에 따르면, 신학교의 감독관이 주가시빌리의 방을 수색하다가 금서들을 발견했는데 그때 켈바키아니라는 이름의 신학생이 감독관에게 달려들어 그의 손에서 책을 빼앗은 뒤 주가시빌리의 도움을 받아 책들을 챙겨 가지고 달아났다고 한다.[24] 이 이야기에 의구심을 제기하는 몇몇 출처 중 하나는 1899년의 신학교 품행 일지이다. 여기에는 켈바키아니의 위반 행위가 상당히 다르게 기술되어 있다.[25] 켈바키아니의 소지품을 수색하던 중 금서를 발췌하여 베껴 쓴 공책이 나왔는데, 공책을 돌려달라는 켈바키아니의 요구를 감독관이 거부하자 그 신학생이 그것을 빼앗아 화장실 변기에 버렸다는 것이다. 이 사건은 곧 신학교 교장에게 보고되었고 켈바키아니는 몇 시간 동안 징벌방에 갇혔다.

품행 일지에 따르면, "켈바키아니는 강한 참회의 뜻을 보였다." 그는 자신의 죄를 인정하고 관용을 베풀어 달라고 청했다. 주가시빌리가 이 사건에 연루되었다는 언급은 없다. 확실히 알 수 있는 사실은 1899년 1월 주가시빌리가 한 달간 시내로의 외출을 금지 당했고, 켈바키아니는 퇴학당했다는 것뿐이다.[26] 이 징계 수위의 차이는 이오시프가 어떤 다른 위반 행위로 처벌되었거나 그가 공책을 파기하는 데 보조적인 역할만 했음을 암시한다.

1951년 6월 켈바키아니는 옛 급우에게 다음과 같은 편지를 썼다.

> 소소 동무! 내가 지금 얼마나 가난에 찌들어 사는지 동무가 안다면 나를 그냥 내버려 두지 않을 것이라고 확신합니다. 나는 이제 늙고 수입도 없어서 어려운 상황입니다…소소 동무, 어떤 면으로 보면 동무는 내게 빚이 있습니다. 동무의 서랍을 수색하다가 나온 불법 문헌을…내가 신학교 감독관의 손에서 빼앗았고, 그것 때문에 내가 신학교에서 퇴학당한 일을 동무는 아마 기억할 것입니다…물론 나는 이를 자랑스럽게 여기거나 뽐내려는 것이 아니고…가난 때문에 어쩔 수 없이 떠올리게 되었습니다. 도와주십시오, 소소 동무.[27]

이 편지는 스탈린에게 보고되었다. 켈바키아니가 어떤 식으로든 도움을 받았는지에 대해서는 기록이 없지만, 그의 편지는 1899년에 일어난 사건을 해명해 준다. 확실히 켈바키아니는 1939년에 발표되어 미래 스탈린의 '영웅적 행동'을 기술한 회고록에 대해 잘 알고 있었고, 대체로 그 회고담의 세부 내용을 충실히 따르고 있다. 압수된 공책은

'불법 문헌'으로 판정되었고 켈바키아니가 아닌 주가시빌리의 소지품에서 발견되었다. 하지만 압수된 공책을 켈바키아니 자신이 -'소소 동무'의 도움 없이 - 감독관의 손에서 빼앗았다고 명확히 진술하고 있음은 주목할 만하다. 또한 그는 자기가 미래의 지도자를 위해 친절을 베풀었음을 암시하면서, 소소가 이 사건에 관련되었음을 명확히 밝히고 있다. 종합해서 보면 이오시프는 이 일에 정말로 관련되었던 것으로 보인다. 예컨대 우리는 켈바키아니가 파기한 공책이 주가시빌리의 것이었다고 추정할 수 있다. 그때는 이 사실이 알려지지 않았기 때문에 품행 일지에 기록되지 않았을 수도 있다. 켈바키아니가 공책을 지키려고 했을 때 이오시프가 돕지 않은 것은 거의 확실해 보인다. 이는 지도자 숭배를 부추기기 위해 만들어진 전설들 중 덜 유해한 것에 속했다.

이 공책 사건 외에도 주가시빌리는 신학교 윗사람들의 눈에 요주의 인물로 찍힐 만큼 많은 죄를 저질렀다. 그는 1899년 5월에 제적되었다. 공식 사유는 '무단 결시'였다. 한 가지 이상한 부분은 그가 퇴학 때 받은 신학교 4년 수료증에 품행 점수가 최고로 매겨져 있다는 것이다.[28] 오랫동안 스탈린의 전기 작가들은 그가 학교를 떠난 정황의 모호함을 지적해 왔다. 그 자신은 자기가 "마르스크주의를 선전해서" "쫓겨났다"고 말하기를 좋아했다. 한 인터뷰에서 예카테리나는 아들의 건강이 안 좋아서 자기가 신학교를 그만두게 했다고 주장했다.[29] 이 모든 설명 - 공식 사유나 주가시빌리와 어머니의 진술 - 은 어느 정도 진실일 수 있다. 신학교 당국은 반항아를 제거하면서 한편으로 스캔들을 피해 가려 했을 수도 있다. 그렇다면 예카테리나와 아들의 악화되는 건강에 대한 그녀의 걱정은 여기서 주요한 역할을 했을 가능성이 있다. 그렇게 해서 마침내 이오시프는 정말로 '쫓겨났다.' 다만 자기 행실

청년 혁명가 스탈린, 1900년대 초. 러시아 국립사회정치사문서보관소.

을 고칠 여지를 열어 놓은 채로, 조용히 쫓겨났다.

지하 활동, 투옥, 유형

신학교에서 이오시프 주가시빌리에게 발급한 수료증으로 그는 종교 기관에서 일하거나 초등 교사가 될 수 있었다.[30] 그러나 그는 평범한 삶으로의 복귀에 관심이 없었다. 1899년 말 이오시프는 친구들의 도움으로 트빌리시 기상 관측소에 채용되었다. 기계가 측정한 값을 계속 기록하는 일이 그의 업무 중 하나였으므로 그는 관측소 구내에서 살아야 했고, 이로써 수입과 주거를 모두 해결할 수 있었다.

혁명 그룹들과 계속 일하면서, 그는 곧 합법적 선전을 통한 운동을 거부하고 파업과 시위 선동을 선호하는 트빌리시 사회민주당 조직의 급진 분파에 속하게 되었다. 이 22살 난 반항아의 신학교 기록과 라도 케츠호벨리 같은 혁명가들과의 교류를 고려할 때 급진주의로의 경도는 놀랄 일이 아니었다.

1900년과 1901년에는 파업의 물결이 트빌리시를 휩쓸었고 탄압이 그 뒤를 이었다. 체포 위협이 닥치자 주가시빌리는 기상대 일을 관두고 지하로 들어갔다. 그리고 다시는 되돌아오지 않았다. 그는 직업적 혁명가가 되었다.

러시아의 혁명가들은 배경과 상관없이 한 가지 공통점이 있었다. 평범한 삶과의 단절과 지하로의 잠입이 증오와 결단 – 기존 질서에 대한 증오와 이에 맞서 투쟁하겠다는 결단 – 의 순간에 일어났다는 점이다. 러시아 제국에는 이 두 감정이 대단히 팽배해 있었다. 권위주의적 체제와 사회적 불평등은 반란자들의 온상이었다. 급진주의자들이 겪는 박해는 그들을 더더욱 급진화시켰다. 신학교를 지배한 전횡과 반계몽주의로 인해 촉발된 이오시프 주가시빌리의 증오는 그보다 앞서 혁명의 길을 택한 경험 많은 동지들의 선전과 활동에 자극되어 한층 더 타올랐다. 그의 과단성은 그 자신의 성격적 특징인 동시에 그가 태어난 환경의 산물이었다. 그와 같은 사회적 태생을 공유한 사람들은 잃을 것이 별로 없었다.

스탈린의 반골 기질과 냉혹성의 근원을 탐구한 많은 역사학자들이 러시아 제국의 외딴 지역들을 지배했던 분위기를 지적해 왔다. 앨프리드 리버는 그를 '변경인(man of the borderland)'이라고 불렀다.[31] 사회·민족 갈등이 부글부글 끓는 가마솥이었고 부족적 전통들 속에서 고립된 산업 구역들이 출현 중이던 캅카스는 스탈린의 성격을 형성하는 데 필연적으로 일정한 역할을 했다. 외르크 바베로브슈키는 스탈린과 그의 전우들이 "제국의 주변부와 중심부 당 조직에 캅카스 변경 지방의 폭력적 문화—집단 간의 유혈 보복과 원시적 명예 관념—를 들여왔다"고 썼다.[32] 멘셰비키 사회민주당원으로 훗날 유명한 역사학자가 된 보리스 니콜라옙스키 또한 이런 견해를 뒷받침한다. 니콜라옙스키는 혁명 이전 사회민주당 자캅카지예* 지부에서 일했고 심지어 주가시빌리를 만난 적도 있었다. 그는 스탈린이 '지극히 강한 독기와 복수심'을 지녔으며 당을 지배하려는 투쟁에서 '가장 극단적인 수단'도 동원할 수 있는 인물이라고 묘사했다. 그러나 사회민주당 활동을 하는 주가시빌리의 많은 정적들도 이와 다르지 않았다. 니콜라옙스키는 이런 특성이 '당내 투쟁에 캅카스의 풍습이 주입된' 결과라는 말을 들었다고 한다.[33]

러시아 변경 지방의 고난과 비극적 역사로 인해 형성된 이런 심성을 고려하는 것이 불합리한 일은 아니다. 그러나 러시아 제국 전체가—아시아와 유럽 사이의, 근대화의 약속과 퇴락하는 전통적 생활 방식 사이의, 권위주의와 민주주의 투쟁 사이의, 체제의 반계몽주의와 다수 혁명가들의 폭력성 사이의—하나의 거대한 변경이었다. 캅카스 고유의 모든 특성은 러시아 전체를 아우르는 극단주의와 폭력의 문화라는 맥락에서 보아야 하며, 이러한 문화는 충동이 분출될 출구를 제공했을 뿐이다. 물론 이러한 맥락이 젊은 주가시빌리가 내린 선택의 개인적 책임을 덜어주는 것도 아니다.

혁명가들도 저마다 차이가 있다. 많은 이들이 유년기의 영향으로,

* 캅카스 지방의 일부로, 러시아에서 캅카스 산맥 너머 남쪽에 있는 현재의 아르메니아, 아제르바이잔, 조지아 지역을 가리키는 말. 남캅카스라고도 한다.

열정을 좇아, 자극을 추구하여 싸움에 투신한다. 물론 이런 요소들도 완전히 무시해선 안 되겠지만, 스탈린을 이 길로 이끈 것은 이런 요소들이 아니었을 것이다. 그는 냉정한 혁명가, 집요하고 체계적으로 — 심지어 신중하게 — 혁명을 진전시키며, 일단 성공이 다가오면 권력을 다질 최선의 기회를 잡는 부류로 묘사할 수 있다. 그에게는 과단성과 신중함, 집착과 냉소가 혁명의 수많은 위험을 탈 없이 뚫고 나올 수 있을 정도로 딱 알맞게 배합되어 있었다.

이 지방의 경찰 서류 속에서 발견된 트빌리시 사회민주당 조직 활동 총람을 보면 이오시프 주가시빌리가 "대단히 조심스럽게 처신하며 걸을 때도 끊임없이 뒤를 돌아본다"고 기술되어 있다.[34] 그는 한동안 용케 체포를 피해 다녔고, 많은 사회민주당원들이 감옥에 들어가 있었으므로 이는 그가 트빌리시 당 지도부 내에서 빨리 부상하게 해 준 중요한 강점으로 작용했다. 그가 트빌리시에서 제국 석유 산업의 주요 중심지인 바투미로 간 것은 명백히 체포를 피하기 위해서였다. 그와 동료들의 선전 활동은 확실히 효과를 거두어 바투비의 노동자들은 연이은 파업과 시위를 벌였다. 정부의 대응은 가혹했다. 1902년 3월 9일 노동자들이 동지가 많이 수감되어 있는 한 감옥을 습격했을 때 군대가 발포했다. 최소한 13명이 숨지고 수십 명이 다쳤다. 바투미에서의 폭력 진압 소식은 널리 퍼졌고, 이 시위의 주모자 중 한 명이었던 주가시빌리는 체포되었다.

처벌을 피하기 위해, 주가시빌리는 소요가 벌어지기까지 바투미 근처에도 가지 않았다고 주장하면서 죄를 부인했다. 그는 감옥에서 어머니와 친구, 친척들에게 쪽지를 보내어, 그가 3월 중순 이전에 고리에 도착했다고 위증해서 알리바이를 제공해 달라고 부탁했다.[35] 그 쪽지 중 하나가 경찰의 수중에 들어갔다. 바투미의 경찰은 주가시빌리가 감옥 습격 계획에 직접 관여했음을 채 입증하지 못했지만, 그의 배경을 캐는 과정에서 트빌리시에서 그가 벌인 활동들을 밝혀냈다. 수사는 느리게 진행되었다. 감옥에서 썩고 있던 이오시프는 수사 결과를 유리하게 만들기 위해 가능한 모든 수단을 동원했다. 체포된 지 7~8개월이 경과한 1902년 10월과 11월, 그는 캅카스 총독부에 2통의 탄원서를 보냈다. 그는 "날로 심해지는 숨 막힐 것 같은 기침과, 12년 전 남편에게 버림받아 이제 인생에서 의지할 곳이라곤 저밖에 없는 연로하신 어머니의 무기력한 처지"를 운운하며 경찰의 보호관찰 하에 석방해 줄 것을 청했다. "부디 저를 버리지 마시고 제 청에 응답해 주십사 총독부에 탄원합니다." 1903년 1월에는 예카테리나도 아들을 풀어 달라고 당국에 탄원서를 썼다. 그녀는 러시아어로 쓰인 탄원서에 조지아어로 서명했다. 여기서 그녀는 아들이 "저와 제 에미의 생계를 책임진 가장으로서, 음모나 소요에 가담할 시간도 기회도 없습니다"라고 썼다.[36]

이 탄원서들은 효과가 없었다. 이오시프는 한동안 박탈감과 괴롭힘에 시달리며 계속 감옥에 갇혀 있다가, 체포된 지 1년 반이 흐른 1903년 가을이 되어서야 마침내 동시베리아로 유배되었다. 그리고 얼마 안 있어 1904년 초에 유형지에서 탈출했다. 이는 그리 드물지 않은 일이었다. 그러한 탈출은 용의주도한 준비와 담력과 신체적 지구력을 요했지만, 비교적 느슨한 감시 덕분에 많은 혁명가들이 유배지에서 꽤 수월하게 도망칠 수 있었다. 이 최초의 유형으로 요령을 익힌 주가시빌리는 이 때의 경험을 나중에도 몇 차례 더 활용했다.

주가시빌리가 자캅카지예로 돌아온 첫 달에 이중 첩자로 의심받았음을 암시하는 증거가 있다.[37] 사회민주당원들은 이 지역 전체에서 체포되고 있었다. 이런 체포 때문에 그에게 의심이 드리우긴 했어도, 인력이 부족해진 탓에 그는 지하 운동계에서 빠르게 부상하기 시작했다. 그는 자캅카지예 사회민주당 조직의 지도 위원회에 들어갔다. 그의 적극적인 지하 활동과 논설 집필 능력 또한 성공 요인이었다.

주가시빌리가 감옥과 유형지에서 보낸 2년 동안 러시아의 사회민주당은 중요한 변화를 겪었다. 공식적으로는 단일한 정당이었지만 실질적으로는 레닌 지지자들—볼셰비키파—과 그보다 온건한 멘셰비키파로 분열된 것이다. 레닌은 혁명 기구 역할을 할 전투적이고 응집력 있는 지하 정당을 주장했다. 혁명의 주력이 될 노동자들은 제대로 된 혁명적 사고를 스스로 발전시킬 능력을 갖추지 못했다는 것이 레닌의 믿음이었다. 그들은 직업적 혁명가들의 가르침을 받아야 했다. 레닌 교의의 목표는 혁명을 재촉하고 '역사적 시점'을 앞당기는 것이었다. 멘셰비키는 당이 경직성을 완화하고 활동가뿐만 아니라 동조자들도 당 내에 받아들여야 한다고 생각했다. 멘셰비키는 노동자들을 더 존중하고 교사로서 자신들의 역할을 덜 중시했다. 이런 접근 방식은, 혁명 과정은 사회주의의 객관적 전제 조건들이 성숙하면서 점진적이고 유기적으로 진행된다는 그들의 핵심적 믿음으로부터 자연스럽게 나온 산물이었다. 기질적으로 주가시빌리는 레닌의 관점을 수용하는 쪽에, 그의 급진주의와 단호한 행동 요구에 이끌렸다. 나아가 당 인텔리겐치아의 일원으로서 주가시빌리는 직업 혁명가가 노동자들의 운동을 이끌어야 한다는 생각을 환영했다.[38] 지도자가 되어 대중에게 나아갈 길을 제시하는 것이야말로 혁명에서 인텔리겐치아의 역할이 아니었던가? 그의 많은 글들은 레닌의 사상을 고취하는 데 바쳐졌다.

1905년의 1차 러시아 혁명은 처음에 볼셰비키와 멘셰비키 사이의 불협화음을 심화시켰지만 결과적으로는 두 분파를 더 가깝게 만들었다. 정부와 그 지지자라는 공동의 적을 마주한 두 그룹은 양쪽 다 점점 더 폭력과 잔혹 행위에 의지하게 되었다. 사회·민족 간 적대로 들끓는 자캅카지예에서는 상황이 특히 더 심각했다. 정부는 여느 때와 같이 무기 사용을 주저하지 않았고, 이에 혁명가들은 독재 정권 관련자들의 살해와 산업체 방화로 대응했다. 살육의 물결은 종족 간 학살로 인해 더욱 조장되었다. 폭력과 유혈이 다반사가 되었다. 멘셰비키와 볼셰비키는 각자 무장대를 조직하고 테러리스트의 방식을 광범위하게 활용했다.[39] 주가시빌리는 조지아 곳곳을 돌며 파업과 시위를 조직하고, 전단과 논설을 쓰고, 지하 인쇄소와 무장대 설립을 거들며 이런 사건에서 능동적인 역할을 했다. 그리고 서서히 자캅카지예 볼셰비키 지도부의 중심으로 다가갔다.

1905년 10월, 차르는 격해진 소요로 인해 양보할 수밖에 없는 상황에 몰렸다. 러시아는 최초의 의회인 국가두마를 갖게 되었다. 정치적 자유—양심의 자유, 언론과 결사의 자유, 신체의 불가침성—가 선언되었다. 그럼에도 혁명은 한동안 계속 고조되었고, 차르뿐만 아니라 사회민주당 역시 이에 전략적으로 대응해야 했다. 평당원들로부터의 압력에 의해, 볼셰비키와 멘셰비키는 서로 화해하는 데 동의했고 당은 표면적으로나마 다시 통일을 이루었다. 그러나 이 새로운 통일은 자캅카지예 볼셰비키, 특히 주가시빌리의 이해관계에 이롭게 작용하지 않았다. 이로써 멘셰비키가 이 지역 혁명 조직의 선봉을 장악하게 되었기 때문이다. 볼셰비키의 초라한 입지는 1906년 4월에 스톡홀름에서 열린 '통합 당 대회' 대의원 선거에서 생생히 드러났다. 여기서 주가시빌리는 자캅카지예에서 대표로 뽑힌 유일한 볼셰비키였다. 다음해 5

월 런던에서 열린 차기 대회 때는 더더욱 모욕적이어서 처음에는 멘셰비키만 선출되었다. 볼셰비키는 적어도 1명의 대표자를 보내기 위해 추가 선거를 해야 했다. 또다시 주가시빌리가 파견되었다.

주가시빌리의 이러한 당 대회 출장이 당과 세계에 대한 그의 감각과 더불어 인맥 또한 확장시켜 준 것은 분명하다. 1907년 런던으로 가는 길에 그가 베를린에 들러 레닌을 만났다는 증거가 있다.[40] 런던에서 돌아오는 길에는 파리에 며칠 머무르며 그곳에서 유학 중이던 동향인 그리고리 초치아와 함께 지냈다. 그는 초치아의 사망한 친구 여권을 사용하여 러시아로 돌아갔다. 이렇게 해서 그는 경찰의 감시를 피하고 신변의 안전을 확보할 수 있었다. 그로부터 40년이 흐른 1947년 5월, 당시 레닌그라드에 살던 초치아는 스탈린에게 이 사실을 상기시켜 주었다. "1907년 중반에 나는 당신을 제 집에 며칠 재워 주고 파리의 생라자르 역까지 데려다 주었습니다. 고맙게도 당신은 (세가 국제 여권을 마련해 준 것에 대해) '이 도움을 절대 잊지 않겠다'고 말했습니다. 지금 제게는 당신의 주의가 절실히 필요합니다. 단 5~10분만이라도 당신을 만나는 영광을 누리게 해 주십시오."[41] 그러나 이 편지는 보고되지 않고 문서고로 직행했다. 스탈린은 국외 여행을 거의 회고하지 않았다. 우리는 그가 유럽에서 무엇을 보았고 무엇을 느꼈는지 알지 못한다. 그는 1906년 7월에 결혼한 젊은 아내 예카테리나 스바니제나 (이오시프가 서유럽으로 떠나기 직전인) 1907년 3월에 태어난 아들 야코프에게 줄 선물을 챙겨 가지고 돌아갔을까? 분명히 주가시빌리의 마음은 혁명에 쏠려 있었다.

그가 서유럽에서 돌아온 직후인 1907년 6월 13일, 자캅카지예 볼셰비키 내의 한 무리가 트빌리시의 은행으로 수송 중이던 현금을 무장 탈취했다. 이 강도 행각은 러시아 혁명 운동사의 일부가 되었다. 이는 몇 명의 목숨을 대가로 치르고 25만 루블이라는 엄청난 수익을 볼셰비키의 금고에 채워 주었다. 이 '징발'의 주모자는 주가시빌리의 절친한 친구인 시몬 테르-페트로샨(별명 카모)이었다. 두 사람의 명백한 친분 때문에, 스탈린이 이 절도 계획에 관련되었고 심지어 가담했다고 추측하는 이들도 있지만 확실한 증거는 없다.[42] 사회민주당 운동의 연대기를 정리하는 과정에서 이 사건을 철저히 연구한 보리스 니콜라옙스키는, 주가시빌리가 카모 무리의 활동을 알고 있었으며 "이 사실을 지역 당 조직으로부터 은폐해" 주었지만 "어떤 면으로 보아도 주모자는 아니었다"고 결론지었다. 니콜라옙스키는 카모가 외국의 볼셰비키 핵심부와 직접 접촉하며 일하고 있었음을 보여주는 서류, 다시 말해 레닌의 볼셰비키 핵심부와 카모가 이 강도 계획의 세부 사항에 대해 맺은 합의서를 찾아냈다.[43] 이 합의서에 서명한 사람은 주가시빌리가 아닌 카모였다.

훔친 돈의 액수만 제외하면, 이 트빌리시 강도 사건은 유별난 일이 전혀 아니었다. 당시 정부 기관과 개인에 대한 절도는 볼셰비키나 기타 집단에 의해 널리 행해졌다. 그런 활동은 수익을 창출해 주었지만 혁명가의 윤리를 훼손하고 대중에 대한 그들의 평판을 깎아먹었다. 가끔씩 일반 범죄자들이 개인적 이득을 얻기 위해 혁명가들과 합세하기도 했다. 실제로 이데올로기에 고취되어 혁명을 이루기 위해 돈을 훔치는 도둑들은, 비록 1코페이카도 자기 주머니에 챙기지 않았어도, 일반 범죄자와 쉽게 구분되지 않을 때가 종종 있었다. 틀림없이 이런 상황은 사회민주당 지도자들에게 큰 근심거리였을 것이다. 1907년 런던 대회에서 멘셰비키는 사회민주당원의 이러한 강도 행위를 금지하는 결의안을 통과시켰다. 그러나 이 결의안도 레닌과 그 추종자들을 막지는 못했다. 트빌리시 작전은 이미 계획되어 있었고 그들은 이 계획을 취소하지 않았다. 당 대회가 끝나기 무섭게 이 절도가 행해졌다는 사실은 이 사건을 특히 더 냉소적으로 보이게 했다. 사회민주당 내에서는 논란이 확산되었다. 주가시빌리와 카모와의 관계를 알고 있던 트빌리시 멘셰비키는 그들이 주가시빌리에게 품고 있던 불쾌감을 다시금 드러냈다. 그는 트빌리시를 떠나 바쿠로 가야 했다.

바쿠 역시 멘셰비키가 당을 지배하고 있었지만, 주가시빌리는 이곳에서도 충직한 레닌주의자 그룹에 의지할 수 있었다. 이 중요한 산업 중심지에서는 노동계급의 소요와 정치적 반대파에 대한 투쟁의 기회가 무르익고 있었다. 주가시빌리는 바쿠 당 조직에 용케 파고들어 마침내 볼셰비키가 당 지도부를 장악하게 되었다. 그러나 승리의 기쁨은 개인적 비극에 빛이 바랬다. 바쿠에서 이오시프의 아내 예카테리나가 사망한 것이다. 둘의 갓난아기는 처가에 맡겨졌다. 아버지는 아들을 돌볼 시간이 없었다.

1905년 혁명을 둘러싼 소요는 지배 계급에게 겁을 주었고, 차르 정부는 양보의 필요성에 눈뜨게 되었다. 러시아는 약간 더 자유로운 나라가 되었다. 진지한 농지 개혁이 도입되었다. 농민이 압도적 – 폭발할 위험성을 띤 – 다수를 차지하는 나라에서 이는 근본적 중요성을 띠었다. 역사학자들은 이런 개혁이 결국 어디로 이어졌을 것인지를 놓고 여전히 논쟁 중이지만, 한 가지는 분명하다. 러시아는 그 결실을 볼 만큼 충분히 오랜 기간 개혁 경로를 밟을 기회를 갖지 못했다. 게다가 당국은 개혁 및 양보와 더불어 '질서 회복'을 개시했고 지하 혁명 세력을 더욱 단호하고 무자비하게 탄압했다. 주가시빌리도 이 혁명 이후 탄압의 희생자 중 한 명이었다. 1908년 3월에 그는 체포되었다. 그는 전과 마찬가지로 모든 혐의를 부인하면서, 자신이 그 어떤 혁명 정당에도 소속되어 있지 않으며 장기간 외국에 나가 있었다고 주장했다.[44] 이 전략은 먹히지 않았다. 그는 7개월을 감옥에서 보낸 후 볼로그다 주에 유배되었고 그로부터 4개월 뒤 탈출했다. 1909년 여름에 그는 바쿠로 돌아왔다.

바쿠의 상황은 좋지 않았다. 그때쯤 바쿠의 사회민주당 조직에는 비밀경찰이 대거 침투해 있었다. 작전 실패와 체포가 거듭되자 혁명가들 사이에 의심이 일고 감정이 격해졌다. 주가시빌리는 다시금 경계 대상이 되었다. 그가 경찰의 첩자라는 루머가 생겨났다. 이런 의심은 최근까지도 완전히 사그라지지 않았지만, 대다수 역사학자들은 그가 이중 첩자였다는 가설을 신빙성 있게 받아들이지 않았다. 그들의 회의적 견해는 문서고가 개방된 이후 사실로 확인되었다. 이 주장을 뒷받침했던 핵심 문서가 혁명 이후 망명자 그룹 내에서 만들어진 위조 서류로 밝혀진 것이다.[45]

주가시빌리는 이중 첩자라기에는 감옥과 유형지에서 너무 오랜 시간을 보냈다. 1910년 봄 그는 다시 체포되었고 이번에는 중형을 받을 처지에 놓이게 되었다. 경찰은 '시베리아에서 가장 외딴 지역'으로의 5년간 유형을 요구했다. 그는 전에도 활용해서 효과를 본 방법에 의지하여, 좋지 않은 건강 상태와 확실한 증거 부재를 들며 선처를 구했다. 그는 재판부의 선의에 호소하며 지난 번 유배 중에 만나 동거 중인 한 여성과의 결혼을 허락해 줄 것을 청했다.[46] 이 '겸허한 탄원'이 얼마나 효과를 발휘했는지는 가늠하기 힘들지만, 어찌 됐든 1910년 10월에 주가시빌리는 원래 계획대로 시베리아에서 5년형을 사는 대신에 볼로

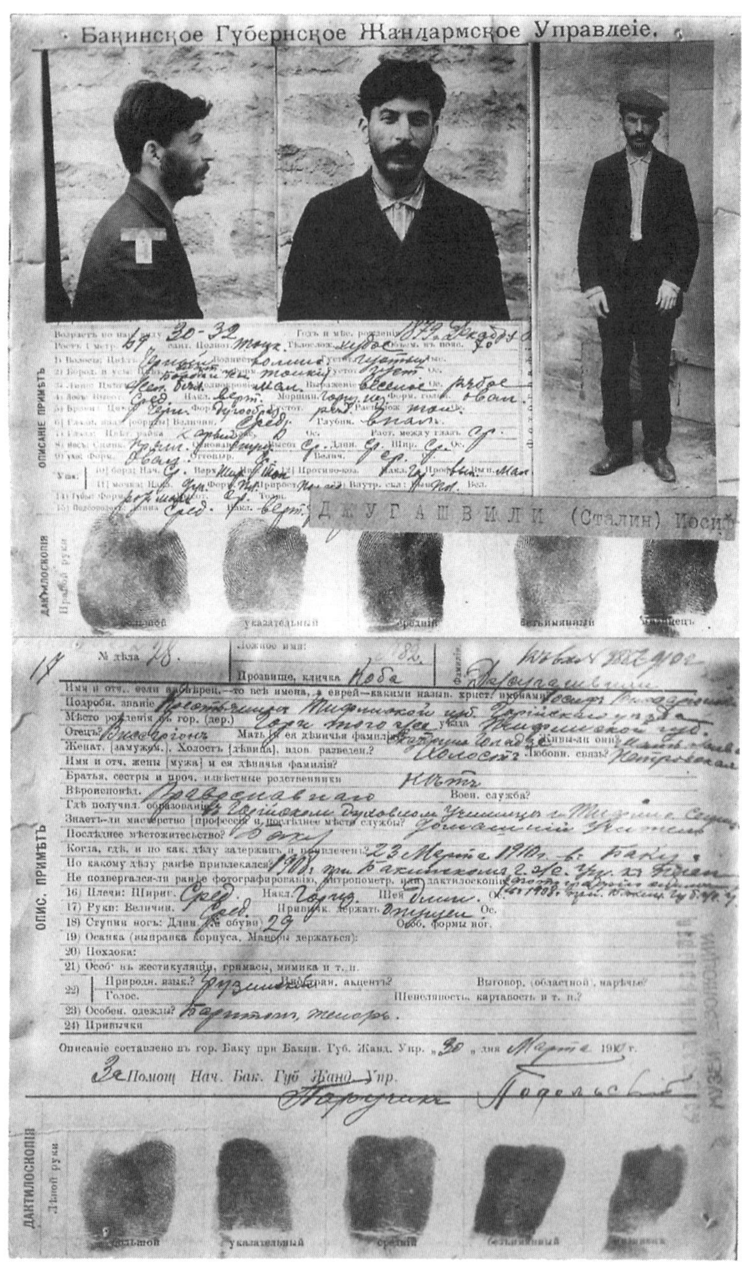

바쿠의 차르 정치경찰 파일에서 나온 1910년 스탈린의 체포 기록. 러시아 국립사회정치사문서보관소.

그다 주로 돌아가 지난번의 형기를 마저 복역하게 되었다. 이는 가벼운 처벌이었다. 그의 형기는 1911년 7월에 끝나게 되어 있었다.

이 형기를 마치고 석방된 뒤 1913년 2월 마지막으로 체포되기까지의 1년 반은 그의 지하 활동 경력이 정점에 다다른 시기였다. 그는 1912년 레닌주의를 추종하는 당중앙위원회의 위원이 되면서 볼셰비키 지도부에 진입했다. 이 승진은 최소한 두 가지 결과를 가져왔다. 첫째로, 이제 그는 자캅카지예에 붙박혀 일하기보다 러시아 전역을 종횡무진 오가며 두 수도인 상트페테르부르크와 모스크바에서 자주 오랜 시간을 머물게 되었다. 둘째로 그는 경찰의 훨씬 강도 높은 감시 대상이 되었다. 그는 볼셰비키 신문의 간행을 돕고, 논설을 쓰고, 국가두마의 볼셰비키 대의원들과 전략을 짜며 러시아의 지하 운동에 참여했다. 또 그는 레닌의 최측근 중 한 명이 되었다. 이 볼셰비키 지도자는 여전히 국외에 은신 중이어서 러시아 내에 충성스러운 조력자가 필요했다. 주가시빌리는 레닌을 만나기 위해 몇 차례 외국으로 여행했다. 1913년 빈에서 몇 주 동안 발이 묶여 있는 동안, 그는 당의 소수 민족 정책에 대한 글을 쓰기 시작했다. 레닌은 이 글에 특별한 관심을 보였다. 주가시빌리는 레닌의 관점과 보조를 같이 하여, 통일된 러시아 사회민주당을 옹호하고 혁명 세력이 각 민족별로 분리되지 않게끔 해야 한다고 주장했다.

주가시빌리는 이런 식의 민족 간 협력의 전형적인 사례였다. 그는 자신을—조지아만이 아닌—러시아 제국이라는 무대의 행위자로 여겼다. 그는 청년기의 민족주의와 자캅카지예 사회민주당 시절을 뒤로 하고 의식적으로 자신을 스탈린으로 개조했다. 혁명 운동과의 친연성을 상징하며 러시아어처럼 들리는 이 별명을 쓰기 시작한 것은 그가 볼셰비키 당 지도부로 진입할 무렵이었다.

스탈린이 유력 볼셰비키로서 입지와 명성을 확보한 데에는 확실히 이유가 있었다. 그의 조직 능력, 필력, 대담성, 결단력, 냉정한 두뇌, 소박한 취향, 적응력, 레닌에 대한 충성심은 모두 최고위층으로의 승진에 기여한 요소들이었다. 1차 혁명이 진압된 후 사회민주당 운동이 위기에 처하여 지하 조직원이 대규모로 체포되고 경찰 요원이 조직에 침투하며 자금 압박이 극심했던 시기에도 그는 당을 떠나지 않았다. 1913년 3월 바쿠 사회민주당 조직에 침투한 한 요원은 "현재 위원회는 아무런 활동도 수행하지 않고 있다"고 보고했다.[47] 한편 2월에는 그로부터 멀리 떨어진 페테르부르크에서 스탈린이 체포되었다. 동료 볼셰비키 지도자로 레닌의 총애를 받았으며, 수년 간 경찰의 첩자로 활동했던 로만 말리놉스키[48]가 그를 배신한 결과였다.

시베리아에서의 4년

1913년 6월, 이오시프 주가시빌리는 시베리아 투루한스키 크라이*에서의 4년 유배형을 선고받았다. 이 마지막 유형 기간은 처음부터 특히 고생스러웠다. 투루한스키 변경주는 사람이 살기에 극단적으로 가혹한 환경이었다. 유형 기간 첫 1개월 동안 스탈린의 편지는 도와달라는 부탁과 돈이 없고 건강이 나쁘다는 불평으로 도배되어 있다.[49]

* 변경주(Krai). 제정 러시아 시대에 제국의 변경 지방에 설치된 행정 단위. 현재는 도(오블라스티, Oblast)와 동격인 광역 행정 구역이다.

이렇게 끔찍한 상황에 처한 건 처음인 것 같습니다. 돈은 다 떨어졌고, 점점 심해지는 추위(영하 37도) 때문에 의심스러운 기침 증세가 생겼고, 전반적으로 건강이 좋지 않으며 빵도, 설탕도, 고기도, 등유도 바닥났습니다(가지고 있던 돈은 생활비 지출과 의복 및 신발 구입에 다 써 버렸습니다)…모두가, 특히 당신이 시간이 없다는 건 이해하지만, 그래도 제길, 달리 의지할 사람이 아무도 없습니다. 그리고 나는…여기서 거꾸러지고 싶지 않습니다. 하루 빨리 돈이 송금되어 이 문제를 해결해야지, 더 이상 기다리다간 굶어 죽겠습니다. 나는 이미 영양실조이고 환자입니다.[50]

곤궁이 시시각각 조여 오는 절망적인 상황입니다. 무엇보다 몸이 아프고 의심스러운 기침이 시작되었습니다. 우유도 필요하지만…돈, 돈이 없습니다. 돈을 좀 구해서 전신환으로 부쳐 주십시오. 더 이상 버틸 수가 없습니다.[51]

처음에는 자유에 대한 희망이 있었다. 당 지도부는 스탈린과 그의 동지 야코프 스베르들로프가 유형지에서 탈출하도록 돕는 결의안을 채택했다. 하지만 탈출에는 돈이 필요했는데 송금이 지연되었다. 게다가 배신자 말리놉스키가 탈출 계획을 경찰에 귀띔했다. 1914년 3월, 스탈린과 스베르들로프는 상트페테르부르크에서 내려온 지시에 의해 북극권 근처의 더욱 외딴 마을인 쿠레이카로 이송되었고 따로 개인 감시원까지 붙었다. 탈출은 거의 불가능했다.

스탈린은 이 이송을 심한 충격으로 받아들였다. 1914년 3월에 그는 당 동지들의 긴 침묵을 성토하고 탈출 자금을 보내 줄 건지 확실히 알려 달라고 요구하는 격앙된 편지를 상트페테르부르크에 보냈다.[52] 몇 주 뒤 그는 전략을 바꾸었다. 4월에 그는 말리놉스키에게 편지를 썼다. "신임 총독은 나를 멀리 북쪽으로 이감하고 내 이름 앞으로 송금된 돈(총 60루블)을 압수했습니다. 그래도 우리는 살아가고 있습니다…내가 형기를 다 채울 때까지 유배지에 머무르지 않을 것이라는 소문을 누군가 퍼뜨리고 있는 듯합니다. 말도 안 되는 소리입니다! 단언컨대, 개에게 대고 맹세하건대 나는 (1917년) 형기가 끝날 때까지 복역할 것입니다. 한때는 뜰 생각도 했지만, 이제 그런 생각은 포기했습니다. 영영 포기했습니다."[53]

이 편지는 의문을 불러일으킨다. 탈출을 계획하지 않았다는 스탈린의 확고한 단언은 경찰의 눈을 의식한 것일까? 아니면 그를 돕지 못한 당 동지들에 대한 불만을 표시한 것일까? 어쩌면 그는 탈출할 희망이 희박함을 깨닫고 정말로 유배지에 머무르겠다고 결심한 것인지도 모른다. 그 후 탈출이라는 주제가 편지에 다시 나타나지 않는 것으로 보아, 그는 정말 자신의 운명에 순응한 것으로 보인다.

쿠레이카로 이송된 첫 번째 달에 일어난 몇 가지 사건은 그곳에서 스탈린이 보내게 될 삶을 결정지었다. 첫째로 스베르들로프와의 관계가 틀어졌다. 쿠레이카에 도착한 직후에는 두 사람이 한 집에 살았지만 이 동거는 오래 가지 못했다. 스베르들로프는 편지에서 룸메이트와의 갈등을 넌지시 암시만 했다. "나는 조지아인 주가시빌리와 함께 살고 있습니다…그는 좋은 친구이지만 일상생활에서는 너무 심한 개인주의자입니다. 나는 몇 가지 최소한의 규칙을 지키려고 하는데, 내게는 이것이 때때로 긴장의 불씨가 됩니다."[54] 이 상황을 좀 더 자세히 알 수 있는 다른 기록들도 있다. 스탈린의 두 번째 부인의 언니인 안나 알릴루예바의 회고에 따르면, 후일 스탈린은 자신이 다양한 구실로—청소나 난로 피우기 같은—집안일을 회피했음을 인정했다. 결국 스베르들로프가 모든 잡일을 떠맡아야 했다.[55] 흐루쇼프도 이와 비슷한 기록을 남겼다.

> 스탈린은 이런 이야기를 들려주었다. "우리는 식사를 직접 만들어 먹었습니다…우리가 생계를 조달하는 주된 수단은 송어 낚시였는데, 그리 대단한 기술은 필요 없었죠. 또 사냥도 나갔고. 개가 한 마리 있었는데 야슈카라고 불렀죠." 확실히 스베르들로프에게 이는 유쾌한 일이 아니었을 것이다. 그도 야슈카였고 개도 야슈카였으니까. "스베르들로프는 식사 후에 꼭 접시와 수저를 설거지했는데, 나는 절대로 안 했어요. 다 먹은 접시를 땅바닥에 내려놓으면 개가 와서 싹싹 다 핥아 먹으니까. 하지만 그 친구는 깔끔한 데 집착했죠."[56]

이러한 위생 관념의 차이는 불화를 유발하기 십상이었지만, 아마 갈등을 낳은 다른 원인들도 있었을 것이다. 스베르들로프와 스탈린 사이의 반감은 너무 심해져서 그 후 둘은 각자 다른 집으로 옮겨 갔을 뿐만 아니라 서로 말도 나누지 않았다. 스베르들로프는 그로부터 얼마 후에 아내에게 이렇게 편지를 썼다. "여보, 내가 쿠레이카에서 얼마나 끔찍한 환경을 견디었는지 알 것이오. 개인적으로, 나와 같이 지냈던 동무는 서로 말을 섞지도 어울리지도 않는 부류가 되었소."[57] 스베르들로프와 관계가 틀어진 후 얼마 안 되어 스탈린은 페레프리긴 가족의 집으로 들어갔다. 그 집에는 다섯 형제와 두 자매가 살았는데 모두 고아였다. 당시 35세였던 스탈린은 그중 14살 난 리디야 페레프리기나와 내연의 관계가 되었다. 이 일로 스탈린과 그의 감시원 사이에 말다툼이 벌어졌고 이는 주먹다짐으로까지 번졌다. 하지만 이 지역 경찰은 스탈린 편을 들어 주었다. 투루한스키 변경주의 경찰서장인 오세티야인 I. I. 키비로프가 스탈린과 같은 조지아 지역 출신이었다는 상황도 스탈린에게 유리하게 작용했을 것이다. 스탈린과 키비로프는 스탈린이 탈출을 기도하지 않겠다고 약속하는 대가로 어느 정도의 자유를 허락한다는 일종의 합의를 했을 가능성도 있다. 스탈린은 미성년자와의 관계로 처벌받지 않았을 뿐만 아니라, M. A. 메르즐랴코프라는 새 감시원까지 배정받았다. 그는 스탈린을 예외적으로 잘 대우해 주었다.[58] 1930년 메르즐랴코프가 차르 경찰에 복무한 죄로 소련 정권 하에서 기소되었을 때 그는 스탈린에게 도움을 청했다. "스탈린 동무에게, 제가 투루한스키에서 근무했을 때 동무와 우호적인 관계였으며 동무에게 적대적으로 행동하지 않았다는 사실을, 저희 마을의 소비에트에 알려주시길 부탁드립니다." 이에 스탈린은 극찬하는 추천서로 화답했다. "미하일 메르즐랴코프는 그의 경찰 업무에 경찰들이 흔히 갖는 열의 없이 형식적인 태도로 임했습니다. 그는 본인을 감시하지 않았고, 본인을 괴롭히지 않았으며, 본인을 박해하지 않았고, 본인의 잦은 부재를 눈 감아 주었습니다."[59]

스탈린은 메르즐랴코프의 이런 친절한 태도를 십분 활용하여—북극 지방에서 가능한 한도 내의—비교적 쾌적한 생활을 영위할 수 있었다. 그는 리디야 페레프리기나와 계속 동거했다. (비록 혼란스럽고 서로 앞뒤가 안 맞긴 하지만) 두 사람 사이에 아이가 있다는 루머들도 있었다.[60] 스탈린은 풍부한 자유 시간을 낚시와 사냥, 이웃 마을의 동료 유형수들 방문, 손님맞이, 그리고 마을에서 벌어지는 주흥에 끼여 노는 데 보냈다. 그의 재정 상태는 이런 조촐한 생활을 영위하기에 충분한 정도로 안정되었다. 가장 중요한 것은 그의 건강이 개선되었다는 점이다. "나는 예전처럼 지내고 있습니다. 몸은 괜찮습니다. 완벽히 건강합니다—확실히 이곳의 자연에 익숙해졌습니다. 이곳의 자연은 혹독합니다. 3주 전에는 기온이 영하 45도까지 떨어졌습니다." 그는 1915년 말에 쓴 편지에서 쾌활하게 보고했다.[61]

스탈린의 삶에서 예외적이었던 이 시기는 그의 성격의 몇 가지 흥미로운 측면을 드러낸다. 그는 신체적 안락이 부재한 이 혹독한 환경에 까다롭지 않게 잘 적응했다. 총 8가구 67명의 주민이 사는 쿠레이카에서는 그에게 걸맞는 대화 상대도 전혀 찾을 수 없었을 것이다. 하지만 그는 이러한 지적 자극의 부재를 침착하게 견뎌 냈다. 확실히 그는 혁명 없이도 살아갈 완벽한 소질을 갖추었고, 지성을 발휘할 필요를 느끼지도 않았다. 그의 정적들은 그가 투루한스키에서 시간을 헛되이 낭비했다고 비난했다. 일례로 트로츠키는 이렇게 썼다. "이 고독과 여가의 시기에 그가 행한 정신 활동의 흔적을 찾으려는 시도는 전부 허사로 돌아갈 것이다."[62] 실제로 스탈린 저작집에는 1913년 초부터 1917년 초 사이에 쓰인 글이 단 한 편도 실려 있지 않다.

그러나 이 시기 스탈린의 편지에 묘사된 상황은 좀 더 복잡하다. 유형 첫 해까지만 해도 그는, 아직 탈출의 희망이 있어서였는지 혹은 단순한 습관의 발로였는지는 몰라도 분명히 일을 하려고 시도했다. 그는 민족 문제에 대한 새로운 글을 한 편 써서 잡지에 보냈다. 동지들에게 책과 잡지와 신문을 보내 달라고 부탁하기도 했다. 그 이후에도 그가 유형지에서 보낸 편지에는 저술 작업에 대한 언급이나 새 책이 필요하다는 말들이 들어 있다.[63] 그러나 그의 열의는 식어 가고 있었다. 1914년 말리놉스키가 이중 첩자임이 발각되었다. 이는 볼셰비키 당 전체에 참담한 충격을 주었지만, 말리놉스키와 절친한 관계였고 그에게 도움을 의지했던 스탈린에게 이 폭로는 특히 더 고통스러웠다. 그의 의욕을 꺾는 일은 그것 말고도 또 있었다. 스탈린이 잡지에 보낸 글은 결국 실리지 않았고, 동지들은 신간 잡지를 보내주지 못했으며, 그에게는 구독할 돈도 없었다. 투루한스키에 온지 2년이 된 1915년 11월, 그는 레닌에게 드물게 보낸 한 편지에서 자신의 상황을 이렇게 설명했다. "제 생활은 대단치 않습니다. 거의 하는 일도 없습니다. 진지한 책이 한 권도, 혹은 거의 전혀 없는데 무슨 할 일이 있겠습니까?…머릿속에는 많은 질문과 주제들이 있지만, 자료가 없습니다—전혀. 뭐든 하고 싶어서 좀이 쑤시지만 할 일이 없습니다."[64] 스탈린과 망명한 당 지도부와의 연락은 점차 뜸해졌고, 이따금 그는 편지에서 그들이 자기를 잊었다고 불평했다. 실제로 1915년 레닌이 스탈린의 성을 일러 달라고 요청한 편지는 훗날 유명해졌다. "혹시 코바의 성이 뭐였는지 기억나시오?" "어려운 부탁이 하나 있는데, '코바'의 성(이오시프 주…?? 우리는 잊어버렸소)…을 좀 알아봐 주시오."[65]

스탈린의 상황에는 볼셰비키 당이 전반적으로 처해 있던 사정이 반영되어 있었다. 지도부는 국내에 강제로 유배되거나 자의로 외국에 망명하여 쇠약해져 가고 있었다. 희망과 꿈에 부풀어 운동을 활성화하려 시도했다가 실패하는 시기와, 내부적으로 혹은 다른 당의 정적들과 다투는 시기가 번갈아 가며 이어졌다. 혁명가들의 미래는 개인적으로나 정치적으로나 암울해 보였다. 이 시점에서 38세의 스탈린이 자신의 미래를 어떻게 상상했는지는 알기 힘들다. 어쩌면 그저 생각하지 않으려고 했는지도 모른다.

스탈린 권력의 보루들

1953년 3월 1일 낮과 저녁, 근처 다차. 경호원들이 동요하다.

3월 1일 새벽에 방문객들이 떠난 뒤 스탈린은 잠자리에 들었을 가능성이 높다. 늙었고 지병도 있었으므로 몸 상태는 그리 좋지 않았을 것이다.[1] 그는 평소처럼 경호원이나 하인을 부르지도 않고 저녁 식사 시간이 다 되도록 자기 침실에 머물러 있었다. 1952년 초를 기준으로 스탈린의 관저와 다차를 경비하는 경호 인력은 335명이었다.[2] 경호 이외의 시중을 드는 사람은 73명이었다. 도합 408명이 다양한 위치에서 교대 근무를 하며 스탈린을 보살폈다. 스탈린은 삶의 상당 부분을 이들에게 둘러싸여 보냈다. 그들은 스탈린 뒤를 그림자처럼 따라 다니고, 그의 방 창문 밑에서 보초를 서고, 요리하고, 청소하고, 필요할 때는 그에게 여흥을 제공하는 일도 했다. 근처 다차에서는 직원 구역과 스탈린의 주거 공간이 기다란 복도를 사이에 두고 분리되어 있었다. 그의 방에는 직원들을 호출할 수 있는 버튼이 설치되어 있었다.

3월 1일 아침 평소의 일과에서 벗어난 스탈린의 동태는 경호팀을 놀라게 만들었다. 경호원들은 지도자의 주거 공간 내에 '움직임'이 없다고 상관에게 보고했다. 저녁이 다 되어 가는 데도 여전히 인기척이 없었다. 불안감이 고조되었지만, 스탈린이 부르지도 않았는데 그의 상태를 확인하러 가려고 선뜻 나서는 사람이 없었다. 6시가 넘은 시각 마침내 스탈린의 방에 불이 켜지는 것을 보고 경호원들은 안도했다.

모두가 호출될 준비를 했지만 아무런 호출도 오지 않았다. 다시 불안이 고조되었다. 경호원들은 누가 스탈린에게 가 볼 것인가를 놓고 격론을 벌였지만 아무도 나서지 않았다.

그들의 망설임은 충분히 이해할 만한 일이었다. 물론 외로운 지도자가 그들에게 익숙해진 것처럼, 그들 또한 자주 스탈린의 대리 가족 역할을 하면서 그에게 익숙해져 있었다. 이따금 스탈린과 다차 직원들은 함께 텃밭에서 일하거나 벽난로에서 샤실리크를 구워 먹곤 했다. 가끔 그가 주방에 들어와서 러시아식 벽돌 화덕 위에 드러누워 아픈 허리를 지지고 가는 일도 있었다. 그러나 스탈린과 경호원들 사이를 분리하는 거리는 경호원 구역과 스탈린의 구역을 분리한 복도보다 훨씬 더 멀었다. 그는 직원들에게 가혹했고 그들은 스탈린에 대한 공포심을 늦출 만큼 어리석지 않았다.

스탈린과 기타 최고 지도부 성원을 지키는 경호원들은 소련 경찰 기관 내의 특별 부서인 경호총국에 소속되어 있었다. 혁명의 평등주의적 낭만이 아직 남아 있던 정권 초기에는 소련 지도자들이 군중 속에 섞이는 일도 자주 있었다. 1920년대까지만 해도 스탈린의 부인은 무개차를 탈 수 있었고, 그 자신은 비록 언제나 경호원들을 대동하긴 했어도 특별한 사전 대비책 없이 모스크바 거리를 걷거나 차를 차고 다니곤 했다. 1930년 7월에 소치에서 휴가를 보내던 스탈린과 그의 부인이 자동차 사고를 당했다. 그는 앞 유리창에 머리를 부딪쳐 가벼운 부상을 입었다.[3]

자동차 사고가 나고 2개월 뒤, '적'과의 투쟁이라는 히스테리가 고조되는 가운데, 정치국은 "스탈린 동무의 시내 도보 이동을 즉각 중단하는" 결의안을 채택했다.[4] 스탈린은 이 제한 조치에 따르지 않았다. 1931년 11월 16일, 경호원들을 대동하고 당중앙위원회 건물부터 크레믈까지 걸어가던 스탈린은 외국에서 들어온 반 볼셰비키 조직 소속의 한 무장 요원과 맞닥뜨렸다. 그 요원은 너무 놀라서 미처 총을 꺼낼 시간도 없이 체포되었다.[5] 이 사건에 대한 합동국가정치부와 오게페우*의 보고서가 스탈린과 기타 정치국원들에게 제출되었다. 몰로토프는 이 보고서에 이런 메모를 달았다. "정치국원들에게, 스탈린 동무가 모스크바 주변을 걸어 다니는 것은 중단되어야 합니다." 스탈린이 이 요구에 따랐는지는 알려지지 않았다. 이 사건이 사전에 계획된 것이었는지도 불분명하다.

1933년 그가 남부 지방으로 휴가를 갔을 때도 스탈린을 위험에 빠뜨린 몇 가지 사건이 일어났다.[6] 8월에는 소치에서 그의 차가 트럭과 충돌했다. 트럭 운전수는 취해 있었고 스탈린은 다치지 않았다. 9월에는 흑해 연안에서 스탈린이 타고 있던 동력선이 해변으로부터 소총 총격을 받았다. 총알은 물속으로 빠졌고 배에 타고 있던 사람들은 모두 무사했다. 수사 결과 이는 보트가 보호 구역으로 들어올 것임을 통보받지 못한 연안 경비원들이 발사한 소총으로 결론지어졌다.

1934년 12월 1일 세르게이 키로프[7]가 살해된 사건은 안전에 대한 소련 지도자들의 태도를 완전히 바꾼 분수령이 되었다. 스탈린은 이

---

* 통합국가정치국(OGPU). 레닌이 창설한 최초의 비밀경찰 조직 '체카'의 후신으로서 1922년 내무 인민위원부(엔카베데, NKVD) 산하로 재편된 국가정치국(게페우, GPU)을 1923년에 다시 독립시킨 정보기관. 이는 1934년 국가보안총국(게우게베, GUGB)으로 이름이 바뀌어 다시 내무 인민위원부 산하로 귀속된다.

사건을 구실로 당내 구 정적들에 대한 일련의 보복을 단행했다. 그들에게는 키로프의 암살을 계획하고 소련 지도부에 대한 그 밖의 테러 행위를 모의했다는 죄목이 붙었다. 테러가 수십만 명의 목숨을 집어삼키며 온 나라를 황폐화시킨 1936~1938년에 스탈린은 불충하다고 의심되는 모든 사람을 제거했다. 경찰 조직은 주요 숙청 대상 중 하나였고, 지도자의 경호를 담당했던 이들 역시 그 희생자가 되었다. 1937년 4월 스탈린의 경호대장이 체포되고 신속히 처형되었다. 1937~1938년 그의 후임을 맡은 두 사람 중 한 명은 총으로 자살했고 다른 한 명은 처형되었다. 마침내 1938년, 무학이지만 일처리가 능숙했던 니콜라이 블라시크[8]가 이 자리에 임명되었다. 스탈린은 그를 좋아하게 되어 13년 이상 이 임무를 맡겼다.

블라시크의 경력은 심지어 1942년 11월 6일의 치명적인 사건 이후에도 건재했다. 그날 스탈린의 최측근 중 한 명인 아나스타스 미코얀을 태우고 크레믈을 빠져나오던 관용 차량이 소총 총격을 받은 것이다. 다친 사람은 없었고 총을 쏜 범인은 짧은 격투 끝에 구속되었다. 그는 정신 질환이 있는 것으로 보이는 모스크바 방공부대 소속 병사로 밝혀졌다.[9] 정신적으로 불안정한 병사가 무장한 채로 크레믈 정문 바로 앞에 한동안 버젓이 서서 관용차가 나오기를 기다리고 있었으며, 그 사이에 아무런 심문도 제지도 받지 않았다는 사실은 블라시크의 지휘하에 있는 경호 기관에 엄청난 타격이었다. 블라시크는 좌천되었지만 지도자는 그에게 두 번째 기회를 주었다. 그는 스탈린의 신변을 계속 경호했다.[10]

블라시크는 스탈린의 전폭적인 신뢰를 누렸던 듯하다. 그는 지도자가 가는 곳마다 따라다녔고, 자주 한 테이블에 앉아 식사했으며, 그의 사진을 찍을 권리를 허락받았다. 블라시크 하에서 경호총국은 막강하고 영향력 있는 정부 기관이 되었다. 1952년 초에 이곳의 인력은 1만 4,300명에 달했고 6억 7,200만 루블이라는 엄청난 예산을 굴렸다. 블라시크의 총국은 경호뿐만 아니라 소련 최고위 지도자들의 관저와 다차 유지관리, 당중앙위원회 위원들에 대한 소비재 조달, 외빈들의 숙소 및 이동 수단 확보, 정부 신축 건물의 건설 감독까지 책임졌다. 1951년 총국 예산 중 약 8천만 루블이 소련 최고위 지도자 14명의 다차와 관저 유지관리에 들어갔다(여기에는 경호 비용 및 가내 고용인 인건비도 포함되었다). 물론 14명 중에서 스탈린에게 들어가는 돈이 가장 많았다. 1951년 그의 관저와 다차에 총 2,630만 루블이 지출되었다. 아마 차량 이동에 드는 비용 같은 것은 이 액수에 포함되지 않았을 것이다.

경호국 근무는 돈과 명예를 동시에 거머쥘 수 있는 일이었다. 1951년 스탈린 경호팀원의 (제복과 주거비 등을 포함한) 평균 보수는 월 5,300루블이었다. 당시 소련 전체의 평균 월급은 660루블이었고 집단농장 노동자들의 1인당 소득은 월 90루블 정도였다.[11] 물질적 혜택과 더불어, 블라시크와 지도자의 밀접한 관계 덕에 그는 상당한 정치적 영향력을 쥐게 되었고—일부분 스탈린의 부추김으로—'보즈드vozhd(수령)' 주변에 부글거리는 정치적 음모에도 점차 깊이 관여하게 되었다. 막강한 후원자가 등 뒤에 있으며 절대 처벌받지 않는다는 자신감은 중독성이 있었다. 블라시크는 폭음과 난잡한 성생활을 즐겼고 그의 부하들도 마찬가지였다.

스탈린은 그러한 '약점'을 복종과 헌신의 담보물로 여기고 대체로 너그럽게 넘겼다. 그러나 그는 특히 수하들이 너무 제멋대로 굴면 찍어누르는 것으로도 유명했다. 1947년 여름에 근처 다차의 한 웨이트리스가, 다차의 책임 관리자와 부관리자가 스탈린의 부재중에 매춘부들을 불러 술판을 벌였으며 창고의 식료품을 무단으로 가져갔다고 스탈린에게 보고했다. 게다가 부관리자와 그가 데려온 여자들은 스탈린의 책상 위에 놓인 서류들까지 엿보았다. 이 부관리자는 스탈린의 지시로 체포되었고 장시간의 심문과 구타를 당한 뒤 총살되었다.[12] 블라시크는 이 사건을 경고로 받아들여야 마땅했겠지만 그러지 않았다. 특히 스탈린 자신이 자기 경호대장의 윤리에 대해 계속해서 상당히 느슨한 태도를 보였기 때문에 더더욱 그랬다. 블라시크 자신이 시인한 바에 따르면 1950년에 스탈린은 그의 '직권 남용'과 '여자관계'를 질책했다. 하지만 그 후에도 블라시크에 대한 신임을 거두지 않았다.[13]

블라시크의 전성기가 기운 것은 노년에 이른 스탈린이 국가 경찰 기관 내에서 또 다른 대대적 숙청을 벌일 때가 되었다고 판단했을 때였다. 1952년 5월 19일, 정치국은 블라시크와 국가보안부 내 경호총국 지도부 전체의 '범죄적 낭비와 무분별한 지출'을 비판하는 결의안을 승인했다. 총국의 인력, 기능, 예산에 대한 대대적 감축이 이어졌고 그 일부 구성원들은 형사 기소되었다. 블라시크는 당에서 축출되어 우랄에 있는 한 노동 수용소의 부소장으로 좌천되었으며[14] 1952년 12월에 체포되었다. 경호국의 운영 임무는 소련 국가보안부 장관인 세묜 이그나티예프[15]의 몫으로 돌아갔다.

경호국에서의 체포와 인력 감축과 조직 재편으로 그 구성원들의 신경은 당연히 바짝 곤두서 있었다. 직위와 목숨을 잃을 것이 두려웠으므로 아무도 먼저 나서서 그 결과를 감당하고 싶어 하지 않았다. 1953년 3월 1일, 확실히 상궤를 벗어난 일이 벌어지고 있었음에도 스탈린의 경호원들이 그의 상태를 확인하러 가기를 매우 주저했던 이유는 그

때문이었다.

스탈린의 신변 안전을 책임진 부서를 비롯한 공안 부서들은 역사학자들이 스탈린식 당-국가 체제라고 부르는 거대한 기구를 제어하는 중요한 통제 단위 중 하나였다. 이 기구를 하나로 묶는 틀은 레닌이 물려준 볼셰비키 당이었지만, 이는 스탈린 독제 체제의 필요에 맞게 계속해서 수정되었다. 스탈린 치하에서 당은 엄격한 중앙집중적 조직이었고 당의 권력은 인력을 채용하고 해고하고 재배치하는 무소불위의 권리에 기초해 있었다. 그 직위들의 명부('노멘클라투라')는 여러 해에 걸쳐 형성되었고, 각각의 직위는 '라이콤(지역 위원회)'으로부터 '쩨카'*에 이르는 특정한 당 위원회의 권한하에 있었다. 이러한 당 위원회들이 나라 안 모든 관료들의 경력과 운명을 좌우했으며, 당 관료들 자신을 포함하여 누구도 이 체계를 피해 갈 수 없었다. 정부 핵심 지도급들은 모스크바의 쩨카에서 승인받았다.

쩨카가 관할하는 직위들의 노멘클라투라는 계속 늘어났는데, 여기에는 중앙의 통제를 증대하려는 욕구가 반영되어 있다. 스탈린 사망 6개월 전인 1952년 9월에 이는 약 5만 3,000개의 직위로 이루어져 있었다. 이 직위를 차지한 이들은 고위 당-정부 관료, 최고 군사 지도자, 작가동맹 같은 소위 예술 동맹의 장 등 소련 사회의 알짜배기였다. 그보다 한 단계 아래에는 주요 지역 기관을 책임진 관료들—옵콤[오블라스티(도)위원회], 크라이콤[크라이(변경주) 위원회], 그리고 소비에트 연방 내 여러 공화국 공산당 중앙위원회의 노멘클라투라 직위를 차지한 이

* 당중앙위원회(TsK). '체카(ChK, 레닌이 창설한 비밀경찰 조직의 약자)'와 구별하기 위해 '쩨카'라고 표기했다.

들—이 있었다. 이 목록 역시 계속 증가했다. 1952년 7월 1일을 기준으로 도합 35만 개의 직위가 있었다.[16]

이 수십만 명의 관료들이 당-국가 기관의 중추이자 독재 체제의 기둥이었다. 물론 스탈린은 그들 대부분과 직접 접촉하지 않았다. 나아가 당-국가 기관은 최고 지도부의 간섭으로부터 자유로운 나름의 생명을 지니고 있었다. 관료들은 조직 내에서의 생존과 번영과 출세를 위해 투쟁하며, 중앙 집중화를 향한 엄격한 규칙을 우회할 길을 엿보았다. 그들은 서류상으로 규칙을 준수하는 한도 내에서 자기 편의에 따라 행동할 수 있었다. 권력 남용은 흔했다. 많은 역사학자들이 이런 과정의 중요성을 과장하며 스탈린 독재가 불안정했다고 주장했고, 많은 이들은 스탈린주의 최악의 요소들—특히 대규모 탄압—이 아래로부터 자연적으로 발생한 것이라고 설명하려 시도하기도 했다.

문서 증거는 이런 '취약한 독재자' 가설을 뒷받침하지 않는다. 우리는 스탈린 아닌 다른 사람이 내린 결정으로 중대한 결과가 초래된 사례를 단 한 건도 알지 못한다. 독재 체제는 사회와 국가 기관을 조종하고 이에 압력을 가하는 지극히 효율적인 방법을 개발했으며, 스탈린은 권력을 단단히 장악하고 중요한 결정들의 실행을 면밀히 통제했다. 지속적인 탄압과 인력 숙청은 사회와 국가 기관을 동원된 긴장 상태로 유지했다. 문서고 개방 이후 역사학자들은 그러한 통제를 이룩하기 위해 필요했던 폭력의 규모를 상당히 정확한 수치로 파악할 수 있게 되었다. 공식 기록은 1930년부터 1952년까지 약 80만 명이 총살되었음을 보여준다.[17] 그러나 스탈린의 경찰 기관이 치명적인 고문 기술을 자주 활용했고 노동 수용소의 환경이 죽음의 수용소와 구분되지 않을 정도일 때도 있었음을 고려할 때, 정권의 조치로 인한 사망자의 수는 그보다 훨씬 더 많았다. 1930년부터 1952년까지 약 2,000만 명이 노동 수용소, 유형지, 교도소에서의 징역형을 선고받았다. 그리고 같은 기간 최소한 600만 명 —주로 '쿨라크kulak(부농)'와 '탄압 대상 민족'— 이 '행정적 추방', 즉 외딴 지역으로의 강제 이주 대상이 되었다. 스탈린이 통치한 20여 년 동안, 매년 평균 100만 명씩이 총살되거나 구금되거나 거주가 거의 불가능한 지역으로 추방되었다.

총살되거나 수용소로 보내진 사람들 중에는 일반 범죄자들도 상당수 포함되었다. 그러나 극도로 가혹한 법률과 사회경제·정치적 삶의 모든 영역의 범죄화로 인해, 경미한 법규를 위반하거나 갖가지 정치적 캠페인에 휩쓸린 평범한 시민들까지 범죄자로 분류되는 일이 흔했다. 게다가, 총살되거나 징역을 살거나 국내에 유배된 2,600만 명 외에도 수천만 명이 '인민의 적'의 친척이라는 이유로 힘들거나 위험한 프로젝트에 징발되어 강제 노동을 하고, 체포되어 재판 없이 장기간 구금되고, 혹은 직장에서 해고되고 살던 집에서 쫓겨났다. 통틀어 스탈린 독재 체제 하에서 최소한 6,000만 명이 '가혹한' 혹은 '부드러운' 형태의 갖가지 탄압과 차별을 겪었다.

우리는 이 수치에 주기적인 기근이나 기아의 희생자들을 더해야 한다. 이는 1932~1933년에만 500만~700만 명의 목숨을 앗아갔다. 스탈린 치하의 기근은 주로 정치적 결정의 결과였다. 스탈린 정권은 집단화에 대한 농민의 반발을 분쇄하기 위한 캠페인에서 농촌에 대한 '징벌' 수단으로 기근을 활용했다. 그들은 (외국에서 농작물을 수입하는 등의) 상황을 완화할 수 있는 모든 기회를 차단하고 굶주리는 촌락들의 마지막 식량 창고까지 몰수했다.

이 무시무시한 합산을 통해, 우리는 스탈린 시기에 소련 시민 중 상당 비율이 어떤 형태로든 탄압과 차별을 겪었다고 결론 내릴 수 있다.[18] 그 절대 다수가 소수 특권층으로부터 무자비한 탄압을 받았다고 해도 과언이 아닐 것이다. 그리고 그 소수 특권층 중에서도 상당수가 테러에 희생되었다.

대규모 탄압의 실행이나 굶주리는 농촌으로부터의 농작물 징발 같은 목표를 이루기 위해 정권의 하부 기관이 꼭 시계처럼 정확히 작동할 필요는 없었다. 이처럼 광대한 나라에서 완벽한 집중화를 이루기란 불가능했지만, 이는 유사한 모형을 따르는 갖가지 캠페인의 광범위한 활용으로 보완될 수 있었다. 캠페인은 스탈린식 정치 관행의 시금석이었다. 이들 모두는 중앙에서 ―주로 스탈린 자신이― 지정한 일련의 목표와 특정 과업의 하달로부터 시작되었다. 그 뒤에는 할당된 과업의 수행을 위한 당-국가 기관의 동원이, 일체의 합법적 절차를 보류한 극단적인 방식으로 이루어졌다. 그 결과로 캠페인은 위기의 아우라를 띠게 되었고, 마침내 후퇴가 요구되는 시점에서 그 절정에 이르렀다. 이 후퇴는 최초 캠페인의 결과를 다지고 상황을 안정시키는 한편, 최초 캠페인을 수행한 이들 중 일부를 제거하는 대항 캠페인의 형태를 띠었다. 이러한 진자 운동은 엄청난 물적 자원의 파괴와 수많은 인명의 살상으로 이어졌다. 그러나 스탈린 체제의 맥락에서 이런 캠페인은 광대한 나라를 중앙의 목표에 효율적으로 동원하는 방법이었다.

스탈린 자신은 독재 권력을 유지하기 위해 모든 당과 국가 기관을 완벽히 통제할 필요가 없었다. 권력의 중요한 지렛대를 쥐는 것만으로 충분했다. 그중 가장 중요한 것이 비밀경찰에 대한 통제였다. 그는 공안 기관이 당내 투쟁에서 유용한 무기가 될 수 있음을 다른 소련 지도자들보다 일찍 간파했다. 이는 그가 성공을 거둔 핵심적 이유였다. 그는 일단 소련의 '징벌 구조'에 대한 통제권을 획득한 뒤 이를 절대로 손에서 놓지 않았다. 그리고 죽는 날까지 공안 기관을 권력 수단으로 계속 활용했다.

앞으로도 보겠지만, 스탈린은 공안 기관을 직접 관리하는 데 많은 시간을 — 그리고 특히 1937~1938년의 대숙청 같은 특정 시기에는 대부분의 시간을 — 할애했다. 그는 모든 주요 탄압 캠페인을 직접 개시했고 그 수행 계획을 짰으며 실행 과정을 면밀히 감시했다. 또 수많은 정치 재판의 증거 조작을 이끌었고 몇몇 경우에는 재판을 어떻게 진행시킬지에 대한 상세한 각본을 작성하기도 했다. 그는 자기 앞에 폭포수처럼 쏟아져 들어오는 체포자들의 심문 기록을 열심히 탐독했으며, 이 문서에 그가 덧붙인 주석을 보면 그가 이를 아주 주의 깊게 읽었음을 알 수 있다. 그는 여기에 자주 논평을 곁들이고 다른 사람들을 추가로 체포하거나 '진실에 다다르기 위해' 고문을 활용할 것을 지시하곤 했다. 그는 많은 사람들의 총살을 직접 재가했다. 그중에는 그가 개인적으로 아는 사람들도 있었고 전혀 모르는 사람도 있었다.

체키스트*들은 스탈린을 위해 행한 많은 '일상적' 기능 외에도 특수하고 '예민한' 문제 또한 처리했다.[19]

1940년 5월 5일, 스탈린의 지시로 한 특수 공안팀이 국방 부인민위원** 그리고리 쿨리크 원수[20]의 아내인 키라 쿨리크-시모니치를 집에서 나오는 길에 납치했다. 그녀는 비밀리에 감옥으로 호송되어 장시간 심문을 받은 뒤 조용히 총살되었다. 쿨리크-시모니치는 차르 시절 고

* 비밀경찰 요원(chekist). 레닌이 창설한 최초의 비밀경찰 조직 '체카'에서 이름이 유래했다.

** 국방부 차관에 해당한다.

위 관료의 자손이었다. 그녀의 친척 중 상당수는 총살되었고 일부는 국외로 도피했다. 그녀는 전에도 한 번 결혼한 적이 있었고, 불법 통화 거래 죄목으로 전 남편과 함께 한동안 유배된 적도 있었다. 이 모든 사실을 스탈린에게 보고한 체키스트들은 외국인들과의 불륜을 비롯한 그녀의 여러 일탈 행위들을 덧붙여 이야기를 부풀렸다. 스탈린은 쿨리크에게 아내와 이혼할 것을 권했지만 원수가 주저하자 시모니치를 조용히 처리하라고 지시했다. 쿨리크는 아내가 실종된 것을 알고 공안기관 수장(내무 인민위원장)인 라브렌티 베리야에게 전화를 걸었지만 베리야는 자신의 기관이 이에 연루되었음을 부인했다. 쿨리크는 그의 말을 믿지 않고 진상을 파헤치기 시작했다. 그는 당중앙위원회에 소환되어 3시간 동안의 심문을 거친 후 국가보안 기관을 '중상'하지 말라는 경고를 받았다. 덧붙여 그의 아내는 스파이이며 아마 정체가 탄로 날 위험에 처하여 도주했을 것이라는 말을 들었다.[21] 쿨리크는 단념했다.

이처럼 스탈린이 정치적인 이유로 공개적인 체포와 기소가 부적절하다고 판단한 사례는 드물지 않았다. 쿨리크 원수의 아내가 살해되기 1년 전인 1939년 7월에도 주중 소련 대사가 아내와 함께 암살되었다. 특별히 선발된 체키스트들이 그들의 머리를 망치로 가격한 뒤 자동차 사고로 꾸몄다.[22] 1948년 초에는 유대계 민족 지도자이자 무대 감독으로 소련과 서방에서 인기 있는 유명 인사였던 솔로몬 미호엘스[23]가 비슷한 방식으로 살해되었다. 체키스트들은 트럭으로 미호엘스를 들이받은 뒤 이를 사고로 위장했다. 이 살해 역시 스탈린의 직접 지시로 실행된 것이라는 증거는 명백하다.[24] 이는 스탈린이 저지른 수많은 개별적 테러들 중 하나에 불과했다.[25] 이러한 표적 살인은 외국에서도 자행되었다. 그중 가장 유명한 것이 1940년 멕시코에서 트로츠키가 암살된 사건이다.

문서고에는 스탈린이 순전히 개인적인 심증에 근거해서 상시 비밀경찰을 휘둘러 임의적이고 잔혹한 조치를 실행했음을 확증하는 엄청난 수의 문서들이 보관되어 있다. 이는 스탈린이 합당한 '공적 필요성'과 전연 무관한 테러 행위들을 직접 사주했다는 뚜렷한 인상을 준다. 독재 체제의 이러한 살인적 측면은 그에게 확실히 특별한 매력을 띠었다. 폭력과 도발과 살인의 세계에 대한 몰두는 그의 병적 의심을 더욱 부추기고 강화했다. 자기가 적에게 둘러싸여 있다는 공포와 확신에 휩싸인 그는 거대한 규모의 폭력을 사용하는 데 거리낌이 없었다. 이러한 개인적 자질은 1920년대부터 1950년대까지 소련 정부가 저지른 만행에서 중요한 요소였다.

스탈린은 공안 기관에 크게 의존했지만 절대 그 포로가 되지 않았다. 비밀경찰에게 지저분한 일을 맡기면서도 양날을 지닌 '혁명의 검'의 충성심에 대해 환상을 품지 않고 주기적인 개편과 숙청으로 체키스트들의 고삐를 죄었다. 허심탄회한 순간에 그는 국가보안부 장관 이그나티예프에게 이렇게 털어놓았다. "체키스트에게는 딱 두 가지 길만이 있지 — 승진 아니면 감옥."[26] 그는 이 원칙을 충실히 지켰다. 1930년대부터 1950년대까지 체키스트 조직들은 무자비한 탄압의 물결에 휩쓸렸다. 신임 도살자가 전임 도살자를 처리했고, 그 또한 나중에 고문실에서 최후를 맞았다.

역사학자들은 스탈린의 이례적 잔혹성의 배경과 원인에 대해 수십 년간 논쟁을 벌여 왔다. 많은 이들은 1917년 볼셰비키 혁명에서 그 근원을 찾는다. 이는 스탈린에게 권력으로 통하는 문을 열어준 사건이었다.

2

레닌의 그늘 아래서

1917년 2월 페트로그라드의 소요가 어느 정도나 자연발생적인 것이었는지는 역사학자들의 논쟁거리다. 직업 혁명가들이 이 시위들을 조직했다고 주장하는 이들도 있지만 정말 그러했는지는 아무도 확실히 말할 수 없다. 혁명은 예고 없이 터져 나왔고 차르와 그의 고문들은 상황의 엄중함을 즉각 파악하지 못했다. 스위스에 있던 레닌은 서구 신문을 읽고서야 혁명 소식을 알았다. 이 뉴스는 시베리아에서 유형 중이던 스탈린에게도 뒤늦게 도착했다. 분명 소요가 사그라질 것이라 희망한 지방 당국이 이 지역 신문에 페트로그라드의 소식을 싣지 못하도록 금지했기 때문이다.

차르의 퇴위로 대중적 승리감은 한껏 고취되었다. 그의 동생 미하일 대공이 니콜라이의 후계로 지목되었지만, 그 또한 왕위를 포기함으로써 군주제가 공식적으로 폐지되었다. 그 직후인 1917년 3월, 당시 스탈린의 유형지였던 아친스크에서 유배 중인 혁명가들이 회의를 열었다. 무슨 이유에선지 스탈린은 참석하지 않았지만 그와 가까운 동지인 레프 카메네프[1]가 여기서 주요한 역할을 했다. 대공의 결단을 환영하는 전문이 이 자리에 모인 사람들의 이름으로 발신되었다. 1925년 스탈린과 카메네프가 권력 투쟁에서 서로 반대편에 서게 되었을 때, 스탈린은 카메네프가 황족의 일원을 향해 보낸 이 따스한 언사를 옛 친구에게 들이대며 그를 공격하는 데 활용했다. 그 시점에 이는 심각한 정치적 실책으로 비칠 수 있었다.[2] 하지만 1917년에 스탈린이 그렇게 생각했을 가능성은 별로 없다. 이 전문에는 모두가 희망과 자유에 흠뻑 취했던 그 당시의 분위기가 반영되어 있다. 스탈린과 카메네프를 비롯하여 이제 자유의 몸이 된 혁명가들은 이런 분위기에 휩싸여 페트로그라드로 꾸역꾸역 몰려들었다.

스탈린과 동료 볼셰비키가 처음 지하에서 나와 새로운 체제에서 합법적인 역할을 할 수 있게 되었을 때 그들이 방향을 잡는 데는 다소 시간이 걸렸다. 그들은 수도의 정치권력이 분열되어 있음을 깨달았다. 임시정부를 형성한 러시아 의회, 즉 국가두마는 주로 자유주의 정당들의 당원으로 구성되어 있었고 이들은 서구식 의회공화제의 건설을 선호했다. 그러나 혁명 기관인 페트로그라드 노동자·병사 대표 소비에트는, 반란을 일으킨 노동자들과 (더욱 중요하게는) 페트로그라드 수비대 병사들의 지지로 권위를 얻어 상당한 실권을 행사했다. 멘셰비키 사회민주당과 사회혁명당(SRs) 같은 사회주의 정당원들이 이 소비에트를 운영했다. 이 두 정당은 혁명 진영 내에서 가장 영향력 있는 세력이었고 그때까지 볼셰비키를 비롯한 다른 정당들을 압도해 왔다. 혁명의 장·단기적 목표를 세운 이들도 사회혁명당과 멘셰비키였다. 그들은 2월의 사건들이 때늦은 부르주아민주주의 발전의 시대를 여는 부르주아 혁명이라고 생각했다. 그러므로 첫 단계에서는 자유주의 부르주아 정당이 권력을 쥐어야 하며 제헌의회가 새로운 러시아의 형태를 결정해야 한다고 믿었다. 사회주의의 달성은 먼 미래의 목표였다. 세계 사회주의로 가는 길은 러시아가 아니라 좀 더 발전한 자본주의 국가들이 인도하게 될 터였다.

하지만 다른 한편으로 러시아 사회주의자들은 그들 손에 떨어진 권력을 포기할 생각이 없었다. 그들은 교의를 이탈할 능력이 없는 우둔한 교조주의자가 아니라, 비록 정치적 수완과 과단성이 부족했을지언정 현실주의자이자 실용주의자였다. 그들은 이 나라가 직면한 위험을 잘 알고 있었다. 그중에서도 가장 첨예한 위험은 러시아를 황폐화하고 (역사상 최초가 아닌) 위기와 붕괴의 나락으로 몰아갈 내전과 유혈 반란의 확대였다. 이러한 위험을 가장 뚜렷이 보여주는 상징은 전쟁으로 쓰리고 피폐한 마음을 안은 채 전선에서 돌아온 수백만의 무장 인원이었다. 1917년에 정치인이 취할 수 있었던 단 한 가지 분별 있는 입장은 그 어떤 대가를 치르고라도 내전만은 피해야 한다는 것이었다. 국내의 평화를 유지하는 일은 대규모 사상자를 막고 더 나은 미래를 향한 길을 닦는 유일한 길이었다. 소비에트를 이끈 사회주의자들은 혁명의 과잉을 억누르고 자유주의자 및 임시정부와 함께 일하는 것을 자신들의 임무로 보았다. 그들은 유리한 위치에서 협력했지만 자신들의 권력을 합리적으로 활용하고 평화 유지를 최우선 순위에 놓았다. 이 타협 정책을 공식 어구로 표현하면, 임시정부가 혁명의 대의를 추진하는 한 그들을 지지한다는 것이었다.

주로 '온건' 또는 '우파'로 불리는 다수의 볼셰비키 또한 기본적으로 같은 입장을 지지했다.[3] 카메네프는 이 분파의 리더 중 한 명이었다.

그와 스탈린 사이에는 장기간의 우정과 당내 협력으로 맺어진 유대가 있었다. 1912년 12월 스탈린은 그에게 이런 편지를 썼다. "안녕하신가, 친구! 에스키모식으로 코를 비비는 키스를 전하네. 제길, 자네가 그리워 죽을 지경이야. 개에게 대고 맹세하는데 자네가 너무 그리워. 여기에는 아무도 없어. 마음을 터놓고 대화할 상대가 제길, 단 한 명도 없다고."[4]

스탈린과 카메네프가 초기에 비슷한 정치적 입장을 취했다는 사실은 놀랄 일이 아니다. 레닌과 다수의 유력 볼셰비키가 스위스에 남아 있는 동안, 카메네프와 스탈린은 러시아에서 당을 이끌며 중요한 역할을 수행했다. 페트로그라드에 도착한 뒤 그들은 볼셰비키 신문인 〈프라우다〉를 실질적으로 통제했고, 자유주의적 부르주아가 권력을 잡는 것이 역사의 명령에 부합하며 사회주의는 장기적 전망이라는 신념에 근거한 온건한 의제를 홍보하는 데 이를 활용했다. 이 신문은 임시정부에 대한 조건부 지지를 선언했다. 페트로그라드 소비에트 지도부의 일원으로서 카메네프와 스탈린은 다른 사회주의자들과 긴밀히 소통했다. 볼셰비키는 멘셰비키 좌파와의 협력을 탐색하기 위한 협상을 개시하고 있었다.

시작부터 카메네프와 스탈린은 자신들의 입장을 방어해야 하는 상황에 몰렸다. 레닌은 〈프라우다〉가 표명하는 정치 노선에 불만을 품고 다른 슬로건을 요구했다. 그는 망명지에서 글을 보내어 임시정부에 대한 전쟁을 선포하고 사회주의 혁명을 준비하는 급진적 경로를 주장했다. 카메네프와 스탈린은 이런 공격을 막아 내는 데 힘을 모았다. 그들은 레닌이 보내온 기사를 대폭 편집해서 〈프라우다〉에 게재했다.[5] 그들은 레닌의 의도를 제대로 이해하지 못하고 그의 급진주의를 단순히 국내의 실제 상황을 접하지 못한 결과로 여겼을 가능성이 높다.

그러나 레닌의 입장은 치밀한 정치적 계산에 근거한 것이었다. 카메네프와 스탈린의 온건한 입장은 주요 사회주의 정당들 간의 협력으로 통하는 문을 열었지만 그 협력은 영영 실현되지 못했다. 나라의 안녕이라는 관점에서 보면 급진주의를 저지하기 위한 공동의 협력이야말로 올바른 유일한 경로였다. 그러나 볼셰비키가 독점적 권력을 장악한다는 최종 목표의 관점에서 보면 이는 파멸의 지름길이었다. 볼셰비키가 반대 세력으로라도 동맹에 참여한다면 그들은 손발이 묶이고 인민 중 급진 분파의 지지를 잃게 될 터였다. 이는 레닌의 심중과 거리가 있었고, 그의 불승인은 '우파' 볼셰비즘의 운명을 궁극적으로 결정지었다.

러시아에서 일어난 혁명의 소식이 레닌에게 다다랐을 때, 그는 과거의 정치 투쟁들을 고려하여 용의주도하게 고안한 행동 계획을 갖추고 있었다. 레닌은 혁명 상황이 안정되기 이전에 권력을 장악할 수 있으리라는 요행수를 노리고 있었다. 혁명이 급진화하며 고조되는 시기가 그의 역사적 순간이 될 터였다. 그는 여타 혁명의 경험들에 근거하여 이 시기에 대해 잘 알고 있었다. 혁명 초기의 비교적 온건한 국면에서부터 레닌은, 아직 혁명이 받아들일 준비가 안 된 극단적인 프로그램을 전개했다. 다시 말해서 그는 급진화를 지향하는 경향이 닥쳐오리라는 것을 알고 때를 기다리는 중이었다. 권력 장악이 궁극적 목표인 당의 입장에서 이 전략은 확실히 유리했다. 많은 이들이 무모하다고 여긴 급진적 목표의 추진은 당을 단연 우월한 고지에 올려놓았다. 아무도 그들과의 연합을 원치 않았으므로 그들은 일정한 자유를 누릴 수 있었다. 급진적 프로그램은 당내 온건 세력을 분쇄하고 좀 더 과감한 분파를 동원하는 수단으로도 기능했다. 끝으로, 이런 프로그램은 초기에는 대중에게 거부당했지만 결국에 가서는 더 폭넓은 승인을 이끌어 냈다. 점점 끓어오르는 절박함과 조바심이 극단주의에 대한 승인을 부채질한 것이다.

혁명의 소식을 듣자 레닌은 스위스를 떠나 러시아로 갈 준비를 서둘렀다. 한시바삐 싸움에 뛰어들고 싶었던 그는 적지를 통과하여 러시아까지 여행할 수 있는 허가를 받기 위해 독일 정부와 협상했다. 이 과정에서 그는 심각한 위험을 무릅쓰고 적국과의 공모 또는 스파이 혐의까지 뒤집어쓸 여지를 자초했다. 그러나 페트로그라드까지 가야 한다는 목표가 수단을 정당화했다. 그는 기차에서 내리자마자 행동 계획을 공표했다.[6]

레닌은 볼셰비키가 임시정부에 대한 지지를 거부하고 사회주의 혁명을 위해 싸우며, '프롤레타리아트와 극빈농의 손에'—다시 말해서 볼셰비키 당의 손에—권력을 이전해야 한다고 주장했다. 2월 혁명 이후 아직 제대로 자리 잡을 기회를 갖지 못한 미숙한 부르주아 민주주의는, 레닌의 견해에 따르면 이미 그 용도가 소멸되었다. 의회제 공화국은 소비에트 공화국으로 대체되어야 했으며, 이 소비에트 공화국은 볼셰비키의 지도하에 사회주의적 변화를 도입하게 될 터였다. 일단 레닌은 가장 중요한 몇 가지 변화에 대해 언급했다. 토지를 국유화하고, 대규모 영지들을 소비에트 통제하의 시범 농장으로 전환하며, 은행들을 국유화하거나 한 발 더 나아가 단일 국영 은행으로 합병하는 것이었다. 이런 새로운 목표들에 의거하여, 그리고 볼셰비키 당을 여타 사회주의 정당들과 뚜렷이 구분하기 위해, 레닌은 당명을 사회민주당에서 공산당으로 바꿀 것을 제안했다.

이 정강은 당내외의 심각한 반대에 부딪혔다. 기본적으로 레닌이 제안한 권력 장악 프로그램은 충분한 숙고를 거친 것이 못 되었다. 이 계획이 성공한다 해도 그 권력을 어떻게 활용할 것인가? 러시아 상황하의 사회주의란 어떤 의미를 띠게 될 것인가? 러시아에서의 혁명 이후에 더 발전된 국가들에서도 혁명이 뒤따르리라는 보장이 있는가(이런 후속 혁명이 없다면 러시아는 고립될 것이다)? 이러한 의문들에 대한 대응은 답변이 아닌 떠들썩한 정치적 선동이었다. 현 시점에서 레닌의 경로는 내전을 부채질할 것이 명확했다.

당시의 회고록들에 따르면, 레닌이 페트로그라드에 도착한 뒤 연설하던 도중에 그와 친했던 한 당 동지가 자리에서 이렇게 외쳤다고 한다. "말도 안 되오. 저건 미친 자의 헛소리요!"[7] 레닌 주변의 볼셰비키 동료들은 이런 격한 항의를 용납할 수 없었다. 그들도 그 말에 어느 정도는 수긍했지만 말이다. 그러나 4월 초 주요 볼셰비키 조직 회의에서 레닌의 테제는 다수에 의해 부결되었다. 카메네프뿐만 아니라 스탈린도 계속해서 레닌의 아이디어에 공개적으로 반대했다.

당 외부에 있는 정치적 반대 세력들의 격렬한 반응은 레닌의 목표에 명백히 부합했다. 그는 볼셰비키와 국내 여타 정치 세력들과의 거리를 두기 위해 의도적으로 갈등을 조장하고 있었다. 그러나 당내에서는 불화를 가라앉혀야 했다. 훗날 스탈린이 활용할 방법으로는 그렇게 하기가 불가능했다. 당시의 볼셰비키는 아직 그런 당이 아니었다. 혁명의 혼란과 미숙한 민주주의로 인해 뒤흔들리고 있는 국내의 상황 또한 달랐다. 그리고 레닌은 다른 종류의 지도자였다. 그는 강경한 비타협책과 회유책의 조합을 활용했다. 특히 중요한 전략은 볼셰비키 '우파', 특히 스탈린과 카메네프를 자기편으로 설득한 것이었다. 레닌은 항상 반대파들의 체면을 살려 주면서 신중하게 움직였다. 그는 그들을 궁지로 몰아붙이는 대신에 당의 최고 지위로 승진시켰다. 스탈린의 경우에는 이런 접근법이 통했다. 스탈린의 머릿속에서 무슨 일이 벌어졌는지는 몰라도, 그는 재빨리 자신의 지지를 레닌에게로 옮겼다.

1917년 4월 당 대회의 당중앙위원회 선거 중 레닌이 스탈린에게 표한 지지는 그들의 긴밀한 업무 관계를 뚜렷이 반영한다. "우리는 코바 동무를 여러 해 동안 알아 왔습니다⋯그는 그 어떤 막중한 책임이 걸린 일도 훌륭히 수행합니다."[8] 이 추천 덕에 스탈린은 당중앙위원회에서 한 자리를 차지했고, 지노비에프[9]와 레닌 자신을 제외하면 가장 많은 표를 얻었다. 스탈린은 당내에서 레닌이 지닌 크나큰 영향력을 아주 직접적으로 확인했다. 그는 다소 주저한 끝에 권력과 보조를 맞추기로 확고히 결정을 내렸다.

스탈린은 단순히 출세를 하려고 그랬던 것일까, 아니면 레닌의 주장을 진정으로 이해하고 수긍했던 것일까? 스탈린이 초기에 띠었던 '온건' 볼셰비즘 성향은 그의 마음의 작동을 이해하고자 하는 이들에게 근본적인 중요성을 띤다. 확실히 1917년 3~4월에 그가 보인 유연성은 비타협적이고 권력에 굶주린 과격파의 이미지와 들어맞지 않는다. 그의 명백한 온건성은 카메네프의 영향이었을까? 아니면 페트로그라드 소비에트 — 이곳의 많은 멘셰비키는 같은 조지아 출신의 동향이었다 — 의 다른 사회주의자들에게 휩쓸린 것이었을까? 어쩌면 그는 아직 독자적인 정치인으로서 행동할 자신감을 키우지 못했고 따를 만한 사람이 필요하다고 느꼈는지도 모른다. 그랬다면 그는 왜 스위스에서 편지를 받은 즉시 레닌 뒤에 줄을 서지 않았을까? 어쩌면 스탈린은 1917년 초에 정말로 '온건'했지만, 다른 많은 이들처럼 상황의 힘에 휘둘려 변한 것인지도 모른다. 사료는 이 질문에 대해 명확한 증거를 제시하지 않는다. 우리가 아는 것은 스탈린이 항상 과격한 볼셰비키가 아니었다는 것이다. 그의 '온건성'과 '우파 성향'은 레닌 사후에, 당 지도자들이 이 광대하고 고립된 나라를 사회주의를 향해 이끌기로 결정했을 때 다시금 드러나게 된다.

레닌의 혁명에서의 스탈린

러시아의 2월 혁명은 전형적인 패턴을 따라갔다. 차르의 축출 이후 권력을 잡게 된 온건 혁명가들은 주로 내전을 피하는 데 진력했다. 그러나 이들 온건 세력이 휘청거리고 발을 헛디디고 기회를 놓치는 동안, 점점 초조해진 대중은 급진적이고 즉각적인 변화를 약속하는 이들에게 기대를 걸기 시작했다. 이런 환경은 볼셰비키의 신전에 비옥한 토양을 제공해 주었다. 전쟁에서 즉시 철수하고, 대규모 영지를 즉각 몰수하여 농민들에게 넘기고, 노동자들이 산업을 즉각 관리해야 한다는 요구는 광범위한 호소력을 띠었다. 혁명기에 흔히 일어나는 일이지만, 볼셰비키가 이 프로그램을 정확히 어떻게 실행할 것인지 설명하라는 요구는 거의 없었다. 대중은 새로운 신앙에 한껏 고무되었다. 볼셰비키 평당원들 사이에서도 지도자들에게 곤란한 질문을 던지는 사람은 점점 줄어들었다. 그 다음은 무엇이겠는가? 레닌은 사회주의가 모든 문제를 어떻게든 해결해 줄 것이라고 약속하면서 놀라운 에너지로 당을 이끌었다. 레닌주의 당의 현수막에 쓰인 구호들 ― "요점은 적과 싸우는 것", "어떻게 될지는 가 봐야 안다.", "더 나빠질 것은 없다" ― 에는 수백만 명이 볼셰비키의 약속을 신뢰하도록 이끈 속담들이 요약되어 있다.

스탈린은 상세한 설명을 요구하지 않고 레닌을 지지하는 볼셰비키 지도자 중의 한 명이었다. 이제 스탈린은 러시아처럼 농업이 우세한 국가에 사회주의가 적합한지에 대한 의구심을 떨쳐 버리고, "러시아가 사회주의로의 길을 닦는 국가가 되는 일은 전적으로 가능하다…우리는 유럽이 우리의 길을 제시할 수 있다는 진부한 관념을 폐기해야 한다. 교조적 마르크스주의와 창조적 마르크스주의가 있다. 나는 후자의 토양 위에 서 있다"고 주장했다.[10] '창조적 마르크스주의의 토양'은 스탈린의 정치적 필요에 대단히 잘 부합하여 그는 이 위에 영구히 정착했다. 1917년 '우파' 볼셰비즘의 우려를 떨쳐 버린 스탈린은 권력 장악과 사회주의 도입을 향한 레닌의 급진적 경로를 밟기 시작했다. 이 결정에 있어 그는 확고부동했다. 학자들은 레닌과 스탈린의 발언이 가끔 일치하지 않았음을 지적하지만, 이는 표피적인 차원이며 짐작컨대 스탈린이 레닌의 잦은 전술적 변화를 따라가는 데 애를 먹었음을 보여 줄 뿐이다. 사실 레닌 자신조차도 그러지 못했기 때문에 이는 놀랄 일이 아니다.

권력 장악을 목표로 삼은 레닌은 최적의 공격 시점을 택하기 힘든 변덕스럽고 복잡한 상황에 직면했다. 볼셰비키의 전략은 합법의 선을 넘을 최적의 시점을 기다리면서 혁명의 기세를 유지하는 것이었다. 임시정부와 소비에트에 대한 노골적인 반격은 당연히 마찰을 일으킬 터였다. 행동 시점을 조심스럽게 택해야 했지만, 마냥 기다리는 것 역시 나름의 위험 부담이 있었다. 반대편의 힘을 가늠하는 유일한 방법은 그 약점을 파헤치는 것이었다. 더욱이 볼셰비키는 급진적인 노동자와 병사들에게, 그들이 의지하는 세력이 말만 하는 것이 아니라 행동할 능력이 있음을 보여 줄 필요가 있었다. 볼셰비키 세력은 '모의전'을 통해 지속적인 전투 준비 태세를 유지해야 했다. 이 모의전 중 하나는 진짜 전투로 전환될 터였다.

1917년 7월 초에 무장한 병사와 선원과 노동자들이 거리를 점거하고 볼셰비키의 깃발 아래 행진하며 임시정부의 타도를 요구했다. 유혈이 빚어졌다. 볼셰비키는 이 반란을 공개적으로 주도하지 않았지만 겉보기에 넘어간 사람은 거의 없었다. 그들이 막후에서 정부 전복을 도모하고 있다는 사실은 거의 모두에게 불 보듯 명확했다. 유일한 – 그리고 역사학자들이 계속 논쟁 중인 – 의문은 그들이 시위 계획에 얼마나 관여했는가였다. 임시정부는 이들 소요를 찍어 누를 수 있었지만, 진압 시도는 무계획적이고 비효율적이었다. 당국은 레닌이 독일 정부의 자금을 받아 혁명을 선동하는 스파이라는 주장과 관련하여 수사에 착수했다. 볼셰비키가 폭동을 조직했다는 혐의는 그들을 엄단할 모종의 근거를 제공해 주었다. 볼셰비키 신문 사무실과 본부가 쑥대밭이 되고 폐쇄되었으며 활동가 몇 명은 체포되었다. '온건한' 카메네프도 체포된 이들 중 한 명이었지만 레닌과 지노비예프는 잡히지 않고 지하로 들어갔다.

정부에 덜 알려져 있던 스탈린은 그들이 표적으로 삼은 혁명가 명단에서 빠졌다. 그는 너무나 안심한 나머지 레닌에게 당시 자기가 묵고 있던 오랜 친구 알릴루예프 가족의 아파트에 숨을 것을 제의하기까지 했다. 스탈린과 알릴루예프 가족은 오랫동안 끈끈한 친분을 맺었다. 1919년에 그는 당시 아직 십대였던 이 집안의 딸 나데즈다와 결혼했다.

스탈린은 레닌과 지노비예프가 페트로그라드를 벗어나 근교 마을인 라즐리프까지 갈 때 동행했다. 이곳에서 볼셰비키에 동조하는 노동자 니콜라이 예멜리야노프의 가족이 두 도망자를 숨겨 주었다. 그들은 예멜리야노프의 집 헛간 위 다락에 묵었다. 그 뒤 그들은 농장 노동자로 위장하고 인구가 더 희박한 지역으로 옮겨 한 오두막에 은신했다. 8월에 레닌은 핀란드로 건너갔고, 스탈린은 7월부터 10월까지 그를 만나지 못했다. 그럼에도 그가 이 기간에 레닌을 한 번도 아니고 두 번이나 만났다는 몇몇 주장이 스탈린 독재 시기에 나왔다. 이 가상의 만남의 주된 증인은 예멜리야노프였다.

많은 혁명가들이 그랬듯이 예멜리야노프 또한 비극적인 운명을 맞았다. 그와 그의 세 아들은 1930년대에 체포되었다. 두 아들은 총살되었고 한 아들은 스탈린 사후에 석방되었다. 예멜리야노프 자신은 시베리아에 유배되었다. 1945년 6월, 스탈린의 전기에 걸맞는 '성인전'다운 일화를 제공하는 일이야말로 자신이 관용을 입을 최선의 기회임을 파악한 그는 스탈린에게 고향으로의 귀환을 허가해 달라고 청원했다. "1917년에 당신은 제가 블라디미르 일리치 레닌을 헛간에 숨겨 주도록 주선하여 그의 생명을 구했습니다."[11] 이 청원서는 스탈린에게 보고되었다. 그 후 얼마 안 되어 예멜리야노프는 라즐리프로 돌아올 수 있었고, 그곳에 지어진 레닌 박물관에 채용되기까지 했다. 그의 석방이 스탈린이 직접 내린 결정임은 의심의 여지가 없다. 스탈린이 레닌을 두 번 방문했다는 예멜리야노프의 '회고'는 스탈린 공식 전기의 일부가 되었다.[12]

레닌이 핀란드에 은신해 있는 동안 스탈린과 다른 볼셰비키 지도자들은 계속 당내에서 힘을 키웠다. 1917년 7월 말에 그들은 6차 당 대회를 소집했는데, 스탈린은 여기에서 연설을 하고 중요한 역할을 수행했다. 정치적 기류가 볼셰비키에게 유리하게 전개되기 시작했다. 임시정부의 효과 없는 탄압으로부터 완전히 기운을 회복한 그들은 이제 입지를 강화하기 시작했고, 알렉산드르 케렌스키 총리의 잦은 실책 덕을 톡톡히 보았다. 8월에 케렌스키는 러시아군 사령관 라브르 코르닐로프 장군과 충돌을 빚었다. 7월에 임시정부에 대한 봉기가 진압된 후, 코르닐로프는 케렌스키의 동의하에 그가 가장 신임하는 부대 일부를 페트로그라드에 파견하여 도시의 '질서 회복'을 도왔다. 그러나 케렌스키는 곧 임시정부에 대한 코르닐로프의 충성심을 의심하기 시작했다. 볼셰비키 탄압이 제 기능을 못한 중대한 시점에 그는 코르닐로프를 반란자로 지목했다. 이러한 갈등은 볼셰비키의 위협에 대한 주의를 분산시켰다. 볼셰비키는 코르닐로프에 반대하여 케렌스키 편에 섰고 이로써 몇몇 활동가의 석방을 얻어 냈다. 레닌은 계속 은신해 있었다.

9월과 10월에 임시정부의 장악력은 확실히 약해지는 중이었고, 임시정부를 지지하는 멘셰비키와 사회혁명당의 소비에트가 지닌 영향력도 함께 약해지고 있었다. 한편 볼셰비키는 점점 능동적이 되었다. 레닌은 봉기하여 권력을 잡을 시점이 왔다고 믿었다. 그의 무장 반란 요구는 다시금 당내의 반대에 직면했고, 가장 유력한 반대자는 카메네프와 지노비예프였다. 스탈린을 비롯한 그 외의 대다수 당 지도급들은 레닌을 지지했다. 자기가 있으면 무력 사용에 대한 의구심이 누그러지리라고 여긴 레닌은 비밀리에 페트로그라드로 들어왔다. 1917년 10월 10일 당중앙위원회 회의에서 봉기에 대한 마지막 투표가 치러졌다. 카메네프와 지노비예프는 자신들이 소수파임을 깨달았지만 물러서지 않았다. 다음날 그들은 일반 당원들에게 보내는 서한을 썼다.

그들의 논거는 탄탄했다. 그들은 레닌의 주장이 품은 약점들을 열거하며 대다수 러시아인이 볼셰비키를 지지하리라는 가정을 반박했다. 또 인기 있는 구호를 외치는 일과 이를 실현하는 일 사이의 엄청난 차이를 동지들에게 상기시켰다. 게다가 독일은 명백히 볼셰비키의 평화 협정 조건을 거부할 태세를 갖추고 있었고, 러시아 병사들은 확실히 '혁명전쟁'을 수행할 분위기가 아니었다. "군인 대중은 우리를 무더기로 등질 것이다." 카메네프와 지노비예프는 서구에 혁명이 임박했다는 레닌의 언급이 가설에 불과하다며 거부했다. 그들은 내전을 피하고 싶었지만 그러려면 볼셰비키가 다른 정치 세력들과 공존해야만 했다. 이제 많은 소비에트에서 다수의 지지를 확보한 볼셰비키는 제헌의회에서 의석을 획득할 필요가 있었다. "제헌의회는 오직 소비에트에서만 그 혁명 과업에 대한 지지를 얻을 수 있을 것이다. 제헌의회와 소비에트—이는 우리가 추구하는 결합된 형태의 국가 기구"였기 때문이다. 정국은 볼셰비키가 이들 합법적 정부 조직 내에서 중요한, 심지어 압도적인 영향력을 보장받을 수 있는 방향으로 전개되고 있었다. 한편 그들이 반란에 착수했다가 만일 실패한다면 7월 봉기의 여파보다도 훨씬 나쁜 결과가 도래할 것이다.[13]

합법적이고 평화적인 수단으로 우위를 점하는 전략은 공상적이지도 억지스럽지도 않았지만, 레닌에게는 호소력이 없었다. 볼셰비키가 먼저 행동에 나서지 않으면 반혁명에 의해 분쇄될 것이라고 그가 정말로 믿었는지는 알기 힘들지만, 자신의 당이—심지어 지배 세력으로라도—합법적인 정치 과정에 참여하는 것을 레닌이 원치 않았음은 확실하다. 권력의 무력 장악이야말로 멘셰비키와 사회혁명당과의 제휴를 피하고 몇 주 뒤에 선거가 치러질 제헌의회를 제거하는 최선의, 혹은 아마도 유일한 수단이었다. 볼셰비키가 제헌의회에서 의석을 얻기 위한 선거 운동에 진지하게 착수해야 한다는 지노비예프와 카메네프의 제안은 새로운 러시아 의회의 중요성에 대한 국내의 보편적인 인식을 반영하고 있었다. 공식적으로는 볼셰비키 또한 이를 인정했다. 스탈린도 의원 후보로 나선 당 지도자 중의 한 명이었다. 권력 탈취를 위한 준비로 한창 긴장이 감돌던 1917년 10월 18일 그가 캅카스 구역 선거 관리위위원회에 자신의 출마 확인서를 전보로 부치는 일을 잊지 않았다는 사실은 시사적이다.[14]

레닌은 자신의 진짜 속내를 확실히 숨기고 실질적인 계획 대신에 웅변과 구호를 토해 내면서 한 가지 주장을 끈질기게 반복했다. 무력을 통한 권력 장악이 필요하고 가능하며 때는 바로 지금이라는 것이었다. 혁명 이후에는 어떻게 될 것인가? 이는 레닌을 제외한 모두가 우려했던 의문이었다. 레닌의 완강한 고집이야말로 반란을 지지한 유일한 실질적 논거였다. 비록 획일적이지는 않지만 지도자에게 강하게 경사되어 있고 불확실성과 다툼에 지칠 대로 지친 당의 입장에서 레닌의 완강함은 결정적인 역할을 했다. 대부분의 역사학자들은 레닌이 없었다면 10월 혁명은 아마도 일어나지 않았으리라는 데 동의한다.

자신들이 옳다고 확신한(그리고 여기에는 타당한 근거가 없지 않았음이 나중에 드러났다) 지노비예프와 카메네프는 필사적인 행동을 취했다. 볼셰비키 신문에 기사 게재가 막힌 카메네프는 당 기관지가 아닌 한 소규모 신문에 반대파의 견해를 표명한 글을 발표했다. 레닌은 화가 머리끝까지 나서 카메네프와 지노비예프의 축출을 요구했다. 스탈린은 이 조치에 반대한 이들 중 한 명이었다. 그는 〈프라우다〉 편집장이라는 자신의 위치를 활용하여, 이 사건이 "원만히 타결되었다고 볼 수 있"으며 "기본적으로 우리는 여전히 한마음"이라고 쓴 타협적인 사설과 지노비예프의 서한을 나란히 게재하는 것으로 레닌에게 대응했다.[15] 이는 그가 중요한 문제를 놓고 레닌에게 공개적으로 반대한 드문 경우 중 하나였다. 이 작은 반항을 어떻게 설명해야 할까? 스탈린은 아직 볼셰비즘 '우파의 환상'에서 벗어나지 못했던 것일까? 그가 겉으로는 레닌을 추종했지만 마음속으로는 카메네프와 지노비예프의 우려를 공유했을 가능성도 있다. 아마 다른 변수들도 작용했을 것이다. 트로츠키는 그 중의 하나였다.

레프(레온) 트로츠키는 러시아 사회민주당 운동에서 언제나 두드러진 역할을 했지만, 그의 야심은 당내 유력자가 되는 데 한정되지 않았다. 혁명 이전에 그는 레닌과 불화가 잦았고 서로에 대한 공격은 걸핏하면 험악한 꼴이 되곤 했다. 하지만 레닌과 트로츠키는 서로 다투는 만큼이나 서로에게 끌리기도 했다. 둘 다 사회주의 혁명의 이상에 사로잡혀 있었고 그것이 곧 가능해지리라고 열렬히 믿었다. 또 둘 다 과단성이 있고 위험을 두려워하지 않았다. 레닌과 마찬가지로 트로츠키도 나라 밖 미국에서 혁명의 소식을 들었다. 그는 1917년 5월이 될 때까지 러시아에 돌아오지 못했지만 일단 돌아오자 곧 싸움에 뛰어들었다. 혁명가로서의 경력과 더불어(그는 1905년 혁명 당시 소비에트 지도자 중의 한 명이었다) 연설가이자 조직가로서의 재능 덕분에 그는 곧 인정을 받았다. 트로츠키는 자신과 레닌이 본질적 동맹임을 즉시 이해했다. 그들의 동맹 관계는 아무런 협상 과정 없이 자연스럽게 자리 잡았다. 트로츠키는 볼셰비키에 가세했고, 레닌은 즉시 말과 행동으로써 그를 권력을 향한 흔들림 없는 전투를 벌일 태세를 갖춘 강력한 파트너로서 인정했다. 트로츠키는 곧 사건의 중심에 서게 되었다. 9월에는 페트로그라드 소비에트의 의장이 되었고 반란 모의에 핵심적인 역할을 했다.

레닌의 오랜 동지들은 당에서 트로츠키가 지니는 가치를 인정했지만 그의 혜성 같은 부상에 기분이 좋을 수가 없었다. 그들이 보기에 그는 야심적인 침입자였다. 확실히 스탈린은 모종의 쓰라린 시기심을 느꼈을 것이다. 이 떠오르는 볼셰비키의 별이 그와 모든 면에서 정반대였다는 한 가지 이유만으로도 그러했다. 혁명을 앞두고 연설 재능이 긴요했던 열띤 시점에 트로츠키는 수천 명의 청중을 매혹할 수 있었던 반면 스탈린의 연설은 흐릿했다. 트로츠키는 설득력 있고 탁월한 필자였던 반면, 스탈린에게는 영감을 주는 슬로건이나 대중을 움직이는 캐치프레이즈를 만드는 재능이 없었다.

트로츠키의 부상은 레닌의 오랜 전우들 사이의 결속을 본능적으로 강화시켰고, 카메네프와 지노비예프의 입지가 현저히 약해진 상황에서 누구와 제휴할 것인가는 더 복잡한 문제가 되었다. 반反트로츠키 동맹의 씨앗이 뿌려진 것은 이 격동의 몇 개월간이었고, 이는 레닌이 사망한 뒤에 곧 그 싹을 틔웠다. 1917년에 레닌은 자기를 둘러싸고 충돌이 벌어지고 있음을 틀림없이 알았겠지만, 그가 가장 신경 쓴 것은 당의 단결과 더불어 (당연하게도) 당 지도부 내의 균형 유지를 위한 권력 배분이었다. 그는 내부 분열을 감수했다. 카메네프와 지노비예프는 그들의 입장을 고수했지만, 정세의 급박한 진전이 곧 당내 갈등을 집어삼켰다. 1917년 10월 26일 새벽, 볼셰비키가 임시정부 각료들을 체포하고 레닌을 의장으로 한 그들 나름의 인민위원회의(평의회)를 구성한 것이다. 스탈린은 민족문제 담당 인민위원으로 지명되었다.

스탈린이 권력을 장악한 뒤 소련 공식 선전에서는 그와 레닌이 혁명의 지도자였다고 주장했다. 한편 그의 정적들, 특히 트로츠키는 그의 역할이 실제로는 대단치 않았다고 주장했다. 진실은 이 고도로 정치화된 두 가지 해석 사이의 어딘가에 있다. 스탈린은 혁명을 이끌지는 않았지만 볼셰비키 간부이자 당중앙위원회 위원이자 당 기관지의 편집장으로서 중요한 역할을 했다. 레닌을 추종하기로 한 그의 선택은 혁명에서 그의 입지를 결정했다.

스탈린은 권력 획득을 위해 싸운 첫 번째 경험에서 어떤 교훈을 얻었을까? 그는 레닌의 과단성과 그가 자신의 행동 전략을 완강하고 끈질기게 밀어붙이는 태도에서 깊은 인상을 받았던 것 같다. 여러 해 뒤에 스탈린이 '위로부터의 혁명'—인고의 러시아 역사에서 수많았던 위기 중의 하나—을 추진했을 때 그는 과감하게 행동하는 재능을 유감없이 과시했다. 레닌으로부터 집요하고 비도덕적인 정치적 행동 양식을 빌려온 그는 자기 행동이 타인에게 미칠 영향을 걱정하지 않고 권력을 유지하는 데 매진했다. 이런 원칙에 힘입어 그는 극도로 무자비하고 무절제하게 행동할 수 있었다. 스탈린은 1920년대에 자신의 혁명을 밀어붙일 때도 레닌과 비슷하게 무제한적 급진주의 전략에 의지했다.

당의 군사화

레닌을 특별히 막강한 위치에 올려놓은 그의 무자비한 성향의 한 측면은 그가 내전을 도발하는 데 전혀 거리낌이 없었다는 것이다. 그는 내전이 사회주의로의 이행에 따르는 자연스러운 요소라고 보았다. 러시아의 동맹국들은 말할 것도 없고 러시아 전체가 급진적 볼셰비키의 패권을 순순히 받아들이리라고 기대할 이유는 없었다. 그들의 반란이 전혀 예상치 못한 일이었고 대중이 피로에 지쳐 있었기 때문에 처음 얼마 동안은 조용했지만, 상황은 곧 변했다. 새 정부의 비정통성, 그들의 거칠고 파렴치한 행동, 기존 질서를 한 번 뒤집어엎어 본 사회적 경험은 필연적으로 대중적 저항을 불러일으켰다. 임시정부는 전복되어 볼셰비키의 인민위원평의회로 대체되었다. 1918년에는 제헌의회가 해산되었다. 1918년 3월에는 독일과의 굴욕적이고 고압적인 단독 강화조약이 체결되었다. 이 모든 사건들은 곧 전국을 집어삼키게 될 내전으로 향한 길을 닦았다. 중상류 계급('백색 운동'), 박해 받은 사회주의자들, 농작물 징발에 분노한 농민들이 볼셰비키에 대항하여 일어났다. 아울러 독일과의 평화 조약은 러시아의 과거 동맹국들까지 내전에 끌어들였다. 뿐만 아니라 전쟁은 초급진 분파와 일반 범죄자들에게도 기회를 열어 주었다. 농민들은 볼셰비키와 백군 모두에 저항하여 봉기했고, 곧 수많은 집단들이 서로 싸우기 시작했다. 볼셰비키에 의해 터져 나온 새로운 유혈의 물결은 놀라운 속도로 불어났고 1918년부터 1920년까지 3년간 거의 수그러들지 않고 지속되었다.

내전은 그 규모와 인명 손실에 있어 제1차 세계대전과 2월 혁명에서의 러시아인 사상자 수를 월등히 능가했다. 인구 통계학자들이 1914~1922년 러시아 제국과 소비에트 러시아 내에서 외상, 기아, 질병으로 사망했다고 추정하는 1,600만 명 중 최소한 절반(800만)이 내전 3년 동안에 죽었다. 그리고 추가로 200만 명이 나라를 떠나 피신했으며, 많은 부분 내전의 부산물이었던 1920~1921년의 끔찍한 기근과 전염병은 500만 이상의 목숨을 앗아갔다. 그에 비해 제1차 세계대전(1914~1917년)에서 죽은 러시아인은 '겨우' 200만여 명에 불과하다.[16] 러시아의 이 섬뜩한 통계는 제1차 세계대전으로 초토화된 다른 나라들과 비교해도 단연 돋보인다. 러시아에서는 전쟁, 기근, 전염병, 국내 분쟁이 두 배나 오래 지속되었고 훨씬 큰 타격을 주었다.

이 끔찍한 수치들도 내전의 공포를 온전히 반영하지 못한다. 만연한 고통, 인간적인 감정의 마비, 옳고 그름에 대한 감각의 파괴는 통계로 포착할 수 없다. 잔인한 살인과 대규모 테러가 일상이 되었다. 급속히 번지는 야만성은 아니나 다를까 볼셰비키 자신들까지 집어삼켰다. 내전은 새로운 국가를 빚어냈고 대체로 그 국가의 경로를 결정했다.

스탈린은 그 시대의 전형적 산물이었다. 그는 혁명 이전에 그랬듯이 계속 레닌을 추종했다. 당중앙위원회 위원이자 최고 지도부의 일원으로서, 그는 가장 영향력 있는 극소수 소련 관료 그룹의 일부였다. 그는 레닌과 거의 매일 대면했고, 1919년에는 정치국 위원으로 선출되었다. 정치국은 그 후 공산주의 체제가 무너질 때까지 70년간 소비에트 러시아와 소련 권력의 중심을 지켰다. 스탈린에게는 나름의 전문 분야가 있었다. 이는 당시의 러시아 제국, 나중에는 소련을 구성한 외곽 민족 집단들과 볼셰비키 중심부와의 관계를 부드럽게 만드는 일이었다. 그러나 다른 볼셰비키 지도자들과 마찬가지로, 그의 고유 직무는 언제나 권력 유지라는 볼셰비키의 지상 명령, 다시 말해 전쟁에 종속되어 있었다. 그는 1918년부터 1920년까지의 기간을 다양한 전선에서 보냈다. 그는 모스크바를 너무 자주 비워서 1919년에 열린 총 51차례의 정치국 회의 중 14회밖에 참석하지 못했다. 1920년에는 75회 중 33회 출석했다.[17]

소비에트 정부를 대표하는 그의 첫 번째 임무는 1918년 6월에 주어졌다. 기아가 러시아 중부를 휩쓸면서, 러시아 남부에서 농작물을 징발하여 굶주리는 중부 지방으로 보내기 위해 차리친(나중의 스탈린그라드, 현재는 볼고그라드)에 파견된 것이다. 이 경제적 임무는 곧 군사적 임무로 전환되었다. 차리친은 볼셰비키 적대 세력의 공격을 받고 있었다. 중부 러시아의 도시들을 농업 지대와 연결하는 철도는 항시 끊겨

1918년 내전 중 차리친 전선에서의 스탈린. 러시아 국립사회정치사문서보관소.

있는 상태였다. 차리친의 볼셰비키 군대는 내전 초기에 널리 확산된 방식에 의해 조직되었다. 이는 훈련이 제대로 안 되고 비전문적인 파르티잔 부대에 주로 의존하는 방식이었다. 정규군 없이는 전쟁을 성공적으로 수행할 수 없음을 인식한 모스크바의 볼셰비키 지도자들—특히 붉은 군대를 지휘한 트로츠키—은, 전직 제국군 장교들을 활용하여 그들을 당 인민위원들의 통제하에 두기로 결정했다. 이 정책은 심각한 저항에 직면했다. 새로 임명된 혁명 지휘관들은 자신이 신뢰하지 않는 전직 장교들에게 복종하고픈 생각이 거의 없었고, 이런 감정은 장교들도 마찬가지였다. 모욕과 학대를 못 이긴 많은 장교들이 부대를 이탈하여 적진으로 넘어갔다. 그러나 군사적 필요성과 모스크바로부터의 압력 때문에, 군대는 어쩔 수 없이 점차 전문성을 높이고 전직 장교들을 용인할 수밖에 없었다.

많은 부분 스탈린 덕분에, 차리친은 혁명 게릴라전의 모델이 되었다. 그는 정부와 당중앙위원회 위원으로서 자기가 지닌 권위를 행사했고, 민간 정부뿐만 아니라 차리친에 본부를 둔 북캅카스 관구의 군부대에 대해서도 제한 없는 통제권을 누렸다. 여기에서 그는 클리멘트 보로실로프라는 충성스럽고 순종적인 조력자를 만났다. 붉은 군대의 부대 지휘관이었던 그는 독일군이 점령한 우크라이나에서 차리친으로 후퇴해 있었다. 두 사람은 훈련받은 군사 '전문가'들에 대한 적대감과 불신을 공유했다. 이 주제는 스탈린이 모스크바로 보낸 전문에 자주 등장했다.

> 전문가들이란 생기 없는 책상물림으로 내전에 전혀 적합지 않습니다.[18]

> 만약 우리의 '전문가들'(서툰 작자들!)이 잠이나 자고 빈둥거리지 않았다면 [열차]* 철로는 끊기지 않았을 것이며, 철로 복구는 군 장교들 덕분이 아니라 그들의 무능에도 불구하고 이루어질 것입니다.[19]

> '본부'의 직원으로서 개편 계획의 '초안을 짜'서 제출하는 데만 능한 그들은 실제의 작전이나 보급 문제나 서로 다른 부대 지휘관들을 통제하는 데 완전히 무관심하며, 전반적으로 자신들을 외부자처럼, 손님처럼 여깁니다.[20]

* 이 책에서 인용문의 대괄호[ ] 안의 내용은 저자가 삽입한 것이다.

> 우리의 새로운 군대는 새로운 병사들과 더불어 새로운 혁명 지휘관들이 탄생한 덕분에 건설되었습니다. 모두가 아는 배신자들[이어서 스탈린은 여러 군사 전문가들을 열거하고 있다]을 그들에게 억지로 떠안겨서 전선 전체가 망가지고 있습니다.[21]

이런 논평들은(그 외에도 많이 있다) 소비에트 군대가 어떻게 발전해야 하는가에 대한 스탈린의 철학을 정확히 반영하고 있다. 그는 자신의 말을 행동으로 옮겼다. 스탈린은 경험 많은 장교들을 내쫓고 자기가 직접 작전 지휘를 했다. 그가 수도로 보낸 공문은 이 결정 덕분에 거둔 성과에 대한 찬사 일색의 보고로 가득 차 있다. 그러나 군사 경험이 전무하고 군대에 복무한 적도 없으며 자기와 비슷한 아마추어들의 지도에 의존했던 스탈린이 효율적인 군대를 운영하는 데 필요한 복잡한 기술을 신속히 습득할 수 있었으리라고 상상하기란 힘들다. 상식과 혁명적 열정만 가지고 이룰 수 있는 일에는 한계가 있었다. 실제로 스탈린-보로실로프의 파르티잔 부대는 적군 정규 부대의 공격을 버텨 내지 못했다.

그가 지휘를 맡은 지 2개월이 된 1918년 8월, 차리친은 함락 직전에 몰렸다. 패배의 위협에 처한 스탈린은 이후 수십 년간 그 특유의 정치 수단으로 활용된 전략으로 대응했다. 이는 '반혁명 음모'를 색출하는 것이었다. 차리친에서는 (현재 붉은 군대에 복무 중인 이들을 포함한) 전직 제국군 장교, 사업가, 어쩌다 숙청 대상이 된 불운한 일반 시민들이 체포의 물결에 휩쓸렸다. 철도 인민위원부 소속인 N. P. 알렉세예프가 획책한 '음모'가 반혁명 운동의 중심에 있다는 주장이 제기되었다. 원래 귀족이자 장교 출신이었던 알렉세예프는, 현재 소비에트 러시아 정부하에서 일하며 인민위원부 일로 모스크바에서 차리친에 파견되어 있던 '부르주아 전문가'였다. 요컨대 그는 반혁명 음모 주모자의 신상 명세에 대한 선입관에 완벽하게 들어맞았다. '음모자들'에 대한 비난은 판에 박힌 문구로 이루어져 있었고 딱히 설득력이 없었다. 사건은 단 며칠 만에 급조되었고, 지역 신문에 처형자 명단이 발표되면서 정점에 이르렀다.

알렉세예프가 차리친으로 오는 길에 인민경제최고회의의 고위 관료이자 고참 볼셰비키 당원인 콘스탄틴 마흐롭스키와 동행하지 않았다면 이 사건은 '적색 테러'의 연대기 중 한 장으로 묻혀 버렸을지도 모른다. 이 열기와 혼란에 휩쓸려 마흐롭스키 역시 체포되어 몇 달간 수감되었다. 그러나 그는 모스크바의 압력으로 결국 총살되지 않고 풀려났다. 이로써 자신이 목격한 것을 열성적으로 알리려 하는 달갑잖은 증인이 생기게 되었다. 분개한 마흐롭스키는 차리친에서 벌어진 일을 차례대로 기록한 장문의 보고서를 썼다. 그는 알렉세예프 사건이 '반혁명을 색출하는 데 혈안이 된' 비밀경찰의 일원에 의해 조작된 것임을 분명히 했다. 차리친에서의 사건에 대한 마흐롭스키의 묘사는 집무실에 앉아서 전쟁 보고를 받던 모스크바의 일부 고위 관료들에게 충격을 주었을 것이다.

> 내가 본 광경은 이렇습니다…얼굴 전체에 피를 뒤집어쓴 N. P. 알렉세예프는…한쪽 눈이 완전히 감겼고, 맞아서 튀어나온 것인지 그저 부어오른 것인지 구분할 수 없었습니다…그들은 알렉세예프를 총 개머리판과 주먹으로 구타했고, 그가 쓰러지자 발로 짓밟았습니다….
>
> 체카에 의해 체포되고 구금된 이들 중 내가 우연히 목격한 사람

> 들과 관련하여 다음과 같은 언급을 해야겠습니다. 그들 대부분은 우연히 체포되어 총살당했으며, 얼마 후 온갖 종류의 범죄자로 지목되어 총살된 이들의 명단이 지역 신문에 실렸습니다….
>
> 체포되어 바지선에 구금되었던 사람 두 명이 내 감방에 들어왔습니다. 그중 한 명은 볼가 강의 바지선에 400명이 갇혀 있었다고 말해 주었습니다. 바지선을 감옥으로 활용한 것은 차리친에서의 철수 중에 시작된 일입니다. (반 볼셰비키) 카자크가 공격해 오자 그들은 체포된 이들을 감옥에서 바지선으로 옮겼는데, 체포자들의 부류는 지극히 다양했습니다. 30명은 노동 수용소 출신이었고, 70명은 전직 장교, 30명은 부르주아지, 나머지는 대개가 다양한 구실로 체포된 노동자와 농민들이었습니다. 이 모든 사람들을 바지선에 빽빽이 쑤셔 넣었는데 변소는 단 한 군데뿐이어서, 사람들은 4시간씩 줄을 서서 기다려야 했고 그러다 실신하기도 했습니다. 수감자들에게는 먹을 것도 주어지지 않았습니다.[22]

마호롭스키는 체카뿐만 아니라 스탈린을 비롯한 차리친의 정치 지도자들까지 이 학대의 주범으로 고발했다. 그는 그저 스탈린과 언쟁을 했다는 이유로 체포된 사람들의 사례도 보고했다.[23] 몇 개월 뒤 보로실로프는 스탈린이 이 테러를 조직하는 데 주도적 역할을 했음을 인정했다. 그는 전직 장교들을 언급하며 "이 '신사들'이 (나와) 스탈린 동무에 의해 체포되었다"고 말했다.[24] 차리친에서 행했던 방식에 맛을 들인 스탈린은 주변 지역에도 같은 방식을 적용할 것을 주문했다. 1918년 8월 31일 그는 차리친 출신의 '믿을 만한 사람들'이 보로네즈에서 '반혁명 분파들'을 '숙청'할 수 있도록 재가해 줄 것을 레닌에게 요청했다. 이

요청은 승인되었다.[25]

레닌에게 이 요청서를 보냈을 때 스탈린은 그 바로 전날인 8월 30일에 사회혁명당의 소행으로 지목된 테러 행위로 레닌이 부상당했다는 소식을 아직 듣지 못했던 것이 분명하다. 이 암살 기도는 스탈린과 볼셰비키 당 전체에 새로운 전망을 열어 주었다. '적색 테러'가 공식 정책이 된 것이다. 9월 초에 스탈린은 "부르주아지와 그 앞잡이들에 대한 공개적인, 대규모의, 체계적인 테러"를 조직하는 대략의 계획에 대한 보고서를 북캅카스 관구 지도부를 대신하여 모스크바에 보냈다. 일부 출처에 따르면 9월과 10월에 차리친의 체카는 102명을 처형했고 그중 52명은 제국군 장교였거나 차르 비밀경찰 소속이었던 사람들이었다.[26]

테러의 규모가 군사적 패배로 촉발된 공포에 기인한 것이었든 아니면 사전에 계획된 것이었든 간에, 테러의 위협은 군기가 엉망이었던 붉은 군대의 통제를 용이하게 해 주었다. 나아가 '음모'의 적발은 군사적 실패의 편리한 구실과 더불어 최고 지도부의 과단성과 효율성을 드러낼 기회를 제공해 주었다. 스탈린은 반혁명 위협의 증대를 구실 삼아 특별한 권력을 요구하고 자기 관구의 군 당국에 복종하기를 거부했다.

차리친의 잔학 행위에 대한 정보가 어떤 경로, 어떤 형태로 모스크바에 다다랐으며 마흐롭스키의 보고서와 기타 목격자 증언이 얼마나 널리 유포되었는지는 알려지지 않았다. 이를 스탈린이 주도했음을 최고 지도부가 알고 있었다는 증거가 있다. 몇 개월 뒤인 1919년 3월에 레닌은 8차 당 대회에서 이런 발언을 했다. "스탈린이 차리친에서 사람들을 총살했을 때 나는 그것이 실수라고 생각했다. 총살이 잘못 이루어졌다고 생각했다." (그가 처형에 원칙적으로 반대하지 않은 것은 확실하며, 다만 이를 수행한 방식이 무질서했다는 말이었다.) 레닌은 자신이 스탈린에게 주의할 것을 요구하는 전문을 보냈다고 주장하기까지 했지만 그런 전문은 발견되지 않았다. 또 다른 연사는 차리친의 '유명한' 바지선이 "군사 전문가들이 동화되지 못하도록 막는 데 큰 역할을 했다"고 언급했다.[27] 확실히 스탈린이 행한 처형은 비밀이 아니었지만 그는 이로 인해 심각한 파장을 겪지 않았다. 볼셰비키 지도자들은 혁명을 방어하는 과정에서 행해진 월권에 느슨한 태도를 보였다. 레닌은 8차 당 대회의 같은 연설에서 결과적으로는 차리친 사람들이 옳았다고 말하기까지 했다. 몇몇 '부르주아지 찌꺼기'의 소탕을 놓고 동지를 비난할 이유가 있겠는가?

레닌은 대규모 총살에 괘념치 않았지만 군사적 차질은 우려했다. 붉은 군대의 총사령관인 트로츠키는 차리친에서의 사건에 확고한 입장을 취했다. 그의 견해는 스탈린에 대한 강한 개인적 반감과 실용적 우려에 의한 것이었다. 그가 보기에 차리친에서 행해진 조치는 무분별한 행동을 보여주는 위험한 사례로, 엄격한 규율 도입과 군사 전문가 영입을 통한 군대의 전문화를 저해할 수 있었다. 그는 1918년 10월 4일자 전문에서 레닌에게 이런 입장을 분명히 밝혔다.

> 나는 [차리친에서] 스탈린을 소환해야 한다고 강력히 주장합니다. 차리친은 병력이 풍부함에도 불구하고 전황이 좋지 않습니다. 보로실로프는 1개 연대를 지휘할 수는 있어도 5만 병력을 지휘할 수는 없습니다…차리친은 [상급 지휘 체계] 밑으로 들어오든지 물러나든지 해야 합니다. 우리는 남부, 특히 차리친을 제외한 모든 부대에서 성공을 거두고 있습니다. 이곳에서 우리 병력은 압도

적으로 우월하지만 지휘부가 완전히 난장판입니다. 당신의 확고하고 결정적인 지지만 있으면 우리는 24시간 내에 이곳을 통제할 수 있습니다. 내가 보기에는 이것이 유일한 성공의 길입니다.[28]

스탈린은 트로츠키에 대항한 캠페인을 개시했다. 그와 보로실로프는 레닌에게 보낸 전문에서, 트로츠키가 전선을 어지럽히고 "군사 전문가 출신 배신자들의 비위를 맞추기 위해 당의 가장 중요한 구성원들을" 무시하고 있다고 비난했다.[29] 그는 레닌과 직접 만나 이야기하고 저울추를 자기 쪽으로 기울이기 위해 모스크바까지 갔지만 그의 여행은 헛수고였다. 지도부는 군대를 강화하려는 트로츠키의 노력을 지지했다. 1918년 10월에 스탈린은 차리친을 떠나야 했다. 그 뒤 얼마 안 있어 보로실로프를 비롯한 스탈린의 동맹자들도 차리친에서 쫓겨났다. 그 시점부터 스탈린은 기회 있을 때마다 트로츠키에 대항할 음모를 꾸미고 차리친 동지들의 승진을 도왔다.

스탈린은 이후 내전이 끝날 때까지 차리친에서 얻은 경험에 의지했던 것으로 보인다. 그는 군사 전문가를 영입하는 당의 정책을 인정할 수밖에 없었지만 그들에 대한 적대감은 여전했다. 그는 직업 군인을 정치적으로 의심스러운 존재로 여겨 거의 존중하지 않았고 진짜 혁명가들의 열정과 '상식'을 더 선호했다. 그는 1919년 6월 16일 페트로그라드 전선으로부터 레닌에게 보낸 전문에서 다소 코믹한 허세와 오만을 곁들여 이렇게 썼다. "해군 전문가들은 크라스나야 고르카(페트로그라드의 한 요새)를 바다 쪽에서 함락시키는 것이 해군학에 위배된다고 주장합니다. 그와 같은 이른바 학문을 저는 개탄할 따름입니다. 고르카의 신속한 점령은 주로 저와 민간인들이 작전에 총체적으로 — 심지어 육상과 해상에서 명령을 거부하고 우리 나름의 명령에 따를 정도로 – 개입한 데 기인한 것이었습니다. 물론 저는 학문을 경외합니다만, 앞으로도 계속 이런 방식으로 행동하겠다는 선언이야말로 제 임무라고 생각합니다."[30] 스탈린의 주장에도 불구하고 그 요새가 해군의 공격으로 함락되지 않았음을 알고 있었던 레닌은 스탈린의 허세를 재미있게 받아들였던 것 같다. 그는 이 전문에 이런 주석을 덧붙였다. "??? 크라스나야 고르카는 '육지' 쪽에서 함락되었습니다만."[31]

스탈린의 허세는 전쟁이 마무리되는 단계까지도 계속되었다. 1920년 봄과 여름, 그는 소비에트-폴란드 전쟁이 한창이던 남서부 전선에 있었다. 소비에트 군은 잔존한 백군의 사령관으로서 주요 근거지인 크림 지방 너머를 넘보는 표트르 브란겔 장군과 싸우고 있었다. 처음에 폴란드 군은 붉은 군대에 치명적인 패배를 안겨 주었지만 상황은 곧 변했다. 붉은 군대는 공세를 취하여 바르샤바로 향했고 곧 바르샤바를 점령할 태세였다. 볼셰비키 지도자들은 기쁨에 들떴다. 그들은 혁명이 폴란드에서만 승리를 거두는 것이 아니라 (마침내!) 다른 유럽 국가들로까지 확산되리라고 예상했다. 표어는 "바르샤바를 거쳐 베를린으로!"였다. 1920년 7월 13일, 폴란드와의 휴전 협정 체결이 타당한지를 묻는 레닌의 질문에 대한 대답으로 스탈린은 이렇게 썼다. "폴란드 군은 완전히 궤멸되고 있습니다. 폴란드 인들은 통신 선로와 지휘 능력을 잃었습니다. 폴란드 군의 명령은 수신인에게 가 닿지 못하고 우리 수중에 떨어지는 비율이 늘고 있습니다. 한 마디로 폴란드는 신속한 복구가 불가능한 와해를 겪고 있습니다…저는 폴란드가 패배한 지금 이 시점만큼 제국주의가 약해지고 우리가 강해진 적이 없으며, 따라서 우리가 더욱 단호히 행동할수록 러시아와 국제적 혁명에 더 좋을 것이라고 생각합니다."[32]

이 시기 스탈린의 글에는 붉은 군대의 무력으로 세계 혁명의 길을 닦을 수 있으리라는 희망이 짙게 배어 있다. 7월 24일 레닌에게 보낸 전문에서 그는 폴란드에 대한 승리를 기정사실화하며 "이탈리아와 여전히 위태로운 헝가리, 체코슬로바키아(루마니아는 분쇄해야 할 것임) 같은 나라에서 봉기를 조직하는 문제를 논의"하자고 제안했다.[33] 스탈린은 자신의 말을 행동으로 뒷받침했다. 자신이 맡은 남서부 전선에서 그는 중요한 전략 거점인 르보프의 점령에 특별히 심혈을 기울였다. 그는 제1기병군 지휘관들을 재촉하여 결정적 돌격을 가했지만 헛수고였다. 르보프는 그의 손아귀를 피해 갔다. 소비에트 군의 전역은 남서부 전선의 또 다른 지구인 크림에서도 원활히 진행되지 않았다. 브란겔의 부대가 그곳에 진을 치고 있었고, 붉은 군대가 폴란드 전선에서 분주한 동안 브란겔은 크림 반도 너머로 공격을 감행하여 성공을 거두었다. 르보프와 크림 외곽에서의 실패에 주된 책임이 있는 간부 중 한 명으로서, 스탈린은 객관적인 난관들을 열거하고 붉은 군대 중부 사령부의 나태를 비난하는 보고서를 모스크바에 보냈다. 결정적 성공을 거두지 못하는 군사 지휘관으로서 그가 거북해 한 것은 명백하다. 이웃한 서부 전선에서 붉은 군대가 바르샤바로 빠르게 진군 중이었던 사실을 고려할 때 이 실패는 특히 굴욕적이었다.

그러나 상황은 다시금 급변했다. 폴란드 침공이 난관에 부딪쳐 붉은 군대는 많은 사상자를 냈고 결국 폴란드는 볼셰비키에 굴욕적인 강화 조건을 요구했다. 폴란드 전선에서의 패배에는 수많은 원인이 있지만 그중 하나는 스탈린으로 직접 거슬러 올라갈 수 있다. 붉은 군대가 동시에 너무 많은 지역에서 공격 작전을 수행함으로써 전력이 분산된 것이다. 예를 들어 중요 병력인 제1기병군은 바르샤바로 진군하는 부대를 지원하는 대신에 르보프 점령을 시도했으며, 붉은 군대가 패배하기 얼마 전에 제1기병군을 르보프에서 서부 전선으로 이동시킨다는 결정이 내려졌지만 이는 실행되지 않았다. 스탈린은 이 과오에 한몫을 했다. 1920년 8월 13일 그는 기병군이 이미 르보프에 대한 새로운 공격을 개시했으므로 이를 재배치하는 일은 위험하다고 주장하는 전문을 붉은 군대 중앙 사령부에 보냈다. 그는 재배치 명령이 좀 더 일찍, 부대가 아직 예비 병력이었을 때 이루어졌어야 했다고 주장했다. "저는 이 명령에 서명을 거부합니다"라고 그는 썼다.[34]

스탈린의 거부가 폴란드에서 거둔 패배의 주요인은 아니었을 것이다. 1920년 붉은 군대의 패인을 분석했을 때 대부분의 비난은 바르샤바 침공을 책임진 서부 전선의 지휘관들에게 돌아갔다. 그러나 스탈린이 제1기병군 사건이 있은 지 불과 며칠 뒤에 전선에서 소환된 이유는 그의 고집 센 행동 때문이었을 것이다. 그는 모스크바로 떠난 뒤 다시는 군사 작전에 복귀하지 못했다. 얼마 후 브란겔을 상대로 거둔 승리의 월계관은 다른 간부의 머리에 씌워졌다.

수도로의 귀환은 득의양양한 것이 못 되었다. 르보프에서 또는 브란겔에 대항하여 결정적 승리를 거두지 못한 것 외에도, 스탈린의 명령 수행 거부는 바르샤바 패전의 주된 요인으로 비칠 수 있었다. 그가 특유의 선제공격을 개시한 것은 상처 입은 감정과 더불어 희생양이 될지도 모른다는 두려움 때문이었을지 모른다. 폴란드의 전황이 붉은 군대에 확실히 파국으로 돌변한 1920년 8월 25일에 그는 예비 병력 편성을 요구하는 제안서를 정치국에 제출했다. 표면적으로 – 병력 증강, 군수 생산 확대, 신규 부대 편성을 요구하는 – 이 제안서는 내전 중 볼셰비키 정책을 지배한 우선순위를 철저히 따르고 있었다. 그러나 그 진짜 중요성은 다음 한 문장에 있었다. "최근 폴란드 군이 거둔 성공은 우리 군대의 근본적 결함, 주로 효율적인 예비 병력의 부재를 드러냈다."[35] 이는 패배의 책임을 군 주요 지휘부의 몫으로 전가하려는 스탈린의 시도였다. 그는 이 제안서에 크나큰 중요성을 부여하고 답변을 종용했다. 1920년 8월 29일 그는 다시 정치국 동료들에게 서한을 썼다. "제가 제기한 공화국 예비 병력 문제의 긴급성에 대해 당중앙위원회의 주목을 요합니다…이 문제는 오늘(8월 29일)까지도 아직 다뤄지지 않고 있습니다."[36]

결국에는 트로츠키가 상황을 거만하게 해명하면서, 조달 위원회를 설립하고 스탈린 자신이 여기에 참여할 것을 제안하기에 이르렀다. 이 피폐한 국가의 군대에 물자를 조달하는 생색 안 나는 일을 스탈린에게 떠안긴 것은 영리한 행보였지만, 스탈린은 트로츠키의 대응에 잔뜩 화가 났던 것 같다. 8월 30일에 그는 세 통의 서한을 정치국에 보냈는데 모두가 트로츠키를 겨냥한 것이었다. 그중 한 서한에서 그는 이전 제안서에 대한 트로츠키의 답변을 '발뺌'이라 규정하고, 당중앙위원회가 군을—다시 말해서 트로츠키를—면밀히 감시할 것을 요구했다.[37] 두 번째의 짧고 단호한 서한에서, 그는 트로츠키의 제안에 그가 조달 위원회에 참여하라고 대응했다. "이로써 저는 트로츠키가 계획한 조달 위원회에서 일할 수 없으며 따라서 일하지 않을 것임을 확실히 합니다."[38] 그런 다음 그는 이 적대적 선언의 대미로서 위험한 행보를 감행했다. "서부 전선에서의 7월 공격과 8월 후퇴의 정황을 조사하는" 위원회의 설립을 제안한 것이다.[39] 예비 병력을 등한시했다는 그의 비난의 맥락을 고려할 때, 이는 트로츠키에 대한 명확한 선전 포고였다. 레닌이 폴란드에서의 모험을 종용한 인물 중 선두에 있었으므로 그가 간접적으로 레닌 또한 공격하고 있음을 스탈린은 인식하고 있었을까? 감정에 휩쓸려 곧바로 깨닫지는 못했다 하더라도 곧 레닌의 불쾌감과 마주하여 이 사실을 알게 된 것은 확실하다.

다음날인 9월 1일 정치국 회의에서 결전이 벌어졌다. 갈등의 주된 당사자들 — 스탈린, 트로츠키, 그리고 그들의 중재자인 레닌 — 이 모두 참석했다. 분위기는 음산했다. 회의의 대부분은 폴란드와의 굴욕적인 평화 조약을 논의하는 데 소요되었다. 스탈린의 예비 병력 제안은 끝으로 밀렸고 사실상 거부되었다. "군이 스탈린의 제안에 입각한 조치를 취하고 있다는 트로츠키의 성명"을 인정하는 결의안이 채택되었다.[40] 다시 말해 조치는 이미 취해지고 있으며 이 문제에 대한 스탈린의 조언은 더 이상 필요치 않다는 것이었다. 군수 조달에 대한 특별 평의회 의장은 트로츠키가 맡았고, 스탈린의 참여 거부 의사가 약 오르게도 있는 그대로 수용되어 그는 여기에서 제외되었다. 그 못지않게 모욕적인 일은 폴란드에서의 패배 원인을 조사하라는 스탈린의 요구가 거부된 것이었다. 이를 단호히 반대한 장본인은 바로 레닌이었다.

역사학자들에게는 대단히 애석한 일이지만, 이 정치국 회의(그리고 다른 많은 중요한 회의)의 상세한 속기록은 작성되지 않았다. 그 유일한 문헌은 간략한 결의안 기록뿐이다. 여기에는 현장에서 공공연히 혹은 참석자들의 마음속에서 타올랐을 것이 분명한 격한 감정이 제대로 나타나 있지 않다. 스탈린은 군무를 사직했다. 그의 사직은 승인되었고 이로써 그는 군사혁명평의회에서 자리를 잃게 되었다. 트로츠키의 권위와 권리는 확고해졌으며 그에게는 서부 전선 시찰이 맡겨졌다.[41] 레닌은 명확히 트로츠키 편을 들었다. 9월 20일 당중앙위원회 총회에서는 스탈린을 "장기적인 임무로 캅카스에 파견"한다는 결정이 채택되었다. 그에게는 "이 고지대 민족들 사이의 관계를 안정"시키고 "캅카스와 동부(소비에트 아시아) 정책의…질서를 바로잡는" 일이 주어졌다.[42] 이는 명예 유배였을 수도 있고 새롭고 중요한 임무였을 수도 있다. 어쨌든 며칠 뒤의 9차 러시아 공산당 대회에서 한편에는 스탈린이, 반대편에는 레닌과 트로츠키가 대립한 충돌이 빚어졌다. 폴란드와의 전쟁을 놓고 정치국 내부에서 끓어오르던 상호 공방이 공개적으로 분출한 것이다.

대회에서 레닌과 트로츠키 두 사람은 스탈린이 서부 전선 지휘관들, 실질적으로 붉은 군대 사령부 전체를 겨냥한 비난에 반박했다. 레닌은 전략적 오판의 상당 부분에 대한 개인적 책임을 받아들였지만 스탈린의 조사 요구는 거부했다. 트로츠키는 스탈린이 폴란드에서의 승리를 낙관적으로 전망하고 르보프 점령을 장담한 것에 대해 신랄하게 지적했다.[43] 9월 23일, 몹시 기분이 상한 스탈린은 대회 상임 간부회에 성명서를 제출했다. 그는 트로츠키와 레닌의 문책을 단호히 부인했다. 또 서부 전선의 지휘관들이 폴란드에서의 패배에 책임이 있다는 지적을 되풀이하고(트로츠키에 대한 측면 공격) 자신이 언제나 신중함과 조심성을 중시했다고 주장했다. "레닌 동무는 명백히 사령부에게 자비를 베풀고 있지만, 우리에게 필요한 것은 사령부가 아닌 대의에 대한 자비라고 생각합니다"라고 그는 신랄하게 마무리했다.[44] 현재 입수 가능한 문헌들을 통해, 우리는 자기가 과거에 조심성을 중시했다는 스탈린의 주장이 거짓임을 확실히 말할 수 있다. 그럼에도 레닌은 이를 폭로하지 않았다. 아마도 과단성과 세계 혁명을 향한 스탈린의 요구가 자신의 이해관계와 맞아떨어졌기 때문이었을 것이다. 궁극적으로 그들 모두의 운명은 공동의 노력이 성공하느냐에 달려 있었으므로, 그들은 이 불쾌한 패배의 시기를 최대한 빨리 과거지사로 돌리고 싶어 했다. 실책에 대한 조사를 요구한 스탈린은 마치 반체제 인물처럼 비쳤다. 게다가 그 또한 누구 못지않은 죄과가 있음을 모두가 알고 있었다. 그러나 과거에도 그러했듯이 그는 이 사건으로부터 대충 탈 없이 빠져나왔다. 그는 캅카스로 떠났지만 몇 주 뒤인 1920년 11월 말에 모스크바로 돌아왔다. 이 시기 스탈린과 동료들 사이의 갈등은 습관처럼 되어가고 있었다. 새로운 습관은 아니었지만 좀 더 두드러지고 그 뿌리가 깊어졌다. 그의 행동은 당이 주의의 차이와 개인적 야심으로 초래된 갈등에 시달렸다는 객관적 사실을 반영하고 있다. 이런 상황은 필연적으로 파벌의 형성으로 이어졌다. 스탈린의 파벌은 그의 후원과 지원을 누린 차리친의 전우들, 제1기병군 출신, 자캅카지예인들로 이루어져 있었다. 다른 소비에트 지도자들도 저마다 추종자를 규합하는 중이었다. 미래의 충돌과 권력 투쟁의 씨앗이 뿌려지고 있었다.

볼셰비키가 최초로 국가를 운영해 본 경험은 전시에 형성되었다. 이 사실은 통치에 대한 그들의 실용적 접근 방식과 그들의 철학을 형성하였다. 차리친과 페트로그라드에서 얻은 경험은 '부르주아 전문가들'에 대한 스탈린의 본능적 불신과 음모에 대한 두려움을 강화했다. 남부에서의 농작물 징발과 우크라이나에서의 노동군 조직은 강압적인 전술을 써서 경제를 이끌어 본 경험을 그에게 제공했다.[45] 내전은 볼셰비키를 피와 잔혹성에 익숙하게끔 길들였다. 잔학 행위에 대한 두려움은 사라져 버렸다.

총간사 스탈린

볼셰비키는 내전에서 승자로 떠올랐다. 하지만 그들은 무엇을 위해 싸웠는가? 탈진한 나라에, 심지어 그들 자신에게도 이를 설명하는 일은 단순한 문제가 아니었다. 세계 혁명의 꿈은 실현되지 않았다. 러시아에 사회주의가 즉시 도입될 것이라는 레닌의 생각은 파괴적인 공상으로 드러났다. 시장 체제를 폐지하고 그 자리에 정부 일괄 통제하의 직접 교환을 수립하려는 시도는 경제의 붕괴를 조장할 따름이었다. 기근과 참화로 인해 대규모 반정부 시위가 불붙었다. 광대한 지역이 농민들의 반란에 휩싸였다. 소요는 도시로 확산되었고, 볼셰비키의 근거지인 모스크바와 페트로그라드도 예외가 아니었다. 페트로그라드 외곽 크론시타트 수비대에서 일어난 해군 병사들의 반란은 볼셰비키가 채택한 군사화된 사회주의 정책의 실패를 드러내는 상징이 되었다. 1917년 혁명의 보루였던 그들이 무기를 들고 일어났을 때 '크론시타트'는 대단히 의미심장한 정치적 표어가 되었다.

이런 상황에서, 정치적 자기 보호 본능이 발달했던 레닌은 자신의 확고한 원칙을 상당히 누그러뜨리기에 이르렀다. 1921~1922년에 레닌주의적 사회주의는 레닌주의적 신경제정책(NEP, 네프)으로 대체되었다. 소비에트 경제의 많은 측면이 볼셰비키 혁명 이전 상태로 복귀했다. 경제의 주요 부분은 여전히 국가 통제 하에 있었지만 일부 시장 활동이 허용되었다. 화폐 사용이 재개되었다. 농민들은 국가에 세금을 낸 뒤 생산물을 내다 팔 수 있게 되었다. 민간 소상공업체들은 개인 소유로 되돌아왔다(이런 소규모 자영업자들을 '네프만'이라고 불렀다). 혐오의 대상이던 자본주의가 볼셰비키의 구명줄이 되어 그들의 국가와 권력을 구조했다. 네프 덕분에 소비에트 러시아는 불과 몇 년 만에 재앙의 언저리에서 회복되었다. 그러나 회복을 미처 체감하기도 전에 내전의 직접적인 결과로 발생한 1921~1922년의 끔찍한 기근이 수백만의 목숨을 앗아갔다.

이상이 그의 스승 레닌이 사망하기까지 스탈린이 살았던 삶의 배경이었다. 네프로 이행하는 과정에서의 핵심적 문제에 대한 논의나 결정에 스탈린이 적극적으로 관여했다는 증거는 사료에 없다. 그는 레닌이 설정한 정치적 경로를 따랐으며 그의 충직하고 진실한 동지였다. 레닌은 확실히 그의 충성심을 높이 평가했다. 그러나 내전 이후 스탈린은 정치적 중요성을 거의 보장받지 못했다. 그는 정치국의 일원이라는 것만으로도 어느 정도의 권력을 보장받았지만, 소비에트 당-정치 체제에서 간부가 실제로 행사하는 권력은 그가 수장을 맡은 정부 기관의 영향력과 직접적으로 연관되어 있었다. 이런 관점에서 볼 때 스탈린은 2급 관료가 될 위험에 처해 있었다.

종전 후 스탈린은 민족 인민위원부와 노동자·농민 감찰단이라는 두 기관을 책임졌다. 두 기관 모두 의미 있는 권력 수단이나 제한적인 로비 잠재력 이상이 되어주지 못했다. 한 비공개 회의에서 스탈린 자신도 민족 인민위원부가 '행정권'이 없으며 순전히 '선전' 목적에만 활용될 뿐이라고 평가했다.[46] 그는 이 기관에서 일하는 데 거의 시간을 할애하지 않았다. 그는 1921년 11월 이 기관들에 사직서를 제출했지만 반려되었다.[47] 그는 이 인민위원부를 폐지하기 위해 갖은 노력을 기울였고 1923년에 마침내 성공했다. 그 이전인 1922년에는 노동자·농민 감찰단장직을 벗어 던질 수 있었다. 그는 이 달갑잖은 자리들을 당중앙위원회 조직을 이끄는 훨씬 더 매력적인 자리와 맞바꾸었다. 이 직위는 그를 고위 지도부로 옮겨 놓았다.

스탈린의 정치 경력에서 이런 전환점을 만들어낸 것은 그의 재능과 에너지뿐만 아니라 소비에트 지도부 내의 열띤 투쟁이었다. 주된 충돌은 레닌과 트로츠키 사이에 빚어졌지만, 그들 주위에서 더 작은 충돌들이 끊임없이 울려 퍼졌다. 트로츠키는 단지 레닌의 추종자가 아니라 지도자가 될 독자적인 자격이 있음을 합당하게 주장할 수 있는 유일한 고위 볼셰비키였다. 그는 혁명의 파트너이자 동맹 이상의 역할을 했고, 자신도 그렇게 행동하며 당내에서 자신의 추종자를 거느렸다. 1920년 말에 레닌은 몇몇 당중앙위원회 위원을 포함한 상당 비율의 당 관료가 트로츠키를 지지한다는 사실을 깨달았다. 레닌이 일인자로서의 지위를 지키려면 이 도전에 대응해야 했다. 1921년 10차 당 대회에서 레닌은 자기 추종자들이 과반수를 득표하도록 만들었다. 이 선거 결과는 고위 당 조직의 운영자로서 누가 선택될 것인지를 결정했고, 다수의 트로츠키 추종자들이 직위에서 물러나야 했다. 이 투쟁에서 스탈린은 레닌의 핵심 동맹 중 한 명이었다. 레닌의 건강이 악화되고 있음을 고려할 때 이러한 협력은 새로운 중요성을 띠었다. 그는 1921년 중반부터 날로 심해지는 뇌동맥 경화 증상에 시달렸다. 두통, 피로, 일시적 마비, 언어와 인지 능력의 손상 때문에 장기 휴가를 내야 했다.

레닌의 질병과 트로츠키와의 갈등은, 당의 인력 개편과 더불어 스탈린이 당무에서 훨씬 중요한 역할을 맡게 되는 데 일조했다. 이 역할은 1922년 초에 스탈린이 러시아공산당(볼)* 중앙위원회[TsK RKP(b)]의 총간사라는 신설 직위에 임명되었을 때 공식화되었다. 총간사의 권한 중에는 당중앙위원회 조직과 그 '지휘 구조'—당의 의지를 실행하는 관료

* '볼(bol)'은 '볼셰비키'의 약칭이다.

기구—를 감독하는 것도 있었다. 그중 정치국 회의의 의제를 설정하고 인사 문제를 결정하는 두 가지 직무는 특별히 언급할 가치가 있다. 수많은 중간급 관료들이 자신의 경력을 스탈린에게 의존하게 된 것이다.

스탈린에게 당 조직의 운영은 부담이 아니었다. 그의 당직 경험과 성격은 이 직위에 잘 들어맞았다. 스탈린은 훗날 독재자가 되어서도 판에 박힌 관료적 업무를 즐겼던 것으로 보인다. 총간사 자리에 앉은 그는 정치국의 업무를 재편하기 시작했다. 1922년 10월 31일 그는 정치국 회의에서 몇몇 기관의 심의 자료 제출이 지체되고 있다고 발표했다. "전일 오후 4시까지 자료를 제출하지 않을 경우 정치국에 그 어떤 이의도 제기할 수 없다"는 결의안이 채택되었다.[48] 몇 주 뒤에 이 규칙은 더욱 엄격해졌다. 마감 시간이 정오로 앞당겨진 것이다.[49] 이런 사소한 결정들을 통해 스탈린은 서서히, 점차 자신감을 갖고 당 조직의 운영 방식을 만들어 나갔다.

이런 성향이 조직 내에서 어떻게 여겨졌는지에 대해 몇몇 흥미로운 증언들이 남아 있다. 스탈린의 보좌관이었던 아마야크 나자레탄은 1920년대에 자캅카지예에서 일하고 있던 스탈린의 오랜 친구 세르고 오르조니키제[50]와 정기적으로 서신을 교환했다. 이 서신들은 오르조니키제의 문서철에 보관되어 있다. 1922년 여름에 쓴 편지에서, 나자레탄은 스탈린 밑에서 일하는 것을 이렇게 묘사했다.

> 일에 만족하느냐고요? 그렇기도 하고 아니기도 합니다. 한편으로 저는 이곳에서 아주 거대한 학교에 다니고 있습니다. 세계와 러시아가 어떻게 돌아가는지를 배우고, 규율을 익히고 일의 정확성을 기하고 있지요…다른 한편으로 이 일은 순전히 사무직인 데다 매

우 고되고, 주관적인 관점에서 보면 그리 만족스럽지 않습니다. 너무 엄청난 시간을 잡아먹는 지루한 노동이라 특히 코바의 철저한 통제 밑에서는 재채기를 하거나 한숨 돌릴 새조차 없어요. 우리가 잘 지내냐고요? 잘 지냅니다…그에게서 많은 것을 배울 수 있어요. 그를 잘 알게 된 지금은 그에게 대단한 존경심을 품고 있지요…그의 엄격한 태도 밑에는 같이 일하는 직원에 대한 배려가 숨어 있습니다. 우리는 당중앙위원회에 질서를 만들어 나가고 있습니다.

코바는 저를 훌륭하게 훈련시켰습니다…그는 정말로 노련합니다. 그는 호두처럼 단단해서 심중을 파악하는 데 다소 시간이 걸립니다… 그에게는—이렇게 표현해도 된다면—잘 길들여진 야생적 기질이 있지만, 그래도 속은 부드럽고 정이 있으며 다른 사람의 품위를 존중해 줄 줄 압니다…이제 당중앙위원회의 일은 크게 개선되었습니다. 처음에 이곳의 상황은 이루 말로 표현 못할 만큼 한심했습니다만, 지금은 우리가 대대적으로 쇄신했습니다.[51]

나자레탄은 권력 구조 내에서 스탈린이 갖는 비중을 매우 높이 평가했다. "일리치는 완전히 회복되었습니다…어제 코바가 그를 방문했습니다. 그는 일리치와 조국 러시아 전체를 주의 깊게 주시하고 있습니다." "확실히 레닌에게는 러시아 공산당 중앙위원회의 문 앞에서 용감하게 보초를 서고 있는 충직한 케르베로스*가 있습니다."[52] 나자레탄의 편지들은 스탈린이 볼셰비키 관료 사회 내에서 어떻게 여겨지고

* 그리스 신화에 나오는 지옥의 파수견.

있었는지에 대해 중요한 세부 사실들을 알려 준다. 나자레탄에 따르면 모스크바에서는 '스탈린 밑으로 간다'는 표현이 유행하게 되었다. 이는 지방에서 모스크바로 발령되었지만 아직 새로운 자리에 배치 받지 못하고 '소위 허공에 떠 있는' 관료들을 가리키는 말이었다.[53]

이상이 총간사 재직 초기의 스탈린이 그의 보좌관 눈에 비친 모습이었다. 물론 이 묘사에는 과장된 요소가 있고 한 충성스러운 비서가 그의 상관에게 품는 존경심이 배여 있다. 그러나 지적이고 관찰력이 예리했던 나자레탄은 조직 내의 어떤 분위기를 전달하고 있다. 관료 사회의 많은 구성원들은 스탈린을 조직의 위계에서 안정된 입지를 확보한, 노련하고 자신감 있는 관료로 여기기 시작했다. 그는 자기 감정을 침착하게 통제했지만 자신의 이해관계와 견해를 방어하는 데는 완강하고 고집스러웠다. 볼셰비키 관료 세계가 후견-피후견 파벌들로 점점 쪼개지고 있던 시점에 그의 이러한 자질은 상당한 지지자들을 끌어 모았다.

나자레탄의 편지에 따르면, 당내에서 스탈린은 정치 투쟁의 시기에 레닌의 든든한 기둥 역할을 하는 그의 충성스러운 동지로 여겨지고 있다. 몇 차례의 의견 충돌로 약간 얼룩지긴 했어도 레닌과 스탈린 사이에는 오랜 협력으로 강한 유대가 형성되었다. 한 볼셰비키는 1921년 9월 스탈린의 아파트에서 레닌과 스탈린이 만난 일에 대해 인상적인 회고록을 남겼다. 그들은 페트로그라드의 고위 관료들 사이에 일어난 곤란한 다툼을 해결하는 중이었다. 레닌이 서로 반목하는 당사자들을 화해시키려 애쓰는 동안 스탈린은 파이프를 뻑뻑 피우면서 방안을 서성였다. 어느 순간 레닌이 스탈린을 쳐다보고 이렇게 말했다. "저 아시아인은 그저 파이프만 빨아 대는군!" 스탈린은 그 즉시 입에서 파이프를 뗐다.[54] 이런 장난기 어린 태도는 상관과 부하 관계의 경계를 뛰어넘는 것이었다. 레닌에게 스탈린은 놀림이 허용될 정도로 훈훈한 관계의 전우였다. 그가 트로츠키에게 이처럼 스스럼없이 굴었다고는 상상하기 힘들다. 그는 트로츠키에게 친근한 2인칭 대명사 '너(티, Tbl)' 대신에 공손한 '당신(비, Bbl)'을 쓰며 뻣뻣하고 공식적인 태도를 유지했다.

1922년 5월 30일, 레닌과 스탈린의 친밀한 관계를 한 번 더 입증해주는 사건이 일어났다. 병상에 누워 몸이 마비될 수도 있는 상황에 놓인 레닌은 스탈린을 모스크바 외곽 고르키에 있는 그의 처소로 불렀다. 그는 때가 되면 스스로 목숨을 끊을 수 있게끔 독약을 구해 달라고 스탈린에게 부탁했다. 스탈린은 그 즉시 레닌의 누이동생인 마리야 일리니치나 울리야노바와 마침 고르키에 머물고 있던 니콜라이 부하린[55]에게 이 부탁을 알렸다. 마리야 울리야노바의 회고에 따르면 그들은 의기투합하여 레닌의 기운을 북돋아 주기로 했다. 스탈린은 레닌에게 되돌아가서, 그의 의도를 실행할 때가 아직 오지 않았으며 의사들이 병세의 호전을 장담했다고 말했다. 울리야노바의 이야기에 따르면 레닌은 "눈에 띄게 기분이 나아졌고, 스탈린에게 '지금 교묘한 속임수를 쓰는 것 아니오?'라고 묻긴 했지만 순순히 동의했다. 스탈린은 '제가 언제 속임수 쓰는 것 보셨습니까?'라고 대답했다."[56]

레닌은 몇 가지 방식으로 스탈린에 대한 염려를 표시했다. 병세가 심각해진 1922년 6월에 레닌은 고르키에서 모스크바로 권고문을 보냈다. "정치국을 통해, 스탈린 동무에게 일요일을 제외한 주중 하루 온종일을 도시 외곽에 있는 그의 별장에서 보내라고 명하시오." 정치국은 그런 내용의 결의안을 채택했다.[57] 레닌의 건강이 개선된 이후인 8월에 스탈린은 정기적으로 그를 보러 고르키에 갔다. 마리야 울리야노바의 회고에 따르면 "일리치는 그를 농담과 웃음으로 다정하게 맞이했

1922년 모스크바 교외 고르키에 있는 레닌의 집에서 함께한 레닌과 스탈린. 이로부터 몇 달 뒤 레닌의 죽음과 함께 치열한 권력 투쟁이 벌어지게 된다. 러시아 국립사회정치사문서보관소.

다. 또 내게 스탈린을 잘 대접하라며 포도주를 가져다주라는 등 이것저것을 시켰다."[58] 훗날 스탈린 자신이 권좌에 올랐을 때 그는 부하들에게 관심을 기울이는 레닌의 태도를 자주 취하여 활용했다.

레닌과 스탈린의 화합은 1922년 가을까지 지속되었다.

스승과의 다툼

레닌의 와병은 엄청난 정치적 파장을 끼쳤다. 1인 지도자를 중심으로 조직된 당은 취약했다. 정치국은 레닌의 후계자에 대한 고려를 시작해야 했다. 지노비예프, 카메네프, 스탈린의 '트로이카'는 그들의 주적인 트로츠키와 경쟁하며 점점 영향력을 키우고 있었다. 사실 이 대립은 트로츠키를 고립시키기 위해 레닌이 펼친 전술의 결과였지만, 레닌이 병상에 있는 상황에서 트로츠키의 고립은 트로이카를 더욱 강화했고 레닌은 이를 위협으로 여겼다. 자신이 병에서 회복되리라 기대한 레닌은 세력 균형의 이동을 시도했고 스탈린은 그중 가장 손쉬운 표적이었다.

소비에트 공화국들을 단일 국가로 통합하는 프로그램을 둘러싼 마찰은 그러한 레닌의 공격의 시발점이었다고 볼 수 있다. 내전은 통일된 국가를 탄생시켰다. 그러나 신생 국가의 수립 원칙을 공개적으로 선언함으로써 이 통일을 공식화한다는 결정은 1922년 하반기에 내려졌다. 이 문제에 대한 볼셰비키 지도부의 견해는 대부분 일치했다. 아무도 과거 러시아 제국의 영토를 해체한다거나 모스크바의 통제하에 있는 지역에 진정한 자치를 허용할 생각을 품지 않았다. 이 새로운 통일체가 취할 형태와 지역 볼셰비키 정치체들이 누릴 독립성의 정도를 놓고 논란이 있었지만, 어떤 경우든 의사 결정 과정에 참여하는 모든 주체가 통합된 단일 정당의 규율에 복종하게 될 터였다.

스탈린은 이 문제에 대한 자신의 입장을 공개적으로 밝혔다. 그는 현 상황과 모스크바의 진의를 번잡한 격식이나 외교적 절차 없이 헌법에 성문화하자고 제안했다. 그는 모든 주요 공화국들(우크라이나, 벨라루스, 조지아, 아제르바이잔, 아르메니아)과 소수 민족 정치체에게 일정한 자치권을 주고 그들을 러시아 연방으로 묶는 방안을 선호했다. 이 제안은 당의 노선과 대체로 일치했고 모스크바와 소수 민족 공화국에 있는 대다수 당 관료의 지지를 받았다. 레닌이 그의 제안에 반대하고 – 진정한 독립을 허용할 의사도 없으면서 – '독립' 소비에트 공화국들의 대등한 연합을 선언하는 자신의 계획을 밀어붙였을 때 스탈린은 아마 깜짝 놀랐을 것이다. 레닌이 이런 입장을 취한 동기를 꼭 집어 말하기란 힘들다. 어쩌면 그는 스탈린의 프로그램에 대한 조지아와 일부 우크라이나 당 간부들의 불만에 대응한 것이었는지도 모른다. 혹은 그의 병세가 호전된 상황에서 단순히 이를 정치 싸움에 다시 뛰어들 좋은 기회로 여겼는지도 모른다.

1922년 9월에 레닌은 자신의 프로그램을 선전하기 시작했다. 그는 스탈린이 너무 성급하다고 비판했다. 스탈린은 이런 평가에 틀림없이 기분이 상했을 것이다. 스탈린은 이에 저항했고, 싸움에서 한 발 후퇴하여 레닌의 '민족 자유주의'를 비판했다.[59] 그의 감정은 쉽게 이해할 수 있다. 그는 굴욕적인 입장에 놓였고 자신이 정력을 들여 옹호한 관점을 바꾸어야 했다. 그러나 그는 레닌과 심각한 싸움을 벌이지 않는 편을 택했다. 9월 28일 정치국 회의 중 카메네프와 스탈린 사이에는 흥미로운 쪽지가 오갔다.

카메네프: 일리치가…독립을 옹호하는 전쟁에 나설 태세입니다.

스탈린: 나는 우리가 일리치에게 강하게 나가야 한다고 봅니다….

카메네프: 블라디미르 일리치가 고집을 꺾지 않는 한, 버티면 상황이 더 나빠질 것 같은데요.

스탈린: 모르겠소. 그분이 옳다는 대로 하게 놔두죠.[60]

스탈린은 한 발 물러났다. 그는 레닌을 잘 알았고 그가 여전히 지닌 막강한 권력을 인정했다.

1922년 10월~12월에 대외 무역을 국가가 독점하는 문제를 둘러싼 갈등도 비슷한 대본을 따라 진행되었다. 10월 6일 총회에서 당중앙위원회의 대다수 위원은 독점을 어느 정도 완화하는 데 표를 던졌다. 그러나 모스크바 바깥에 있었던 레닌은 자유화에 강경하게 반대했다. 10월 6일의 결정을 지지한 스탈린은 곧바로 물러서지 않고 유보적인 입장을 취했다. 레닌은 당연히 기분이 좋지 않았다.

이 논쟁은 스탈린 입장에서는 대단히 속이 상했을 레닌의 행동으로 일단락되었다. 대외 무역의 독점 문제에 대해 레닌은 그의 눈 밖에 났던 트로츠키를 불러 들여 보란 듯이 동맹으로 삼았던 것이다. 레닌은 이런 식으로 당내 고위층 간에 상존하는 갈등을 이용하는 전략에 자주 의존했다. 그러나 이제는 상황이 달라졌다. 레닌의 병세가 심각했고, 권력과 영향력을 쥐려는 경쟁은 대단히 치열해졌다. 레닌은 트로츠키에게 계속 자기와 함께할 것을 제안했는데, 영향력을 키우고 있던 스탈린, 카메네프, 지노비예프 트로이카의 입장에서 이는 경악할 일이었다. 당중앙위원회 총회가 레닌의 자유화 반대 의견 쪽으로 가결된 직후인 1922년 12월 21일, 그는 트로츠키에게 보내는 메모를 구술하여 아내인 나데즈다 크룹스카야에게 받아 적게 했다. "우리는 총 한 발도 쏘지 않고 간단한 전략을 써서 고지를 점령한 것 같습니다. 나는 여기서 멈추지 않고 계속 공세를 취할 것을 제안합니다." 레닌은 트로츠키에게, 다가오는 당 대회에서 대외 무역 문제를 제기하고 소비에트 대회에서도 연설할 것을 권고했다.[61] 이는 당 간부들이 대거 모인 자리에서 스탈린 등 레닌에 반대하는 이들의 위신을 실추시키는 행보가 될 터였다.

트로츠키는 곧 행동에 돌입하여 카메네프에게 전화를 걸었고, 카메네프는 이 통화 내용을 스탈린에게 알렸다. 스탈린은 소비에트 대회 일정에 트로츠키의 연설을 넣으라는 레닌의 지시에 따르기를 거부했다. 그는 또 크룹스카야에게도 전화를 걸어, 그 편지를 받아 적어서 트로츠키에게 보낸 것을 책망했다. 이 책망은 확실히 다소 무례했다. 적어도 과중한 부담에 지쳐 신경이 예민해져 있던 크룹스카야에게는 그렇게 느껴졌다. 이론적으로 볼 때 스탈린이 크룹스카야에게 품은 불만에는 합당한 근거가 있었다. 그로부터 불과 며칠 전인 12월 18일에 당 중앙위원회 총회에서는 병세가 재발한 레닌과의 접촉을 제한하는 조치가 다음과 같이 가결되었기 때문이다. "스탈린 동무가 직접 책임지고, 블라디미르 일리치를 간부들과의 대면 접촉 및 서신 교환으로부터 차단한다."[62] 크룹스카야는 이 지시를 위반했다. 하지만 스탈린 또한 감정적으로 폭발하여 선을 넘었다. 트로이카가 보기에 레닌이 트로츠키에게 보낸 요청은 위험하고 도발적인 것이었다.

스탈린은 자기 실수를 깨닫고 크룹스카야에게 사과했다. 마리야 울리야노바의 회고록으로 판단하면 그는 레닌과도 화해하려 시도했다.

그는 울리야노바를 만나, 자신이 레닌과 소원해져서 얼마나 속이 상했는지를 털어놓았다.

> 어젯밤에 한 잠도 못 잤습니다…일리치가 나를 어떻게 생각하는지, 내게 어떤 감정이 있는지! 마치 내가 무슨 반역자가 된 것 같습니다. 나는 그분을 진심으로 사랑합니다. 그분에게 이 말을 꼭 전해 주세요.

하지만 레닌은 누그러지지 않았다. 울리야노바는 이렇게 묘사한다.

> 일리치가 무슨 용무로 나를 부른 김에, 나는 다른 무엇보다도 동지들이 그에게 존경을 보낸다고 전해 주었다…"또 스탈린이 안부를 묻고 오빠를 진심으로 사랑한다고 전해 달라고 했어." 일리치는 빙긋 웃기만 하고 아무 말도 하지 않았다. "그에게도 인사를 전해 줄까?" 내가 묻자 일리치는 다소 차갑게 대답했다. "그러든지." 나는 말을 이었다. "하지만 볼로댜*, 그는 아주 영리해. 스탈린 말이야." 일리치는 움찔하면서 단호하게 대답했다. "전혀 영리하지 않아."63

울리야노바는 오빠와의 이 대화가 정확히 언제 이루어졌는지 말하지 않았지만, 레닌과 스탈린의 관계가 악화되고 완전히 깨질 위협에 처해 있던 1922년 말이나 1923년이었음이 거의 확실하다. 12월 24일

---

* 레닌의 어릴 때 애칭.

레닌은 비서를 시켜 ―"대회에 보내는 서한"으로 유명해진 ― 문서를 구술했다. 여기서 그 는 당 고위 지도부 내의 분열에 대한 우려를 표했다. 스탈린과 관련하여 이 문서에는 이렇게 묘사되어 있다. "이제 총간사가 된 스탈린 동무는 자기 손에 엄청난 권력을 집중시켰으며, 나는 그가 항상 충분한 주의를 기울여 이 권력을 행사할 수 있을지 확신하지 못하겠습니다."[64] 1월 4일에 구술한 또 다른 서한은 더더욱 단호하다. 그는 스탈린이 '너무 무례하다'는 이유로 총간사직에서 해임할 것을 제안했다.[65]

레닌의 짜증이 점점 심해진 것은 '조지아 문제'가 벌어진 배경이기도 했다. 이 사건은 조지아, 아르메니아, 아제르바이잔으로 구성된 자캅카지예 연방의 지도부와 조지아 볼셰비키 그룹 사이의 충돌과 관련되어 일어났다. 갈등은 연방 지도부 전체가 아니라 그 수장인 오르조니키제와 빚어진 것이었다. 스탈린과 오르조니키제 사이의 친분은 이 문제를 바라보는 총간사의 관점에 확실히 영향을 끼쳤다. 조지아 볼셰비키는 오르조니키제의 압제에 대한 불만을 모스크바에 빗발치듯 퍼부어 엇갈린 성과를 거두고 있었다. 1922년 말 오르조니키제는 자기 반대파 중 한 명을 홧김에 구타하여 반대파의 공격 빌미를 더 제공했다. 펠릭스 제르진스키[66]를 위원장으로 한 위원회가 진상 조사를 위해 모스크바에서 파견되었다. 레닌은 이 사건에 큰 관심을 보였고 위원회가 오르조니키제 측에 유리한 보고서를 제출하자 불쾌해 했다. 그는 제르진스키와 스탈린이 오르조니키제를 편들고 있으며 밀려난 반대파들을 불공정하게 대한다고 믿었다.

병석에 누운 레닌과 점점 힘을 키우고 있던 그의 추종자들 사이에 충돌이 없었다면, '조지아 문제'는 특히 볼셰비키 정부가 아직 안정된 기반을 잡지 못했던 초기에 당내에서 흔히 벌어진 일종의 관료적 다툼으로 끝났을 것이다. 자캅카지예에서는 경쟁 집단 간의 내분이 여러 해 동안 계속되고 있었다. 이 사건을 근본적인 정치적 원칙의 차원으로 — 거의 인위적으로 — 끌어올린 사람은 레닌이었다. 이것이 그의 야심찬 동료들을 공격할 구실을 제공해 주었기 때문이다. 병약해지기는 했지만 레닌은 아직 당을 통제하기 위해 싸울 태세가 충만했고 자기 권력을 약화시키는 반대파들을 억누를 길을 찾고 있었다. 그는 스탈린을 그 반대파들의 상징으로 보았다.

모든 증거들은 레닌이 3월에 예정된 12차 당 대회에서 스탈린을 공격할 준비를 하면서 1923년 겨울을 보냈음을 가리키고 있다. 필요한 자료들을 취합한 그는 1923년 3월 5일 트로츠키에게 다시 협력 제안을 들고 접근했다. "친애하는 트로츠키 동무! 나는 당신이 당중앙위원회에서 '조지아 문제'에 대한 변론을 맡아줄 것을 청합니다. 현재 스탈린과 제르진스키가 이 사건을 '고발'했는데 나는 그들의 공정성을 기대할 수 없습니다. 그 정반대입니다! 당신이 변론을 맡는 데 동의한다면 나는 안심할 수 있을 것입니다."[67] 같은 날인 3월 5일에 레닌은 오래된 사건 — 1922년 12월 스탈린이 크룹스카야를 책망한 일 — 과 관련하여 스탈린에게 보내는 메모를 구술했다. "친애하는 스탈린 동무! 당신이 내 아내에게 전화하여 그녀를 야단친 것은 대단히 무례한 일이었소…나는 내가 받은 모욕을 쉽게 잊을 생각이 없으며, 내 아내가 받은 모욕이 내가 받은 모욕과 같다는 것은 말할 필요도 없을 것이오. 그러니 당신이 한 말을 순순히 철회하고 사과하든지 나와의 관계를 끊든지 둘 중 하나를 택하길 바라오."[68]

스탈린의 책망이 있은 지 2개월 반 뒤에 작성된 이 서한이 공개되고 역사학자들 사이에서는 수많은 가설이 만들어졌다. 어쩌면 레닌은 스탈린과 크룹스카야의 전화 통화를 그때서야 알게 된 것인지도 모른다. 하지만 로버트 터커가 제시한 의견에 따르면, 레닌은 이 사건을 스탈린을 총간사직에서 몰아낼 구실로 보았을 가능성이 더 높아 보인다.[69] 스탈린에 대한 레닌의 모든 비난은 한 가지 지점에 집중되었다. 이는 그가 너무 무례하다는 것이었다. 이런 비난은 그가 품었을 다른 어떤 불만보다도 더욱 설득력 있고 명확했다. 당 동지들에 대한 무례는 총간사직을 맡은 사람에게 전혀 적절치 않은 자질이었다.

다음날인 3월 6일 레닌은 다시 스탈린의 거슬리는 태도에 대해 썼다. 그는 징계된 조지아 볼셰비키에게 보내는 짧은 편지를 몇 줄 구술하고 그 사본을 트로츠키와 카메네프에게 보낼 것을 지시했다. 조지아에 갈 예정이었던 카메네프는 이 편지를 직접 전달하라는 요청을 받았다. 레닌은 이렇게 썼다. "친애하는 동무들! 나는 온 마음을 다해 당신들의 일을 주시하고 있습니다. 나는 오르조니키제의 무례함과 스탈린과 제르진스키의 묵인에 분개하고 있으며, 당신들을 위한 편지와 연설문을 준비 중입니다."[70]

정치국 입장에서 레닌의 행동이 띠는 의미는 분명했다. 그는 스탈린에게 선전 포고를 한 것이었다. 카메네프는 조지아로 떠나기 직전에, 레닌이 자캅카지예에서의 화해뿐만 아니라 '상층부 내의 조직적 축출'—해임을 뜻하는 소비에트 행정 용어—을 원한다는 메시지를 지노비예프에게 보냈다.[71] 스탈린은 폭풍이 다가오는 것을 감지할 수 있었다. 3월 7일 그는 레닌으로부터 관계를 끊겠다는 마지막 위협을 받았다. 그는 곧 미지근한 사과로 답신했다. "당신이 '관계'를 유지하기 위해 제가 한 말을 '철회'해야 한다고 여긴다면…철회하겠습니다만, 이

러시는 이유가 무엇인지, 제 '죄'가 무엇인지, 당신이 제게 정확히 뭘 원하시는지를 저는 정말로 이해할 수 없습니다."[72] 같은 날 스탈린은 오르조니키제에게 극비 서한을 보내어, 레닌이 오르조니키제의 반대파에게 지지 서한을 보냈다고 경고하고 그의 주의를 촉구했다. "타협하시오…자연스럽게, 자발적으로."[73] 오르조니키제에게 보낸 편지는 스탈린이 상황의 심각성을 인식했고 레닌의 공격 구실을 없애려 유도했음을 보여 준다.

최근까지, 레닌이 구술한 서한들과 그가 스탈린에게 취한 행동에 대한 설명의 진위는 의문의 대상이 아니었다. 그러나 두 사람이 불화했다는 증거가 조작되었다는 주장들이 최근에 고개를 들었다.[74] 스탈린이 무오류하다는 가정 외에는 실질적 증거가 없음에도, 일부 수정주의자들은 레닌이 스탈린을 의심했다는 증거를 트로츠키의 추종자들이 조작하여 레닌의 문서고에 끼워 놓았다고 주장했다!

이 시기 레닌이 구술한 서한들이 진본임을 입증하는 가장 강력한 증거는 스탈린 자신을 포함한 레닌의 오랜 동지들 중에 이를 의심한 사람이 아무도 없었다는 것이다. 스탈린의 조직 장악력과 레닌 측근들 사이에서의 영향력을 고려할 때, 그는 확실히 위조의 희생양이 되지 않을 정도의 요령과 수단을 갖추고 있었다. 그는 레닌의 '유언장'이 지닌 위험성을 이해했고 자신이 레닌의 전폭적 신뢰를 누리지 못한다는 증거를 불식하기 위해 전력을 기울였다.

레닌이 살아서 활동했던 최후의 몇 주 동안 스탈린에게 적대적인 행보를 취했음은 의심의 여지가 없다. 하지만 그 이유는 또 다른 문제다. 우리는 이 능란한 정치가의 의도와 동기뿐만 아니라, 자신의 죽음이 임박했다는 감각이 여기서 어떤 역할을 했는지 또한 고려해야 한다.

모셰 레빈Moshe Lewin이 일컬은 바 '레닌의 최후의 투쟁'은 정치적 우위와 권력을 향한 그의 한결같은 의지—그의 주된 성격적 특질—의 뚜렷한 표현이었다.[75] 질병은 그의 의지를 꺾지 못했고 오히려 더 강화했다. 극심한 신체적·감정적 고통에 시달리면서도, 간간이 뒤편으로 물러나 쉴 수밖에 없는 와중에도 권력을 향한 등정에 끈질기게 매달리며 레닌이 보여준 집념에는 그저 감탄할 수밖에 없다. 권력 투쟁은 그를 지탱하고 에너지를 불어넣었으며 심신의 고통과의 싸움에 목표를 부여했다. 그가 전우들로부터의 도전에 응한 것은 이번이 처음이 아니었지만, 1922~1923년 그의 병세의 위중함은 그 도전에 새롭고 긴급한 의미를 부여한다.

'권력 기술'이라는 관점에서, 1922년 말과 1923년 초에 레닌이 벌인 책략은 그가 과거의 충돌들을 헤쳐 나왔던 바로 그 힘의 원천—당 관료들 사이에서, 그리고 당 지도자들의(주로 트로츠키와 트로이카 사이의) 경쟁 가운데서 그가 지닌 의문의 여지 없는 권위—에 의지하고 있었다. 스탈린이 레닌의 기술적 타격을 정면으로 맞은 것은 많은 부분 우연의 소산이었던 것으로 보인다. 소비에트 연방의 창설과 조지아 문제에 그가 취한 입장은 정치적으로 오판이었고 그 시기도 좋지 않았다. 설상가상으로 그는 병석에 누운 지도자의 아내를 모욕함으로써 볼셰비키 동지로서 용인할 수 없는 행동을 보였다. 스탈린은 스스로 검 밑으로 걸어 들어가, 레닌에게 자신의 정치적 권위를 다시 세우고 다른 볼셰비키 지도자들을 제압할 완벽한 기회를 제공했다. 아마 레닌은 스탈린을 당의 상층부에서 제거할 의도는 없었을 것이다. 그런 조치는 그가 권력 유지에 활용하는 메커니즘을 망가뜨리는 결과를 초래했을 것이다. 이 메커니즘에서 스탈린은 다른 볼셰비키 지도자들의 야심에 맞서는 완벽한 균형추이자 대체 불가능한 관리자였다. 레닌의 행동은 스탈린 권력의 축소를 요하는 균형 재조정 과정의 일부였다.

이런 맥락은 스승의 냉대에 대한 스탈린의 반응을 이해하는 데 중요하다. 스탈린은 진정으로 상처받을 충분한 이유가 있었다. 모든 것을 고려할 때, 그의 죄상은 그나 여타 소비에트 지도자들이 과거에 저지른 것보다 더 심하지 않았다. 모든 볼셰비키 지도자들이 레닌에 반대하여 논쟁을 벌였고 결국에는 그들 모두가 스탈린처럼 물러섰다. 이따금 레닌은 그 주동자들을 권력의 중심에서 쫓아내어 이런 일탈을 처벌하기도 했지만 나중에는 다시 불러들였다. 대체로 레닌은 자기 수하들의 자존심이 상하지 않게끔 공개된 자리를 피해서 그들을 처벌했다. 그런데 이번에는 무엇이 달라진 것일까? 그토록 충실히 레닌을 섬긴 사람에 대한, 이처럼 도발적이고 과시적인 적대 행동의 이면에는 무엇이 있었을까? 확실히 스탈린은 레닌이 이렇게 자기를 몰아세운 이유에 대해 — 심리적 · 정치적으로 — 가장 편리한 설명을 그의 와병에서 찾았다.

조지아 볼셰비키에게 보낸 편지는 레닌이 구술한 마지막 문서가 되었다. 며칠 뒤 그의 건강이 급격히 악화되었다. 그는 당 대회에서 연설하지 못했다. 정치국은 조지아 문제를 덮어 버렸고 나중에는 스탈린을 총간사 직에서 해임하는 안을 철회했다. 이런 결정은 스탈린의 '벗들'이 베푼 시혜가 아니었다. 이는 레닌 사망 직전의 몇 개월 동안에 시작되어 1924년까지 이어진 치열한 권력 투쟁의 결과였다.

집단 지도 체제의 실험

스탈린은 집권 마지막 몇 개월간 레닌이 벌인 정치 게임으로 드리워진 보다 심각한 위험을 용케 피했지만, 힘이 상당히 약해져서 정치국 동료들에게 더 의지해야 하는 처지가 되었다. 레닌 사후에 권력을 물려받은 볼셰비키 과두 지도부가 스탈린을 과소평가했으며 그를 무해하고 범용한 인물로 여겼다는 것이 흔한 시각이다. 그러나 이는 사실이 아니다. 정치국원들은 스탈린과 그가 총간사로서 지닌 권력에 대한 레닌의 우려를 충분히 인식했고, 이 권력을 제한하려고 시도했다. 그의 경쟁자와 정적들의 계획이 허물어진 데는 정치적 우연도 작용했지만 스탈린의 노련한 책략도 적잖은 역할을 했다.

정치국에서 트로츠키에 대항하여 긴밀한 유대를 형성한 그룹 내에서 우리가 아는 최초의 심각한 충돌이 발생한 시기는 1923년 여름이었다. 당 대회가 끝나고 레닌의 공격을 무위로 돌리는 데 성공하고 기근 이후 나라가 비교적 안정되자 정치국원들은 휴가를 떠날 만한 마음의 평화를 되찾았다. 1923년 7월 북캅카스의 휴양지 키슬로보드스크에서 쉬는 동안, 그리고리 지노비예프는 스탈린의 영향력을 제한하기 위해 정치국 내의 세력 균형을 전환하는 계획을 구상했다. 그는 7월 30일 모스크바에 있는 카메네프에게 보낸 편지에서 스탈린을 격렬히 공격했다. "당이 스탈린 독점 권력의 (아마도 매우 짧은) 시기를 거쳐야 할 운명이라면 — 할 수 없지요. 하지만 적어도 나는 이 추잡함을 덮고 넘어갈 생각이 없습니다…실제로 트로이카는 없으며 스탈린의 독재만이 있을 뿐입니다. 일리치가 천 번 옳았습니다. 여기서 빠져 나갈 진지한 길을 찾지 못하면 장기간의 투쟁이 불가피합니다."[76]

그는 이 편지에 구체적인 계획을 담지 않았지만, 스탈린이 정치국을 조종하며 사실상 일방적으로 결정을 내리고 있다고 비난했다. 여기서 '일리치가 천 번 옳았습니다'라는 구절에 주목하는 것이 중요하다. 지노비예프는 레닌의 편지를 스탈린에 대한 공격 수단으로 활용하고 있었다. 키슬로보드스크에서 그는 역시 스탈린의 몇몇 행보에 기분이 상했던 부하린을 비롯하여 남부에서 휴가 중인 기타 당내 유력 인물들과 공동 행동을 논의했다. 구체적인 제안이 문서로 옮겨지진 않았지만 스탈린에게는 '구두 서한'이 배달되었다(모스크바로 출발한 오르조니키제가 이 메시지를 전달해야 했다). 소통이 구두로 이루어졌기 때문에 우리는 이 제안의 세부를 알지 못한다. 그 후에 이루어진 진술들에 따르면 여기에는 당중앙위원회 간사국의 재편 계획이 들어 있었던 것 같다. 스탈린을 간사국에 계속 두지만 지노비예프와 트로츠키도 이곳에 포함시키는 계획이었다. 이 재편은 당중앙위원회 조직이라는 스탈린의 지배 영토 내에 새로운 세력 균형을 창출하게 될 터였다.

놀랄 일은 아니지만 스탈린은 이에 분노했다. 아마 분노를 넘어 격노했을 것이다. 그는 자기 '벗들'의 불만에 대해, 자신의 상한 감정을 드러내고 그들의 허물어진 단결을 비난하는 것으로 대응했다. 오르조니키제와 만난 직후인 1923년 8월 3일, 그는 지노비예프와 부하린에게 이런 편지를 썼다. "확실히 당신들은 분열을 각오하기를 주저하지 않는군요. 마치 그것이 피치 못할 일인 것처럼 말입니다…마음대로들 하시죠…러시아인 중에는 이 모든 일의 본모습을 직시하고 유죄를 선고할 사람이 반드시 있을 것입니다…그래도 당신들은 한가하게 빈둥거리면서 온갖 공상을 지어낼 시간도 있으니 참 좋겠습니다…나는 여기서 목줄에 묶인 개처럼 틀어박혀 일하면서도 '유죄'를 선고받는데 말이지요. 아무한테나 원하는 대로 말하고 다니시죠. 벗들은 편안한 삶에 찌들었소."77

험악함과 친근함이 반반 섞인 이 편지는 1923년 중반의 스탈린이 동료와의 반목에서 선택지가 상대적으로 제한되어 있었음을 증언한다. 한편 지노비예프와 부하린의 입장에서 이 제안은 그들이 아직 스탈린의 영향력을 제한할 수 있다고 여겼음을 시사한다. 그들은 스탈린의 모욕적인 표현에 별로 구애받지 않고, 이 문제가 끝난 것이 아님을 그에게 차분하고도 단호하게 알렸다. 스탈린이 8월 중순에 남부로 휴가를 올 예정이었으므로 그들은 이곳에서 곧 직접 만날 수 있을 터였다.

스탈린에게는 이 전망이 달가울 리 없었다. 그의 반대파들은 유리한 패를 쥐고 있었다. 간사국을 개편하자는 그들의 제안은 완벽하게 합리적으로 보였다. 스탈린의 반대는 그가 팀의 일원으로 일하기를 싫어한다는 레닌의 경고를 확증하는 것처럼 비칠 터였다. 스탈린이 집단 지도 체제의 원칙을 위반하고 있다는 지노비예프의 비판 또한 그를 곤란한 입장에 몰아넣었다. 그리고 지노비예프와 부하린의 또 다른 견해 — 독일에서의 사건에 대한 스탈린의 입장이 '잘못되었다'는 — 는 특히 위험해질 수 있었다.

1923년 초에 독일을 뒤흔든 정치 위기는 모스크바에 유럽 혁명을 통한 구원의 꿈을 다시 일깨웠다. 사회주의의 유일한 보루로 남는 소련의 미래를 상상하기 어려웠던 볼셰비키에게 독일의 사회주의는 크나큰 해결책이 될 터였다. 하지만 최근 유럽의 혁명 운동들이 겪은 패배는 그들에게 경고를 주었다. 지노비예프와 부하린, 그리고 트로츠키 — 여전히 그에게 세계 혁명은 러시아에서 사회주의가 승리할 수 있는 조건이었다 — 가 싸움에 의욕적이었던 반면, 스탈린은 자제를 촉구한 볼셰비키 지도자 중 한 명이었다. 자신의 신중한 접근 방식이 정치적으로는 위험하며 적들에게 공격 구실을 주고 있음을 깨달은 스탈린은 효율적인 정치적 행보를 취했다. 지노비예프와 부하린과의 서신 교환으로 한창 정신이 없던 1923년 8월 9일, 그는 독일에서의 혁명 전망을 논의하기 위해 지노비예프, 트로츠키, 부하린을 모스크바로 소환하는 결의안을 정치국에 제출했다. 당연히 세 명 모두 이에 응했다. 회의는 8월 21일로 예정되었다.

이 계획 수정으로 스탈린은 유리한 위치에 서게 되었다. 우선 그가 독일의 혁명 상황에 충분히 주의를 기울이지 않는다는 비판을 모면할 수 있었다. 또 간사국과 집단 지도 체제의 개편 문제는 더욱 긴급한 독일 문제에 의해 의제에서 밀려났다. 스탈린은 지노비예프와 부하린의 공격을 와해시키고, 새로운 각본을 따를 수밖에 없는 상황에 그들을 밀어 넣었다. 8월 21일 모스크바에서의 모임 이후 정치국은 목전에 닥친 독일 혁명, 소련이 제공할 수 있는 지원, 유럽 열강들이 취할 반응에 대해 열띤 논의를 벌였다. 전쟁이 임박했다는 데 모두가 동의했다. 스탈린은 동료들의 낙관적 관점을 지지하며 이렇게 말했다. "우리가 진정 독일인들을 돕고자 한다면, 우리가 이를 정말로 원하며 반드시 도와야 한다면, 우리는 진지하고 철저하게 전쟁을 준비해야 합니다. 결국 이는 소비에트 연방의 존재와, 가까운 장래에 일어날 세계 혁명의 운명이 걸린 문제가 될 것이기 때문입니다…독일에서 혁명이 붕괴하고 그들이 우리를 쳐부수든, 그곳에서 혁명이 성공하고 모든 일이 잘 되어 우리의 입지가 안정되든 둘 중 하나입니다. 다른 선택지는 없습니다."[78]

여기서 우리는, 소련의 운명이 세계 혁명의 운명과 연결되어 있다는 견해를 스탈린과 다른 볼셰비키 지도자들이 아직까지 공유하고 있었음을 확인할 수 있다. 하지만 이 상호 의존의 정도는 자세히 논의되지 않았다. 스탈린이 '그들이 우리를 쳐부순다'거나 '우리의 입지가 안정된다'고 했을 때 그는 무엇을 의미했을까? 여기서 '쳐부순다'는 말은 무슨 뜻일까, 또 그는 어떤 종류의 안정을 기대한 것일까? 이는 마르크스주의의 세계 혁명 교리에 경의를 표하는 의례적 구절로 보인다. 전술적 질문으로 들어갔을 때 그는 이보다 조심스럽고 회의적인 태도를 보였다. 그는 최적의 시점을 대비하고 기다리는 편이 낫다고 보고, 독일 혁명의 구체적인 날짜를 잡자는 트로츠키와 지노비예프의 제안을 거부했다. 그는 또 성급한 '좌익주의'를 경고했다. "[독일 공산당] 좌익주의자들과 관련하여. 그들은 우리에게 가장 위험한 인물들입니다. 공장 등의 선부른 접수는 우리에게 크나큰 위험이 될 것입니다."[79] 혁명의 구체적인 시간표를 설정하는 문제에서 그는 부하린과 알렉세이 리코프[80]의 편에 섰다. 리코프는 가장 줄기차게 신중을 촉구한 인물이었다. "전적으로 분명한 건 모든 일이 이 한 장의 카드에 걸려 있다는 것입니다. 우리는 전혀 준비가 안 되어 있습니다…물러서야 합니다."[81]

전쟁이 다가온다고 여겨지는 와중에 간사국의 재편은 확실히 사소한 문제로 느껴졌을 것이다. 우리는 불과 2주 전까지만 해도 지극히 중요하게 여겨졌던 이 문제가 결국 언제 어떻게 마무리 되었는지 알지 못한다—아마도 독일에 대한 회의 도중 휴식 시간에 복도에서 모종의 합의가 이루어졌을 것이다. 그 결과로 1923년 9월에 다소 허무한 결정이 내려졌다. 지노비예프와 트로츠키가 당중앙위원회 간사국이 아닌 조직국으로 발령된 것이다. 이는 의사 결정에 대한 스탈린의 과도한 통제라는, 7~8월에 지노비예프와 부하린이 그토록 뜨겁게 반대했던 최초의 문제를 해결하는 데 아무런 도움도 되지 않는 조치였다.

9월의 당중앙위원회 총회에서 크나큰 정치적 의미를 띤 사건이 일어났다. 총회는 ―트로츠키의 세력권인― 군사혁명위원회에 스탈린과 보로실로프를 앉힌다는 결정을 채택했다. 트로츠키는 자기 본거지 안에서 정적들에게 둘러싸이게 된 셈이었다. 그는 화가 머리끝까지 나서 총회장 밖으로 뛰쳐나갔다.[82]

역사학자들은 트로츠키에 대한 이 매우 도발적인 공격이 어떻게 해서 이루어졌는지에 대한 정보가 아직 결핍된 상태다. 필시 이는 (적어도) 스탈린, 지노비예프, 카메네프의 막후 공모로 행해진 조치였을 것이다. 그들은 자신들의 행동을 이런 논리로 정당화했을 것이다. 유럽의 정세가 위기로 치닫고 있다, 붉은 군대와 군부의 역할은 내전 시기에 그랬듯이 막중해질 것이며, 붉은 군대의 공인된 지도자가 지닌 영향력 또한 높아질 것이다, 따라서 트로츠키가 너무 막강해지기 전에, 군부를 트로츠키가 아닌 다른 정치국원들의 통제하에 두어야 한다는 것이다. 트로츠키의 군 지도부 축출을 처음 발의한 사람이 누구였는지는 불분명하다. 분명한 것은 스탈린이 이 당 최고 지도부 내 권력 투쟁에서의 급부상으로 커다란 이득을 얻었다는 사실이다.

고립되고 분개한 트로츠키는 1923년 10월에 반격을 개시했다. 그는 정치국원 대다수가 부적절하고 잘못된 정책을 수행하고 있다고 비난하는 서한을 당중앙위원회와 중앙감찰위원회 위원들 앞으로 제출했다. 그는 불만에 찬 멤버들을 끌어들이는 자석이 되었다. 스탈린이 이미 너무 막강하다고 여기는 지노비예프와 다른 정치국원들까지 스탈린 편에 설 수밖에 없는 치열한 투쟁이 벌어졌다. 이후 2년간 이 ―트로츠키 진영 대 스탈린 진영의― 대립은 스탈린에게 유리하게 작용했다.

레닌이 구술한 마지막 문건에 대한, 즉 스탈린을 총간사에서 해임할 필요성에 관한 논의는 바로 이 투쟁의 과정에서 형성되었다. 레닌은 1924년 1월에 사망했다. 다음 당 대회는 5월이었다. 이 대회 중에 당 지도자들은 레닌의 '유언장'을 공개하기로 결정했다. 전체적인 합의에 의해, 이는 스탈린이 받는 상처를 최소화하는 쪽으로 이루어졌다. 레닌이 마지막으로 구술한 말은 대회 전체 회의가 아닌 별도의 대의원 회의에서 낭독되었다.[83] 이런 절차적 배려 속에서 스탈린의 총간사 재선은 예정된 것이나 다름없었다. 트로츠키는 발언하지 않았지만, 스탈린을 도운 것은 그의 침묵이 아니었다. 트로츠키가 그 자리에 출석한 것만으로도 충분했다.

스탈린은 이 상황을 능란하게 다루었지만 그럼에도 자신이 취약한 위치에 있음을 깨달았다. 그의 장점과 단점이 공개적인 논의 주제가 되고 있었던 것이다. 내용이 아무리 호의적이라도 이런 대화가 오갈 수 있으며 자기에 대한 판단이 내려지고 있다는 사실 자체가 그의 정치적 권위를 실추시키는 위협이었다. 그는 대회 대표자들 앞에서 자신을 변호해 준 동료들에게 감사하는 대신 짜증스러운 분노로 대응한 듯하다. 그들의 공감은 모욕적이고 너무 생색내기에 가까워 보였으며, 그들의 지지는 받은 만큼 갚아야만 할 호의로 느껴졌다. 스탈린은 정치적인 빚을 갚거나 자신을 열등한 파트너로 만들 의향이 없었다. 대회가 끝나고 몇 주일 뒤 그는 자기에게 먹이를 주었던 손을 물어뜯기 시작했다. 1924년 6월 〈프라우다〉는 카메네프와 지노비에프의 몇몇 무해한 발언들을 헐뜯는 스탈린의 연설문을 게재했다.

반 트로츠키 지도부 연합 전선을 이처럼 터무니없이 짓밟은 행위는 당 고위층에 경악을 불러일으켰다. 역사학자들은 카메네프와 지노비예프에 대한 스탈린의 공개적 비난이 어떻게 해서 촉발되었는지를 밝혀 주는 문서를 발견하지 못했지만, 이 사건은 1924년 8월 당중앙위원회 총회 때 당 측근 지도자들 사이에서 논의되었고 스탈린은 자기가 수적으로 열세에 놓여 있음을 깨달은 듯하다. 1924년 8월 19일에 스탈린이 제출했고 그의 아카이브에 사본이 보관되어 있는 사직서에 대해 다른 설명을 찾기란 힘들다. 이 주목할 만한 문서에서 스탈린은, 레닌 은퇴 이후 그와 카메네프와 지노비예프가 정치국 내에서 맺은 협력이 "단일하고 협소한 협의회 틀 내에서 이 동무들과의 정직하고 진실한 정치적 협력이 불가능함"을 드러내는 개탄스러운 결과를 낳았다고 썼다. 그는 이를 감안하여 정치국을 사퇴하고 그에 따라 총간사직에서도 사임하겠다는 의사를 표했다. 또 2개월의 병가를 내고 그 뒤에는 "투루한스키 변경주 또는 야쿠츠크 주의 한직이나 국외에 배치해" 달라고 요청했다.[84]

이런 협박에 가까운 수동공격성의 폭발이 진지하게 받아들여질 수는 없었다. 스탈린이 정말로 다시금 — 그것도 이번에는 하급 사무직원으로서 — 시베리아 유배를 감당할 의향이 있다고 믿는 사람은 아무도 없었다. 사직서의 수신인인 당중앙위원회 정식 위원들은 이 문서를 보지도 못했다. 이 문제는 아마도 이 서한이 출현한 8월 19일이나 그 다음날에, 가까운 '벗들'과 동맹 그룹 선에서 처리되었다. 우리는 당중앙위원회 내의 비공식적 다수파가 스탈린의 서한에 대한 논의 과정에서 수립되었으리라고 추측할 수 있을 따름이다. 훗날 지노비예프의 증언은 이 모든 일들이 8월 20일 폐회한 당중앙위원회 총회 중의 막간에 일어났음을 시사한다. 당중앙위원회에서 가장 영향력 있는 반 트로츠키파 위원들로 구성된 다수 파벌은 그들의 운영위 역할을 할 '세묘르카(7인방)'를 뽑았다. 이 7명에는 트로츠키를 제외한 모든 정치국원과 중앙감찰위원회 의장이 포함되었고 일종의 그림자 정치국으로 기능했다.[85] 역사학자들은 이 당중앙위원회 내 다수 파벌과 7인방의 확립을 반 트로츠키 활동으로 자주 묘사하곤 한다. 이는 부분적으로 사실이지만, 스탈린의 사직서가 보여 주듯 이 새로운 비공식 기구의 주된 임무는 정치국 내 다수파를 막후에서 강화하고 그들 내부의 이견을 극복하는 것이었다. 이 역할에 성공하지 못한 트로이카가 7인방으로 대체된 것이다.

당 내부 투쟁 가운데 벌어진 이 중추적 에피소드는 1924년 여름 정치국 내의 세력 균형을 반영한다. 스탈린은 명백히 의도적으로 카메네프·지노비예프와 갈등을 일으키고 있었지만 통합에 유념하는 다른 정치국원들이 자기편을 들어 줄지 아직 확신하지 못했다. 사직서는 자신의 힘에 대한 명백한 시험이었을 뿐만 아니라 그가 아직 상대적으로 허약하다는 신호이기도 했다. 이 사건은 스탈린이 카메네프·지노비예프와 절연하고 부하린·리코프와 점차 동맹을 맺기 위한 중요한 수순이었다. 트로이카의 한계를 박차고 나와 이제 동업할 7인방을 얻은 그는 기동성을 획득하게 되었다.

1924~1925년 반 트로츠키 연합의 형성 과정에 어떤 개인적 의도와 계산이 개입되었든 간에, 이는 레닌 사후의 정부 체제를 형성한 세력으로서 아직까지 거의 연구되지 않은, 흥미로운 집단 지도 체제를 탄생시켰다. 이 집단 리더십에는 정치적으로 동등한 소련 지도자들과 그들이 수장을 맡은 비교적 자율적인 정부 기관들의 상호작용이 수반되었다. 그 특징은 당과 정부 조직 사이에 상당히 잘 발달한 기능 분업이었다. 이들 지도자와 기관을 대표하여 서로 경쟁하는 이해 관계들의 타협으

로 형성된 정부 정책은 유연하고 균형 잡힌 모습을 띠게 되었다.

집단 지도 체제의 시기는 생산적 의사 결정이 내려지고 네프가 융성한 시기이기도 했다. 7인방은 네프 설계가 겨냥했던 위기를 극복하고 체제에 손상을 줄 수 있는 조치를 피해 가면서 국가 경제의 경로를 조절했다. 과두 정부는 비교적 온건한 정치·경제 정책에 스스로를 맞추었다. 그러나 정부가 좀 더 강경하고 급진적인 경로로 전환했을 때 집단 지도 체제는 와해되기 시작했다. 역사학자들의 오랜 믿음대로, 또 최근의 문서고 연구로도 확인되었듯이, 집단 지도 체제에 종지부를 찍은 갈등의 씨앗은 바로 스탈린에 의해 의도적으로 뿌려진 것이었다.

트로츠키와 지노비예프의 축출

궁극적으로, 집단 지도 체제의 생존력은 그들이 만든 독특한 정부 체제의 규칙을 고수하려는 최고 지도자들의 의지에 달려 있었다. 집단 지도 체제는 1인 독재 체제에 비해 현저한 이점을 띠었지만, 이 체제를 위협하는 유일한 요소는 바로 개별 정치국원들의 개인적 야심이었다. 이 체제가 레닌 서거 이후에 살아남을 수 있을지 여부는 전적으로 볼셰비키 과두 3인 — 트로츠키, 지노비예프, 스탈린(이론적으로 볼 때, 그들의 지위는 동등하다고 여겨졌으므로 이 세 이름은 어떤 순서로도 열거할 수 있다) — 의 개인적 자질과 관련 있었다. 그러나 그들의 개인적 자질은 집단 지도 체제를 잠식시켰고, 세 사람 간의 음모는 필연적으로 여타 고위 볼셰비키를 싸움에 끌어들여 집단적 의사 결정 과정 전체를 뒤흔들었다.

개인적 갈등을 해결할 시스템이 부재한 상태에서, 집단 지도 체제는 트로츠키를 고립시키고 권력에서 배제하기 위해 다소 우악스러운 방법에 의존했다. 그러는 과정에서 그들은 볼셰비키 당 내에 남은 미약한 민주주의의 티끌 한 가닥까지 해체하는 절차에 돌입했다. 1925년 1월에 트로츠키는 육해군 인민위원직에서 해임되어 실권을 전부 잃었다. 지노비예프는 그를 정치국에서도 해임하자고 제안했다. 당시 트로츠키는 이미 (7인방의 비공식적 숙의에서뿐만 아니라) 정치국 업무에서도 배제된 상태였기 때문에 이 제안은 완벽히 타당했다. 그러나 정치국과 당중앙위원회의 대다수 위원들은 예기치 않은 결과를 불러올 수 있는 그런 변화를 좋아하지 않았고 확고한 '통합'의 기치 아래 섰다. 지노비예프의 제안은 다소 살기등등해 보였다. 재담가였던 부하린은 트로츠키에 대한 지노비예프의 열렬한 적대감에서 착안하여 이런 경구를 만들어내기까지 했다. "오셀로의 이름이 '그리고리'[지노비예프의 이름]로 바뀐 걸 보더라도 그대의 눈을 믿을지어다."[86]

스탈린은 이런 분위기를 잘 알았고, 자신을 집단 지도체제와 통합의 지지자로 교활하게 내세우면서 나머지 7인방과 합세하여 지노비예프의 제안에 반대했다. "우리는 어떤 어려움이 있어도 7인방의 통합을 유지할 모든 수단을 취할 계획입니다." 1925년 2월 그는 오르조니키제에게 이렇게 썼다.[87] 실제로 상황은 곪아 터지는 중이었다. 7인방 다수파와 지노비예프·카메네프 사이에서 새롭게 공격이 오갔고, 이런 음모 가운데서 스탈린의 노련한 수완을 엿볼 수 있었다. 1925년 말 지노비예프와 카메네프는 스탈린, 부하린, 리코프와 그 추종자들에게 도전장을 던지는 파벌을 구축했다.

지배권을 향한 초기의 투쟁은, 트로츠키 문제를 어떻게 처리할 것인가 말고도 정치국의 의제를 어떻게, 누가 설정할 것인가 같은 절차적 문제에 집중되었다. 이러한 외견상 무해한 질문은 사실 집단 지도 체제 내의 지배권을 둘러싼 열띤 투쟁이 표출된 것이었지만, 이 투쟁이 7인방의 범위를 넘어서까지 진행되려면 정책 프로그램이 필요했다. 지노비예프와 카메네프는 당 관료들의 지지에 의지하고 있었는데, 정치국의 지배권을 장악해야 한다는 말로는 그들의 지원을 얻을 수 없었다. 지노비예프와 카메네프와 그 지지자들은 좀 더 묵직한 주제를 택했다. 그것은 — '자본주의적 요소'와 부농(쿨라크)을 강화하는 — 네프가 뿌리 내리게끔 허용하는 '우파'의 위협에 맞선 투쟁이었다. '좌파' 트로츠키에 반대해 온 '온건파' 카메네프와 지노비예프나, 레닌의 아내 크룹스카야(그녀는 — 오랜 친분 때문에 — 스탈린보다 지노비예프와 카메네프를 더 지지했다)가 내세우기에는 뜬금없고 심지어 터무니없는 프로그램이었다. 하지만 그들은 다른 선택지가 없었다. 정치국 다수파는 '우파'의 경로를 따르고 있었으므로 이에 반대하기 위해서는 왼쪽으로 이동해야만 했다. 아마 지노비예프와 카메네프는 네프에 반감을 띤 상당한 규모의 당 관료 집단을 자신들의 명분으로 끌어들일 수 있다고 믿었을 것이다.

이는 오산이었다. 심지어 네프에 반감을 지닌 당 지도자들도 어느 쪽이 자기에게 더 유리한지는 알았다. 그것은 모든 권력이 정치국에서 내려온다는 사실이었다. 모든 일이 이 최고 기관에서 결정되어, 최고 지도자들의 후원 네트워크를 통해 지역으로 하달되었다. 1925년 12월 제14차 당 대회에서 지노비예프와 카메네프가 정치국 다수파 전체와 특히 스탈린을 상대로 단호한 공격을 개시했을 때, 그들이 의지할 만한 세력은 레닌그라드 지역당 당수로서 지노비예프가 엄선한 레닌그라드 대의원들뿐이었다. 이 정도 지원으로는 화력이 충분치 않았고 그들은 무참히 패했다. 게다가 지노비예프는 이 행동의 대가로 자기 세력권인 레닌그라드마저 잃고 말았다. 대회 직후 당중앙위원회 위원들이 레닌그라드에 대규모로 파견되어, 스탈린의 피후견인인 세르게이 미로노비치 키로프를 레닌그라드의 새 우두머리로 앉힌 것이다. 키로프의 서한은 이 찬탈 과정이 그리 순조롭게 이루어지지 않았음을 보여 준다.

> 상황이 격합니다. 할 일도 태산인데 고함소리까지 시끄럽습니다.
>
> 여기에서는 싸움 없이는 아무 것도 얻을 수 없습니다. 게다가 그 싸움이란! 어제는 노조원이 2,200명인 트레우골니크[트레우골니크 고무 공장의 당 조직을 가리킴]에 갔습니다. 그 싸움은 엄청났습니다. 저는 10월 혁명 시기 이후로 그런 집회를 본 적이 없을 뿐더러, 더욱이 당원 집회가 그런 식으로 이루어질 수 있다는 건 상상하지 못했습니다. 간간이 집회장 곳곳에서 주먹다짐이 벌어지기도 했습니다![88]

지노비예프에게 충성하는 레닌그라드 지역당의 기관과 추종자들은 무자비한 처분을 받았다—그 시대의 기준으로 볼 때 여기서의 무자비한 처분이란 대량 해고와 오지로의 전출에 그쳤지만 말이다. 이 가혹한 숙청으로 반대파와 다수파 간의 갈등은 격화되었고, 이는 1926년과 1927년 내내 계속되었다. 비교적 조용한 시기가 지나고 1926년 봄, 다수파는 트로츠키, 지노비예프, 카메네프를 필두로 새롭게 단합한 반대파와 충돌하게 되었다. 이 '정략결혼'(사실 최고 지도부 내의 다른 동맹들도 정략결혼이기는 마찬가지였다)은 조만간 깨질 운명이었지만 다수파를 골치 아프게 만들었다. 단합한 반대파는 불만을 품은 이들에게 집결지를 제공했고 그런 사람들은 얼마든지 있었다. 반대파를 저지하는 데는 시간과 노력과 자원이 소요되었다. 누군가가 이 싸움에 집중해야 했다. 직무와 기질을 고려할 때 이 일의 적임자는 바로 스탈린이었다.

양 진영에서 수행한 전방위적 음모는 철저히 연구될 가치가 있지만 아직까지 본격적으로 착수되지 않았다. 이 유독한 혼합물에서도 특히 주목할 가치가 있는 한 가지 강력한 기본 재료는 바로 공안 기관을 활용한 반대파 탄압이었다. 과거 볼셰비키가 부르주아지, 멘셰비키, 사회혁명당 같은 외부 세력에게만 썼던 '적'이라는 낙인을 당내 반대파에게 갖다 붙이는 일이 점점 더 잦아졌다. 우리는 사료에 힘입어 이 관행의 기원을 스탈린에게로 거슬러 올라갈 수 있다. 그는 반대파와의 싸움이 유혈의 정점에 다다른 1930년대 중반부터가 아니라 그보다 훨씬 전부터 이 방법을 활용했다.

1926년 6월 6일, 반대파에 동조하는 약 70명의 볼셰비키가 수도 외곽의 한 다차 마을에 모였다. 그들이 이런 장소를 택한 것은 집회를 금지 당했고 당국의 눈을 피해서 모여야 했기 때문이다. 지노비예프 지지자인 미하일 라셰비치가 이 모임에서 발언했다. 그는 군사 부인민위원으로서의 직위를 용케 지키고 있던 고참 볼셰비키였다. 익히 예상할 수 있듯이 그 자리에는 비밀 요원—아마도 특별히 침투한 오게페우 요원—이 잠입해 있었다. 이 문제는 당 조사 위원회의 손에 떨어졌지만, 그들은 반대파 지도자들이 이 집회의 조직을 지원했다는 증거를 찾지 못했다. 하지만 이는 스탈린을 막지 못했다. 그는 1926년 6월 25일 휴가 중에 정치국에 보낸 서한에서, 지노비예프 그룹을 섬멸하고 지노비예프 자신을 정치국에서 축출하는 구실로써 '라셰비치 사건'을 활용하자고 제안했다.[89] 이 몰염치한 조치를 이념적으로 정당화하는 근거는 반대는 곧 해당 행위라는 발상이었다. 이례적으로 험악했던 1926년 7월의 당중앙위원회 총회에서 반대파는 결연한 저항을 시도했지만 결국 이는 스탈린의 각본대로 끝났다. 총회는 "반대파가 자신들의 의견을 합법적으로 옹호하는 데서 그치지 않고 전 연방적 불법 조직을 건설함으로써 정도를 넘었다"고 주장하는 결의안을 통과시켰다.[90] 그로부터 10년 후, 스탈린이 권력을 견고히 장악하고 반대파들을 처형했을 때 그는—이 '전 연방적 불법 조직'을 '전 연방적 반혁명 테러 조직'으로 낙인찍는—다음 수순으로 넘어가게 된다.

지노비예프만을 정치국에서 축출한다는 스탈린의 계획은 반대파를 분열시키고 객관성을 과시하려는 양동작전이었다. 불과 몇 개월 뒤인 1926년 10월에는 트로츠키와 카메네프 역시 해임되었다. 그러나 반대파들은 무기를 내려놓지 않았다. 그들은 정치국 다수파와 그들의 정책을 비난하며 모든 기회를 동원하여 싸웠다. 마침내 다른 수단이 고갈된 반대파들이 지하 선전 운동에 의존하고 정치국이 이에 함정 수사로 대응했을 때 서로의 적대는 정점에 다다랐다. 1927년 9월에 오게페우는 한 요원을 브란겔 부대의 장교 출신으로 위장하여, 공식적으로 금지된 반대파 인쇄물을 아직까지 발행하고 있는 한 인쇄소에 잠입시켰다. 반대파들이 군사 쿠데타를 모의 중인 '반혁명 조직'에 속해 있다는 혐의를 씌우기 위해 조작된 유인물이 동원되었다. 오게페우가 체포를 실행했다. 이는 스탈린이 조직한 경찰 기관이었다. 다른 정치국원들이 남부에서 휴가를 보내는 동안 그는 모스크바에 남아 그들에게 정보를 전달했다.[91]

특히 험악했던 1927년 10월의 당중앙위원회 총회에서 지노비예프와 트로츠키는 당중앙위원회로부터 제명되었다. 트로츠키가 총회에서 질의를 시도하자 책과 유리컵이 그를 향해 날아들었고, 그는 강당 안에 고성이 터져 나오는 가운데 연단에서 강제로 끌려 내려왔다. 10월 혁명 10주년인 11월 7일에 반대파들은 공식 집회와 더불어 시위를 벌이려고 했지만 강제 해산되었다. 이런 시위들은 새로운 보복의 구실로 활용되어 반대파의 다수가 체포되고 유배되었다. 12월에 열린 15차 당 대회는 반대파의 섬멸을 공식적으로 재가했다. 일부는 공개적으로 항복했지만 트로츠키와 그의 최측근 동료들은 물러서지 않았다. 트로츠키는 카자흐스탄으로 유배되었다가 결국 소련에서 추방되었다. 반대파의 대부분은 굴복했든 그러지 않았든 1930년대 후반에 죽임을 당했다. 트로츠키는 1940년에 스탈린의 명령으로 멕시코에서 소련 비밀요원에게 암살당했다.

1920년대 말의 탄압은 상대적으로 가벼웠지만 그래도 창당 멤버들에게 음울한 인상을 남겼고 당의 발전에서 중요한 전환점이 되었다. 프랑스 혁명 — 볼셰비키는 그 역사를 익히 알고 있었다 — 이 그러했듯이 러시아 혁명 역시 자기 자식들을 먹어 치우기 시작했다. 둘의 유사성은 실의와 불안감을 불러일으켰다. 반대파가 결정적으로 섬멸된 직후인 1928년 1월 1일, 고참 볼셰비키 중의 한 명인 발레리안 오신스키[92]는 부당한 일이 행해졌다는 우려가 담긴 근심 섞인 편지를 스탈린에게 썼다.

> 친애하는 스탈린 동무에게
> 어제 나는 V. M. 스미르노프[93]가 우랄 어느 지방(필시 체르딘 군)으로 유배된다는 소식을 들었고, 오늘은 길에서 사프로노프[94]를 만나 그가 아르한겔스크 주로 유배되어 같은 기간 복역할 예정이라는 말을 들었습니다. 게다가 그들은 화요일까지 출발해야 하는데,

> 스미르노프는 의치를 해 넣기 위해 치아의 절반을 막 제거한 터라 이도 없이 우랄 북부로 떠나야 할 처지입니다.
>
> 일찍이 레닌은 마르토프[95]를 외국으로 추방할 때 따뜻한 외투와 덧신을 챙겨 주며 그의 안위를 보살폈습니다. 이는 마르토프가 한때 혁명가였기 때문입니다. 지금 유배되고 있는 우리의 옛 당 동지들은 정치적으로 심대한 오류를 범했으나 여전히 혁명가이며—이 점을 부인할 수는 없습니다…따라서 이러한 의문이 제기됩니다. 진정 그들 모두를 북부로 몰아내고 사실상 그들의 정신과 육신을 파괴하는 정책을 따를 필요가 있는가? 나는 그렇게 생각지 않습니다. 나는 우리가 왜 그들을 (1) 레닌이 마르토프에게 했던 식으로 국외 추방하거나 (2) 국내의 기후가 온화한 장소에 정착시킬 수 없는지 이해할 수 없습니다….
>
> 이런 식의 유배는 불필요한 원한만을 낳을 뿐입니다…이는 우리의 현 체제가 구 경찰국가와 유사하다는 중상에 힘을 실어 줍니다.[96]

1월 3일 스탈린은 퉁명스러운 답장을 보냈다. "오신스키 동무! 다시 생각해 본다면 당신이 당을 비방하거나 당과 반대파 사이에서 무슨 중재역을 자임할 만한 윤리적 근거나 다른 여하한 근거가 없음을 이해하게 될 것입니다. 스미르노프 등 반대파를 향한 우려와 관련하여, 당신은 당이 이 점에 있어 가능하고 필요한 모든 일을 다 하고 있음을 의심할 근거가 없습니다."

반대파를 위해 '필요한 모든 일'을 하겠다는 스탈린의 약속은 일종의 블랙 유머—반대파들을 정신적·육체적으로 파괴하겠다는 암시—였을까? 1928년의 스탈린이 1930년대 후반의 숙청이나 테러를 계획하고 있었다는 증거는 없다. 우리는 그가 오신스키에게 보낸 답장에서 느껴지는, 명백히 진심이 담긴 분노를 어떻게 해석해야 할까? 이는 그가 반대파에 대한 이야기를 하는 데 단지 신물이 났기 때문이었을까? 일거수일투족을 조심하고 끝없이 주의를 기울이고 경솔한 수를 두지 않고 진짜 의도를 숨기고 자신의 행보를 은폐해야 하는 수년간의 긴장된 투쟁에 지쳤기 때문이었을까? 오신스키와 서신을 주고받은 시기에 스탈린은 확실히 그 어떤 반대도 용납할 수 없으며 그 어떤 집단 리더십도 필요치 않다는 중대한 결정을 내리고 있었다. 그가 오신스키에게 퉁명스럽게 군 것은 어쩌면 불안했기 때문이었는지도 모른다. 혹은 오히려 자신감을 갖추어, 둘이 더 이상 대등한 지위가 아니며 오신스키가 자기와 '마음을 터놓고' 대화할 위치가 아님을 거리낌 없이 드러낸 것이었는지도 모른다.

선택

스탈린이 처음에는 트로츠키에, 다음에는 지노비예프에 대항하여 리코프, 부하린, 기타 정치국원들과 맺은 동맹은 권력과 영향력을 획득하기 위한 투쟁 과정에서 전술적으로 취한 행보였다. 아마도 이 투쟁을 이끈 주된 동력은 레닌 후계자들의 개인적 야심, 그들의 대립되는 기질과 거대한 정치적 야망, 싸우기 위해서 싸우는 혁명가들 특유의 고약한 습관, 어디에서나 적을 발견하는 성향이었다고 말하는 편이 안전할 것이다. 그렇기는 해도 모종의 정치적 이상 또한 끝없는 충돌 가운데서 볼셰비키 지도자들을 이끈 동력이었다.

스탈린을 비롯한 정치국 다수파는 소위 '우파적 경로'를 고수했다. 이는 1921~1922년에 고안된 네프의 논리적 연속선상에 있었다. 화폐와 시장이 없는 사회주의의 즉시 도입이 불가능함을 깨달은 볼셰비키 지도자들은 레닌을 선두로 하여 한 발 물러섰다. 정치권력과 중공업을 정부의 손에 넣은 그들은 소규모 경영주와 사업주(다른 누구보다도 농민들)에게 상대적인 자유를 주었다. 시장과 화폐가 되돌아왔다. 그들이 어떻게 혹은 어느 방향으로 움직이고 있는지는 아무도 몰랐다. 분명한 것은 시장 메커니즘과 강한 국가와 정치권력의 독점을 결합한 혼합 경제라는 대략의 원칙뿐이었다. 그 일정표에 대한 대체적 합의 또한 존재했다. 네프를 장기 정책으로서 1920년대 내내 유지한다는 레닌의 전망을 모두가 공유했다.

네프 문제가 당내 다툼에 얽히게 되는 것은 불가피한 수순이었다. 트로츠키는 정치국 다수파가 고안한 네프 전략을 비판했고 나중에는 지노비예프와 카메네프도 이에 가세했다. 반대파는 네프의 완전한 폐기를 주장하지는 않았지만 농민과 도시 부르주아지에 대한 양보가 과도하다고 여겼으며, 대규모 산업의 육성을 좀 더 중시할 것을 요구했다. 이는 책임자들의 권력을 잠식하고 자신들의 권력을 획득하려는 투쟁에서 반대파 운동이 전형적으로 제기한 비판으로, 더 큰 평등을 향한 대중적 열망과 '영웅적 시기'에 대한 향수를 이용한 것이었다. 더욱 중요한 부분은 그 세부가 소략했다는 점이다. 이 '좌파' 지도자들이 권력을 잡았다 하더라도, 근본적으로 실용주의자인 그들은 경제 발전이라는 객관적 필요에 떠밀려 그들의 급진주의를 폐기하고 눈에 띄지 않게 '우파적' 경로로 전환했을 가능성이 높다. 이 가정은 '좌파' 지도자들의 과거 행적으로 뒷받침된다. 초급진 혁명가 트로츠키는 내전 기간에 제국군 장교단을 붉은 군대의 근간으로 활용하지 않았던가? 처음에는 모든 볼셰비키 지도자들이 네프를 무조건 지지하지 않았던가? 좌익 반대파의 지도자 중 한 명인 카메네프는 언제나 '온건' 쪽으로 기울었고 '우파적' 경로를 완벽하게 따르지 않았던가? 반대파의 또 다른 일원인 그리고리 소콜니코프[97]는 탁월한 재정 인민위원으로서 리더십을 발휘하여 나라의 통화를 안정시켰다. 많은 경우에는 원칙에 입각한 프로그램의 차이가 아니라 친분 관계, 감정싸움, 야심이 갈등의 씨앗을 뿌렸다.

이 정치적 의지의 투쟁은 파괴적인 결과를 낳았다. 볼셰비키 당은 회복 불가능한 인력 손실을 입었다. 자비나 타협을 거부하고 상대방을 전멸시키려는 욕망은 현실의 문제에 쏟아야 할 시간과 에너지를 앗아갔을 뿐만 아니라, 꼭 필요한 개혁을 수행하고 사회·경제 정책을 조정할 집단 지도부의 의지를 약화시켰다. 모든 결정은 확대경 아래서, 비단 그 실행 가능성뿐만 아니라 이념적 취약성을 단 한 오라기까지 탐지하는 눈으로 샅샅이 검토되었다. 이러한 접근 방식 때문에 국가의 지도부는 꼭 필요한 유연성과 진취성을 잃게 되었다.

반대파에 대한 맹렬한 투쟁의 시기인 1926~1927년에 내려진 결정 중 다수는 정치적 동기로 이루어졌고 경제에 파괴적인 영향을 미쳤다. '자본주의 요소'를 억제하는 조치들은 주로 비교적 부유한 농민과 소상인들을 겨냥한 것이었다. 무모하고 그릇된 결정 자체는 경제의 안정성을 해쳤지만 파국을 초래하거나 불가역적인 것은 아니었다. 다른 경제 전략들도 그렇듯이 네프 또한 지속적인 조정과 오류 제거, 새로 발생하는 불균형에 대한 신속한 대응을 요했다. 하지만 바로 그런 효율적 의사결정을 가능케 하는 정치적 전제 조건이 결여된 것이 문제였다. 그리고 당의 내분은 분위기를 더 악화시키기만 했다.

불건전한 정치 상황의 한 가지 신호는 바로 외세의 위협과 싸운다는 기치 아래 진행된 떠들썩한 캠페인이었다. 1927년 일련의 국제적 위기는 전쟁 히스테리를 부추기는 데 활용되었다. 2월에는 영국 외무상 오스틴 체임벌린이 소련의 반영 선전에 대해 경고했고, 4월에는 베이징 주재 소련 대사관이 습격당했으며, 5월에는 영국과의 외교가 단절되었다. 6월에는 1918년 러시아 황족들의 처형 주모자 중 한 명이었던 폴란드 주재 소련 대사 표트르 보이코프가 살해되었다. 그리고 중국에서는 공산당에 대한 탄압이 심해졌다. 깨어 일어나 군비를 갖추어야 한다는 주장은 루머와 '전쟁에 대비한' 공산품 및 식량 사재기를 양산했다. 정부가 전쟁의 흥분을 부채질한 것은, 주로 외교 정책의 곤경을 다수파에 대한 공격 소재로 활용하고 있던 좌파의 비판에 맞대응하려는 시도였다.

아직 권좌에 있든 축출되었든 전 볼셰비키 지도자들이 군사주의적 흥분을 부채질하는 데 가담했다. 스탈린도 예외가 아니었다. 그는 남부에서 휴가를 보내던 중에 보이코프의 암살 소식을 들었다. 6월 8일 그는 모스크바로 암호 전문을 보내어 이 상황에 대한 자신의 의견을 피력했다. "보이코프가 왕당파에게 살해되었다는 소식을 받았습니다. 여기에 영국이 개입했음을 직감합니다. 그들은 폴란드와의 충돌을 자극하고 싶어 합니다. 그들은 사라예보를 재연하고 싶어 합니다." 스탈린은 보이코프의 암살을 제1차 세계대전의 방아쇠로 널리 여겨지는 사건과 비교함으로써 전쟁이 임박했다는 암시를 드러냈다.[98] 이 암호 메시지에서 그는 폴란드와 관련하여 '최대한의 주의'를 촉구하면서도 소련 내부에서는 가차 없는 보복과 숙청을 수행할 것을 권고했다.

우리의 감옥이나 노동 수용소에 있는 모든 유력한 왕당파들을 지체 없이 인질로 선포해야 합니다. 우리는 5~10명의 왕당파를 지금 즉시 총살하고, 암살 기도가 행해질 때마다 왕당파를 한 무리씩 총살할 것이라고 선언해야 합니다. 온갖 수단을 동원하여 그들을 완벽히 청산하기 위해, 오게페우에 지시하여 호별 수색을 실시하고 소련 전역의 왕당파와 모든 백군파를 체포해야 합니다. 보이코프의 살해는 우리에게 소련 전역의 왕당파와 백군 세포 조직을 완전히 분쇄하기 위한 혁명적 조치를 취할 수 있는 근거를 부여했습니다. 바로 이것이 우리의 후방을 요새화하기 위해 요구되는 임무입니다.[99]

이 선언은 향후 스탈린의 정책이 띠게 될 일부 전형적 특징의 조짐을 드러내고 있다. 외교 정책의 상대적 신중함('최대한의 주의')은 항상 국내에서의 이례적 잔혹성과 병행되었다. 탄압을 통해서 '우리의 후방을 요새화'한다는 생각은 1930년대 스탈린 정책의 시금석이 되었다.

모스크바에 남은 정치국원들은 스탈린의 권고를 받아들였다. 탄압의 물결이 전국을 휩쓸었다. 1927년 6월 27일 〈프라우다〉는 귀족 출신 '인질' 20명이 총살되었다고 보도했다. 무고한 이들에 대한 이 야만적인 처형으로 소련 정부의 평판은 확실히 심하게 훼손되었다. 집단지도부의 이 잔인한 행동은 고위 볼셰비키 전원이 획일적으로 재단한 듯 똑같은 부류라는 의심에 근거를 제공했지만, 이는 어느 정도까지만 진실이었다. 정치국원들은 많은 중요한 문제에 대해 독자적인 판단을 내릴 수 있었다. 이 기관의 구성원들이 기계적으로 똑같이 생각하지 않는다는 사실은 볼셰비키 정부가 어느 정도의 합리성을 가지고 통치

될 수 있다는 희망의 핵심이었다.

진정한 집단 지도 체제의 마지막 희미한 불빛은 1927년 여름에 목격할 수 있었다. 위기가 고조되고 있던 이 시기에 정치국은 진짜 논쟁을 통해 중요한 정치적 결정에 도달했다. 6~7월 남부에서 휴가 중이던 스탈린에게 몰로토프가 보낸 일련의 짧은 서한들은 이 논쟁을 엿볼 수 있는 창을 제공해 준다. 갈등의 주된 요점은 대중국·영국 정책과 트로츠키·지노비예프를 당중앙위원회에서 축출하는 문제였다. 정치국원들은 그때까지도 상당히 독자적으로 처신하며 (그 이후의 사건들에 비추어 볼 때) 놀랄 만한 전술적 연합을 이루고 있었다. 예를 들어 오르조니키제, 보로실로프, 리코프, 루주타크[100]는 국민당과 공산당의 협력을 종용하는—그래서 결국 성공하지 못한—모스크바의 대중국 정책에 비판적이었다. (보로실로프는 "'지난 2년간 당신이 보인 지도력'을 놓고 근거 없는 중상을 하기까지 했습니다"라고 몰로토프는 스탈린에게 보낸 1927년 7월 4일자 편지에서 불평했다.) 스탈린의 지지를 누린 몰로토프와 부하린은 현 정책의 적절성을 변호했다.[101] 트로츠키, 지노비예프, 카메네프의 운명에 대한 의견은 공평하게 반으로 갈렸다. 칼리닌,[102] 리코프, 오르조니키제, 보로실로프는 당중앙위원회에서 그들을 축출하는 일을 그해 가을로 예정된 당 대회까지 미루어야 한다고 생각했다. 스탈린은 남부에서 전문을 보내어 이에 반대했지만 곧바로 받아들여지지 않았다. 정치국은 스탈린이 부재 중 투표를 하겠다고 요구하고 칼리닌이 이들의 즉각적 제명을 옹호하는 편에 가담한 6월 말이 되어서야 그 실행 일정을 앞당기기로 결의했다.[103] 그런 뒤에도 이 결정의 실행은 지연되어, 반대파 지도자들은 7월 말~8월에 열린 다음 번 당중앙위원회 총회가 아니라 10월에 가서야 축출되었다. 1927년 7월 4일, 치열한 논쟁이 벌어진 정치

1927년 리코프(왼쪽), 부하린(오른쪽)과 함께 한 스탈린. 리코프와 부하린은 1938년에 총살당했다. 러시아 국립사회정치사문서보관소.

국 회의를 막 마치고 나온 몰로토프는 스탈린에게 근심스런 편지를 보냈다.

> 가장 불쾌한 일은 7인방[104] 내부의 상황입니다. 이미 반대파, 중국, ARK*에 대한 문제와 관련하여 거의 뚜렷한 분열을 목격할 수 있으며, 결정적 한 표 차이로 견해가 양분되는 일이 거듭됩니다.

---

* 영국-러시아 노동조합 단결위원회. 영국과 러시아의 노동조합이 연합하여 1924년 결성되었다. 소련 측은 이를 통해 처칠 정부의 전쟁 수행을 저지하고 국제 노조 통합을 촉진할 수 있으리라 기대했으나, 양국 노조의 견해차가 불거지면서 1927년 9월에 최종 해체되었다.

> …당신이 예정보다 일찍 모스크바로 와야 하지 않나 하는 생각이 점점 강해집니다. 하지만 건강에는 바람직하지 않을 수 있으니 스스로 상황을 판단하십시오.…징후가 나쁘고 안정을 확신할 수 없습니다. 이런 이야기는 아무에게도 하지 않았지만, 내 느낌에는 상황이 좋지 않습니다.[105]

몰로토프가 표시한 경고는 얼마나 믿을 만한 것이었을까? 그와 스탈린 사이에 오간 서신으로 판단했을 때 스탈린은 이런 보고를 차분하게 받아들였다. "나는 그룹 내의 상황이 두렵지 않습니다. 그 이유는 – 가서 설명하리다."[106] 스탈린은 낙관할 이유가 충분했다. 정치국 내의 충돌은 일상적인 직무상의 논쟁이었고 스탈린을 비롯한 볼셰비키 과두 중 누구에게도 심각한 위협이 아니었다. 집단 지도 체제는 안정된 세력 균형을 이루고 있었다. 그해 여름의 논쟁에 대한 몰로토프의 묘사를 보면 정치국 내의 마찰이 서로를 짓밟으려 작정한 전투적 집단 간의 충돌이 아니었음을 알 수 있다. 스탈린의 추종자로서 몰로토프는 부하린과 보조를 맞추고 있었다. 부하린과 가까웠던 리코프는 스탈린의 오랜 친구인 보로실로프와 공동 행동을 취했다. 강한 동맹 세력이 없었던 칼리닌은 이 캠프에서 저 캠프로 옮겨 다녔다. 이런 종류의 논쟁과 블록 형성은 일상적인 일이었고 과두 체제로 운영되는 정치국의 기능에 유용했다. 집단 지도 체제의 미래는 볼셰비키 지도자들이 과두제의 규칙을 따를 준비를 얼마나 갖추고 있느냐에 달려 있었다. 스탈린은 이 사슬에서 가장 약한 고리였다.

한때 매우 야심적이었던 트로츠키와 지노비예프가 정치국에서 해임되자, 이제 권력에 굶주린 사람은 한 명밖에 남지 않게 되었다. 바로 스탈린이었다. 그 나머지는 여러 가지 이유로 최고 권력자의 위치를 노릴 역량이 없었다. 총간사라는 중추적 직위를 확보한 스탈린은 좌익 반대파와의 전투 과정에서 자신의 입지를 강화했다. 당내 분열은 스탈린이 레닌 유산의 수호자 역할을 하고 당 기관과 공안 기관에 대한 자신의 지배력을 강화하는 데 유리한 조건을 마련해 주었다. 그렇다고 스탈린이 벌써 승리를 자신한 것은 아니었지만, 이는 승산을 그에게 유리한 쪽으로 기울여 주었다.

1927년 12월, 제15차 당 대회에서 선출된 당중앙위원회의 첫 총회에서 스탈린은 용의주도하게 계산된 행보를 취했다. 사직서를 제출하고 총간사 재선 출마를 거부한 것이다. 그는 이제 반대파가 섬멸되었으니 레닌의 '유언장'을 집행할 적기라고 선언했다. 전에는 반대파와의 '거친' 전투를 치르기 위해 총간사 자리에 '거친' 사람이 필요했다고 스탈린은 겸손하게 설명했다. "이제 더 이상은 그 같은 요직에 거친 사람들이 필요치 않습니다."[107]

스탈린의 정확한 예측대로 총회는 그의 사직서를 반려했다. 이 행동으로 그는 중요한 정치적 배당금을 타게 되었다. 첫째로 스탈린을 총간사직에서 해임해야 한다는 레닌의 제안의 적실성이 다시금 낮아졌다. 둘째로 스탈린은 당 최고위 관료들에게 자신을 반대파에 대한 승리 배후의 원동력으로서 — '거친' 조치를 수행할 능력이 있는 '거친' 지도자로서 — 소개했다. '단호한 통솔력'을 선호하는 이들의 눈에 그의 자격이 높아진 것은 말할 나위가 없다. 셋째로 이러한 충성의 과시와 기꺼이 사임하겠다는 공언은, 집단 지도 체제의 붕괴와 (트로츠키가 그를 지목하여 일컬은 대로) '혁명의 무덤을 파는 자'의 부상을 우려하던 이들을 안심시켰음이 틀림없다. 스탈린은 자신의 지위에 대해 중대하고 공식적인 승인을 구했고 그것을 획득했다. 그가 그저 당내 민주주의를 위해서 이런 위험을 감수했다고는 믿기 힘들다. 이후에 그가 행한 일들 — 그 유명한 시베리아로의 출장과 우파에 대한 공격 — 은 스탈린이 12월 총회에서 용의주도하게 계산된 의도로 행동했음을 입증한다. 자신이 독재자로 군림하게 되어 있다는 운명적 결론에 도달한 것은 바로 그때였을 가능성이 다분하다.

독서와 사색의 세계

1953년 3월 1일 늦저녁, 근처 다차. 우편물이 도착하다.

여러 시간의 불안한 기다림 끝에, 1953년 3월 1일이 저물어 밤이 다가오고 있을 때에야 스탈린의 경호원들은 그의 구역에 들어가 보기로 했다. 그럴 구실이 생긴 것은 감사할 일이었다. 우편물이 도착한 것이다. 한 경호원이 그 꾸러미를 들고 스탈린의 개인 침실로 향했다.

우리는 이 마지막 우편물의 내용을 알지 못하지만, 평상시에 스탈린은 엄청난 양의 다양한 서류들을 받았다. 스탈린이 남부에서 휴가 중일 때 모스크바에서 그에게 배달된 우편물의 목록을 통해, 우리는 수령이 일상적으로 처리했던 문서의 종류에 대해 대강의 개념을 잡을 수 있다. 스탈린은 1946년 9월부터 12월까지 보낸 휴가 중에 하루 평균 거의 50통에 가까운 편지, 보고서, 그 밖의 자료를 받았다. 1951년 8월부터 12월까지 그가 남부에서 보낸 마지막 휴가 때는 이 수치가 하루 35통으로 떨어졌지만 이것도 적은 수는 아니다.[1] 당연한 일이지만 스탈린은 정부 최고 기관들의 — 전부는 아니고 가장 중요한 — 지시 사항과 결의안 초고를 정기적으로 전달받았다. 외무·국방 부처와 공안·정보기관의 보고서들은 스탈린의 책상을 거쳐 간 문서들 중에서도 중요한 자리를 차지했다. 스탈린은 소련 국영 타스 통신에서 만드는 외국 언론 보도 요약본을 활발히 이용했다. 이 요약본들의 일부는 스탈린의 메모가 적힌 채 문서고에 보관되어 있다. 그는 또 모스크바 주재 외신 기자들의 기사 요약문도 받아 보았다. 전쟁 이전부터 들인 습관에 따라 비행기와 항공 엔진의 일일 생산 보고서 또한 정기적으로 받았다. 항공 산업의 고위 관료들은 자주 서한을 보내 그에게 구체적인 문제에 대한 의견을 구했다. 수령은 항상 항공에 특별한 관심을 기울였지만 기타 군사 장비 생산에 대한 보고서도 받았다. 1950년 한국전쟁이 시작된 뒤에는 외국 언론에 실린 일일 전황 보도 요약문을 받아 보았다. 그가 정기적으로 보고 받은 또 다른 주제는 국가 비축 물자였다. 설상가상으로 스탈린과 중국 지도자들이 주고받는 서신의 양도 늘어나고 있었다. 게다가 스탈린의 우편물에는 그의 고위급 동료들이 다양한 주제에 대해 보내는 많은 서신들, 다양한 정부 기관에서 보내온 청원서, 인사 문제에 대한 제안서도 포함되어 있었다. 이 모든 문서를 읽는 데만도 필시 엄청난 시간이 소요되었을 터인데, 이 서한들 중 다수는 스탈린의 결정이나 모종의 답장을 기다리고 있었다.

스탈린은 공식 서류들 말고도 소련에서 그때그때 발행되는 잡지, 책, 신문을 읽을 시간까지 할애했다. 특히 〈프라우다〉는 주의를 기울여 정독했다. 1926년 스탈린이 남부에서 휴가를 보낼 때 그에게 배달된 자료 목록에는 멘셰비키와 백군의 출판물을 포함한 다수의 소련 및 망명 신문과 잡지들이 들어 있다.[2] 그 이후로 정기간행물들은 목록에서 자취를 감춘다. 아마 이는 스탈린이 그것을 읽기를 중단했기 때문이 아니라, 너무 규칙적으로 배달되어 일일이 목록에 넣는 일이 시간 낭비였기 때문이었을 것이다.

일부 회고록 자료에 따르면 스탈린은 자기가 하루에 평균 400~500페이지씩을 읽는다고 주장했다.[3] 그가 어떻게 그런 환상적인 속도를 유지할 수 있었을지는 상상하기 힘들다. 정말로 그 정도 분량의 글을 읽는 ― 대강 훑어보면서 흥미로운 단락에 집중했을 가능성이 더 높지만 ― 날도 있었을 것이다. 그의 근무일은 책상에서 공식 서류를 처리하며 보내야 하는 시간 외에도 그의 집무실에서 이루어지는 장시간의 회의와 회담으로 채워져 있었다. 그가 주재하는 만찬이나 영화 상영회는 몇 시간씩 이어졌다. 그리고 스탈린은 상당한 시간을 글쓰기에 할애했다. 우리가 아는 그의 일정에 비추어 보면, 스탈린은 혼자 책상 앞에 앉아서 매일 꾸역꾸역 밀려드는 문서들을 들여다보고 있을 시간이 거의 없었을 것이다.

스탈린은 책을 좋아했다. 독서는 그의 사상을 형성하는 데 주요한 역할을 했다. 그가 젊은 시절에 이끌렸던 혁명가들의 환경에서는 지적 추구와 이론화에 대단한 가치를 부여했지만, 이런 지적 탐구는 이념적으로 한쪽에 치우쳐 있었다. 이 편파성은 스탈린에게 영구적인 흔적을 남겼다. 그는 '사회적으로 중요한' 책들을 읽고 마르크스와 레닌을 공부했다. 스탈린의 저작과 연설을 철저히 분석한 한 현대 문학자는 문학 분야에 대한 그의 식견이 협소했음을 지적한다. 스탈린은 소련 시기의 문학에는 밝았지만 러시아나 외국의 고전 문학에는 어두웠다.[4] 스탈린의 독서를 제한한 정치적 · 이념적 눈가리개는, 그의 서재에 있던 책과 잡지, 아니 그보다 그의 메모가 담겨 있어서 그의 아카이브에 보관되어 있는 책들의 목록을 통해 확인할 수 있다.[5] 이 컬렉션은 총 397점으로 이루어져 있다. 물론 스탈린의 독서는 여기에만 한정되지 않았지만, 그가 여백에 적은 논평이나 밑줄을 보면 이 책들이 그의 주의를 가장 사로잡았음을 짐작할 수 있다.

거의 400점에 달하는 이 컬렉션 중의 다수 ― 총 72점 ― 는 레닌의 저작이 수록된 책과 잡지로 이루어져 있다. 스탈린은 레닌의 충실한 학생이었고, 스탈린 자신의 저작 중 일부는 레닌의 사상을 재구성하거나 대중화한 것이었다. 스탈린이 공개 연설에서 끊임없이 레닌을 인용한 것은 놀랄 일이 아니다. 하지만 그는 측근 동료들과 국무를 처리할 때에도 일종의 성경이나 취급 설명서를 찾듯이 레닌의 저작에 의존했다. 스탈린 밑에서 일했던 한 인민위원은 이런 이야기를 들려주었다. "내가 크고 작은 회의나 회담에 참석하기 위해 스탈린의 관저를 찾을 때마다 다음과 같은 습관이 눈에 띄었다. 그는 누군가가 타당할 수도 있지만 다소 상궤를 벗어난 제안을 할 때마다 레닌의 저작이 꽂힌 서가로 걸어가서 잠시 생각한 다음 한 권을 뽑아 들었다. 때로는 이렇게 말하기도 했다. '이 문제에 대해 블라디미르 일리치가 뭐라고 말했을지 봅시다.' 때로 그는 특정 구절을 소리 내어 읽기도 했고, 때로는 요지만 전달하기도 했다."[6] 마르크스와 엥겔스는 스탈린의 소장 목록에서 한결 덜 눈에 띈다. 그의 소장 도서 컬렉션에는 그들의 저작이 13권밖에 없다. 마르크스주의가 공식 교의였고 수염을 기른 이 현인들의 초상화는 소련에서 어딜 가든 볼 수 있는 특징적 풍경이었지만, 때때로 스탈린은 이 고전들을 어느 정도까지 자유롭게 해석했다. 그는 1934년 정치국원과 당내 이념 조직의 수장들에게 보낸 메모에서 엥겔스의 많은 저작들을 비판했다. "엥겔스가 우리의 스승이었고 여전히 스승이라는 데는 오로지 바보들만이 의구심을 품을 것입니다. 그러나 그렇다고 해서 우리가 엥겔스의 오류들을 대충 덮어 주어야 하는 것은 아니며, 그것들을 은폐하고 특히 이론의 여지가 없는 진리로 취급해야 하는 것은 전혀 아닙니다."[7]

이 컬렉션에서 언급할 가치가 있는 또 한 부문—총 30점—은 유명 볼셰비키를 비롯하여 러시아와 외국의 사회민주주의 운동 이론가들—개중에서도 알렉산드르 보그다노프, 게오르기 플레하노프, 부하린, 카를 카우츠키, 트로츠키 - 이 집필한 저작으로 이루어져 있다. 또 스탈린은 혁명 이전의 지하 볼셰비키 이론 잡지인 〈프로스베셰니예(계몽)〉 총 19권을 자기 서재에 두고 꼼꼼히 연구한 것으로 보인다. 그가 주석을 달아 놓은 나머지 도서들은 주로 그가 권좌에 있을 때 집필된 선전물과 교육물로 이루어져 있으며, 그중 25점은 그가 손수 집필한 것이다. 총괄하여, (그 자신의 저작을 포함한) 마르크스-레닌주의의 고전과 그 선전가들의 저작이 스탈린이 주석을 달아 놓은 거의 400점의 책들 중 절대 다수를 이루고 있다.

나머지 책들 가운데 언급할 가치가 있는 한 가지 범주는 역사책으로, 혁명 이전에 발행된 러시아 역사 교본 몇 권도 여기에 포함되어 있다. 스탈린은 역사를 좋아하여 글과 연설과 대화에서 역사적 사례와 비유를 끊임없이 활용했다. 또 새 역사 교과서의 집필을 기획하고 수많은 역사책과 시대극의 제작을 장려했다. 잘 알려진 사실이지만 그는 표트르 대제와 이반 뇌제라는 두 러시아 차르에게 특별한 친밀감을 느꼈다. 그들은 러시아를 통합하고 확장했으며 군사력을 증강하고 내부의 적에 대항해 무자비하게 싸웠다. 스탈린에게 역사는 자기 정책을 정당화하는 수단이었다. 그는 학문적인 논의와 실제의 역사적 증거에 별로 관심이 없었고 자기가 좋아하는 내러티브에 사실을 끼워 맞추는 편을 택했다. 이반 뇌제는 러시아를 해체시킨 세력에 맞서, 제2의 타타르의 멍에로부터 러시아를 구해 낸 굳건한 수호자로 선언되었다.* 스

---

* '타타르의 멍에'는 1240년부터 1480년까지 러시아가 몽골 제국의 지배를 받은 시기를 말한다. 이반 뇌제가 제2의 타타르의 멍에로부터 러시아를 구했다는 것은 그가 1550년대에 몽골의 잔존 세력인 카잔한국과 아스트라한한국을 정복한 것을 가리킨다.

탈린이 보기에 그의 무지막지한 압제는 꼭 필요한 것이었고 오히려 충분치 못했다. "그것은 좀 더 과감하게 행해졌어야 했다." 냉전 중에 스탈린은 차르 이반이 "국가적 관점을 취하여 외국인의 유입을 불허했으며 외세의 침투로부터 나라를 방어했다"고 칭송했다. 그는 표트르 대제를 다른 면에서는 경애했지만 그가 외국인들에게 관용적인 태도를 취한 점은 비판했다.[8] 한 발 더 나아가, 그는 자신의 정책을 정당화하기 위해 소련의 역사를 주조했다. 당 역사의 날조와 개작은 정권의 이념적 바이블인 〈전연방공산당(볼)사: 단기 과정〉을 스탈린이 직접 참여하여 편찬하면서 정점에 이르렀다. 대숙청이 한창이던 1938년에 나온 이 책에서는 스탈린이 레닌과 동급의 볼셰비즘·혁명 지도자라고 주장했다. 순전한 허구가 볼셰비키 역사의 여러 에피소드로 삽입되고 다른 에피소드들도 알아볼 수 없을 만큼 왜곡되었다. 그때쯤 이미 죽음을 당한 반대파 지도자들은 애초부터 숙적이었던 것으로 묘사되었다.

군사 문제는 특히 스탈린의 흥미를 끌었다. 그는 군사 규정에 대한 책들 외에도 프로이센의 군사 이론가 카를 폰 클라우제비츠와 러시아 이론가 알렉산드르 스베친의 저작 등 전쟁의 역사와 이론에 대한 몇 권의 책에 주석을 달았다.

컬렉션에 포함된 비마르크스주의 철학책 중에는 플라톤, 그리고 아나톨 프랑스의 철학적 에세이 〈마지막 페이지: 장미 아래에서의 대화〉가 있으며, 소수의 경제학 도서는 대부분이 소련의 정치경제학 서적이다. 문학으로 말할 것 같으면 몇 권의 문예지와 레프 톨스토이(〈부활〉), 미하일 살티코프-셰드린, 막심 고리키, 그리고 몇몇 소련 작가의 작품들뿐이다.[9]

물론 이 특정한 컬렉션만 가지고는 전모를 파악할 수 없다. 우리는 다른 사료를 통해 스탈린이 동시대 소련 작가들의 문학 작품을 자주 읽었음을 알고 있다. 그는 연극과 영화 대본에 조언하고 어떻게 상을 수여할지를 결정했다. 그는 호오가 분명했고 그가 싫어하는 것은 아무리 재능이 출중하더라도 흔히 탄압의 대상이 되었다. 심지어 소련의 문호들도 이념적 질책을 피할 수 없었고, 자신이 정부의 호의에 철저히 의존하는 위태로운 처지임을 인식해야만 했다. 그러나 정치적으로 편중된 취향에도 불구하고 스탈린은 좋은 글과 나쁜 글을 어느 정도 구분할 줄 알았다. 그가 미하일 불가코프[10]처럼 정권에 도움이 안 되거나 심지어 유해한 몇몇 출중한 작가들을 그냥 놔두고 심지어 보호한 것은 아마 이 때문이었을 것이다. 그래도 검열 때문에 이런 작가들은 빈약한 배급을 받았고 겨우 생존을 이어 나가며 끊임없는 체포의 위협 아래서 살았다. 문학과 극작은 주로 이념적 무기로서, 즉 사회 조작과 세뇌 수단으로서 독재자의 관심을 끌었다. 공식 허가를 받은 작가들은 방대한 국가 선전 기관의 일부였다. 국가 단체에 소속된 작가, 미술가, 작곡가들은 국가에 완전히 의존했다. 국영 공장이 그랬듯이 이런 단체들도 별로 효율적이지 못했다. 그들은 관료화와 범용을 부추기고 재능을 찍어 눌렀다. "우리는 이미 오래 전에… 작가동맹 아래 모인 3천 명의 무책임한 활동에 주의를 기울였어야 했습니다. 그중 – 최소한 – 2천 명은 문단에 속해 있다고 볼 수 없습니다." 스탈린이 소련 작가동맹 의장으로 택한 막심 고리키는 1936년의 편지에서 이렇게 한탄했다.[11]

스탈린은 이런 고리키의 감정을 알았지만(그는 이 편지를 자기 개인 파일에 보관했다) 문학의 질 저하에 거의 괘념치 않았다. 그는 정치와 권력의 세계에 살았으므로 미술 및 문학 작품을 평가하는 기준은 이념과 선전에 얼마나 유용한가였다. '단순성'과 '접근성'이 문학의 가장 중요한 미덕이었다. 그는 난해한 미적 장치가 없는, 이해하기 쉽고 단도직입적인 정치적 교훈극을 환영했다. 객관적이기보다 이상화된('올바른', '사회주의적인') 현실을 묘사하는 '창조적 인텔리겐차'가 요구되었다. 사실이 아닌 당위를 대중에게 전달하면서 그들의 고생을 잠시 잊게 해 주고 개인의 이익보다 당과 국가를 우선하는 미덕을 칭송해야 했다.

크레믈 영화관의 상영회 중에 오간 대화 기록은 스탈린의 취향을 엿볼 수 있는 흥미로운 창을 제공해 준다.[12] 그는 상영 중인 영화들을 오로지 정치적 효용의 관점에서만 비평했고, 이것이야말로 '신나고 명랑하고 재미있는', 교훈적이고 오락적인 영화를 제작하는 데 꼭 필요하다고 믿었다. "모든 사람을 우울로, 심리학의 미궁으로 몰아넣지 마십시오. 쓸데없이 사람들을 심각한 이야기에 끌어들일 필요가 없습니다." 그는 한 상영회에서 이렇게 말했다. 그가 할리우드 코미디를 모방한 흥겨운 뮤지컬 〈유쾌한 친구들〉을 아주 좋아한 것은 아마 그 때문이었을 것이다. 이 영화는 심오하거나 정치적으로 날이 서 있지 않았지만 스탈린의 말을 빌리면 사람들에게 '즐겁고 기분 좋은 휴식'을 선사했다. 그는 화면에서 일어나는 일들을 마치 현실인 것처럼 취급하며 즉석에서 논평했다. 특히 좋아하는 몇몇 영화들은 반복해서 관람했다. 일례로 동명의 내전 영웅이 주인공으로 나오는 소설을 각색한 〈차파예프〉는 1934년부터 1936년까지 38번이나 보았다.

스탈린의 연극과 음악 취향도 마찬가지로 보수적이었다. 그는 도발적인 실험으로 유명한 연출가 프세볼로트 메이예르홀트를 '우스꽝스럽고' '괴상하다'며 힐난했다.[13] 그리고 위대한 작곡가 드미트리 쇼스타코비치가 창안한 것 같은 새로운 음악 형태에 반대하는 캠페인을 직접 개시했다.[14] 이러한 혁신에는 '형식주의'라는 경멸적 딱지가 붙었다. 정기적으로 극장을 찾았던 스탈린은 고전적인 드라마, 오페라, 발레를 선호했다. 크레믈에서 열린 수많은 공식 리셉션에서는 단조롭고 엄격하게 전통적인 레퍼토리를 연주하는 콘서트가 곁들여졌다.[15]

스탈린의 문학 취향은 그의 집필 방식과도 연관이 있을 수 있다. 그가 유능한 연설가가 못 되었다는 사실은 흔히 지적되어 왔고, 이런 평가는 그의 연설 녹음을 들어 보면 쉽게 확인할 수 있다. 그러나 그가 집필한 글은 그의 즉석연설에 비해 훨씬 논리 정연했다. 필자로서 그는 거의 지나친 단순화에 가까운 명료성과 간결성을 추구했다. 그는 마치 독자의 머리에 사상을 두드려 박듯이 무수한 반복을 통해 요점을 주입하기를 좋아했다. (다른 많은 볼셰비키와 저자들이 지닌) 훌륭한 대중 연설 재능이 없었던 스탈린은 이 분야의 기술을 그냥 무시했다. 그의 글은 따분하지만 이해하기 쉽다. 그는 슬로건과 클리셰의 대가였다. 교육이 특히 인문학에 있어 폭을 넓히고 있지만 그 깊이는 확보하지 못한 사회에서 이런 대중 발언 스타일은 상당히 효과적이었다.

스탈린은 어렸을 때 조지아어만을 사용했으며 청소년기에는 이 언어로 시를 짓고 혁명 논설을 썼다. 그는 생애 후반에도 이따금씩 조지아어를 썼다. 이오시프는 8~9세 때부터 러시아어를 배우기 시작하여 거의 제2의 모국어가 될 정도로 유창하게 습득했다. 그러나 그는 죽을 때까지 강한 악센트를 떨치지 못했다. 이런 '악센트'는 글에서도 느껴진다. 스탈린이 러시아어로 쓴 글은 문법적으로 정확하고 유창하지만 이따금씩 부적절하게 거슬리는 문체나 어색한 표현이 튀어나온다. 스탈린의 언어를 연구하는 학자들은 출판된 그의 저작에서 이런 사례를 상당히 많이 수집할 수 있다.[16] 이런 사례는 출판을 의도하지 않은 그의 일상적인 글에서도 발견된다. 당중앙위원회의 총간사로서 스탈린은 정치국의 결의안이 최종 승인되기 전에 검토하고 여기에 자주 수정을 가했는데, 이때 그가 러시아 원어민이 아니라서 오류와 모호함이 초래되는 경우가 많았다.[17]

스탈린의 다른 외국어 실력에 대한 정보는 희박하다. 그는 혁명 전에 몇 차례 외국(베를린, 스톡홀름, 런던, 빈, 크라쿠프)을 여행했지만, 이 도시에서 통용되는 언어를 제대로 배울 시간이나 필요가 그에게 있었을 것 같지는 않다. 이런 여행은 당무를 위한 것이었고 그는 주로 당 동지들과 함께 시간을 보냈다. 1913년의 민족 문제에 대한 글은 빈에서 독일어를 아는 누군가의 도움을 받아 독일어 자료를 참조하여 쓴 것이다. 투루한스키에 유배된 1913~1917년에 그는 언어 실력을 늘리고 싶다는 바람을 내비쳤다. 그는 독일 저자들의 책을 보내 달라고 부탁했다(하지만 그가 부탁한 책이 원서였는지 번역서였는지는 분명치 않다). 1914년 2월에는 러시아인 망명자들을 지원하는 파리의 한 협회에 편지를 보내어 불-러 사전과 영자 신문 몇 부를 보내 달라고 요청하기도 했다. 1914년 5월에는 지노비예프에게 편지를 써서 '영어 시사 잡지(읽을 만한 것이면 구간이든 신간이든 상관없습니다 — 여기에는 영어로 된 것이 하나도 없어서 연습을 하지 않으면 기껏 배운 영어도 잊어버릴까 봐 두렵습니다)'를 보내달라고 졸랐다. 1915년 11월에 그는 다시 동지들에게 편지를 썼다. "프랑스어나 영어로 된 뭔가 재미있는 읽을거리를 보내 줄 수는 없겠지요?"[18] 1930년 남부에서 휴가 중일 때는 아내에게 영어를 공부할 교재를 보내 달라고 부탁했다.[19] 외국어를 배우려는 스탈린의 의도는 얼마나 진지한 것이었을까? 그의 실력은 얼마나 늘었을까? 우리는 이런 질문에 대답할 수 없다. 우리가 아는 한, 그는 외국인들과 수없는 만남을 가지면서도 자기의 외국어 실력을 한 번도 드러내려 하지 않았다.

결국 스탈린의 독학과 정치적 경험과 기질이, 많은 면에서 혐오스럽지만 권력 장악에 이상적으로 걸맞는 인물을 형성했다. 현상을 계급 간의, 자본주의와 사회주의의 역사적 대립으로 설명하며 현실을 과도하게 단순화하는 그의 인식은 그의 체제가 무너진 뒤에도 존속했다. 이 단순한 세계관의 근원이 무엇 — 그가 받은 종교 교육, 혹은 레닌식 마르크스주의에 대한 집착 — 이든 간에, 그 일차원성은 독재자의 삶을 단순화했다. 계급투쟁 원리에 근거한 세계 모델은 복잡성을 무시하고 자기가 희생시킨 이들을 경멸할 수 있게 해 주었다. 이 정권의 가장 악랄한 범죄들을 역사 법칙의 자연스러운 표현으로, 악의 없는 실수들을 범죄로 취급할 수 있게 만들어 주었다. 아무 범죄도 의도하지 않은 사람들에게 범죄적 의도와 행동을 전가할 수 있게 해 주었다. 상대적으로 교육 수준이 낮은 국가에서 단순화는 탁월한 사회 조작 수단이었다.

사실 세계에 대한 스탈린의 이론적 모델은 의지하기 힘들 정도로 취약하고 휘청거렸다. 과도하게 단순하고 비효율적인 이 모델은 허다한 모순과 실패를 양산했다. 그러나 그는 나라에 보탬이 될 수도 있는 그 어떤 이념 체계의 조정도 자기 정권의 안정을 위협한다고 보았다. 그래서 삶의 필요에 대해 경직된 이념적·정치적 교조주의로 대응하고, 위기가 한계점에 다다랐을 때 최후의 수단으로 제한적인 변화만을 수용했다. 그는 현실에 눈을 감고 이념적 사변의 밀림으로 피신했다. 대부분 스탈린이 스스로 구축한 그의 개인 아카이브에는 외부의, 전문가의 관점을 대변하는 문서가 거의 한 점도 없다. 한편 이 거대한 나라 전체가 언어학과 정치경제학 같은 다양한 분야에 대한 스탈린의 '전문적' 견해를 공부하는 데 동원되었고, '형식주의자'와 '코스모폴리탄'을 압살하라는 그의 교시를 따랐다. 변화와 서구의 치명적 영향력을 두려워한 스탈린은 이를테면 유전학 등에서 수많은 과학적 진보를 거부했다.[20] 그는 '내 손으로 만질 수 있는 것', 자기가 이해할 수 있고 정치적으로 안전하다고 느껴지는 것만을 믿었다.

이런 교조주의와 복잡성에 대한 거부는 국가 발전에 심각한 장애물이 되었다. 죽는 날까지도 그는 자기에게 권력을 안겨 주었고 자기가 1930년대 내내 체계적으로 구축한 정치 체제를 바꿀 생각이 없었다.

3

스탈린의 혁명

1928년 말에 이르자 '좌익 반대파'의 섬멸은 스탈린 개인의 승리로 변모했다. 트로츠키와 지노비예프에 맞서 싸우는 동안에는 수월하게 유지되었던 정치국 다수파의 응집력은 약화되기 시작했다. 점증하는 사회경제적 위기는 권력 상층부의 위기와 동시에 진행되었고, 이는 정부 시스템을 위험에 빠뜨릴 수 있는 인화성 혼합물이었다. 이 정치적 불쏘시개는 1927년 국가가 충분한 곡물 공급에 실패함으로써 마침내 점화되었다. 곡물 공급 실패는 네프가 제대로 작동하지 않는다는 여러 신호 중 하나였다.

네프 발전 모델은 다양한 요인으로 인해 취약한 운명을 타고 났다. 시장의 힘이 농민과 국가 관계를 지배하도록 허용하는 일은 볼셰비키의 근본적 교의에 위배되었다. 전시 공산주의의 비극적 경험에도 불구하고, 집권당은 계속해서 급진적 사회주의를 설교하고 민간 경제의 주도권을 억눌렀다. 게다가 소련 농업은 정부가 산업화를 지원하기 위해 필요로 하는 자원을 곧바로 생산해 낼 능력이 전혀 없었다. 집권당 내의 모든 분파들—우파와 좌파와 그 중간에 있는 모든 이들—이 네프를 조정하고 산업화에 박차를 가할 필요성을 인식했다. 문제는 시스템을 수정할 최선의 방법을 어떻게 찾을 것인가였다. 치열한 권력 투쟁 때문에 활용 가능한 선택지가 심하게 제한되었다. 경제는 다시금 정치적 갈등과 교의를 따라야 할 당위의 희생양이 되는 중이었고, 경제적 필요보다 정치적 기회주의를 우선시한 죄가 누구보다도 중한 사람은 바로 스탈린이었다.

1927년 말에 발생한 위기의 원인은 이 나라의 지도자들에게 완전히 익숙한 것이었다. 다른 무엇보다도 가격 정책의 오류와 산업에 대한 불균형한 투자가 농민들이 농작물을 국가에 판매할 동기를 약화시키고 전체 경제의 균형을 무너뜨렸다. 이전에 지도자들은 비슷한 위기를 극복할 성공적인 방안들을 찾아냈다. 그러한 방안이 다시금 필요했다. 처음에 정치국은 합심하여 해결책을 모색했다. 경제적 자극도 고려해 보았지만, 이 경우에 정치국원들은 '행정적' 수단을 통해 농민들에 대한 압력을 강화해 보기로 결정했다. 이는 농작물을 강제로 징발하는 캠페인을 의미했고, 그 핵심 요소는 국가 지도자들이 농업 생산 지역에 방문하여 지방 공무원들의 더 큰 노력을 촉구하는 것이었다. 우크라이나에 파견된 몰로토프는 1928년 1월 1일 스탈린에게 이렇게 보고했다.

> 친애하는 코바! 오늘로 우크라이나에 도착한 지 4일째입니다—사람들 말로는 내가 잘 하고 있다고 합니다. 나는 게으른 호홀[우크라이나인을 경멸하여 지칭하는 말]들을 흔들어 깨웠습니다…

또 우크라이나의 '총국'과 '센터'로부터 지방 현장들을 시찰하고 열심히 일하겠다는 약속을 받아 냈습니다. 지금 나는 멜리토폴(금광!)에 있습니다. 또 곡물 징발에는 으레 따르는 욕설과 함께 한바탕 뒤집어엎고 수색했습니다…새로 느낀 점이 많습니다. 흙을 만질 수 있어서 정말 기쁩니다. 돌아가면 다 이야기하겠습니다. 모두에게 안부 전해 주세요.[1]

몰로토프가 쓴 편지의 ─ 결연하기보다는 명랑한 ─ 어조는 그때까지만 해도 정치국을 지배한 비교적 평화로운 분위기를 일부분 반영하고 있다. 몰로토프는 아직까지 "기회주의자들의 가면을 벗기"거나 '쿨라크'와 '기생충'을 찍어 내지 않았다. 그는 스탈린에게, 우크라이나인들이 농기계를 수입할 수 있도록 징발한 농작물의 일부를 그들에게 보너스로 지급해 달라고 요청했다. "이는 (생산 촉구와 더불어) 격려를 위해서 긴급히 필요하며 어느 면으로 보나 상책입니다."

스탈린은 그렇게 명랑하지 않았다. 그는 극단적인 정책을 도입할 방안을 짜내며 시간을 보내고 있었다. 무엇이 스탈린을 급선회시켜서 트로츠키와 지노비예프보다 훨씬 좌측으로 옮겨 놓았을까? 그가 네프에 적대적으로 돌변하게 된 원인이 무엇일까? 사실은 초좌파적 경로가 불가피하다는 신념이었을까, 자기 이익을 도모하는 정치적 계산이었을까? 증거들을 보면 복합적인 동기를 짐작할 수 있다. 네프의 일부 모순은 정말로 최고 지도부 전체를 좌측으로, 더 급속한 산업화를 지향하는 네프의 재구성 쪽으로 기울이고 있었다. 스탈린은 이 새로운 방향으로의 이동에 가장 열심인 사람 중 한 명이었다. 정치가·관리자로서의 그의 기질은 그를 극단적인 조치로 이끌었다. 게다가 그는 경제를 다루는 데 전혀 전문성이 없었고, 아마 정치적으로 정해 놓은 틀에 경제를 끼워 맞출 수 있으리라고 진심으로 믿었을 것이다. 그가 지시한 극단적 경제 조치는 명백히 정치적 목적을 위한 것이었다. 스탈린은 급진적 경로에 도박을 겲으로써 의도적으로 집단 지도 체제를 파괴하고 있었다. 이에 뒤이은 정치국 내의 투쟁에 힘입어, 그는 확실히 그의 통제하에 있는 새로운 다수파를 만들어낼 수 있었다.

기본적으로 스탈린은 좌파적 과격성을 최대한 끌어올리고 '온건파'를 약화시키며 극단적 정책을 통해 급진파를 동원하라는 레닌의 혁명 전략을 채택하고 있었다. 1917년 4월에 레닌은 자신의 혁명 투쟁을 개시하기 위해 망명지에서 페트로그라드로 와야만 했다. 스탈린은 1928년 초에 비슷한 목적을 띠고 시베리아로 출발했다. 그것은 이 광대하고 외딴 지역을 새로운 격변의 실험장으로 바꾸는 것이었다. 이 출장에는 그의 모종의 책략이 반영된 듯하다. 원래의 계획은 정치국 최고위 3인방 — 스탈린, 리코프, 부하린 — 이 모스크바에 남아 정부를 감독하는 것이었지만, 스탈린은 오르조니키제의 건강이 나쁘다는 핑계로 시베리아로의 출장 티켓을 차지했다. 아마 그는 1927년 말 자기의 건강이 안 좋아서 갈 수 없을 것임을 알고 처음에는 오르조니키제를 시베리아로 배정했을 것이다. 여행을 좋아하지 않았던 스탈린이 그런 긴 여행을 떠났다는 사실 자체가 그의 의도의 심각성을 드러낸다. 1928년 이후로 그는 공식 여행을 별로 하지 않았다. 남부로 휴가를 가는 길에 약간의 관광을 했고, 1933년 7월에 백해·발트해운하를 방문했고, 제2차 세계대전 중에 전선을 한 번 시찰했고, 루스벨트·처칠과의 회담을 위해 테헤란, 얄타, 포츠담에 한 번씩 갔을 뿐이다. 그가 1928년 시베리아로 간 데는 이유가 있었다.

기차로 노보시비르스크까지 가는 데는 3일이 걸렸다. 총간사는 1월 하반기부터 2월 1일까지 도합 3주를 시베리아에서 보냈다. 이 시간의 대부분은 악티프(지역 유지와 당 일꾼)와의 회의에 소요되었다. 그들에게서 스탈린은 전국에 시베리아 농작물을 공급한다는 야심찬 계획을 실현할 수 있는 청원서를 받아 냈다. 그는 시베리아 관료들에게 이 벅찬 목표를 어떻게 달성해야 할지를 지시하며, 국가의 전 공권력을 동원하여 쿨라크를 공격하고 그들을 '투기' 죄로 처벌하는 계획을 제시했다.[2] 기본적으로 이 계획은 전시 공산주의로의 복귀를 대변하는 것이었다. 시베리아의 지도자들 다수는 이에 반대했다. 너무 갑작스러운 경로 변경이었으므로 그중 일부는 과감히 그에게 맞서 논쟁을 벌이기까지 했다. 1월 19일에 농업은행 시베리아 지부장인 세르게이 자구멘니는, 농민들이 농작물을 국가에 팔지 않으려 한다고 그들을 범죄자로 취급하는 것이 과연 효과적일지 의심스럽다는 우려 섞인 편지를 스탈린에게 썼다. 농민들은 이를 소비에트 정권 초기에 시행되었던, 잉여 농작물을 국가가 강제 수매하는 정책으로의 복귀로 볼 것이다. 이는 상황을 악화시킬 것이다. "제가 보기에는 우리가 너무 급선회하는 것 같습니다."라고 그는 썼다. 스탈린이 자구멘니의 편지에 잔뜩 적어 놓은 메모(밑줄과 빈정거리는 코멘트)들은 그가 느낀 짜증을 드러낸다.[3]

스탈린은 시베리아 관료들에게 계속 압력을 넣으며 탄압이 효과적이라고 고집했다. 하지만 서신 교환에서 어느 정도의 자제력을 유지했다. 농작물 조달 실패에 대해 논의하면서도 위협을 가하는 데까지는 이르지 않고, 자신만만하고 단호한 권위와 동지 의식을 적절히 배합하여 구사했다. 그는 노보시비르스크에서 열린 회의에서, 그가 변경주 관료들의 경미한 실책을 적발해 냈다는 지적에 대해, "아니오, 나는 누구도 적발하려 들지 않았습니다"라고 회유하는 대답으로 응했다. 심지어 자구멘니를 겨냥한 비판도 상당히 부드러웠다.[4] '적' — 이 경우에는 농작물을 숨겨둔 쿨라크 — 에 대한 무자비함과 당 동지들에 대한 온화함의 배합은 그가 정치적 사다리의 꼭대기까지 오를 수 있었던 전략의 한 측면이었다. 확실히 이는 지방 관료들에게 호의적인 인상을 주었고, 그의 지도하에서 당의 성격이 바뀌고 있다고 의심할 만한 사람들을 효과적으로 안심시킨 방편이었다.

스탈린은 압력과 설득을 통해 원하는 바를 얻었다. 그는 이 지방의 공방에서 그에게 지어 준 새 양가죽 외투를 입고 광활한 시베리아를 종횡무진하며 몇 주일을 보냈다. 그리고 가는 곳마다 곡물을 내놓으라는 똑같은 요구를 반복했다. 그가 모스크바에 보낸 전문에 따르면, "모든 일이 제대로 바뀌었"다.[5] 모스크바로 돌아오기 전날인 2월 2일에 보낸 그 다음 전문에서는 "곡물 출하량이 호전되기 시작했습니다. 1월 26~30일에 표준량인 230만 푸드 대신 290만 푸드[약 5만 2,400톤]의 곡물을 조달했습니다. 이는 주요한 전환점입니다."라고 의기양양하게 보고했다.[6] 스탈린은 곡물 징수량이 계속 증가할 것이라는 희망 또한 표시했다. 시베리아는 불과 한 달 만에 연간 곡물 할당량의 3분의 1 이상을 채웠다.

이 수치 뒤에는 시베리아의 촌락에서 폭증한 만행들이 있었다. 철권을 위임받은 행동 대원들이 곡물을 내놓으라고 요구하며 농촌을 휩쓸었다. 합법성을 존중하려는 시늉조차 무시한 이 행동 대원들은 그중 한 명이 이렇게 노골적으로 표현한 원칙을 따랐다. "이게 무슨 관료 근성이오? 스탈린 동무가 우리에게 좌우명을 주셨소. 찍어 눌러라, 패라, 짜내라."[7] 농촌은 수색과 체포의 도가니로 빨려 들어갔다. 너무나 대량의 곡물이 징발되어 농촌 가계는 초토화되었다. 스탈린이 영향력을 휘두른 시베리아가 가장 무지막지한 취급을 받았지만 다른 곡물 생산 지역들의 사정도 그보다 조금 나을 뿐이었다. 모스크바로부터의 압력과 고위급 특사들의 적극적인 관여는 전국의 촌락들을 폭력과 무법천지로 몰아넣었다. 그러나 시베리아에서 세워진 극단적 선례는 특별한 의미를 띤다. 총간사의 입에서 직접 떨어진 쿨라크와의 전쟁 명령은 보편적인 허가증으로 여겨졌다.

정치적 연극으로서 스탈린의 시베리아 출장은 복합적인 함의를 띠었다. 첫째로 이는 위기의 이념적 틀을 바꾸어 놓았다. 스탈린은 정부가 실책을 범했다는 공식 방침(정치국의 수많은 지시 사항에서 반복된 요점)을 무시하고, 쿨라크와 반소 세력의 적대 행동을 폭로하는 쪽으로 강조점을 옮김으로써 억압적 조치의 광범위한 활용으로 통하는 문을 열었다. 그의 제안에 따라(이는 1928년의 곡물 징수에 대한 그의 '창의적 기여'였다), 징발은 이전처럼 예외적인 조치로서가 아니라 형법을 집행하는 지속적인 활동의 일환으로서 수행되었다. '투기꾼'들은 자기가 심고 재배하고 수확한 곡물의 판매를 거부한 죄로 재판에 회부되었다. 이런 처분은 법을 조롱거리로 만들었지만, 비상 조치에 법적 근거를 부여했고 이를 일상화·영구화시켰다. 기본적으로 스탈린은 네프 하에서 국가와 농촌의 상호작용을 지배했던 원칙을 폐기할 것을 제안하고 있었다. 끝으로, 스탈린의 시베리아 출장은 정부 경제 기구—개인적으로는 정부 수반인 리코프—에 심각하게 도전함으로써 마찰을 빚었다. 스탈린으로서 상징되는 당은 국가의 가장 중요한 정치·경제 문제를 결정하고 있었으므로 실권을 주장했다.

스탈린은 그가 시베리아에서 실시한 폭력적 조치에 대해 일부 동지들이 이의를 제기할 것임을 알았다. 그는 용의주도한 계산 하에 충돌을 도발하고 있었다. 시베리아 출장 덕분에 그는 긴급한 문제에 혁명적 방식을 적용하여 성공한 정력적인 지도자로서, 유리한 입장에서 동료 지도자들과 싸울 수 있었다. 이는 온건한 방식이 달갑잖게 조명되고 급진적 방식이 더 효율적으로 취급되는 결과를 가져왔다. 정치국의 균열은 1928년 2월 그가 모스크바로 돌아온 직후부터 드러나기 시작했다. 하지만 확실히 그는 총력전을 벌일 준비가 충분히 안 되어 있었다. 외부의 관찰자 눈에는 최후의 결판을 밀어붙이지 못한 그가 이례적인 기회를 놓치고 있었던 것처럼 보일 수도 있지만, 아마 스탈린은 그런 식으로 여기지 않았을 것이다. 당시로서는 그가 승리자로 부상할 것이라는 뚜렷한 증거가 없었다. 이는 유일 권력을 쟁취하기 위한 그의 전투에서 중대한 시점이었고, 그는 이를 서서히, 은밀히, 교란에 의한 게릴라 작전으로 전환했다.

극좌로의 전환

스탈린이 정치국 동료들에게 섣불리 공개적으로 도전하지 못하고, 동료들이 그의 무모한 조치를 해명하라고 요구하지도 못한 데는 몇 가지 주변 정황이 있었다. 그의 정치적 이해관계의 관점에서 볼 때 지도부는 두 그룹으로 나눌 수 있었다. 첫 번째 그룹은 잠재적 정적들, 어느 정도의 독자적 권력과 영향력을 누리며 그가 권력자로 부상하는 데 걸림돌이 될 인물들로 이루어져 있었다. 이 그룹에는 인민위원회의 의장(총리) 알렉세이 리코프, 당의 최고 이데올로그이자 〈프라우다〉의 편집장인 니콜라이 부하린, 소련 노동조합 지도자 미하일 톰스키, 모스크바 당 간사 니콜라이 우글라노프,[8] 국가 의회인 소련 최고회의 의장 미하일 칼리닌이 있었다. 집단 지도 체제와 네프의 점진적 변화를 지지하는 이 지도자들은 스탈린의 야심이나 그의 극단적 정책을 달가워하지 않았다. 정치국 내에서 소수에 불과한 두 번째 그룹은 스탈린과 긴밀한 개인적 유대를 맺고 있는 당중앙위원회 간사 뱌체슬라프 몰로토프, 국방 인민위원 클리멘트 보로실로프, 당 중앙감찰위원회 위원장 그리고리 오르조니키제, 무역 인민위원 아나스타스 미코얀이었다. 그들은 스탈린을 우러러보고 혁명과 내전 시절부터 그의 지도를 따랐다. 그러나 심지어 그의 친구들도 당의 집단 지도 체제를 깨고 유일한 지도자가 되려는 그의 노력을 무조건 지지해 줄 가능성은 낮았다. 1928년 초에 '스탈린 파벌'은 잠재적인 형태로만 존재했고 오로지 전투의 시기에만 결집하고 의지할 수 있었다.

이러한 전투의 수행은 곤란하고 매우 위험한 일이었을 것이다. 4년에 걸친 반대파와의 열띤 적대는 통합을 향한 뿌리 깊은 열망을 낳았다. 반대파는 당의 이익보다 자신의 정치적 야심을 앞세우는 분파주의자로 비난 받았다. 당의 되찾은 통합을 노골적으로 위협한다면 그 어떤 지도자도 좋지 못한 평을 받게 될 터였다. 스탈린은 어떻게 통합을 훼손하지 않으면서 우위를 차지하기 위해 싸울 수 있었을까? 해답은 단 한 가지, 뒤로는 은밀히 분열을 부추기면서 자기는 부당하게 공격받는 통합 지지자의 위치에 놓고 정적들은 분파주의자로 보이게끔 연출하는 것이었다. 바로 이것이 스탈린이 따른 각본이었다.

또 다른 우려는 스탈린이 제안하는—당내 좌파들의 마음을 대변한—급진적 조치가 대단히 파괴적인 잠재력을 지녔다는 것이었다. 당장 두드러지는 위험은 두 가지였다. 첫째는 농민들이 추수해 봤자 징발될 것임을 알고 작물을 덜 심을 가능성이었다. 둘째로 붉은 군대에서 우려스러운 징후가 나타났다. 가혹 행위에 대한 불만을 토로하는 고향 친척들의 편지가 병영 내의 반정부 정서를 부추기고 있었던 것이다. 농촌 출신의 어린 신병들은 집에서 그리 멀지 않은 곳에서 군사 훈련을 받았는데, 이런 마을 사람들이 부대로 몰려가서 도움을 청하곤 했다.

이런 현실을 그냥 은폐해 버릴 만큼 충분한 정치적 힘이 부족했던 스탈린은 참고 때를 기다릴 수밖에 없었다. 그가 시베리아에서 돌아온 이후의 시기에 대한 증거들을 보면 그는 타협할 태세가 되어 있었다. 이미 취해진 이런 극단적 조치에 승인을 표시하면서 한편으론 '왜곡과 탈선'을 비판하는 결의안이 그 무렵에 채택되었다. 시베리아에서 사용된 전술을 반대하는 의견에 스탈린이 어떻게 대처했는가를 보면, 그가 이후부터 완전한 승리를 거두기 전까지 선호하게 될 정치적 전략의 유형을 미리 엿볼 수 있다. 기본적으로 '일단 동의한 뒤 무시하는' 것이 그의 방식이었다. 직접 맞대결을 피하고 싶었던 그는 관료 기구의 은밀한 조종과 인력의 전략적 재배치에 의존했다.

모든 것은 정치국 내의 세력 배치에 달려 있었다. 1928년 스탈린은 정치 공작에 힘입어 리코프-부하린 그룹을 약화시키고 자기편의 단합을 강화하는 데 성공했다. 또 정적들 — 특히 부하린 — 의 어리석은 실책 덕을 보았고 협박을 활용해서도 이득을 보았을 가능성이 있다. 어쩌면 그는 미하일 칼리닌과 얀 루주타크에 대해 당시에 발견된 불리한 증거를 활용했을지도 모른다. 이 증거는 혁명 이전의 경찰 기록 속에 묻혀 있다가 1928년에 발굴되었다. 1900년 2월의 경찰 심문 기록에서 칼리닌은 "제가 제출한 청원의 결과로서 심문에 소환된 만큼 제

범죄 행위를 솔직히 증언하고자 합니다"라고 진술했다. 이 기록에 따르면 칼리닌은 경찰에게 자기 지하 조직의 활동에 대한 상세한 정보를 주었다. 또한 경찰 기록에 의하면 1909년 10년간의 중노동을 선고받은 루주타크는 심문 담당자에게 자기 조직원의 이름과 주소를 넘겼고, 경찰은 이 정보를 토대로 수색하여 무기와 선전물을 압수했다.[9] 스탈린이 최고 지도부의 다른 일원들을 상대로 활용했을 이와 유사한 불리한 증거들은 앞으로도 추가로 발굴될 여지가 있다.

스탈린이 이렇게 발견된 사실을 활용하여 자신의 충성 지지자를 끌어 모았다는 명백한 증거는 없지만, 그는 비밀경찰과 매우 긴밀한 관계였으므로 이에 대한 정보를 입수한 것은 거의 확실하며, 협박이라는 야비하지만 강력한 수단은 그의 기질과도 완전히 부합한다. 심지어 정치국 내에 있는 그의 친구들도 고위층이 무엇 때문에 분열되었는지 알았다. '우익의 위협'에 대한 스탈린의 장광설은 정치국 내에서 우위를 점하려는 그의 의도를 숨기지 않았다. 그가 수행 중인 전쟁은 순전히 개인적인 것이었다. 대립이 한창이던 1928년 가을, 스탈린의 오랜 친구이자 충성스런 지지자인 오르조니키제는 양 측을 화해시키려고 하면서 리코프에게 허심탄회한 편지를 썼다.

> 더 이상의 당내 싸움은 필시 터무니없이 호된 불상사로 이어질 것입니다. 이 인식이 우리의 출발점이 되어야 합니다. 나는 우리가 이를 극복하리라고 절대로 확신합니다. 우리는 곡물 및 이와 관련한 문제에 대해 논쟁해서 결정할 수 있지만 이것이 싸움으로 번져서는 안 됩니다…우리 사이에 근본적인 의견의 불일치는 없으며, 이것이야말로 가장 중요합니다…스탈린과 부하린의 관계가 정말

로 악화된 듯 보이지만, 우리는 그들을 화해시키기 위해 가능한 모든 일을 강구해야 합니다. 우리는 이 일을 할 수 있습니다.[10]

오르조니키제가 스탈린 편에서 리코프를 속이려 들고 있었던 것 같지는 않다. 그는 단순히 당시 스탈린 지지자들을 포함한 대다수 사람들의 기분과 관점을 묘사하고 있다. 정치국의 집단 지도 체제는 아직 존속 가능하고 제 기능을 하는 제도였다. 심지어 오르조니키제처럼 권위주의적인 볼셰비키도 '논쟁해서 결정하는' 편이 더 낫다는 것을 이해했다. 모든 소련 지도자들이 산업화를 가속하는 방향으로 경제 정책을 수정할 필요성을 인정했다. 논쟁의 대상은 그 세부적인 요소에 한정되었다. 집단 지도부 내에 유일 권력의 야심을 품은 사람이 없는 한, 정치국 내의 마찰이 완전한 파열로 이어져야 할 이유는 없었다.

스탈린은 대세를 따라 말로는 통합을 지지하면서 뒤로는 앞잡이들을 풀어 정적들을 약화시키기 위한 음모를 꾸몄다. 1928년 그는 톰스키의 노조 기구와 우글라노프의 모스크바 당 조직 내에서 반란을 조직했다. 스탈린은 이런 조직 내부의 소요를 일으킴으로써 두 지도자의 '세습 영지'를 박탈하는 데 성공했다. 그의 정적들의 힘이 더 약화된 데는 부하린의 치명적인 정치적 실책도 한몫 했다. 실각한 카메네프와 1928년 7월에 은밀히 만나 정치국 내에서 끓어오르는 갈등에 대해 이야기한 것이다. 이 대화에 대한 카메네프의 기록은 도둑맞아서 트로츠키 지지자들 손에 들어갔고, 스탈린과 부하린을 둘 다 경멸했던 트로츠키는 너무 고소해한 나머지 이 내용을 유인물에 인쇄하여 공개적으로 뿌렸다. 그 전말이 완전히 확실한 것은 아니고 스탈린과 그의 통제하에 있던 비밀경찰은 이 문서의 절도와 관련이 없었지만, 이 유인물이 널리 퍼지도록 스탈린이 전력을 기울였음은 분명하다.[11] 부하린과 그의 지지자들은 절망적으로 위태로운 처지가 되었다.

스탈린은 부하린을 정치국 동료들 등 뒤에서 축출된 반대파와 내통하는 분파주의자로 낙인찍는 한편으로 대규모 포격을 준비했다. 1928년 중반에 도네츠크 탄광의 엔지니어들이 조작된 혐의를 근거로 공개 재판에 회부되었다. 이른바 '샤흐티 사건'이었다. 그들에게는 사보타주 혐의가 씌워졌고 이 재판에는 대대적인 선전 캠페인이 수반되었다. 한편 1928년의 곡물 징수가 다시금 쿨라크와의 전쟁으로 전환되면서, 스탈린은 사회주의 건설이 진전될수록 사회주의 적들의 저항도 거세지면서 계급 전쟁이 더 격화된다는 새로운 이론을 주창했다(그리고 사실로 입증되게끔 강제했다). 또한 그들의 영향력은 당내에까지 미칠 것이라고 불길하게 경고했다. 그는 '우익으로부터의 위험'과 당에 적대적 영향력을 미치는 첩자들의 위험에 대한 관념을 당 문서와 선전물에 집요하고 체계적으로 주입했다. '적'에게 지속적인 압박을 가하고, 그와 당내에 있는 그의 '우익' 동맹들을 섬멸함으로써만이, 사회주의의 승리를 이루고 난관과 갈등을 마침내 극복하게 될 것이다. 이 사악한 이론은 교육 수준이 낮은 당 관리들에게는 호소력이 있었을지 모르나 나라의 현실과는 일치하지 않았다.

부하린-리코프 그룹을 고립시켜 놓은 뒤, 스탈린은 이 두 사람이 당내에서 '우익적 일탈'을 범했다고 비난함으로써 마지막 일격을 가했다. 정치적 히스테리와 급진주의가 고조되는 분위기에서 당내 온건 세력은 침묵을 지킬 수밖에 없었다. 한쪽 편을 들어야 하는 상황이 되자 대부분의 정치국원은 ― 각자 저마다의 이유로 ― 스탈린을 지지하는 편을 택했다. 정치국 전체가 스탈린 분파가 되었다. 1929년과 1930년,

부하린, 톰스키, 우글라노프, 리코프는 정치국에서 차례로 쫓겨나 2급 관료 직위로 좌천되었다. 아무도 테러에서 살아남지 못했다.

정치국에서 스탈린이 거둔 승리는 정치적 음모와 정적들의 실책에 기인한 것이었다. 총간사는 트로츠키, 지노비예프, 카메네프와 다년간 투쟁하는 과정에서 권력과 영향력을 키우고 휘둘러 본 풍부한 경험을 능숙히 활용했다. 총간사로서 스탈린이 인사 임명에 끼치는 영향력은 무시 못할 중요한 요소였다. 그는 사람들을 조종하는 법, 적절한 시점을 기다렸다가 잠재적 지지자나 부동층을 겁주어 쫓아버리지 않을 정도의 적절한 세기로 공격하는 법을 잘 알았다. 그는 자신의 진짜 의도를 숨기고 합리적인 정치인으로서, 오로지 적에게만 무자비한 당 공동체의 충성스런 일원으로서 스스로를 포장했다. 스탈린을 지지했던 많은 사람들이 자기가 숙청될 차례가 왔을 때에야 자신의 선택을 씁쓸히 후회했다. 그의 희생자들이 너무 늦은 시점에야 후회하게 만드는 것, 이 점이 스탈린의 천재성이었다.

스탈린 분파의 승리가 낳은 한 가지 결과는 '대약진 정책'이었다. 많은 부분 스탈린의 영향으로 '계급 전쟁'과 '혁명 정신'이 경제 영역에 주입되었다. 사회경제적 제약들은 하찮은 것으로 치부되었다. 산업 계획이나 제조업에 대한 자본 투자에는 객관적 한계가 없었다—산업에 필요하다고 여겨지면 이는 얼마든지 늘릴 수 있었다. 서구의 장비를 대규모로 수입하고 심지어 공장 전체를 매입하는 엄청난 도박 뒤에는 이런 자원들이 신속히 작동하여 대량의 상품을 생산하리라는 기대가 있었다. 역사적 상황은 이 계획에 유리하게 작용한 듯하다. 대공황으로 경제가 시들해진 서구 국가들은 풍요로운 시절에 비해 소련에 협력하는 쪽으로 좀 더 기울었다.

1929년 4월에 야심차게 도입한 5개년 경제 성장 목표는 너무 낮다는 이유로 거의 즉각 폐기되었다. 목표가 50퍼센트 높아졌고 그 다음에는 두 배, 세 배로 높아졌다. 5개년 계획이 4개년, 심지어 3개년 계획으로 바뀌었다. 이 광란 속에서 당과 경제 관료들은 서로를 능가하려 기를 쓰며 점점 더 높은 수치를 날조해 냈다. 스탈린은 이렇게 촉구했다. "늦어도 10년 안에, 우리와 선진 자본주의 국가들과의 간격을 좁혀야 합니다…혹자는 기술을 습득하기가 힘들다고 주장합니다. 허나 이는 사실이 아닙니다! 볼셰비키가 점령하지 못할 요새는 없습니다."[12]

경제를 점령해야 할 요새로 취급하는 태도는 나라를 내전 시기의 전시 공산주의로 되돌려 놓았다. 경제적 유인책과 이미 입증된 생산·노동 관리 방식은 정치 캠페인, 열광적 소수, 다수에 대한 강압으로 완전히 대체되었다. 무질서한 금융·상업 체계와 지붕을 뚫는 인플레이션은 사회주의로 가는 길, 즉, 상품-화폐 관계 소멸과 도농 간 생산물 교환의 도입을 향한 길의 예측 가능한 장애물로 치부되었다. 좀 더 온건한 당 지도자들이 예측했듯이, 산업화로의 이 미친 경주에서는 기본적인 경제 지표를 좇을 여유도 없었다. 1930년 12월, 소련 산업의 새 사령탑이 된 그리고리 오르조니키제는 마그니토고르스크와 쿠즈네츠크의 야금 공업단지, 니즈니 노브고로드의 자동차 공장, 보브리코프의 화학 공업단지 같은 핵심 산업 현장들이 최종 청사진도 없이 건설되고 있다고 보고했다. 그가 메모에 적은 내용에 따르면, 많은 경우에 "아무런 예산도 없이 돈이 지출되고 있으며…회계는 극도로 느슨하고 뒤죽박죽입니다. 스탈린그라드 트랙터 공장의 건설 비용이 얼마나 들었는지를 아는 사람이 아직까지 아무도 없습니다". 스탈린은 이 메모를 읽었다. 그의 사무적인 주석을 보면 일이 진행되는 방식을 바꿀 생각이 없었음을 알 수 있다.[13] 이런 소모적인 산업 팽창 정책은 물적 자원과 노동 인력을 필요로 했다. 두 가지 모두 농촌에서 조달되었다.

농민과의 전쟁

스탈린의 대약진은 전체 주민의 생활수준을 크게 저하시키는 값비싼 대가를 치렀지만, 농촌 주민에게 가해진 고통은 특히 극심했다.[14] 농촌은 나라의 근간이 아니라 정복해서 착취해야 할 식민지 같은 취급을 받았다. 농업이 주를 이루는 국가에서 농민들이 산업화의 비용을 부담해야 한다는 것은 처음부터 아무도 의심치 않았다. 의견이 불일치하는 부분은 그 비용의 규모 및 징수 방식과 관련되어 있었다. 볼셰비키는 농민을 좋아하지 않았지만—그들은 농민이 사멸하는 계급이라고 여겼다—농업의 경제적 중요성을 인지한 정부는 네프 추진 기간에 농촌과 적당히 좋은 관계를 유지하려고 노력했고, 그런 노력의 일환으로 사유 토지 활용의 확대 같은 정치적으로 못마땅한 현상을 눈감아 주기도 했다. 하지만 1920년대 말에 정부는 이러한 관용을 버렸다. 산업에 대한 자본 투자의 증가—집단 지도부 전체가 지지한—는 국가와 농민 관계의 변화를 요구했다. 1927년 말과 1928년 초, 그때까지만 해도 통합되어 있던 정치국은 탄압과 강압 전술을 기존의 농업 장려용 경제적 유인책과 혼합해 가며 느리지만 꾸준히 좌측으로 이동하고 있었다. 하지만 스탈린이 기선을 잡아 좌측으로의 점진적 이동을 급격한 도약으로 바꾸어 버렸으므로 이런 혼합적 접근 방식이 얼마나 잘 작동했을지는 영영 알 수 없을 것이다. 과격한 곡물 몰수는 전시 공산주의

하에서 집행된 징발과 아주 유사해 보였다.

스탈린의 반대파들이 경고했듯이, 이런 조치는 즉각적이지만 지속 불가능한 결과를 낳았다. 몰수는 농민의 경제적 동기를 박탈하고 생산량의 급락으로 이어졌다. 매년 수확량이 전년보다 떨어지자, 곡물 징수 담당자들은 점점 더 무자비한 방식에 의존하게 되었다. 이러한 비상적인 조치의 악순환에는 농민들의 대규모 소요가 군대로 스며드는 등의 정치적 위기들이 뒤따랐다. 현장에서 이런 문제와 씨름하는 이들은 그때쯤 정치국 내에서 지도적 위치를 차지한 스탈린을 바라보며 그가 이 악순환에서 벗어날 길을 제시해 주길 기다렸다.

그러나 스탈린의 선택지는 그 자신이 우파와 정치 투쟁을 하면서 옹호했던 다양한 극좌파적 정책에 의해 제한되어 있었다. 그는 국가에 아무리 파괴적일지라도 자기 개인에게는 가장 단순하고 안전한 길을 택했다. 쿨라크와의 싸움과 농민 재산의 징발은 그 논리적 귀결로 향했다. 토지가 몰수되고 농민은 국가가 경영하는 농기업체의 노동자로 바뀐 것이다. 이 변화를 달성한 '집단화'라는 방식에는, 대규모의 농민을 집단농장－콜호스－으로 강제 이동하는 조치가 수반되었다. 1929년 11월, 스탈린은 이러한 이행을 점진적으로 수행한다는 과거 당의 결정을 무효화하면서, 집단화가 지금 즉시 전국에 걸쳐 수행될 것이라고 선언했다. 12월에는 계급으로서의 쿨라크를 박멸하라는 요구가 뒤따랐다.

기본적으로, 이제 승리를 거둔 수령은 농촌에서 새롭고 치명적인 혁명의 물결을 의도적으로 자극하고 있었다. 그는 쿨라크를 긴급히 분쇄해야 한다는 구호를 휘두름으로써 지역 당 열성분자들에게 자유재량을 부여했다. 과열되고 폭력적인 집단화 운동은 미처 새로운 집단농장 프로젝트가 진지하게 논의되거나 구체적인 지시로 구현되기도 전에 농촌을 장악했다. 이는 자기 정책을 기정사실로 만들어서 당에 들이대는 스탈린 특유의 방식이었다. 그의 주장에 따르면 집단화는 '밑으로부터' 시작되었기에, 아무리 극악무도한 형태를 취하더라도 집단농장 운동을 지원하고 확대하는 것 외에는 다른 대안이 없었다. 스탈린의 힘과 과단성을 감지한 당의 많은 출세주의자와 급진주의자들은 그의 요구에 열렬히 반응했다. 집단화가 성공했다는 보고가 모스크바에 쇄도했다.

집단화를 위한 최종 계획은 1930년 초, 세부 정책을 마련하기 위해 수립된 당중앙위원회 내 소위원회의 특별 회의에서 채택되었다. 이 소위원회의 위원들 — 스탈린에게 완전히 복종하는 관료들 — 은 처음에는 다소 주저하는 태도를 보였다. 그들은 스탈린의 대규모 집단화 정책을 원칙적으로 지지할 준비가 되어 있었지만, 이는 몇 년에 걸쳐서 추진해야 한다고 촉구했다. 나라의 분위기가 계급 전쟁 히스테리에 물들어 있었음에도 위원들이 수백만 쿨라크의 고통을 덜어 주려고 한 것은, 물론 쿨라크가 집단농장 체제의 적이기는 해도 이들을 궁지에 몰아선 안 된다고 믿었기 때문이었다. 탄압은 극렬히 저항하는 이들의 몫으로 남겨 두어야 했다. 나머지는 일정한 제약을 적용하더라도 집단농장으로 받아들여야 했다. 위원들은 이러한 비교적 온건한 방식을 수용하면서, 예컨대 농민들의 재산을 전부 몰수하지 말고 최소한 그들이 일굴 수 있는 작은 텃밭이라도 남겨 두자는 등의 중요한 구조적 제안을 했다.[15]

당중앙위원회 소위의 이 제안은 엄청난 실질적 중요성을 띠었고 아마도 1930년의 정치 현실에서 이룩할 수 있는 최선이었다. 이는 당내 극단주의자들을 어느 정도 회유하면서 농민들에게 중요한 것을 인정해 주었다. 이후의 소련 역사를 통해 알 수 있듯이, 집단농장 노동자들에게 개인 텃밭을 허용하는 것이야말로 체제와 농민과 나라 전체를 살리는 조치였다. 농민들이 집단농장에서의 노동을 통해 국가에 봉건적 충성을 서약하지만 자신의 텃밭을 약간 보유할 수 있다는 점에서, 이는 농민들을 기본적으로 농노 해방 이전의 러시아 농노와 같은 위치로 되돌려 놓았다. 또 집단농장의 실적이 낮더라도 그들 — 그리고 나라의 상당수 — 이 스스로의 끼니를 해결할 수 있게끔 허락해 주었다.

스탈린은 다른 모델을 선호했다. 농민들을 국가가 주는 일자리에 완전히 의존하는 국가의 노예로 만든다는 것이 그의 생각이었다. 그는 농민의 재산을 완전히 몰수하고 촌락들을 시장의 힘이 전혀 영향력을 미치지 않는 국가경제에 편입시키는 편을 선호했다. 그는 위원회가 내린 결론을 신랄하게 비판하고 수많은 오류들을 지적하는 일에 착수했다.[16] 이 일을 마무리했을 때쯤 집단화 계획은 농민의 전통적인 생활 방식을 겨냥한 군사 작전에 가까워져 있었다. 첫째로 스탈린은 집단화 수행 일정을 급격히 단축했다. 가장 중요한 몇몇 농업 지역에서는 이 과업을 1930년 가을까지 완료해야 했고, 이를 한시도 지체할 수 없음은 그가 내린 명령의 어조를 통해 지역 관료들에게 확실히 전달되었다. 둘째로 그는 쿨라크를 집단농장으로 편입하는 일체의 논의를 중단시켰다. 이러한 조치는 절대 금지되었다. 쿨라크와 그 가족은 소련의 외딴 지역으로 유배하거나, 체포하거나, 수용소에 구금하거나 총살해야 했다. 끝으로 그는 집단농장과 농민 사유지를 공존시키자는 모든 제안에 종지부를 찍었다. 어떤 형태로든 농민이 땅을 보유할 수 있게 하는 조항들은 명령 초안에서 깨끗이 삭제되었다. 궁극적으로는 '코뮌' — 열광적 사회주의자들의 아이디어인 농업적·사회적 유토피아 — 이 집단화의 이상적인 형태이자 목표로 선언되었다. 이 이상을 소비에트식으로 구현하기 위해, 집에서 키우는 닭과 개인 소지품에 이르기까지 농민의 전 재산이 코뮌의 재산으로 집산화되었다.

이 무모하고도 유혈이 불가피한 계획에는 스탈린의 생각과 의도가 잘 반영되어 있다. 집단화의 속도를 밀어붙이고 농민 중에서 가장 부유하고 영향력 있는 계층을 제거함으로써, 스탈린은 몇 가지 목표를 동시에 추구하고 있었다. 쿨라크의 재산은 집단농장을 위한 토지와 시설을 마련해 줄 것이며, 집단농장 자체는 농촌의 자원을 빠르고 효율적으로 짜내어 산업에 주입하는 통로 구실을 할 것이다. 이런 스탈린의 계산을 뒷받침한 한 가지 요소는, 상품의 직접 교환에 기초한 화폐 없는 형태의 사회주의가 임박했다는 그의(그리고 많은 당 관료들이 공유한) 신념이었다. 강제된 산업화 하에서 경제적 조절 장치로서의 화폐는 소멸할 것이다 ― 당 좌파들의 생각에 따르면 이는 속 시원한 일이었다.

스탈린이 농민을 상대로 한 이 위험천만한 전쟁을 과감하게 수행한 이유의 일부는, 이들이 나라에서 가장 큰 인구 집단이기는 해도 국가에 심각한 위협을 제기할 힘이 없다고 믿었기 때문이다. 이런 가정은 부분적으로만 사실로 입증되었다. 과연 농민은 전체주의 국가에 상대가 안 되었지만, 집단화에 심각하게 저항하여 스탈린을 크게 애먹였다.

대규모 집단농장 체제를 향한 스탈린의 전망을 실현하기 위해, 당 지도부는 도시에서 파견된 인력이나 그 지역의 열성분자를 수만 명 동원하고 그들에게 전권을 주었다. 당 기관지들(무엇보다도 〈프라우다〉)이 지역 간의 경쟁을 부추기며 소리 높여 요구한 한 가지는 최대한 빨리, 필요한 모든 수단을 동원하여 농민들을 집단농장으로 몰아넣으라는 것이었다. 지도부의 공식 입장은 낙관론이었지만, 그들은 집단화가 자발적으로 이루어지리라는 환상을 품지 않았다. 쿨라크의 유배와 체포는 이를 추동한 한 가지 주된 수단이었다. 탄압받는 이웃들의 운명에 공포를 느낀 농민들은 이를 악물고 증오스런 집단농장에 들어갔다.

당국은 '탈脫 쿨라크화'와 체포 위협을 휘두르며 빠른 시간 내에 아찔한 집단화 성과를 — 최소한 서류상으로는 — 달성했다. 1929년 10월 1일 전국에서 집단농장에 소속된 농민 가구는 7.5퍼센트였지만 1930년 2월 20일에는 52.7퍼센트에 이르렀다.[17] 이 통계 뒤에는 무섭고 비극적인 현실이 있었다. 집단화를 수행하기 위해 도시에서 파견되거나 지역 주민 중에서 동원된 이들은 마치 패배한 적에게 군림하는 정복군처럼 행동했다. 집단농장에 들어가기를 거부한 사람들은 체포나 구타를 당했다. '탈 쿨라크화'된 재산의 약탈과 여성에 대한 강간이 일상화되었다. 성당들은 폐쇄되고 사제들은 체포되었다. 콤소몰(청년공산주의자연맹)의 '열성' 분자들은 성당을 훼손하고 제의를 입은 채로 활보했다.

이런 학대와 모욕은 평소에는 고분고분하던 농촌을 반란으로 내몰았다. 농민군의 물결이 전국을 휩쓸었다. 1926~1927년 두 해를 통틀어 당국이 농촌 지역에서 확인한 대규모 반정부 소요는 63건에 불과했다. 1929년에는 이런 사건이 1,300건이나 발생했고 24만 4,000명이 가담했다. 그리고 1930년 1~2월에만 32만 4,000명이 가담하여 약 1,500건이 발생했다.[18] 스탈린은 소요가 증가한다는 보고를 받았음이 분명하지만 이에 곧바로 대응하지 않았다. 어쩌면 반란의 물결이 '소멸 중인 계급'의 불가피한 저항일 뿐이라고 자신했는지도 모른다. 하지만 2월 말에는 생각을 달리하기 시작했다.[19] 첫째로 2월 26일, 폴란드 국경 근처의 셰페톱카 구에서 소요가 일어났다는 소식이 담긴 보고가 우크라이나의 수도 하리코프에서 올라왔다. 농민 무리는 성당을 다시 열고 집단농장을 폐지할 것을 요구하고 있었다. 비슷한 시기에 카자흐스탄, 보로네즈, 심지어 수도 근방에서 비슷한 사건이 일어났다는 다른 보고들도 모스크바에 도착했다. 2월 21일 모스크바 외곽 랴잔 구의 피텔린스키 지방에서 소요가 터졌다. 농민들은 집단농장에서 가축과 종자를 들어내고 쿨라크들의 재산을 돌려주었다. 성당의 종을 치고, 다른 사람들도 한 뜻으로 모으기 위해 이웃 마을로 대표를 파견했다. 농민들은 쿨라크의 체포를 막기 위해 주위에 말뚝을 둘러쳤다. 경찰 한 명이 죽고 시위자 8명이 부상당했다. 오게페우 요원들은 화기로 응수했고, 공식 보고에 의하면 그 결과로 농민 3명이 다치고 6명이 사망했다.[20]

동요가 걷잡을 수 없이 심해지고 봄 파종에 지장이 생길 위협이 커지자 당국은 한 발 후퇴해야 했다. 1930년 2월 28일 정치국은 스탈린이 집단화에 대한 글을 써서 언론에 발표한다는 결의안을 채택했다.[21] 3월 2일 "성공으로 머리가 어지럽다"라는 유명한 글이 게재되었다. 이 글은 집단화가 '커다란 전진'을 이루었다며 낙관적으로 평가하고 '사회주의를 향한 농촌의 급진적 변화'를 선언했다. 동시에 스탈린은 개별적인 '반레닌주의 경향'—선불리 코뮌을 이식하고 모든 농민 재산을 '사회화'하려는 시도, '자발성에 근거하고 지역 상황을 고려하는 원칙'의 위반, 교회 종을 떼어 내는 행동—을 비판하며, 이런 과잉 조치의 책임을 지역 관료들에게 뒤집어씌웠다. 3월 10일에는 징발한 재산의 일부(가금류, 가축, 집터에 딸린 텃밭)를 농민에게 돌려주고, 탈 쿨라크화 과정에서 저질러진 '오류'를 시정하며, 코뮌 창설과 교회 폐쇄를 중단하라는 당중앙위원회의 비밀 지령이 내려졌다.[22] 이는 농민들을 진정시켜 작물을 파종하게 만들기 위한 일시적 후퇴였다.

스탈린의 글도 당중앙위원회의 명령도 농민의 분노를 가라앉히지 못했다. 둘 다 그들이 가장 첨예하게 요구하는 것을 제공해 주지 않았다. 바로 이미 존재하는 집단농장을 어떻게 할 것인지에 대한 설명이었다. 농민들이 나서서 이 문제를 직접 처리했다. 그들은 집단농장을 강제로 부수고 징발된 재산과 종자를 찾아오고 폐지된 토지 경계선을 복원했다. 모스크바에서 내려온 모순된 신호는 반 집단농장 정서의 불길을 부채질하고 농민들의 소란을 더 자극할 뿐이었다. 지역 행동 대원들은 어찌할 바를 몰랐다. 1930년 3월에는 농촌에서의 전쟁이 정점에 다다랐다. 6,500건 이상의 대규모 소요가 일어났는데 이는 그 해 전체에 발생한 소요의 절반에 가까웠다. 1930년에 도합 약 340만 명의 농민이 반란 행동에 가담했다.[23] 이 수치를 근거로 그 해 3월에 150만~200만 명이 봉기했다고 추정할 수 있다. 정치 경찰의 입장에서는 반정부 소요 참가자 수를 낮게 잡는 편이 더 유리했기 때문에 실제로는 그보다 더 많았을 가능성이 크다. 어떤 곳에서는 농민들이 부대를 형성하고 상당한 영토를 점령할 정도로 조직적인 소요가 일어나기도 했다.

가장 심각한 폭동이 휩쓴 곳은 우크라이나로 3월 소요의 거의 절반이 이곳에서 일어났다. 당국이 특히 불안해 한 것은 국경 지방의 반란이었다. 3월 16일에는 툴친 구의 17개 행정 구역 중 15개 지역이 반란을 일으킨 상태였다. 50개 촌락에서 소련 정부 대표를 내쫓고 그 자리에 촌락의 전통적 원로인 '스타로스타'를 앉혔다. 대부분의 구에서 집단농장이 폐지되었다. 반란자들은 공산당원과 콤소몰 단원을 구타하고 마을에서 추방했다. 일부 지역에서는 무장한 반란군이 오게페우 토벌대와 총격전을 벌이기도 했다.

모스크바의 입장에서, 우크라이나 서부 국경 지대의 소요는 폴란드가 개입할지도 모른다는 공포를 불러일으켰다. 3월 19일 스탈린은 우크라이나 국가정치국(GPU, 게페우)의 프세볼로트 발리츠키 국장을 질책하며 "말만 하지 말고 더 과단성 있게 행동하라"고 다그쳤다. 억울했던 발리츠키는 자기가 '기차 안에서만' 전투를 감독하지 않고 직접 '위험지역'을 돌아다니는 중이라고 답신했다.[24] 하지만 그는 스탈린의 명령을 따랐다. 시찰을 위해 우크라이나에 파견된 오르조니키제는, "군대가 기관총을 쏘고 일부 지역에서는 대포를 써서" 국경 지대의 소요를 진압하는 중이며 "100명이 사살되고 수백 명이 부상했다"고 썼다.[25]

무기가 거의 없는 농민들은 중무장한 오게페우 부대와 동원된 공산당원들에게 맞서 버틸 수 없었다. 이웃 마을에 전령과 대표를 보내거나 교회 종을 이용하여 경보를 울리는 식으로 세력을 규합하려는 그들의 고립된 시도는 효과가 없었다. 봉기는 파편화되어 끝까지 조율을 이루지 못했다. 이런 취약성 때문에 기동 토벌대의 임무는 수월해졌고 그들은 넓은 지역을 동시에 장악할 수 있었다. 봉기 주모자, 쿨라크, 농촌 인텔리겐차에 대한 대량 검거와 정부군이 과시한 잔학성은 저항을 약화시켰다. 더욱이 농민들의 행동은 정부군보다 훨씬 더 신사적이었다. 대체로 그들은 자신의 압제자들을 죽이지 않고 그냥 마을 밖으로 추방했다. 그 결과로 정부군 측에는 거의 사상자가 나지 않았고, 정부의 거짓 약속도 이에 한몫 했다. 소요를 약화시킨 또 다른 중요한 요소는 봄 파종이었다. 싸움을 중단하고 들판으로 가지 않으면 생존 자체가 걸린 가을 추수를 할 수가 없었기 때문이다. 1930년 추수기가 되었을 때 무자비한 집단화가 재개되었고, 대다수 농민은 강제로 집단농장에 들어갔다.

집단화는 스탈린 독재 체제의 시금석이었고, 스탈린 체제의 다른 모든 특징들은 바로 여기에서 유래했다고 볼 수 있다. 나라에서 머릿수가 가장 많은 계급에 대한 대규모 폭력은 수용소 체제와 유형지를 갖춘 거대한 탄압 기구를 필요로 했다. 집단화는 공포를 정권의 주된 도구로 만드는 데서 그치지 않았다. 전통적으로 존재해 온 수많은 사회적 연결 고리를 거의 즉각 완전히 단절시켰고, 사회의 원자화를 가속화했으며, 이념 조작을 더 수월하게 만들었다. 터무니없이 야심찬 경제 목표를 추구할 수 있었던 것은 농촌의 물적·인적 자원을 과격하고 무자비하게 쥐어짜낸 덕분이었다.

강제 집단화와 비효율적 산업화는 그 후로도 영영 복구되지 않은 큰 충격을 나라에 입혔다. 1930~1932년에 수십만 명의 '해독 분자'와 쿨라크가 총살되거나 수용소에 갇혔고 2백만 이상의 쿨라크와 그 가족들이 유배되었다.[26] 유배된 이들 중 다수는 총살된 이들과 같은 운명을 맞았다. 유배된 쿨라크 가족들은 주거에 적합지 않은 막사에서 생활해야 했고 때로는 그냥 허허벌판에 버려지기도 했다. 끔찍한 생활 조건과 뼈 빠지는 노동과 굶주림 때문에 엄청나게 많은 사람들이 사망했고 특히 어린이들의 희생이 컸다.[27]

체포되거나 유배되지 않은 농민들의 상황도 별로 나을 것이 없었다. 집단화로 유린된 소련의 촌락들은 심각하게 퇴락했다. 농업 생산이 곤두박질했고, 축산 부문도 큰 타격을 입었다. 1928년부터 1933년까지 말은 3,200만 마리에서 1,700만 마리로, 소는 6,000만 마리에서 3,300만 마리로, 돼지는 2,200만 마리에서 1,000만 마리로 줄었다.[28] 이렇게 생산성이 낮아지는 와중에도 국가가 농촌에서 쥐어짜내는 산출량은 계속해서 늘어났다. 그럼에도 집단농장은 소련 시기 내내 전국민을 충분히 먹여 살리지 못했다. 소련 시민들은 미미한 배급에 의존해 연명했다. 기근에 시달린 시기도 많았다. 그중에서도 최악의 것은 1931~1933년의 기근이었고, 이는 스탈린이 추진한 '대약진'의 예측 가능한 귀결이었다.

기근

1차 5개년 계획의 성과를 발표할 때가 되었을 때 스탈린은 기지를 발휘해야 했다. 권력의 특권을 행사하여, 그는 실제 수치를 단 한 건도 인용하지 않고 임금님이 정말로 옷을 입었다고 선언하며 이렇게 말했다. "5개년 계획이 조기 달성되었다!"[29] 물론 엄청난 자원 투자와 서구에서 수입한 막대한 장비는 과연 성과를 거두었다. 많은 현대식 공장이 건설되었고 산업 생산도 정말로 상당히 증가했다. 그러나 기적은 없었다. 불가능한 5개년 목표를 달성하지 못한 것은 예측 가능했던 일이었다. 실제 생산 수치는 그 근처에도 미치지 못했다. 1932년의 무쇠 생산량은 목표량인 1,700만 톤이 아니라 620만 톤이었고, 석유 생산량은 4,500만 톤이 아니라 2,140만 톤, 트랙터는 17만 대가 아닌 4만 8,900대, 자동차는 20만 대가 아닌 2만 3,900대였다.[30] 소비재 생산 현황은 특히 초라했다.

그러나 5개년 계획의 주된 문제는 처참할 정도로 비효율적인 산업화 방식을 수립했다는 것이었다. 착수했다가 끝까지 완료하지 못한 건설 사업, 소련의 금 보유고를 털어 외국에서 수입했지만 끝내 제 용도를 찾지 못한 장비, 성급한 추진의 필연적 결과인 소모적 재설계, 쓸 수 없을 정도로 조악하게 생산된 제품에 막대한 돈과 자원이 쏟아져 들어갔다. 이러한 손실의 액수를 추정하는 일은 역사학자들의 몫이다. '대약진'의 또 다른 비극적 결과에 대한 통계 — 대기근의 사상자 수 — 는 그보다 더 잘 알려져 있다.

기근은 1932~1933년의 겨울에 정점에 도달하였고, 500만~700만 명의 목숨을 앗아갔다.[31] 수백만 명은 영구적 장애를 입었다. 평화시인데다 비교적 정상적인 날씨에 농업 생산이 풍부한 지역들이 황폐화되고 버려졌다. 기근은 복합적인 현상이지만, 후세는 이것을 '스탈린 기근'이라고 일컬어 마땅하다. 그 주된 원인은 스탈린의 대약진 정책이었고, 더욱이 1932년과 1933년에 스탈린이 내린 결정은 이를 완화하기는커녕 오히려 악화시켰기 때문이다.

이 기근은 산업화와 집단화의 필연적 결과였다. 집단농장은 쿨라크로 낙인 찍힌 이들의 농장을 파괴하고 그 자리에 들어섰음에도 생산성 면에서 그에 미치지 못했다. 집단농장의 유일한 이점은 농촌으로부터 자원을 빼돌리는 편리한 수단을 국가에 제공한다는 것이었다. 농민에 대한 이 이례적인 착취는 두 가지 결과를 냈다. 첫째로 농업 노동자들은 굶주려서 신체적으로 허약해지고 일할 동기를 빼앗겨 실의와 무관심으로 빠져들었다. 그들은 자신이 재배한 것을 국가가 다 가져가고 자기들은 잘해야 반기아 상태로 방치될 것임을 진작부터 알고 있었다. 둘째로, 이런 정책이 몇 년간 계속되면서 산출량이 점점 줄어들었다. 1932년에는 농작물이 잘 자라지 않았고 수확도 제대로 되지 않았다.

국가의 이익과 농민의 이익은 정면으로 대치되었다. 국가는 농촌에서 최대한의 자원을 거두어 가는 데 지극히 공격적이었다. 농민들은 전 세계의 기근 희생자들과 마찬가지로 '약자의 무기'를 활용했다.[32] 그들은 국가에 대한 의무의 이행을 고의로 방기하고 자신이 먹을 식량을 따로 비축해 두려 했다. 스탈린은 강제로 집단화된 농촌의 적대감을 잘 알았지만 모든 비난을 농민에게 전가했다. 그는 농민들이 소련 정부를 상대로 전쟁을 선포했다고 주장했다.

스탈린을 포함한 모두는 위기가 다가오고 있음을 기근이 최악의 단계에 들어서기 오래 전부터 명백히 알고 있었다. 기근을 완전히 막지는 못할지라도 최소한 그 충격을 완화할 수 있는 확실한 조치들이 존재했다. 그 첫 번째는 국가에 납부할 곡물 양의 한도를 규정하는 것—다시 말해 징발 체제에서 현물 징세 체제로의 이행—이었다. 이 조치는 농민들에게 생산성을 높일 동기를 부여할 수 있었다. 그러나 스탈린은 이런 방식을 거부했다.[33] 그는 농촌에서 최대한 많은 농산물을 무제한 거둬들이는 편을 선호했다. 기근을 완화할 수 있는 또 다른 조치는 곡물 수출을 줄이거나 한 발 더 나아가 곡물을 외국에서 수입하는 것이었다. 이러한 수입은 1932년 봄에 제한적으로 이루어졌으므로 원칙적으로 가능했다.[34] 그러나 스탈린은 그 이상의 곡물 수입을 거부했다. '대약진'이 그릇된 정책이었음을 조금이라도 인정하는 일체의 조치는 그의 성격과 배치되었고 그의 독재 체제에 정치적으로 위험했다. 농민에 대한 압박을 완화하려면 산업 성장의 속도를 늦추어야 했다. 1933년에 스탈린은 이를 감속하는 데 마지못해 동의했지만, 조치를 느리게 취해서 수백만의 인명이 희생되었다.

치명적인 지체와 고집과 잔학성 탓에 1932년 가을 스탈린은 막다른 골목으로 몰렸다. 괜찮은 다른 길은 없었다. 1932년에 황폐화된 농촌에서 생산된 작물의 양은 1931년의 변변찮은 수확량보다 더 낮았다. 한편 산업화는 빠르게 계속되었고, 소련이 장비 및 원자재 수입을 위해 짊어진 대외 부채는 신기록을 수립했다. 이런 상황에서는 운신의 폭이 극히 좁았다. 정부는 1921~1922년 기근 당시에 볼셰비키가 했던 것처럼 가능한 모든 자원을 동원하거나 비축 식량을 털거나 국제 원조에 호소할 수 있었다.[35] 경제적·정치적 대가가 따르기는 하지만 가능한 조치들이었다. 아마 스탈린은 이를 고려조차 하지 않았을 것이다. 대신에 국가는 농촌에 대한 압박을 강화했다.

최근에 발견된 문서들에는 끔찍한 상황이 묘사되어 있다. 곡물뿐만 아니라 채소, 고기, 유제품을 포함한 일체의 예비 식량이 굶주린 농민들로부터 탈취되었다. 지방 관료와 도시에서 온 활동분자로 구성된 습격대가 숨겨둔 식량—오랜 전통에 따라, 기근에 대비한 일종의 보험으로서 농민들이 곡물을 저장해 둔 이른바 '야마'(구덩이)—을 수색했다. 굶주린 농민들은 고문을 받고 '야마'나 다른 식량 창고—자기 가족을 죽음으로부터 막아줄 유일한 안전장치—의 소재를 털어놓아야 했다. 그들은 구타당하거나, 옷도 걸치지 못한 채로 영하의 기온에 바깥으로 내쫓기거나, 체포되거나 시베리아로 유배되었다. 굶어 죽어가는 농민들이 상황이 좀 나은 지역으로 탈출하려 했다가는 가차 없는 철퇴를 맞았다. 난민들은 자기 마을로 강제 송환되어 천천히 죽음을 맞거나 체포되었다. 1933년 중반에 약 250만 명이 노동 수용소나 감옥이나 유형지에 있었는데,[36] 그중 다수는 '자유의 몸으로' 굶어 죽은 사람들보다 더 나은 식사를 제공받았다.

1932년 말과 1933년 초 기근이 정점에 다다랐을 때는 도합 7천만 이상이 거주하는 지역들—우크라이나, 북캅카스, 카자흐스탄, 러시아의 일부 지방—이 그 피해를 입었다. 그렇다고 나머지 소련 국민 1억 6천만 명이 정상적인 식사를 할 수 있었던 것은 아니다. 공식적으로 기근 상태가 아닌 지역의 많은 사람들도 기아선상에서 생활했다. 전염병,

주로 티푸스가 전국을 휩쓸었다. 수백만 명이 심각한 질병을 앓고 장애를 입거나 기아 후유증으로 몇 년 후에 사망했다. 그리고 그로 인해 초래된 도덕적 붕괴는 그 어떤 통계로도 측정할 수 없다. 특히 1933년 초의 몇 달간 작성된 오게페우와 당 기관의 비밀 보고서('스봇카')는 만연한 식인에 대한 보고로 가득 차 있다. 어머니가 자식을 살해했고, 정신이 나간 행동 대원들이 주민을 약탈하고 고문했다.

전국이 기근과 대규모 탄압으로 고통 받았지만, 가장 큰 충격을 받은 곳은 우크라이나와 북캅카스였다.[37] 살인적인 곡물 징발 정책과 테러가 가장 잔인하게 적용된 곳이 소련의 이 두 중요 지역이었다. 스탈린이 이들 지역에 초점을 맞춘 데는 상호 연관된 두 가지 이유가 있다. 첫째는 경제적인 이유로 설명할 수 있다. 우크라이나와 북캅카스는 전국에서 거둬들이는 전체 곡물의 거의 절반을 공급했다. 그런데 1932~1933년에는 그 양이 전년도보다 40퍼센트 이상 감소했다. 이 감소분의 일부는 러시아의 곡물 생산 지역에서 기아에도 불구하고 계획량을 초과 달성하여 보충했지만 부족분을 완전히 상쇄하지는 못했다. 1932년에 국가가 거둬들인 곡물은 1931년 대비 거의 20퍼센트 감소했다.[38] 이런 수치는 우크라이나와 북캅카스에 대한 스탈린의 요구를 일부분 설명해 준다. 그는 '자기 몫의' 빵을 원했고 그 공급량이 현격히 줄어든 데 격분했다.

둘째로 스탈린은 1932년의 위기를 농민에 대한 전쟁의 연속이자 집단화의 결과를 공고히 하는 수단으로서 보았고, 여기에는 이유가 있었다. 그는 1933년 5월 6일 소련 작가 미하일 숄로호프에게 보내는 편지에서 이렇게 썼다. "신망이 높은 곡물 재배농들은 기본적으로 소련 권력에 대항하여 '조용한' 전쟁을 벌이고 있었습니다. 아사에 의한 전쟁을 말입니다."[39] 확실히 그는 우크라이나와 북캅카스의 농민들이 소련 정부와 전투를 벌이는 현지 농민군의 최전선에 있다고 여겼다. 이 지역들은 언제나 반소 감정의 온상이었고, 우크라이나는 1930년 반 집단농장 운동의 최전선에 있었다. 1931~1932년 우크라이나와 북캅카스에서는 소요 사건이 반복해서 터졌다. 또 다른 근심의 원인은 우크라이나와 폴란드의 국경이었다. 스탈린은 소련에 적대적인 폴란드가 우크라이나 위기를 이용할까 봐 두려워했다.[40] 구로미야 히로아키가 지적하듯이, 대체로 스탈린은 모든 농민을 의심했지만, "우크라이나 농민들은 농민이면서 우크라이나인이라는 이유로 갑절의 의심을 받았다."[41]

스탈린은 곡물 징수가 하나의 전쟁이라고 선포함으로써 그 자신과 자기 명령을 집행하는 이들에게 무제한의 재량을 부여했다. 이 전쟁의 이념적 근거는 '식량 난국'이 '적'과 쿨라크의 사보타주 행동 때문이라는 스탈린주의 신화였다. 위기가 정부 정책과 관련이 있다는 일체의 암시는 강력히 부인되었다. 스탈린은 모든 식량 부족을 '적'과 농민 스스로의 탓으로 돌리는 한편 기근의 규모가 악의적으로 과장되었다고 홍보함으로써 굶주리는 이들을 도와야 할 자신과 중앙 정부의 책임을 회피했다. 1933년 2월 집단농장 돌격노동자 대회에서 총간사가 한 발언은 그의 파렴치함의 깊이를 보여 준다. "우리가 이룬 업적 중 하나는, 엄청난 수의 가난한 농민들이 전에는 반기아 상태에서 살았으나 이제는 집단농장에 들어가 중농이 되었고 물질적 보장을 획득했다는 것입니다…이는 세계 그 어느 나라도 아직 달성한 바 없는, 전 세계적으로 유례없는 성취입니다."[42] 이는 매일 수천 명씩 죽어 가고 있던 시기에 나온 발언이었다.

스탈린은 모두를 속일 수 없었다. 기근이 맹위를 떨치고 있던 1933년 5월, 그는 소비에트 러시아에 동조했던 미국인 진보주의자인 레이먼드 로빈스 대령을 만났다. 로빈스는 1917~1918년 적십자 사절단의 일원으로서 러시아에 파견되어 레닌과 만났던 것으로도 유명했다. 로빈스가 미국과의 관계 개선에 도움을 줄 것을 기대한 스탈린은 이 미국인을 우호적으로 대하며 솔직하고 진심 어린 어조를 취했다. 그는 로빈스가 소련의 사정에 밝다는 것을 알았기에 자기 나라가 기근을 겪고 있음을 감히 부인하지 않았다. 스탈린은 1932년의 부진한 수확량에 대해 단도직입적인 질문을 받고 한참 동안 얼버무린 끝에 '현재 일부 농민들이 굶주리고 있음'을 인정했다. 그가 기근의 원인으로 든 것들은 인상적인 창의력과 상상력을 보여 준다. 그는 집단농장에 뒤늦게 합류했고 아무 것도 땀 흘려 벌지 않은 기생적 성향의 농민들이 굶주리고 있다고 주장했다. 또 자기 땅을 일구지 않고 집단농장에서 곡물을 훔쳐다 먹는 무소속 농민들 역시 '심하게 배를 곯고' 있으며, 절도에 중형을 부과해서 먹을 것이 없어졌을 것이라고도 했다.[43] 끝으로 스탈린은 국가가 집단농장 회원들의 반대를 무릅쓰고 기근 희생자들을 돕고 있다고 로빈스에게 확언하며 이 거짓말을 마무리했다. "집단농장원들은 우리에게 정말로 몹시 화가 났습니다 — 게으름뱅이들을 돕지 말고 죽게 내버려 둬야 한다는 겁니다. 이것이 그들의 정서입니다."[44] 로빈스가 이 말에 납득했을 것 같지는 않지만, 그는 충실한 외교관답게 스탈린을 더 물고 늘어지지 않았다.

스탈린이 자신의 설명을 스스로 얼마나 믿었는지는 알기 힘들지만, 우리는 그와 로빈스의 대화를 통해 그의 생각의 일면을 엿볼 수 있다. 첫째로 그는 기근에 대해 명백히 알았고 그것이 '적들'이 꾸며 낸 허구가 아닌 실제 사실임을 인정했다. 둘째로 그는 적과 해독분자들의 음흉한 음모 운운하는 자신의 주장을 스스로 진지하게 여기지 않았던 것 같다. 그가 로빈스와의 대화에서 이 '문제'를 한 번도 언급하지 않은 것은 그가 기근의 진짜 원인과 집단화의 연관성을 인식했다는 암시일 수 있다. 그러나 그가 자신의 오류를 심지어 최측근 동료들에게조차 단 한 번이라도 인정했을지는 의심스럽다. 그의 목적에 이바지하는 것은 오로지 현실에 대한 신화적 설명뿐이었다. 적, 농민들의 방해 공작, 지방 관리자들의 실책을 비난함으로써 그는 책임을 회피하고 수백만을 망설임 없이 죽음으로 몰아넣을 수 있었다.

스탈린의 말에서는 그가 기근을 얼마나 알고 있었는지가 정확히 드러나지 않는다. 일부 농민이 '심하게 배를 곯고' 있다고 로빈스에게 인정했을 때 그의 머릿속에는 무엇이 들어 있었을까? 그가 걸어 다니는 해골들, 매장된 동물 시체를 필사적으로 파내어 헤집는 사람들, 굶주림에 미쳐서 자기 자식을 살해하는 어머니들의 이미지를 떠올렸을까? 아마 아니었을 것이다. 그는 사전 조율된 행사에서 정상적인 사람들만을 대면했고, 그가 평상시 차창을 통해 내다본 모스크바는 소련 권력의 입면으로서 비교적 영양 상태가 좋은 외관을 띠고 있었다. 최근에 공개된 오게페우의 보고서들은 기근과 식인, 그리고 대중 사이에 만연한 반소 감정에 대한 상세한 묘사를 담고 있다.[45] 그러나 우리는 스탈린이 이 보고서를 읽었는지 알지 못한다. 1933년 4월 4일 미하일 숄로호프가 보낸 편지는 스탈린이 읽었음이 확실한 주목할 만한 문서이다.[46] 이 작가는 그가 사는 북캅카스 베셴스카야 인근에서 벌어진 일들에 큰 충격을 받고 이를 끔찍하게 상세한 필체로 묘사했다.

> 저는 죽을 때까지 잊지 못할 광경을 보았습니다…바람이 사납게 불고 기온이 꽁꽁 얼어붙어 개들조차 추위를 피해 은신한 한밤중에, [곡물 납부를 이행하지 못한 죄로] 자기 집에서 쫓겨난 가족들이 한길에 모닥불을 피우고 그 곁에 앉아 있었습니다. 그들은 아이들을 누더기로 감싸고 불로 녹인 땅바닥에 내려놓았습니다. 아이들의 끝없는 울음소리가 길거리를 가득 채웠습니다…바스콥스키 집단농장에서는 아기를 데리고 있는 한 여자를 내쫓았습니다. 그녀는 아기와 자신이 몸을 녹일 수 있도록 안에 들여보내 달라고 사정하며 밤새도록 마을을 배회했습니다. 아무도 그녀를 집 안에 들이지 않습니다['태업 분자'를 도우면 가혹한 처벌을 받았다]. 다음날 아침에 그 아기는 엄마 품에서 얼어 죽었습니다.

숄로호프의 편지는 식량을 몰래 모아 두었다고 의심되는 이들에게서 이를 강제로 빼앗는 수단들 — 집단 구타, 모의 처형, 달군 쇠몽둥이로 지지기, 심문 중에 목을 매달아서 반쯤 질식시키기 등 — 을 묘사하고 있다. 작가는 베셴스카야 구에서 자행되고 있는 범죄적 학대가 — 지역 열성분자들의 '일탈'이 아니라 — 지방 정부가 벌이는 의도적 캠페인의 일환이라는 사실을 숨기려 들지 않았다. 하지만 (명백한 이유로) 이 점을 티 나게 강조하지는 않았다.

스탈린은 이 소식을 담담히 받아들였다. 그는 베셴스카야 구에 곡물을 추가로 지급하고 숄로호프가 기술한 학대 행위를 조사하라고 지시했다. 그러나 기본적으로 그는 지방 정부를 지지했다. 숄로호프에 대한 답장에서 그는 작가가 편향된 관점을 취했으며 농민들의 파괴 행위에 눈을 감고 있다고 비난했다. 이 지역 지도부는 처음에 그중 일부가 학대 행위로 중형을 선고받았지만 결국에는 무죄로 풀려났다. 그들은 스탈린의 명령으로 직위에서 해임되고 질책을 받는 것으로 끝났다. 심지어 당에서 축출되지도 않았다.[47] 농민과의 전쟁 과정에서 무고한 인명이 아무리 많이 희생되더라도 스탈린은 이 전쟁에서 물러설 생각이 없었다.

'온건론자' 스탈린

농민에 대한 승리는 패배의 모든 특징을 두루 갖추었다. 극도로 무자비한 캠페인에도 불구하고 곡물 조달 계획은 완수되지 못했다. 수확량이 부족했던 1931년과 처참했던 1932년 사이에 곡물 징수량이 20퍼센트 감소한 것도 문제였지만, 이것도 축산 부문의 떼죽음에 비하면 약과였다. 무자비한 조치로도 농촌에서 식량을 짜낼 수 없다면 그 다음에는 무엇을 해야 할까? 징발(프로드라즈보르숫카) 정책을 계속 밀어붙이면 국민들만 무더기로 죽어 나갈 것이다. 게다가 강제적 산업화 정책 또한 지속할 수 없음이 분명해지고 있었다. 중공업에 대한 자본 투자의 무모한 증대는 그 한계에 다다랐다. 스탈린의 반대자들은 1933년을 '대대적 재정비의 해'로 삼아야 한다는 트로츠키의 주장에 반향하여 성장 속도를 늦출 것을 요구했다.[48]

가차 없는 테러 기구도 비틀거리기 시작했다. 1933년에는 광대한 수용소와 형무소 네트워크로 쏟아져 들어오는 체포자들을 다 처리할 수 없는 지경에 이르렀다. 정부는 오지에 국내 유형수 2백만 명을 수용할 수 있는 주거 단지를 세우는 긴급 조치를 수립했지만 이 프로그램은 자원 부족으로 실패했다. 결국 국내 유배지로 보내진 이들은 약 27만 명에 불과했다.[49] '적들'을 말살하고 고립시키는 역량은 무제한한 듯 보였지만 여기에는 명백히 한계가 있었다. 그리고 정부가 엄청난 수를 처형, 체포, 추방하여 통제를 유지할 수 있었지만, 심지어 스탈린도 이런 전술이 체제의 순조로운 운영을 뒷받침하는 만큼 저해하기도 한다는 사실을 확인할 수 있었다.

이 모든 기능 부전이 소련을 약화시키고 있는 시점에 국제적으로는 긴장이 고조되는 중이었다. 전쟁이 다가오고 있다는 최초의 신호는 1931년 말 일본의 만주 점령이었다. "일본은 확실히 (확실히!) 소련과의 전쟁을 준비하고 있으며, 우리는 (반드시!) 여하한 사태에 대비해야 합니다." 1932년 6월 스탈린이 오르조니키제에게 쓴 편지의 일부다.[50] 소련 극동 지방에서 긴급한 병력 증강이 시작되었다. 그러나 말썽은 유럽에서도 벌어지고 있었다. 소련이 기근의 고통을 겪고 있던 1933년 1월에 독일에서 나치가 정권을 장악했다. 바이마르 독일과의 관계 수립을 중심에 놓은 볼셰비키의 대 유럽 전략을 즉시 수정해야 했다. 동서로 위협에 직면한 스탈린은 서구 민주 진영과의 동맹을 모색할 수밖에 없었다. 1933년 12월 19일 정치국은 소련이 국제연맹에 가입하고 독일에 대항하여 프랑스와 폴란드를 비롯한 다수의 서구 국가들과 지역 상호 방위 조약을 체결하는 문제에 대한 극비 결의안을 채택했다.[51] 스탈린은 이 새로운 대외 정책이 가능해지려면 스탈린 치하의 소련이 파시즘과는 근본적으로 다른 '정상' 국가라는 분명한 신호를 보내야 함을 이해했다. 소련 정권은 그 평판을 개선할 필요가 있었다. 군용 재킷을 연미복으로 갈아입을 필요까지는 없었지만 최소한 단추는 잠가야 했다.

스탈린은 볼셰비키를 막다른 골목으로 몰아넣은 뒤였다. 1차 5개년 계획을 가능케 했던 자원은 바닥나 버렸다. 그의 정책에 희생된 수많은 사람들에게는 너무 늦은 시점이었지만, 그는 이미 여러 해 전에 취할 수 있었고 또 취해야만 했던 조치들에 동의했다.

그중 첫째가 농민에 대한 사소하지만 중대한 양보 조치였다. 스탈린의 국가는 계속해서 주로 농촌에 대한 강제에 의존했지만 중요한 변화가 이루어졌다. 1933년 1월, 정부는 무제한적 징발이 끼친 막대한 피해를 사실상 인정하며 곡물 징수 한도(현물세, 소련식 용어로는 '프로드날로크')를 설정했다. 농민들은 생산물 중 국가가 가져갈 몫에 예측 가능한 한도를 설정하고 나머지 농산물은 판매할 권리를 주겠다는 약속을 받았다. 이러한 변화를 지시한 결의안 자체는 결국 실행되지 않았지만, 이는 1차 5개년 계획의 스탈린식 전시 공산주의에서 2차 5개년 계획의 스탈린식 '네프'로 이행하는 시금석이었다. 그 이행의 틀 안에서 보다 현실적이고 효과적인 다른 방안들이 채택되었다.

스탈린은 농민들이 자기 편익을 위해 일굴 수 있는 개인 텃밭을 가질 수 있도록 마지못해 허락해 주었다. 이는 농촌과 국가 전체의 생존을 위해 중요한 양보였다. 1933년 2월에 열린 제1차 '콜호즈니크-우다르니크'(집단농장 돌격대원) 대회에서 그는, 향후 2년 안에 모든 집단농장 가구가 암소 한 마리씩을 가질 수 있도록 국가 차원에서 지원하겠다고 약속했다.[52] 텃밭 소유권을 보장하는 법률이 마련되었다. 이러한 민간 농업의 확대는 결정적으로 중요했고, 국가와 농민 사이의 새로운 타협을 위한 길을 닦았다. 집단농장에서 일하면서 거의 아무 것도 받지 못했던 농민들은 이제 개인 텃밭을 경작하여 끼니를 이을 수 있게 되었다. 터무니없는 세금을 물었음에도 불구하고 이런 텃밭은 생산성이 비상하게 높았다. 집단농장에 비하면 민간 농업이 차지하는 땅의 면적은 미미했지만, 1937년부터의 공식 통계에 의하면 이는 온 나라 채소와 감자의 38퍼센트를, 고기와 유제품의 68퍼센트를 공급했다.[53] 1936년의 흉작으로 다시 기근이 닥쳤을 때 나라를 먹여 살린 것은 바로 민간 농업이었고, 이는 최초의 집단화 계획이 얼마나 결함투성이였는지를 다시금 입증했다. 총체적 집단화라는 무모한 계획을 처음부터 개인 텃밭을 허용하는 쪽으로 조정했더라면 농민들(과 소련 농업)은 그처럼 삽시간에 몰락하지 않았을 것이다.

산업 정책의 변화 또한 오래 전에 이루어졌어야 했고 더 이상 피할 수 없었다. 국가가 강제 산업화라는 파괴적 정책과 소련 경제의 주역들에 대한 탄압을 늦출 수밖에 없는 상황이라는 최초의 제한적 신호는 1931~1932년에 나타났다. 스탈린은 1933년 1월 당중앙위원회 총회에서 새로운 정책에 수반된 새로운 슬로건을 제시했다. 그는 새로운 계급투쟁이 눈앞에 있다고 선언하면서도 한편으로는 제2차 5개년 계획의 산업 건설 속도를 현저히 늦출 것이라고 약속했다. 다른 숱한 슬로건들과 달리 이것은 빈말이 아니었다. 1934~1936년에는 산업에 대한 자본 투자 증가율이 줄어듦과 동시에, 기업체들의 경제적 자립을 증진하고 일할 경제적 동기를 되살리기 위해 다양한 실험과 개혁이 도입되었다. 이제 현물 교환에 기초한 경제의 이상은 '좌파적'이라 하여 확실히 거부되었고, '돈'과 '상업'은 더 이상 더러운 단어가 아니게 되었으며, 루블화를 강화시킬 필요성이 관심의 초점이 되었다. 스탈린이 경제 이정표의 방향을 전환했음은 1934년 11월 총회에서 배급제 폐지를 논의하던 중에 그가 한 발언을 보면 명백하다.

> 우리는 왜 배급제를 폐지하려 할까요? 우선 무엇보다도 화폐 경제를 강화하고자 하기 때문입니다…화폐 경제는 우리 사회주의자들이 최대한 활용해야 할 몇 안 되는 부르주아 경제 기구 중 하나입니다…이것은 매우 유연하며, 우리에게 필요합니다…상거래를 확대하고, 소련 상업을 확대하고, 화폐 경제를 강화하는 것 – 이것이 우리가 이 개혁을 추진하는 주된 이유입니다…돈이 돌기 시작하고 유행하게 되는, 오랫동안 없었던 일이 일어날 것이며, 화폐 경제가 강화될 것입니다.[54]

이러한 자유화의 밑에는 개인의 이익과 물질적 동기의 중요성에 대한 인정이 깔려 있었다. 제1차 5개년 계획의 특징이었던 금욕의 설교, 희생의 요구, 고임금에 대한 적대감 대신 '문화와 윤택한 생활'로 초점이 옮겨졌다. 1차 5개년 계획이 약속했던 풍요로운 사회주의의 미래에 대한 신화적 이미지 대신, 소련 인민, 특히 도시 주민들은 이제 손에 닿는 신체적 안락 – 자신의 방, 가구, 의복, 먹을 만한 식사, 늘어난 여가 – 을 약속 받게 되었다. 생활수준의 개선 가능성은 노동 의욕을 높이기 위해 의도적으로 활용되었다.

1933년의 수확을 성공적으로 마친 뒤에 삶의 질이 현저히 개선되었지만 물론 전년도의 대기근과 비교했을 때 그렇다는 말이었다. 대도시의 상점 선반이 채워지는 동안에도 농촌 지역은 계속 굶주렸다. 하지만 1932~1933년에 비하면 이렇게 굶주리는 곳들은 '새 발의 피'였다. 체포와 추방도 전년도에 비하면 '새 발의 피'였다고 볼 수 있다. 국가 테러 또한 한동안 느린 속도로 예측 가능한 틀에서 이루어졌다. 이는 1933년 5월, '경범죄'로 체포된 사람들을 포화 상태의 형무소에서 석

방하고 비밀경찰의 대량 체포 및 추방을 금지한다는 특별 지시에 스탈린이 서명하면서 시작되었다.[55]

스탈린은 자신이 '사회주의적 적법성'을 고수함을 계속 과시했다. 1934년 2월 정치국이 혐오스러운 오게페우를 폐지하고, 정치 경찰을 신설된 내무 인민위원부(NKBD, 엔카베데) 밑에 배치하여 좀 더 무해한 법 집행 및 치안 부서와 한데 묶기로 의결한 것은 그의 착상이었다. 서류상으로, 정규 사법 체계에서 인민의 권리는 확대되었고 초사법적 기관들 — 대규모 테러 기구 — 의 권력은 축소되었다.[56] 스탈린이 분명히 관여하여 처리한 특정 법적 사안들은 특히 의미심장한 본보기가 되었다. 소련 정치 체제 내에서 정부 관료들에게 지침이 된 것은 바로 수령 자신이 보낸 이런 신호들이었다.

최초의 신호 중 하나는 알렉세이 셀랍킨의 재판과 관계가 있었다. 내전에 참전하여 훈장을 받았고 중공업 인민위원부에서 고위 관료를 지낸 셀랍킨은 1930년대 초의 마녀 사냥 시기에 군사 기밀 문서를 팔아넘긴 혐의로 10년형을 선고 받았다. 셀랍킨은 노동 수용소에서 탄원서를 보내어, 심문자들이 거짓 자백을 불러 적게 한 다음 총살 위협을 들이대며 강제로 서명시켰다고 진술했다.[57] 이 탄원서는 딱 알맞은 시기에 도착했다. 이제 스탈린은(그의 승인이 없었다면 셀랍킨은 애초에 체포되지도 않았을 것이다) 관용의 신호를 보내고 있었다. 조사에서 비밀경찰의 증거 조작이 밝혀진 것은 놀라운 일이 아니었다. 1934년 6월 5일 정치국은 셀랍킨에게 내려진 선고를 무효화하고 "오게페우가 행한 수사 과정의 심각한 결함에 유의"할 것을 요구했다.[58]

셀랍킨의 선고 무효화는 시작에 불과했다. 1934년 9월에 스탈린은 '해독분자'와 '첩자'를 상대로 한 다른 사건들을 조사하는 위원회를 설치하라고 정치국에 지시했다. 그는 무고한 사람들을 석방하고, 특정한 '수사 기법'을 자행한 이들을 오게페우에서 숙청하기 위한 위원회가 필요하다고 촉구했다. 그는 이렇게 썼다. "내가 보기에 이는 심각한 문제이며 끝까지 추적해야 합니다." 남아 있는 서류들로 판단하면, 이 위원회는 실제로 비밀경찰의 학대 증거를 수집하면서 이 일을 진지하게 수행했다. 물론 그런 사례들은 지천으로 널려 있었다.[59]

그리고 레닌그라드 당 총간사 세르게이 키로프가 살해되었다. 위원회는 그 직무를 결코 완수하지 못했다.

만약 키로프의 암살이 없었다면 비밀경찰의 가혹 행위를 종식하기 위한 진지한 노력이 행해졌을까? 증거는 다른 방향을 가리킨다. 1934년의 체포 건수가 예년보다 줄긴 했지만, 탄압의 희생자들은 여전히 수십만 명 단위였다. 스탈린 자신도 모순된 신호를 보냈다. '사회주의적 적법성' 캠페인이 한창이던 1934년 9월에 정치국은 일본의 첩자로 기소된 시베리아 스탈린야금공장의 한 노동자 그룹에 대한 처형을 승인했다. "일본의 첩자 노릇을 하다가 체포된 자는 모두 총살시켜야 한다"며 이들의 검거를 부추긴 장본인은 스탈린이었다.[60] 또 다른 사례들도 있었다. 스탈린 탄압 체제의 기반은 해체되지 않았다. 1934년의 '온건화'는 테러의 수준을 일시적으로 조절한 것에 불과했다.

온건화가 모순되고 제한적이긴 했어도, 이는 '대약진' 정책이 그릇되었음을 인정한 것이라고 해석할 수도 있다. 이론적으로, 이처럼 무리한 경로 변경은 스탈린에게 부정적인 이미지를 씌우고 그에 대한 불만을 조장할 수도 있었다. 이렇게 명백히 논리적인 추론에 의거하여, 일부 역사가들은 스탈린에 대한 당 고위층들의 음모와 공작이 존재했다고 가정하기도 했다. 이 가설의 초점 중 하나가 바로 스탈린의 측근 중 한 명이자 레닌그라드 당 총간사인 세르게이 키로프다. 혹자는 키로프의 암살 정황을 둘러싼 혼란과 뒤이은 탄압으로 판단할 때 키로프가 정치적 온건화를 추동한 실제 배후였다고 결론짓고 그를 반 스탈린 운동의 중심인물로 만들기도 한다. 하지만 이런 추측의 근거는 이 사건의 핵심 사실에 대해 두 다리나 세 다리 건너 알고 있는 사람들의 회고록들뿐이다.[61]

이런 '증인' 진술들의 상호 모순을 제쳐 놓고 보면, 이 가설에 묘사된 정황은 다음과 같다. 제17차 당 대회에서 다수의 고위 당 관료(다양한 이름이 언급된다)들은 스탈린을 총간사직에서 제거하고 그 자리에 키로프를 앉힐 가능성을 논의했다. 키로프는 이 제안을 거절했지만 이 계획이 스탈린의 귀에 들어갔다. 몇몇 이야기에 따르면 키로프 자신이 이 음모를 스탈린에게 알렸다. 대회 기간 치러진 당중앙위원회 선거에서 스탈린은 자기 이름에 줄을 그어 지운 투표용지를 전부 없애라고 지시했다. 그리고 그로부터 10개월 뒤에 이 위험한 라이벌을 제거하기 위해 키로프의 암살을 사주했다. 이런 모순된 설명이 큰 신뢰를 얻은 적은 없지만, 문서고가 개방된 지금은 그 신뢰성이 더 떨어진다. 철저한 조사가 수없이 행해졌지만 스탈린에 대한 음모가 꾸며졌다는 정황 증거조차 발견되지 않았다.

키로프의 당내 경력을 뜯어 봐도 그가 독자적인 정치적 입지를 누렸다는 증거는 희박하고, 그렇지 않았다는 증거는 많다. 1930년대의 정치국원들이 다 그랬듯이 키로프도 스탈린의 사람이었다. 그가 발의하는 안건은 레닌그라드의—신규 자본 투자나 자원, 신규 상점 개설 요청 같은—민원에 한정되어 있었다. 그는 정치국 회의에 참석하기 위해 모스크바에 오거나 정치국 결의안 표결과 정치국원 선발 투표에 참여하는 일도 드물었다. 키로프는 개혁주의자도 아니었을 뿐더러, 입수 가능한 문서들을 통해 보면 높은 수준의 정치적 결정을 내리거나 실행하는 데 중요한 역할을 하지도 않았다. 그는 스탈린의 충성스러운 전우였고 끝까지 그러했다. 당내에서 그는 스탈린에 필적할 정치 지도자로 여겨진 적이 없었고 스탈린과 차별화된 정치 프로그램을 내세운 적도 없었다.[62] 그의 죽음은 그의 삶과는 비교도 안 될 만큼 국가의 향방에 큰 영향을 끼쳤다. 흔히 그러하듯 키로프를 전설로 만든 것은 그의 죽음이었다.

키로프의 살해

키로프는 1934년 12월 1일 레닌그라드 볼셰비키 본부에서 살해되었다. 이 신고전주의 양식의 건물에는 과거에 러시아 최초의 여성 교육 기관인 스몰니 학원이 있었다. 이 사건은 레닌 암살 기도가 행해진 1918년부터 소련 정권이 종식될 때까지 70년을 통틀어 소련 고위 관료를 상대로 성공한 유일한 암살 시도였다. 그러나 역사학자들의 관심을 끄는 부분은 그게 아니다. 스몰니 학원에서 이 한 방의 총성이 울린 뒤로 탄압이 새롭게 강화되었으며, 이는 1937~1938년의 대숙청과 스탈린 독재 체제의 최종적 공고화로 가는 전 단계였다고 널리 여겨지기 때문이다. 스탈린이 키로프의 암살로 얻은 정치적 이득이 명백했으므로 역사학자들은 그가 이 사건에 관여하지 않았을까 의심해 왔다. 이런 의구심은 흐루쇼프의 스탈린 격하 운동과 고르바초프의 페레스트로이카 기간에 공식 선전의 일부가 되기까지 했다. 정치가들이 과거사 해석에 관여해서 도움이 될 때가 드물긴 하지만 이 경우만은 예외였다. 흐루쇼프와 고르바초프가 설치한 수많은 위원회들은 대량의 증거를 수집하고 조사했으며, 이는 1934년 12월 1일 레닌그라드에서 일어난 사건과 그 암살이 일으킨 여파의 전체 정황을 우리에게 제시해 준다.[63]

12월 1일 저녁에는 레닌그라드의 타브리다 궁전에서 당 활동가 회의가 개최될 예정이었고, 키로프는 그 전날 모스크바에서 열린 당중앙위원회 총회 결과에 대해 연설하기로 되어 있었다. 당면한 주제는 곧 시행될 배급제 폐지로, 사실상 전 국민에게 영향을 끼칠 변화였다. 신문에는 이미 회의 공고가 게재되었고 그날 키로프는 이 연설을 준비하느라 온종일을 보냈다. 그는 4시쯤에 차를 불러서 스몰니에 있는 그의 집무실로 향했다. 그리고 건물 정문을 통과해서 자기 집무실과 레닌그라드 주 위원회 사무실이 있는 3층으로 올라갔다. 그는 3층 중앙 복도를 따라 가다가 좌측으로 꺾어 자기 집무실로 통하는 작은 복도로 접어들었다. 건물 내에서 당 총간사의 신변을 보호하는 것은 그의 경호원인 미하일 보리소프의 임무였다. 보리소프는 키로프와 약간 거리를 두고 그를 따라갔다. 키로프가 자기 집무실로 통하는 작은 복도에 들어선 순간 보리소프는 계속 중앙 복도를 따라 걷고 있었다. 키로프는 잠깐 동안 그의 시야에서 사라졌다.

한편 당원이자 한때 레닌그라드 주 위원회에서 직원으로 일했던 레오니트 니콜라예프는 그날 저녁 타브리다 궁전에서 키로프를 저격할 준비를 하고 있었다. 하지만 입장하려면 초대장이 필요했으므로 이것을 얻기 위해 스몰니로 와야 했다. 그는 이곳에서 일하는 지인의 도움을 얻을 생각이었다. 그는 당원증이 있었기 때문에 별 어려움 없이 건물 안으로 들어올 수 있었다. 복도를 서성이던 니콜라예프는 뜻밖에도 키로프가 자기 쪽으로 걸어오는 것을 보았다. 니콜라예프는 키로프가 지나가도록 길을 비켜 주었다. 그와 표적 사이에 아무도 없었으므로, 니콜라예프는 자신의 계획을 지금 당장 실행하기로 결심했다. 그는 키로프의 집무실과 통하는 복도 안쪽으로 그를 뒤따라갔고 달려가서 그의 뒤통수에 총을 쏘았다. 니콜라예프는 그런 다음 자기 관자놀이에 총을 쏘려고 했지만 저지당했다. 총소리를 듣고 달려온 보리소프와 스몰니의 몇몇 직원들은 키로프가 피를 흘리며 바닥에 쓰러져 있는 것을 발견했다. 상황은 순식간에 종료되었다. 키로프는 즉사했다.

의사들과 레닌그라드 엔카베데의 간부들이 스몰니로 불려왔다. 스탈린은 크레믈 집무실에서 전화로 이 사건을 보고받았다. 총간사는 키로프의 죽음을 알자마자 잇달아 회의를 소집했다. 그리고 다음날인 12월 2일 이른 아침에 특별 열차편으로 레닌그라드에 도착했다. 나머지 팀도 같은 날 모스크바에 도착하여 니콜라예프의 심문에 합류했다. 니콜라예프가 이념적 동기를 지닌 전형적 테러리스트가 아니었음을 스탈린이 모르고 지나쳤을 리는 없었다.

1934년 12월에 레오니트 바실리예비치 니콜라예프는 30세였다. 그는 상트페테르부르크의 노동계급 가정에서 태어나 어려서 아버지를 여의었다. 그의 가족은 가난에 시달렸고 레오니트는 구루병 때문에 11세 때까지 걷지 못했다. 그가 20세 때의 군사 훈련소 입소 기록에는 약 150센티미터의 키, 길어서 무릎 아래까지 내려오는 팔, 길게 늘어진 상체와 짧은 다리 등의 신체적 특징이 상세히 적혀 있다. 니콜라예프는 병치레가 잦고 욱하는 기질이 있었지만 직장 생활 초기는 상당히 창창했다. 그는 사회적 성분이 '합당했기' 때문에 콤소몰에서 일자리를 얻고 당원이 될 수 있었으며, 이는 이를테면 그가 키로프를 살해한 건물에 있는 레닌그라드 주 위원회 같은 다른 유리한 직장으로 갈 수 있는 관문이었다. 하지만 그는 걸핏하면 싸움을 일으키는 버릇 때문에 어떤 직장에서도 오래 버틸 수 없었다. 그는 살해 직전의 몇 개월간을 실업 상태로 지내면서 다양한 기관을 상대로 불만을 제기하고 복수를 계획했다. 체포 이후에 압수된 수많은 일기, 편지, 기타 글들을 보면 그가 정신적으로 불안정했음을 알 수 있다. 그는 원한에 찬 편지에서 자기가 과거의 혁명가들과 나란히 역사에 기록될 영웅인 것처럼 행세하며, 위협적인 어조로 자기가 받은 이른바 부당한 대접들을 열거하고 일자리와 휴양지 이용권을 요구했다.

니콜라예프의 정신 상태에 영향을 끼친 또 한 가지 요소는 그가 콤소몰에서 일할 때 만난 아내 밀다 드라울레와의 관계였다. 1934년에 33세였던 드라울레는 매력적인 여성이었던 것으로 보이며 니콜라예프와 달리 성공적인 경력을 쌓아 나가고 있었다. 1930년에 그녀는 오랜 연줄의 도움을 받아 레닌그라드 주 위원회 사무실의 비서로 취직했다. 키로프가 죽기 전에 그가 드라울레와 불륜 관계였다는 소문이 있었고, 이 추측은 오늘날까지도 이어지고 있다.[64] 키로프는 부인과의 사이에 아이가 없었고 결혼 생활이 불행했다고 믿을 만한 이유도 있다. 4년 연상인 그의 아내는 병치레가 잦아서 한 번에 몇 달씩 집을 떠나 요양원에서 지내곤 했다. 키로프와 드라울레가 내연 관계였다는 명확한 증거는 없지만, 그랬을 가능성이 있음은 인정해야 한다. 설령 니콜라예프가 이 소문을 믿지 않았다 하더라도, 이는 키로프에 대한 그의 적개심을 부채질했으리라고 충분히 짐작할 수 있다.

이상이 12월 2일 스몰니에서 스탈린 앞에 끌려온 인물의 전모였다. 분명히 수령은 니콜라예프의 변변찮은 이력과 당 경력에 대해 간략히 보고받았을 것이고 어쩌면 키로프와 드라울레를 둘러싼 소문에 대해서도 귀띔 받았을지 모른다. 니콜라예프의 겉모습은 이 총격이 정신 상태가 의심스러운 외톨이의 원한에서 비롯된 소행이라는 생각을 뒷받침했다. 그가 모스크바 위원회에 소환된 것은 자기가 저지른 살인과 자살 미수로 인해 심한 히스테리 발작을 일으킨 직후였다. 스탈린과 동석한 몰로토프는 니콜라예프를 이렇게 기억했다. "겁먹은 쥐처럼 보이고…작고 깡말랐고…내가 보기에는 무엇 때문인지 잔뜩 화가 나 있었다…무엇이 그의 신경을 건드린 것 같았다."[65]

몰로토프가 기억하는 모습을 스탈린도 목격했겠지만, 니콜라예프를 불안정한 외톨이로 취급하는 것은 그의 목표에 걸맞지 않았다. 키로프의 살해에 대한 공식적 해명은 그가 레닌그라드로 출발하기도 전에 이미 만들어져 있었다. 다음날 소련 신문들은 키로프가 "노동계급의 적의 패역한 손에" 살해되었다고 보도했다. 이런 해석은 완벽히 예측 가능한 일이었다. 정치국원이 다른 누구의 손에 쓰러질 수 있겠는가? 질투에 눈먼 남편의 살인 같은 범속한 일은 감히 떠올릴 수 없었다. 오로지 인민의 사악한 적만이 이 역할에 들어맞았다. 다른 모든 해석은 키로프뿐만 아니라 정권 전체에 불리한 이미지를 씌울 것이다. 정신이 이상한 외톨이들로부터 그 지도자를 보호하지도 못하는 무능한 정권으로 비치기 십상일 것이다. 사전 합의된 내러티브는 스탈린의 극단적인 의심 증세와 권력을 향한 굶주림에 잘 맞아떨어졌다.

12월 3일 저녁 모스크바로 돌아오기 전에, 스탈린은 니콜라예프가 예전의 반대파, 즉 1920년대에 시 정부의 수장으로서 레닌그라드에서 권력을 휘둘렀던 지노비예프의 추종자들로 구성된 조직의 일원이었다는 쪽으로 사건을 조작하라는 지시를 내렸다. 모스크바 엔카베데의 수사관들과 스탈린의 정치 위원—니콜라이 예조프와 알렉산드르 코사레프—들이 레닌그라드에 남아 이 임무를 맡았다. 그로부터 2년 뒤인 1937년 2~3월 총회에서 예조프는 자신이 맡은 임무에 대해 이렇게 말했다. "스탈린 동무가…나와 코사레프를 불러서 이렇게 말했습니다 '지노비예프주의자들 사이에서 살인자를 색출하시오.'"[66] 물론 이 임무는 창의성과 불법성을 요했다. 니콜라예프는 그 어떤 반대파 조직에도 속한 적이 없었을 뿐더러, 엔카베데는 그가 반대파에 동조한다는 털끝만 한 증거도 찾아내지 못했다. 니콜라예프를 지노비예프 추종자들과 연결 짓는 유일한 방법은 증거를 조작하는 것뿐이었으므로, 바로 이것이 스탈린의 예리한 눈초리 밑에서 체키스트들이 한 일이었다. 이 수사 중에 스탈린은 체포자 약 260명의 심문 기록과 많은 보고서를 받아 보았다. 또 엔카베데 고위 간부, 검사, 대법원 군사협의회와 수시로 만나 수사와 재판에 대해 논의했다. 사료를 보면 키로프 사건에서 그가 재판 과정을 직접 지휘하고 피고인 명단을 짰음을 알 수 있다.[67]

스탈린의 지시에 따라 1934년 말부터 1935년 초까지 잇따라 재판이 열렸다. 수사관들이 니콜라예프와 관련이 있다고 주장한 반대파 출신 수십 명이 총살형이나 징역형을 선고받았다.[68] 키로프 살해의 정치적·도덕적 책임은 과거의 반대파 지도자인 지노비예프와 카메네프의 어깨에 떨어졌고, 그들 역시 재판에 회부되었다. 그들의 기소 증거는 노골적으로 조작되었다. 스탈린은 옛 정적들에게 묵은 원한을 청산하고 그들이 저지르지 않은 죄를 뒤집어씌우고 있었다.

스탈린이 키로프의 암살을 이렇게 철저히 이용한 사실은 여러 해에 걸쳐 많은 의혹을 불러 일으켰다. 많은 이들은 이 암살 자체를 스탈린이 사주했다고 주장했다. 이 주장을 진지하게 파헤치려는 시도는 흐루쇼프 해빙기에 처음 시작되었고 간간이 중단되긴 했지만 1990년대 초까지 이어졌다. 이 조사로 스탈린이 관여했을 수 있다는 일부 정황 근거가 나오기는 했지만, 확실한 증거는 발견되지 않았다. 그리고 현 시점에서 발견될 것 같지도 않다.

1990년대 초까지 스탈린의 키로프 암살 음모에 대한 대부분의 가설은 기본적으로 동일한 줄거리를 따랐다. 키로프의 인기가 높아지는 것이 불만이었던 스탈린은 이 상황을 처리하고 그의 살인을 대규모 탄압의 구실로 삼기로 했다. 이 목적을 위해 총간사는 엔카베데 수장 겐리흐 야고다[69]에게 이 문제의 처리를 직접적으로 혹은 넌지시 맡겼다. 야고다는 신임하는 피후견인인 이반 자포로제츠를 엔카베데 레닌그라드 지부의 부위원장으로 파견하여, 이 이른바 '테러 행위'의 기초 공작을 맡겼다. 자포로제츠는 이 일을 수행할 사람으로 니콜라예프를 선정하고 그를 무장시켜 자기 휘하에 들였다. 또 12월 1일 니콜라예프가 암살 기도를 실행하고 엔카베데 요원들에게 체포되었을 때 그가 풀려나게 해 주었다. 키로프가 살해된 이후, 음모에 관여한 이들은 경호원인 미하일 보리소프가 너무 많이 안다는 이유로 그를 죽였다. 그는 12월 2일 스탈린에게 심문을 받기 위해 트럭으로 호송되던 도중에 사고로 위장하여 살해되었다. 이상이 스탈린을 키로프 암살의 주모자로 의심하는 이들이 제시하는 기본적인 줄거리이다.

면밀히 검토해 보면 이 이야기는 허점이 많다. 무엇보다도, 키로프가 정적이 아니라 충직한 부하였음을 고려할 때 스탈린이 그토록 위험투성이의 음모를 계획한 이유가 불분명하다. 증거들도 설득력이 부족하다. 우선 니콜라예프가 외부 조력 없이 총기를 가질 수 없었으리라는 주장은 결함이 있다. 총기 소지 제한은 (일부분 키로프의 암살에 대한 대웅으로) 30년대 후반에 가서야 도입되었고 당시에는 아직 없었다. 니콜라예프는 전국에 총기가 넘쳐 나던 1918년에 연발 권총을 손에 넣어 그로부터 16년 동안 합법적으로 소지하고 있었다.[70] 총기를, 특히 당원이 소지하는 것은 전혀 특이한 일이 아니었다.

12월 1일 이전에 니콜라예프가 엔카베데에 의해 여러 차례 구속되었다가 '기적적으로' 석방되었다고 하지만, 기록에 의하면 이는 일부 저자들의 주장처럼 여러 차례가 아니라 단 한 차례였다. 니콜라예프는 1934년 10월 15일 키로프의 자택 부근에서 엔카베데 요원에게 구속되었다가 신상 기록 조회 후 곧 풀려났다. 니콜라예프 자신의 증언에 따르면, 그날 그는 길에서 키로프와 그의 동행 몇 명을 우연히 목격하고 그들을 뒤쫓아 키로프의 집 앞까지 따라갔지만 그에게 말을 걸 배짱을 발휘하지는 못했다. 니콜라예프는 12월 2일 심문을 받으면서 "그때는 살해할 생각이 없었다"고 진술했다. 살인이 벌어진 이후, 엔카베데 사건 일지에 기록되어 있는 이 사건에 대해 특별 조사가 이루어졌다. 당시 니콜라예프를 풀어준 엔카베데 요원들은 석방 이유를 간단하고 설득력 있게 설명했다. 그가 자신의 당원증과 예전에 스몰니에서 일했음을 증명하는 과거의 신분증을 꺼내 보여 주었다는 것이다. 키로프에게 접근하여 다시 일자리를 얻을 수 있을지 묻고자 하는 그의 동기는 "자연스러웠고 의심을 불러일으키지 않았다."[71]

키로프의 살해가 음모의 일부라는 가설의 주춧돌은 바로 경호원 보리소프의 죽음이다. 1933년 하반기에 키로프의 경호팀은 15명으로 늘어났고 각자 맡은 역할이 있었다. 보리소프는 스몰니 정문에서 키로프를 맞아 집무실까지 동행하고, 그가 집무를 보는 동안 아래층 로비에서 대기하다가 그가 퇴근하고 건물에서 나올 때 동행하는 일을 책임졌다. 경호팀의 다른 일원—보리소프와 같은 엔카베데 요원—인 N. M. 두레이코는 키로프가 스몰니 3층에서 오가는 동안 그의 신변을 경호했다.[72] 총이 발사된 순간 두레이코는 집무실로 통하는 작은 복도에서 키로프 쪽으로 걸어가고 있었다. 살인을 막지 못한 것에 대해 말하자면 두레이코도 보리소프 못지않게 과실이 크다고 주장할 수 있다. 그럼에도 음모론을 주장하는 사람들은 두레이코에게 전혀 무관심했다. 음모 주동자들이 보리소프를 제거해야 한다고 생각했다면, 왜 두레이코는 살려 두었을까?

키로프가 집무실 쪽으로 방향을 틀었을 때 보리소프가 바짝 뒤따라가지 않아서 니콜라예프가 암살을 실행할 수 있었다는 사실에 큰 중요성이 부여되곤 하는데, 이는 음모론자들이 덧칠하는 것처럼 악의적인 행동이 아니었다. 키로프가 1926년 레닌그라드에 처음 왔을 때부터 그를 경호해 온 53세 경호원의 입장에서 생각해 보면 이는 지극히 정상적인 행동이었다. 그 오랜 세월 동안 그는 여러 면에서 경호하기 쉽지 않은 사람을 아침저녁으로 바짝 붙어 보호해야 했다. 전해지는 바에 따르면 키로프는 경호원들이 너무 가까이 붙으면 짜증을 냈고 심지어는 그들을 일부러 따돌릴 때도 있었다고 한다. 보리소프는 키로프 밑에서 일한 오랜 경험으로 상관의 기분을 민감하게 파악하고 그의 신경을 건드리지 않으려 했음이 분명하다. 게다가 키로프는 복도를 걸어가는 도중에 몇 번씩 멈추어 서서 사람들과 짧은 대화를 나누었다. 그런 경우에 보리소프는 비밀 유지를 위해 거리를 두고 비켜서 있어야 했다. 이런 행동은 이상한 것이 아니었다.

12월 2일에 모스크바 위원회는 보리소프를 심문하기로 결정했다. 그는 두 명의 엔카베데 요원에 의해 스몰니로 호송되었다. 자동차를

1934년 충성스러운 동지들과 함께 한 스탈린. 왼쪽부터 키로프, 카가노비치, 오르조니키제, 스탈린, 미코얀. 키로프는 그해 12월 부하 직원의 남편에게 총으로 살해당했고, 오르조니키제는 1937년에 자살했다. 러시아 국립사회정치사문서보관소.

구할 수 없었으므로(얼마나 많은 관료들이 모스크바에서 레닌그라드로 갑자기 들이닥쳤는지를 고려하면 이는 놀랄 일이 아니었다) 보리소프는 트럭을 타야 했는데, 이는 보수가 제대로 안 되어 망가진 상태였다. 운전사는 차량을 통제하지 못하고 한 건물을 들이받았다. 보리소프는 머리를 건물 벽에 부딪친 뒤 끝내 의식을 회복하지 못하고 병원에서 숨을 거두었다. 이상이 여러 차례의 조사와 전문가들의 검토를 통해 확인된 사건의 전말이며, 이와 반대되는 증거는 없다.[73] 음모론 지지자들은 차량이 사고로 충돌했음을 부인하고 보리소프가 살해되었다고 주장한다.

키로프의 살해 배후에 스탈린이 있었다는 생각은 음모론의 모든 특징을 갖추고 있다. 이런 이론은 한 사건이 어떤 나쁜 사람에게 이득이 되면 그가 그 사건을 일으킨 것이 틀림없다는 발상에 기대는 경향이 있다. 그들은 임의의 사건이 일어날 가능성을 부정하고 우연은 어디에나 있다는 사실을 무시하곤 한다. 스탈린이 키로프의 살해를 모의했다는 생각은 너무 큰 주목을 받아 왔다. 설령 그가 정말로 키로프의 죽음에 관여했다 해도 스탈린이나 그의 시대에 대한 우리의 이해가 바뀌는 것은 아니다. 키로프의 살해는 이 독재자의 범죄 연대기에서 그나마 덜 흉악한 범죄 중 하나가 되었을 것이다.

대숙청의 리허설

스탈린의 인척인 마리야 스바니제에 따르면 그는 키로프의 죽음에 극도로 상심했다고 한다. "그는 창백하고 초췌해졌으며 눈에는 고통이 어른거렸다." "이제 나는 완전히 외톨이야." 그는 처남인 파벨 알릴루예프에게 이렇게 털어놓았다고 전해진다.[74] 이 말을 굳이 의심할 이유는 없다. 수백만의 죽음에 대한 비정상적 잔인성 및 철저한 무관심과 자기 주변인에 대한 지극한 감상이 혼재되어 있는 것은 폭군들에게 흔한 일이다. 키로프의 죽음은 스탈린에게서 그 양 극단을 이끌어냈다. 그가 친구의 죽음을 새로운 테러 캠페인의 구실로 활용한 방식은 극도로 파렴치했다. 대숙청이라는 사나운 본류의 키로프 지류에 휩쓸린 사람들은 니콜라예프의 범죄를 공모한 죄를 뒤집어 쓴 반대파뿐만이 아니었다. 1만 명이 넘는 레닌그라드인들(소위 '과거의 인간들'—개중에서도 과거에 귀족 또는 성직자였거나 차르 치하에서 관료나 장교였던 사람들)이 유배지나 수용소로 보내졌다. 당은 숙청의 장이 되었고, '반혁명 활동'이 의심되는 사람에 대한 무차별 체포를 허용하는 형법 조항이 맹렬히 활용되었다.

오랫동안 이 캠페인은 1930년대 후반에 전국을 찍어 누르게 되는 탄압 물결의 시초를 연 것으로 여겨졌다. 하지만 사건의 전모를 면밀히 살펴보면 약간 다른 정황이 드러난다. 1935년과 1936년에는 숙청이 '온건' 정책의 잔재와 공존했다. '키로프 탄압'이 정점에 다다른 1935년 1월 31일, 정치국은 스탈린의 주도로 새 소련 헌법을 통과시키는 결정을 채택했다.[75] 이 헌법의 주된 특징은 이전에 '외래 분자'로 취급되어 참정권이 박탈되었던 수많은 집단에게 투표권을 부여한 것이었다. 이제 선거는 예전 같은 공개 투표가 아닌 비밀 투표가, 다단계 투표가 아닌 직접 투표가 되었다. 이런 변화는 의심스러운 계급을 배제한 '혁명' 헌법을 대체할 좀 더 민주적인 헌법 모델의 채택을 시사했다. 스탈린은 새 헌법에 대한 정치국 결의안 초안에 붙은 메모에 이렇게 썼다.

> 내 생각에 이 소련 헌법의 문제는 언뜻 보기보다 훨씬 더 복잡합니다. 무엇보다도 선거 체제가 바뀌어야 합니다. 이는 직접 투표를 한다는 의미에서만이 아닙니다. 공개 투표를 비공개(비밀) 투표로 대체한다는 의미에서도 바뀌어야 합니다. 우리는 이 일을 중간에 멈추지 않고 끝까지 해낼 수 있으며 또 그래야만 합니다. 우리나라의 현 상황과 세력 배치로 볼 때 우리가 이로부터 얻을 것은 정치적 혜택뿐입니다. 이런 개혁이 국제적 혁명 운동에 이롭기 때문에 필요하다는 사실은 굳이 말할 필요도 없습니다. 이 개혁은

국제적 파시즘에 대항한 싸움에서 단연코 막강한 무기 역할을 할 것이기 때문입니다.[76]

이 메모는 스탈린이 심지어 키로프의 암살 이후에도 국내 · 국외 문제에서 '온건한' 경로의 이점을 활용하고자 했음을 시사한다. 아마도 그가 자유화에 관심을 기울인 주된 이유는 대외 정책적 계산이었을 것이다. 독일과 일본의 파시즘 위협은 소련을 서구 민주주의 쪽으로 이끌었다. 1935년 5월 소련은 프랑스 및 체코슬로바키아와의 상호 원조 조약에 서명했다. 그해 여름에 열린 제7차 코민테른 세계 대회에서는 이전의 비타협적인 입장을 재고하고 파시즘에 대항한 포괄적 인민전선의 개념을 승인했다. 서유럽 국가에서의 좌익 운동과 친소 정서의 확산을 희망했던 스탈린은, 번영하는 민주 국가로서 '사회주의 모국'의 이미지를 개선할 필요성을 느꼈다.

사회에서 외래 분자로 낙인찍힌 이들에게 투표권을 돌려주겠다는 약속은 화해 정책의 중심 요소였다. 스탈린의 머릿속에는 그가 나라 안의 진짜 적으로 간주한 엄청난 수의 사람들도 있었지만, 쓰라린 계급투쟁의 희생자인 얼마간 무고한 사람들도 있었다. 특히 청년들은 정권 편으로 끌어 들여야 했다. 혈연 배경에 근거한 지속적인 차별은 정부의 잠재적 적의 수를 늘려 놓을 위험성이 있었다. 이 화해 캠페인의 한 중요한 신호는 1935년 12월 초에 열린 콤바인 기사 대회에서 스탈린이 연출한 정치적 연극이었다. 바시키르 집단농장 소속인 A. 틸바라는 농민이 연단에 올라 이렇게 선언했다. "나는 쿨라크의 자식이지만 노동자 · 농민의 대의를 위해, 그리고 사회주의 건설을 위해 진정으로 싸울 것입니다." 이때 스탈린이 끼어들어서 한 말은 유명해졌다. "자식은 아버지의 과오에 책임이 없습니다."[77] 실제로는 아들딸이 아버지의, 아버지가 자식의 결함에 책임을 지는 것이 현실이었지만, 이제 '외래 분자'들이 소련 사회에서 입신할 수 있는 전망은 좀 더 개선되었다. 동등한 투표권에 대한 약속은 다른 자유화 캠페인과도 병행되었다. 일례로 비정치적 범죄로 기소된 수십 만 명의 사람들이 석방되거나 복권되었다.

1933년 말부터 나타나기 시작하여 1934년까지 이어진 긍정적인 경제 추세를 굳히고 촉진하려면 어느 정도의 사회 안정이 필요했다. 이전 위기의 비참한 경험은, 새로운 탄압 캠페인을 벌이려면 그때마다 경제적 대가를 치러야 함을 스탈린에게 가르쳐 주었다. 1935년에 그는 집단화 개시 이후 가장 중요한 양보를 농민들에게 했다. 개인 텃밭 경작권을 법으로 보호하고 얼마간 확대한 것이다. 이 조치로 나라의 식량 사정을 개선할 수 있었다. 산업 부문에서도 1935~1936년에 비슷한 개선이 이루어졌다. 1935년 11월 스탈린은 "살기가 더 좋아졌다. 살기가 더 즐거워졌다!"라는 새 슬로건을 만들었다. 그해에 배급제가 단계적으로 폐지되기 시작했고, 급료 인상에 대한 일부 제한이 철폐되었다. 금전적 인센티브는 생산성을 끌어올렸다. 이는 소련 경제의 호시절이었다.

이러한 결실은 스탈린을 고무하여 온건화를 더 확대하는 쪽으로 작용할 수도 있었을 것이다. 그러나 이는 실현되지 않았고, 도리어 새로운 숙청의 물결이 점점 뚜렷해졌다. 역사학자들은 사회가 안정되고 경제가 개선되던 시기에 그가 탄압을 확대한 동기를 이해하려고 아직까지 노력 중이다. 스탈린은 진심으로 나라가 테러 분자들의 음모에 위협 받고 있다고 믿었을까? 정말로 자기 목숨을 잃을까 봐 염려했을까? 오히려 그에 반대되는 증거가 적지 않다. 스탈린은 과거의 반대파들이

지하로 들어가서 테러 조직을 결성한 증거를 찾으라고 엔카베데에 지시했지만, 엔카베데는 아무리 해도 이를 찾아낼 수 없었다. 그들이 발굴해 낸 사건들은 도무지 진실처럼 보이지 않았고 스탈린도 그것이 조작임을 알았을 것이다. 아무튼 그는 자신의 일상생활을 전혀 바꾸지 않았다. 이는 그가 자신의 안전을 염려했음을 알려주는 지표가 될 수 있는데, 그는 일상적인 업무 일정을 고수했고 남부로 휴가도 떠났고 이따금 인민과의 연대를 과시하기 위해 사람들 속에 섞이기도 했다.

1935년 4월 22일, 스탈린의 몇몇 친척과 동료 정치국원들이 그의 크레믈 관저에 모였다. 딸 스베틀라나가 당시 막 개통한 지하철을 타게 허락해 달라고 졸랐다. 마침 기분이 좋았던 스탈린은 나들이를 하기로 했다. 사전 준비가 안 된 외출이었으므로 그와 동행들은 역에 설 때마다 승객들의 인파에 둘러싸였다. 마리야 스바니제는 일기에 이렇게 썼다. "상상을 초월한 소동이 벌어졌다. 사람들이 수령에게 인사하러 몰려들고 '만세'를 외치며 우리 뒤를 따라왔다. 우리는 뿔뿔이 흩어졌고 나는 기둥에 짓눌려 찌부러질 뻔했다…때마침 경찰과 경호원들이 도착해서 다행이었다." 스탈린의 14살 난 아들 바실리는 "일행 중에서 가장 불안해했다." 그러나 스탈린은 "즐거워 보였고 어디선가 나타난 건설 감독관에게 끝없이 질문을 던졌다." 다음 역에서 스탈린은 다시 플랫폼에 내렸지만 그의 딸 스베틀라나를 포함한 친척들은 "군중의 제어되지 않는 환희에 겁을 먹고" 전철 안에 남아있었다. 군중이 "너무 들뜬 나머지 어느 역에서는 수령이 선 곳에서 멀지 않은 철제 가로등 기둥을 넘어뜨릴" 정도였다. 흥분한 군중 때문에 큰 충격을 받은 바실리는 집에 돌아오자마자 "침대에 몸을 던지고 발작하듯이 울었다." 어른들은 진정제를 먹었다.[78]

공격을 당할지도 모른다는 심각한 공포 속에서 사는 사람이 이런 나들이를 ─ 즐기는 것은 고사하고 ─ 감행할 수 있었을까? 1934년 말의 탄압 강화는 그보다 복잡한 계산에 의해 촉발된 것이었다. 키로프의 암살은 모든 독재 체제의 핵심 과제 ─ 독재자 권력의 공고화 ─ 를 위한 조치를 수행할 이상적인 구실을 제공했다. 물론 1934년 말에 스탈린은 이미 독재자였지만, 여느 불안정한 정부 체제가 그렇듯이 독재 체제는 위협 요소를 계속 때려잡아야 존속할 수 있다. 이 기간에 스탈린은 언뜻 보기에는 서로 무관한 두 가지 위협에 직면해 있었다. 첫째는 정치국 내에 있는 '집단 지도 체제'의 유산이었고, 둘째는 과거의 반대파 중 상당수가 아직 생존해 있다는 사실이었다. 이 두 위협은 볼셰비키 전통이랄 수 있는 것의 일부였고, 다모클레스의 검처럼 스탈린의 머리 위에 걸린 채 1인 독재의 대안이 존재함을 계속 상기시켰다. 그의 동료 정치국원들은 정치적으로는 아니더라도 행정적으로 상당한 독립을 누렸다. 그들은 다양한 정부 기관을 운영하고 당과 국가 기관 내에 다수의 부하들을 거느리고 있었다. 집단 지도 체제 및 당내 민주주의의 외피와 더불어, 제도적·씨족적 충성심으로 맺어진 유대는 유일 절대 권력의 마지막 장애물이었다.

스탈린은 1937년 초에 행한 연설에서 간부들을 몇 가지 부류로 나누었다. 그는 그중 한 부류를 '당의 장군들'(3,000~4,000명의 상급 관료들), 또한 부류를 '당의 장교들'(3만~4만 명의 중간급 관료들)이라고 명명했다.[79] 1930년대 중반까지 창당 멤버들은 이 두 그룹 내에서 상석을 차지했지만, 스탈린은 이 존경 받는 인물들을 불신할 이유가 있었다. 그들이 연단에서 뭐라고 말하든, 그에게 아무리 진심으로 충성을 맹세하든 간에, 이 당 원로들은 한때 레닌의 경고가 스탈린의 정치 경력을 끝장낼

뻔 했으며 스탈린이 권력을 유지한 건 오로지 지노비예프와 카메네프의 지지 덕택이었음을, 또 그가 1920년대에 리코프-부하린 그룹을 무너뜨릴 수 있었던 건 오로지 당중앙위원회의 지지 덕택이었음을, 그리고 1930년대의 당 정책이 처참한 실패를 거두었음을 똑똑히 기억하고 있었다. 스탈린은 이 점을 잘 알았다. 1937년에 이르면 당 고위급들이 스탈린을 '동등한 사람 중의 일인자'로 여기는 것이 당연해졌지만, 불과 얼마 전까지만 해도 그는 자리다툼을 하던 많은 이들 중의 한 명이었다. 스탈린은 고참 당원들이 그 시절을 선명히 기억하고 있음을 알았다.

고참 볼셰비키는 오랜 기간의 협력을 통해 서로 긴밀한 관계를 구축했다. 스탈린은 주기적으로 '카드 패'를 섞었지만 다양한 층위의 관료들 주위에 형성된 사적 충성 네트워크를 무너뜨리기란 힘들었다. 우두머리들은 '자기 사람들'을 데리고 이 자리에서 저 자리로 옮겨 나녔다. 이런 네트워크에 속한 사람들은 충성을 분할했다. 즉 독재자에게 봉사했지만 정치국이나 다른 고위 기관에 자신의 후원자를 따로 두고 있었다. 물론 이 모든 그룹은 공식적 구속력과 정치적 권력이 없었다. 그들이 스탈린에 반대하는 활동을 한다는 증거는 아직까지 아무도 발견하지 못했다. 기껏해야 사적으로 불만을 표시하는 정도였다. 하지만 모든 독재자가 그렇듯 스탈린도 최악의 경우를 가정했다. 그는 국내·국제 상황이 악화되는 순간 등 뒤를 찔릴 것을 예상했다. 고참 당원을 절대 충성하는 젊은 당원으로 교체하는 일은 그의 입지를 다지는 프로그램에서 핵심 요소였다. 전쟁 위협의 고조는 수령의 불안과 더불어, 예기치 못한 일이 벌어질 경우를 대비하여 자기 권력을 안전히 다지려는 욕망을 자극했다. "정복자의 마음에 평화가 깃들려면 피정복자의 죽음이 필요하다." 스탈린은 그의 서재에 있던 한 책에서 칭기즈칸이 말했다고 하는 이 구절에 밑줄을 쳐 놓았다.[80]

이 피정복자—굴욕적으로 참회한 예전의 반대파—는 고참 볼셰비키 사회 내에서 정말로 신경 쓰이는 하위 그룹이었다. 비밀경찰이 그들을 면밀히 감시하긴 했지만, 반대파 출신들은 여전히 정식 당원이었다. 그중 다수는 정부 또는 심지어 당 기관 내에 직위를 보유하고 있거나 주요 기업체의 고위직에 있었다. 대부분의 고참 볼셰비키는 혁명의 찬란했던 시기에 반대파가 수행한 공로를 기억했다. 키로프의 암살, 그리고 지노비예프와 카메네프가 테러 음모에 가담했다는 조작 사건은 이 모든 것을 바꾸어 놓았다. 반대파 출신들은 한때 정치적 실수를 저질렀던 동지에서 하룻밤 사이에 '적'이자 '테러 분자'로 탈바꿈했다.

이 갑작스런 변화의 여파는 과거의 반대파에게만 미치지 않았다. 고참 당원 중에 어떤 식으로든 그들과 연결되지 않은 사람을 찾기 힘들었다. 소련 장군 중의 상당 비율이 '붉은 군대'를 창설하고 여러 해 동안 지휘했던 트로츠키 밑에서 일했다. 많은 유망한 관료들이 젊은 시절에 '실수'를 범했다. 1920년대에 훗날 시류가 어떻게 바뀔지를 아직 몰랐거나 단순히 자기 신념을 좇아 어느 시점에서 반대파를 지지한 사람들이 많았다. 지하 활동 기간이나 혁명 기간, 혹은 내전 기간에 함께 싸우면서 나중에 반대파의 일원이 된 이들과 친분을 쌓은 사람들도 있었다. 또 참회한 반대파와 최근에 협력한 사람들도 있었다. 요컨대 스탈린은 반대파 출신을 타격하면서 당 상층부를 대대적으로 재편했다. 이런 식으로 스탈린은 음지에 도사리고 있을지 모를 정치적 반대자를 처리하는 동시에 기관 전체를 숙청할 수 있었다. 여기에는 일부 동료 정치국원의 제거도 포함되었다.

1935년부터 1937년 초까지, 반대파 출신에 대한 박해가 권력 최상층부의 대대적 쇄신과 병행되었다. 키로프의 암살은 진취적인 세 젊은 관료—니콜라이 예조프, 안드레이 즈다노프, 니키타 흐루쇼프—의 입지를 강화해 주었다. 특히 예조프의 승진은 의미심장했다. 숙청을 행할 직접적인 책임을 스탈린이 그의 어깨에 지운 것이다. '키로프 사건'에서 사건 조작 능력을 유감없이 발휘한 예조프에게는 '크레믈 사건'이라는 새로운 임무가 맡겨졌다. 1935년 초에 크레믈 내의 관청에서 일하는 일군의 보조 직원—청소부, 사서, 크레믈 관리자 관할 직원—들이 스탈린 반역 음모를 꾸몄다는 죄목으로 체포·기소되었다. 체포자 중에는 레프 카메네프의 친척이 몇 명 있었으므로 카메네프는 음모를 도모한 죄로 기소되었다.[81] 또 체포된 이들은 크레믈 시설의 운영을 감독했던 스탈린의 오랜 친구 아벨 예누키제[82]의 관할이었으므로 그 또한 이 음모를 사주한 혐의로 기소되었다. 스탈린은 '크레믈 건'에 지대한 관심을 기울였다. 문서고의 자료에 따르면 그는 체포자들의 심문 기록을 정기적으로 받아 읽고 여기에 주석을 달고 엔카베데에 구체적인 지시를 내렸다.[83]

예누키제는 정치국원은 아니었지만, 스탈린 자신을 포함하여 많은 최고위 관료들과 절친한 사이였다는 점에서 집단 지도 체제의 긴밀한 일원이었다. 기본적으로 스탈린은 예누키제를 이용하여 집단 지도 체제의 내구성을 시험해 보고 있었다. 이는 독재자가 자기 측근을 상대로 가한 최초의 중요한 공격이었다. 이 시험은 성공적이었다. 정치국의 저항은 미약했고, 예누키제는 해임되고 체포되고 총살되었다. 한동안 스탈린은 한 번에 한 가지 작전씩만 수행하면서 조심스럽게 발을 디뎠지만, 최상급 노멘클라투라에 대한 청소 작업은 차츰 속도를 내기 시작했다. 그 전환점은 1936년 8월 과거 반대파 지도자들을 상대로 열린 첫 번째 모스크바 공개 재판이었다. 카메네프와 지노비예프와 기타 유력 당 인사들을 포함한 피고인들은 심한 고문을 당한 후 테러 분자이자 스파이로 선언되었고, 이후 총살당했다.

8월 재판은 적에 대한 사냥을 새로운 차원의 히스테리로 끌어올렸다. 스탈린은 예조프를 엔카베데의 수장으로 임명했고, 예조프는 수령의 지시에 따라 새로운 재판을 준비하는 한편 당과 국가 기관의 숙청을 강화했다. 1937년 1월, 이번에는 경제·산업 부서의 고위직에 있는 과거 반대파들에 대한 두 번째 전시용 공개 재판이 열렸다. 그들에게는 '방해 공작'과 '간첩 활동' 죄목이 붙었다. 적으로 낙인찍힌 인물과의 관계 때문에 신변이 위태로워진 스탈린의 가까운 동료들은 굴복했다. 오직 오르조니키제만이 중공업 부문에 있는 자기 부하들의 체포를 막기 위해 스탈린과 충돌했는데, 결국 이는 오르조니키제의 자살로 끝났다.[84] 이 절망적인 행동은 정치국원들이 스탈린 앞에서 얼마나 무력감을 느꼈는지를 보여 준다. 비밀경찰에 대한 통제는 그를 불굴의 세력으로 만들어 주었다. 중간급 관료들은 말할 것도 없고 수령의 오랜 전우들도 세력이 균열되었다. 그들은 저마다 자기 몸을 보존하고자 스탈린의 환심을 사려고 노력하며 서로 경쟁했다.

이상이, 이미 체포로 그 수가 줄어든 노멘클라투라가 1937년 2~3월 당중앙위원회 총회에 소집되었을 때의 상황이었다. 이 총회에서 스탈린은 탄압을 계속할 것을 지시했고, 예조프는 '우익 일탈파' 지도자 니콜라이 부하린과 알렉세이 리코프('우익 일탈파'의 또 다른 주요 인물인 미하일 톰스키는 이미 1936년 8월에 스스로 목숨을 끊었다)에 대한 기소를 촉구하는 연설을 했다. 물론 총회는 예조프의 제안을 승인했다. 부하린과 리코프는 체포되었고, 1938년 3월 세 번째 모스크바 공개 재판에서 총살형을 선고받았다. 앞의 두 재판이 그랬듯이 이 재판 뒤에도 거짓 판결이 전국을 휩쓸었다.

당과 국가 기관을 휘저어 놓은 탄압은 '권력 기구'인 엔카베데와 군대 — 스탈린이 자신의 독재 체제에 가장 위협적이라고 여긴 조직 — 에 특히 무서운 기세로 닥쳤다. 엔카베데를 장악한 예조프는 자기 전임자인 야고다와 그의 많은 동료들을 처리했다. 1937년 6월, 국방 부인민위원 미하일 투하쳅스키를 포함한 다수의 고위 장교들이 고문을 당한 후 '반소 친트로츠키 군사 조직'의 일원이라는 날조된 혐의로 사형 선고를 받았다.[85] 그 후 얼마 안 있어 체포의 물결이 군 전체를 휩쓸었다. 최근 공개된 문서고에 대한 학술 조사 덕분에 이제 수십 년 묵은 논쟁을 마무리할 수 있게 되었다. '투하쳅스키 사건'과 군에 대한 탄압 캠페인 전체는 스탈린의 직접 감독하에 엔카베데가 조작한 증거에 의거한 것이었다. 군사 지도자들에게 씌워진 혐의는 실제로 하등의 근거가 없었다.[86]

초기의 탄압은 주로 정부, 당, 국가 안보 기관, 군의 핵심 요인들을 겨냥했고 평범한 시민들에게는 거의 영향을 끼치지 않았다. 만약 숙청이 당-국가의 노멘클라투라에만 한정되었다면, 스탈린의 주된 목표가 창당 주역을 제거하고 자기에게 맹목적 헌신을 바치는 신세대 관료를 그 자리에 앉히는 것이었다고 주장해 온 이들에게 동의할 수도 있을 것이다. 그가 이 목표를 추구한 것은 부인할 수 없는 사실이다. 그러나 1937년 하반기부터 숙청은 훨씬 광범위한 소련 주민에게까지 그 힘을 미치기에 이르렀고, 바로 이 확대 때문에 여기에 '대숙청'이라는 명칭이 붙게 되었다. 그 규모와 희생자 수로 볼 때, 후기의 숙청은 주로 관료들을 겨냥했던 초기의 숙청을 압도적으로 능가했다. 노멘클라투라의 상당 비율을 총살한 뒤, 스탈린은 자신의 숙청 작업을 그 논리적 귀결로 몰고 갔다. 상층부의 권력을 공고화한 그는 전국에서 의심스러운 제5열*을 축출하는 일에 착수했다. 대전쟁의 위협이 스탈린의 피해망상을 악화시켰다. 수십만 명의 무고한 사람들이 그 대가를 치렀다.

* 적과 내통하는 내부 세력.

권력 최측근 집단 내의 공포

1953년 3월 2일 새벽, 근처 다차. '4인방'이 최초로 도착하다.

경호원이 우편물 꾸러미를 들고 스탈린의 관저로 들어가 그를 찾기 시작했다. 그는 방 몇 개를 거친 뒤 마침내 작은 식당에서 수령을 발견했다. 그 광경은 필시 지극히 충격적이었을 것이다. 스탈린은 무기력하게 바닥에 쓰러져 있었고 그 밑은 젖어 있었다.[1] 이 마지막 사실이 중요한 것은 통쾌함이나 값싼 선정주의 때문이 아니라, 그 이후의 사건 전개에 끼친 영향 때문이다. 스탈린은 경호원이 보기에 말을 할 수 없는 상태 같았지만 분명히 희미한 손짓으로 그를 가까이 불렀다. 경호원은 동료들을 불러왔고, 그들은 스탈린을 들어 올려 긴 소파에 눕혔다. 그리고 직속상관인 국가보안부 장관 세묜 이그나티예프에게 전화를 걸었다. 나중에 경호원들이 한 증언에 따르면, 이그나티예프는 그 어떤 결정도 내리길 거부하고 최고 지도급의 일원인 베리야와 말렌코프에게 전화를 걸라고 지시했다.

이그나티예프의 반응은 충분히 이해할 만하다. 그는 몇 시간 전 스탈린의 방에 불쑥 들어가기를 두려워했던 경호원들과 똑같이 행동하고 있었다. 이그나티예프는 수령에게 의사를 부르는 결정을 책임지고 싶지 않았다. 불과 2년 전 당중앙위원회 부장이라는 비교적 안락한 자리에서 밀려나 국가보안부 장관으로서 인민의 적을 색출하는 책무를 떠맡은 사람에게 이것은 곤란한 문제였다. 그는 실패에 크나큰 대가가 따르는 이 자리에 스탈린이 자기를 앉힌 그날을 저주했을 것이다. 그날 이후로 그는 공포 속에서 살았다. 스탈린이 뇌졸중 비슷한 것으로 쓰러졌다는 전갈을 받았을 때 그의 유일한 바람은 의사결정 책임을 다른 사람의 손에 떠넘기는 것뿐이었다.

상관에게서 어떤 지시도 받지 못한 경호원들은 말렌코프를 수소문하여 연락했고, 그는 지도 5인방의 나머지 멤버들 — 베리야, 흐루쇼프, 불가닌 — 에게 이 사실을 알렸다. 이것은 이치에 닿는다. 말렌코프는 스탈린의 상태를 확실히 알지 못하는 상태에서 혼자 다차에 가거나 의사의 왕진을 승인하는 유일한 인물이 되고 싶지 않았다. 모든 결정은 집단적으로 내려야 했다. 네 사람은 다차에서 만나 상황을 파악하고 이후 취해질 여하한 조치에 대해 서로를 엄호해 주기로 합의했다.

흐루쇼프의 회고록과 경호원들의 증언은 한밤중에 다차에 도착한 지도부가 극도로 조심스럽게 행동했음을 묘사하고 있다. 그들은 스탈린이 회복했을 때 행여 그의 분노를 자극할 일을 저지를까 봐 두려웠다. 흐루쇼프에 따르면 처음에 그들은 스탈린의 관저에 들어가지도 않고 우선 경호원들을 심문했다. 경호원들의 설명은 그들을 더더욱 불안하게 만들었다. 스탈린이 명백히 소변을 가리지 못할 정도로 무능한 상태라는 사실은 지도자들을 곤란한 입장으로 몰아넣었다. 그들은 스탈린이 그런 상태의 자신을 아무에게도 보이고 싶어 하지 않으리라는 것을 알았다. 이것이 그저 지나가는 에피소드라면 어쩔 것인가? 스탈린은 치욕적으로 무기력한 자기 모습을 목격한 사람들을 곱게 보지 않을 것이다. 흐루쇼프의 설명에 따르면, 스탈린이 "현재 잠든 것 같다"는 경호원들의 말을 들은 그들은 "그가 이렇게 흐트러진 상태에서 우리가 그의 곁에 모습을 보여서 우리가 그 자리에 있었던 게 공식적으로 알려지면

곤란하리라고 생각했다. 그래서 우리는 집으로 돌아갔다."[2]

호루쇼프의 회고록에 전말이 담겨 있지 않음은 명백하다. 경호원들에 따르면 네 사람은 떠나기 전에 말렌코프와 베리아를 뽑아서 그들이 스탈린의 방에 들어가 그의 상태를 직접 확인하기로 했다. 이 일에 두 사람이 필요한 이유는 명백했다. 네 명이 다 같이 들어가면 불필요한 소음을 내서 수령을 깨울 위험이 있었다. 또 아무도 혼자서는 들어가고 싶어 하지 않았다. 그래서 베리야와 말렌코프가 행여 스탈린을 깨울까 두려워 발소리를 죽이고 살며시 들어가서 보는 동안 흐루쇼프와 불가닌은 경호원 구역에서 대기했다. 이 대목에서 경호원들은 다소 익살스러운 장면을 기억했다. 말렌코프의 새 구두에서 끽끽대는 소리가 나는 바람에 그가 구두를 벗어 겨드랑이에 끼고 걸어간 것이다. 방으로 다가가는 동안 두 사람은 스탈린이 낮게 코 고는 소리를 들었다. 밖으로 나온 베리야는 경호원들이 별 것도 아닌 일로 법석을 떨었다고 질책했다. 스탈린은 그저 잠들었을 뿐이었다. 경호원들은 몇 시간 전에는 상황이 훨씬 좋지 않았다고 설명하며 자신들의 행동을 변명했다.[3] 네 사람은 경호원들의 우려를 일축하고 모스크바로 돌아갔다.

일부 역사학자와 평자들은 이 일화에서 음모의 분위기를 탐지하고 스탈린의 죽음을 의사의 도움을 청하지 않은 결정 탓으로 돌린다. 이런 해석은 의심스럽다. 우선, 검시를 행한 의사들의 증언에 따르면 스탈린의 뇌졸중은 여러 해 전부터 진행되어 온 동맥 경화증의 결과였다.[4] 신속한 조치로도 그를 살릴 수는 없었을 것이다. 하지만 다른 한편으로, 그의 동료 지도자들은 이 사실을 알 길이 없었다. 그들은 의료 조치를 취하거나 보류할 때 초래될 수 있는 결과를 알지 못했고, 의사를 부르지 않은 데는 모종의 악의적 의도가 내포되었을 수도 있다. 확실히 많은 소련 고위층들은 자기들의 심술 맞은 지도자가 장수하기를 내심 바라지 않았다. 하지만 그보다 덜 사악한 설명도 고려해야 한다. 스탈린의 동료들은 그저 개입하기를 두려워했다. 그들은 나서서 행동하는 데 익숙지 않았고, 의심이 많고 변덕스러운 스탈린의 성격을 너무도 잘 알았다. 그해 3월 초의 며칠 동안, 이 사건에 연루된 모든 사람들―경호원, 이그나티예프, 5인방 멤버들―은 정확히 스탈린이 그들에게 훈련시킨 대로 행동했다. 항상 등 뒤를 확인하고 가능한 한 많은 책임을 서로에게 떠넘기려고 노력하며, 긴장한 발걸음을 조심스럽게 내디뎠다.

심지어 스탈린과 오랜 세월 투쟁을 함께 해온 가장 가까운 동료와 친구들조차 끊임없는 파멸의 위협 아래서 여러 해를 살아온 터였다. 독재자는 주변인들을 자기 멋대로 휘두를 때에만 자기 권력을 확신할 수 있었다. 스탈린은 과거의 반대파 지도자들을 처리한 뒤 이어서 1937~1938년 정치국원 중의 상당 비율을 총살했다. 일부 생존한 동료의 가까운 친척들도 체포되거나 죽임을 당했다. 정치국원 라자르 카가노비치[5]의 형은 자살했고 칼리닌의 아내는 수용소에 갇혔다. 잠재적 과두 지도자들에 대한 이런 탄압은 전쟁 이후에도 계속되었다. 스탈린 하에서 두각을 나타낸 두 소장파 관료 니콜라이 보즈네센스키와 알렉세이 쿠즈네초프는 '레닌그라드 사건'*으로 제거되었다.[6] 이와 비슷한 시기에 몰로토프의 아내도 체포되었다. 스탈린은 사망하기 불과 몇 개월 전에도 몰로토프와 미코얀을 쳐내어 사실상 권좌에서 제거했다. 새로운 숙청이 없으리라는 유일한 보장은 아마 그의 죽음뿐이었을 것이다.

---

* 476쪽 이하 참조.

사실상 소련 최고 지도부 전원이 경력의 어느 시점에서 굴욕과 참회의 의식을 치르고 수령에 대한 충성 맹세를 갱신해야 했다. 스탈린은 그들을 냉대하다가 얼마 후에 다시 동지로 맞아들이곤 했다. 그는 호통이 잦았고 언론과 다양한 공개석상에서 정치적 '태형'을 내리기를 좋아했다. 그가 벌컥 성을 내는 것은 무시무시한 광경이었다. 대외무역부 장관 미하일 멘시코프는 회의 중에 자신이 스탈린의 질문을 제대로 알아듣지 못해서 그의 노기를 자극했던 일을 이렇게 회고했다. "그는 나를 이글이글한 눈빛으로 쏘아보더니 굵은 연필 한 자루를 나를 향해 있는 힘껏 내던졌다. 연필은 기다란 탁자를 건너 내 쪽으로 홱 날아왔다. 한동안 모두가 얼어붙어서 다음에 무슨 일이 일어날지를 숨죽이고 기다렸다."[7] 스탈린이 사망한 뒤 이그나티예프는 끊임없는 질책에 시달렸던 것에 불만을 터뜨렸다. "스탈린 동무는 내가 평생 들어 본 가장 험한 말로 나를 나무라고 멍청이라고 깎아내렸다."[8] 1952년 10월 작가 콘스탄틴 시모노프가 당중앙위원회 총회에 참석했을 때 그는 스탈린이 몰로토프와 미코얀을 비난하는 맹렬한, '거의 흉포하고' '무절제한' 말투에 충격을 받았다.[9] 스탈린의 욱하는 성질과 예측 불가능한 언동이 특히 만년에 더 심해진 것은 건강 악화 때문이기도 했다.

소련 최고위 관료들은 황금 새장 안에서 살았다. 자기 수하들의 생사여탈권을 쥔 그들도 최고 우두머리 앞에서는 언제나 속수무책이었다. 그들의 안전, 이동 수단, 주고받는 서신, 특별 전화선, 다차, 관저—이 모두를 독재자가 철저히 통제하는 공안 기관이 관리했다. 이러한 통제는 이 관료들이 누구와 어떻게 시간을 보내는지를 스탈린이 낱낱이 알았음을 의미했다. 그것으로도 충분치 않아서 그는 비밀경찰을 시켜 일부 정치국원을 감시하기 위한 도청 장치를 설치하게 했다.[10]

집단 지도 체제에 대한 억압에도 불구하고, 주기적으로 나타나는 과두정의 징후는 스탈린의 유일 권력을 불가피하게 위협했다. 비록 스탈린의 손아귀에 거의 쥐여 지내긴 했지만, 그의 동료 지도자들은 주요 정부 기관의 수장으로서 어느 정도의 행정적 자율성을 누렸고 국가 운영에 중요한 영향을 끼치는 많은 결정을 독자적으로 내렸다. 게다가 신체적으로 노쇠한 스탈린이 일상적 의사 결정에 전처럼 시시콜콜 관여하지 못하게 되면서 그들의 권위는 좀 더 확대되었다. 스탈린은 이러한 위협을 잘 알았다. 콘스탄틴 시모노프는 수령이 자기 동지들에게 전형적으로 했던 코멘트를 직접 듣고 이렇게 기록했다.

> 자기들끼리 의견 차이가 있어도 서류에는 어떻게든 합의된 것처럼 다듬어서 나한테 제출합니다…내가 모든 걸 알 수는 없다는 걸 관리자들도 아니까. 그들이 원하는 건 내 서명이 들어간 공문서뿐이란 말입니다. 그래요, 내가 모든 걸 알 수는 없지요. 그래서 내가 의견 차이와 반대를 유심히 보고 그게 어떻게 생겨났나, 진짜 문제가 뭔가를 알아내려고 하는 겁니다. 관리자들은 이런 걸 나한테서 숨기려고 안간힘을 씁니다. 표결이 나온 대로 하고 의견차를 은폐한단 말입니다. 다 내 서명이 들어간 공문서를 얻어 내려고 그러는 겁니다. 그 자들이 내게 바라는 건 공문서입니다.[11]

스탈린이 관료 사회의 이런 상호 보호막을 뚫은 방법은 무차별 난사라는 말로 표현할 수 있다. 독재자의 부하들은 그가 어떤 질문에 갑자기 관심을 보일지 알 길이 없었다. 또 스탈린이 어떤 결정에 반응을 보일지, 언제 어떠한 반응을 보일지도 알 길이 없었다. 무작위 공격의 끊임없는 위협을 통해서 그는 기관과 측근들을 항시 긴장 상태로 유지할 수 있었고, 이로써 그들에 대한 통제의 공백을 메울 수 있었다. 그가 수많은 경로를 통해 정보를 보고받은 사실 또한 수하들에 대한 수령 권력의 극대화에 일조했다. 정부와 당 관료 체제, 법원, 국가 안보 기관 모두가 서로를 감시했고, 자기 결함을 감추고 타 기관의 티끌을 열심히 폭로하며 스탈린을 향해 서로를 밀고함으로써 자기들의 경각심과 효율성을 입증하려 했다.

탄압, 끊임없는 처벌의 위협, 스탈린의 불같은 성미와 변덕 때문에 소련 고위 관료들의 삶은 거의 힘없는 보통 사람들의 삶만큼이나 힘겨웠다. 그의 '동지들'은 끊임없는 스트레스 속에서 살고 일했다. 장기 근속한 한 소련 외교관은 스탈린의 가장 헌신적이고 성공적인 동료 중 한 명인 안드레이 비신스키 외무 장관에 대해 다음과 같은 회고를 남겼다. "비신스키는 스탈린을 굉장히 두려워했다. 그는 매주 목요일 스탈린에게 가서 보고했는데, 그날이 되기 한참 전부터 그와 대면할 생각에 기분이 언짢았다. 목요일이 다가올수록 우울해지고 짜증이 늘었다…하지만 모든 것이 지나간 금요일쯤에는 하루나 이틀 정도 느긋해졌다. 경험 많은 사람들은 아주 골치 아픈 문제를 보고하거나 개인적인 일을 부탁하러 그에게 접근하려면 바로 이때 하는 것이 최선임을 알았다."[12]

스탈린은 무자비한 상관이었다. 그는 부하들에게 철저한 헌신을 기대했고 군대식 관리를 선호했다. 명령은 무조건, 어떤 대가를 치르고라도, 토 달지 말고 수행해야 했다. 끊임없는 체포 위협과 과중한 업무 부담 외에 또 스탈린 측근들의 삶을 힘들게 만든 것은 그의 야행성 기질이었다. 기관들은 수령의 습관에 맞추기 위해서 그가 깨어 있는 밤에도 일했고 그를 제외한 나라 전체가 깨어 있는 낮에도 일했다. 스탈린 밑에서 일하는 스트레스가 몇몇 사람들을 강하게 단련시킨 것은 확실하다. 그의 최측근 중 많은 수가 장수했다. 예를 들어 몰로토프와 카가노비치는 거의 100세까지 살았다. 그러나 모두가 그런 강철 같은 기질과 부하들에 대한 스탈린의 요구를 견뎌 내는 데 필요한 적응력을 갖춘 것은 아니었다. 1947년 작성된 당중앙위원회의 한 서류는, "당과 정부 내 주요 간부들의 건강에 대한 분석은 많은 이들이 – 심지어 비교적 젊은 사람들도 – 업무 능력에 심각한 영향을 주기에 충분할 정도의 심혈관 및 신경계 질환을 앓고 있음을 보여 준다. 이런 질환의 한 가지 원인은 주간뿐만 아니라 야간과 많은 경우 휴일까지 이어지는 근무 스트레스"라고 인정했다.[13] 스탈린이 살아 있는 동안은 이 문제에 손쓸 길이 없었지만, 그가 사망하고 얼마 안 있어 정부 정규 기관의 야근 금지를 의무화하는 결의안이 채택되었고, 관료 체제는 정상적인 방식으로 운영되기 시작했다.

스탈린은 관료들을 조종하는 거대한 기계의 중심에 자리 잡았다. 그는 탄압을 발의하고 이끌었으며 모든 공식적 인사이동을 조직했고 아무도 특정한 직무에 편안히 자리 잡지 못하도록 인력을 끊임없이 재배치했다. 다른 독재자처럼 그도 부하들에게 공포와 경애와 본능적 헌신의 감정을 불어넣는 데 매진했다. 독재자의 골수 추종자였던 뱌체슬라프 몰로토프는 라자르 카가노비치를 가리켜 '200퍼센트 스탈린주의자'라고 묘사했다.[14] 바로 이들이 스탈린이 키우고자 한 부류의 사람들이었다.

소련 정부가 – 그 최고위 지도부까지 – '스탈린화'된 과정의 핵심 요소는 바로 1930년대의 대규모 숙청이었다. 이 숙청은 불과 몇 개월 만에 고참 당원들을 말살하고, 과거에 대해 그리고 나라가 어떻게 달리 운영될 수 있을지에 대해 적당히 무지한 새로운 얼굴로 그 자리를 채웠다. 혁명기에 공을 세워 소련 정부에서 자리를 차지했던 관료들이 '새로운 피'로 교체되었다. 테러가 물러간 1940년에 러시아의 각 지방과 소련 내 민족 공화국 당중앙위원회의 비서 중 57퍼센트가 35세 이하였다.[15] 다수의 장관, 장군, 주요 국영 기업체 사장, 예술가 동맹 의장들이 30세에서 40세 사이였다.

스탈린은 이렇게 벼락출세한 이들에게 엄청난 권력을 주고 자기만의 작은 독재 체제를 이끌 수 있게 허락해 주었다. 수백만 명의 운명과 심지어 목숨까지도 그들 손에 달려 있었다. 그들은 상당한 자원의 분배와 거대 산업체의 운영을 좌지우지했다. 그리고 그들만의 법에 따라 살아가는 그들만의 카스트를 형성하고 그들만의 특권적 세계를 누렸다. 이 카스트의 성원은 굶주림이나 물질적 결핍을 알지 못했다. 처참한 주택 부족이나 낙후된 보건 시스템의 영향도 받지 않았다. 그리고 경호원들의 보호를 받으며 널찍한 집과 다차에서 살았다. 그들의 자가용은 만원 버스와 전차를 추월했다. 그들의 쇼핑을 대신해 주는 사람은 텅 빈 상점 밖에서 몇 시간씩 줄을 설 필요가 없었다. 그들의 봉급과 세금이 부과되지 않는 추가 급여(소위 '봉투')는 일반 시민들의 초라한 급여를 수십 배나 능가했다. 노멘클라투라에 끼는 특권을 누린 소련 작가는 수십만 루블에 달하는 급료를 받았고, 어떤 경우에는 연간 수입이 1백만 루블에 달하기도 했는데 이는 소련 농민의 연 수입보다 수천 배나 많은 액수였다.[16] 무소불위의 정부 단체에 소속되어 있다는 감각에 취한 그들에게서는 공감이나 자기반성이나 '타자'에 대한 이해를 전혀 찾아볼 수 없었다.

스탈린은 이 노멘클라투라 세계의 문지기였다. 그 입장권을 얻으려면 그의 호의나 지원을 얻어야만 했다. 운이 좋아서 생존한 이들에게 자기 전임자들이 맞은 끔찍한 운명과 끊임없는 탄압은 독재자에 대한 감읍을 더 강화할 뿐이었다. 스탈린은 이 신세대 관료 중 상당수보다 나이가 두 배나 많았다. 그들 상당수는 당의 혁명 시기나 이제는 적으로 낙인찍힌 과거 지도자들에 대해 거의 알지 못했다. 그들에게 스탈린은 궁극의 권위자, 혁명의 지도자, 승리한 대원수, 마르크스주의의 창시자들과 어깨를 나란히 하는 이론가였다.

스탈린은 다양한 방식으로 이러한 이미지를 부추기는 데 매진했다. 자기 측근들에게 이런 말을 해서 열등감을 조장하기도 했다. "자네들은 눈 먼 새끼 고양이 같군. 내가 없으면 제국주의자들이 자네들 목을 조를 걸세."[17] 점차 그는, 작전상의 세부는 동지들의 손에 맡기고 중요한 일의 모든 주도권을 행사할 배타적 권리를 거머쥐었다. 그의 연설, 대화, 서신은 작위적인 깊이를 가미한 강연과도 비슷했다. 그는 사건에 의미를 부여하고 문제에 대한 자신의 방대한 지식과 깊은 이해를 과시하기를 좋아했다. 그가 내리는 교시의 확신에 찬 어조는 그의 논리적 빈약함과 부자연스러움을 가려 주었다. 하지만 누가 감히 그에게 도전할 수 있었을까? 교양이 부족한 경향이 있는 대다수 관료에게 스탈린의 말은 거의 신성한 분위기를 띠었다. 그러나 수령이 권위의 음성이 된 것은 그가 이론적 발언을 독점했기 때문만은 아니었다. 그는 간결한 아포리즘을 활용하는 재주가 있었을 뿐만 아니라 독서량이 풍부하고 기억력도 좋았다. 또 회의 준비에 공들여 시간을 할애한 덕분에 인상적인 세부 지식을 과시할 수 있었다. 이러한 지식은 그의 연기를 목격한 많은 이들에게 깊은 인상을 남겼다.

스탈린이 행한 모든 발언이 대단한 무게를 띠었던 주된 이유는, 그것이 공포와 경애를 동시에 불러일으키는 엄청나게 막강한 독재자의 말이었기 때문이다. 그는 이런 이미지를 강화하기 위해 짐짓 지혜로운 중재자이자 최종 재판관으로서의 태도를 취했다. 회의장에서는 다른 참석자들과 어울리지 않고 파이프를 든 채 주변을 천천히 거닐었다. 그리고 청중의 넋을 잃은 눈길 앞에서 마치 중대한 결단을 힘들게 내리고 있는 것처럼 숙고 과정을 소리 내어 중계했다. 스탈린은 절대로 공개석상에서 스스로를 위인으로 떠벌리지 않았다. 공식 선전에서 그의 위대함을 우스꽝스러울 정도로 소리 높여 외치는 것만으로도 충분했다. 걸출함은 수수한 외관과 대비되었을 때 근사하게 두드러짐을 잘 알았던 스탈린은 자신이 어디까지나 레닌의 제자이자 당과 인민의 종복일 뿐이라고 말했다. 그리고 이러한 '겸허함'을 강조할 기회를 빼놓지 않고 활용했다. 어쩔 수 없이 기립 박수를 받을 때는 조바심을 표하거나 심지어는 민망한 척했다. 연설에는 자기 비하와 서민적인 농담을 곁들였다. 그의 다차에 온 일부 내방객들이 외투를 입고 벗는 것을 도와주기도 했다. 1950년 1월 중국 지도자들이 모스크바에 방문해서 마오쩌둥이 주최한 리셉션에 도착했을 때는 외투 보관소 직원에게 인사하고 그의 도움을 거절하며 이렇게 말했다. "고맙지만 이 정도 일은 나도 할 수 있을 것 같네." 그리고 외투를 벗어서 손수 옷걸이에 걸었다.[18] 스탈린이 이런 소탈함을 가장했다고 해서 적절한 때에 자신의 진가에 대한 본심을 드러내지 않은 것은 아니었다. 그는 1947년에 자신의 공식 자서전을 직접 편집하면서 다음과 같은 구절을 넣었다. "당과 인민의 수령으로서의 임무를 노련히 수행하고 소련 인민의 전폭적인 지지를 누렸음에도, 스탈린은 자기가 행한 일에 대해 단 한 점의 자만

이나 오만, 자찬도 허락지 않았다." 이 자서전은 1,300만 부 인쇄되었다.[19]

스탈린은 자기가 권력을 쥐게 된다면 무오류의 화신으로 여겨져야 한다고 믿었음이 틀림없다. 그는 이따금 실수를 인정했지만 이것이 그의 실수가 되어선 안 되었다. 그릇된 결정과 행동은 적의 음모 탓일 때가 가장 많았고 아니면 '정부'나 관료들의 탓이었다. 그가 국가적 재난의 직접적인 책임자일 수도 있다는 생각은 바로 묵살되었다. 하지만 그는 성과의 공은 흔쾌히 차지했다. 독재자들에게 으레 있는 일이지만, 무한한 권력은 필연적으로 자신이 놀라운 선견지명을 지녔다는 믿음을 그에게 부여했다. 그러나 자기가 고귀한 소명을 따르고 있다고 믿으며 신비주의로 기운 히틀러와 달리, 자신의 무오류성에 대한 스탈린의 믿음은 그의 의심 많은 성격과 불안에 기인한 것으로 보인다. 그는 믿을 사람은 오직 자기 자신뿐이며 자기 주변에 적과 배신자가 득실거린다고 확신했다. 때때로 이런 정치적 피해망상은 이루 헤아릴 수 없는 비극의 원인이 되었다. 1937~1938년에 벌어진 일도 바로 그러한 경우였다.

4

테러와 다가오는 전쟁

노멘클라투라 구성원과 과거 반대파에 대한 탄압의 물결은 1937년 내내 계속 높아졌지만 8월부터는 쓰나미로 바뀌었다. 탄압 대상이 수만 명 단위의 관료에서 수십만 명 단위의 일반 소련 시민으로까지 확대된 것이다. 1937~1938년의 탄압에 로버트 콘퀘스트가 명명한 '대숙청(Great Terror)'이라는 이름이 붙은 것은 바로 이 시점과 관련이 있다.[1]

문서고가 개방된 뒤, 우리는 대숙청의 요체가 서로 다른 집단을 겨냥하여 정치국이 승인한 일련의 작전들이었음을 알게 되었다. 이 작전 중 가장 광범위한 — '반소 분자'를 겨냥한 — 것은 1937년 7월 30일 정치국이 승인하여 8월부터 12월까지로 계획된 '엔카베데 명령 00447호'에 의거하여 수행되었다. 처형하고 수용소에 구금할 인원수가 각 지방과 공화국에 구체적 수치로 할당되었다. 이러한 인명 살상 할당량은 곡물이나 금속 생산 할당량과 매우 비슷했다. 그 첫 단계에 약 20만 명이 수용소에 갇혔고 7만 명 이상이 총살되었다. 그러나 명령 00447호는 융통성을 허용했다. 즉 지방 관료들이 체포 및 처형 허용 인원수를 늘려 달라고 모스크바에 요청할 권리가 있었다. 관련자 전원은 이것이 사실상 의무임을 분명히 알았다. 최초 목표량을 신속히 달성한 지방 정부들은 모스크바에 '더 많은 임무'를 새롭게 요청했고 이는 거의 항상 승인되었다. 모스크바의 독려로, '적'을 말살하는 최초의 계획은 몇 배로 초과 달성되었다.

이 작전의 영향을 받은 첫 번째 '반소 분자'는, 명령 00447호에 따르면 수용소와 유형지에서 복귀한 뒤에도 '반소 전복 활동'을 계속해 온 쿨라크였다. 명령 00447호는 쿨라크를 대단히 강조해서 흔히 '쿨라크 명령'이라고도 불리지만 이는 부정확한 명칭이다. 과거 볼셰비키에 반대했던 당의 구성원, 과거의 백군파 구성원, 생존한 제국군 장교들, 형기를 마치고 석방된 '적' 등 다른 수많은 집단의 체포와 처형에도 이 명령이 적용되었기 때문이다. 일반 범죄자들은 이 목록의 끄트머리에 위치했다.

이러한 표적 목록은, 스탈린 지도부가 현존하는 혹은 잠재적인 위협으로 취급하는 모든 사람의 말살과 구금이 이 작전의 목적이었음을 암시한다. 이 목적은 '반소 분자' 작전과 병행하여 전개된 '민족' 작전에서 더더욱 뚜렷이 드러난다. '민족' 작전 역시 모스크바에서 계획되었고 정치국이 승인한 엔카베데 특별 명령에 의거해 수행되었다. 이는 소련 내의 폴란드인, 독일인, 루마니아인, 라트비아인, 에스토니아인, 핀란드인, 그리스인, 아프가니스탄인, 이란인, 중국인, 불가리아인, 마케도니아인들에게 재앙에 버금가는 충격을 미쳤다. 소련 지도부는 이 모든 집단이 적대적인 외세의 앞잡이가 될 가능성이 농후하다고 보았다. 동청철도東清鐵道*에 고용되었다가 1935년 철도가 일본에 매각된 후 하얼빈에서 귀환한 소련인들에 대한 특별 작전 또한 수행되었다.

대숙청은 '반소 분자'와 '민족' 작전의 두 캠페인으로 구성되었다. 이는 1937년 여름에 시작되어 1938년 11월에 완료된 고도로 중앙 집중화된 작전이었다. 가장 최근에 알려진 지식에 근거하면 약 160만 명이 체포되고 그중 70만 명이 총살당했다.[2] 엔카베데의 고문실에서 목숨을 잃은 사람의 수는 알려지지 않았다. 약 1년 반 동안 이어진 대숙청 기간 동안 매일 평균 1,500명의 '적'이 살해되었다. 소련 인민에 대한 스탈린의 범죄 중에 그 규모와 야만성에서 대숙청에 필적하는 것은 없으며, 인류 역사를 통틀어도 여기에 비견될 만한 장면은 별로 없다.

이러한 수치는 어째서 대숙청이 스탈린의 독재 체제와 그의 개인적 잔인성을 상징하게 되었는지를 설명해 준다. 진지한 학자들 사이에서는 스탈린 자신이 숙청 배후의 영감이었다는 데 이론이 없다. 그가 관여했음을 입증하는 증거들이 문서고 개방 후에 추가로 발견되었는데,

---

* Chinese Eastern Railway. 치타에서 블라디보스토크에 이르는 시베리아 철도의 만주 통과 노선으로, 러시아가 청에게서 부설권을 획득하여 1902년에 완공했다. 그러나 동철철도의 남부 지선인 남만주철도는 러일전쟁 직후 일본에 양도되었고 1935년에는 동청철도가 만주국에 매각되었다. 1945년 8월 소련은 일본에게 선전 포고를 하는 동시에 만주에 침공하면서 동청철도 및 남만주철도를 되차지하고, 이 두 철도를 합해 장춘철도로 개칭했다. 그리고 국민당 정부의 장제스와 동맹 조약을 맺어 장춘철도를 소련이 30여 년간 사용하기로 합의했다. 1949년 중국 공산당이 중화인민공화국을 세운 뒤, 소련과 중공은 과거 국민당과 맺었던 동맹 조약을 개정해 장춘철도를 중화인민공화국에 반환하기로 합의했다.

이로써 모스크바가 이 작전을 얼마나 긴밀히 지시했는지가 드러났다. 스탈린이 대숙청의 교사자이자 조직자였다는 데 대한 일말의 의구심마저 잠재운 역사학자들은 이제 이 피비린내 나는 시기에 그가 품었던 계획과 계산을 재구성하는 데 착수했다. 학자들은 스탈린의 동기에 대해 여러 해 동안 논쟁해 왔다. 그가 저지른 행위의 무시무시함 때문에 혹자는 그가 정신 이상이었다고 생각하기도 한다. 현 시점에서는 그런 가능성을 입증하는 의학적 증거를 입수할 길이 없지만, 우리는 이 시기 스탈린의 정신 상태를 보여주는 풍부한 증거를 가지고 있다. 그는 여러 해 만에 처음으로 남부로 여름휴가를 떠나지 않고 모스크바에 머물러 일제 검거를 지휘했다. 그가 심문 기록에 남긴 많은 메모와 지시 사항, 이 시기 그와 엔카베데 사이에 오간 방대한 서신들은 더욱 시사적이다.

> 예조프 동무: 매우 중요. 우드무르트, 마리, 추바시, 모르도바 공화국을 철저히 조사해야 함. 빗자루로 쓸어버릴 것.[3]

> 지역별 폴란드 첩자의 이름을 대지 않으니 운실리히트를 구타할 것.[4]

> 예조프 동무: 잘했소! 계속 캐서 이 폴란드 첩자 쓰레기를 모조리 소탕하시오![5]

> '검토'할 필요 없음. 체포해야 함.[6]

> 발터(독일인), 발터를 구타할 것.[7]

1937~1938년에 폭발한 스탈린의 광포함을 이해하는 데 중요한 출처 중 하나는 이 시기에 그가 행한 연설과 발언의 녹음 원본이다. 이 기록은 최근에 접근 가능해졌다. 이 발언들은 이례적일 정도로 비비 꼬이고 조리가 없으며 적과 음모가 사방에 존재한다는 주장으로 점철되어 있다. 1937년 6월 2일 국방 인민위원 평의회에서 스탈린은 "모든 당원과 신실한 비당원과 소련 시민은 자신이 목격한 일체의 허물을 보고할 권리뿐만 아니라 의무가 있습니다. 설령 그중 5퍼센트만이 진실이더라도 그럴 가치가 있습니다."라고 단언했다.[8] 또 다른 사례를 들면, 스탈린은 1937년 10월 29일 야금 및 석탄 산업에서 최고 실적을 거둔 노동자들을 크레믈로 초청하여 특별 리셉션을 베푼 자리에서 심지어 그들마저도 신뢰할 수 있을지 확신할 수 없다고 말하기도 했다. "여러분에게 참으로 미안하지만, 나는 심지어 여기 있는 사람들이 전부 다 인민의 편인지도 확신할 수 없습니다. 심지어 여러분 중에도, 다시금 사과드립니다만, 소련 정부를 위해 일하면서 동시에 서방 – 일본, 독일 혹은 폴란드 – 의 정보기관과 관계를 맺어 보험을 들어 둔 사람이 있을지 확신할 수 없습니다." 그 자리에 모인 이들을 경악시켰을 것이 확실한 이 발언은 리셉션 공식 기록에서 삭제되었다.[9]

이런 수많은 사례들은 대외무역 인민위원 아르카디 로젠골츠의 진술과 일치한다. 이 진술은 그에 대한 엔카베데의 사건 파일에 들어 있다. 스탈린을 잘 알았던 로젠골츠는 그를 "정신 이상으로 여겨질 정도로 의심이 많다"고 묘사했고 1937년 무렵에는 그의 변화를 감지했다. 로젠골츠의 지적에 따르면, 예전의 스탈린은 그가 보고할 때마다 자기 서명이 필요한 일체의 서류에 침착하게 서명했다. 그런데 이때에 들어서는 "발작, 분노 발작"을 일으키곤 했다.[10] 이 분노는 대숙청의 거대한 규모와 잔학성에서 확실히 중요한 요소였다. 하지만 마찬가지로, 스탈린의 불안한 상태는 이 시기에 그가 내린 결정을 완전히 설명해 주지 못한다. 결정적 의문에 대한 답은 여전히 나오지 않는다. 스탈린은 누구에게 그렇게 격분했으며, 왜 이 분노가 하필 바로 그때 터져 나왔을까?

스탈린과 그의 정권의 성격을 이해하려면 소련이 전쟁 속에서 탄생했음을 염두에 두는 것이 중요하다. 이 나라는 제1차 세계대전의 결과로 출현하게 되었고 내전의 승리 – 외국의 간섭을 극복한 승리 – 를 통해 수립되었으며 다음 번 전쟁에 대한 항구적 대비 상태에 있었다. 순전히 전쟁을 통해서 권력을 잡은 볼셰비키 지도자들은 항상 국외의 적과 국내 반혁명 세력이 협력하여 자기들의 권력을 빼앗을 수 있다고 믿었다. 그들에게 전쟁 대비는 강력한 군비 경제와 국토 안보의 두 가지 측면이 있었다. 그중 후자를 위해서는 내부의 적을 말살해야 했다.

1930년대 후반의 숙청을 향한 점진적 이동은 국제적 긴장 강화 및 전쟁 위협 증가와 동시에 이루어졌다. 소련의 극동 국경 지대에 대한 일본의 침략 외에도 유럽의 정세가 점점 불안해지고 있었다. 히틀러가 권력을 잡았고, 소련과 독일 사이에 놓인 폴란드는 스탈린의 눈에 소련보다 독일과 더 우호적인 관계인 것처럼 보였다. 서구 열강들은 나치에 대한 유화 정책을 추구했고, 1936년에는 라인란트 비무장지대에 독일군이 다시 배치되었다. 스탈린의 대외 정책에 영향을 끼친 또 다른 변수는 스페인의 내전이었다. 이를 통해 스탈린은 영국과 프랑스가 독일에 맞설 능력이 없다고 확신하게 되었다. 여하튼 그는 서구 민주주의에 대한 신뢰가 거의 없었다. 소련 지도부는 더 이상 불간섭 정책을 고수할 의미가 없다고 보고, 히틀러의 동맹인 프란시스코 프랑코 장군과 싸우는 스페인 공화 정부를 지원하여 전쟁에 개입하기로 결정했다. 스페인의 상황을 관찰한 스탈린은 군사적 대비를 위해서는 국내에서의 숙청이 필요하다고 더더욱 확신하게 되었다. 스페인 내전은 무정부 상태, 게릴라전, 사보타주, 전후방을 가르는 전선의 표류와 모호화, 온갖 배신행위 등 각종 병폐들을 표면화시켰다. 이는 '제5열'*이라는 개념을 우리에게 가르쳐 준 전쟁이었다. 1936년 10월, 프랑코를 따르는 4개 부대가 마드리드로 다가오는 중대한 순간에 국민군의 에밀리오 몰라 장군은 공화파 치하의 마드리드 내에 '제5열'이 있어서 이들이 봉기하여 자기네 군대의 점령을 도울 것이라고 주장했다. 이 단어는 곧 소련 지도자들의 정치 어휘 목록에 삽입되었다.

스페인에서의 전쟁과 소련에서의 탄압은 동시에 확대되었다. 1936년 7월 18일 스페인에서 분쟁이 터졌을 때, 스탈린과 휘하 지도자들은 처음에 조심스럽게 대응했지만 공화군이 처참한 패배를 겪자 개입할 수밖에 없었다. 정치국은 1936년 9월 29일에 행동 계획을 채택했다.[11] (이 결정이 예조프의 엔카베데 수장 임명과 동시에 이루어졌음은 의미심장하다.) 스페인에서의 패배는 유럽 및 극동에서의 위기와 동시에 일어났다. 1936년 10월 25일에는 이탈리아가 독일과의 조약에 서명했고 이어서 11월 25일에는 독일과 일본이 반코민테른 협정을 체결했다. 이 모든 상황 전개는 전쟁의 위험을 고조시키는 듯 보였다.

새롭게 입수 가능해진 문서들을 통해, 스탈린이 스페인 문제에 깊숙이 관여했음을 확인할 수 있다. 증거들은 공화파의 패배가 내부의 방해 분자들 때문이라고 그가 믿었음을 확실히 보여 준다. 그는 내부의 적을 과감하게 처리할 것을 요구했다. 1937년 2월 9일 발렌시아와 마

---

* 적과 내통하는 내부 세력.

드리드의 소련 대표단은 전선에서의 잇따른 실패가 본부 내의 배신 탓이라고 단언하는 전문을 받았다. "이 사실을 활용하고, 극히 주의를 기울여 공화파 내 최상의 지휘관들과 이 점을 논의하여…그들이…말라가에서의 항복에 대한 즉각적 조사와 부대 본부 내의 프랑코 요원 및 공작원 숙청을…요구하도록 할 것…만약 이러한 최전선 지휘관들의 요구가 즉각 필요한 결과를 거두지 못한다면, 우리 고문들은 이런 조건에서 계속 일할 수 없음을…표명할 것."[12] 며칠 뒤 스탈린은 이러한 요구를 되풀이했다. "단호히 확립된 우리의 견해를 다음과 같이 알립니다. 참모 본부와 기타 본부들은 내전 상황을 이해하지 못하고 정치적으로 신뢰할 수 없는 구시대 전문가들을 철저히 숙청해야 합니다…본부들은 굳건하고 투지에 찬 신진들에 의해 강화되어야 합니다…이런 급진적 조치가 없다면 공화군은 반드시 전쟁에 패배할 것입니다. 이상이 우리의 신조입니다."[13]

스탈린이 스페인에 전문을 보내고 있을 바로 그때, 모스크바에서는 탄압 강화의 신호탄이 된 1937년 2~3월의 악명 높은 당중앙위원회 총회가 열리고 있었다. 스탈린은 몰로토프가 총회에서 행할 연설의 초고를 읽고 그 여백에 코멘트를 적었다. 그는 트로츠키가 소련 내의 자기 추종자들에게 "가장 중요한 순간—전쟁 시작—을 위해 힘을 아끼고, 지금은 우리 경제의 가장 민감한 지점을 결연히 타격하라"고 지시했다며 몰로토프가 말하는 부분에 밑줄을 그었다.[14] 스탈린은 "부르주아지와 싸울 능력이 없는 자들, 노동계급보다도 부르주아지와 운명을 함께 하고자 하는 자들은 (당을) 저버렸습니다."라는 구절 옆에 이런 주석을 달았다. "이는 좋은 일입니다. 그들이 전시에 우리를 저버렸다면 상황은 더 나빴을 것입니다."[15] 전시에 해독분자와 스파이가 제기하는 특수한 위험은, 스탈린의 다음과 같은 연설을 비롯하여 총회에서 행해진 모든 연설의 기조였다. "전시에 전투에서 승리하는 데는 붉은 군대 병사 몇 개 군단이 필요합니다. 그러나 이 전선에서의 승리를 뒤엎는 데는, 군 사령부나 심지어 사단 본부 내에서 전투 계획을 탈취하여 적에게 넘기는 스파이 몇 명으로도 충분합니다. 대규모 철교 하나를 건설하는 데는 수천 명의 인력이 필요합니다. 그러나 이것을 폭파하는 데는 몇 명이면 충분합니다. 이런 예는 수십 건, 수백 건도 들 수 있습니다."[16]

스탈린은 1937년 5월 4일자 〈프라우다〉에 '외국 정보기관의 약아빠진 유인 기법에 대하여'라는 제목으로 게재된 글을 준비하는 데 적극적으로 관여했다. 총 세 페이지 지면의 하단 절반을 할애한 이 장문의 글은 대숙청을 이념적으로 뒷받침한 중요한 요소였다. 이는 다양한 출판물에 중복 게재되어 선전에 적극적으로 활용되었고 당내 스터디 그룹에서 토론되었다. 스탈린이 자기 개인 아카이브에 철해 놓은 이 글의 초고를 보면 그가 원래 '외국 정보기관이 활용하는 방법과 기법'이라는 원래의 제목을 좀 더 사악한 어조로 수정했음을 확인할 수 있다.

스탈린이 집필에 관여한 다른 글들과 달리 이는 전혀 이론적인 글이 아니었다. 이는 소련 시민, 그중에서도 국무로 외국에 파견된 이들이 외국 정보기관의 꾐에 넘어간 (허위일 가능성이 높은) 구체적 사례들을 기술했다. 이런 사례들은 글에 신뢰성과 설득력을 부여했다. 스탈린은 일본에서 일하는 한 소련 관료가 어느 '귀부인'과 식당에서 정기적으로 만난 사례를 기술하는 데 거의 한 페이지 전부를 할애했다. 어느 날 둘이 만남을 즐기고 있을 때 군복을 입은 한 일본인 남자가 나타나더니 자기가 그 여인의 남편이라고 주장하며 난동을 부렸다. 그때 또 다른 일본인 남자가 나타나서는 이 일을 원만히 수습해 주겠다고 제안하며, 단 그 전에 그 소련 시민이 소련에서 일어나는 일들을 계속 편지로 알려 주어야 한다는 조건을 달았다. 이 '친절한 중재자'는 사실 일본 정보기관의 요원이었고, 그 소련 시민은 첩자가 되었다.[17]

그 후 몇 개월 동안 스탈린의 의심은 대규모 경찰 작전으로 전환되었다. 1937년 봄과 여름에는 첩자를 색출하고 배신 가능성을 사전에 차단해야 한다는 긴급한 요구가 붉은 군대 내 반혁명 조직 사건의 근거가 되었다. 1937년 6월 2일 스탈린은 국방 인민위원회의 군사위원회 위원들에게 이 음모의 목적을 이렇게 설명했다. "그들은 소련을 제2의 스페인으로 만들고자 합니다."[18] 스페인에서 벌어진 배신과 무정부 상태에 대한 보고들은, '경계를 강화'하고 소련 내부의 '적'과 싸우자는 선전 캠페인의 중요 요소였다. 정부가 국내 반소 분자에 대한 대규모 작전 개시를 준비 중이던 1937년 6월과 7월, 소련 신문들은 마드리드에서 독일 스파이들이, 바르셀로나에서 트로츠키주의자들이 체포된 소식과 더불어 바스크 군 내부의 배신한 지휘관 때문에 바스크의 수도 빌바오가 함락되었다는 기사로 도배되었다. 또 여름에는 스페인 공화 정부가 스파이 활동에 대항하고 '제5열'과 싸우기 위한 특별 국가 안보 기관인 군수사국(SIM)을 설립했다. 이 기관은 공화 정부 치하 스페인의 모든 지역에 촉수를 뻗쳐 일체의 반대 세력을 잔인하게 탄압했다. 이 새로운 기구가 활용한 방식은 심지어 공화파에 동조하는 서구의 좌파로부터도 격렬한 비판을 불러일으켰다. 소련 내부의 강화된 탄압이 스페인에 그대로 반영되고 있었다(여기에는 스페인 내의 소련 요원들에 의한 탄압도 포함되었다).[19] 스페인 공화파 경찰과 소련 비밀경찰은 각자 나름의 '제5열'을 분쇄하는 데 매진했다.

7월에는 일본이 중국을 침략하면서 극동의 상황이 더더욱 긴박해졌다. 1937년 8월 21일 두 가지 중요한 사건이 발생했다. 첫째로 공히 일본을 주시하고 있던 소련과 중국이 상호 불가침 조약에 서명했다. 둘째로 인민위원회의와 당중앙위원회에서 "극동 영토의 국경 지역에서 고려인을 추방"하는 결의안을 채택했다. 1937년 가을에 이 광대한 지역에서 고려인을 강제 이주시키는 대규모 작전이 수행되었다. 17만 명이 넘는 사람들이 살던 곳에서 쫓겨났다. 그 표면상의 목적은 "극동 영토에 일본 첩자의 침투를 방지"한다는 것이었다.[20]

잠재적 제5열을 나라에서 숙청해야 한다는 생각—소련에서 1930년대 내내 되풀이된 주제—은 스탈린 측근들 사이의 신조였다. 심지어 그로부터 수십 년이 흐른 뒤에도 그들은 이렇게 말했다.

> 1937년은 필요했다. 우리가 혁명 이후에 좌파와 우파를 쳐내어 승리를 거두었다고 하지만, 다른 부류의 적들은 여전히 남아 있었고 파시스트의 침략 위험이 닥쳐오는 와중에 그들이 힘을 합칠 수도 있었다. 우리가 전쟁을 치를 때 제5열이 없었던 것은 37년 덕분이었다.[21]

> 그것은 독일에서 권력을 잡고 소련과의 전쟁을 준비 중이던 히틀러 파시즘의 제5열에 대항한 투쟁이었다.[22]

스탈린이 동료 정치국원들 사이에서 이런 생각을 부추겼음은 의심의 여지가 없다. 그들의 협소한 관점에서 볼 때 그의 주장은 논리적이고 설득력 있었다. 당장은 바짝 엎드려 있지만 소련이 외세의 침입을 받자마자 행동에 나설 태세를 갖춘 많은 내부의 적이 소련 정부에 존재했다. 상대적으로 독립을 누려온 고참 당원 노멘클라투라는 군대와 엔카베데에 아직 연줄을 보유하고 있었고, 권력을 노릴 수도 있었다. 여러 해 동안 굴욕과 박해를 당해 온 과거의 반대파는 확실히 복수의 열의를 품고 있었다. 쿨라크와 끊임없이 굶주리는 농민들은 1917년 볼셰비키의 경험을 거울삼아 과거의 귀족, 백군, 성직자와 한 패를 이루어 외적과의 전쟁을 혐오스런 정권에 대항한 내전으로 바꾸어 놓을 수 있었다. 그리고 이웃나라 — 특히 독일과 폴란드 — 와 연결 고리를 지닌 소련의 많은 소수민족들이 있었다. 스탈린은 그들이 혈연에 기반하여 적과 내통할 것을 의심했다. 이런 위험을 제거하는 방법은 바로 최대한 많은 잠재적 적과 부역자들을 말살하는 것이었다. 바로 이것이 전쟁 위협이 고조되고 있을 때 스탈린의 두려움에 찬 무자비한 머리에서 나온 논리였다. 그와 측근들의 과열된 상상 속에서 이러한 제5열은 현실의 모습을 엄청나게 뛰어넘는 규모로 어른거렸다. 환상 속의 위협은 소련이 직면하고 있는 실제의 위험을 압도하고 있었다.

이 모두는 예조프의 잘못이었을까?

스탈린은 자신이 스스로의 잔학 행위에 전혀 관여하지 않았다고 주장했다. 그는 소련의 유명한 항공 기술자인 알렉산드르 야코블레프에게 그것이 전부 예조프의 잘못이라고 말했다. "예조프 — 그는 썩어 문드러진 악당이었소! 인민위원회의에 연락해서 그자를 찾으면 '당중앙위원회에 갔다'고 하고, 당중앙위원회에 연락하면 '집무실에 있다'고 하고, 그래서 집에 사람을 보내 보면 술에 취해서 곯아떨어져 있기 일쑤였소. 무고한 사람이 많이 죽었어요. 그래서 우리가 총살했습니다."[23]

1938년 말과 1939년 초 대숙청이 잠잠해지자, 그 진짜 주범에 대한 의구심을 다른 쪽으로 돌리려는 캠페인이 전개되었다. 예조프를 제거하고, 정직한 사람들을 고발하는 투서를 넣은 '중상모략자' – 이른바 탄압의 주 원흉 – 들을 공개적으로 폭로한 것이 주효했다. 심지어 오늘날까지도 일부 사람들은 대숙청이 지역 관료들의 주도로 자발적으로 분출했다는 사이비 학술 이론을 제시하면서 스탈린의 무고함을 주저 없이 강변한다. 물론 모스크바에서 일단 명령을 내리면 그 가속도가 광포하게 치닫곤 했다. 열의가 지나친 관료들의 행동에는 스탈린 시대의 관료주의 용어로 '페레기브(탈선)'라는 딱지가 붙었다. 그러나 숙청의 규모와 흉포함을 결정한 것은 탈선이 아니었다. 문헌 증거들은 대규모의 작전이 스탈린의 지시에서 어긋나는 일은 드물었음을 보여 준다.

모스크바에서 각 도와 변경주(주와 비슷하지만 반자치적인 행정 단위를 지니고 있는 영토)의 엔카베데 본부에 체포 및 처형 할당량을 통보하면, 광역 단위의 엔카베데 수장들은 소지역(시나 구) 엔카베데 지부의 수장들을 불러 회의를 열고 행정 구역(구, 읍, 면, 촌락)별로 할당량을 분배했다. 적의 명단을 작성하는 데 활용된 첫 번째 출처는 다양한 '반소 분자' 혐의자에 대해 정치 경찰이 보유한 카드 목록이었고, 입수된 기타 의심스러운 증거물들도 활용되었다. 희생자가 체포되면 그의 '반혁명 연관 관계'를 밝히거나 '반혁명 조직'의 존재를 캐내기 위한 조사가 이루어졌다.[24] 필요한 '증거'는 다양한 방법을 써서, 주로 국가 최고 지도부가 공식적으로 승인한 방식인 고문을 통해서 획득했다. 고문 방식은 무자비했고 때로는 죽음을 초래하기도 했다. 심문의 한 가지 주된 목적은 다른 이들이 연루되었다는 증언을 받아 내어 협의자들을 제2차로 대거 잡아들이고, 다시 그들로부터 더 많은 이름을 짜내는 것이었다. 이론적으로 이런 경찰 작전은 무기한, 혹은 잠재적 희생자 풀이 완전히 바닥날 때까지 계속될 수 있었다. 이런 작전이 계속된 것은 순전히 스탈린이 공안 체제와 당 기관을 철저히 틀어쥐고 자기가 원할 때 수도꼭지를 잠글 수 있었기 때문이었다. 적으로 간주된 이들에게 노동수용소 징역형이나 총살형을 선고하는 결정은 전부 모스크바의 승인을 받았다.

처음에는 이 대규모 작전이 1937년 말에 완료될 것으로 여겨졌다. 이 날짜는 점차 뒤로 연기되어 1938년 11월까지 이르렀다. 1938년 1월 17일 스탈린은 엔카베데 위원장 예조프에게 새로운 명령을 내렸다.

> 사회혁명당 계파(좌우파 모두)가 전부 적발되지 않았습니다…아직도 우리 군대 안팎에 많은 사회혁명당원이 존재함을 명심하시오. 엔카베데는 군 내부의 ('이전') 사회혁명당원에 대한 현황 보고서가 있습니까? 즉시 보고서를 보았으면 합니다. 엔카베데는 군 바깥(민간 기관)에 있는 '이전' 사회혁명당원에 대한 현황 보고서가 있습니까? 이 또한 2~3주 내로 보고서를 받았으면 합니다…바쿠와 아제르바이잔의 모든 이란인에 대한 적발 및 체포는 어떻게 되었습니까? 참고로 말하자면, 과거에 사회혁명당원들은 사라토프, 탐보프, 우크라이나에서, 군대(장교단)에서, 타슈켄트와 중앙아시아 전체에서, 바쿠의 발전소에서 세력이 강했습니다. 지금 그들은 바쿠의 발전소에 자리 잡고 석유 산업에 대한 방해 공작을 펴고 있습니다. 우리는 더욱 민첩하고 지능적으로 행동해야 합니다.[25]

이 문서는 스탈린이 대숙청의 조직화에 결정적인 역할을 했으며 예조프는 그의 명령을 따랐다는 수많은 증거 중의 하나다. 문서고 기록은 스탈린이 당·국가 기관의 숙청 그리고 일반 시민을 쓸어낸 대규모 작전들과 관련된 핵심 결정의 주도자였음을 확실히 보여 준다. 그는 수십만 명의 체포와 처형을 지시했을 뿐만 아니라 그 세부 사항에도 강한 관심을 보였다. 그는 특정한 건에 대해 체포를 늘리라는 전문을 보냈고, 경각심이 부족하면 무서운 대가가 따를 것이라고 위협했으며, 처형하고 구금할 노멘클라투라의 명단에 서명했다. 많은 경우에 그는 누구를 총살하거나 노동 수용소에 보낼지 직접 결정했다.[26] 적을 일소하기 위한 대규모 작전의 감독 업무는 1937~1938년 독재자가 보낸 시간의 큰 부분을 차지했다. 1937년 1월부터 1938년 8월까지의 20여 개월 동안, 그는 체포 및 다양한 비밀경찰 작전 수행을 보고하거나 특정한 탄압 행동에 대한 승인을 요청하는 1만 5천 건의 '스페츠소옵셰니(특별 연락)'를 받았고 여기에는 대개 심문 기록(녹취록)이 첨부되었다. 그는 예조프로부터 하루 평균 25건의 서류를 받았고 그중 일부는 여러 페이지에 달했다.[27] 게다가 스탈린 집무실 방문 기록에 따르면 예조프는 1937년과 1938년에 그를 거의 290차례 방문하여 총 890시간을 그와 함께 보냈다. 그보다 더 자주 방문한 사람은 몰로토프뿐이었다.[28]

예조프는 스탈린의 유능하고 의욕적인 문하생이었다. 그는 옛 반대파들의 재판을 조직하고 거대한 탄압 기구를 일상적으로 감독했다. 또 직접 심문에 참여하고 고문을 가하라는 명령을 내렸다. 적과의 싸움에 더 총력을 기울일 것을 항상 요구하고 끊임없이 새로운 위협을 지목하는 스탈린을 만족시키기 위해, 예조프는 자기 부하들을 부추겨 정치국의 체포 및 처형 목표 건수를 초과 달성하고 새로운 음모를 조작해 내게끔 했다. 부하들의 사기를 북돋기 위한 노력의 일환으로, 엔카베데와 예조프는 1937년 내내 그리고 1938년의 대부분 기간에 개인적으로 아낌없는 찬사의 대상이 되었다. 예조프는 상상할 수 있는 모든 상과 칭호를 한 몸에 받았고 동시에 당과 정부 내의 몇몇 핵심 직위를 차지했다. 그의 이름을 딴 도시, 공장, 집단농장 들이 생겨났다.

스탈린이 내무 인민위원에게 흡족해 한다는 이러한 신호에도 불구하고, 심지어 예조프와 그의 조직이 적을 척결하는 데 탁월한 성과를 거두어 아낌없는 찬사를 받을 때에도 수령이 그와 일정한 거리를 유지했다는 증거가 있다. 스탈린은 어쩔 수 없이 결국에 가서는 대량 말살을 중단하고 예조프와 그 부하들의 '탈선'과 '탈법'을 비난했다. 그는 예조프의 제거를 위한 토대를 점진적이고 체계적으로 다졌다. 1938년 8월 그는 조지아 공산당 총간사인 라브렌티 베리야를 예조프 밑의 부인민위원으로 임명했다. 표면적으로는 아무 것도 달라지지 않았다. 예조프는 여전히 권력과 신임을 누리는 듯 보였다. 그러나 이제는 그라면 절대 택하지 않았을 사람이 그의 곁에 있었다. 몇 개월 뒤 예조프는 스탈린에게 보내는 편지에서 베리야의 임명을 넌지시 가리켜 '저에 대한 불신의 요소'가 있는 것 같다고 말하며 '(베리야의) 임명을 제가 물러날 준비'로 받아들인다고 인정하기까지 했다.[29] 그가 옳았다. 그는 이 상황의 스트레스를 견디지 못하고 알코올 중독에 빠져 들었고 엔카베데와 자기 자신에 대한 통제권을 잃었다.

베리야를 임명한 지 2개월 되었을 때 스탈린은 예조프의 제거를 위한 나머지 수순을 밟았다. 1938년 10월 8일 정치국은 엔카베데에 대한 결의안의 초안을 만들기 위한 위원회를 설립했다. 예조프의 부하들이 체포되었다. 왕년에 예조프의 전임자 겐리흐 야고다를 유죄로 만들기 위해서 예조프의 심복들이 했던 것과 똑같이, 이제 베리야의 심복들이 그들로부터 예조프에 불리한 증언을 짜내는 일에 착수했다. 11월 17일 정치국은 속이 뻔히 들여다보일 정도로 위선적이고 허위에 찬 결의안을 채택했다. 이 결의안은 엔카베데가 '인민의 적과 외국 정보기관의 간첩-방해 공작망'을 분쇄하는 데 성공했다고 언급하면서 한편으로는 엔카베데가 행한 일의 '결함과 타락'을 비난했다.[30] 스탈린은 적과의 투쟁을 강화할 것을 거듭 요구하기만 했지 그 자신이 착상하고 선전한 대규모 숙청 임무에 한 번도 의문을 제기한 적이 없었다. 이제 예조프와 엔카베데는 스탈린의 명령을 이행한 죄로 기소된 처지가 되었다. 만약 예조프에게 자신의 정당함을 진지하게 입증할 기회가 주어졌다면 그는 이를 수월하게 입증할 수 있었을 것이다. 그러나 그는 스탈린 체제가 그런 식으로 작동하지 않음을 누구보다도 잘 알았다. 그가 할 수 있는 일이라고는 한 가닥 희망을 품고 참회하는 것뿐이었다.

일단 자기 일을 완수하자 충성스런 예조프는 쓸모없는 존재가 되었다. 그는 (존재하지 않는) 엔카베데 내부 반혁명 조직의 수장으로 지목되어 체포되고 총살되었다. 확실히 스탈린은 공개적 분노를 과하게 자극할 필요가 없다고 여겼으므로 예조프의 몰락은 소리 소문 없이 처리되었다. 그가 이처럼 조심스럽고 깔끔하게 제거된 것은 스탈린이 엔카베데의 활동과 대숙청의 메커니즘에 공개적 이목이 집중되는 것을 꺼렸음을 보여 준다. 예조프는 스탈린의 또 다른 희생양이었다. 그는 수령이 의심에서 벗어나게 하기 위한 최종 대가를 치렀다. 소련 인민들에게 이 숙청은, 모종의 횡행하는 악을 암시하는 러시아어 접미사를 붙여서 '예조프시나'가 되었다.

대숙청의 마지막 단계 — 스탈린의 주의 깊은 통제 하에 숙청이 완화된 단계—는 주로 엔카베데 내에 있는 예조프의 고위 부관들을 겨냥했다. 대규모 작전에 휩쓸린 일반 시민들 중 극소수—주로 1938년 후반에 엔카베데의 손아귀에 떨어진 사람들—가 석방되었다. 숙청 기계는 사소한 수정만 가해졌을 뿐 건재했고, 무자비한 탄압은 스탈린이 죽을 때까지 계속되었다. 수령은 적이 사방에 있다는 믿음이나 그들을 적발하고 체포하고 고문하라는 요구를 한 번도 거두지 않았다. 하지만 이후로는 1937~1938년과 같은 대규모의 탄압에 의지하지 않았다.

스탈린은 대숙청의 파괴적인 결과를 인식했음이 틀림없지만, 공개석상에서든 측근들에게든 한 번도 그 필요성에 의문을 제기하지 않았다. 그러나 그는 그 결과에 유의하지 않을 수 없었다. 소련 경제의 운영을 책임지는 엄청나게 많은 사람들이 체포되었다. 작업장의 규율이 떨어졌고 기술자들은 나중에 '방해 공작' 혐의를 뒤집어쓸까 봐 어떤 변화나 혁신도 제안하길 두려워했다. 대숙청은 산업 생산 증가율의 현저한 감소를 초래했다.[31] 군대 역시 노련하고 유능한 지휘관 인력의 손실을 겪었고 규율과 책임감이 저하되었다. 붉은 군대가 탄압으로 입은 피해가 너무나 막심해서, 소련 지도부는 체포되거나 해임된—최소한 엔카베데가 미처 처형할 시간이 없었던—많은 지휘관들을 도로 복직시켜야 했다.[32]

1937~1938년의 대숙청은 소련 사회에 엄청난 긴장과 광범위한 고통을 초래했다. 수백만 명이 직접적 피해를 입었다. 총살형을 면해 노동 수용소에 갇히거나 강제 이주된 많은 사람들은 '인민의 적'과 친분이 있다는 죄목 하나만으로 직장을 잃거나 살던 집 또는 도시에서 쫓겨났다. 이런 학대와 충격이 용서되거나 순순히 받아들여질 수는 없었다. 공포는 인민이 불만을 표시하지 못하게 막는 상당히 효과적인 수

단이었지만, 그래도 불만은 제기되었다. 1937~1938년에 이런 불만은 주로 관청과 당사로 쏟아져 들어온 수백만 건의 민원이라는 형태를 취했다. 1937년 1월에만 1만 3,000건의 민원이 검찰에 제기되었고, 1938년 2~3월에는 그 수가 12만 건에 달했다.[33] 대숙청 기간에 얼마나 많은 서신과 청원서가 스탈린에게 전달되었고 그중 얼마나 많은 수가 실제로 그의 책상에 올라갔는지는 아직 확실히 모른다. 이 기록은 아직 접근할 수 없거나 혹은 보관되지 않은 것 같다. 이런 청원서가 스탈린의 집무실에 물밀 듯이 밀려들어 왔으리라고 추측할 수 있을 따름이다. 심지어 수령도 자기 백성들의 절망과 비통과 환멸로부터 완전히 엄폐되지는 못했다.

스탈린은 동료 시민들의 고통에 어떤 반응을 보였을까? 이 질문에 사료는 명확한 답을 주지 않지만 그가 일말의 후회나 연민을 느꼈다는 증거는 없다. 그럼에도 그는 정치 현실을 완전히 무시할 수 없었다. 그는 계속해서 상상의 적을 혐오하고 상상의 음모를 두려워했지만 그 후로는 이런 대규모 숙청의 경험을 되풀이하지 않았다. 1938년 이후 탄압은 더 작은 규모, 더 일상화된 방식으로 계속되었다.

동맹을 찾아서

대숙청은 소련의 국제적 평판에 해를 끼쳤다. 스탈린은 유명한 혁명가들이 처형당하고 있다는 소식에 서구인, 특히 좌파들이 충격을 받았음을 분명히 이해했다. 탄압 캠페인을 활발한 선전 캠페인과 병행한 것은 여론에 끼칠 영향을 최소화하려는 노력의 일환이었다. 모스크바 재판에 대한 해명 – 레닌의 오랜 동지와 고참 볼셰비키가 스탈린에 대한 테러 행위를 모의하고 외국 정보기관과 내통했음을 인정했다는 – 이 유럽 각국 언어로 번역되어 널리 배포되었다. 유명 서구 지식인과 문화계 인사들이 모스크바로 초청되었다. 독일 작가 리온 포이히트방어는 스탈린을 직접 만난 뒤 소련을 호의적으로 묘사한 책을 썼다. 나치즘의 망치와 스탈린주의의 모루 사이에서, 많은 이들이 이 정권의 진면목을 착각할 준비가 되어 있었다. 서구의 정치적 의사결정권자들은 스탈린을 불신할 이유도 충분했지만 이른바 적에 대한 히스테리를 그 취약성의 증거로 받아들일 근거도 있었다. 특히 붉은 군대 지휘관과 유명한 소련 원수들의 숙청은 이 정권의 불안정함을 보여 주는 듯했다. 확실히 서구는 숙청을 스탈린과 전혀 다른 관점에서 보았다. 제5열이라는 관념에 집착한 스탈린은 자국민에 대한 체포와 총살 조치가 힘보다는 취약함과 불안정의 증거로 비친다는 사실을 이해하지 못했다.

서구의 관찰자들은 어느 정도 옳았다. 숙청이 소련군에 미친 처참한 충격의 신호는 오래지 않아 명백히 드러났다. 1938년 6월, 엔카베데 극동 담당 국장인 겐리흐 류시코프가 소련 국경을 넘어 만주로 들어가 일본에 망명을 요청했다. 이는 물론 배신 행위였지만 류시코프는 스탈린에 의해 여기까지 떠밀린 것이었다. 정권에 충실히 복무하며 다른 사람들의 피를 강물처럼 흘린 그는 이제 곧 자기가 피를 흘릴 차례가 올 것을 깨달았다. 마침내 모스크바에서 소환장을 받은 그는 망명이 최선의 선택지라고 판단했다. 모스크바에서 엔카베데 고위 간부로 복무한 경력, 스탈린과 맞대면하며 일했던 경험, 군사적으로 중요한 극동 지역에서 비밀경찰 수장으로서 행한 역할 덕분에 그는 내놓을 것이 많았다. 그는 극동 지역의 군사 대비 현황과 소련군의 구성 및 배치에 해박했고 이 모든 정보를 적국에 넘겼다. 스탈린은 추가로 군 내부에서의 대대적 체포를 지시함으로써 극동 지역의 군사 방어를 한층 더 약화시켰다. 그 동안에 1938년 7월과 8월 조선-중국 국경 지역인 하산 호 인근에서 붉은 군대가 일본군과 교전했다. 스탈린은 이 전투를 면밀히 보고받았으며 단호한 행동을 요구했다. 스탈린은 극동 전선 지휘관 바실리 블류헤르 원수(그는 비행대 투입에 우려를 표시했다)와 대화하면서 이런 명령을 내렸다. "나는 귀관이 폭격으로 한국인들이 다친다든지 비행대가 안개 때문에 임무 수행을 못할까 봐 우려하는 걸 이해할 수 없습니다. 일본과 전투하면서 한국인을 다치게 하면 안 된다고 금지한 사람이 누가 있습니까? 일본군이 수많은 우리 인민을 공격하고 있는 마당에 한국인을 왜 걱정합니까? 볼셰비키 비행대가 조국의 명예를 진정으로 수호하고자 하는데 구름 몇 점 따위가 대수입니까?"[34]

하산 호 전투가 소련측의 승리로 끝나긴 했지만, 이 전투는 붉은 군대 전투력과 지휘 구조의 중요한 결함을 노출시켰다. 늘 그랬듯이 스탈린은 군대의 부진한 성과를 배신의 결과로 여겼다. 블류헤르 원수는 체포되어 모진 고문을 받았고 감옥에서 사망했다.

탄압과 소련의 취약성에 대한 인식이 스탈린과 서구의 관계가 악화된 주된 요인은 아니었다. 대량 검거는 서구 지도자들이 그를 불신하는 많은 이유 중 한 항목으로 추가되었을 뿐이다. 1930년대 중반에 개선된 프랑스와의 관계는, 나치즘의 빠른 부상이 두 나라에 위협이 되고 있었음에도 오래 가지 못했다. 스페인 내전에서 소련과 서구 민주국가들은 자주 의견 충돌을 빚었다. 이런 관계 악화 경향의 기저에는, 두 진영의 공통된 집단 안보 우려에도 불구하고 스탈린주의와 '부르주아' 민주주의가 근본적으로 양립 불가능하다는 사실이 깔려 있었다.

1930년대 후반 서구 지도자들은 스탈린과 동맹을 맺기보다 히틀러를 달래는 편을 선호했고, 이런 흐름은 뮌헨 협정에서 정점에 다다랐다. 1938년 9월 30일 영국과 프랑스의 지도자인 네빌 체임벌린과 에두아르 달라디에가 히틀러·무솔리니와의 조약에 서명하고 독일어 사용자들이 주로 거주하는 지역인 체코슬로바키아의 주데텐란트를 독일에 넘겨준 것이다. 체코슬로바키아는 이 치명적인 협약을 강제로 받아들여야만 했다. 소련은 일찍이 프랑스, 체코슬로바키아와 상호 원조 조약에 서명했는데도 그냥 무시당했다. 스탈린은 유럽 열강의 정치에서 배제되었다.

확실히 스탈린은 소련이 이렇게 소외된 것을 개인적 모욕으로 받아들였다. 민주 진영과 파시즘 진영이 소련을 상대로 음모를 꾸미는 중이며 나치의 침략 방향을 동쪽으로 돌리려고 계획하고 있다는 그의 두려움은 뮌헨 협정으로 인해 더욱 강화되었다. 그는 우위에 서서 대응할 수 없었다. 스탈린은 분노를 표시하는 데서 그치지 않고 9월 하순에 소련 서부 국경을 따라 병력을 증강할 것을 붉은 군대에 명령했지만, 이렇게 순전히 과시적인 조치가 독일을 긴장시킬 가능성은 적었다. 아무튼 그로부터 불과 며칠 뒤인 10월 중순에 정치국은 체코슬로바키아 사건에 대응해서 동원했던 예비 부대를 해체하기로 결정했다. 총 33만 병력과 말 2만 7,500마리와 차량 및 트랙터 5,000대가 소집해제되었다.[35]

실질적인 측면에서, 스탈린이 뮌헨 협정에 대해 할 수 있는 일이라곤 서구 민주 진영과 히틀러 사이를 이간질하는 것뿐이었다. 이 목적을 위해서 그는 영국과 프랑스를 비난하는 성명을 잇달아 발표하는 한편, 독일과의 쌍방 관계 개선을 위한 문호를 개방했다. 독일에 대한 가장 의미심장한 제안은 1939년 3월 제18차 당 대회 연설에서 나왔다. 여기서 스탈린은 소련이 영국과 프랑스를 위해 "불 속에서 군밤을 꺼내 줄" 의도가 없다고 경고하고[이 구절 때문에 이 연설은 서구에서 '군밤 연설(chestnut speech)'이라는 별명을 얻었다] 그들이 소련과 독일의 충돌을 도발하려 하고 있다고 비난했다. 그는 서구 열강이 "소련을 자극하여 독일과 싸움을 붙이고 분위기를 흐리며 뚜렷한 근거 없이 독일과의 충돌을 도발하는" 데 성공하지 못했다고 독일을 향해 말했다.[36] 그로부터 며칠 뒤에 유럽의 취약한 평화가 깨지면서 이 발언은 특별한 의미를 띠게 되었다. 아무도 자기를 막지 않으리라 확신한 히틀러가 체코슬로바키아 전 영토를 합병한 것이다. 이제는 가장 낙관적인 관찰자들마저도 뮌헨 협약이 세계 대전을 거의 불가피하게 만들었음을 깨달았다. 스탈린과 소련은 고조되는 갈등 국면의 제3자로서 어느 편을 들지 선택할 수 있는 위치에 서게 되었다.

1939년 봄과 여름은 급박한 외교적 책략과 협상의 시기였다. 이 외교 활동의 본질과 여기에 관여한 주체들의 진짜 의도를 파악하기란, 역사학자들은 말할 것도 없고 직접 참여한 당사자들에게도 지난한 일이었다. 아무도 상대를 신뢰하지 않았고, 모두가 적국과 동맹국을 공히 한 수 앞서가려고 안간힘을 썼다. 소련과 영국·프랑스 서구 열강 사이의 회담은 확실히 이런 혼돈의 연속이었다. 반 히틀러 세력 간의 단결을 이루는 데 자신의 평판을 건 소련 외무 인민위원 막심 리트비노프[37]의 노력이 무색하게도 진전은 고통스러우리만치 느렸다. 1939년 4월 초에 스탈린은 리트비노프를 해임하고 몰로토프에게 외무를 맡겼다. 이 변화는 분명히 독일을 향한 친근한 제스처를 의도한 것이었지만, 다른 한편으로는 대외 정책의 의사 결정을 근본적으로 바꾸어 놓았다. 이 새로운 안배로 스탈린은 (항상 그러했듯이) 외교적 지침 측면에서뿐만 아니라 그 일상적인 운용까지도 완전히 통제할 수 있게 되었다. 스탈린과 거의 끊임없이 대화했던 몰로토프는 스탈린의 집무실을 거의 찾지 않았던 리트비노프보다 대외 정책의 오른팔로서 더 요긴했다. 수령에게는 이런 실용적인 세부 사항이 중요했다. 소련 권력 최상층에서 정부는 스탈린의 습관과 리듬에 순응해서 움직였고, 이 중대한 시기에 몰로토프가 외무 담당으로 선택된 것은 이러한 순응의 좋은 예였다.

이 시기 스탈린의 머리에서는 무엇이 최우선 순위를 차지했을까? 서구 동맹국들에게 압력을 가하는 일이었을까, 아니면 나치와의 동맹 가능성을 모색하는 일이었을까? 그가 1939년의 운명적 사건들이 벌어지기 한참 전부터 이미 히틀러와 발맞추기로 결심했다는 가정은 솔깃하다. 이 견해를 지지하는 주장들은 두 전체주의 정권 사이의 친연성이나, 폭력과 마주했을 때 쉽게 꽁무니를 빼는 듯 보이는 서구 민주국가의 변덕성에 대한 스탈린의 불신 같은 일반적인 개념을 근거로 든다. 그러나 실제로 나치-소련 동맹의 기반은 허약했다. 스탈린의 속내에 대한 통찰을 제공해 주는 입수 가능한 증거들은 상반되게 해석할 여지가 있다. 한편으로, 미코얀은 스탈린이 1934년 히틀러가 행한 숙청을 높이 평가하는 듯이 언급했다고 보고했다.[38] 또 우리는 그가 히틀러와 직접 연락을 취하기 위해 먼저 접근했음을 알고 있다.[39] 개중에서도 가장 강력한 근거는 바로 그 결과물, 즉 1939년 가을에 독-소의 '친선'을 인상적으로 과시한 것이다. 그러나 다른 한편으로, 스탈린이 히틀러를 잠재적 동맹으로서 거의 신뢰하지 않았다는 설득력 있는 증거 또한 존재한다. 정말로 그가 독일 지도자를 신뢰했다면 강력한 반나치 선전 캠페인이나 독일계 소련인 탄압이 소련에서 행해지지 않았을 것이다. 이 두 가지 모두는 나치 정부의 강한 반발을 무릅쓰고 진행되었다. 독일에 대한 스탈린의 태도는 인정과 짜증 사이를 오간 것 같다. 레닌그라드 도에 있는 제1차 세계대전 때 독일 병사와 장교 묘지의 철거를 다룬 1938년 9월의 엔카베데 메모에 대해, 그는 평소대로 간결하게 '승인'이라고 답하지 않고 감정을 담아 "옳습니다(해체하고 매립하시오)"라고 적었다.[40] 모스크바에서 요아힘 폰 리벤트로프 외무 장관과의 협상에 동석한 독일인 통역관도 이 소련 지도자의 사고방식에 대한 얼마간의 통찰을 제시한다. 스탈린은 언론에 발표할 희망찬 어조의 성명서 초안을 딱 잘라 거절하며 이렇게 말했다. "양국의 여론을 좀 더 고려해야 한다고 생각지 않습니까? 우리는 지금껏 여러 해 동안 서로 헐뜯어 오지 않았습니까."[41]

스탈린의 진의가 어떠했든, 독소 불가침 조약의 체결을 먼저 제의한 쪽은 히틀러였다. 이 독일 총리는 9월 1일로 계획된 폴란드 침공에 소련의 협조가 필요하다고 판단하자마자 두 나라의 관계 회복을 위한 수순을 밟았다. 8월 21일 스탈린은 폴란드에 대한 자신의 계획을 다소 노골적으로 암시하며 며칠 내로 불가침 조약을 체결할 것을 긴급히 요망하는 히틀러의 친서를 받았다. 히틀러는 바로 그 다음날이나 적어도 8월 23일 스탈린이 폰 리벤트로프를 접견해 줄 것을 부탁했다. 8월 21일 몰로토프는 모스크바 주재 독일 대사관에 스탈린의 답신을 넘겼다. 23일 폰 리벤트로프의 모스크바 방문을 허락한다는 내용이었다.[42]

스탈린과 몰로토프는 독일 외무장관을 함께 접견했다. 회담은 우호적이고 심지어 화기애애했다. 양측은 각자 원하는 것을 얻었다. 스탈린은 불가침 조약과 더불어 독일과 소련이 동유럽을 분할해 가진다고 명기한 비밀 의정서를 작성할 것을 주장했다. 당시 우크라이나와 벨라루스 서부로 포함되어 있던 폴란드 동부, 그리고 라트비아, 에스토니아, 핀란드가 소련 영역으로 인정받았다. 독일은 또한 베사라비아에 대한 소련의 권리 요구에 동의했다. 폴란드 서부와 리투아니아는 독일 몫이 되었다. 그중 리투아니아는 후속 협상으로 소련이 도로 가져왔다. 이 의정서는 브레스트-리톱스크 조약을 뒤집은 모양새가 되었다. 히틀러는 소련 국경의 안전 확보가 필요했고, 영토를 양보해서 그 대가를 지불할 용의가 있었다.

스탈린은 독소 협상의 세세한 가닥까지 자기 손에 넣고 통제했다. 그 이외에 여기에 관여한 인물은 몰로토프뿐이었다. 역사에서 몰로토프-리벤트로프 협정이라고 부르는 것은 실제로 스탈린과 히틀러의 조약이었다. 스탈린은 독일과의 '친선'을 전적으로 책임 졌고 확실히 이 위험한 동맹을 맺을 아주 구체적인 동기가 있었다. 이 동기의 본질이야말로 그의 전기 작가들이 맞닥뜨리는 가장 중요한 질문 중 하나다.

첫째로 이 문제의 정치적·윤리적 측면이 있었다. 분명히 스탈린은 이 조약이 정치적·윤리적으로 바람직하지 않음을 충분히 알고 있었다. 우리는 소련이 비밀 의정서의 존재를 고집스럽게 부인한 사실에서 이를 추론할 수 있다. 그 사본이 폭로되었을 때 소련 지도자들은 그것이 위조 서류라고 주장했다. 스탈린은 나치에 대한 증오에서 친선으로의 갑작스런 방향 전환이 소련 국내와 세계 공산주의 운동 내에 이념적 혼란을 초래할 것임을 이해했다. 그러나 이는 부차적인 문제였고, 이 협정이 사회주의의 궁극적 이익을 위한 것이라는 틀에 박힌 설명을 가지고 해결할 수 있었다. 또 소련 내의 회의론자들은 평소 하던 방식으로 처리할 수 있었다. 실제로 윤리적 문제는 나중에 독일이 패망한 후 국제 공산주의 사회가 나치즘을 절대악으로 규탄했을 때 더욱 큰 무게를 띠게 된다.

1939년에는 가장 민주적인 서구 정치인들도 나치와 거래하는 데 유연한 접근 방식을 취했다 — 즉 전쟁을 피하기 위해서라면 무엇이든 마다하지 않았다. 영국과 프랑스도 이런 자신들의 정책을 자랑스럽게 여기지는 않았으므로, 스탈린이 그들의 방식에 동조하리라는 건 순진한 기대였을 것이다. 아무도 원칙을 지켜서 히틀러와의 거래를 거부하지 않았다. 이는 어디까지나 어떤 협약들을 이끌어 내거나 수용할 수 있는가의 문제였다. 정치적 실용주의라는 측면에서 뮌헨 협정을 체결한 서구 국가들은 스탈린 못지않게 사악했다. 뮌헨 협정에 서명하면서 영국과 프랑스는 히틀러의 침략으로부터 스스로를 보호 — 혹은 보호했다고 생각 — 하는 한편, 비단 주데텐란트뿐만 아닌 수많은 약소국들을 위험에 몰아넣었다. 스탈린은 자기 이익을 한 걸음 더 밀어붙여 동유럽 분할에 참여했다. 그는 뮌헨 협정이 히틀러의 공세를 동쪽으로 향하게 만들었다고 확신했으므로, 동부에 대한 총통의 근심을 잠재우고 그를 다시 서방 쪽으로 돌려놓는 것은 스탈린의 입장에서 타당한 일이었다. 소련의 관점에서 스탈린은 정당한 러시아의 영토를 되찾으려 한 것뿐이었다. 전쟁과 혁명으로 나라가 약해졌을 때 강제로 빼앗긴 러시아 제국의 일부를 회복함으로써 역사적 불의를 바로잡아야 한다는 생각도 틀림없이 소련 독재자의 머리에 작용했을 것이다. 이런 동기는 소련 내에서뿐만 아니라 일부 외국인에게서도 공감을 이끌어냈다.

스탈린의 사고에 이런 감정적이고 윤리적인 고려가 얼마나 두드러지게 작용했는지는 말하기 힘들다. 임박한 전쟁 위험에 비하면 이는 확실히 중요성이 떨어졌다. 독일과 조약을 체결한 지정학 전략적 이유에 대한 견해는 폭넓은 스펙트럼으로 존재한다. 그 한쪽 끝에는 협약에 서명하기 직전인 8월 19일 스탈린이 정치국에서 했다고 하는 연설을 지적하는 이들이 있다. 그중 1939년 말 프랑스에서 공개된 한 판본은, 소련의 입장에서 전쟁이 띠는 의미에 대한 스탈린의 생각을 폭로했다고 하여 센세이션을 일으켰다. 이 프랑스 신문은 그가 히틀러와의 협정을 다음과 같이 정당화했다고 인용했다. “절대적으로 확신하건대, 만약 우리가 프랑스·영국과 조약을 체결한다면 독일은 폴란드를 포기하고 서방 세력과의 타협을 모색해야 할 것입니다. 그러면 전쟁은 비켜갈 것이고 이후의 정세는 우리에게 위험한 방향으로 전개될 것입니다.”[43]

그가 했다는 이 연설을 보면, 스탈린은 서방을 약화시키고 소련의 영토를 넓히고 유럽에 공산주의를 확산시키기 위해 전쟁이 필요하다고 믿었던 것처럼 보인다. 이 발언은 히틀러의 입장에서 스탈린의 신용을 떨어뜨리고 프랑스 공산당을 적대 세력의 앞잡이로 보이게끔 했다. 이 ‘극비’ 문서의 공개는 분명히 누군가의 이익에 이바지했다.

대부분의 역사학자들은 이 위조문서에 큰 의미를 부여하지 않는다. 정치국 문서고에도 스탈린의 개인 문서철에도, 그가 이런 연설을 했다는—심지어 8월 19일에 정치국원들이 만났다는—정황 증거조차 담겨 있지 않다. 이는 놀랄 일이 아니다. 1930년대 후반의 스탈린 독재 체제에 대해 알려진 바에 근거하면, 그가 정치국 동지들에게 이 정도로 다 터놓고 말했다고는 믿기 힘들다. 그는 그들의 의견은 고사하고 존재조차 딱히 필요로 하지 않았다. 다른 유명한 위조문서들이 그렇듯이 ‘스탈린 연설문 기록’ 또한 스탈린과 그의 행동에 대한 특정한 관점을 뒷받침하고 있다. 이 극단적인 관점에 의하면, 스탈린은 자기 계획을 실행하기 위한 수단으로서 유럽에서의 전쟁을 원했기 때문에 히틀러와 조약을 체결했다.

이 위조문서에 반영된 관점은 다른 믿을 만한 출처에서 나온 스탈린의 발언과 확연히 대조된다. 당시 코민테른의 수장이던 게오르기 디미트로프는 스탈린이 9월 7일 회의에서 했던 다음과 같은 발언을 일기에 기록했다. "우리는 소위 민주 국가들과 합의를 이루어 교섭하는 편이 더 나았을 것입니다. 그러나 영국과 프랑스는 우리를 머슴으로만 부리고 한 푼도 지불하지 않으려 합니다! 물론 우리는 절대 머슴살이를 하지 않을 것입니다. 품삯을 받지 못한다면 더더욱 그렇습니다."[44] 스탈린의 말을 액면 그대로 받아들여야 할 필요는 없다. 그러나 그가 자기 나라의 고립과 자신이 서방 동맹들에게 폄하 받고 있다는 느낌 때문에 히틀러와의 조약으로 내몰렸을 가능성은 진지하게 고려할 가치가 있다.

1939년 8월 스탈린의 동기에 대해 이처럼 다양한 견해가 있다는 사실은, 제2차 세계대전 직전 시기 정세가 대단히 복잡했고 국제적 음모가 횡행했음을 반영한다. 그러나 최근에 이 상황을 해명해 주는 몇몇 역사적 증거를 입수할 수 있게 되었다. 소련, 영국, 프랑스 사이의 협상은 문제투성이였고, 그것이 제대로 진전되지 않은 데는 소련과 서방 양측에게 책임이 있었다. 서방 국가들의 완고함을 확인한 스탈린은 그들이 소련을 희생시키고 히틀러를 달래려 한다는 확신을 더욱 굳혔다. 그는 다른 세력들이 어떤 식으로 줄을 서든 독일과 폴란드의 전쟁은 피할 수 없다고 여겼을 가능성이 높고, 어쩌면 그가 옳았다. 그 전쟁이 자국에 어떤 영향을 끼칠지를 예측하기란 힘들었다. 나치가 곧 소련 국경을 덮칠 터였다. 히틀러는 이 조약을 제안하면서 소련에게 축복을 주는 후한 대가를 지불할 태세가 되어 있었다. 스탈린에게 이 조약은 소련 영토를 거의 아무런 위험 없이 확장하고 유럽에서 막 터지려는 전쟁과 자기 나라 사이에 완충 지대를 조성할 기회를 제시했다.

그리고 일본이 있었다. 소련군과 일본군 사이의 충돌은 이미 1939년 봄에 몽골에서 터지고 있는 중이었다. 최초의 교전은 붉은 군대의 패배로 끝났지만, 폰 리벤트로프 협상이 진행 중인 시점에는 소련 측이 상당한 승리를 거두고 있었다. 이는 독일과의 협상에서 스탈린의 입지를 강화해 주었다. 이 조약의 체결은 일본에게 외교적 타격을 주었다. 적어도 단기적으로는 소련과의 대결에서 독일과의 동맹에 의지할 수 없게 된 것이다. 스탈린이 이 모든 점을 고려했으리라는 데에는 심각한 이견이 없다.

1939년 8월의 스탈린은 자신이 우월한 위치에 섰다고 여길 이유가 충분했다. 그는 세계 최강의 군사 대국과 조약을 체결함으로써 최소한 당분간, 어쩌면 장기간 전쟁을 면했다. 또 20년 전에 러시아가 잃었던 영토를 되찾았다. 그리고 유럽 국가들이 전쟁을 통해 대륙의 세력 균형을 재편하는 동안 제3자로서 혜택을 누리리라 기대할 수 있었다. 독일과의 조약과 비밀 의정서는 윤리적으로 혐오스러웠고 전 세계의 진보주의자들 사이에서 소련의 평판을 떨어뜨렸지만 이는 비교적 사소한 걱정거리였다. 스탈린은 먼 미래를 내다보고 유럽 대부분을 차지하는 공산 제국을 건설할 음모를 꾸미고 있었던 것일까? 1939년에 그런 전망을 상상하기란 확실히 어려운 일이었다. 그는 유럽에서 전쟁을 도발하기 위해 조약을 체결한 것일까? 나치의 호전성을 고려할 때 그런 도발은 거의 불필요했을 것이다. 스탈린이 히틀러와의 조약에 서명하지 않고 영국·프랑스와 제휴하려 계속 노력했다면 전쟁이 어떻게 전개되었을지는, 지금으로서는 영영 알 길이 없는 별개의 문제다.

또한 우리는, 스탈린이 몰로토프-리벤트로프 조약과 비밀 의정서를 단지 독일을 억제하고 소련의 영향권을 확장하는 용도로만 활용했다면 이들 문서가 오늘날 어떻게 보였을지 알 길이 없다. 만약 그랬다면 후세는 소련과 독일의 합의를 어느 노련한 정치인의 다소 불미하지만 이해할 만하고 실용적인 전략으로 보았을 것이다. 그러나 스탈린은 전체주의 체제의 철권 통치자였다. 그는 이 조약을 소련과 국경을 면한 소국들에 대한 나치의 접근을 막는 데만 활용한 것이 아니라, 이 새로운 영토를 소련에 동화시키는 데에 활용했다. 그리고 스탈린의 세계에서 동화란 침략과 무자비한 사회적 숙청을 의미했다.

휘몰아쳐 오는 전쟁

독일은 1939년 9월 1일 폴란드를 침공했다. 폴란드의 동맹국인 영국과 프랑스는 선전 포고로 대응했고 제2차 세계대전이 시작되었다. 나치는 거의 아무런 저지도 받지 않고 폴란드를 휩쓸었다. 폴란드를 방어하러 오는 영국군과 프랑스군은 소집이 너무 느렸고 전투를 그리 서두르지도 않는 듯했다. 붉은 군대의 폴란드 진입과 이 나라를 독일·소련 영역으로 분할하는 선은 그 전 달 모스크바에서 열린 폰 리벤트로프 협상에서 이미 결정되어 있었지만, 스탈린 역시 군사 행동 개시를 서두르지 않았다. 소련의 침공은 독일이 행한 폴란드 작전의 결과가 완전히 뚜렷해진 9월 17일에야 시작되었다. 스탈린은 침공의 위험 요소가 최소화되고 소련의 공격이 독일의 공격과 사전 조율된 것처럼 보이지 않을 때까지 기다리는 편을 택한 것이 분명하다. 붉은 군대는 주로 1921년 폴란드가 장악했던 우크라이나 서부와 벨라루스 서부 지방을 점령했다. 공식 선전은 소련의 군사 행동이 우크라이나와 벨라루스의 인민들을 위한 것이라고 주장하며 이 침공을 '해방' 작전으로 규정했다. 이런 해석은 여전히 스탈린을 자기편으로 끌어들이고 싶어 했던 서방 정치인들의 구미에 맞았다.

현실은 소련 선전이 홍보한 이미지와 거의 닮은 구석이 없었다. 서부 우크라이나와 서부 벨라루스의 소련 합병은 분단되었던 나라의 감격스런 통일이 아니었다. 이 신규 영토에서 소련화가 진행된 첫 1년 반 동안, 그들은 소련이 수십 년간 경험했던 것과 똑같은 — 자본주의 경제 체제를 일소하고 새로운 이념을 주입하며, 실제의 혹은 상상의 반정부 온상을 파괴하는 — 폭력적 사회 공학의 희생물이 되었다. 전통적인 방식이 활용되었다. '의심스러운' 사람들은 총살되거나 노동 수용소에 갇히거나 소련 내륙으로 유배되고, 사유 재산이 폐지되고, 농업은 집단농장 체제로 바뀌었다. 스탈린 정권은 불과 몇 개월 안에 일체의 반소 이적 행위 가능성을 일소하려 하고 있었다. 악명 높은 카틴 숲 학살은 이 피비린내 나는 정책의 중요한 부분이었다. 1940년 3월 5일 정치국은 우크라이나와 벨라루스 서부 지역의 포로수용소나 일반 형무소에 수감된 폴란드인 수만 명을 처형하기로 결정했다. 그 주된 희생자는 군 · 경찰 간부, 전직 정부 관료, 지주, 사업가, 지식인 등 폴란드의 엘리트층이었다. 1940년 4월과 5월에 총 2만 1,857명이 총살당했다.[45] 스탈린은 이들을 제거함으로써 전쟁 이전의 폴란드 지도층을 복구하려는 일체의 움직임을 미연에 방지하려 했던 것이 분명하다.

스탈린은 몰로토프-리벤트로프 조약에 의해 소련 영향권으로 인정받은 발트 해 연안 국가에서는 좀 더 조심스럽게 천천히 움직였다. 폴란드를 분할하고 독일과 여러 가지 문제를 합의한 직후인 1939년 9

월 말과 10월, 소련 지도부는 에스토니아, 라트비아, 리투아니아를 압박하여 발트 해 항구들을 포함한 이들의 영토에 소련 군사 기지를 구축하는 조약을 맺었다. 몰로토프와 스탈린은 크레믈에서 발트 연안 이웃나라들과 협상하며 이들을 협박하는 일을 직접 맡았다. 회담장에는 팽팽한 긴장이 흘렀다. 발트 3국 정부 대표들은 자국 주권과 중립성의 보존을 주장했다. 몰로토프는 그들을 전쟁으로 위협하고 약간의 양보조차도 거부했다. 스탈린은 좀 더 부드러운 어조로, 발트 해 연안국에 주둔할 부대의 수를 줄이는 등의 몇 가지 대단찮은 타협안을 제의했다. 그는 발트 해 연안국 대표들의 비타협적인 태도가 명백히 거슬렸지만 자기 성질을 억눌렀다. 라트비아 외무 장관의 증언에 따르면, 그는 다른 사람들이 말하는 동안 혼자 글이나 낙서를 끼적이고 방안을 왔다 갔다 하고 책과 신문을 집어 드는 등 딴청을 피우다가, 중대한 순간에 끼어들어서 갑자기 화제를 돌려 난해한 민족지적·역사적 문제에 대해 일장 연설을 하곤 했다.[46]

소련 측이 명백히 유리했다. 붉은 군대는 이미 발트 3국 국경 지대에 배치되어 있었다. 독일—소련에 대적 가능한 유일한 평형추—은 소련과 협력하여 행동하고 있었다. 그럼에도 스탈린은 희생자들을 서둘러 제압하지 않고 자기가 원하는 것을 한 번에 조금씩 가져갔다. 스탈린은 소련 군대가 라트비아, 리투아니아, 에스토니아에 들어갔을 때 채택한 전술에 대해 코민테른 의장 디미트로프에게 이렇게 말했다. "마구 밀고 들어가는 건 좋지 않습니다!…전쟁의 현 단계에 맞는 슬로건이 선행되어야 합니다…우리는 (에스토니아, 라트비아, 리투아니아와의) 상호 원조 조약 안에 수많은 국가들을 소련의 영향권으로 끌어들일 수 있는 공식이 있다고 봅니다. 그러나 이를 위해서는 기다려야 합니다 — 그들 내부의 정권과 독립성을 절대적으로 존중해야 합니다. 우리는 그들을 소련화하려 들지 않을 것입니다. 그들 스스로 그렇게 할 때가 올 것입니다!"[47]

이 설명의 마지막 문장에서 스탈린이 한 예측은 — 몰로토프-리벤트로프 조약에 의해 자국 영향권으로 들어온 국가와 영토를 소련에 동화하고 흡수한다는 — 그의 최종 목표를 내비치고 있다. 역사적 관점에서 그는 이 목표를 러시아 제국의 복원으로서 정당화할 수 있었다. 군사 전략으로서도 공격 통로로 이용될 수 있는 지역에 강한 통제권을 수립하는 일은 확실히 합리적이었다. 그러나 미래 — 다가오는 전쟁의 주체, 대상, 시기, 장소 — 가 불확실성에 싸여 있었으므로 스탈린은 어쩔 수 없이 기다려야 했다. 그는 일단은 줄타기 게임을 하면서 영국이나 프랑스나 특히 총통의 심기를 불필요하게 거스르지 않는 데 진력하는 편을 택했다. 이 기간 스탈린의 조심성을 드러내는 작은 신호들은 많았다. 일례로 바실리 추이코프 전선군 사령관이 벨라루스 공화국 의회에서 행한 연설 내용을 보고 받고 그가 보인 반응에서도 이를 확인할 수 있다. 폴란드에서 거둔 손쉬운 승리에 취한 추이코프는 라디오로도 중계된 이 연설에서 청중에게 이렇게 말했다. "당이 말하면 우리는 그에 맞추어 진군할 것입니다 — 먼저 바르샤바로, 그 다음은 베를린으로!" 화가 머리끝까지 난 스탈린은 추이코프의 상관인 보로실로프에게 이렇게 썼다. "보로실로프 동무. 추이코프는 적대 분자까진 아니더라도 최소한 멍청이임이 분명하오."[48] 확실히 추이코프는 목숨을 부지했지만, 반나치 감정을 표시한 다른 많은 소련 시민들은 그렇게 운이 좋지 못했다. 1939년 8월부터 독소전이 시작될 때까지 소련에서는 반 히틀러주의를 표현하는 일이 범죄로 취급되었다.

스탈린의 은밀한 팽창 정책은 마침내 걸림돌에 부딪쳤고, 그 걸림돌은 바로 핀란드였다. 라트비아, 리투아니아, 에스토니아에서 자기가 원하는 양보를 얻어낸 소련 독재자는 1939년 10월, 나치가 소련 영향권의 일부로 인정해 준 북유럽의 이웃나라로 주의를 돌렸다. 핀란드는 발트 해 연안국들보다 훨씬 더 가혹한 요구에 직면했다. 소련은 핀란드에 소련 군사 기지를 설치하는 것 외에도, 레닌그라드와 인접한 핀란드 영토의 상당 부분을 인구가 희박한 국경 지대의 땅과 교환해 줄 것을 요구했다. 표면적으로 이 요구는 완벽하게 합리적으로 보였다. 소련은 레닌그라드 — 소련 제2의 수도이자 군수 생산의 중심지 — 와 더불어 발트 해로부터의 진입로를 방어할 수 있기를 바랐다. 그러나 과거 러시아 제국의 한 지방으로서 1917년 독립을 획득한 핀란드는 소련의 제국주의 야심을 의심했다. 핀란드인들은 공산주의 이웃나라가 도발했던 1918년 내전의 공포를 기억했다. 또 주데텐란트를 포기하고도 히틀러에게 완전히 잡아먹힌 체코슬로바키아의 최근 사례도 주목했다. 핀란드는 소련의 요구를 단호히 거부했다. 스탈린은 무력을 쓰기로 결정했다.

11월 말에 붉은 군대가 핀란드를 침공했다. 이 작전이 신속한 성공을 거두리라고 믿을 만한 이유는 충분했다. 핀란드는 인구가 4백만 명으로 소련의 40분의 1밖에 안 되는 조그만 나라였다. 두 나라의 영토, 경제적 자원, 군사력은 비교가 불가능했다. 탱크 26대를 가지고 전쟁을 시작한 핀란드는 소련 탱크 1,500대를 물리쳐야 했다. 게다가 소련은 상당한 추가 병력과 자원을 전투에 투입할 수 있을 터였고 — '겨울 전쟁'이라는 이름이 붙은 — 분쟁이 예상 외로 길어지자 실제로 그렇게 했다. 압도적 병력을 믿은 스탈린은 핀란드를 발트 3국에서 썼던 것과는 다른 점령 모델을 최초로 적용하는 실험장으로 삼기로 했다. 붉은 군대는 모스크바에서 뽑은 공산주의자들로 구성된 '핀란드 인민 정부'를 가지고 들어왔다. 이는 패배한 핀란드를 통치하기 위해 설치한 정부였다.

그러나 '핀란드 인민 정부'는 끝내 수립되지 못했다. 핀란드인들은 붉은 군대에 맹렬하고 효과적인 저항을 보여 주었다. 전쟁이 질질 끌면서 강한 반 소련 분위기가 전 세계에 퍼졌다. 소련은 국제연맹에서 제명되었고 프랑스와 영국은 핀란드 측을 지원하기 위해 개입할 준비를 했다. 스탈린은 운을 시험하지 않기로 했다. 대대적으로 병력을 증강하여 연승을 거두었음에도, 그는 1940년 3월 핀란드와의 평화 조약에 서명했다. 소련 북쪽의 이웃나라를 소련화하려는 계획은 보류되었다. 핀란드는 영토와 경제의 상당 부분을 잃었지만 독립을 유지했다. 붉은 군대는 전사자, 부상이나 질병으로 인한 사망자, 전투 중 실종자를 합쳐 약 13만 병력을 잃었다. 부상당하거나 동상에 걸린 군인은 20만 명이 넘었다. 핀란드군은 전투 중 사망·실종자가 2만 3,000명, 부상자가 4만 4,000명으로 그보다 현저히 적은 손실을 입었다.[49] 이 전쟁 ― 소련과 스탈린 개인의 상징적 참패 ― 은 소련군 조직 내 모든 요소의 취약성을 드러냈다. 역사학자들은 히틀러가 바로 이 전쟁을 보고 소련 침공의 시간표를 앞당겼다고 지적한다.

소련이 핀란드에서 거둔 실패는 히틀러의 의기양양한 진군과 불길한 대조를 이루었다. 독일은 겨울전쟁 직후인 1940년 4~6월에 많은 서유럽 국가들을 점령했고 불과 몇 주 만에 프랑스를 항복시켰다. 영국 군대가 대륙에서 철수했고 이탈리아가 독일 편을 들어 참전했다. 프랑스의 신속하고 수치스러운 항복으로 세계정세는 완전히 바뀌었다. 훗날 흐루쇼프는 스탈린이 프랑스의 패배에 얼마나 상심하고 우려했으며 이 나라가 제대로 싸우지도 못하고 굴복한 것을 한탄했는지 증언했다.[50] 흐루쇼프의 증언에는 사후 판단으로 인한 편향이 섞여 있지만, 스탈린이 느꼈을 불안감을 의심할 이유는 없다. 소련 지도자는 전쟁 중인 양측 사이에서 전략적으로 운신할 공간을 잃었다. 바위처럼 견고해 보였던 전략이 삽시간에 물거품이 되었다. 이제 서로에게 편리한 조약을 통해서 빠져나갈 쉬운 길은 없을 터였다. 소련의 머리 위에 거대한 위협이 드리웠다. 믿을 수는 없어도 유일했던 동맹국이 이제는 치명적으로 위험한 적으로 보이기 시작했다.

스탈린은 황급히 대응했다. 1940년 여름 독일이 서유럽에 대한 지배를 공고화하는 동안, 라트비아, 리투아니아, 에스토니아가 소련에 합병되었다. 그리고 루마니아로부터 빼앗은 베사라비아와 북부 부코비나 역시 합병되었다. 스탈린 지도부의 최우선순위는 이 새로운 점령지를 신속히 소련에 동화시키는 일이었다. 주민에 대한 집단 숙청이 행해지고 사유 재산이 대대적으로 몰수되었다. 이제 새로 합병된 서부 지역에 탄압이 가해졌다. 늘 그러했듯 '의심스러운' 시민들에 대한 체포와 처형 외에도 수많은 사람들이 소련 내륙의 외딴 지역으로 유배되었다. 1940년과 1941년 전반에 시행된 4차례의 이주 캠페인을 통해, 서부 우크라이나, 서부 벨라루스, 발트 3국, 베사라비아에서 약 37만 명이 소련 내륙으로 강제 이주되었다. 이들 지역의 적은 인구를 고려하면 이는 엄청난 숫자다.[51]

스탈린은 새로 소련에 편입된 지역의 '의심스러운' 수십 만 명을 처리하느라 분주한 와중에도 먼 곳에 있는 적들을 잊지 않았다. 1940년 8월에 멕시코에서 레프 트로츠키가 그의 명령으로 암살되었다. 트로츠키의 측근 그룹 내부로 침투한 엔카베데 요원이 이 과거 반대파 지도자를 얼음 피켈로 살해한 것이다. 스탈린은 그의 가장 완강하고 정력적이고 달변의 숙적을 오랫동안 뒤쫓아 왔다. 이는 사적인 복수의 갈증 때문이었을까, 아니면 소련 내부의 트로츠키주의자들이 전시에 결집할지도 모른다는 우려 때문이었을까? 두 가지 변수가 모두 작용했을 가능성이 높다.

히틀러와의 조약에서 소련의 통제권으로 합의된 영토들을 제압한 스탈린은 질문에 부딪쳤다. 이제 어떻게 할 것인가? 한편으로, 독일 전쟁 기구의 성공은 히틀러와의 친선을 그 어느 때보다 중요하게 만들었다. 다른 한편으로, 소련에 대한 나치 침략 위협의 증가는 이 친선을 점점 더 위험한 것으로 만들었다. 소련과 독일의 이해관계는 핀란드에서 충돌하고 있었다. 겨울전쟁의 결과로, 노르웨이를 점령한 독일이 이제 핀란드에 침투 중이었던 것이다. 또 히틀러가 루마니아 석유를 절실히 필요로 했기 때문에 두 세력은 발칸에서도 충돌하고 있었다. 또한 스탈린은 루마니아와 불가리아의 일부와 더불어 제정 러시아 때부터의 숙원인 터키 해협의 통제권을 얻기를 바랐다.

1940년 9월 27일 독일, 이탈리아, 일본이 맺은 삼국 동맹 조약은 스탈린에게 불길한 소식이었다. 이 세 침략국은 서로를 도와 세계를 나눠 가지는 데 합의하고 있었다. 독일과 이탈리아는 유럽의, 일본은 아시아의 지배 세력으로 인정받았다. 이론적으로 이 조약은 영국과 미국을 겨냥한 것이었지만, 스탈린이 우려할 이유는 충분했다.

이 단계에서는 소련과의 긴장 악화를 피해야 한다고 여긴 히틀러는 1940년 11월 소련 외무 장관 몰로토프를 베를린에 초청하여 유화적 제스처를 취했다. 몰로토프는 히틀러와 폰 리벤트로프와 협상하며 핀란드, 발칸, 터키 해협에서 자국의 이익이 관철되어야 한다고 주장했다. 히틀러 역시—특히 핀란드와 루마니아에 대한 소련의 권리 주장과 관련하여—굽히지 않았다. 히틀러는 구체적인 약속을 피하는 대신, 소련이 3국 동맹의 네 번째 동맹국이 되어 대영 제국의 분할에 참여하고 추후 협상을 통해 소련의 영향권을 정하자고 제의했다.[52] 명백히 양측은 그러한 안배로부터 무엇을 얻을지를 탐색하고 있었다. 과연 이 4자 동맹이 실제로 가능한 일이었을까? 한편으로 우리는, 이런 협상이 진행되는 와중에도 히틀러는 이미 소련을 침공할 계획을 도모 중이었음을 알고 있다. 또한 스탈린이 독일의 위협을 철저히 인식했음을 알고 있다. 다른 한편으로, 몰로토프-리벤트로프 조약이 체결되고 있던 1939년 8월에도 소련과 독일은 서로에게 근본적으로 적대적이었다. 그러나 스탈린과 히틀러가 공통의 이해관계를 찾아내자 일순간에 모든 것이 바뀌었다.

몰로토프는 베를린에서 돌아온 직후인 1940년 11월 25일에 모스크바 주재 독일 대사에게 소련의 4자 협약 참여 조건을 전달했다. 여기서 스탈린은 1939년 8월에 성공을 거두었던 전술에 다시금 의지하고 있었다. 그는 동맹국에 대한 지원(그리고 소련 원자재의 상당량을 독일에 공급한다는 합의)의 대가로 네 가지 구체적인 요구를 내걸었다. 첫째로 독일군이 핀란드에서 철수해야 한다. 그 대신 소련은 핀란드와 독일의 우호 관계 유지를 보장하고, 목재와 니켈을 공급한다. 이는 히틀러가 몰로토프와의 회담에서 특별히 고집한 부분이었다. 둘째로 스탈린은 소련이 불가리아에 영향력을 행사할 권리를 주장했다. 여기에는 불가리아와의 상호 원조 조약 체결 및 터키 해협 부근의 소련 군사 기지 설치가 포함되었다. 셋째로 세 동맹국은 소련이 남쪽으로, 즉 이란과 터키를 거쳐 페르시아 만으로 팽창할 권리를 인정해야 한다. 넷째로 일본은 '합당한 보상'을 받고 사할린 섬 북부의 석탄과 석유 채굴권을 포기해야 한다.[53] 러시아 제국의 열망이 세세히 반영된 이 프로그램에는 아마도 스탈린이 원하는 모든 것이 들어 있었고, 확실히 그는 거래할 준비가 되어 있었다. 이 조건을 베를린에 제시한 것은 짐작건대 그가 침략국들과 연합할 태세가 되어 있었음을 가리켰다.

4자 동맹을 맺자는 히틀러의 제안을 스탈린이 전혀 진지하게 고려하지 않았으며, 11월 25일 베를린에 전달된 요구는 독일이 받아들일 수 없도록 일부러 고안한 지연 전술이었다는 주장도 있다. 이 견해를 지지하는 이들이 드는 가장 중요한 증거는, 몰로토프가 베를린에서의 협상 결과를 보고했다고 하는 1940년 11월 14일 정치국 회의에 대한 하나의 증언이다. 이 증언에 따르면 이 자리에서 스탈린은 히틀러를 믿을 수 없으며 독일과의 전쟁을 준비할 때가 되었다고 발언했다고 한다. 그러나 이런 정치국 회의나 스탈린의 발언에 대한 기록은 없다. 이 정보의 유일한 출처는 소브나르콤Sovnarkom*의 행정실장으로 이 회의에 참석하여 그 내용을 메모했다고 주장하는 야코프 차다예프이다.[54]

차다예프의 증언을 의심할 몇 가지 이유가 있다. 첫째로 몰로토프는 11월 14일 베를린에서 돌아오는 기차에 탔기 때문에 그날 모스크바에 있을 수 없었다. 게다가 스탈린이 왜 그런―특히 정치국원이 아닌 사람들이 참석한―회의를 열고 싶어 했는지 이해하기 힘들다.[55] 전쟁 이전에 (1939년 독소 조약을 포함하여) 대외 정책과 관련된 대부분의 결정은

* '인민위원회의'의 약자. 당시 소련의 내각에 해당한다. 따라서 소브나르콤의 의장은 국무총리에 해당한다.

정치국에서 표결되지 않았다. 스탈린은 자신의 대외 정책 카드를 비밀로 했고 기껏해야 몰로토프와 상의했다. 3국 동맹 참여 여부를 탐색하는 회담은 엄중한 국가 기밀이었다.

이 회의에 의구심을 드리우는 또 다른 증거는 스탈린 집무실의 방문객 일지이다. 이 일지에는 11월 6일부터 14일까지 아무런 활동이 기록되어 있지 않다. 따라서 이 기간에 스탈린은 다차에 머물렀음이 거의 확실하다.[56] 끝으로 11월에 정치국 회의가 열렸다는 증거가 없으며, 설령 열렸다 해도 차다예프의 – 메모는 고사하고 – 참석이 허락되었을 가능성은 낮다. 소브나르콤의 행정실장으로서 그는 수령이 이 기구의 의장으로 취임한 1941년 5월 이후에야 스탈린에게 쉽게 접근할 수 있었다. 1940년 11월 25일 스탈린이 히틀러의 동맹 강화 제안에 신속 정확하게 응답했다는 사실은 여전하다. 베를린은 모스크바의 채근에도 불구하고 스탈린이 내건 조건에 응답하지 않았다. 몰로토프가 베를린을 떠나고 얼마 안 있어, 헝가리, 루마니아, 슬로바키아 – 히틀러의 의지에 완전히 복속된 세 나라 – 가 조약에 참여했고, 1941년 3월에는 스탈린이 끈질기게 자국 영향권으로 주장했던 불가리아가 합류했다. 4월에는 독일이 그리스와 유고슬라비아를 점령했다.

1940년 12월, 히틀러가 1941년 5월에 소련을 침공하는 계획을 승인했다. 스탈린에게 남은 유일한 동맹은 소련 인민들뿐이었다. 수령은 히틀러가 소련으로 진군하기 전 마지막 몇 개월 동안 자기 권력을 공고화하고 특히 군사력을 강화하는 데 각별한 노력을 기울였다.

최고 권력의 공고화

대숙청의 한 가지 중요한 결과는 정치국 내 세력 균형의 급격한 변동이었다. 1930년대 중반까지도 집단 지도 체제의 잔재가 남아 있었지만, 1937년 말의 정치국은 스탈린의 의지에 완전히 복속되었다. 숙청은 그의 권력을 새로운 경지로 끌어올렸다. 이제 그는 평범한 시민들뿐만 아니라 가장 이름 높은 동료 지도자들의 목숨까지 손아귀에 쥔 명실상부한 독재자가 되었다. 정치국원 5명(스타니슬라프 코시오르, 블라스 추바르, 로베르트 에이헤, 파벨 포스티셰프, 얀 루주타크)이 총살되었고, 1명(그리고리 페트롭스키)은 스탈린이 특별히 관용을 베푼 덕분에 고위 지도부에서 축출되어 살아남았다. 스탈린의 고위층 희생자 명단에 든 또 다른 인물로는 스탈린의 무자비함으로 인해 자살로 내몰린 그리고리 오르조니키제가 있다. 그러나 자기 자리를 지킨 고위 지도자들도, 자기가 권력과 죽음 사이의 선을 조심해서 내디뎌야 하며 가장 아끼는 부하나 심지어 가까운 친구와 친척들조차 보호할 수 없는 무력하고 치욕적인 위치에 있음을 알았다. 엔카베데가 고문으로 받아 내는 수없는 자백에는 필연적으로 고위 지도자들의 이름이 등장했다. 어떤 고발과 모함을 심각하게 받아들일지를 결정하는 일은 스탈린에게 달려 있었다. 누구든지 하루아침에 적으로 지목될 수 있었다.

스탈린의 오랜 동지들이 고위 지도부에서 모습을 감추면서 젊은 인물들이 그 자리를 채웠다. 앞에서도 언급했듯이 이런 세대교체는 그의 권력을 공고히 하는 데 중요한 요소였다. 구세대의 혁명 경력이 없는 이 젊은 지도자들은 자신의 입지를 스탈린에게 직접 신세 지고 있었고 그에게 철저히 의지했다. 1939년 3월에 이러한 2세대의 일원인 안드레이 즈다노프와 니키타 흐루쇼프가 정식 정치국원으로 선임되었다. 이와 동시에 3세대에 해당하는 라브렌티 베리야가 후보국원이 되었다. 1941년 2월에는 3세대 일원 3명—니콜라이 보즈네센스키, 게오르기 말렌코프, 알렉산드르 셰르바코프[57]—이 후보국원에 추가되었다. 이러한 임명은 단순히 경력 사다리에서 실력 있는 간부의 통상적 승진을 보여주는 것이 아니었다. 스탈린은 더 나이 많고 공로가 큰 동료들을 견제하기 위해 일부러 젊은 관료들을 요직에 배치하곤 했다.

정치국 구성의 변동은 수면 아래에서 벌어지고 있는 과정의 한 징후에 불과했다. 이는 궁극적으로 집단 지도 체제의 공식적인 구조를 파괴하고, 스탈린 독재 체제의 행정적·정치적 필요와 그의 생활방식에 부응하는 새로운 비공식적 혹은 반半공식적 제도를 그 자리에 수립하는 과정이었다. 정치국이 더 이상 의미 있는 역할을 수행하지 못하는 현상은 그것이 공식 기구로서 기능하기를 중단했을 때 논리적인 귀결을 맞았다. 대숙청 시기부터 정치국은 지도부 내의 좀 더 소수로 이루어진 그룹으로 대체되었고 이 그룹의 의장은 항상 스탈린이 맡았다. 1938년 초에 스탈린, 몰로토프, 보로실로프, 미코얀, 카가노비치로 구성된 '비밀 5인방'이 만들어졌다. 이 그룹은 공식 기구가 아니었지만 많은 부분 정치국을 대신했고, 여기서 중요한 표는 스탈린의 표뿐이었다. 스탈린은 5인방 회의에서의 논의와 더불어, 많은 문제를 지도부 멤버와 개별적으로 해결했다. 이런 임기응변식 의사 결정 메커니즘은 헌법적 구조나 절차와는 따로 움직였고 순전히 수령의 의지에 좌우되었다. 회의는 스탈린의 습관과 야행성 생활방식에 맞추어 천차만별의 형태를 취했다. 밤에도, 낮에도, 스탈린의 크레믈 집무실에서도, 그의 다차에서도, 영화관에서도, 기나긴 만찬을 들면서도 국가 중대사가 결정될 수 있었다.

권력 피라미드의 그 다음 단계는 스탈린이 총괄적 통제를 유지하면서 일부 권한을 위임한 지휘 기구들로 구성되었다. 이러한 체계는 이데올로기를 관할하고 당·정부 상급 관료를 선발·임명하는 당중앙위원회 기구 내에 처음으로 수립되었다. 스탈린의 피후견인인 즈다노프와 말렌코프가 이 중요한 영역을 직접 감독했다. 그들은 비교적 사소한 결정을 스스로 내릴 수 있었지만 중요한 결정은 스탈린의 승인을 받았다. 1941년 1월 스탈린은 당중앙위원회의 새로운 운영 방식을 이렇게 설명했다. "우리 당중앙위원회가 정치국을 소집한 지 4~5개월이 되었습니다. 모든 문제는 즈다노프, 말렌코프, 그리고 다른 분들이 전문 지식을 지닌 동무들과의 개별 회의를 통해 준비하며, 그 결과로 운영이 더욱 순조롭게 이루어지고 있습니다."[58]

한편 정부 쪽에 해당하는 소브나르콤의 인민위원과 각 부처와 위원회들을 독재자의 필요에 맞게 길들이는 일은 그보다 어려웠다. 소브나르콤은 소련 경제 전체를 감독했는데, 당시 소련 경제는 다급한 전쟁 준비의 압박으로 진통을 겪고 있었다. 스탈린은 관료 체제를 자기 의지대로 움직이고 싶어 했지만, 이 기관들은 굼뜨고 제어하기 힘들어서 그는 짜증과 분통을 터뜨리곤 했다. 그의 불만은 국가 최고 지도부에 의한 시스템 운영 방식을 재편하려는 수없는 시도로 이어졌다. 마침내 1941년 3월에 '소비에트 연방 소브나르콤 사무국'이라는 새로운 정부 기구가 만들어졌고, 이는 소브나르콤 의장인 몰로토프와 그 밑의 부서장들로 구성되었다. 이 기구는 정치국 내의 지도 그룹을 본떠 소브나르콤 내의 지도 그룹으로서 신설되었다.

재편을 둘러싼 정치 공작의 일부로서, 비교적 젊은 니콜라이 보즈네센스키가 정부 총리 몰로토프 바로 밑의 수석 부총리가 되었다. 미코얀과 카가노비치 같은 고참 정치국원들을 제치고 그가 이런 요직에 임명되자 스탈린 측근들 내의 긴장이 고조되었다. 미코얀은 심지어 그로부터 수십 년 뒤에 쓴 회고록에서도 이때의 상심을 감추지 못했다. "그러나 소브나르콤 사무국의 지도부 구성에서 우리에게 무엇보다도 충격적이었던 일은 보즈네센스키가 소브나르콤의 수석 부의장이 되었다는 것이었다… 스탈린이 이처럼 과격한 인사 교체를 했던 동기는 여전히 불분명하다. 그리고 순진한 보즈네센스키는 자신이 임명된 데 매우 기뻐했다."[59] 이 중요한 직무를 보즈네센스키에게 맡김으로써, 어쩌면 스탈린은 소브나르콤 의장이 자기 직무를 전부 감당할 수 없으며 더 젊고 팔팔한 부의장이 필요함을 암시하여 보즈네센스키를 몰로토프와 맞붙이려는 의도였을지도 모른다. 여하튼 이 모든 정부 재편은 몰로토프의 소브나르콤 리더십을 향한 소나기 같은 질책 및 비난과 더불어 이루어졌다. 이는 스탈린의 의중에 무언가가 감추어져 있다는 분명한 신호였다.

그의 계획은 소브나르콤 사무국을 설치하고 한 달 뒤에 분명해졌다. 1941년 4월 28일 스탈린은 이 기구가 정부 운영을 바로잡고, "경제 건설과 관련된 중요한 문제들을 이른바 '투표'를 통해" 계속 결정하고 있는 경제 리더십 내부의 '혼돈'을 종식할 목적으로 만들어졌다고 설명하는 메모를 소브나르콤 사무국 멤버들에게 보냈다. 스탈린은 부적절한 투표 활용의(위원회 멤버들이 직접 만나서 논의하지 않고 회람용 문서에 개별적으로 투표하는) 예로서 사할린 지역의 송유관 건설에 대한 결의안 초안을 지적했다. 그는 몰로토프가 소브나르콤 사무국에서 논의를 거치지 않은 채로 이 서류에 서명했다고 쏘아붙였다. 그리고 이러한 관행을

'사인이나 휘갈기는 관료적 형식주의'라고 딱지 붙이고 이렇게 최후통첩을 보냈다. "나는 이런 식의 '운영'이 계속되어서는 안 된다고 봅니다. 이 문제를 당중앙위원회 정치국에서 논의할 것을 제안합니다. 지금으로서 나는, 소비에트 연방 소브나르콤 사무국에서 논의되고 승인되었음을 확인하는 소브나르콤 사무국의 서명이 없는 한, 아무리 중요한 경제 문제와 관련된 결의안 초안에 대해서도 투표 참여를 거부한다고 말해야겠습니다."[60]

스탈린의 이러한 폭발은 필시 몰로토프를 깜짝 놀라게 했을 것이다. 소련의 의사 결정에서 투표는 표준 관행이었다. 불과 얼마 전인 1941년 1월에만 해도 스탈린은 위원들이 회의를 너무 많이 한다는 뜻으로 소브나르콤의 '의회주의'를 비판한 바 있었다. 모든 관련자들은 스탈린이 '잘못된' 투표의 예를 딱 하나만 들었고 그것도 특별히 설득력 있는 예가 못 된다는 사실을 분명히 알았다. 사할린 송유관은 짐작건대 소브나르콤 사무국에서의 자세한 논의가 필요 없는 문제였기 때문이다. 그가 4월 메모에서 따져 물은 죄상이 사소해 보였으므로, 몰로토프와 다른 정치국원들은 필시 여기에 모종의 맥락이 개입해 있음을 깨달았을 것이다. 스탈린의 메모에 대한 논의는 1941년 5월 4일의 정치국 결정으로 이어졌다. 그 일부는 다음과 같다.

> I. 소련과 당 조직 사이를 충분히 조율하고 그들의 지도자적 직무의 통일성을 절대적으로 보장하기 위해, 또한 국가 방위에 전 소련 기관의 노력이 최대한도로 요구되는 현재의 긴장된 국제 정세에서 소련 기관들의 권위를 더더욱 향상시키기 위해, 정치국은 만장일치로 다음과 같이 결의한다.

1. I. V. 스탈린 동무를 소비에트 연방 인민위원회의[소브나르콤] 의장으로 임명한다.
2. V. M. 몰로토프를 소비에트 연방 소브나르콤의 부의장으로 임명하고, 외무 인민위원직에 유임하여 소비에트 연방의 대외 정책을 관할케 한다.
3. 당중앙위원회 정치국의 강력한 요청으로 전연방공산당(볼) 중앙위원회의 총간사직을 유임한 스탈린 동무가 당중앙위원회 간사국에서 일할 시간을 충분히 할애할 수 없을 것을 고려하여, A. A. 즈다노프 동무를 전연방공산당(볼) 중앙위원회 선전국 관할 임무에서 면직하고 당중앙위원회 간사국에 스탈린 동무의 대리로 임명한다.[61]

이 결의안이 채택되기까지의 논의를 조명한 문헌이나 회고록은 없지만, 이 재편을 레닌주의 혁명 모델 지도 체제로의 복귀와 같게 만드는 표현들이 몇 가지 단서를 준다. 이에 따르면, 특히 전쟁이 닥쳐오는 시기에는 당과 국가의 지도자가 정부의 수장이 되어야 한다. 만약 스탈린이 최초의 소비에트 모델을 준수하는 것이 중요하다는 논리를 충실히 따랐다면, 그는 당중앙위원회 간사직을 포기했어야 했다. 레닌은 당의 설립자이자 지도자였지만 당 간사를 맡지는 않았기 때문이다. 그러나 그는 당과 정부의 최고 직위를 둘 다 독차지하는 편을 택했다.

마침내 정부 독재 체제가 완성되었다. 위계의 꼭대기에는 독재자 자신이 있었다. 당 총간사에 정부 총리 직함까지 추가되면서, 그가 한동안 행사해 온 절대 권력은 이제 공식화되었다. 정치국의 지도 그룹 — 정치국원 가운데서 스탈린이 가려 뽑은 하위 집단 — 은 그의 고문역을 하게 되었다. 그 바로 아래층에는 즈다노프가 이끄는 당중앙위원회 간사국과, 보즈네센스키가 이끄는 소브나르콤 사무국의 두 지휘 기구가 있었다. 이들은 독재자의 양 팔 역할을 하는 기구로서 통상적 국가 운영을 책임지고 중요한 문제는 스탈린에게 가져와서 승인을 얻었다.

물론 이러한 재편에는 효율성을 향한 갈망을 뛰어넘는 또 다른 동기가 있었다. 당 우두머리인 자신에게 정부 수반의 직함을 추가한 스탈린의 결정은, 국제적으로 불안정한 이 시기에 소련이 그 리더십을 공고화했음을 국내와 전 세계에 알렸다. 여기서도 스탈린의 성격—실제 권력뿐만 아니라 그에 걸맞는 복장까지 모두 갖추려는 욕망, 그리고 가장 가까운 동지들조차도 의심스럽게 여기는 경향—을 함께 고려해야 한다. 확실히 뒤의 자질은 젊은 세대를 급속히 승진시키고 즈다노프와 말렌코프에게 당중앙위원회 기구를 맡긴 결정에서 중요한 요소였다. 스탈린을 대리하여 정부 수반 역할을 하도록 임명된 사람은 논리적인 선택지인 몰로토프가 아닌 보즈네센스키였다. 또 다른 신세대 멤버인 베리야는 공안 기관망을 감독했다. 스탈린의 오랜 동지들은 심지어 권력 상층부에 남은 이들조차 젊은 동료들에게 길을 터주면서 입지의 상당한 하락을 감수해야 했다.

몰로토프는 스탈린의 불쾌감이 특별히 향한 표적이었다. 여러 해 동안 비상한 근거리에서 수령을 헌신적으로 섬겨 온 그는 소브나르콤의 의장직을 빼앗겼고 스탈린의 수석 대리로도 임명되지 못했다. 스탈린은 기회만 있으면 몰로토프에 대한 경멸을 표시했다. 오랜 동지를 향해 그가 마지막으로 짜증을 터뜨린 기록 중 하나는 전쟁이 일어나기 얼마 전의 것이다. 1941년 5월에 스탈린은 새로 설치된 소브나르콤 사무국의 회의에서 몰로토프를 질책했다. 이 자리에서 회의록을 작성한 소브나르콤의 행정실장 야코프 차다예프는 다음과 같이 회고했다.

> 스탈린은 몰로토프에 대한 반감을 숨기지 않았다. 그는 국원들의 의견에 대한 몰로토프의 다소 장황한 대답을 아주 참을성 없이 들었다…마치 스탈린이 몰로토프를 적으로서, 그것도 힘 있는 위치에서 공격하고 있는 것 같았다…몰로토프는 호흡이 빨라졌고 이따금 깊은 한숨을 내쉬었다. 의자에 앉아 안절부절 못하면서 혼잣말을 웅얼거렸다. 마침내 그는 더 이상 참을 수 없다는 듯이,
> "말은 쉽지요." 하고 나지막하지만 가시 돋친 음성으로 내뱉었다.
> 스탈린은 그 말을 놓치지 않았다.
> "오래전부터 모든 사람이 알고 있는 것이 있습니다." 스탈린이 말했다. "비판을 두려워하는 자는 겁쟁이다."
> 몰로토프는 움찔했지만 입을 다물었다 – 다른 정치국원들은 서류에 코를 박고 조용히 앉아 있었다…이 회의에서 나는 다시금 스탈린의 힘과 위대성을 확신했다. 스탈린의 동료들은 그를 끔찍이 두려워했다. 그들은 사실상 그의 모든 견해에 동의했을 것이다.[62]

충직한 동료에 대한 이런 가혹한 취급의 이면에는 무엇이 있었을까? 어쩌면 스탈린은 소련의 대외 관계 상황에 대한 좌절을 분출하고 있었는지도 모른다. 혹은 전쟁을 앞두고 나머지 지도부를 길들이려고 오랜 동지를 본보기로 내세워 벌주고 있었는지도 모른다. 여하튼 그 결과는 더욱 집중된 권력과 감히 반대 의견을 내길 두려워하는 지도층이었다. 수백만의 운명이 걸린 전쟁과 평화의 중대한 문제는 오로지 독재자 한 사람의 손에 떨어졌다.

선제공격?

정부 수반에 취임한 다음날인 1941년 5월 5일, 스탈린은 소련군 인사들과 만남을 가졌다. 군사학교 졸업생들을 위한 전통적인 크레믈 리셉션 자리였다. 6년 전인 1935년 5월 4일에 열린 비슷한 행사에서 스탈린은 "간부가 모든 것을 결정한다!"라는 슬로건을 발표했다. 이번에 수령이 군에 내린 표어는 대외비로 분류되어 언론에 실리지 않았다. 독일과의 전쟁 개시를 불과 6주 남겨 놓은 1941년 5월, 그는 막강한 붉은 군대에 의지하여 방어 태세에서 공격 태세로의 전환을 촉구했다.[63]

그의 이 발언은 학자들의 특별한 관심을 끌지만, 과거에도 그가 비슷한 언급을 했음에 주목하는 것이 중요하다. 일례로 그는 1938년 10월에 한 모임에서 이렇게 말했다.

> 볼셰비키는 평화를 그리며 공격 받았을 때만 무기를 드는 단순한 평화주의자가 아닙니다. 그렇지 않습니다. 볼셰비키가 침공자가 될 날이 올 것입니다. 전쟁이 정당하다면, 상황이 적절하다면, 조건이 유리하다면, 우리는 스스로 선제공격을 가할 것입니다. 우리는 침공이나 전쟁에 전혀 반대하지 않습니다. 지금 우리가 방어를 외치고 있는 것은—그것은 위장, 위장입니다. 어떤 나라든 그들의 진짜 모습을 숨깁니다. "늑대 무리 속에서 살면 늑대처럼 짖어라." (웃음) 속내를 털어서 전시하는 것은 바보짓입니다.[64]

스탈린은 겨울전쟁이 끝난 1940년 4월 군사위원회에서 연설했을 때도 이 주제를 계속 거론했다. 그는 장교들에게 "공격이 아닌 수동적

방어를 위해서 양성된 군대"는 현대군이라 할 수 없음을 설명하는 데 긴 시간을 할애했다.[65]

스탈린이 이런 발언을 한 1938년과 1940년 초에 그가 독일을 침공할 의도가 없었음은 명백하다. 그러나 일부 역사학자와 평자들은 1941년에는 상황이 매우 달라졌다고 지적한다. 독일군이 소련 국경을 따라 집결하여 소련을 덮칠 태세를 갖춘 것을 본 스탈린이 선제공격의 타당성을 확신했을 가능성이 다분하다는 것이다. 이 견해를 옹호하는 데는 다양한 주장과 (정황) 증거들이 활용된다.[66] 스탈린의 전기 작가 입장에서 이는 결코 부차적인 문제가 아니다. 우리가 보고 있는 1941년의 그는 '다른 스탈린'—자기가 유리한 위치에 있다고 여길 때에만 싸움에 뛰어들 수 있는 조심스러운 점진론자가 아니라, 붉은 군대가 독일국방군*에 도전할 준비가 되었다고 믿는 대담한 지도자—이었을까? 이런 가정은 전쟁 이전의 스탈린에 대한 전통적인 견해와 근본적으로 충돌한다. 전통적인 견해는 소련 원수들의 회고와 전쟁 직전 몇 개월간 그가 어물어물하고 일관성 없는 태도를 보였다는 증거들에 근거한다. 스탈린이 공세를 취하기로 확고히 결심했다는 설득력 있는 증거는 아직 나타나지 않았다. 스탈린이 점점 커지는 나치의 위협에 직면하여 우유부단했고 심지어는 혼란에 빠졌으며 그것이 치명적인 역할을 했다는 전통적 시각을 수정할 진지한 근거는 없다.

그러나 1940년과 1941년에 스탈린이 붉은 군대를 강화하고 전쟁의 격변에 대비하기 위해 열심히 일한 것은 사실이다. 1940년에 그는

---

* 베르마흐트(wehrmacht). 나치 독일의 정규 육군을 가리키는 이름.

매년 남부로 떠나던 휴가를 4년째 반납하고 있었다. 그의 주된 관심사는 군대와 군수 산업이었다. 중공업과 그중 방위 산업 분야의 급속한 증강은 1920년대 말 이래로 최우선순위였다. 이러한 증강은 스탈린식 산업화 특유의 지극히 값비싼 대가를 치렀지만, 몰락한 수백만 농민과 굴라크 노예들의 희생, 그리고 광활한 국토에 보유한 상당한 자원의 소모는 과연 군사 · 경제적인 성과를 거두었다. 독일과의 전쟁이 시작될 무렵에 소련이 보유한 탱크와 전투기는 각각 2만 5,000대와 1만 8,000대로 독일보다 서너 배 많았다.[67] '예방 전쟁'을 말하는 사람들은 이러한 수치에 고무되어 소련이 독일과 싸울 태세를 갖추고 있었다고 주장한다. 그러나 통계는 거짓말을 할 때가 많다. 소련의 경우에 진실은 질 나쁜 무기와 부풀린 수치일 때가 많았고, 설상가상으로 잘 훈련된 병력도 부족한 상태였다. 여하튼 스탈린과 군 지도부는 이 모든 군사 장비로도 충분하다고 여기지 않았다. 바로 문간에 도사린 군사 위협은 특별한 조치를 필요로 했다. 독일의 군사력과 그 무기의 품질에 대한 불길한 소문이 완패한 유럽으로부터 소련으로 흘러들어오고 있었다. 전쟁 이전에 소련은 무기 생산량을 늘리는 동시에 이를 현대화하려는 필사적인 노력을 경주했다. 1940년에는 군수 생산량이 1937년 대비 2.5배 증가했다.[68] 이는 비상한 증가였다. 신형 무기, 특히 현대식 탱크와 전투기의 생산이 특별히 강조되었다. 이런 현대화 노력의 핵심은 바로 나치와 소련의 조약에 의한 독일로부터의 군사 장비 수입이었다.

이러한 증강에 쏟아 부은 에너지가 무색하게도 진전은 느렸다. 탱크 및 항공 산업의 예는 잘 알려져 있다. 1941년 소련이 보유한 탱크 2만 5,000대 중에서 현대식으로 설계된 것은 1,500대에 불과했고, 소련 군용기의 4분의 1만이 신제품이었다.[69] 나머지 탱크와 비행기가 무용지

물이었음은 말할 것도 없다. 이는 소련군을 현대화하는 작업이 완수되려면 아직 멀었음을 보여 주었다. 지도부는 이 점을 잘 알았다.

스탈린은 소련 군비 경제를 좀먹는 문제에 대해, 오늘날 오로지 군수 산업 생산 통계만 강조하면서 예방 전쟁 이론을 내세우는 이들보다 훨씬 잘 이해하고 있었다. 군대와 군수 산업은 복잡하게 상호 연관된 거대한 사회경제 기관의 일부에 불과했다. 특히 소련 경제가 다시금 둔화되는 동시에 투자와 자원의 불균형이 심해진 전쟁 직전의 몇 년 동안은 군비 증강에 지출할 수 있는 비용에 한계가 있었다. 금속과 전기 같은 중요한 자원의 공급이 부족했고, 너무 많은 투자가 군수 생산에 집중되는 통에 소련 시민의 기본 수요를 충당하던 이미 희소한 자원이 더더욱 줄어들었다. 물가와 세금이 인상되었고 주민 대부분은 미미한 배급으로 연명했으며 일부 농촌 지역에는 기근의 조짐이 보였다. 1939년 말에는 농촌에서 밀가루와 빵의 판매가 금지되었다. 굶주린 농민들이 이런 생필품을 사기 위해 도시와 읍내로 몰려들었지만 그곳도 공급이 부족했다. 모스크바 지도부에는 도움을 갈구하는 필사적인 청원이 감당 못할 정도로 밀려들었다. 1940년 2월에 우랄 지방의 한 여성은 이런 편지를 썼다. "이오시프 비사리오노비치, 무서운 일이 시작되었습니다… 저는 너무나 쇠약해져서 제게 무슨 일이 닥칠지 모르겠습니다." 스탈린그라드의 어떤 사람은 당중앙위원회에 이런 편지를 보냈다. "이제 우리는 더 이상 잠잘 시간이 없습니다. 사람들은 빵을 사기 위해 새벽 2시부터 줄을 서기 시작했고, 5시나 6시가 되면 이미 상점 앞에 600명, 700명, 1,000명이 늘어서 있습니다… 공장 구내식당에서 노동자들에게 무엇을 먹이고 있는지 궁금하신지요. 예전에는 돼지에게 먹이던 것을 우리에게 주고 있습니다."[70]

최고 지도부는 이런 상황을 충분히 알고 있었다. 정치국은 주요 도시와 산업체를 우선순위에 놓고 물자 부족을 해결하려 거듭 시도했다. 이미 소련 경제를 괴롭히고 있던 노동자의 이직과 결근 문제가 식량 위기로 인해 더욱 심해졌다. 국가가 전쟁 동원 상태였으므로 이런 문제와 싸우기 위해 가혹한 조처가 도입되었다. 1940년 6월 26일 프랑스가 나치에 항복하자 소련은 근무 일수와 주당 노동시간을 늘리고 지각이나 근무 중 무단이탈을 범죄로 처벌하는 새로운 법률을 제정했다. 소련 농민들이 거주 이전의 자유를 빼앗긴지는 이미 오래되었지만, 이제는 공장 및 사무 노동자들도 그 자유를 빼앗겼다. 이 법은 제정된 이후 전쟁이 시작되기 전까지 3백만이 넘는 사람들을 전과자로 만드는 데 활용되었다.[71] 그들 중 48만 명은 최대 4개월간 형무소에서 복역했고[72] 투옥되지 않은 나머지 사람들도 최대 6개월간 노역을 수행해야 했다. 전과자들은 직장에 계속 다닐 수 있었지만, 안 그래도 변변찮은 봉급의 상당 비율을 삭감당해 당사자와 가족들은 굶주림에 시달려야 했다.

이처럼 가혹한 법률과 저하되는 생활수준은 소련 사회에 큰 타격을 주었고, 그 고통은 제5열에 대한 스탈린의 뿌리 깊은 공포 때문에 더욱 심해졌다. 전쟁 이전 시기의 숙청은 주로 최근 소련에 합병된 서부 지역을 겨냥했지만, 이제 소련 사회의 전 인민들이 전시에 자기에게 불충할까 봐 스탈린이 걱정하기 시작한 것도 무리는 아니었다. 너무 많은 사람들이 정부의 손에 고통 받았고, 너무 많은 사람들이 굶주리거나 비참하게 연명했다. 전후방 모두가 일체 단결하고 있다는 선전용 주장은 인민과 외적과 어리석은 후대인들을 겨냥한 것이었다. 스탈린은 어리석은 사람이 아니었다.

소련 선전은 붉은 군대를 인민 자신의 피와 살로 묘사했고 실제로 그러했다. 붉은 군대 내부에서는 스탈린 체제의 고유한 특징과 모순이 집중된 형태로 발현되었다. 1939년 1월부터 1941년 6월까지 소련군의 규모는 두 배 이상 커졌다. 이런 급속한 확대에는 스탈린식 '대약진'—특히 1930년대 초의 급속한 산업화—에 전반적으로 수반된 그만큼의 근본적인 문제가 뒤따라왔다. 서구에서 정확히 어떤 설비를—심지어 어떤 공장을 통째로—수입해야 할지를 계산하려는 야심찬 시도는 처참하게 실패했다. 어리고 훈련받지 않은 소련 노동자들은 불량품을 양산했고 그 과정에서 공장의 기계를 망가뜨렸다. 기술적·사회적 절차의 복잡한 상호 의존에 대한 스탈린의 이해 수준은, "간부가 모든 것을 결정한다!"라는 구호를 "기술이 모든 것을 결정한다!"로 갱신한 데서 여실히 드러났다. 급속히 몸집을 불린 붉은 군대에는 무장뿐만 아니라 훈련도 필요했다. 둘 중 어느 것이 더 힘든 일인지는 말하기 어렵다.

1937년부터 1940년까지 소련 장교단의 규모는 두 배 반으로 늘었다. 그 결과로 필수적인 지식과 경험이 부족한 지휘관이 상당 비율을 차지하게 되었다. 전쟁 중에 스탈린은 장교들의 자질을 놓고 한 장군을 이렇게 질책했다. "바로 귀관과 같은 군인들이, 그때 온갖 쓰레기들을 학교와 행정 기관으로 보내어 군을 망쳐 놓았소."[73] 항상 그러했듯이 그는 주로 자신의 잘못인 문제를 놓고 다른 사람을 비난하고 있었다. 국가에 공을 세울 능력을 갖춘 수만 명의 지휘관이 1930년대에 정치적 이유로 해임되거나 수용소에 갇히거나 총살된 것은 바로 그가 주도한 일이었다. 그러나 붉은 군대가 입은 피해는 수치만으로 측정될 수 없었다. 전쟁이 터지기 전까지(그리고 심지어 전쟁 중에도 정도의 차이가 있었을 뿐 계속해서) 탄압은 진급을 포함한 의사결정 과정을 왜곡하여, 주로 충성을 표시하는 쪽으로만 유능하며 그저 시간만 때우는 무능력자들이 승승장구할 수 있게 만들어 주었다. 또한 이는 지휘관의 가장 중요한 자질—솔선하고 주도하려는 의지—을 억누르고 대신에 극도의 몸사림을 부추겼다. 방해 공작을 색출하는 캠페인에서도 잘 드러났듯이, 탄압은 책임자의 권위를 와해시키고 군기를 약화시켰다. 붉은 군대의 고질병인 규율 위반과 상습적 음주 관행은 더욱 심해졌다.

소련 지도부는 군에 문제가 있음을 알 수 있었다. 그 가장 뚜렷한 신호는 핀란드와의 겨울전쟁이었다. 붉은 군대가 상대적으로 약한 적에게 예상 외로 저지당한 것은 소련의 군사적 평판에 엄청난 해를 입혔고 시기도 그보다 더 나쁠 수가 없었다. 평화 조약에 서명한 뒤 스탈린은 무엇이 잘못되었는지 판단하기 위하여 재조사를 진행했다. 지휘 체계의 문제와 더불어 병사 무장과 훈련의 수많은 결함이 발견되었다. 스탈린은 오랜 친구인 클리멘트 보로실로프를 국방 인민위원에서 해임하고 군사 지도부의 다수를 교체했다. 이런 변화로도 개선은 거의 이루어지지 않았다. 인사 개편 약 1년 뒤인 1941년 4월에 정치국은 군용 항공기 사고들을 조사했다. 심지어 평화시에도 하루 평균 2~3대의 항공기가 사고로 소실되고 있음이 밝혀졌다. 화가 머리끝까지 난 스탈린은 공군 지도부에게 모든 책임을 돌렸다.[74] 개전 바로 전날 새로운 체포의 물결이 군 지휘부를 휩쓸었다.

스탈린이 붉은 군대에 집중하느라 적군의 동태에서 눈을 뗀 것은 아니었다. 독일국방군의 무자비한 효율성은 지극히 놀라웠다. 독소 협력 조약에 의해 독일 군수 공장을 방문한 소련 무기 전문가 대표단은 극찬 일색의 보고서를 가지고 돌아왔다. 대표들은 자신이 얼마나 깊은 인상을 받았는지를 숨기지 못하고 독일 무기 산업의 엄청난 성공에 대해 썼다. '공포는 눈이 크다'*라는 러시아 속담처럼, 소련 정보기관과 군과 경제 지도자들은 적의 힘을 끊임없이 과장했다. 1940년 신임 항공산업 인민위원인 알렉세이 샤후린은 독일의 항공 산업 역량이 소련의 두 배라고 스탈린에게 보고했다. 정보기관이 스탈린에게 제출한 보고서에서도 독일의 산업 잠재력과 그 군대 규모가 상당히 과장되어 있었다.[75] 이런 과대평가 때문에 적은 실제보다 훨씬 더 막강해 보였다.

전쟁 직전 스탈린의 불안감을 부추긴 요인들은 이 책의 범위에서는 완전히 다룰 수 없을 정도로 큰 주제다. 확실히 그는 독일과의 전쟁을 두려워할 충분한 이유가 있었다. 이런 두려움에 대해 그는, 소련이 군사력을 키울 시간을 벌기 위해 개전을 지연하려는 욕망과(많은 사람들은 그가 이런 욕망을 느꼈다고 믿는다) 국제 정세가 유리하게 변하리라는 희망으로 대응했다. 확실히 그는 전쟁이 연기되리라고 희망할 만한 이유가 있었다. 그중 가장 설득력 있는 이유는, 영국과 더불어 점점 적극적으로 전쟁에 개입 중인 미국이 후방을 위협하는 상황에서 히틀러가 소련과 교전함으로써 자기 군대를 양쪽 전선의 수렁으로 몰아넣을 정도로 무모하지는 않으리라는 생각이었다. 이렇게 추론한 사람은 스탈린뿐만이 아니었다. 히틀러는 이러한 추측이 합리적임을 충분히 인식하고 이를 역으로 이용했다. 적이 예상치 못한 기습 효과를 노리고 정말로 두 전선에서 적과 교전하는 모험에 과감히 뛰어든 것이다. 많은 부분 이는 그것이 불가능한 수라고 적들이 믿었기 때문이었다. 나치의 선전은 이러한 착각이 공고해지도록 허위 정보를 유포했다. 스탈린은 히틀

* 겁에 질리면 눈만 커질 뿐 앞을 제대로 보지 못한다는 뜻.

러의 자기 보호 본능을 너무 믿은 나머지 그 믿음의 희생자가 되었다.

몇 가지 주변적인 요인들이 히틀러가 소련을 서둘러 공격하지 않으리라는 스탈린의 믿음을 강화시켰다. 우선 소련과 독일의 경제 협력이 활발히 이루어지고 있었다. 소련의 수출품은 독일의 원자재 욕구를 채워 주었다. 또 독일이 서로 다른 세 나라에서 수입하는 물품이 소련 영토를 거쳐서 들어가고 있었으므로, 소련과의 전쟁은 독일의 중요한 경제적 연결 고리를 약화시킬 터였다. 스탈린의 책상에 올라오는 첩보 보고서들은 서로 모순되었다. 히틀러가 금방 공격하지 않으리라고 믿는 그의 경향은 다시 정보기관에 영향을 끼쳤다. 정보기관은 스탈린이 듣고 싶어 하는 이야기를 들려주는 편을 선호했다. 이런 식의 인과적 연쇄는 세계사에서 전혀 독특한 현상이 아니다.[76]

공격이 임박했음을 알린 1941년 6월 17일의 첩보 보고서에 대한 스탈린의 반응은 잘 알려져 있다. 실제 침공이 일어나기 불과 며칠 전에 그는 국가보안 인민위원에게 이렇게 썼다. "독일 공군 사령부에 있다는 귀관의 '정보원' 따위는 개에게나 주는 편이 낫겠습니다. 이건 '정보원'이 아니라 허위 정보원입니다."[77] 설령 이 경우에 스탈린의 판단이 옳았다 해도, 확실히 이런 반응은 정보기관 간부들에게 겁을 주고 그들의 입을 틀어막아 업무 효율을 떨어뜨렸다. 스탈린이 듣고 싶은 것을 말하거나 침묵하는 편이 더 안전했고, 국가 안보와 군사 대비를 책임진 이들은 점점 더 보신을 택했다. 스탈린은 자기가 원하는 것을 얻었다. 오직 그만이 의견을 가질 권리가 있었다. 모든 사람이 독재자가 상황을 깨닫기만을 바라며, 그의 입에서 응당 나와야 하는 말이 떨어지기를 기다렸다. 불행히도 그는 깨닫지 못했다.

1번 환자

1953년 3월 2일 아침, 근처 다차. 의료진을 부르다.

베리야, 흐루쇼프, 불가닌, 말렌코프는 스탈린을 치료하지 않은 채로 소파 위에 남겨 두고 각자 집으로 돌아갔다. 아마도 두려움 때문에, 혹은 그의 회복에 대한 무언의 상반된 감정 때문에, 스탈린의 동료들은 응급 상황에 직면해 있다는 생각을 거부했다. 말렌코프와 베리야는 수령의 상태를 보고 그가 잠들어 있음을 확인한 뒤, 그의 증상에 대해 경호원들이 말한 내용을 무시했다. 그가 정말로 무슨 발작을 일으킨 것일까? 경호원들은 의사가 아니었다. 그들의 상상력이 농간을 부린 것이었을 수도 있다. 또 스탈린의 동료들은 얼마 전 스탈린이 의사들이 자기를 살해하려 한다며 죄를 뒤집어씌운 일도 떠올렸을 것이다. 만약 의사가 필요함을 그가 납득하지 못한다면, 누가 의사를 부른(혹은, 수령의 생각에 따르면 살인자를 부른) 책임을 감당할 것인가? 단순한 응급 처치의 필요성이 복잡한 정치적 문제로 변신했다.

스탈린의 경호원들은 남은 밤을 불안 속에서 보냈다. 만약 스탈린이 사망한다면 자기들이 책임지게 될 것을 당연히 우려한 그들은 지침을 내려 줄 것을 다시금 윗선에 요청하고 상관의 상태가 정상이 아닌 것 같다고 보고했다. 이번에는 네 동지가 다차에 의료팀을 보내기로 결정했다. 하지만 그러기 전에, 의료진을 부른 것이 당 지도부가 집단적으로 내린 결정으로 보이도록 당중앙위원회 상임위원회 사무국을 소집했다.[1] 그러면 스탈린이 회복했을 때 그의 불호령이 모두에게 한꺼번에 떨어질 터였다. 의사들은 3월 2일 아침 스탈린의 침상 곁에 도착했다.

스탈린의 진찰을 위해 소환된 의료진의 일원인 소련의 저명한 심장병 전문의 알렉산드르 먀스니코프는 이 왕진에 대한 상세한 묘사를 회고록에 남겼다. "천만 다행히도, 우리는 명확한 진단을 내릴 수 있었다. 고혈압과 동맥 경화증에 의한 대뇌 좌반구의 출혈이었다."[2] 의사들은 다양한 자극제를 다량 투여했지만 정말로 사망을 막을 수 있다는 희망은 품지 않았다. 의학적 관점에서 그의 상태에는 어떤 불가사의한 점도 없었다. 부검에서도 대량의 출혈과 동맥경화로 인한 심한 뇌동맥 손상이 드러나 최초의 진단명이 재차 확인되었다.[3] 스탈린은 병약한 노인이었고, 그 해에 75세 생일을 앞두고 있었다.

전체주의 정권에서는 너무나 많은 일이 독재자 개인에 의해 좌우된다. 스탈린이 권좌에 올랐을 때부터 그의 건강은 전 세계적 관심사였다. 그가 살아 있는 동안 서구 언론에서는 그가 와병 중이라거나 심지어 죽음이 임박했다는 설이 정기적으로 흘러나왔다. 소련의 인민들 사이에서도 비슷한 루머가 은밀히 돌았다. 학자와 평자들은 그의 성격과 그의 독재 정치의 잔인성을 이해하기 위한 열쇠로서 스탈린의 신체적·정신적 건강에 주목했다. 스탈린의 건강을 둘러싼 추측은 오랫동안 근거 없는 가정에 기초해 있었다. 최근 들어서야 우리는 비로소 아직까지 남아 있는 스탈린의 의료 기록, 그리고 그의 건강 상태를 관찰하고 죽은 뒤에 부검했던 의사들의 증언에 접근할 수 있게 되었다.

주가시빌리의 세 자녀 중 성인이 될 때까지 생존한 유일한 자식으로서, 이 미래의 독재자는 성장기 때부터 갖가지 질병을 앓았다. 이오시프는 어릴 때 천연두에 걸려 얼굴에 평생 마맛자국이 남았다. 또 말라리아도 한 차례 앓았다.[4] 그리고 전모가 확실히 알려지지 않은 어떤 사고로 인해(혹자는 그가 마차에 치였다고 말한다) 왼팔을 심하게 다쳤다. 그는 이 부상 때문에 팔이 위축되어 평생 장애를 안고 살았다. 1898년에 이오시프는 트빌리시 신학교 교장에게, "흉부에 고질병이 있는데 시험을 보고 있을 때 증상이 더 심해진다"는 이유로 재시험을 면제해 달라고 요청하는 편지를 썼다.[5] 1902년 10월과 11월에는 자기가 '폐결핵 소인'이 있고 기침이 심해지고 있다며 경찰서 구류에서 풀어 달라고 청원하기도 했다.[6] 이 청소년기의 결핵은 결국 완치되었고, 그의 후년에는 이 질병의 징후가 보이지 않았다.

직업 혁명가로서 스탈린은 투옥과 유형 등 많은 고초를 겪어야 했고 운신이 자유로울 때에도 주거가 불안정했다. 그중 한 유형 기간에는 티푸스에 걸리기도 했다.[7] 그가 겪은 가장 힘겨운 시련은 투루한스키 변경주에서 보낸 마지막 3년간의 유형 생활이었다. 그는 혹독한 기후, 내핍 생활, '바깥세상'으로부터의 고립, 강제적인 무료함에 적응하는 데 어려움을 겪었으며, 친구들에게 보낸 편지에서 '점점 심해지는 추위(영하 37도)' 때문에 '의심스러운 기침' 증세가 생겼고 "전반적으로 건강이 좋지 않다"고 불만을 토로했다.[8] 그러나 스탈린 독재 체제에 비하면 차르 정부는 재소자들에게 대체로 이루 말할 수 없이 너그러웠다. 만약 청년 스탈린이 훗날 자기가 만든 것 같은 굴라크 체제에서 그처럼 수없는 투옥과 유형을 견뎌야 했다면 그는 십중팔구 생존하지 못했을 것이다.

혁명과 내전은 수백만을 죽음으로 몰고 갔을 뿐만 아니라, 볼셰비키당 깊숙이 침범하여 그 지도자들의 건강을 악화시키기도 했다. 1921년 3월 스탈린은 맹장 수술을 받았다.[9] 1921년 4월 23일 정치국은 스탈린, 카메네프, 리코프, 트로츠키의 건강을 우려하여 그들의 휴가를 연장해 주기로 의결했다.[10] 스탈린은 5월 말에 북캅카스로 떠나서 그로부터 거의 2개월 반 뒤인 8월 8일에야 모스크바로 돌아왔다. 1922년에는 휴가를 건너뛰었지만, 그해 7월 정치국은 그에게 의무적으로 1주일에 3일간 시내를 떠나 있도록 조치했다.[11] 내전이 끝나자, 모스크바 교외의 녹음이 우거진 별장 단지에서 신선한 공기를 쐬며 시간을 보내는 것은 볼셰비키 고위 지도자들의 라이프스타일로 정착되었다. 스탈린과 그의 가족은 한 석유 사업가의 시골 별장을 징발했다. 나중에 아내가 세상을 떠난 후에 수령은 모스크바에 더 가까운 곳에 직접 새로운 다차를 지었다. 이 유명한 시골 별장(볼린스코예에 있는 '근처' 다차)은 거의 20년 동안 스탈린의 주 거처였고 이후로 영구히 그와 결부되었다. 이곳은 그가 숨을 거둔 장소이기도 했다.

다차에서 스탈린은 자기 직계 가족 및 다른 친척들과 시간을 보내거나 동지들과 모임을 가지곤 했다. 다량의 알코올을 동반한 (앞에서 묘사한) 흥겨운 만찬 외에도 스탈린의 다차 여가 생활에는 당구나 고로드키(자치기와 비슷한 러시아의 게임) 같은 게임도 포함되었지만 독재자 자신은 신체 활동을 특별히 좋아하지 않았다. "그는 접의자에 드러누워 책이나 서류나 신문을 보는 편을 더 좋아했다. 그리고 손님들과 함께 몇 시간씩 테이블에 둘러앉아 있곤 했다." 그의 딸 스베틀라나는 이렇게 회고했다.[12] 이처럼 움직이지 않고 가만히 있기를 좋아하는 경향은 나이가 들수록 더 심해졌다.

스탈린의 생활에서 또 하나의 중요한 부분은 러시아 남부 휴양지에서 보내는 휴가였다. 그는 1923년부터 1936년까지, 그리고 1945년부터 1951년까지 매년 남부에서 시간을 보냈다.[13] 이 여행은 일하는 휴가였다. 서류가 끝없이 흘러들어와 그에게로 배달되었고, 그는 모스크바의 동지들과 활발히 서신을 교환했다. 이 습관은 역사학자들에게 귀중한 기록을 선사해 주었다. 하지만 휴식과 이완의 시간도 있었다. 남부에 있는 동안 스탈린은 류머티스성 관절염, 몇 차례의 편도선염, 만성 소화 불량, 신경 쇠약 등의 수많은 질환을 치료했다.[14] 입욕 요법으로 증상을 완화하기도 했다. "지금 나아지고 있는 중입니다. (소치 근방에 있는) 마체스타의 온천수가 경화증 치료, 신경 재생, 심장 확장, 그리고 좌골 신경통과 통풍과 류머티즘 치료에 좋습니다." 1925년 8월 1일 그는 몰로토프에게 이렇게 보고했다.[15]

그러나 스탈린은 성실한 환자가 못 되었다. 특유의 라이프스타일과 흡연, 음주, 기름진 음식, 과로 등의 나쁜 습관은 만성 질환을 악화시켰다. 대개의 사람들이 그렇듯이 스탈린도 몸을 조심했다가 함부로 굴렸다가 하길 거듭했다. 1926년 5월 그는 캅카스로 휴가를 떠났다. 소치에 잠깐 들른 뒤 미코얀과 함께 조지아 여행길에 오른 그는 고향인 고리를 방문했다가 오르조니키제의 집에 머물기 위해 트빌리시로 갔다. 스탈린의 소치 경호팀장인 M. 고르바초프가 보낸 서신들을 보면 이는 매우 떠들썩한 여행이었던 것 같다. 스탈린은 고르바초프의 표현에 따르면 "얼근한 상태에서" 충동적으로 그를 소치에서 트빌리시로 불러 놓고는 그 사실을 까맣게 잊어 버렸다. 고르바초프가 나타나자 스탈린은 깜짝 놀랐다. 자초지종을 알고는 모두가 "한바탕 웃었다." 고르바초프는 다시 머나먼 거리를 위험한 속도로 주파하여 서둘러 소치로 돌아가야 했다.[16] 스탈린은 계속 흥청거리며 한참 동안 캅카스 일대를 차로 여행하다가 결국 몸이 좋지 않은 상태로 소치에 도착했다. "6월 15일 오늘 소치로 돌아왔습니다." 스탈린은 몰로토프와 부하린에게 이렇게 보고했다. "트빌리시에서 복통이 드는 바람에(무슨 생선을 먹고 식중독에 걸렸습니다) 힘든 회복기를 보내고 있습니다."[17] 고르바초프는 스탈린의 비서인 이반 톱스투하에게 이렇게 썼다. "전체적으로, 이번 캅카스 여행으로 대장의 건강은 아주 비싼 대가를 치렀습니다. 미코얀과 세르고(오르조니키제)가 그를 엉망진창으로 만들었습니다."[18] 스탈린은 의사를 부르고 식이요법을 받고 규칙적으로 온천욕을 했다.[19] 소치에서 그를 치료한 의사인 L. A. 발레딘스키는 자신의 환자가 팔과 다리의 근육통을 호소했다고 회고했다. 의사가 금주령을 내리자 스탈린이 물었다. "하지만 코냑은?" 발레딘스키는 "토요일에는 좀 풀어져도 괜찮지만, 일요일은 쉬어야 합니다. 그래야 월요일에 맑은 정신으로 출근할 수 있습니다."라고 대답했다. "스탈린은 이 대답을 마음에 들어 했다. 그리고 그 다음번에 '수보트니크'('토요 근무', 토요일의 의무적인 '자율' 근무를 가리키는 말) 모임을 열었다. 아주 기억에 남는 모임이었다." 발레딘스키는 이렇게 썼지만 그 연회가 어째서 그렇게 기억에 남았는지는 설명하지 않았다.[20]

스탈린의 좋지 않은 건강에 대한 언급은 이후의 서신에서도 간간이 찾아볼 수 있다. 1927년 7월 휴가 중이던 그는 몰로토프에게 이렇게 썼다. "아파서 누워 있으니 짧게 쓰겠습니다."[21] 발레딘스키에 따르면 그해에 그는 팔다리의 근육통 또한 호소했다. '수보트니크'를 즐긴 뒤에는 으레 입욕 치료를 받았다. 발레딘스키는 스탈린이 의사들을 만찬에 초대하여 "코냑을 잔뜩 먹여서" "다음날인 일요일에야 집에 들어갈 수 있었다"고 회고했다.[22] 스탈린은 1928년 소치에서 입욕 치료를 받기 전에도 다시 팔다리의 통증을 호소했다. 왼팔에 류머티스성 관절염이 진행되고 있었다.[23] 1929년 8월의 휴가 때는 몰로토프에게 "날치크에서 아팠다가 소치에서 회복되고 있다"고 썼다.[24] 1930년 소치에서 치료를 받고 있을 때는 편도선염에 걸렸다. 이도 아팠다. 1930년 9월 아내에게 쓴 편지에서는 치과의사가 치아 8개를 한꺼번에 "갈아서" "기분이 별로"라고 말했다.[25] 그는 1931년에도 다시 입욕 치료를 받고 예누키제에게 이렇게 썼다. "츠할투보에 열흘간 머무르며 온천욕을 20차례 했습니다. 이곳의 물은 놀랍습니다. 진정 보배입니다."[26] 그해 9월에는 소치에서 키로프와 함께 휴가를 보내고 있다고 아내에게 편지를 썼다. "한 번(딱 한 번!) 해변에 가 보았습니다. 해수욕을 했는데 아주 좋았습니다! 다시 가볼 생각입니다."[27] 그는 수영을 못했기 때문에 여기서 러시아어로 '목욕'이라는 말을 썼다.

1932년의 휴가는 가장 긴 축에 들었다. 크레믈 집무실의 방문 일지를 보면 그는 5월 29일부터 8월 27일까지 거의 3개월 동안 방문객을 받지 않았다. 이처럼 휴가가 길었던 것은 명백히 건강이 좋지 않았기 때문이었다. 이듬해 봄까지도 외국 언론들은 스탈린이 중병에 걸렸다고 추측하고 있었다. 4월 3일 〈프라우다〉는 이례적이게도 AP통신의 의문에 대한 스탈린의 반응을 게재했다. "내가 아프다는 유언비어가 부르주아 언론에 유통되는 일은 이번이 처음이 아닙니다. 내가 최소한 중병으로 오랫동안 앓아누웠다는 사실에 관심을 기울이는 사람들이 존재합니다. 눈치 없는 말일지 모르겠지만, 유감스럽게도 내게는 이 신사들을 기쁘게 해 줄만한 소식이 없습니다. 슬픈 일이지만 사실이 그렇습니다. 나는 아주 건강합니다."[28] 이런 특유의 빈정거리는 반응 뒤에는 짜증과 초조함이 숨어 있었다. 스탈린의 증상은 심각했고 이는 러시아 남부의 온화한 기후에서 휴식을 취한 후에도 나아지지 않았다. 1932년 6월 스탈린은 남부에서 카가노비치에게 이렇게 썼다. "가까운

1933년 스탈린의 남부 휴양지를 찾은 손님들. 왼쪽부터 붉은 군대 참모총장 알렉산드르 예고로프, 국방인민위원 클리멘트 보로실로프, 스탈린, 소련 군 지휘관 미하일 투하쳅스키, 압하스 공화국 지도자 네스토르 라코바. 라코바는 1936년에 미심쩍은 정황에서 사망했고 그 뒤에 곧 '인민의 적'으로 선언되었다. 투하쳅스키는 1937년, 예고로프는 1938년에 총살당했다. 러시아 국립사회정치사문서보관소.

시일 내에는 좋아질 것 같지가 않습니다. 전신 쇠약과 피로감이 이제야 뚜렷이 나타나고 있습니다. 좋아지기 시작했다고 생각한 그 순간에 아직 갈 길이 멀다는 걸 깨달았답니다. 류머티즘 증상은 없지만(어딘가로 사라졌소) 전반적인 쇠약 증세는 여전합니다."[29] 하지만 그는 얼마 안 있어 모터보트로 흑해를 건너 230마일에 걸친 여행을 할 만큼 몸 상태가 나아졌다.[30]

정기적으로 남부를 찾은 스탈린은 이곳에 새로운 별장을 짓기로 했다. 이 건설 프로젝트는 1930년에 시작되어 그가 죽을 때까지 계속되었다. "우리는 이곳에 근사한 작은 집을 지었습니다." 그는 1933년 8월 소치 외곽에 지은 새 다차에 대해 이렇게 썼다. 한 달 뒤에는 또 다른 거처에 대해서 썼다. "오늘은 가그라 부근의 새 다차를 방문했습니다. 아주 멋진 다차가 지어졌습니다(갓 완공했습니다)."[31]

1933년 스탈린은 8월 17일부터 11월 4일까지 크레믈 집무실을 비웠다. 그는 8월 18일 모스크바를 떠나 보로실로프와 함께 남부로 갔다. 그들은 기차와 배와 자동차를 타고 7일간 여행하는 동안 몇몇 지역을 들렀다. 스탈린은 나머지 휴가 기간 동안 (배편을 포함하여) 여행하고 손님을 맞고 또 불가피하게 일을 하면서 보냈다. 확실히 이 휴가는 즐거운 편에 속했다. 처참한 기근이 끝난 뒤 나라의 상황이 어느 정도 안정되어 소련 지도자들은 기분이 좋은 상태였다. 게다가 스탈린은 비교적 건강을 누렸다. "코바는 내내 최상의 상태입니다." 보로실로프는 예누키제에게 이렇게 썼다. 그의 유일한 건강상의 문제는 치통뿐이었다.[32]

다음해의 휴가는 그만 못했다. 1934년에 그는 독감에 걸렸고 몸무게가 줄어서 모스크바에 돌아왔다.[33] 그해 여름 스탈린과 동반한 키로프도 그리 즐겁지 않았다. 키로프는 이렇게 썼다. "우연히도 소치에 오게 되었는데, 별로 만족스럽지 않습니다. 이곳의 무더위는 열대가 아니라 지옥 같습니다…소치에 온 것이 정말 후회됩니다."[34] 상황은 1935년에도 좋지 않았다. 스탈린은 또다시 독감을 앓았고, 경호팀장이 차 문을 닫을 때 공교롭게도 손이 끼이는 바람에 손가락을 다쳤다. 휴가 막바지에 어머니를 보러 트빌리시에 들렀을 때는 위장 질환에 걸렸다.[35] 1936년 8월부터 10월까지 스탈린이 모스크바의 전우들에게 보낸 편지는 짧고 혹독하고 종종 불편한 심기가 드러나 있다. 여기에는 개인적인 이야기는 없고 지시만 들어 있으며, 내용은 주로 '인민의 적', 특히 지노비예프와 카메네프에 대한 1차 모스크바 공개 재판의 준비 문제에 할애되어 있다.

1937년의 새해는 또 다른 탄압에 쓰러져 가고 있었던 소련에게도, 편도선염과 더불어 그 해를 시작한 스탈린에게도 우울했다(1월 5일에는 동지 및 의사들과 만찬을 즐기고 축음기 소리에 맞추어 춤을 출 만큼 충분히 회복되었다).[36] 나쁜 건강 상태는 여전했지만 그는 여러 해 만에 처음으로 모스크바 밖으로 휴가를 떠나지 않았다. 머무르기로 한 것은 물론 그가 소련 사회의 숙청에 긴밀히 관여하고 있었기 때문이었다. 그는 그때부터 몇 해 동안 여름을 모스크바에서 보냈다. 대숙청이 잦아든 뒤에는 다가오는 전쟁 때문에 남부에서 휴식을 취할 여유가 없었다. 일례로 1939년 8월에 그는 서구 열강들과, 그 다음에 나치와 힘겨운 협상을 벌였고 이는 히틀러와의 조약으로 이어졌다. 발레딘스키는 1940년 2월자 기록에서 편도선염과 심한 감기를 언급하고 있다.[37]

1941년 여름의 전쟁 발발은 이미 과로하고 있던 지도자를 한계까지 밀어붙였다. 그는 많은 소련 시민들처럼 배를 곯거나 장기간의 뼈 빠지는 노동을 감내하지 않았지만, 추가된 업무량과 책임은 그의 건강에 더 큰 부담을 주었다. 1944년 9월 모스크바 주재 미국 대사인 애버렐 해리먼(그는 이 소련 지도자가 루스벨트 · 처칠과 회담을 갖도록 주선 중이었다)과 협의하면서 스탈린은 "점점 병이 잦아져서" 국내를 떠날 수 없을 것 같다고 말했다. 이 협의에 참여한 한 관련자의 말에 따르면, "예전에 스탈린 동무가 독감에 걸리면 하루 이틀 정도 앓았는데 이제는 1주일 반이나 두 주씩 병이 지속되었다. 그는 나이를 속일 수 없었다."[38] 스탈린이 비행기 여행을 딱 잘라 거절하려고 자신의 건강 문제를 과장했을 수도 있지만 이것이 심한 과장은 아니었다. 많은 회고록들이 전쟁 기간 스탈린의 노쇠한 몸 상태를 기술하고 있다. 독재자는 전선의 상황이 허락할 때마다 다차로 물러가 그곳에서 일했다.

일본이 항복한 직후인 1945년 10월에 스탈린은 몇 년 만에 처음으로 남부로 휴가를 떠났다.[39] 말년에는 이 휴가 시기가 좀 뒤로 미루어져서 보통 8월이나 9월에 시작되어 12월에 끝났다. 한여름은 모스크바 교외의 다차에서 즐기고 북부의 날씨가 추워질 때 남쪽으로 가는 편을 선호한 것이 분명하다. 또 휴가 기간도 더 길어졌다. 1946~1949년에는 석 달 또는 석 달 반으로 늘어났고, 1950년과 1951년에는 넉 달 반을 시골에서 보냈다.[40] 스탈린은 남부의 거처에 머무는 동안에도 모스크바에 있을 때와 거의 똑같이 활동했다. 그날의 우편물을 처리하고 동지들에게 편지를 썼다. 또 모스크바에 있을 때보다 줄기는 했지만 방문객을 맞기도 했다. 그리고 모스크바에서처럼 만찬과 주연을 베풀고 당구 치기를 즐겼다. 하지만 특별히 휴가 기간에만 하는 활동들도 있었다. 러시아의 휴양지를 방문했을 때는 온천욕 치료를 받고 산책과 관광을 했다. 1947년에는 모스크바에서 크림 반도까지 차로 여행하고 싶다는 희망을 표시하기도 했다. 도로 사정이 안 좋아서 쿠르스크까지만 차로 이동하고 거기서 기차를 타야 했지만 말이다. 확실히 장거리 자동차 여행은 류머티즘에 좋지 않았다. 그가 쿠션을 댄 뒷좌석보다 덜 편안한 보조 좌석을 더 선호했다는 사실은 많은 회고록에 나와 있다.[41] 그는 남부에 갔을 때 한 곳에 오래 머무는 일이 드물었고 여러 다차를 옮겨 다녔다. 이런 다차의 수는 날로 늘어났다.[42] 때로는 자기 아들딸을 초대해서, 여러 가지 이유로 모스크바에서는 불가능한 가족 모임 비슷한 것을 열기도 했다.

전쟁 이후에 스탈린은 모스크바 다차를 거의 떠나지 않고 장기간 머물다가 이렇게 남부를 방문하기를 번갈아 했다. 크레믈 집무실을 찾는 일은 점점 뜸해졌다. 이는 주로 건강 악화 때문이었다. 그는 계속해서 복통과 위장 장애를 겪었고, 발열, 인후통, 감기, 독감도 따라 다녔다. 동맥 경화도 진행 중이었다.[43] 간혹 산발적으로 노력을 하긴 했지만, 그때쯤 그는 몸을 움직이지 않는 생활 습관을 도무지 고칠 수 없었다. 밤늦은 시간의 만찬 모임에 차려지는 기름진 음식도 확실히 그에게 좋지 않았다. 1940년대에 스탈린의 다차를 몇 번 방문했던 밀로반 질라스에 따르면, "음식과 술이 대단히 푸짐하게, 고기 요리와 독한 술 위주로 차려져 있었다."[44] 헝가리 공산당 총간사였던 라코시 마차시는 이렇게 회고했다.

> 이런 만찬의 분위기는 자유롭고 편안했다. 사람들은 – 많은 경우 걸쭉한 – 농담을 했고 그러면 모든 사람들이 요란한 웃음을 터뜨렸다. 한번은 사람들이 나를 취하게 만들려고 시도했는데, 나한테는 술이 듣지 않아서 그 자리에 모인 사람들로부터 경탄 섞인 인정을 받기도 했다. 우리가 모여 마지막 만찬을 가진 것은 1952년 가을이었다. 스탈린이 새벽 3시에 자리를 떴을 때 나는 정치국원들에게 이렇게 말했다. "스탈린은 이미 73세입니다. 이렇게 밤늦게까지 이어지는 만찬은 몸에 안 좋지 않을까요?" 스탈린의 동지들은 그가 자기 한계를 알고 있다고 장담했다.[45]

스탈린은 자신의 나이와 신세대 지도자 육성의 중요성을 자주 거론했다.[46] 그러나 마음 깊은 곳에서는 마지막 순간까지도 낙관했음이 틀림없다. 1949년 11월 알바니아 지도자 엔베르 호자가 스탈린이 백세까지 살길 기원한다고 말했을 때 그는 이렇게 농담을 했다. "그걸로는 부족하지요. 우리 고향 조지아에는 145세에도 살아 있는 노인들이 있습니다."[47] 스탈린의 딸 스베틀라나가 증언한 대로 "말년에 그는 건강을 계속 유지하고 더 오래 살기를 원했다."[48]

1952년 스탈린은 남부로 여행을 떠나지 않았다. 모스크바에 머물렀어도 그가 크레믈 집무실에 간 것은 단 50차례뿐으로, 일주일에 한 번꼴도 되지 않았다. 스베틀라나는 그의 73세 생일인 1952년 12월 21일에 아버지의 다차를 마지막으로 방문했던 일을 이렇게 회고했다. "아버지가 너무 안 좋아 보여서 걱정되었다. 아버지는 자기 몸에 이상이 있음을 틀림없이 느꼈고 그것이 고혈압 증상임을 알았던 것 같다. 어느 날 갑자기 담배를 끊고는 매우 자랑스러워했기 때문이다…그는 적어도 50~60년 동안 담배를 피워 왔다."[49] 이 당시 그의 동맥경화증은 상당히 진행되어 있었다. 동맥 손상이 뇌의 혈류 공급을 크게 방해하고 있었음이 그로부터 2개월 반 뒤에 부검을 통해 밝혀졌다.[50]

스탈린이 전문적인 치료를 받지 못한 것은 그의 죽음을 얼마나 더 앞당겼을까? 널리 알려진 바에 따르면 그는 죽기 직전 몇 개월간 의사의 진료를 전혀 받지 않았는데, 이는 국영 병원에서 '의사 해독분자'들을 대거 체포했기 때문이었다(6장 참조). 스베틀라나 알릴루예바는 이렇게 썼다.

> 아버지는 혈압이 높아지고 있음을 스스로도 느꼈겠지만, 어떤 의사에게도 몸을 맡기지 않았다. 그가 유일하게 신뢰했던 비노그라도프[스탈린을 진료했던 저명한 의사]는 체포되었고, 다른 의사들은 절대 가까이 하지 않았다.
>
> 아버지는 여기저기에서 사이비 치료법을 구했고, 무슨 약을 먹거나 물 잔에 요오드 몇 방울을 넣어 마시곤 했다. 게다가 그 어떤

의사도 용인하지 않았을 일을 나서서 했다. 내가 그를 마지막으로 본 지 2개월 뒤, 뇌졸중으로 쓰러지기 불과 24시간 전에 다차 인근의 목욕탕에 있는 한증막에 들어간 것이다. 이는 아버지가 시베리아에 있을 때부터 몸에 익은 습관이었다.[51]

알릴루예바의 증언은 다소 감안해서 들어야 한다. 그녀는 아버지를 만나는 일이 드물었고 그의 생활에 대해 거의 알지 못했다. 그녀의 회상이 우리에게 제공하는 것은 사건에 대한 주관적인 시각이다. 스탈린이 죽기 전 몇 개월간 의사의 진료를 받고 있었는지 여부를 확실히 밝혀 주는 서류는 문서고에서 발견되지 않았다. 이 시기 그의 건강 상태에 대해서는 아무 것도 기록되어 있지 않다. 어쩌면 세상의 그 어떤 치료도 도움이 못 되었을지 모른다.

우리는 또 다른 복잡한 의문 – 스탈린의 질환이 그의 의사 결정과 행동에 어떤 영향을 끼쳤는지 – 에 대해서도 마찬가지로 알지 못한다. 확실한 증거가 없으므로 이 주제에 대한 추측은 진전이 없다. 우리가 확실히 아는 것은 스탈린의 임종에 소환된 의사 중 한 명인 먀스니코프가 스탈린의 부검에서 발견된 광범위한 뇌동맥 손상이 그의 성격과 행동에 영향을 미쳤음에 틀림없다고 믿었다는 점이다.

나는 스탈린의 잔인성, 의심증, 적에 대한 공포, 사람과 사건에 대한 평가 능력의 상실, 극도의 완고함 – 이 모두가 어느 정도는 뇌동맥 경화증의 결과였다고(혹은 동맥경화증이 이런 기질을 악화시켰다고) 본다. 사실상 병자에 의해 나라가 통치되고 있었던 것이다…뇌혈관의 경화는 여러 해에 걸쳐 서서히 진행되었다. 또 그보다 훨씬

이전에 발병한 뇌연화증 환부가 스탈린에게서 발견되었다.[52]

한 저명한 의사의 이러한 관찰은 스탈린 동료들의 증언과도 완벽히 일치한다. 그중 가장 헌신적인 인물이었던 뱌체슬라프 볼로토프마저도, "내가 보기에 스탈린은 말년에 심신이 제 기능을 하지 못했다"고 인정했다.[53] 역사학자 또한 스탈린이 정치적 행동에서 보인 '이상'이나 부적절한 반응들을 얼마든지 제시할 수 있을 것이다. 그러나 역사학자는 의사가 아니므로, 그들의 대상이 앓고 있었을 질환을 염두에 두기는 해도 이에 연연하지는 않으려고 노력한다.

5

전쟁에서의 스탈린

1941년 6월 22일의 기습 공격은 무수한 경고와 더불어 닥쳤다. 그 전날 저녁 모스크바의 군 지도부는 독일군 상사 한 명이 다음날 아침에 침공이 개시된다는 소식을 가지고 국경을 넘어왔다는 보고를 받았다.[1] 이것은 스탈린에게 즉시 알려졌고, 군 지도자와 정치국원들은 이에 어떻게 대응할지를 결정하기 위해 그의 집무실에 모였다. 육군 참모총장 게오르기 주코프의 회고록에 따르면, 세묜 티모셴코 국방 인민위원과 주코프는[2] 군의 전투태세 지시를 허가하는 명령을 내려 줄 것을 요청했다. 스탈린은 확신이 없었다. "독일의 장군들이 일부러 충돌을 도발하기 위해 우리에게 탈영병을 보낸 것일 수도 있잖습니까?" 그는 참모총장의 말을 다 듣고 이렇게 결론 내렸다. "그런 명령을 내리는 일은 시기상조일 겁니다. 아직은 문제가 평화롭게 해결될 여지가 있어요. 독일 군부대의 도발 행위로 침공이 시작될 수 있음을 알리는 간단한 지침을 내려야 합니다. 문제를 복잡하게 만들지 않으려면 국경 지역의 병력은 여하한 도발에도 굴복하지 말아야 합니다."[3] 이 명령은 자정 직후 군에 하달되었다.

스탈린과 정치국원들은 이 걱정스러운 소식을 계속 논의하다가 결국 새벽 3시에 탈진하여 자리를 파했다. 주코프가 스탈린에게 전화하여 독일군의 침공 개시를 보고한 것은 그로부터 얼마 지나지 않아서였다. 스탈린의 경호 수석은 수령을 바꿔 달라는 장군의 요구에 잠시 저항했지만 결국 그를 깨우러 갔다.

> 약 3분 뒤에 I. V. 스탈린이 전화를 받았다.
>
> 나는 그에게 상황을 보고하고 무력 대응 개시의 승인을 요청했다.
>
> I. V. 스탈린은 말이 없었다. 들리는 것은 그의 거친 숨소리뿐이었다.
>
> "제 말을 알아들으셨습니까?"
>
> 여전히 묵묵부답이었다.
>
> "내리실 명령이 있습니까?" 나는 대답을 재촉했다.[4]

주코프의 회고록은 스탈린이 응전에 대한 승인을 보류하고 그냥 주코프와 티모셴코를 크레믈로 불렀다고 암시하는 듯 보인다. 그러나 1956년 주코프는 이 대화와 관련하여 그의 회고록에 포함되지 않은 중요한 증언을 보탰다. 그의 말에 따르면 스탈린은 이 전화 통화 중에 군에 명령을 내렸다고 한다. "이건 독일군의 도발 행위입니다. 더 크게 확전되지 않도록 응전을 삼가시오."[5] 이 증언을 불신할 이유는 없다.

주코프에 따르면, 그와 티모셴코는 오전 4시 30분 스탈린의 집무실에 도착했고 그때는 이미 정치국원들이 도착해 있었다. 이 시각은 6월 22일 티모셴코와 주코프가 오전 5시 45분에 처음 방문했다고 기록되어 있는 스탈린 집무실의 방문객 일지와 일치하지 않는다.[6] 하지만 4시 30분 회의가 스탈린의 집무실이 아니라 그의 크레믈 관저에서 열렸다면 이를 간단히 설명할 수 있을 것이다. 여하튼 스탈린은 군 간부들로부터 현 상황을 보고받고 다시금 의구심을 표했다. "그냥 독일 장군들의 도발 아닙니까?…틀림없이 히틀러는 이를 모르고 있을 것입니다." 몰로토프가 독일 대사 프리드리히 폰 데어 슐렌부르크를 만나러 갔다.[7] 주코프의 증언에 따르면, 그와 티모셴코는 스탈린에게 반격 명령을 내려 줄 것을 청했지만 스탈린은 몰로토프가 돌아올 때까지 기다리자고 말했다.

이 공격이 독일 장군들이 히틀러에게 알리지 않고 꾸민 음모라는 발상은 스탈린의 사고방식에 완벽히 들어맞았다. 소련 지도자들이 히틀러에 대해 심각한 환상을 품고 있었다는 추가 증거는 오전 5시 30분 몰로토프가 슐렌부르크와 만났을 때 보인 행동에서도 찾아볼 수 있다. 스스로도 당황한 슐렌부르크는 본국의 지시에 따라 몰로토프에게 다음과 같은 짧은 통고문을 읽어 주었다. "붉은 군대 전 병력의 대대적 집결 및 훈련이 독일 동쪽 국경에 제기하는 용인할 수 없는 위협을 고려하여, 독일 정부는 군사적 반격을 취해야 할 필요성을 절감한다." 몰로토프의 반응은 그가 실제로 무슨 일이 벌어지고 있는지를 이해하지 못했음을 시사한다. 그는 소련군이 국경을 따라 집결 중이라는 주장을 반박하기 시작했고, 다음과 같은 거의 자포자기한 질문으로 말을 맺었다. "그렇게 쉽게 파기할 거였으면 독일은 왜 불가침 조약에 서명한 겁니까?"[8] 그는 슐렌부르크에게 소련은 이 문제에서 무고하며 배신한 측은 독일임을 설득하려고 애썼다. 물론 몰로토프는 설령 독일 대사가 자기 말을 믿는다 해도 그가 할 수 있는 일은 없음을 잘 알았을 것이다. 슐렌부르크는 메신저에 불과했다.

이 만남이 다름 아닌 크레믈 안에서 이루어졌으므로 몰로토프는 5시 45분경에 이미 베리야, 레프 메흘리스, 티모셴코, 주코프와 함께 스탈린의 집무실로 돌아와 있었다.[9] 주코프의 증언에 따르면, 스탈린은 독일의 선전 포고를 몰로토프에게서 듣고 "말없이 의자에 털썩 주저앉아 생각에 잠겼다. 길고 고통스러운 침묵이 이어졌다." 스탈린은 침공한 적에 대한 살상 명령을 내리는 데 동의하고, 다음과 같은 단서를 덧붙였다. "비행대를 제외한 우리 군대가 독일 국경을 침범해선 안 된다."[10] 이 명령은 침공 개시 후 거의 4시간이 경과한 오전 7시 15분에 부대에 발령되었다.[11] 이는 최고 지도부가 그때까지도 상황을 이해하지 못했음을 보여 준다. 스탈린은 이 명령에 서명하지 않았다. 이것은 티모셴코, 말렌코프, 주코프의 서명을 달고 나왔다.

이후 수 시간 동안 스탈린은 몇 가지 문제를 놓고 동료 지도자들과 상의했다. 자국이 전쟁을 시작했음을 소련 시민들에게 어떻게 알릴지가 가장 시급한 문제였다. 이는 공식 담화 한 건으로 끝나는 문제가 아니라 전쟁을 어떻게 제시할지, 어떤 정치적 구호를 활용할지, 어떤 목표를 상정할지의 문제였다. 스탈린의 동지들은 스탈린이 직접 나서서 국민들에게 말해야 한다고 강하게 건의했지만 그는 거부했다. 이 일은 몰로토프의 몫으로 떨어졌다. 물론 스탈린은 이 결정이 정치적으로 문제가 있음을 알았지만, 그는 도통 무슨 말을 해야 할지 알 수가 없었다. 상황은 불확실성으로 점철되어 있었다. 몰로토프의 연설은 소련이 전쟁을 시작했음을 선언하고, 독일이 침략자임을 강조하며, 소련의 승리에 대한 자신감을 표현했다. 그는 이러한 말로 끝을 맺었다. "우리의 대의는 정당합니다. 우리의 적은 분쇄될 것입니다. 우리는 승리할 것입니다." 이 구호는 이 무시무시한 전쟁이 끝날 때까지 포스터와 현수막에 도배되었고 방송을 통해 반복되었다.

문서고에는 몰로토프가 직접 쓰고 편집한 연설문 원본이 보존되어 있다.[12] 그가 실제로 행한 연설은 이 초고와 약간 달랐고 스탈린에 대한 언급이 추가되었다. 이는 다음과 같은 도입부로 시작되었다. "나는 소련 정부와 그 지도자인 스탈린 동무의 요청으로 다음과 같은 성명을 발표합니다." 그리고 끝부분에는 당과 정부와 '우리 위대한 지도자 스탈린 동무'를 중심으로 '각자 대오를 정렬'할 것을 인민들에게 촉구하는 한 단락이 추가되었다. 물론 스탈린에 대한 이러한 언급은 그의 침묵이 불러일으킬지도 모를 의구심과 루머를 일소하기 위해 삽입된 것이었다.

몰로토프의 연설에는 개전 초기에 스탈린이 품고 있던 주요한 정치적 우려가 드러나 있었다. 이 짧은 담화문은 독일의 침략이 전혀 정당한 이유가 없으며 소련은 불가침조약을 철저히 준수했음을 거듭 강조했다. 연설에 따르면 "소련이 조약을 준수하지 않았다고 독일 정부가 주장할 근거는 단 한 건도 없었다." 몰로토프는 독일이 '침략국'임을 강조하고 나아가 독일 파시스트들을 '배신자'라고 불렀다. 이 단어 선택에는, 배신이 일어날 수 있는 모종의 양해가 두 나라 사이에 존재했었다는 생각이 함축되어 있다.

영국의 역사학자 존 에릭슨은, 몰로토프의 연설에 소련 지도부의 불안감과 심지어 모욕감이 드러나 있다고 제시했다.[13] 당시 상황은 마치 몰로토프가 침공에 대한 독일 측의 주장을 곧이곧대로 받아들여 소련이 공격 의도가 있었다는 비난에 맞서 자국을 변호하고 있는 것 같다. 소련이 조약을 준수했다는 이 끈질긴 주장은, 침공이 정말로 패역한 장군들에 의해 개시되었을지 모른다는 한 가닥 희망으로 히틀러를 염두에 둔 것이었을까? 아니면 서구의 눈에 나치의 동맹이 아닌 희생자로 비치는 것이 갑자기 중요해진 까닭에, 소련의 무고함을 강조하여 서구의 여론에 영향을 끼치기 위한 것이었을까? 아니면 그 연설은 순전히 국내의 청중을 겨냥하여, 배신한 적에 대한 분노를 부추기려는 노력의 일환이었을까?

정오 5분 뒤에 몰로토프는 20분간 스탈린 곁을 떠났다. 그 동안 그의 목소리는 라디오를 통해 중계되었고 소련 관료들이 스탈린의 집무실을 줄줄이 오갔다. 군 총동원령이 내려졌다. 상황은 여전히 모호했다. 스탈린은 고위급 특사 – 주코프, 샤포시니코프,[14] 쿨리크 – 를 전선에 파견하기로 했다. 자기를 대신할 전권 대사를 전선에 파견하는 것은 전시 내내 스탈린이 전황을 감독하기 위해 선호한 방법이었다.

오후 9시 15분에 또 다른 명령이 다시금 티모셴코, 말렌코프, 주코프의 서명을 달고 소련군에 내려졌다.[15] 전투 첫날의 결과는 보기 좋게 윤색되었다. 이 명령은 독일군이 많은 지역에서 '사소한 성공'을 거두었음을 인정하면서도, 대부분의 국경 지역에서 "적에게 큰 피해를 입히며 공격을 격퇴하고 있다"고 주장했다. 이 명령은 이렇게 상황을 낙관적으로 묘사한 뒤 반격을 가하여 적을 섬멸한다는 목표를 제시했다. 회고록에서 주코프는 자기가 이 명령의 자구에 실제 상황이 반영되지 않았다고 여겨 이런 표현을 쓰는 데 찬성하지 않았다고 말했다.[16]

사실 스탈린은 전투 첫날에 대한 정확한 정보를 듣지 못했다. 최전방 부대와의 통신은 끊겼고, 지위 고하를 막론하고 모든 지휘관이 나쁜 소식을 전하길 두려워했다. 스탈린 자신도 왜곡된 그림을 만드는 데 일조했다. 6월 23일 붉은 군대 최고 사령부의 최초 전투 보고가 신문에 게재되었다. 수령은 이 보고서에 실을 자구를 몸소 고심해서 골랐다. 이 개황에 의하면, "맹렬한 전투 끝에 적은 격퇴되었고 큰 손실을 입었다." 그리고 독일군이 국경 안쪽 10~15킬로미터까지 침투할 수 있었던 곳은 단 두 지점뿐이라고 했다.[17] 그러나 전투 첫날의 실상은 재앙이었다. 소련 공식 출처에 의하면 6월 22일 붉은 군대는 항공기 1,200기를 잃었고 그중 다수는 떠 보지도 못하고 비행장에 선 채로 파괴되었다. 독일 측의 기록에 의하면 소련은 1,800기 이상의 항공기를 잃었고 그중 약 1,500기는 지상에서 파괴되었다. 독일군은 단 하루만에 발트 3국으로 60~80킬로미터, 벨라루스로 40~60킬로미터, 우크라이나로 10~20킬로미터까지 진격해 들어왔다.[18]

정확한 정보의 부재와 최대한 낙관하려는 당연한 욕망에도 불구하고, 스탈린은 상황의 심각성을 깨달았음에 틀림없다. 목격자들에 따르면 그는 전쟁이 터지자 망연자실했다. 주코프의 묘사에 의하면, "첫날에 그는 제대로 자신을 추스르고 상황을 완벽히 통제하지 못했다. 적의 침공이 I. V. 스탈린에게 가한 충격이 너무나 커서 그는 심지어 목소리까지 약해졌고, 전역의 조직과 관련하여 간혹 상황에 적합지 않은 지시를 내리기도 했다."[19] 차다예프는 훗날 이렇게 회고했다. "6월 22일 이른 아침에 나는 스탈린이 복도에 있는 것을 보았다. 그는 잠깐 수면을 취한 뒤 집무실에 도착해 있었다. 그는 피곤하고 기진맥진하고 슬퍼 보였다. 얼굴의 마마 자국은 더 움푹 패여 보였다. 그가 침울한 상태임을 누구나 알 수 있었다."[20]

스탈린이 개전 첫 몇 시간 동안 우유부단한 태도를 보이고 6월 22일 라디오 연설을 하길 거부한 것은 확실히 평소의 그와 다른 모습이었다. 그의 우유부단한 태도는 총사령본부를 꾸릴 때가 된 다음날까지 이어졌다. 그가 총사령본부를 공식적으로 책임지기를 거부하여, 국방 인민위원인 티모셴코가 그 책임을 맡았다. 공식적으로 지휘본부에서 스탈린의 위치는 몰로토프, 보로실로프, 세묜 부둔니,[21] 주코프, 니콜라이 쿠즈네초프[22]와 동급이었다. 다른 정치국원과 군사 지도자들의 다수는 총사령본부의 고문 직위를 받았다.[23] 이 체계는 극도로 비효율적이었다. 티모셴코가 공식적으로 전쟁 수행을 책임졌지만 실제로 그는 동료들 사이에서 거의 권위가 없었다. 쿠즈네초프에 따르면, 지휘본부 성원과 최고 지도자들은 "국방 인민위원에게 복종할 생각이 없었다. 그들은 그에게 보고와 정보를 요구했고 심지어 그의 작전에 책임을 물었다."[24] 확실히 티모셴코는 스탈린을 제치고 직권을 행사할 수 없었다. 지휘 계통은 길고 복잡해졌으며, 결정이 내려지고 수행되는 체계는 매우 비조직적이었다.

전쟁 이전에 스탈린이 구상했던 전략은 실패했다. 그는 전쟁을 피하지 못했을 뿐더러, 설상가상으로 이는 상상을 뛰어넘는 최악의 형태로 시작되었다. 군사적 재앙 외에도 그는 자부심에 엄청난 타격을 입었다. 아무도 그의 오판을 대놓고 비판하지 못했지만, 그는 지도부의 동료들뿐만 아니라 수천만 소련 시민들도 속으로는 자기를 질책하고 있음을 알았음이 분명하다.

국방위원회

개전 첫 며칠 동안 스탈린의 행동은 부산하고 혼란스럽고 수동적이었다. 그는 상황을 파악하지 못했고 군을 운용할 자격을 갖추지도 못했지만, 그냥 손을 놓고 있을 수가 없었기 때문에 뭔가를 하려고 시도했다. 그는 독일군에게 결사적으로 (그리고 무능하게) 반격을 시도했다. 다 그런 건 아니었지만 그런 노력의 상당수는 일을 더 악화시키기만 했다.

스탈린은 자국이 직면한 위험을 확실히 이해했다. 그가 개전 첫날부터 휴전의 대가로 소련 서부 영토를 넘겨주려 시도했다는 설득력 있는 증거가 있다. 베리야가 그의 대리인과 나치 동맹국인 불가리아 대사와의 회담을 주선하는 일을 맡았다. 불가리아 대사는 베를린과의 강화를 위해 어떤 조건들이 받아들여질지 판단해 달라는 요청을 받았다. 독일은 어떤 영토를 주장하고 있는가?[25] 이 제안이 어떻게 결론 났는지는 알려지지 않았다. 아마도 불가리아 대사가 중재역을 맡기를 꺼렸을 것이다. 그러나 이런 시도 자체가 많은 것을 말해준다. 스탈린이 정말로 소련 영토를 포기할 준비가 되어 있었든, 혹은 그저 독일의 공격 속도를 늦추기를 희망했든 간에, 그는 붉은 군대의 방어 능력에 전혀 자신감이 없었다.

스탈린의 비관을 드러낸 신호는 이 협상 시도뿐만이 아니었다. 개전 초기에 그는 총동원 및 국경 안쪽의 새 방어선 준비와 병행하여 대대적인 철수 작전을 명령했다. 사람들과 물적 자원이 전방에서 철거되었을 뿐만 아니라, 독일군이 아직 멀리 있었음에도 수도의 소개 또한 비밀리에 진행되었다. 6월 27일 정치국은 정부가 보유한 귀금속과 보석, 소련 다이아몬드 펀드*, 크레믈 수장고에 보관된 귀중품들을 모스크바에서 긴급히(3일 이내에) 반출하는 명령을 승인했다. 6월 28일에는 모스

* 제정 시대부터 크레믈에 비축된 금괴 및 다이아몬드 컬렉션.

크바 국립은행과 조폐국 금고에 보관된 현금을 즉시 옮긴다는 결정이, 6월 29일에는 인민위원회의와 기타 최고 정부 기관을 후방으로 이전한다는 결정이 내려졌다. 7월 2일 정치국은 붉은 광장의 레닌 묘에서 석관을 들어내어 시베리아로 옮기고 정부와 당중앙위원회 문서고를 이전하기로 결의했다.[26]

6월 27일 스탈린의 집무실로 소환된 한 관료는 훗날 다음과 같이 회고했다. "스탈린은 평소의 모습이 아니었다. 그저 피곤해 보이기만 한 게 아니었다. 그는 심대한 내적 격동을 겪은 사람의 모습을 하고 있었다. 그를 만나기 전에 나는 여러 가지 파편적인 정황 증거에 의지하여 우리가 국경에서 고전 중이라는 느낌을 받고 있었다. 어쩌면 패배가 드리우고 있는지도 몰랐다. 스탈린을 만나고 난 뒤, 나는 최악의 일이 이미 발생했음을 알았다."[27] 그 후 며칠 동안에도 위안은 오지 않았다. 스탈린은 자기가 내리는 명령이 무용함을, 군을 운용하는 일이 얼마나 어려운지를 점점 더 절감하고 있었다.

개전 불과 일주일 뒤에 서부 전선의 심각한 상황에 대한, 그리고 벨라루스의 수도 민스크가 이미 적의 수중에 떨어졌다는 경악할 소식이 모스크바에 전해졌다. 부대와의 통신은 대부분 궤멸되었다. 크레믈에는 긴장된 침묵이 내려앉았다. 6월 29일, 개전 이후 처음으로 스탈린의 집무실에서는 아무런 회의도 열리지 않았다. 미코얀에 따르면, 그날 저녁 몰로토프, 말렌코프, 베리야, 그리고 미코얀이 스탈린의 거처, 아마도 그의 크레믈 관저나 다차에 모였다. 스탈린은 티모셴코에게 전화를 걸었지만 국방 인민위원은 제대로 아는 것이 전혀 없는 듯 보였다.[28] 군 지도자들은 상황을 통제하지 못하고 있었다. 경악한 스탈린은 오랜 습관을 깨고 정치국원들에게 다 같이 국방 인민위원부로 가자고 제의했다.[29] 재앙이 거대해졌음을 그곳에서 다시금 확인한 그는 장군들에게 질책과 비난을 퍼부었다. 참모총장 주코프가 압박을 견디지 못하고 울음을 터뜨리며 옆방으로 뛰쳐나갔다. 몰로토프가 그를 위로하러 뒤따라갔다. 이 광경을 본 스탈린은 정신이 번쩍 들었다. 그는 군 지도부를 압박해서 이로울 것이 없음을 이해했다. 미코얀에 따르면, 그와 몰로토프가 인민위원부를 떠날 때 스탈린이 이렇게 말했다고 한다. "레닌이 우리에게 위대한 유산을 남겼는데. 우리가, 그의 후계자들이 이 모든 걸 날려 버렸어."[30] 스탈린이 거친 말을 내뱉는 일은 드물지 않았지만, 이 경우에 이는 지극히 동요한 그의 내면 상태를 드러냈다. 스탈린은 인민위원부를 떠난 뒤 다차로 간 것이 분명하다.

다음날인 6월 30일 스탈린은 크레믈 집무실이나 모스크바 그 어디에도 나타나지 않았다. 위기가 고조되고 있는 상황에서 이러한 임무 방기는 정말로 무모한 행동이었다. 거대한 정부 기구는 그가 없으면 돌아가지 못하게끔 특수하게 설계되어 있었던 까닭에 당연하게도 덜컹거리기 시작했다. 뭔가 행동을 취해야 했고, 몰로토프가 앞장섰다. 그는 정치국 내의 비공식적 위계에서 최고참 멤버였다. 여러 목격자에 따르면, 스탈린의 종적이 묘연해지자 몰로토프는 다차로 전화를 걸어 스탈린을 찾기 시작했다.[31] 그래도 응답을 얻지 못하자 — 혹은 스탈린의 침울한 심기를 정면으로 받아낸 뒤 — 그는 스탈린이 정말로 수렁에 빠졌다고 결론 내렸다. 미코얀에 따르면 몰로토프는 이렇게 전했다고 한다. "스탈린은 너무 의기소침해서 만사에 무관심해졌습니다. 궁지에 몰려 심각한 상태입니다."[32] 이 말은 여러 해 뒤에 몰로토프 자신이 작가 펠릭스 추예프와 행한 인터뷰를 통해 간접적으로 확인되었다. "그는 2~3일 동안 모습을 감추고 다차에 있었습니다. 그는 확실히 고통을 겪고 있었고 좀 침울한 상태였습니다."[33] 몰로토프의 기억은 일부 세부사항이 틀린 것 같다. 스탈린이 다차에 틀어박혀 있었던 기간은 사흘은커녕 꼬박 이틀도 되지 않았다. 파멸이 닥친 상황이었음을 고려할 때, 국가 지도자의 짧은 부재도 그때는 필시 영원처럼 느껴졌을 것이다.

경악한 몰로토프는 베리야, 말렌코프, 보로실로프를 회의에 소집했다. 스탈린을 권좌에서 공식적으로 제거하자는 논의는커녕 그의 임무를 인수하자는 논의도 나오지 않았다. 대신에 그들은 어떻게 스탈린을 다차에서 끌어내어 직무를 수행하게 만들지를 놓고 고심했다. 이는 민감한 과제였다. 초청받지 않은 사람은 스탈린의 다차에 갈 수 없었고, 이 상황에서 그가 허가받지 않은 방문에 어떻게 반응할지는 그저 상상에 맡길 수밖에 없었다. 게다가 그를 만나러 온 이유를 설명하기도 쉽지 않을 터였다. 아무도 스탈린에게 그의 우울증이 국가 전체를 위험에 빠뜨리고 있다고 말하는 사람이 되고 싶지 않았기 때문이다. 그러나 이들은 정치적 책략에 있어서는 초보자가 아니었던 까닭에 훌륭한 계획을 고안해 냈다. 그들은 다 같이 가서(확실히 아무도 혼자 가고 싶진 않았으므로!) 스탈린에게 전쟁 수행을 감독할 최고 통치 기구—스탈린 자신이 의장을 맡는 국방위원회—를 창설하자고 제안하기로 했다. 그리고 이 계획을 착안한 네 사람이 이 위원회에 참여하며, 몰로토프가 위원회의 초대 부의장을 맡기로 했다.

국방위원회의 창설은 다수의 문제들을 일거에 해결했다. 이제 스탈린의 동료 지도자들은 그가 크레믈에 출근하지 않는 데 대해 암묵적으로 그를 질책하지 않으면서 그의 다차를 방문할 수 있었다. 또 스탈린을 위원회 의장에 앉히는 것은 그의 리더십이 변함없으며 정치국이 이를 전폭적으로 지지함을 표시했다. 한편 이는 가장 충성스런 동지들로 구성된 소규모 위원회였으므로, 그들은 그가 정신적 균형을 회복하는 동안에 내리는 의사 결정을 옆에서 개인적으로 보좌할 수 있었다. 끝으로, 이 민감한 시기에 네 사람이 함께 스탈린과 소통함으로써 스탈린의 분노가 어느 한 사람에게 집중되어 폭발하는 것을 방지할 수 있었다.

몰로토프, 말렌코프, 보로실로프, 베리야는 이 위원회 아이디어에 합의한 뒤, 미코얀과 보즈네센스키를 몰로토프의 집무실로 불렀다. 네 사람은 지도 그룹의 구성원 중에서 이 두 사람을 위원회에 참여시키지 않기로 했지만, 단결을 보여 주기 위해 그들도 함께 다차에 가는 것이 중요했다.

미코얀은 6월 30일 늦은 시각에 대표단이 스탈린의 다차에 도착했을 때 일어난 일을 기록으로 남겼다. 수령은 작은 식당의 안락의자에 앉아 있었다. 그는 이 예상치 않은 방문객들을 의문이 담긴 눈길로 쳐다보고 왜 왔느냐고 물었다. 미코얀의 묘사에 따르면, "그는 침착하지만 어딘지 이상해 보였다." 대표단의 대변인으로 뽑힌 베리야의 국방위원회 설립 제안을 들은 스탈린은 딱 한 가지 반론을 제기했다. 그는 미코얀과 보즈네센스키도 참여시키길 원했다. 베리야는 구성원을 확대하자는 주장에 대한 반론을 이미 준비해 놓고 있었다. 누군가는 인민위원회의를 이끌어야 한다는 것이었다. 스탈린은 수긍했다.[34]

미코얀의 회고록은 그의 아들 세르고에 의해 편집되었다. 그는 아버지가 남긴 원본 텍스트의 수많은 부분을 멋대로 고쳤는데, 그 원본은 문서고에 보존되어 있다.[35] 세르고는 이 사건에 대한 아버지의 기록을 편집하면서, "그(스탈린)는 우리를 보자 의자에서 몸을 움츠렸다"라든지 "내(미코얀)가 보기에 이 점은 분명했다. 그는 우리가 자기를 체포하러 왔다고 확신했다"와 같은 윤색한 구절을 삽입하여 확실히 스탈린이 동

지들의 방문에 겁을 먹었다는 인상을 주려고 했다.[36]

스탈린은 정말로 겁을 먹었을까? 우리는 이 만남을 어떻게 해석해야 할까? 의문의 여지 없이 이는 그의 독재 역사에서 이례적인 순간이었다. 그들이 아무리 공손하게 처신했다 하더라도, 스탈린의 동료들은 적어도 다섯 가지 측면에서 그의 최고 권위를 침해했다. (1) 그들은 초대받지도 않았는데 다차에 찾아갔고 (2) 그의 등 뒤에서 엄청나게 중요한 계획을 입안했으며 (3) 그들의 제안이 그들끼리 합의한 조건대로 채택되게끔 관철했고 (4) 몰로토프가 수령의 눈 밖에 났다는 사실에도 불구하고 정부의 2인자로서 그의 역할을 공식화했으며 (5) 바로 그 해 5월에 스탈린이 인민위원회의 의장에 취임하면서 몰로토프를 제치고 보즈네센스키를 자신의 수석 대리로 선택했음에도 보즈네센스키를 위원회에서 배제하기로 결정했다. 사실상 스탈린의 측근들은, 존재 자체의 위협에 직면하여 숙청 이후의 리더십이 공고해져야 하며 더 이상 최고위층 인사를 뒤흔들 생각은 포기하는 편이 나을 것이라고 그에게 통보하고 있었다. 이는 독특한 에피소드였다. 권좌에 있는 동안 스탈린이 이런 일을 겪은 것은 전무후무했다. 이는 독재의 성격이 일시적으로 변화하고 전시의 정치적 타협이 출현했음을, 즉 1930년대에 스탈린이 최초로 그의 독재를 공고화했을 때 보여 주었던 유연성과, 전쟁이 터지기 직전에 그가 휘두르고 있던 폭정 사이의 어딘가에서 정치국 내의 세력 균형이 재조정되었음을 시사했다. 이 상태는 거의 전쟁이 끝날 때까지 지속되었다.

다차에서의 만남이 있은 다음날, 국방위원회의 설립이 신문에 발표되었다. 위원회의 구성원이 스탈린, 몰로토프, 베리야, 보로실로프, 말렌코프로 한정되었다고 해서 나머지 정치국원들의 최고 리더십이 영향력을 잃은 것은 아니었다. 미코얀과 보즈네센스키는 경제를 운영하는 중요한 직무를 맡았다. 즈다노프는 레닌그라드의 방어에 집중했다. 전시 물자 공급과 소개의 중대성을 고려했을 때 철도 인민위원으로서 카가노비치가 맡은 책임은 중추적이었다. 1942년 2월에는 미코얀, 보즈네센스키, 카가노비치도 위원회에 참여했다.[37]

국방위원회의 설립을 필두로 하여 그 후 조직 변화가 잇따랐고, 이는 궁극적으로 소련 전쟁 수행의 최고 리더십을 스탈린의 수중에 안착시켰다. 7월 10일에는 국방 인민위원 티모셴코를 수장으로 했던 총사령본부가 스탈린을 수장으로 한 최고사령본부로 대체되었다. 정치국은 7월 19일에 스탈린을 국방 인민위원으로, 8월 8일에는 최고사령관으로 임명하는 결의안을 통과시켰다.[38] 기존의 질서가 회복되었다. 스탈린은 다시금 과단성 있고 승리를 자신하는, 인민과 군 모두의 유일 지도자가 되었다. '스탈린의 복귀'를 알린 중요한 이정표는 7월 3일의 유명한 라디오 연설이었다.

몰로토프는 6월 22일 전국 방송 연설을 하기 위해 크레믈 바로 옆의 중앙전신국 빌딩으로 갔지만, 스탈린은 크레믈 자체에 무선 설비를 설치할 것을 요구했다. 전신국의 기술진은 이미 과중한 업무에 짓눌려 있었지만 이에 따를 수밖에 없었다. 케이블이 인민위원회의 건물로 연장되었다. 스탈린은 마이크와 보르조미 광천수 한 병이 놓인 작은 테이블 앞에 앉아서 연설문을 낭독했다.[39] 이 연설이 그의 평소 스타일을 따르지 않으리라는 것은 시작부터 분명했다. "동무여! 시민이여! 형제자매여! 우리 육해군의 전사들이여! 바로 그대들에게 나는 말합니다, 나의 친구들이여!"[40] 그가 전 경력을 통틀어 행한 그 어떤 연설과도 달랐던 이 연설은 오랫동안 회자되고 기억되었다. 인민들은 라디오에 귀를 바짝 갖다 대거나 신문에 실린 그의 말을 정독하며 가장 시급한 질문에 대한 해답을 구했다. 앞으로 어떻게 될 것인가? 언제 전쟁이 끝날 것인가? 스탈린은 위안이 될 만한 말을 거의 내놓지 않았다. 독일군의 피해를 심하게 과장하긴 했어도("적의 최고 사단과 최고 비행대들은 이미 섬멸되었습니다") 그는 "이는…소련 국가가 사느냐 죽느냐, 소련 인민이 사느냐 죽느냐의…문제"임을 인정해야만 했다. 불길하게도 그는 인민에게 "우리나라를 위협하는 모든 위험"을 인식하고 독일군의 배후에서 파르티잔 투쟁을 조직하며, 민병대를 창설하고, 적에게 점령될 위협에 놓인 지역에서는 모든 물적 자원을 반출하거나 파괴할 것을 촉구했다. 스탈린은 '전 인민의(프세나로드니)', 그리고 '조국의(오테체스트벤니)' 전쟁이 시작되었음을 선언했다. 이 연설로부터 이끌어낼 수 있는 명백한 결론은 단 하나였다. 이 전쟁은 길고도 힘겨울 것이었다.

인민과 특히 군인들에게 무엇이 잘못되었는지를 해명해 줄 필요가 있었다. 그들에게는 희생양이 필요했고, 색출은 오래 걸리지 않았다. 소련의 방위 실패는 서부 전선군 사령관이던 드미트리 파블로프 장군의 지휘 실책 탓으로 돌아갔다. 그와 그의 많은 부하들이 재판에 회부되고 총살되었다. 스탈린이 서명한 이 명령은 군 내부에 널리 회람되었다.[41]

서투른 사령관

소련 참모본부의 통계에 따르면, 개전 직후부터 1942년 1월 1일까지 붉은 군대와 해군에서 총 450만 명이 전사하거나 부상당하거나 포로로 잡혔다. 이 중에서 230만 명은 전투 중 실종되거나 생포되었다.[42] 이러한 추정치는 실제보다 적을 것이다. 그럼에도 이는 대규모 신규 편성군을 포함하여 1941년 6월 22일 전투에 떠밀려 나간 군인 중의 다수가 전멸했음을 보여 준다. 이 재앙의 원인은 좀 더 상세한 연구를 요한다. 불충분한 전쟁 준비, 적의 기습으로 인한 대규모 사상, 독일국방군의 군사적·조직적 우위는 확실히 그 원인의 일부였다. 굳세고 영웅적인 사례들도 많았지만 붉은 군대는 사기가 떨어져 있었다. 또 다른 중요한 요소는 바로 군·정치 지도부의 무능이었다.

상황을 확실히 파악하지 못했던 모스크바는 의사 결정이 너무 느릴 때가 많았고 그중 다수는 나쁜 결정이었다. 특히 참모본부에서 지휘 계통이 제대로 기능하지 못했고, 현장 부대와의 믿을 만한 통신이 구축되는 데 오랜 시간이 걸렸다. 스탈린은 부하들을 이렇게 꾸짖었다. "심지어 중국군과 페르시아군도 군을 운용하는 데 있어 통신의 중요성을 이해합니다. 우리가 정말로 페르시아나 중국보다 못하단 말입니까? 통신 없이 어떻게 부대를 운용할 수 있습니까?…이런 야만과 이런 치욕을 더 이상 두고 볼 수가 없습니다."[43] 전쟁 초기 단계에 스탈린은 크레믈 집무실 옆에 마련된 특별실에서 전신으로 회의를 주재하며 많은 시간을 보냈다. 이는 거추장스러운 통신 수단이었고 그 주된 수혜자는 오늘날 그 대화 테이프를 요긴하게 활용하는 역사학자들이 되었다. 군과 후방의 지휘는 주로 전권 '대사'를 활용하여 수행되었다. 이 전권 대사들은 스탈린에게 보고할 정보를 수집하여, 비록 성과의 차이는 있었지만, 수송과 산업과 전체 전쟁 수행을 방해하는 끝없는 애로사항들을 처리할 수 있도록 스탈린을 도왔다. 이러한 체제는 패배와 혼란의 시기에 확실히 불가피했지만, 극도로 비효율적이었다.

현대식 군대를 지휘한 경험이 없었던 스탈린은 군사 과학보다는 주로 상식에 의존하여 나름의 최선을 다했다. 1941년 8월 27일 그는 도시 방어의 편성에 대한 다음과 같은 조언을 레닌그라드 지도부에 보냈다. "KV 전차를 평균 1킬로미터 간격으로, 지형에 따라서 어떤 곳에는 2킬로미터, 어떤 곳에는 500미터 간격으로 배치하시오. 이 전차 뒤편이나 그 사이에 그보다 화력이 약한 전차와 장갑차를 배치하시오. 이 전차 방어선 뒤에 그보다 큰 포를 배치하시오. 보병 사단은 전차 바로 뒤에 배치하여 전차를 타격 무기로서뿐만 아니라 엄폐물로 활용할 수 있도록 하시오."[44] 스탈린은 이 계획을 달성하기 위해 KV 전차 100~120대를 할당할 준비가 되어 있었다. 이는 당시 소련군이 보유한 가장 좋은 최신형 중전차로서 제대로 다루면 막강한 힘을 과시하는 무기였다.

스탈린이 전술 전략에 개입했고 이것이 때때로 소대 단위에까지 미쳤다는 사실은 군 지휘부가 얼마나 지리멸렬했는지를 보여 준다.[45] 개전 첫 몇 개월간의 경험은 제대로 조직되지 않은 반격의 무용함에 대한 뼈저린 교훈을 남겼다. 이런 무계획적 반격은 엄청난 손실과 미미한 성과로 이어질 때가 많았다. 붉은 군대의 지도자들은 적의 진군을 방해하거나 사전 준비된 지점으로의 전술적 후퇴를 통해 사상을 최소화하는 법에 대한 지식이 희박했다. 스탈린은 어떤 희생을 치르건 간에 한 치도 물러서지 말 것을 고집했다. 후퇴는 허용되지 않았고 허용되었을 때는 너무 늦은 다음이었다. 그 결과로 소련군은 포위 고립되었고 한 번에 한 부대씩 차례로 궤멸되었다.

사방에서 들려오는 패배의 소식은 배신을 의심하는 스탈린의 성향을 종종 더 악화시켰다. 이런 의심에 장단을 맞추어, 1941년 8월 19일 당시 예비 전선군을 지휘하고 있던 게오르기 주코프는 스탈린에게 다음과 같은 보고서를 보냈다. "적이 우리의 전 방어 체계와 우리 병력의 전략적·작전적 배치를 아주 잘 알고 있으며 우리가 당장 동원 가능한 능력을 파악하고 있는 것 같습니다. 전체 상황을 긴밀히 알고 있는 우리 고위층 가운데에 적이 사람을 심어 놓은 것이 분명합니다."[46] 열흘 뒤에는 스탈린 자신이 당시 레닌그라드에 있던 몰로토프에게 이런 편지를 썼다. "누군가가 의도적으로 독일군에게 길을 터주고 있는 것 같지 않습니까?"[47] 하지만 이 편집증이 심각한 결과로 이어지지는 않았다. 전쟁 와중에 소련 장군들을 상대로 마녀 사냥을 시작하는 것이 얼마나 위험한지를 잘 알았던 스탈린은 비겁 행위를 비난하는 선에서 그쳤다. 체포된 장군은 몇 명 되지 않았고, 그보다 지휘권을 박탈당하거나 강등·좌천된 경우가 더 많았다.

자기를 희생하려는 애국적 태세나 조국을 방어하려는 결의와 같은 무형의 요소들은 무기와 전투 경험과 전술적 기량의 부족을 일부분 보완할 수 있었다. 소련 병사들의 영웅적 행동과 자기희생은 독일군의 압도적 공격력으로 초래된 사기 저하와 나란히 존재했고, 스탈린은 두 가지 모두를 보여 주는 풍부한 사례들을 보고 받았다.[48] 그는 무형적 요소의 중요성을 믿었고 붉은 군대의 실패를 공황, 소련군 부대의 대규모 항복, 집단 탈영, 확고한 지휘 부재 탓으로 돌렸다. 군의 사병 통솔 능력에 대한 신뢰가 떨어진 그는, 휘하 지휘관들에게 지도력과 규율에 대한 자신의 생각을 주입시켜야 할 때가 되자 이미 유효성이 증명된 방법에 의존했다. 1941년 7월 그는 군사 정치위원 제도를 부활시켰다. 당의 충성스러운 감시견인 이들은 지위고하를 막론한 모든 지휘관들 옆에 배치되었다.[49] 정치위원들에게는 주로 군 내의 '특수'(비밀경찰) 부서를 통해 행사되는 엄청난 권력이 주어졌다. 공식 통계에 따르면, 전쟁이 발발하고부터 1941년 10월 10일까지 붉은 군대 소속 1만 201명이 총살되었고 그중 3,321명은 자기 부대가 보는 앞에서 총살당했다.[50] 하지만 이 수치도 전선과 그 주변에서 행해진 탄압의 전모를 전달하지 못한다.

군인들이 전력을 다해 싸우도록 만들기 위해, 스탈린은 포로로 잡히는 것을 수치일 뿐만 아니라 불법으로 만들었다. 적에게 생포되는 것을 범죄로 규정한 조항은 1941년 8월 16일 최고사령본부가 내린 악명 높은 '명령 270호'에 삽입되었다. 그 문체로 판단할 때 이는 스탈린이 (혼자서는 아니더라도) 직접 주도하여 작성한 명령이었다. 이는 포로로 잡힌 자를 "모든 수단을 써서, 지상에서든 공중에서든" 사살할 것을 의무화했다. '악의적 탈영자' 무리에 가담한 지휘관의 가족은 체포되었다. 포로로 잡힌 병사의 가족은 정부 연금을 박탈당했다. 이 명령은 모든 군부대에서 소리 내어 낭독되었다.[51] 이처럼 포로를 배신자로 취급하면서, 소련군 전쟁 포로들은 전쟁이 끝난 뒤에도 오랫동안 차별받을 운명에 처하게 되었다.

스탈린은 이런 위협과 더불어 병력 증강을 약속함으로써 자신의 군대에 불굴의 의지를 불어넣으려고 했다. 독일군이 키예프 외곽에 다다른 1941년 7월 11일, 스탈린은 우크라이나 당 총간사 흐루쇼프에게 이런 전문을 보냈다. "귀관이 부대를 드네프르 강 좌안으로 단 한 발짝이라도 철수해서 드네프르 강 좌안의 요새 구역 방어에 실패한다면, 귀관들 모두는 비겁자이자 탈영자로서 인정사정없는 보복을 맞게 될 것입니다."[52] 7월 16일에 그는 서부 방면군 지휘관들에게 스몰렌스크를 끝까지 방어할 것을 요구하는 국방위원회의 명령에 서명했다. 도시를 넘겨준다는 그 어떤 발상도 '조국에 대한 노골적 배신에 준하는 범죄'였다.[53] 9월까지 이어진 스몰렌스크 전투 내내, 포위된 붉은 군대는 모스크바로 진군하려는 독일군을 지연시키며 완강하게 싸웠다. 병력의 상당 비율을 중부 전선으로부터 우크라이나와 레닌그라드로 이동시킨다는 히틀러의 결정 또한 수도로 향하는 나치의 진군 속도를 늦추었다. 스탈린은 소련군이 7월과 8월 내내 전선을 사수해 주기를 희망했다. 그 뒤에는 북부의 레닌그라드, 중부의 모스크바, 남부의 키예프라는 세 주요 도시가 있었다. 시간은 독일군의 편이 아니었다. 길이 진창으로 변하는 가을이 오고 있었고, 그러면 첫 서리가 머지않을 터였다.

붉은 군대가 선전할 수 있음을 보여 주는 것은 서구 연합국인 영국·미국과의 협상에서도 중요했다. 독일의 침공 직후 영미 지도자들은 나치에 대항한 소련 인민의 싸움에 전폭적인 지지를 표명했다. 그런 다음 관계를 수립하고 어떤 형태의 지원을 할지 협의하는 복잡한 과정이 개시되었다. 루스벨트 대통령은 직접 정보를 수집하기 위해 자신의 고문인 해리 홉킨스를 모스크바로 파견했다. 스탈린은 홉킨스를 이례적으로 환대하고 과단성과 승리의 자신감을 보여주려 노력했다. 회견이 공습으로 중단되자 소련 지도자는 홉킨스를 자기 전용차에 태워 키롭스카야 지하철역에 있는 방공호로 데려 갔다. 경호원들과 내무인민위원 베리야가 그들을 맞았다. 한 소련 관료는 그때의 광경을 이렇게 묘사했다.

> (베리야가) 위험하다고 말하면서 스탈린의 팔을 붙들고 서둘러 지하로 안내하려 했다. 스탈린은 그가 짜증이 났을 때 항상 말하는 식으로 퉁명스럽고 무례하게 반응했다. "저리 가! 이 겁쟁이 같으니!"… 스탈린은 어두컴컴한 안뜰 한복판에 서서 탐조등 불빛이

교차하는 가운데 검은 하늘에 뜬 독일군 비행기를 올려다보았다. 홉킨스도 그 옆에 서서 그 광경을 바라보았다. 그때 야간 공습 중에는 흔치 않은 일이 일어났다. 독일군 융커스가 통제를 잃고 하늘에서 추락하기 시작한 것이다 — 격추당한 것이 틀림없었다. 다음 순간 대공포가 두 번째 비행기를 맞추었다. 스탈린이 이렇게 말하자 통역관이 홉킨스에게 그 말을 전달했다.

"칼을 가지고 우리에게 오는 자들은 바로 저런 일을 당할 것입니다. 그리고 선의를 가지고 오는 이들을 우리는 손님으로 받아들일 것입니다."

그는 미국인의 팔을 붙들고 지하로 안내했다.[54]

붉은 군대가 맹렬한 투쟁을 지속하는 와중에 서구 연합국들은 이러한 단호함의 과시에서 자신들이 간절히 바라고 있던 무언가를 보았다. 히틀러의 전격전이 차질을 빚고 있었다. 그들은 러시아인을 도울 수 있었고 또 그래야만 했다. 세 열강 — 소련, 영국, 미국 — 의 회담이 모스크바에서 1941년 9월 29일부터 10월 1일까지 열렸다. 영국 군수 장관 비버브룩 경이 영국 대표단을 이끌었고 소련 주재 미국 대사 애버렐 해리먼이 루스벨트 대통령의 대리 자격으로 참석했다. 소련 측에서는 스탈린과 몰로토프가 협상을 수행했다. 모스크바 회담은 소련의 전쟁 수행을 원조하는 중요한 구체적 합의와 함께 마무리되었다. 원조 범위는 점차 확대되었다. 무기대여법을 통해 공여된 서구의 탱크와 비행기는 독소 전선에서 중대한 기여를 했다. 전쟁이 끝날 때까지 붉은 군대가 몰았던 트럭은 주로 미국산이었다. 무기대여법은 또한 소련에 통신 장비, 기관차, 화차, 식량을 조달하는 데도 결정적인 역할을 했다. 1945년

2월에 크림에서 얄타 회담이 열렸을 때, 스탈린은 루스벨트에게 "무기 대여법이 없었다면 승리가 대단히 지체되었을 것"이라고 말했다.[55]

확실히 소련의 새 동맹국들은 독소 전선의 암울한 상황을 우려했다. 모스크바 회담이 열리기 직전, 키예프를 놓고 격렬한 전투가 벌어지고 있던 남서부 전선에 재앙이 닥쳤다. 주코프의 증언에 따르면 그는 7월 말에 이곳의 어려운 전황을 스탈린에게 보고하고, 키예프를 포기하고 드네프르 강 동안東岸의 요새화에 집중하여 독일군이 남서부 전선의 오른쪽 측면을 뚫고 들어오지 못하게 막자고 제안했다. 스탈린은 이를 퉁명스럽게 거절하고, 주코프를 참모총장직에서 해임하여 예비 전선군 사령관으로 파견했다.[56] 우크라이나의 상황은 계속 악화되었다. 8월 초에 약 13만 명의 소련 제6군과 제12군이 우만 외곽에서 독일군에게 완전히 포위되었다.[57] 8월 8일 독일군의 진격이 있은 후 스탈린은 전신을 통해 회의하기 위해 남서부 전선군 사령관 미하일 키르포노스를 호출했다. 스탈린은 키르포노스가 표명하지 않은 의도를 넘겨짚어 기정사실로 몰아붙이는 그 특유의 교묘한 방식으로 회의를 시작했다. "우리는 전선에서 키예프를 사수할 병력이 부족하다는 이유로 경솔하게도 키예프를 적에게 넘기기로 했다는 첩보를 받았습니다. 이것이 사실입니까?" 키르포노스는 스탈린을 안심시켰다. "잘못된 정보입니다. 전선군 군사위원회와 저는 그 어떤 상황에서도 키예프의 함락을 막기 위해 모든 조치를 취하고 있습니다."[58] 스탈린은 그에게 끝까지 버틸 것을 명령하고 수 주 내에 지원군을 보내겠다고 약속했다.

키예프 주변의 소련군이 포위될 위험에 처해 있음은 명백했다. 9월 초에 남서부 전선군 사령관이 병력을 긴급히 철수할 것을 제안했고 모스크바에 있는 참모총장도 그를 거들었다. 스탈린은 완강히 거부했다.

"스탈린은 키예프를 포기해야 할 엄중한 필요성을 그저 언급하기만 해도 펄펄 뛰고 즉시 평정을 잃었다." 알렉산드르 바실렙스키는 회고록에 이렇게 썼다.[59] 9월 14~15일에 독일군이 포위망을 완성하여 키예프 동쪽에 있는 소련군 45만 2,700명을 완전히 에워쌌다.[60] 개전 이후 최악의 패배였다. 9월 20일 키르포노스를 위시한 남서부 전선군 사령부 전원이 전사했다. 키예프를 내주는 대신 부대를 보전할 수 있었던 기회는 사라졌다. 이 엄청난 병력의 말살로 독일의 전략적 우위는 한층 강화되었다.

모든 역사학자들은 – 심지어 스탈린에게 호의적인 이들도 – 이 재앙의 책임이 대부분 그에게 있다고 본다. 주코프는 스탈린이 자신의 잘못을 넌지시 인정했다고 주장한다. 1941년 9월 주코프를 레닌그라드 전선군 사령관으로 임명하면서, 그는 남서부 전선군이 처한 위협에 대해 장군이 경고했던 것을 거론하며 이렇게 말했다. "그때 귀관의 보고가 정확했지만 내가 그걸 올바로 이해하지 못했습니다."[61]

우크라이나에서의 패배로 레닌그라드의 위험이 고조되었다. 9월 8일 도시가 완전히 포위되었다. 다음날 독일군은 새로운 공세를 개시하여 도시 입구까지 전선을 바짝 좁혔다. 9월 11일 레닌그라드 전선군 사령관이 보로실로프에서 주코프로 교체되었다.[62] 훗날 주코프가 작가 콘스탄틴 시모노프에게 말한 바에 따르면, 스탈린은 레닌그라드 함락을 피할 수 없다고 여겼다.[63] 9월 13일 수령은 해군 인민위원 니콜라이 쿠즈네초프를 집무실에서 접견하여, 도시가 함락될 경우에 레닌그라드에 정박된 배들을 침몰시키는 방안을 논의했다. 바로 그날 스탈린은 선단을 파괴하는 계획을 승인했다.[64] 그 후 2주 동안 레닌그라드 교외에서 벌어진 전투는 특별히 잔혹했다. 독일군이 도시를 향해 맹렬히 전투를 벌이는 가운데, 소련 병사들은 집단적인 영웅주의를 보여주며 그들의 공격을 물리치기 위해 전력을 다해 싸웠다. 9월 말에 독일군의 진격이 멈추었다. 제2차 세계대전의 가장 끔찍한 삽화—그리고 소련 인민의 불굴의 의지를 보여 준 가장 놀라운 증거—중 하나인 레닌그라드 봉쇄가 시작되었다. 이 봉쇄 기간에 수십만 명의 민간인이 굶주림과 독일군의 폭격으로 죽었다.

포위된 모스크바 안에서

우크라이나의 소련 대병력을 섬멸함으로써 겨울이 오기 전에 모스크바를 접수한다는 희망이 되살아나자, 히틀러는 독일군의 상당 비율을 모스크바 공세에 재배치했다. 10월 7일 붉은 군대의 서부 전선군과 예비 전선군 대부분이 뱌즈마 인근에서 포위되었고, 10월 9일에는 브랸스크 전선군까지 포위되었다. 모스크바로 가는 길이 뚫렸다. 공군 지휘관 알렉산드르 골로바노프는 이 무렵 스탈린의 집무실에 불려 갔던 일을 회고했다. 수령은 의자에 혼자 조용히 앉아 있었고 그의 앞에 차려진 음식에는 손댄 흔적이 없었다.

> 나는 스탈린의 이런 모습을 한 번도 보지 못했다. 숨 막힐 듯한 침묵이 흘렀다.
> "크나큰 불운, 크나큰 슬픔이 우리에게 덮쳤습니다." 마침내 스탈린의 차분하지만 뚜렷한 목소리가 들려 왔다. "독일군이 뱌즈마 외곽의 우리 방어선을 뚫었습니다…."

스탈린은 잠시 침묵한 뒤, 나에게 묻는 건지 혼잣말인지 모를 말을 아까처럼 차분하게 이었다.

"우리가 뭘 해야 합니까? 뭘 해야 합니까…?!"

그는 고개를 들고 나를 바라보았다. 이전에도 이후에도, 나는 그처럼 무시무시한 감정적 고통을 표현하는 인간의 얼굴을 보지 못했다. 우리는 바로 이틀 전에도 만나서 이야기한 적이 있었지만, 그 이틀 사이에 그는 극도로 초췌해져 있었다.[65]

주코프에 따르면, 그 당시 스탈린은 독감을 앓고 있었지만 침대에 누워 있을 상황이 아니었다. 그는 방어 준비와 가능한 모든 예비 병력의 모스크바 외곽 재배치를 감독하며 계속 일했다. 이런 노력의 일환으로 주코프가 레닌그라드 전선군에서 불려 들어와 모스크바 방어를 지휘하게 되었다. 10월 8일 스탈린은 모스크바 시와 모스크바 도에 있는 공장 1,119개소의 파괴를 준비하라는 국방위원회의 명령에 서명했다.[66] 10월 14일 독일군은 르제프와 칼리닌을 점령했다. 모스크바에서 불과 수 킬로미터 거리였다.

미코얀의 증언에 따르면 10월 15일 아침 9시에 소련 최고 지도부 성원이 한 자리에 모였다(미코얀은 몰로토프, 말렌코프, 보즈네센스키, 셰르바코프, 카가노비치를 언급하고 있다). 스탈린은 독일군이 곧 모스크바 방어를 뚫을 수도 있음을 알리고 외국 외교 사절과 정부 관료들을 철수시킬 것을 제의했다. 미코얀에 따르면 스탈린은 모스크바를 넘겨주길 원치 않았다. 이는 독일군을 축출할 예비 병력이 도착할 때까지 도시 안에서 싸운다는 것을 의미했다. 그 자신은 최대한 오랫동안 수도에 머무르기로 했다. 논의를 끝내면서 스탈린은, "스탈린 동무는 상황에 따라서 내일이나 그 이후에 대피한다"[67]고 명시한 10월 15일자 국방위원회 명령에 서명했다.[68] 준비가 이루어졌다. 스탈린과 함께 남은 참모본부 내 소그룹의 일원이었던 알렉산드르 바실렙스키에 따르면 마지막 순간에 탈출하기 위한 비행기들이 준비되었다.[69]

모스크바 철수 결정이 내려지자 수도에 몰려 있던 수많은 당·정부 관료들은 공문서를 황급히 파기하거나 챙겨 가지고 집단 탈출에 나섰다. 당중앙위원회 건물은 "극심한 혼돈에 휩쓸렸다." "많은 책상의 자물쇠와 책상 자체가 강제로 부서졌고, 기밀문서를 포함한 온갖 서식과 서류들이 사방 천지에 흩어져 있었다…소각하기 위해 보일러실로 옮겨진 극비 문서들이 소각되지 않은 채 무더기로 방치되어 있었다."[70] 이 혼란 속에서 수많은 관료들이 자기와 자기 가족과 재산을 보존하기 위해 자신이 맡은 사무실과 공장을 버렸다. 관용 차량들이 줄지어 도시를 빠져나갔다. 정부 재산과 귀중품이 절도된 사례도 많았다. 공식 통계에 따르면 10월 16일과 17일에 모스크바 공산당원 1천 명 이상이 자신의 당원 서류를 파기했다.[71] 당·정부 관료들의 도주는 무성한 소문과 결합하여 도시 전체에 공황을 불러일으켰고 이는 소요로 번졌다. 문서 증거와 목격자 증언에 따르면 며칠간 이어진 이 소요는 크게 세 가지 범주로 나뉘었다. 첫째는 상점과 창고의 약탈이었고, 특히 주류가 보관된 장소의 약탈이 종종 광란의 술판과 함께 이루어졌다. 둘째로 대피하는 사람들과 그들의 소유물을 싣고 모스크바를 떠나는 차량들이 공격 받았고, 여기에는 흔히 절도가 수반되었다. 셋째로, 방위 물자 생산 시설을 포함한 여러 공장에서 약속된 임금을 받지 못했고 자기 근무지가 파괴된다는 소문에 불안해진 노동자들이 돌발적인 저항을 벌였다. 자기들이 배신당하고 버려졌다고 여긴 노동자들은 많은 경

우 장비의 반출을 가로막았고 공장을 파괴하기 위해 설치한 폭발물을 제거할 것을 요구했다.[72]

최고위 지도부의 대부분은 애초 예정일인 10월 15일에 모스크바를 떠나지 않았다. 다음날 스탈린은 다수의 동료들을 자기 관저로 불렀다. 그중 첫 번째로 도착한 항공산업 인민위원 알렉세이 샤후린은 이 회의를 자기 회고록에 묘사했다. 그의 글에 따르면 크레믈은 텅 비어 있는 것 같았다. 스탈린의 관저로 통하는 대기실은 문이 열려 있었고, 수령은 담배를 피우며 말없이 식당을 서성이고 있었다. 책장이 비어 있는 등 대피 준비를 알리는 신호들이 눈에 띄었다. 스탈린은 평소에 입는 재킷과 바지 차림이었고, 바지 밑단을 쑤셔 넣은 부츠의 주름진 부위에는 구멍이 숭숭 뚫려 있었다. 샤후린이 이 부츠를 보고 놀란 기색을 보이자 스탈린은 다른 신발들을 전부 실어 내가서 이것밖에 없다고 설명했다. 곧 몰로토프, 말렌코프, 셰르바코프와 나머지 사람들이 도착했다. 스탈린은 아무에게도 자리에 앉기를 권하지 않았다. 그리고 계속 왔다 갔다 하면서 사람들이 도착할 때마다 똑같은 질문을 던졌다. "모스크바 상황은 어떻습니까?" 샤후린은 한 공장에서 일부 노동자들이 임금을 받지 못했고, 전차와 지하철이 운행을 멈추었으며 빵집 등 상점들이 문을 닫았고, 약탈 사례들이 관찰되었다고 보고했다. 이에 스탈린은 현금을 비행기로 수송하고 대중교통과 상점의 상황을 수습하라는 지시를 내렸다. 그는 동지들과 스스로를 안심시켰다. "뭐 그렇게 나쁘진 않군. 더 심할 줄 알았는데."[73] 며칠 뒤에 모스크바의 상황은 정말로 안정되었다. 많은 부분 이는 10월 20일 공습 상황이 선포된 이후 '의심 분자'들에 대한 대대적 구속과 체포가 개시되었기 때문이었다.[74]

모스크바에서 더 심한 무질서가 빚어지리라고 예상했다는 스탈린의 말은 그의 평소 사고방식과 일치한다. 그가 내란 가능성을 우려한 것은 의심의 여지가 없다. 외적과의 충돌이 내전 도발에 이용될 위험 — 1917년에 볼셰비키가 활용했던 공식 — 은 1930년대 말 스탈린의 정치적 의사 결정에 크나큰 영향을 끼쳤다. 시작부터 파국으로 치달은 전쟁은 이 공포를 되살려 놓았다. 그러나 소련 후방에서 반정부적이거나 패배주의적인 경향이 위험 수위에 이르지는 않았는데, 많은 부분 이는 전쟁 이전에 수립된 비밀경찰 체제 때문이었다. 이 체제는 1941년 6월 22일 이후에도 느슨해지지 않았고 오히려 더욱 무자비해졌다. 하지만 정치적 안정이 오로지 탄압 덕분이었다고 하면 이는 오류일 것이다. 애국주의, 나치에 대한 끓어오르는 증오, 권위에 복종해 온 전통이 상호 결합하여 인민을 승리의 이름으로 단결시켰다. 문서고 개방 덕분에 역사학자들이 최근 들어 새로 알게 된 몇몇 대규모 소요들도, 주로 정부의 도를 넘어선 조치와 주민들의 무력감에 의해 초래된 것이었다.

모스크바가 가장 극적인 소요 사례를 보여 주긴 하지만 이런 일은 다른 곳에서도 일어났다. 그중 기록이 잘 된 한 사례는 모스크바 북동쪽 이바노보 도에서 터진 소요 사태이다. 독일군이 진격해 오자 이 지역의 섬유 공장들을 소개하는 계획이 세워졌다. 공장들이 폭파될 것이고 식량을 트럭으로 실어 내가고 있으며 당·정부 관료들이 이 지역에서 도주 중이라는 소문이 퍼졌다. 10월 18~20일, 남아서 굶주리고 살육당할 것을 두려워 한 섬유 노동자들 사이에서 자연발생적인 폭동이 일어났다. 그들은 설비의 반출을 막으려 기도하고 일부 공장 관리자와 당 활동가들을 구타했다. 군중 사이에서는 이런 외침이 터져 왔다. "그들이 우리 설비를 뜯어가서 일을 못하게 만들 것이다." "높으신 분들은 전부 시내에서 도망쳤고 우리는 각자도생해야 한다." "히틀러 밑에서 일하나 스탈린 밑에서 일하나 우리에게는 마찬가지다."[75] 이 소요는 설득과 체포를 통해서 결국 진정되었다. 그리고 전선의 상황이 호전된 덕분에 더 이상 이바노보의 섬유 공장을 철수시킬 필요가 없어졌다.

10월 하순에 소련군은 중앙 방면에서 적의 진격을 저지했다. 붉은 군대가 엄청난 희생을 감수하며 결연히 싸운 덕이기도 했지만, 독일군의 탈진과 가을의 진창도 침공을 교착 상태에 빠뜨렸다. 이제 독일국방군의 다음 번 모스크바 공격을 막기 위한 긴급한 조치가 필요해졌다. 스탈린은 신규 전투 부대를 편성하고 군사 장비, 특히 탱크와 항공기 생산을 감독하는 등 수도 방어를 개선하는 데 깊숙이 관여했다. 그는 크레믈 집무실을 병참 문제를 해결하고 공장 간의 협력을 감독하는 일종의 중앙 통제 센터로 만들었다.

그는 또한 전투 작전 계획의 미세한 부분에 계속 개입했다. 이전 몇 개월 동안 그랬듯이 그는 전선의 상황을 면밀히 주시했고 작전에 대한 철저한 설명을 요구했으며 광범위한 여러 지역에 대해 세밀한 지시를 내렸다. 확실히 그는 시기와 자원이 갖추어졌든 아니든 상관없이 공세를 취하고 싶어 안달했다. 그는 광활한 전선에 넓게 흩어져 있는 적에게 예기치 못한 공격으로 부담을 가하고 싶었다. 지휘관들이 이에 항상 동의한 것은 아니었다. 11월에 당시 서부 전선군 사령관이었던 주코프는 그런 계획에 반대했다. 스탈린은 볼로콜람스크와 세르푸호프 지역에 즉시 반격을 개시하여 독일군의 공세 준비를 방해할 것을 요구했다. 주코프는 방어건 공격이건 간에 이를 준비할 만한 병력이 없음을 설명하려고 애썼다. 스탈린은 논쟁을 막아 버렸다. "반격 문제를 해결할 방안을 생각하시오. 오늘 저녁까지 계획을 제출하시오." 그런 다음 곧바로 서부 전선군 군사위원회에 전화를 걸어 이렇게 위협했다.

"귀관들과 주코프는 자만심에 가득 차 있군요. 하지만 귀관들도 문책될 수 있습니다!"[76] 그렇게 해서 서둘러 조직한 공격은 별로 성과를 거두지 못했다. 독일군의 새로운 공세를 막아낼 수 있는 예비 병력을 보존하려 애쓰고 있던 주코프가 아마 옳았을 것이다.

스탈린은 선전 분야에서 월등한 능력을 발휘했다. 11월 초에 전선이 비교적 잠잠해진 틈을 이용하여, 그는 10월 혁명 기념행사를 예년대로 치를 것을 지시했다. 그는 포위된 수도에서 이 연례행사를 변함없이 계속하는 것이 엄청난 선전 효과가 있음을 알았다. 기념일 하루 전인 11월 6일에 마야콥스카야 지하철역에서 대규모 기념집회가 열렸다. 역에 정차된 기차 안에 외투 보관소와 당·군 지도자들을 위한 연회 테이블이 마련되었다. 혁명 기념일 축하 연설 뒤에 콘서트가 이어졌지만, 이 행사의 중심 순서는 바로 스탈린의 대국민 연설이었다. 개전 이후 그가 공개석상에 모습을 드러낸 것은 이번이 겨우 두 번째였다. 모든 사람들은 독일군이 그토록 광대한 소련 영토를 점령할 수 있었던 데 대해 그가 어떻게든 해명을 하고, 앞으로 무엇이 기다리고 있는지에 대해 무슨 말이든 해 줄 것을 기대했다. 언제 전쟁이 끝날 것인가? 이는 모든 소련 시민의 마음속에 있는 질문이었다. 수령은 국가에 드리운 위험이 "물러나지 않을 뿐만 아니라 더욱 심화될 것"임을 인정했다. 그러나 전체적으로는 낙관했다. 그는 가공할(그리고 가공의) 독일군 사상자 통계를 인용하며, 독일군의 예비 병력이 "이미 바닥난" 반면 소련군의 예비 병력은 "이제서야 충분히 배치되고 있다"고 선언했다.[77]

그 다음 날, 기념일 당일 축하 행사로 붉은 광장에서 열병식이 거행되었다. 이는 위험한 시도였다. 불과 며칠 전인 10월 29일에도 독일군 비행기가 크레믈에 큼직한 폭탄을 떨어뜨린 적이 있었기 때문이다. 이

때 147명이 다치고 41명이 죽었다.[78] 루프트바페*가 다시 폭격할 수 있음은 분명했다. 그럴 가능성을 고려하여, 모스크바가 함락될 경우의 임시 수도로 선정된 쿠이비셰프(오늘날의 사마라)에서도 동시에 열병식이 열렸다. 모스크바 열병식 도중에 공격이 행해질 경우 중계차를 쿠이비셰프로 돌려 기념식 라디오 중계를 계속하기로 한 것이다. 하지만 그런 공격은 일어나지 않았다.[79]

스탈린은 행진하는 부대를 향해 레닌 묘소에서 짧은 연설을 했다. 그는 혁명 이전의 장군들과 내전 중 볼셰비키가 거둔 영광스런 승리들을 회고했다. 또 독일군의 패배가 다가오고 있다고 말하면서 대담하게도 그 시기까지 추측했다. "앞으로 몇 개월 안에, 반년이나 어쩌면 1년 이내에, 히틀러의 독일은 그들이 저지른 죄악의 무게로 인해 붕괴할 것입니다."[80] 이 장담에는 전황에 대한 그의 이해가 반영된 듯 보이며, 아니나 다를까 그는 곧 모든 전선에서 공세를 취할 것을 명령하기에 이른다.

모스크바에서의 기념식—특히 스탈린의 연설—은 가능한 모든 매체를 통해 행해진 대규모 선전 캠페인의 일부였다. 붉은 광장에서의 열병식이 필름에 담겼지만 어떤 이유에서인지 스탈린의 연설 장면은 찍히지 않았다. 급조한 스튜디오에서 연설을 연출한다는 결정이 내려졌다. 크레믈 궁의 한 강당 안에 레닌 묘 모형이 지어졌고, 스탈린은 11월 15일 카메라 앞에서 연설을 다시 했다.[81] 12월에 극장들은 스탈린의 연설 재연 영상이 포함된 〈1941년 11월 7일 모스크바 붉은 광장에서 거행된 우리 군의 열병식〉을 틀기 시작했다. 12월 4일부터 7일

* Luftwaffe, 독일 공군의 명칭.

동안 모스크바에서만 20만 명의 관람객이 이 필름을 보았다. 수백 개의 복사본이 전국의 도시에 배포되었다.[82]

스탈린이 카메라 앞에서 자기 연설을 재연한 바로 그날, 여전히 압도적인 독일국방군의 병력이 오랜 준비 끝에 모스크바에 새로운 공격을 개시했다. 이로써 독일군은 상당한 거리를 전진했고 어떤 지역에서는 소련 수도의 경계선까지 이르렀다. 그럼에도 불구하고 끊임없는 지원 병력으로 보강된 붉은 군대는 독일군을 물리칠 수 있었다. 독일군이 최후의 예비 병력까지 소진하고 멈추었을 때, 붉은 군대는 거의 쉬지 않고 기습 역공을 개시했다. 1942년 1월에 적은 모스크바에서 100~250킬로미터 거리까지 밀려났다. 마침내 참으로 축하할 만한 일이 생겼다.

1942년의 패배들

모스크바 외곽에서 소련군이 벌인 공세는 다른 전선에서의 성공과 더불어 반나치 세계 전체에 희망을 불러일으켰으나 동시에 붉은 군대의 약점과 독일국방군의 여전한 우월성을 드러냈다. 소련군은 강한 전의를 보여 주었지만 소련 지도부가 그들에게 제시한 주요 목표를 달성하지는 못했다.

1942년 1월 10일, 붉은 군대의 각 부대에는 과거 작전을 비판하고 앞으로의 작전을 내다보는 한 통의 서신이 전달되었다. 이 서신의 어조와 문체로 볼 때 그중 많은 부분을 스탈린이 작성했음을 짐작할 수 있다. 이는 주로 12월의 기습 역공 때 독일군의 방어선을 뚫은 방식을 비판하는 내용이었다. 서신은 붉은 군대가 전선 전체에 걸쳐 드문드문 흩어진 채로 분산된 작전을 펼친 것이 잘못이었다고 비판했다. "우리가 전선의 한 구역에서 적을 압도할 수 있는 병력을 창출해야만 공세가 주효할 수 있습니다." 두 번째 중요한 결함은 포병을 제대로 활용하지 못한 것이었다. "우리는 보병대가 아무런 포병 지원도 없이 적의 방어선을 공격하도록 몰아넣는 일이 많습니다. 그래 놓고선 방어 태세로 참호 속에 있는 적을 보병대가 뚫고 진격하지 못한다고 불평합니다… 이것은 공세가 아니라 범죄입니다. 조국에 대한, 그리고 무의미한 희생을 겪어야 하는 병사들에 대한 범죄입니다."[83] 총사령본부는 포병이 공격 부대를 – 공격 준비 단계에서뿐만이 아니라 – 항시 지원할 것을 주문했다. 또한 그 경우에도 공격에서 주돌파하는 지점에 포병 화력을 집중할 것을 강조했다.

이는 대규모 사상자를 수반하는 정면 공격의 위험성, 또 병력을 집중하고 노련하게 운용할 필요성에 대한 합리적이고 중요한 지적이었다. 그러나 스탈린은 1942년의 동계 작전을 계획하면서 자기 자신이 내린 경고를 무시하고 모든 전선에서 일제히 공격할 것을 고집했다. 그는 자기가 1941년 11월 7일 연설에서 약속한 대로 전쟁을 빨리 승리로 마무리하고 싶었다. 이런 생각은 기밀문서에서도 드러났다. 자신이 받은 첩보 보고에 근거했음이 분명한 스탈린의 기본 가정은 독일군의 예비 병력이 바닥났다는 것이었다. 1941년 11월 6일의 연설에서 그는 독일군이 개전 후 4개월간 450만 명을 잃었다고 주장했고, 그가 이후에 받은 보고서들도 이런 환상적인 수치를 뒷받침하는 경향이 있었다. 일례로 1942년 3월 1일에는 독일군 사상자가 650만 명이라고 추정되었다.[84] 실제보다 5~6배나 많은 이런 수치는 아마도 왜곡의 결과였을 것이다. 수령은 주로 자기가 듣고 싶어 하는 내용을 보고받았다.

1942년 3월에 승인된 하계 작전 계획은 전략적 방어로 기조를 변경하고 다음 공격을 위한 예비 병력을 증강하는 내용이었다. 하지만 결국 스탈린은 이 결정과 모순되게 다수의 전선에서 공세 작전을 펴라는 명령을 내렸다. "1942년 여름에 채택된 작전 계획을 검토해 보면, 여기서 가장 취약했던 측면은 방어 작전과 공격 작전을 동시에 수행한다는 결정이었다고 말해야 할 것이다." 그로부터 수십 년 뒤에 바실렙스키 원수는 이렇게 썼다.[85] 이는 이 주제에 대한 학술 문헌에서도 지배적인 견해이다.

1942년 여름에 크림, 중앙 방면, 하리코프와 레닌그라드 부근에서 공세가 계획되었다. 스탈린은 이들 작전의 계획에 깊숙이 관여했다. 인사 충원 문제에서 그는 항상 그랬듯이 자기가 보기에 과감하게 행동할 수 있는 지도자 선별을 중시했는데, 그의 인사 선택은 다시금 최고 사령관으로서의 그의 결함을 드러냈다. 그는 붉은 군대 정치총국의 수장인 레프 메흘리스를 모스크바 대표로 크림에 파견했다. 스탈린의 비서였던 메흘리스는 수령에게 광적으로 충성했고 정력적이며 과감하고 무자비했지만, 군사 이론에는 완전히 무지했다.

보로실로프는 이전에 무능으로 인해 레닌그라드 전선군 사령관에서 해임되었음에도 다시 레닌그라드 외곽의 볼홉스키 전선군 책임자로 임명되었지만, 수령과의 특별한 관계 덕분에 이 임명을 거부할 수 있었다. 스탈린은 격노했다. 1942년 4월 1일 정치국은 스탈린의 지시로 보로실로프를 맹렬히 비난하는 결의문을 채택했다. 그가 이 명령을 거부한 이유를 폭로한 것은 명백히 그를 망신 주려는 의도였다. 이 결의문은 전직 국방 인민위원이 "볼홉스키 전선은 힘든 전선"이며 이 일에 실패하고 싶지 않다고 한 말을 인용했다. 정치국은 다음과 같이 결의했다. "(1) 보로실로프 동무가 전선에서 그가 맡은 임무에서 기대에 미치지 못했음을 확인한다. (2) 보로실로프 동무는 후방에서 군사 임무를 수행토록 한다."[86] 보로실로프는 그 후에도 스탈린의 측근 그룹에서 제거되지 않았기 때문에 이는 공허한 제스처였다. 그럼에도 고위 관료들에게 널리 알려진 이 결의문은 다른 사람들에게 경고가 되었을 것이다.

남서부 전선군 사령부에게는 스탈린이 특별히 불만을 품을 이유가 없었다. 그의 성향을 잘 알았던 남서부 전선군 사령관 티모셴코와 군사위원회 위원 흐루쇼프는 하리코프를 탈환하기 위한 공세를 제안했다. 총사령본부의 반대에 부딪친 스탈린은 계략을 쓰기로 했다. 그는 우크라이나 작전을 승인했지만 이는 전선 사령관들에게 달린 내부 사안이라고 선언했다. 이 결정은 아무 것도 바꾸어 놓지 않았지만, 그 결과에 대한 스탈린의 책임을 다소 덜어 주었다.

엉성하게 입안된 공세 계획은 더욱 심한 손실로 이어졌고 전략적 상황 전반에 큰 피해를 끼쳤다. 최초의 불길한 신호는 크림에서의 패배였다. 1942년 5월 8일 개시된 독일군의 역공은 소련군을 12일 만에 격파했고, 8개월간 포위되어 있던 크림의 항구도시 세바스토폴의 운명을 결정지었다. 대규모의 영웅적 항전으로도 재앙을 막기엔 역부족이었다. 이 도시는 독일군이 다른 전선에서 상당수 병력을 들여온 뒤인 7월에 함락되었다. 소브나르콤 행정실장인 차다예프에 따르면, 메흘리스는 스탈린을 직접 만나 변명하려고 수령의 집무실 밖에서 기다렸다고 한다. 차다예프는 스탈린이 출입문에 모습을 드러냈을 때 일어난 일을 이렇게 묘사했다. "메흘리스는 자리에서 벌떡 일어났다. '안녕

하십니까, 스탈린 동무! 보고해도 되겠습니까?' 스탈린은 잠시 동안 멈추어 서서 메흘리스를 위아래로 훑어본 뒤, 감정이 잔뜩 섞인 목소리로 이렇게 말했다. '엉터리 같으니라고!' 그러고는 바로 집무실로 들어가 문을 쾅 닫았다. 메흘리스는 두 팔을 힘없이 늘어뜨리고는 괴로운 표정으로 창문 쪽을 향했다."[87]

그 다음날인 1942년 6월 4일, 스탈린은 모든 전선과 군대의 군사위원회에 크림에서의 패배 이유를 설명한 총사령본부 명령에 서명했다. 크림의 병력이 상당한 수적 우세에도 불구하고 격파되었음을 지적한 이 명령의 문체를 보면 그 작성 과정에 스탈린이 손을 댔음을 짐작할 수 있었다. 메흘리스를 비롯한 크림의 지휘관들은 무능과 실패를 문책 당한 뒤 직위에서 해임되고 계급장을 박탈당했다.[88] 그럼에도 메흘리스는 스탈린의 눈 밖에 나지 않고 계속해서 요직에 임명되었다. 훗날 주코프는, 크림의 재앙을 지휘한 이들을 스탈린이 비교적 관대하게 처벌한 이유는 "자신도 여기에 개인적으로 책임이 있음을 의식했기 때문"이었을 것이라고 추측했다.[89]

우크라이나 동부의 도시 하리코프를 탈환하는 작전 역시 스탈린의 전폭적 지원 아래 계획되었다. 5월 12일에 시작된 공격은 처음에는 성공이 약속된 듯이 보였다. 그러나 며칠 뒤에 모든 것이 바뀌었다. 모스크바 점령에 집중하고 있다고 믿었던 독일군이 실은 남부에서 결정적 공세를 계획하고 있었던 것이다. 티모셴코의 엉성한 하리코프 공격 계획은 그들의 임무를 더 수월하게 해 주었다. 스탈린은 소련 대군이 이제 포위될 위험에 처했다는 경고에도 불구하고, 이 위협에 대처하기 위해 하리코프에 대한 공격을 멈추기를 거부했다. 그가 공세를 중지하기로 결정했을 때는 너무 늦은 다음이었다.[90] 총사령본부의 통계에 따르면, 붉은 군대는 2차 하리코프 전투에서—전사자, 부상자, 포로를 모두 합쳐—27만 7,000명을 잃었다.[91] 독일군은 다시금 전략적 우위를 넘겨받았다. 이제 히틀러의 군대는 캅카스와 볼가 강으로 더욱 신속히 진군할 수 있게 되었다.

스탈린은 이 패배의 책임을 곧바로 지휘관들에게 돌렸지만, 그들은 크림에서의 대패에 연루된 이들만큼 가혹하게 문책 당하지 않았다.[92] 몇 개월 뒤인 1942년 9월 24일, 총사령본부를 대표하여 (주로 남서부 전선군의 일부를 떼어 구성된) 스탈린그라드 전선군에 파견된 게오르기 말렌코프는 스탈린에게 이렇게 썼다. "티모셴코에 관하여…저는 이제 그가 여기서 어떻게 일해 왔는지 확인할 수 있었습니다만, 티모셴코는 소련 정부의 운명과 우리 조국의 운명에 무관심한, 나태하고 무용한 인물 같다고 말할 수 있습니다."[93] 말렌코프가 평소에 취했던 조심스러운 태도에 비추어 볼 때, 우리는 그가 이 문제에 대해 수령도 같은 견해임을 알고 있었다고 가정할 수 있다. 메흘리스의 경우와 마찬가지로, 스탈린은 티모셴코를 측근 그룹에서 제거하지 않고 덜 중요한 임무에 활용했다.

장군들의 실책과 과단성 부족에 대한 비난은 1942년 스탈린이 내린 명령에서 반복하여 등장한 주제였다. 장군들 스스로의 견해는 이와 달랐다. 일례로 콘스탄틴 로코솝스키 원수는 1942년의 패배들이 전쟁 초기 단계에 총사령본부가 반복하여 저지른 실수 탓이었다고 회고록에 썼다. 위에서 내려온 명령은 "상황에 적합지 않았고" "적의 손에 놀아나기만 했다." 본부는 미리 준비된 전선(1942년 여름에는 돈 강)으로 부대를 점차 철수시키는 대신 계속 반격할 것을 요구했다. "제대로 집결할 시간도 없이 되는 대로" 독일군 쪽으로 황급히 이동한 부대는 "이러한 상황에서 월등한 수적·질적 우위를 점한 적을 상대로 무질서하게 전투에 뛰어들었다…이 모두는 우리가 사관학교와 군사학교에서 도상 훈련과 기동 훈련을 통해 배운 군사 이론과 무관한 방식으로 이루어졌고, 과거의 두 전쟁에서 쌓은 모든 경험에 위배되었다."[94]

스탈린은 최고 사령관으로서 자신의 잘못을 인정하길 거부하고 실패를 오로지 부하들의 비겁이나 배신, 잘해야 무능 탓으로 돌렸다. 이러한 논리의 궁극적인 표현이 바로 악명 높은 '명령 227호'였다. 이는 남쪽으로 진격하는 독일군을 막을 길이 없어 보였던 1942년 7월 28일에 내려졌다. 스탈린이 직접 작성했음이 분명한 이 명령은 이례적으로 가혹했다. "공황을 조성하는 자나 겁쟁이들은 그 자리에서 제거되어야 한다." "상부의 명령 없이 전투 위치에서 후퇴하는" 지휘관은 "조국의 배신자다." 그는 독단적으로 후퇴를 승인한 군 지휘관부터 시작해서 지휘관들을 재판에 회부할 것을 요구했다. 이 명령에 의해 형벌대대와 형벌 중대가 설치되었다. 이는 스탈린의 행동 강령을 위반하여 체포된 사람들로 이루어진 부대로서 주로 공격을 개시할 때 총알받이로 활용되었다. 또 후퇴 저지 부대가 정규군으로 편성되어 "사단 단위부대가 공황을 일으켜 무질서하게 후퇴하는 경우에 공황 조성자나 겁쟁이를 즉결 처분하는" 임무를 띠었다.[95] 이 부대들은 1944년 10월 해산될 때까지 활동했다.

'공황 조성자', '겁쟁이', '태업 분자'와의 싸움은 1942년 여름 스탈린 군사 정책의 중심이었고, 두려움과 공황은 정말로 큰 문제였다. 전투의 고초와 연이은 패배를 고려할 때 군의 사기 저하는 필연적이었다. 그러나 숙청 기간에도 그랬듯이 태업 분자와 해독 분자를 모든 실패의 근원으로 보는 스탈린의 견해는 현실적인 근거가 없었다. 잘 조직된 독일의 군사력에 맞선 소련 병사들의 정신 상태는, 붉은 군대의 후퇴 이유라는 헝클어진 실타래의 단 한 가닥에 불과했다. 많은 경우에 불복종이 발생한 이유는 명령이 부적절하거나 실현 불가능했기 때문이었다. 전선에서의 가혹한 조치만으로는 승리를 보장할 수 없었다. 명령 227호가 내려지고 몇 주 후에 독일군은 스탈린그라드 외곽에 도달했다.

비겁과 배신 이외에 스탈린의 머릿속에서 소련의 패배 원인으로 떠오른 또 다른 변수는 바로 히틀러의 전력이 서유럽의 제2전선으로 분산되지 않았다는 점이었다. 연합군의 무위로 인해 나치 지도자들이 소련 전선에 전력을 집중할 수 있다는 사실은 최고 지도부 내에서 자주 분노와 좌절의 원천이 되었다. 1942년 5월과 6월에 몰로토프가 영국과 미국을 방문했을 때 스탈린의 강한 압력을 전달받은 처칠과 특히 루스벨트는 그해 가을에 제2전선을 열겠다는 의향을 표했다. 이 애매한 언질은 모든 전선의 상황이 악화되면서 점점 더 비현실적인 약속이 되었다. 처칠은 유럽 전선을 열지 못한 충격을 완화하기 위해 스탈린을 만나러 모스크바로 갔다.[96] 1942년 8월 12일 두 사람은 최초로 직접 대면했다. 스탈린은 소련 측이 당한 수많은 패배 탓에 자신의 입지가 약화되었음을 깨달았다. 반면에 북아프리카와 지중해에서 연합군이 입은 손실은 그들에게 프랑스 상륙을 연기할 구실을 제공했다.

스탈린은 처칠의 해명에 짜증을 숨기지 않았다. 협상 첫 몇 시간 동안의 분위기는 극도로 날카로웠다. 소련 지도자는 외교적 수사를 내팽개치고 연합국의 우유부단을 폄하하며 독일군을 두려워하지 말라고 충고했다. 처칠도 그에 못지않게 퉁명스러웠다. 그는 스탈린이 히틀러와 사이좋게 폴란드를 나눠가지고 있을 때 영국은 이미 히틀러와 전쟁 중이었다는 명백한 사실을 지적하며, 영국이 꼬박 1년 동안 나치와 싸웠음을 스탈린에게 상기시켰다. 이런 상호 비난을 끝낸 뒤, 서로를 절실히 필요로 했던 두 동맹은 진지한 논의에 착수했다. 협상 전략을 고심해서 마련해 온 처칠은, 오는 가을 프랑스령 아프리카 북부 해안에 영국군과 미군의 상륙이 계획되어 있다는 반가운 소식을 전했다. 스탈린은 이를 화해의 기회로 삼았다. 그가 이 새로운 계획을 상찬한 이후 회담은 좀 더 순조롭게 진행되었다. 스탈린은 처칠이 모스크바에 머무르는 마지막 날인 8월 15일 밤에 그를 자신의 크레믈 관저로 초청하는 호의적 제스처를 취했고, 두 사람은 그곳에서 기분 좋은 저녁을 보냈다.

처칠의 방문에서 도출된 결론은 분명했다. 소련은 동맹들에게서 주로 물질적 지원을 받을 수 있게 되었다. 스탈린은 처칠에게 특히 트럭과 알루미늄이 필요하다고 말했다. 당시 독일은 서방의 심각한 도전에 대한 걱정 없이 동부 전선에서 전투를 계속할 수 있었고, 붉은 군대는 연달아 패배와 실패를 겪고 있었다. 남부에서 독일군은 스탈린그라드에 입성했고, 돈 강과 쿠반 강 유역의 중요한 농업 지역을 장악했으며, 북캅카스와 자캅카지예의 유전 지대로 접근 중이었다. 소련 공식 통계에 따르면 1942년 1월부터 10월까지만 붉은 군대 병사 550만 명이 전사하거나 부상당하거나 포로로 잡혔다.[97] 그러나 신규 부대의 증강과 스탈린그라드 및 캅카스 방어군의 영웅적인 항전 덕분에 전선은 점차로 안정되었다. 히틀러가 몇 가지 서로 다른 목표를 동시에 추구하면서 병력이 부족해진 것 또한 전세 변화에 일조했다. 소련군은 스탈린그라드의 폐허 속에서 독일군 사단들에 맞서 호각세로 맹렬히 싸웠다. 모든 측면에서 이는 1941년 말의 재현이었다. 심하게 두들겨 맞은 독일군은 더 이상 진군할 수 없었다. 적에게 막심한 피해를 입힌 붉은 군대는 이제 승기를 잡을 기회를 맞았다. 문제는 언제 어떻게 반격을 가하느냐였다.

스탈린그라드와 쿠르스크

반격은 스탈린그라드 외곽에서 시작되었다. 소련이 거둔 이 유명한 승리는 전 국민의 영웅적 노력과 막대한 희생의 절정이었다. 또한 이는 스탈린도 마침내 과거의 패배에서 교훈을 얻었음을 보여주었다. 1942년 11월 19일, 스탈린의 이름을 딴 이 도시의 외곽에서 잘 준비된 소련의 공세가 시작되었다. 며칠 뒤 (곧 육군 원수가 된) 프리드리히 파울루스 장군이 이끄는 스탈린그라드의 독일군 33만 병력이 포위되었다. 포위를 뚫으려는 독일군의 시도를 물리친 소련군은 1943년 2월 2일 마침내 적을 항복시켰다. 이 오랜 전투로 독일군은 수십만 명의 병사와 장교를 잃었다. 파울루스 자신을 포함하여 9만 명 이상이 포로가 되었다. 이 승리는 전쟁의 중요한 전환점이 되었다.

이 인상적인 승리에도 불구하고 스탈린은 계속해서 조심스럽게 행동했다. 총사령본부는 새로운 작전을 계획하면서 병력을 너무 넓게 분산하지 않으려고 애썼다. 주된 반격은 적이 이미 막대한 손실을 입고 거의 흩어진 남서 방면군에 집중되었다. 1943년 1월, 스탈린은 스탈린그라드에서의 성공이 재연될 것을 기대하며 북캅카스에서 후퇴하는 독일군을 포위하라고 명령했다. 보로네즈와 하리코프 방면으로도 역공세가 희망차게 개시되었다. 그리고 1943년 1월 18일, 광활한 독소 전선의 북쪽 끝에서 레닌그라드 봉쇄가 마침내 뚫리고 도시가 다시금

육상으로 중부 러시아와 연결되었다. 장기간 고난을 겪은 이 역사적인 수도의 해방은 상징적·정서적으로 대단한 의미를 띠었다.

환희에 들뜬 스탈린의 동지들은 그에게 승리자의 월계관을 씌우려 안달했나. 1943년 1월 19일, 보로네즈 전선을 시찰 중이던 참모총장 바실렙스키가 전선 지도자들과 합동으로 몰로토프, 베리야, 말렌코프에게 암호 전문을 보냈다. 그들은 "전선에서 우리 부대가 비길 데 없는 성공"을 거두었으므로 스탈린이 "소비에트 연방 대원수" 칭호를 받아 마땅하다고 제안했다. 이 전문은 스탈린을 "우리 승리의 조직자이며, 천재이자 위대한 사령관"으로 묘사했다. 처음부터 이 계획을 추진했던 최고 지도부 성원들은 이 제안을 열광적으로 환영했다. 1월 23일 몰로토프, 베리야, 말렌코프, 미코얀은 그러한 취지의 제안서에 서명하고 이를 정치국에 제출했다. 하지만 이는 보류되었다.[98] 스탈린이 대원수로의 승격을 시기상조로 여겼음이 분명했다. 희망적인 신호에도 불구하고 힘든 전투가 많이 기다리고 있었다. 여전히 소련의 수십만 가구가 사랑하는 사람이 전사했다는 끔찍한 통지서를 받고 있었다. 스탈린은 결국 대원수 칭호를 받았지만, 이는 나중에, 1945년 최종 승리를 거둔 후였다. 지금으로서는 금으로 수놓은 원수 견장에 만족하기로 했다. 그를 원수로 진급시키는 결의안은 1943년 3월 7일에 발표되었다. 스탈린 이전에 ― 각각 1월과 2월에 ― 주코프와 바실렙스키 또한 원수 칭호를 받았다.

지금으로서는 원수라는 계급도 너무나 충분했다. 그 직후에 전선에서 일어난 일들은 붉은 군대가 추가적인 패배로부터 안전하지 않았음을 보여 주었다. 중요한 승리들을 거둔 결과 북캅카스와 스타브로폴과 크라스노다르 변경주가 해방되었다. 하지만 붉은 군대는 이들 지역에서 독일군 부대를 포위하려던 계획을 완수할 수 없었다. 적은 그들의 병력을 유지하면서 도네츠 분지, 쿠반 강 하류, 그리고 타만 반도로 퇴각하는 데 성공했다. 소련군은 1943년 초에 보로네즈, 브랸스크, 그리고 남서부 전선에서 성공을 거두었다. 보로네즈는 1월에, 그리고 쿠르스크, 벨고로트, 하리코프는 2월에 해방되었다. 그러나 곧 전세가 독일군 쪽으로 다시 기울었다. 그 원인 중 하나는 총사령본부가 내린 몇 가지 잘못된 판단이었다. 소련군은 넓은 전선에 걸쳐 공격을 수행 중이었는데, 적이 전략적 거점에 은밀히 병력을 결집시킨 뒤 반격을 감행한 것이다. 그들은 3월에 하리코프와 벨고로트를 재탈환했다. 붉은 군대는 서부 방면군의 공세에서 근소한 성과를 거두었을 뿐이었고, 2월과 3월에 북서부 전선에서 수행한 작전은 효과를 거두지 못했다.

1943년 4월부터 6월까지는 양측이 하계 작전 준비에 들어가면서 전략적 소강상태가 되었다. 소련 군사 지도자들의 회고록에 보면, 독일군이 공격한다면 쿠르스크 돌출부가 최우선순위임을 모두가 확신했다고 분명히 서술되어 있다. 독일국방군은 그 양 측면을 공격함으로써 다수의 소련 병력을 돌출부 안에 포위하고 살상하여 전략적 우위를 재점유할 수 있었다. 독일군은 자신들이 쿠르스크 돌출부를 제거하지 못하면 심각한 위험에 직면할 것임을 잘 알았다. 하지만 독일군이 과연 공격할 것인가에 대해서는 어느 정도 의문이 있었다. 선제공격을 하지 않기로 결정한 스탈린은 방어 태세를 충분히 갖추고 적을 맞이하는 데 동의했다. 그럼으로써 붉은 군대가 독일군 병력을 분쇄하고 더 유리한 위치에서 공격 태세로 전환할 수 있기를 희망한 것이다.

방어에 집중하기로 한 결정은 스탈린이 과거의 오류로부터 교훈을 얻고 있었음을 보여 준다. 이전의 그는 적이 재정비할 시간을 갖기 전에 대규모로 신속한 공격을 가하는 것을 선호했던 반면, 이제는 기다리고 계획하고 준비해야 할 필요성을 이해하게 된 것이다. 독일군이 곧 공격할 것이라는 첩보가 5월에 두 차례 들어왔다. 소련군은 삼엄한 경계 태세에 들어갔지만 이는 매번 허위 경보로 밝혀졌다. 바실렙스키 장군에 따르면, 스탈린은 두 차례 모두 선제공격을 하고 싶어 했다고 한다. "우리, 즉 주코프와 나와 안토노프[99]는 스탈린을 단념시키기 위해 상당히 진땀을 빼야 했다"고 바실렙스키는 썼다.[100] 6월이 왔지만 독일군은 아직도 공격하지 않았다. 스탈린은 안절부절 못했고 다시 선제공격을 생각하기 시작했다. 하지만 이번에도 적을 기다리는 편이 더 유리하다고 설득하는 장군들의 말을 들었다.

장군들이 옳았다. 쿠르스크 전투는 1943년 7월 5일에 시작되어 8월 23일까지 계속되었다. 총 4백만 대군이 양 편에 배치되었다. 이는 대규모 전차전이었고, 소련 측이 보유한 전차가 독일군보다 2배나 많았다. 나치 지도자들은 여전히 우월한 조직과 최신 무기—특히 티거 전차와 판터 전차—가 다시금 승리를 가져다주리라 희망했다. 그들이 수적으로 우월하며 좀 더 노련하고 잘 준비된 병력과 상대하지 않았다면 정말로 그렇게 되었을지도 모른다. 붉은 군대는 방어선을 유지하며 1주일간의 맹렬한 전투로 적을 마모시킨 뒤 비로소 반격에 나섰다.

역공이 한창이던 1943년 8월 초에 스탈린은 처음이자 마지막으로 전선을 방문했다. 8월 2일 이른 새벽, 그는 화차처럼 보이도록 위장하고 그의 다차 근처에 정차한 특별 기차에 올라탔다. 전선에서 모스크바와 가장 가까운 구역이며 공세 작전을 준비 중이던 르제프-바지마 돌출부가 시찰 장소로 선택되었다. 스탈린과 수행단은 가장 가까운 기차역에 도착한 뒤 자동차로 이동했다. 이곳에서 그는 소련군이 오룔과

벨고로트를 재탈환했음을 알았다. 스탈린은 모스크바에 전화를 걸어 이 승리를 기념하기 위해 축포를 쏘라고 명령했다. 방문객들은 기차로 돌아가 만찬을 들고, 8월 5일 저녁에 모스크바로 귀환했다. 스탈린은 그의 크레믈 집무실로 돌아갔다.[101]

스탈린은 심지어 평화시에도 여행하는 것을 좋아하지 않고 휴가 때에만 모스크바를 비웠다. 공식적으로 그는 스몰렌스크 공세 작전의 준비 상황을 시찰한 것이었지만, 사실 이 방문은 군사적으로 불필요했으며 결과적으로 이 작전을 실패에서 구해 내는 데 아무 기여도 하지 못했다. 이 시찰의 진짜 이유는 '대외용'이었다. 전쟁 중인 국가의 지도자는 자신의 군대와 고난을 함께 하겠다는 의지와 연대 의식을 보여 주어야 한다. 모스크바 자체가 전선이었고 스탈린이 포위된 수도를 떠나지 않았다는 사실이 중대한 정치적 의미를 띠었던 전쟁 첫 단계에는 그 자리에 있는 것만으로 연대를 보여 줄 수 있었다. 스탈린은 전쟁의 형세가 역전되기 시작한 뒤에도 이러한 과시가 열심히 일하는 온정적 지도자로서 자신의 명성을 유지하는 데 중요함을 이해하고 있었음에 틀림없다.

스탈린은 이 단 한 차례의 전선 시찰을 마치 늘 하는 일처럼 포장했다. 1943년 여름에 그는 루스벨트 · 처칠과 열띤 회담을 벌였다. 연합국이 1943년 프랑스 북부에 제2전선을 열기를 거부하자 스탈린은 정상회담 참여를 거부하고 답신을 점점 더 미루었다. 군을 재편성하느라 너무 바쁘다는 것이 그의 설명이었다. 8월 초에 그는 동맹국들에게 이런 서신을 썼다. "방금 전선에서 돌아왔습니다⋯ 평소보다 부대를 더 자주 시찰해야 했습니다." "나는 여러 곳의 전선에서 보내는 시간을 더 늘리고, 다른 무엇보다도 전선의 이익을 최우선에 놓아야만 합니다."[102]

1943년 9월 크레믈에서 새 군사 장비를 점검하는 스탈린. 러시아 국립사회정치사문서보관소.

서부 전선에서 돌아온 뒤, 스탈린은 쿠르스크 공세가 여전히 거세게 전개되고 있는 남부의 상황으로 다시 주의를 돌렸다. 쿠르스크 전투는 독일군의 승리 가능성에 종지부를 찍었지만, 대다수의 나치 병력이 포위에서 탈출하여 준비된 방어선으로 철수했다. 소련군의 성공을 발판으로, 총사령본부는 우크라이나, 크림, 중앙 방면에서 공세를 조직했다. 독일군은 간헐적인 반격만을 가하며 방어 태세로 전환했다. 가장 중요한 변화는 독소 전선의 남쪽 끝에서 일어나고 있었다. 9월에 붉은 군대가 드네프르 강 우안의 독일군 교두보를 장악했다. 그와 동시에 히틀러의 병력은 경제적으로 중요한 도네츠 분지로부터 남쪽의 노보로시스크와 타만 반도로 밀려났다. 11월 6일 동트기 전에 붉은 군대는 우크라이나 수도 키예프를 해방시켰다. 1943년 가을부터 히틀러의 군대는 대규모 공세를 가할 능력을 상실했다. 붉은 군대는 남쪽으로 600

킬로미터, 서쪽으로 300킬로미터를 전진했다. 하지만 이 인상적인 승리들은 여전히 힘이 있는 적이 입힌 큰 손실을 대가로 치러야 했다. 게다가 본부에서 부과한 목표들은 많은 부분 달성되지 않았다. 소련군은 서부 방면과 북서부 방면에서는 거의 진전을 이루지 못했다. 크림을 해방하려는 시도는 실패했고, 독일국방군의 맹렬한 반격 때문에 우크라이나 동부에서의 나치 축출 성공은 다른 지역으로 확대되지 못했다. 독일군은 결정적인 타격을 용케 피해 다니고 있었다. 스탈린그라드에서 활용하여 성공한, 적의 부대들을 포위하여 제거하는 방식은 되풀이되지 못했다. 피비린내 나는 전쟁은 조만간 끝날 것 같지 않았다.

1943년에 영국군과 미군도 진전을 이루었다. 북아프리카와 시칠리아에서 독일군 대부대를 물리쳤고, 이탈리아 반도의 남부를 점령하여 무솔리니 정권을 무너뜨리고 이탈리아를 전쟁에서 제외시켰다. 또 연합군은 일본을 상대로도 성공을 거두고 있었고, 독일의 잠수함대가 대서양에서 큰 손실을 입어 미국으로부터의 물자 및 부대 수송이 덜 위험해졌다. 독일 본토는 연합군의 폭격으로 점점 더 파괴되었다. 영국과 미국은 더 이상 소련이 전쟁에 짓눌려 무너질 것을 걱정하지 않았고, 이런 깨달음은 서방 연합국들의 대규모 희생에 대한 압박감을 일부 덜어 주었다. 나아가 발칸 반도를 통한 진격이라는 아이디어가 프랑스 북부에서 제2전선을 여는 대신에 채택할 수 있는 대안으로 보이기 시작했다. 하지만 루스벨트는 미국의 이익에 근거하여, 프랑스 해안에 상륙하겠다는 이전의 약속을 고수했다.

스탈린에게 제2전선의 개시는 연합국들과의 관계에서 여전히 최우선순위였다. 물론 얼어터지고 탈진한 자국의 고통을 덜고 싶기도 했지만, 그는 이를 정치적 위신의 문제이자 영국, 미국, 소련의 '삼국 정상

Big Three' 가운데서 자신의 입지를 나타내는 표시로 보기도 했다. 1943년 6월 처칠과 루스벨트가 프랑스 북부 전선 개시를 다음해로 연기할 계획이라는 소식을 들었을 때 그의 반응이 싸늘했던 것은 놀랄 일이 아니다. 그는 6월 24일 연합국들에게 이렇게 편지를 썼다. "이는 단지 소련 정부를 실망시키는 문제가 아니라, 연합국에 대한 소련 정부의 신뢰를 유지하는 문제임을 알리는 바입니다. 이 신뢰는 지금 심각한 시험대에 올랐습니다."[103] 8월에 당시 영국 지도층과 좋은 관계를 맺고 있던 소련 대사가 런던으로부터 소환된 것은 노골적인 감정 표시였다. 하지만 연합국들은 완전히 등을 돌릴 수 없었고, 아무도 관계를 깨는 지경까지는 가고 싶지 않았다. 그리하여 옥신각신한 협상 끝에 '삼국 정상'이 최초로 직접 만나 회담을 갖기로 결정되었다. 1943년 11월 연합국들이 테헤란에 모였다. 이는 스탈린이 제안한 장소였는데, 루스벨트와 처칠의 이 양보는 침공 연기 결정으로 인한 실망감을 약간이나마 달래 주었다.

이는 스탈린이 권좌에 오른 이후 최초의 국외 여행이었지만 테헤란은 소련 국경에서 그리 멀지 않았다. 그는 바쿠까지 기차로 간 뒤 그곳에서 이란 수도까지 짧은 거리를 비행기로 이동했다. 우리가 아는 한 이는 스탈린의 처음이자 마지막 비행기 여행이었고, 그는 매우 불안해했던 것 같다. 이 여행에서 스탈린과 동행한 세르게이 시테멘코 장군의 회고록에 따르면 바쿠의 비행장에서부터 문제가 발생했다. 스탈린은 (앞에서 언급한) 소련 항공대 고위 간부인 골로바노프 장군이 조종하는 비행기에 타기를 거부하고 그보다 계급이 낮은 조종사가 모는 비행기에 타고 싶어 했다. "장성들은 비행기를 거의 몰지 않잖소. 대령이 모는 편이 더 낫겠습니다." 회고록에는 그가 이렇게 말했다고 인용되어 있다.[104] 골로바노프는 이 말을 강력히 부인했지만, 스탈린이 모스크바를 출발하기 전에 비행 계획을 상세히 논의하고 싶어 했다고 증언한 것은 사실이다. 그가 골로바노프에게 내린 지시 중에는 조종사의 신뢰성을 검증하라는 명령도 있었다.[105] 스탈린이 비행 중에 힘든 시간을 보냈음은 명백하다. 그는 1944년 9월에 아치볼드 커 영국 대사와 해리먼 미국 대사를 회견하면서, 자기가 그 후에 2주 동안이나 귀가 아팠다고 말했다.[106]

테헤란 회담은 1943년 11월 28일에 시작되었다. 이는 스탈린과 처칠의 세 번째 만남이자 그와 루스벨트의 첫 번째 만남이었다. 루스벨트와의 직접 접촉은 특히 중요했다. 스탈린은 미국과 영국의 지도자가 모든 문제에서 의견이 일치하지는 않으며, 그중 한 가지가 프랑스 북부에서 제2전선을 여는 문제임을 알았다. 루스벨트와 스탈린은 각자 나름의 이유로 제2전선을 지지했다. 스탈린은 두 개의 막강한 카드를 지니고 있었다. 하나는 붉은 군대의 승리였고, 또 하나는 히틀러를 굴복시킨 이후 일본과 개전하겠다는 약속이었다. 루스벨트의 동기는 소련과의 장기적 우호 관계와 대일전 원조에 대한 바람이었지만, 붉은 군대가 서유럽 깊숙이 들어오는 데 대한 불안감도 작용했다. 그렇게 하여 테헤란에서 미국과 영국은 1944년 5월 프랑스 북부에서 제2전선을 열겠다고 약속했다. 또 장차 소련이 일본을 상대로 수행할 전쟁, 전후 국제 안보 시스템의 수립, 전후 폴란드 국경 등 다른 문제에 대해서도 논의했다. 스탈린은 만족해서 돌아갈 이유가 충분했다.

승리와 보복

독일이 궁극적으로 패전할 것임은 1943년 연합군이 거둔 성공으로 명백해졌다. 하지만 그 시점이 언제일 것인가? 그 전까지 얼마나 많은 인명이 더 희생될 것인가? 쓰라린 교훈을 얻은 스탈린은 더 이상 제3제국 멸망에 시간표를 정하려고 하지 않았다. 독일군은 필사적으로 싸웠다. 그들은 방어 진지에 숨은 채 간헐적인 반격만을 감행했다. 한편 붉은 군대는 때로는 속도를 높이고 때로는 늦추면서 앞으로 밀고 나갔다. 양 측 모두 많은 사상자를 냈다.

1944년 첫 몇 달 동안 붉은 군대는 광활한 독소 전선의 양 끝—우크라이나와 레닌그라드 외곽—에서 인상적인 승리를 거두었다. 이들 부대는 맹렬히 싸우면서 수백 킬로미터를 전진했고, 몇몇 지점에서는 소련 국경 너머 루마니아까지 들어갔다. 그러나 동부 전선의 중앙부에서 독일군은 난공불락이었다. 붉은 군대의 1944년 하계 작전은 전선 중앙부의 적군을 파괴하기 위한 것이었다. 비밀리에 철저히 준비되어 벨라루스에서 수행된 이 바그라티온 작전은 전쟁 전체를 통틀어 가장 중요한 작전 중 하나였다. 이로써 독일국방군의 거대한 병력이 파괴되었다.

스탈린은 그의 승리를 기념하여 인상적인 선전용 구경거리를 주문했다. 7월 17일 아침부터 시작해서 몇 시간에 걸쳐, 5만 7천 명이 넘는 독일군 전쟁 포로들이 장군과 장교들을 앞세우고 모스크바 중심부를 줄 지어 행진했다. 그들은 그날 저녁 기차에 실려 수용소로 보내졌다. 수많은 모스크바 시민들이 길가에 늘어서서 이 이례적인 이벤트를 구경했다. 베리야는 스탈린에게 이렇게 보고했다. "사람들은 전쟁 포로들이 줄지어 지나갈 때 질서 있게 행동했습니다." 그의 보고에 따르면 군중 속에서는 "붉은 군대와 우리 최고 총사령관에게 경의를 표하는 수없는 열광적 함성과 환호", 그리고 "'히틀러에게 죽음을', '파시즘에 죽음을', '악당들아 죽어라' 같은 반파시스트 외침"들이 들려왔다. 행렬이 다 지나간 뒤 급수 트럭이 동원되어 길거리를 물청소한 것은 상징적인 조치였다.[107] 8월 16일 키예프에서도 비슷한 구경거리가 벌어졌다.[108]

독일군 포로들의 이 모욕적인 행진은 임박한 나치즘의 몰락을 상징했다. 1944년 6월 6일 영국군과 미군과 기타 연합군 부대가 노르망디 해안에 상륙했다. 독일의 동맹국이었던 루마니아와 핀란드는 1944년 붉은 군대에 제압당해 무기를 내려놓았다. 붉은 군대는 모든 소련 영토를 수복하고 동유럽과 발칸의 상당 지역에서 히틀러의 병력을 몰아냈으며 이제 독일 국경을 향해 이동했다.

이런 결정적 승리는 주로 소련이 전 국민적 희생과 노력을 통해 획득한 군사적 · 경제적 우위의 결과물이었다. 1944년 6월에 소련의 병력은 1,100만 명을 넘어섰다. 붉은 군대의 자산 중에는 야전 병력 660만, 포와 박격포 10만 문, 탱크와 자주포 8,000대, 전투기 1만 3,000대가 있었다. 독소 전선의 병력비는 군대 1.5:1, 포와 박격포 1.7:1, 전투기 4.2:1로 붉은 군대가 우세했고, 탱크는 양측이 얼추 대등한 수준이었다.[109] 게다가 소련 측은 상당한 예비 병력을 보유한 반면 제3제국과 그 동맹국들의 역량은 날로 줄어들고 있었다. 스탈린이 이끄는 붉은 군대와 그 지휘관들의 자신감은 점점 더 높아졌다. 이를 뒷받침한 것은 풍부한 자원, 그리고 수년간의 재앙을 딛고 마침내 승리를 통해 얻은 경험이었다.

스탈린에게는 군을 운영하고 군사력 증강을 지속하는 일이 여전히 높은 우선순위였다. 게다가 수복한 지역들이 폐허로 변하여 재건이 필요했다. 나치는 수백만 명의 소련 민간인, 특히 유대인을 몰살했다. 많은 도시와 마을들이 텅 비었다.[110] 독일군에게 점령되었던 영토들의 상황은 1944년 6월 벨라루스 당 총간사가 스탈린에게 보낸 편지를 통해 엿볼 수 있다. "전쟁 전에 21만 1,000명이 살던 비텝스크에는 800명만 남았습니다…즐로빈은 완전히 파괴되었습니다. 소수의 목조 건물과 뼈대만 남은 석조 건물 세 채가 있습니다. 도시에 주민은 한 명도 없습니다."[111]

소련 영토의 해방은 물리적 파괴의 복구 이외에도 지도부에 새로운 정치적 문제를 제기했다. 짧으면 몇 주, 길면 3년에 이르는 기간 동안 수천 만 명이 나치 점령 치하에서 살았다. 많은 이들이 강제로, 또는 자진해서 부역했다. 다른 많은 이들은 도주하여 친소 파르티잔에 복무하거나 나름의 방식으로 그들을 도왔다. 대다수는 그저 새로운 질서 하에서 살아남으려고 몸부림쳤다. 소련 관료 용어를 빌면 '피점령 영토에 거주했던' 소련 시민들의 고통에 스탈린은 책임감을 느끼지 않았다. 독일군에게 포로로 잡혔던 병사들과 마찬가지로, 점령지에 살았던 모든 사람들도 '의심스러운' 범주로 분류되었다. 이들을 소련에 재통합하는 작업의 일부로서 해방된 지역에서 점령의 흔적을 일소해야 했고, 이를 달성하는 수단은 바로 대규모 탄압이었다. 이제 기소 죄목은 이적 행위였다. 스탈린은 철통같고 무자비했다. 1943년 12월 28일, 베리야는 우크라이나에서 이른바 '폴크스도이체'—독일계 혈통 주민들—를 발견했다는 메모를 그에게 제출했다. 베리야는 이 주민들이 점령 기간 나치의 특혜를 누린 협력자였다고 주장했다. 스탈린은 이렇게 명령했다. "전부 체포하여 특별 수용소의 특별 감시 하에 두고 노역에 활용하시오."[112]

전쟁이 수그러들면서, 점령군에 부역한 책임을 집단 전체에 지운다는 새로운 원칙이 스탈린의 탄압 기조가 되었다. 이 원칙은 소련 내 수많은 민족 집단의 대대적인 강제이주로 표현되었다. 1943년 말부터 1944년 전반까지 여러 소수 민족—칼미크인, 북캅카스의 일부 소수 민족(체첸인, 인구시인, 카라차이인, 발카르인), 크림 타타르인과 더불어 크림에 거주하는 모든 불가리아인, 그리스인, 아르메니아인—이 강제 이주되었다. 이들 집단을 추방한다는 스탈린의 결정은 일부분 이들이 실제로 부역했거나 전시 정부 동원에 불응—주로 병역을 기피—했다는 증거에 근거하고 있었다.[113] 그러나 집단 책임 및 처벌이라는 원칙은 보다 광범위한 의미를 띠었다. 심지어 전쟁 이전에도 정부는 이들 중 많은 집단을 소련 사회에 통합하는 데 애를 먹었다. 전쟁은 이 과업이 한 번도 완수된 적이 없음을 확인해 주었을 뿐이다. 스탈린의 머릿속에서, 이들을 소련의 외딴 지역으로 이주시키는 것은 이 문제를 최종적으로 해결하는 방법이었다. 그러나 이 일은 완벽히 수행되어야 했다. 즉 공통의 조상과 그 유산으로 묶인 집단 전체를 이주시켜야 했다. 만약 그중 일부라도 남아서 조상의 불씨를 계속 살려 둔다면, 그 나머지 사람들도 유배지에서 탈출하여 고향으로 돌아오려 할 것이다. 크림 타타르인의 경우, 아마도 스탈린은 그가 잠재적 적대 세력으로 본 터키와의 인접성을 우려했을 것이다. 1944년 중반에 민족 강제이주가 계속되면서 조지아의 국경 지역 역시 표적이 되었다. 소련 정부가 터키 영향력과 첩보 활동의 온상으로 판단한 터키인, 쿠르드인과 몇몇 다른 소수 민족들이 이 지역에서 숙청되었다. 이런 축출은 기본적으로 스탈린이 전쟁 전부터 오랫동안 고수해 온 예방 차원의 민족 숙청 정책의 연장이었다. 하지만 전쟁으로 인해 강제이주는 더욱 광범위해지고 과감해졌다. 전쟁의 비인간성의 많은 부분은 전쟁을 이용하여 비인간적 행위를 정당화하는 데서 빚어진다.

1943~1944년의 소수 민족 강제이주는 1백만 명 이상을 쓸어 냈다. 이런 거대한 과업에는 수많은 군과 공안 인력이 소요되었다. 스탈린은 그들 모두의 운명을 최종적으로 결정했다. 그는 강제이주 진전 상황에 대해 끊임없이 보고 받았고, 현재 이 보고서들은 엔카베데 문서 중 '스탈린 특별 파일'이라는 이름으로 역사학자들에게 접근이 개방되어 있다.[114] 연루된 강제이주자의 수가 많은(약 50만 명) 체첸인과 인구시인의 이주는 특히 더 복잡하고 힘들었다. 베리야가 이 일을 감독하기 위해 직접 북캅카스로 갔다. 1944년 2월 17일 그는 스탈린에게 작전의 예비 단계가 완료되었다고 전보로 보고했다.[115] 그의 전문을 보면, 소련 지도부가 가장 두려워한 것이 '돌발사태'—강제이주자들의 저항—였음을 분명히 알 수 있다. 정부가 기습 작전에 의지한 것은 바로 그런 이유였다. 그들은 우선 기동 훈련을 구실로 군대를 소집한 뒤, 예방책으로 해당 집단에서 가장 활동적인 구성원들을 체포했다. 작전 과정을 면밀히 주시한 스탈린은 베리야에게 '체키스트-군 작전'에만 의지하지 말고 강제이주자들 사이의 연대를 약화시키는 데 힘쓰라고 충고했다. 2월 22일 전문에서 베리야는 스탈린에게 그의 '지시'를 이행했다고 보고했다. 그는 체첸인과 인구시인 고위 관료들을 불러 '소란' 없이 추방이 이루어지도록 지원하라고 요구했다. 베리야는 평온을 유도하기 위해 종교 지도자와 기타 지역 권위자들의 도움을 요청했다고 스탈린에게 알렸다. 그 대가로 이 관료와 원로들은 유배지에서 배급을 늘려 받거나 재산을 가져갈 수 있는 등의 특권을 약속받았다. "체첸인과

인구시인의 퇴거 작전이 성공적으로 수행될 것이라 봅니다."라고 그는 보고했다.[116] 다음날인 2월 26일, 그는 작전 시작을 자랑스럽게 보고하며 이렇게 덧붙였다. "개별적인 저항 시도가 여섯 차례 있었습니다만 모두 체포 또는 무력으로 진압했습니다."[117] 스탈린은 임무가 잘 진행되고 있음을 알고 안심할 수 있었다.

스탈린의 많은 정치 수단이 그러했듯이, 실제 또는 상상의 부역자에 대한 보복은 양날의 칼이었다. 전쟁의 극단적 폭력을 겪은 이들에게 부역자에 대한 복수욕을 불어넣으려는 시도는 군의 사기를 교란하고 학대와 만행을 낳았다. 많은 사건들이 수백만의 젊은이를 잔인한 전쟁에 몰아넣었을 때 즉흥적으로 발생할 수 있는 폭발의 위험을 보여 주었다. 영웅적 행동과 자기희생이 인간의 가장 저열한 행동과, 책임·공감·품위가 범죄·원한과 나란히 공존했다. 군대에는 전투에 내보내기 위해 수용소에서 조기 석방시킨 범죄자들을 포함하여 온갖 부류의 사람들이 있었다. 1944년부터의 서류들을 보면, 스탈린은 해방된 지역에서 병사가 민간인을 상대로 저지른 범죄들을 거듭 보고 받았다. 7월 말에 베리야는, 몰도바에서 한 전차 정비대의 병사와 하급 장교들이 만취한 채 지역 주민을 상대로 약탈과 강간 행각을 벌여 체포된 일을 보고했다.[118] 9월 말에도 베리야가 보낸 비슷한 보고서가 크림에서 붉은 군대가 일으킨 강간 사건을 알렸다. 이 보고서는 약탈 및 지역 경찰과의 무장 충돌 사례들도 기술하고 있다.[119] 9월, 10월, 12월에 군인들이 저지른 범죄에 대한 보고에도 약탈, 강간, 심지어 살인에 대한 기술이 포함되어 있으며, 전선에서 멀리 떨어진 지역과 전투 현장에 가까운 지역이 모두 망라되어 있다.[120] 이 모두가 소련 영토 내의 소련 시민들을 상대로 자행되었다.

군대가 외국 영토, 특히 독일로 들어갔을 때의 상황은 더더욱 나빴다. 소련 병사와 장교들이 독일 민간인을 상대로 저지른 수많은 범죄 – 약탈, 살인, 강간 – 의 원인은 비단 독일인에 대한—소련 군사 선전으로 용의주도하게 함양된 – 복수심뿐만이 아니었다. 소련에서 나치가 저지른 잔학 행위, 전쟁의 극단적 잔인성, 붉은 군대 일부 군인들의 낮은 교육 수준과 범죄 경력, 전투 상황에서 느슨해진 규율 등이 모두 이에 기여했지만, 그것이 도를 넘은 걷잡을 수 없는 폭력의 면죄부가 되는 것은 아니었다.[121] 스탈린은 자기 군대의 행위를 보고 받았다. 1945년 3월 17일 베리야는 그와 몰로토프에게 동프로이센에서 강간당한 후 자살한 독일 여성들에 대한 보고서를 제출했다.[122] 이 시기의 문서가 개방될수록 앞으로 이와 비슷한 사건은 더욱 더 많이 드러날 것이다. 스탈린이 유고슬라비아 지도부와 빚은 마찰의 역사는 그가 자기 군대의 이런 행위에 어떤 태도를 취했는지를 보여 준다. 1944년 말 붉은 군대가 유고슬라비아 영토에 도달하여 이 나라와 군대를 해방시켰을 때, 소련 군대의 범죄에 대한 심상치 않은 증언들이 나오기 시작했다. 유고슬라비아의 저명한 공산주의 정치가이자 작가인 밀로반 질라스에 따르면 여성에 대한 강간 살해 사건이 100건 이상, 약탈 사건이 1,000건 이상 일어났다고 한다. 유고슬라비아 지도부는 붉은 군대 지휘부에 이를 호소했지만 그대로 묵살 당했다. 유고슬라비아인들은 중상 비방을 한다며 매도되었다. 이 문제가 스탈린의 귀에 들어가자 그는 자기 군인들을 비호하고 유고슬라비아에 정치적 비난을 퍼부었다. 나중에, 갈등을 가라앉힐 필요가 있다고 판단한 스탈린은 1945년 4월 그의 다차에서 질라스를 회유하기 위한 만찬 회동을 가졌다.

> 스탈린그라드에서 베오그라드까지 싸워 가며 진군한 사람을 상상해 보십시오. 폐허가 된 국토를 지나 수천 킬로미터를, 자기 동지와 가장 가까운 사람들의 죽음을 지켜보면서 말입니다! 그런 사람이 과연 정상적으로 반응할 수 있겠습니까? 그런 지옥을 겪고 나와서 여자에게 조금 몹쓸 짓을 했기로서니 뭐가 그리 대수란 말입니까? 당신은 붉은 군대가 완벽하다고 상상하지만 그들은 완벽하지 않고, 설령 범죄 분자 몇 퍼센트를 없앤다 해도 완벽해질 수 없을 것입니다. 우리는 감옥을 열어서 모조리 군대로 보냈습니다…당신은 전쟁을 이해해야 합니다. 그리고 붉은 군대는 완벽하지 않습니다. 중요한 건 그들이 독일군을 쳐부쉈고—잘 쳐부쉈다는 것입니다. 다른 건 전부 다 부차적인 문제입니다.[123]

모스크바에 충성하는 공산주의자들이 정부를 장악한 동맹국의 영토에서 자행된 범죄에 대한 스탈린의 태도가 이러했다면, 그가 독일에서의 잔학 행위를 막기 위해 진지한 조치를 취할 생각이 전혀 없었던 것도 놀랄 일이 아니다. 스탈린의 계산은 분명했다. 그가 신경 쓴 것은 오로지 군사적 성공뿐이었다. 적의 민간인을 희생시켜서 군대가 그 수고를 보상 받을 수 있다면 그는 괘념치 않았다. 그는 딱히 서방 동맹국들의 비난을 우려하지도 않았다. 1945년 2월 4일, 얄타 회담이 시작되기 전에 루스벨트 대통령이 스탈린에게 건넨 말은 아마 그의 주의를 빗겨 가지 않았을 것이다. "루스벨트는, 독일군이 크림에서 자행한 몰지각한 살상의 참상을 목격한 지금, 그들이 지금까지 죽인 인원의 두 배에 해당하는 독일군을 없애길 원한다고 말했다. 확실히 우리는 독일 프로이센 장교 5만 명을 죽여야 한다. 그—루스벨트—는 스탈린 원수가 테헤란에서 독일 프로이센 장교 5만 명의 처형을 위해 건배를 제의했던 것을 기억했다. 이는 매우 훌륭한 건배였다."[124]

하지만 어느 시점에서 스탈린은 선택을 해야 했다. 그가 군사적 승리의 보상으로 치부한 '여자에 대한 몹쓸 짓'은 확실히 골칫거리로 변했다. 소련군이 저지른 범죄들이 나치의 선전 목적에 활용되기 시작했고, 붉은 군대에 대한 독일인의—서방 연합군에 대해서는 표출되지 않는—적대감을 부추기고 있었던 것이다. 베를린 점령을 위한 결정적 전투가 벌어지기 바로 전날, 스탈린은 군에 뚜렷한 정치적 신호를 보냈다. 1945년 4월 14일 〈프라우다〉는, 독일인을 죽이라는 분노의 외침으로 명성을 떨친 소련의 유명 작가이자 논평가 일리야 에렌부르크의 저작에 대한 혹평을 실었다. 소련 선전과 완벽히 조화를 이루었던 이 외침은 하루아침에 부적절한 것으로 여겨지게 되었다. 〈프라우다〉는 하나의 독일 같은 것은 없으며, 모든 독일인이 똑같이 행동하는 것도 아니고, 그중 다수가—시간이 갈수록 점점 더—나치즘에 등을 돌리고 있으며 심지어 나치즘과 싸우고 있다고 길게 설명했다. 기사의 문체로 판단할 때 이는 스탈린이 손 댄 글이었고 일부 구절은 짐작컨대 그의 펜에서 나온 것이었다.

정치적 가식과 소련 병사들의 범죄에 대한 처벌 도입으로도 상황은 조금밖에 나아지지 않았다. 소련 점령 구역 내에서 민간인에 대한 폭력은 전투가 끝난 뒤까지도 계속되었다. 1945년 여름, 이 폭력의 규모에 경악한 소련 점령군 최고 사령관 주코프 원수는 '지역 주민에 대한 약탈, 폭력, 전횡'을 중단할 것을 요구하는 명령을 내렸다. 이런 명령으로도 효과가 거의 없자 주코프는 9월 초에 좀 더 강경한 명령을 내렸다. 그는 "군의 범죄가 크게 늘어났다"고 지적한 뒤, 병사들을 병영 안에 가

두고 장교들도 의무적으로 그 안에서 부하들과 함께 기거하며 질서를 유지하라는 명령을 내렸다. 스탈린은 이 명령을 전해 듣고 이를 철회할 것을 요구했다. 그는 이렇게 반박했다. "만일 이 명령 내용이 외국군 지도자들의 귀에 들어가면, 그들은 붉은 군대가 약탈자 군대라고 광고하고 다닐 게 틀림없습니다." 스탈린은 주코프의 엄격한 조치 대신에 군대 내에서 정치 사업을 강화하고 죄를 저지른 장교들을 소위 장교 명예법정에 회부하자고 제안했다. 독일에서의 만행은 계속되었다.[125]

군 독재 체제의 조정

1943년 7월 31일 스탈린은 남서부 전선군 지휘관들에게 다음과 같은 내용이 담긴 훈령을 내렸다. "전선군 지휘관들의 부주의와 서투른 통솔로 인해 4개 보병 연대가 적군에게 포위된 것은 수치스러운 일이다. 전쟁 3년차에 접어들었으면 부대를 올바로 지휘하는 법을 배웠어야 마땅하다."[126] 이 말에는 스탈린 자신이 전쟁 중인 국가를 2년간 이끌어 본 경험을 스스로 어떻게 생각하고 있었는지가 반영되어 있다. 그는 소련 지휘관들이 전쟁 초기 부족하거나 서툴렀던 기술을 진작에 터득했어야 한다고 믿었다. 최고 사령관이 스스로에게는 이런 평가를 제대로 적용하지 않았던 것 같지만, 그의 행동으로 볼 때 그는 전쟁 초기 단계의 자기 지도력에 결함이 있었음을 스스로 알고 이를 고치기 위해 노력 중이었다. 그가 시행한 군사 '개혁'의 방식과 내용에는 그가 모든 문제를 다루는 데 있어 선호했던 접근 방식이 반영되어 있다. 낙후된 국가를 산업화하든 혹은 전쟁을 수행하든 간에, 그의 통치 실험은 많은 무고한 희생자를 낳았다.

독일이 초기에 소련의 방어를 무너뜨리고 성공을 거둔 한 가지 이유는 소련의 지휘 계통이 위 아래로 무능했기 때문이었다. 휘하 장군들을 신뢰하지 못한(때때로 여기에는 그럴 만한 이유가 있었다) 스탈린은 그에게 가장 익숙한 기법—공포를 불어넣는 강압적 치안 조치—을 활용했다. 지휘관들은 정치 위원과 엔카베데 '특별 부서'의 감시 눈초리 밑에서 일해야 했다. 무질서와 공황은 공개 처형, 형벌 대대, 저지 부대를 통해 처리했다. 스탈린에게서 권한을 위임 받은 규율 감시대가 전후방을 휘저으며 서둘러 위기를 진압했다. 방어선이 무너지고 적이 진격해 들어오자 지휘관들에 대한 스탈린의 불신은 더더욱 강해졌다. 그가 개발한 여러 전략들은 지휘관의 재량권을 박탈하고 많은 경우 붉은 군대의 사상자를 늘려 놓았다.

이런 가혹하고 강압적인 조치들은 의식적인 선택이라기보다는 아마도 스탈린의 절박감을 드러낸 신호였을 것이다. 폭력으로 기우는 성향이 강하긴 했어도, 확실히 그는 이를 전시의 군대에 적용하는 것이 위험함을 인식했다. 분명히 그는 부대의 등 뒤에 총을 겨누어 전투에 떠미는 방식으로는 사기를 불어넣을 수 없음을 파악했다. 또한 전장에서는 단독의 의사 결정권자가 자기 어깨 너머로 감시하는 정치 위원 없이 독자적 판단력을 발휘할 수 있는 것이 특히 중요함을 알았다. 1941~1942년의 재앙은 정치 위원의 압력과 어설픈 정면 공격으로는 승리를 거둘 수 없음을 명백히 보여 주었다. 전쟁 수행 방식의 근본적인 변화가 필요했다. 하지만 언제가 이런 변화를 도입할 적기였을까? 붉은 군대가 독일군의 진격을 저지하기 위해 필사적으로 싸우고 있는 동안은 확실히 아니었다. 아마도 붉은 군대가 최초의 승리를 거둔 후인 1942년 초가 기회였겠지만, 스탈린의 조바심과 신속한 승리에 건 내기는 또 다른 패배로 이어질 뿐이었다. 그러나 1942년 가을에 시작된 소강상태는, 스탈린그라드의 독일군을 포위하기 위한 용의주도한 준비에서 볼 수 있듯이 이전과는 확연히 다른 목적에 활용되었다. 승리의 전야에 스탈린은 마침내 근본적인 변화를 도입하는 쪽으로 주의를 돌렸다.

1942년 10월 9일, 정치국은 전면적인 '예디노나찰리예(1인 책임제)'—산업화 시기에 유행했던 이데올로기 용어로, 의사 결정권자가 단독으로 책임을 지는 제도를 뜻한다—를 수립하고 붉은 군대 내의 군사 위원 제도를 폐지하는 결의안을 통과시켰다.[127] 같은 날 스탈린이 서명한 명령은 장교에게 추가적 특권을 부여하고, 소대 단위의 지휘관에게까지 당번병을 할당했다. 이 당번병의 임무는 "부대 지휘관 개인의 일상적 필요에 응하고 그들의 심부름을 수행하는" 것이었다.[128] 1943년 1월에는 제국군의 상징으로서 1917년에 폐지되었던 견장이 붉은 군대 군복에 도입되었다. 몇몇 상급 지휘관들에게 원수 칭호가 수여되었다. 특권, 훈장, 진급과 더불어 '예디노나찰리예'의 도입은 붉은 군대 상급 지휘관들의 권한을 강화하려는 것이었다. 전쟁의 현실에 직면한 스탈린은 자기 군대에 더 신뢰를 보여주어야만 했다.

혼돈으로 점철된 전쟁 첫 단계가 끝난 뒤, 스탈린과 최고 군사 지휘 체계, 특히 참모본부와의 상호작용에 변화가 일어났다. 훗날 바실렙스키는 이렇게 썼다. "인정해야 하는 사실은, 전쟁이 시작되었을 때 참모본부가 혼란 상태에 빠졌다는 것이다. 엄밀히 말해서 정상적으로 작동했다고 할 수 없다… 전쟁이 시작되었을 때 스탈린은 참모본부를 해체했다."[129] 이 혼란은 대단히 많은 결정을 참모본부의 조언 없이 스탈린이 단독으로 내렸음을 의미했다. 바실렙스키의 증언에 따르면 이런 상황은 1942년 9월부터야 변화하기 시작했다.[130] 스탈린과 참모본부 간의 논의를 위한 규칙적인 일정이 자리 잡은 것은 1943년 가을 무렵부터였나. 그는 일과가 시작되는 오전 10~11시쯤에 전화로 전선 상황에 대한 참모본부의 첫 번째 보고를 받았다. 오후 4~5시에는 지난 반나절 동안 일어난 일에 대한 보고를 받았다. 자정 무렵에는 참모본부 간부들이 그에게 직접 찾아와서 그날의 전황을 요약 보고했다. 스탈린의 크레믈 집무실이나 그의 다차에서 이런 회의가 열릴 때면 참석한 사람들은 지도를 보면서 전선의 상황을 연구하고 야전에 하달할 명령을 채택하고 다른 결정들도 내렸다. 정치국원과 다양한 군사 · 민간 기관 수장들도 자주 이 회의에 참석했다. 어떤 경우에는 참모본부 간부들이 하루에 몇 번씩 스탈린을 찾아오기도 했다.[131] 이러한 회의의 정례화는 전쟁 운용 능력의 향상으로 이어졌다.

스탈린은 다른 군사·민간 지도자들과도 많은 회의를 했다. 전선 지휘관들은 자신의 평가와 계획에 대해 통상적으로 직접 보고할 필요는 없었지만 모스크바로 자주 불려가 짧은 면담을 했다. 물론 마지막 말은 항상 스탈린의 몫이었지만, 이런 회의에서는 문제에 대한 진정한 토론과 심지어는 크고 작은 문제에 대한 논쟁이 이루어질 때가 많았다. 많은 회고록의 보고에 따르면, 전선의 상황이 나아짐에 따라 회의가 점점 사무적으로 변했고 좀 더 느슨하고 편안한 분위기로 바뀌었다고 한다. 스탈린은 방안을 왔다 갔다 하면서 보고를 들었다. 선 자세를 유지하여 자신과 마찬가지로 서 있는 부하 군인들과의 위계적 간격을 줄였다. 수령은 담배를 아주 많이 피웠고 다른 사람들도 허락을 구하지 않고 담배를 피울 수 있었다. 탁자 위에는 '파피로사'(필터 없는 러시아 담배) 갑들이 놓여 있었다. 소련 최고 지도자들은 탁자 주위에 앉은 채 스탈린이 질문할 때까지 침묵을 지켰다.[132] 스탈린은 일방적으로 지시를 내리거나 전략적 판단에 개입하는 경향이 줄어들었고, 전쟁이 진행될수록 군사 지도자들을 눈에 띄게 더 존중하게 되었다.

> 전쟁 두 번째 단계에 스탈린은 성급히 결정을 내리지 않고 대체로 보고 내용을 경청했다. 그중에는 불편한 내용의 보고도 있었지만, 그는 짜증을 내지 않고, 중간에 끼어들지 않고, 그냥 담배를 피우고 방안을 왔다 갔다 하면서, 때때로 자리에 앉아 가면서 경청했다.[133]

> 개별적인 문제에 대한 자신의 해결책을 전선군 사령관들에게—이렇게 하지 말고 저렇게 공격해라 하는 식으로—강요하는 일이 점점 줄어들었다. 초기에 그는 어느 방향, 어느 구역으로 공격하거나 병력을 집결하는 것이 더 유리하다고 역설하면서 자기 방식을 강요하곤 했지만… 전쟁이 끝날 때쯤에는 그런 기미조차 비치지 않았다.[134]

스탈린의 새로운 태도는 대체로 그가 군사 지도자로서 성장한 결과였다. 전쟁이 진행됨에 따라 그는 엄청난 양의 부정적·긍정적 경험을 축적했다. 바실렙스키 원수는 이렇게 썼다. "스탈린그라드 전투와 특히 쿠르스크 전투 이후에 그는 전략적 리더십의 정점에 올라섰다. 이제 스탈린은 현대전의 관점에서 생각하고 있었고 작전의 준비 및 수행과 연관된 모든 문제를 파악했다." 전시에 스탈린과 함께 일했던 많은 군사

지도자들은 스탈린이 새롭게 성숙했다는 이러한 견해를 공유한다.[135]

스탈린은 전선에서 그날그날 수행되는 작전의 세부에 집중하느라 다른 문제, 특히 경제 문제를 다룰 시간이 없었다. 사회경제 생활의 많은 영역이 독재자의 가혹한 통제로부터 벗어났고, 전쟁을 거치면서 정부 기관 사이의 권한 구분이 자연적으로 조정되었다. 언제나 그러했듯 군 독재 체제 하에서 피라미드의 최정점은, 독자적으로 또는 크레믈 집무실이나 그의 다차에서 열리는 회의를 통해서 결정을 내리는 스탈린이었다. 이런 회의에 참석하는 이들은 군사 지도자와 수령의 최측근 동지들이었다. 이 회의는 정부의 그 어떤 제도적 범주에도 속해 있지 않았다. 스탈린이 이런 회의에서 또는 독자적으로 내리는 결정은 그 내용에 따라서 정치국, 인민위원회의, 국방위원회, 총사령본부 등 최고 정부 기관의 이름으로 이를 책임지고 수행할 이들에게 전달·회람되었다. 한편 전시 경제 등 국가의 일상적 운영과 관련된 많은 문제들은 스탈린의 직접적 관여 없이 결정되었다. 일례로 몰로토프는 인민위원회의를 책임졌고, 기본적으로 군사 작전과 직결되지 않는 정부의 모든 측면을 감독하는 의사 결정 기구들을 상시 관장했다.[136] 1942년 12월에 전선의 수요에 부응하기 위한 산업과 운송 부문을 감독하는 기구인 국방위원회 운영국이 신설되었다.[137] 처음에는 몰로토프가 이 기구를 이끌었고, 전쟁이 다소 수그러든 뒤에는 베리야에게 관할이 넘어갔다.[138] 정치국과 국방위원회의 멤버들도 저마다 자신이 맡은 주요 운영 기관에서 중요한 문제들을 신속히 결정할 권한을 지니고 있었다. 이런 기관에서 내리는 모든 결정을 스탈린에게 가져가서 승인 받은 것은 아니었다.

스탈린의 동료들은 이런 최고 정부 기관에서의 직무 외에도 나름의 개인적인 '포트폴리오'를 지니고 있었다. 전쟁이 오래 계속되면서 지도부 성원들이 각자 특정한 영역을 책임지는 시스템이 정착되었다. 예를 들어 1942년 2월에 국방위원회 위원들에게는 다음과 같이 권한이 할당되었다. 몰로토프는 탱크 생산을, 말렌코프는 항공기를, 베리야는 무기를, 보즈네센스키는 탄약을, 미코얀은 식량과 군복의 보급을 책임졌다.[139] 이런 포트폴리오는 시간이 지나면서 바뀌기도 했다. 고위 지도자들에게 어떤 일이 할당되었든, 그들은 전쟁의 압력 아래서 순전한 필요성에 의해 상당한 행정적 재량을 발휘하여 이를 운용했다. 중요한 것은 결과였다. 생산 목표를 맞추면 성공한 것이었다. 이 시스템은 효과적이었고, 스탈린은 이를 바꿀 시간도 바꾸고 싶은 욕구도 없었다.

스탈린의 동료들이 누린 자율성의 확대는 자연스럽게 정치 영역으로까지 스며들었고, 수령과의 상호작용에도 영향을 미쳤다. 미코얀은 이렇게 증언했다. "전시에 우리 지도부 내에는 어떤 연대감이 있었다⋯이 어려운 시기에는 총력이 요구됨을 이해한 스탈린은 신뢰의 분위기를 조성했고, 우리 정치국원들 한 명 한 명은 엄청난 업무량을 감당했다."[140] 물론 이러한 이해는 정치국에 대한 스탈린의 독재가 과두지배로 대체되었다는 의미가 아니었다. 집단 지도 체제의 규칙은 스탈린이 정했다. 전선의 상황이 안정되고 승리가 다가오자, 그가 상황 때문에 어쩔 수 없이 허용했던 미미한 자유마저 박탈하려 한다는 신호가 나타났다. 미코얀에게 그 첫 번째 신호는 수령으로부터 받은 약한 경고였다. 1944년 9월 17일, 그는 여러 지방에 곡물을 대여하는 결의안 초안을 스탈린에게 보냈다.[141] 이는 매우 온건한 제안이었고 지방의 요구를 다 들어 준 것도 아니었지만, 스탈린은 분노를 드러내며 미코얀의 결의문에 이렇게 덧붙였다. "나는 반대입니다. 미코얀은 반국가적 태도로 행동하고 있으며 도 위원회에 휘둘려 그들을 타락시키고 있습니다. 그가 안드레예프를 타락시켰습니다.[142] 미코얀에게서 식량 공급 인민위원직을 박탈하여 말렌코프에게 주든지 해야 합니다."[143] 다음날 정치국은 이 지시를 실행에 옮겼다.[144]

변화가 오고 있다는 또 다른 신호는 1944년 말 스탈린이 행한 군 지도부 개편이었다. 11월에 정치국은 니콜라이 불가닌을 스탈린을 대신하는 국방 인민위원 대리로 임명했다.[145] 또 불가닌에게는 군과 소통하는 중요한 권한이 주어졌다.[146] 그는 전시에 수많은 전선의 위원회에서 일하며 어느 정도의 군사 경험을 쌓았고 심지어 장군 계급장도 있었지만, 어디까지나 순수한 민간 지도자였다. 그를 국방 인민위원으로 임명하고 광범위한 권한을 부여한 것은, 스탈린이 특히 국방 부인민위원이자 참모총장인 주코프에 대항할 새로운 균형추를 군 내부에 마련하고 있음을 의미했다. 그 증거는 그가 불가닌을 임명한지 불과 2주 뒤에 주코프를 공개적으로 질책한 데서 드러났다. 1944년 12월 스탈린은 주코프가 포병 야전 교범을 승인하는 월권행위를 했다고 비난하며 그를 문책했다. 주코프를 비판한 명령은 전군의 고위 간부들에게 회람되었다.[147]

스탈린의 부하들에게는 이런 비난이 확실히 고통스러웠겠지만, 그의 공격으로 권력 상부층이 흔들리거나 정치국원과 군 지도부에 대한 그의 상대적으로 온건해진 태도가 바뀌지는 않았다. 그러나 위계질서의 아래쪽에서는 자유로워진 분위기를 전혀 느낄 수 없었다. 독일군의 극악한 만행으로 인해 전쟁은 스탈린의 잔혹함에 어느 정도의 정당성을 부여했다. 전쟁 기간 국가 폭력의 강도는 대숙청 시기의 그것에 비견할 만했다. 전쟁의 일반적인 고초 외에도 전선에서는 (앞에서 언급한)

처형, 후퇴 저지 부대, 형벌 대대로 인해 고통을 겪었고, 민간인들은 체포, 처형, 집단 추방, 동원, 그리고 국가의 곡물 강제 징발과 소련 제일 곡창 지대의 농업 붕괴로 인한 굶주림에 시달렸다. 이런 고초는 1930년대 말에 경험했던 것과 맥락이 달랐지만 겪는 입장에서는 다를 바 없었을 것이다. 숙청 말기에도 그러했던 것처럼, 이러한 고통이 가중되자 스탈린은 거의 비용이 들지 않으면서 일정한 전술적 이점을 취할 수 있는 몇 가지를 국민들에게 양보했다.

가장 잘 알려진 양보는 종교 기관 및 종교인—그중에서도 이 나라의 종교적 다수파인 러시아 정교—과의 화해였다. 교회를 파괴하고 성직자·신자들을 대규모로 처형한 1920~1930년대의 반종교 캠페인으로부터 성당을 열고 제한적인 종교의 자유를 보장하는 쪽으로 전환한 것은 공식 이데올로기의 조정, 특히 러시아 애국주의의 장려라는 맥락에서 보아야 한다. 영웅적인 과거의 이미지들이 볼셰비즘 및 혁명 유산과 동등한 대접을 받으며 부활하는 현상은 전쟁 이전에도 있었지만 전쟁 기간에 더욱 두드러졌다.[148] 18, 19세기의 위대한 장군인 알렉산드르 수보로프와 미하일 쿠투조프의 초상화가 스탈린의 지시로 레닌의 사진과 나란히 그의 집무실 벽에 걸렸다. 혁명의 상징이 새겨진 훈장에 수보로프, 쿠투조프, 알렉산드르 넵스키 대공, 파벨 나히모프 제독을 기념하는 상징이 추가되었다. 전선에서는 제1차 세계대전 때 싸운 군인들이 소련 훈장과 제국군 훈장을 함께 착용하는 것이 허용되었다.

종교에 대한 이런 변화된 태도에 놀라운 공식 승인이 떨어진 것은 1943년 9월, 이전에는 상상할 수 없었던 스탈린과 러시아 정교회 지도자들의 회동이 발표되었을 때였다. 9월 4~5일에 수좌 대주교 세 명이 스탈린의 크레믈 집무실로 초청되었다. 그들은 평소와 달리 붙임성을 발휘한 수령과 1시간 20분간 환담을 나누었다.[149] 18년간의 금지 끝에, 그들은 러시아 정교회의 총대주교를 임명해도 좋다는 허가를 받았고 심지어 신속한 선출을 위해 주교들을 모스크바까지 실어 날라 줄 비행기까지 제의 받았다. 스탈린은 사제 양성을 위한 신학 교육 과정을 개설하는 데 동의했고, 신학교와 전문학교를 세울 것을 제안하기까지 했다. 또 새 교회를 열고 체포된 사제들을 석방해 달라는 요청을 수용했으며, 사제들의 물질적 복지를 개선하기 위해 특별 식료품점을 설치하고 전용 차량을 배정해 주자고 교회 지도자들에게 제안했다. 그는 과거 독일 대사의 관저로 쓰였으며 정원과 가구가 딸린 3층짜리 집을 미래의 총대주교에게 선사했다. 스탈린은 몇 가지 문제를 더 논의한 뒤 수좌 대주교들을 집무실 현관까지 배웅했다.[150] 그 다음날 교회 지도자들과의 회담과 신임 총대주교 선출 계획에 대한 소식이 신문에 보도되었다.

역사학자들은 스탈린이 종교에 대한 태도를 급전환한 이유에 대해 꽤 상세히 연구했다. 이 신학교 중퇴생 출신이 교회의 품으로 돌아가거나 자기 죄에 대한 용서를 구할 생각이 없었음은 명백하다. 동맹국들과의 관계를 강화할 필요가 있었던 그는, 소련의 신앙인들이 겪는 고난에 대한 서방의 여론과 영향력 있는 종교계의 우려에 대응해야 했다. 게다가 점령되었던 소련 영토가 해방되면서, 독일군이 이곳에 세워 놓은 많은 교회들을 어떻게 처리할지에 대한 실용적인 문제가 제기되었다. 볼셰비키의 평소 방식대로 교회를 폐쇄하는 것은 불가능했다. 그는 교회와의 화해가 필요했다. 종교는 단단히 통제해야 하지만 파괴해서는 안 되었다. 스탈린은 종교가 국가를 통합하고, 끔찍한 시련을 견딘 대중에게서 정서적 지지를 획득하는 역할을 한다는 점을 인식했다. 이는 사소한 이유가 아니었다. 수백만의 머릿속에 주입된 소비에트적 가치는 수많은 나이든 사람들의 영적 욕구를 충족시킬 수 없었다. 미래에 대해 모두가 동의하는 보편적 전망을 이룩한다는 목표는 실현 불가능해 보였다. 스탈린의 현실 파악은 그를 승리로 한 걸음 더 이끌었다.

승리의 무대들: 크림, 베를린, 포츠담, 만주

붉은 군대 대군의 독일 입성은 소련 인민과 수령에게 오랫동안 기다려온 기쁜 소식이었다. 적은 그 소굴 안에서 숨이 끊어질 것이다. 복수의 시간이 왔다. 이런 자연스럽고 필연적인 감정은 이 전쟁의 마지막 전투에서 영웅적 행동과 자기희생의 촉매가 되었다. 모든 소련 병사가 승리를 맛볼 수 있었고 최후의 공격에 열렬히 뛰어들었다. 스탈린은 자기 군대를 자랑스러워 할 이유가 충분했다.

붉은 군대가 수행한 가장 성공적인 작전은 1945년 1월과 2월에 펼쳐졌다. 소련군은 비스와 강에서 오드라 강까지 500킬로미터를 불과 3주 만에 주파하며 나치의 중대한 방어선을 돌파했다. 이로써 베를린 공세를 위한 교두보가 마련되었지만, 아직 몇 개월 간의 피비린내 나는 전투가 남아 있었다. 자국을 방어하는 독일군은 완강히 저항했고 심지어 역공세를 가하여 붉은 군대에 큰 사상자를 내기도 했다. 이를 알았던 스탈린은 2월에 베를린에 입성하려 서두르지 않았다. 전진하는 소련 전선에서 노출되어 있는 양측면에 대한 독일군의 역공 위협을 제거하고 증원군을 데려오는 데 몇 주일이 걸릴 터였다. 쓰라린 경험은 그에게 신중함을 가르쳐 주었다.

1945년 초의 승리로 소련 측은 전후의 미래에 대한 연합국과의 협상에서 유리한 위치에 서게 되었다. 협상이 처음 현실적으로 필요해진 것은 붉은 군대가 발칸을 거쳐 진격하고 서방 연합군이 프랑스와 이탈리아로 들어간 1944년 말이었다. 1944년 10월에 처칠이 다시 모스크바로 날아와 스탈린을 만났다. 영국 총리는 유럽의 영향권, 특히 발칸의 분할에 대한 질문을 제기했다. 스탈린은 이 정치적 파렴치에 전혀 구애받지 않았다. 그는 "그리스에서 영국이 결정권을 가져야 한다"는 데 동의했고,[151] 루마니아, 헝가리, 불가리아, 유고슬라비아에서 서방의 '몫'을 배분해 줄 용의 또한 표시했다. (그리스와 달리) 이들 국가에는 붉은 군대가 들어와 있었으므로 이들은 소련의 통제 하로 들어왔다. 처칠이 모스크바로 들고 온 외교 이슈 중에서 우선순위를 차지한 폴란드 문제는 그보다 훨씬 논쟁의 여지가 많았다. 1944년 처칠이 방문했을 무렵에 소련은 전쟁 기간 영국에 망명해 있던 폴란드 공식 정부와의 관계를 단절하고 새로운 공산 정부를 수립하려 하고 있었다. 영국과 미국은 이런 결과를 막으려고 최대한 노력했다. 붉은 군대가 진격 중이던 1944년 8월 1일, 폴란드 망명 정부는 소련군과 그들이 데려올 친소 정부가 도착하기 전에 수도에서 정권을 잡기 위해 바르샤바에서 봉기를 조직했다. 그러자 붉은 군대가 여러 가지 이유로 진격을 멈추었고, 나치는 봉기를 무참히 유혈 진압했다. 이 비극적인 사건은 스탈린과 연합국들이 날카롭게 분열한 원인이 되었다. 연합국들은 그가 봉기의 지원을 고의로 미뤘다고 비난했다. 이 비난은 많은 부분 정당했지만, 자기 나름의 현실 논리를 따른 스탈린은 물러설 생각이 없었다. 런던의 폴란드인들이 우리를 돕기 위해서 봉기를 일으킨 것이 아닌데

연합국 수뇌들. 1945년 2월 크림에서 만난 처칠, 루스벨트, 스탈린. 러시아 국립사회정치사문서보관소.

우리가 왜 그들을 도와야 하는가?

저마다 다른 문제를 짊어졌지만 아직까지 공동의 적을 상대로 단결해 있던 삼국 정상은 1945년 2월 크림 반도의 휴양 도시인 얄타 외곽에서 만났다. 절경으로 유명한 이 소련의 한 귀퉁이는 나치의 점령에서 해방된 지 얼마 안 되어 폐허 상태였다. 소련 정부는 이 파괴의 잔해 한가운데에 비용과 수고를 아낌없이 퍼부어 기록적인 시간 내에 호화로운 안식처를 건설했다. 여기에는 세 지도자와 대규모 수행단을 위한 숙소가 딸려 있었다. 보안에 특별한 주의가 기울여졌다. 적의 공습으로부터 보호하기 위해 위장막이 설치되고 튼튼한 방공호가 지어졌다. 얼마 전 대량 체포와 추방으로 한번 뒤집혔던 크림 지역에서 다시금 숙청이 이루어졌다. '수상쩍은 분자'들이 대거 검거·구속되었다. 공안 인력의 대부대가 이 지역으로 들어왔다. 스탈린 한 사람이 그의 정

규 경호원 외에도 보조 기관원 1백 명과 엔카베데 부대에서 차출된 군인 5백 명의 보호를 받았다.[152]

승리를 목전에 앞둔 시점, 얄타 회담에서는 세계의 운명이 걸린 시급하고 광범위한 문제들을 다루었다. 독일의 운명, 유럽 지도의 재편, 전 세계의 세력 균형이 여기에 달려 있었다. 대체로 말해서 당사국들의 목표는 단순했다. 동기와 우선순위는 서로 달랐지만, 모두가 자국의 외교적 희망 사항 가운데 최대한 많은 항목을 챙겨 가지고 얄타를 떠나고 싶어 했다. 그러나 전쟁이 계속되는 한, 연합국은 서로에게 의지하며 자국의 희망 사항을 군사적·정치적 현실에 맞추어 조정해야 했다. 그들은 많은 문제를 타협했다. 독일 내의 점령 구역이 확정되었다. 국제연합 기구의 창설 지침이 마련되었다. 소련이 폴란드의 동쪽 영토(서부 우크라이나와 벨라루스)를 합병하고 폴란드는 이를 독일 서쪽 영토로 보상받는 안이 논의되었다. 스탈린은 일본과의 전쟁에 참전한다는 약속의 대가로, 소련 국경을 극동의 새 영토를 포함하는 범위까지 확대하고 중국 북부에서 소련의 이익을 인정한다는 동의를 연합국으로부터 얻어 냈다.

그러나 새로운 세계의 윤곽이 형성되면서 냉전의 전선 또한 형성되었다. 폴란드와 관련하여 진정한 타협에 이르기란 불가능했다. 스탈린은 서류상으로 몇 가지 양보를 하는 한이 있어도 이 나라를 자기가 선택한 정부의 통제 하에 두려는 결심이 확고했다. 스탈린이 특별히 관심을 둔 주제인 독일로부터의 배상금 문제 또한 논쟁적 이슈였다.

아마도 연합국 사이를 갈라놓는 틈을 더욱 잘 보여준 것은 소련 국가 안보 요원들이 크림에서 취한 태도였을 것이다. 소련 영토에 들어온 서구 대표단은 마치 침투한 적처럼 취급되었다. 연합국이 회담에 필요한 짐을 실어 오는 데 사용된 배는 24시간 순찰대에 포위되었고, 그 승무원들은 상륙 허가를 받은 뒤 엔카베데의 엄중한 통제 하에 놓였다. "전체 기관 요원들은 외국인, 항구의 군인, 민간인들 간의 연계의 성격을 밝혀내라는 지시와 명령을 받았음. 외국인과 긴밀한 접촉을 가질 여성 요원들은 특히 주의 깊은 지시를 받았음." 엔카베데 지도부에 제출된 한 보고서에는 이렇게 쓰여 있다.[153] 이것이 어떤 지시였을지는 상상만이 가능할 따름이다.

한 주 한 주가 지날수록 서방 동맹국에 대한 스탈린의 불신은 점점 더 커졌고 이는 소련의 군사 계획에 큰 영향을 끼쳤다. 독일국방군은 서부 전선에서는 확실히 항복하는 편을 선호한 반면 동부 전선에서는 막다른 최후까지 싸웠다. 스탈린은 연합군이 독일과 평화 조약까지는 아니더라도 최소한 모종의 조약을 따로 맺을 가능성을 두려워할 이유가 있었다. 전쟁 막바지의 몇 개월간, 연합군의 진격이 전후 유럽의 정치 지형에 어떤 의미를 띠게 될지 모두가 이해했다. 1945년 3월 미국 정보 요원과 나치 대표가 베른에서 만나 독일이 이탈리아에서 항복하는 문제를 협상한 사건은 스탈린의 의심을 더 가중시켰을 뿐이었다.

그 일이 소련 지도부와 서방 연합국이 특히 폴란드를 놓고 갈등을 빚는 와중에 벌어지지 않았다면, 베른 사건은 그렇게 노골적인 충돌을 일으키지 않았을 것이다. 기나긴 실랑이 끝에, 1945년 4월 3일 스탈린은 루스벨트에게 "우리 국가들 사이의 신뢰를 유지하고 강화하는 일이" 가능할 것인지를 묻는 가시 돋친 편지를 보냈다. 이제 문서고가 개방되었으므로, 우리는 이 편지가 그의 서명이 붙은 다른 많은 서신과 달리 처음부터 끝까지 스탈린이 직접 쓴 것이며 더 강경한 어조를 띠게끔 그가 뜯어고쳤음을 확인할 수 있다.[154] 마찰이 고조되는 와중에도 스탈린과의 협력에 충실했던 루스벨트는 자제로 대응했다. 1945년 4월 13일 스탈린이 받은 편지는 "앞으로 이런 성격의 사소한 오해는 불거지지 않을 것"이라고 그에게 확약했다.[155] 이 서신은 루스벨트의 마지막 정치 행위 중 하나였고 소련과의 관계에 대해 그가 남긴 유서의 일부였다. 스탈린이 이 편지를 받았을 무렵에 루스벨트는 이미 세상을 뜬 뒤였다. 스탈린은 그의 죽음에 정말로 슬퍼했던 것 같다. 하지만 그는 곧 새롭고 긴급한 문제들에 눈을 돌렸다.

동료 연합군의 빠른 진격을 우려한 스탈린은 소련군의 독일 수도 점령에 최대한 박차를 가하기로 결정했다. 베를린 공격은 스탈린이 연합군에게 통지한 날짜보다 한 달 빠른 1945년 4월 16일에 시작되었다.[156] 병력과 무기에서 소련군이 점한 압도적 우위에도 불구하고 이 중대한 전투는 쉽지 않았다. 베를린 작전에 참여한 200만 이상의 붉은 군대와 폴란드 제2군 병사 중에서 36만 명 이상이 전사하거나 부상하거나 실종되었다.[157] 독일군은 자기 수도를 방어하여 사력을 다해 싸웠다.

작전을 강행한다는 정치적 결정은 붉은 군대에 크나큰 장애물을 조성했다. 공세를 약간 연기하더라도 결과가 거의 달라지지 않았을 상황에서, 스탈린은 전선 지휘관들에게 어떤 대가를 치르더라도 진격을 서두를 것을 요구했다. 적의 철저한 방어 태세를 깨뜨려야 함을 고려할 때 이렇게 빠른 속도는 더 많은 사상자를 의미했다. 작전의 기록적인 속도와 베를린을 향한 대병력의 집결 때문에 전체 계획과 야전 명령을 끊임없이 수정해야 했다. 참모본부 작전총국장이었던 세르게이 시테멘코에 따르면 베를린 작전은 총체적 혼란 상태였다고 한다. 참모본부 지도부는 하루에도 몇 번씩, 때로는 한밤중이나 새벽 시간에 총사령본부로 소환되었다. 많은 명령이 극도의 시간적 압박 하에서 작성되었고, 사건 전개가 너무 빨라 작전을 체계적으로 수립하기 힘들었다.[158] 하지만 일부 역사학자들은, 본부에서 아무리 일을 서둘러 진행했어도 스탈린이 "변화하는 상황에 제때 대응할 수는 없었을 것"이라고 본다.[159] 본부로 들어가고 나오는 정보 흐름의 지연이 결과에 실질적으로 영향을 미쳤을지 여부는 불분명하다. 베를린 작전에서 소련 최고사령부와 스탈린이 취한 전략의 적절성에 대해서는 연구가 거의 이루어지지 않았다.

그러나 붉은 군대가 가는 길목에 아무리 많은 장애물이 있어도 나치를 구하기에는 충분치 못했다. 한 방향에서 오던 소련군과 반대 방향에서 오던 미군이 4월 25일 엘베 강에서 만났다. 승자들의 절대적인 수적 우위와 높은 사기는 제3제국의 운명을 결정지었다. 5월 1일 새벽, 스탈린은 주코프 원수의 긴급 전화 메시지를 통해 히틀러가 그 전날 베를린의 벙커에서 자살했다는 소식을 들었다.[160] 5월 2일 베를린 수비대가 항복했다. 5월 8~9일 밤에 독일이 항복 문서에 공식 서명했다. 6월 24일 모스크바에서는 오랫동안 기다려 온 인상적인 개선 행진이 펼쳐졌다. 그리고 6월 27일 스탈린에게 대원수의 칭호가 수여되었다.

이제 세계 주요 열강의 지도자로서, 스탈린은 1945년 7월 다시금 삼국 정상 회담을 위해 정복된 베를린으로 향했다. 소련 바깥으로의 이 마지막 여행을 직접 목격한 증언은 남아 있지 않다. 그는 기차 창밖으로 무엇을 보았을까? 이 여정에서 그는 누구와 만나거나 시간을 보냈을까? 분명히 그는 곧 있을 동료 지도자들과의 만남이 쉽지 않으리라는 것을 알았다. 연합국 사이의 의견 불일치는 승리와 더불어 더욱 첨예해지기만 했다. 소련 독재자는 신임 미국 대통령인 해리 트루먼과 첫 회담을 갖게 될 터였다. 트루먼의 고문들 사이에서는 소련에 대한 강경 노선을 옹호하는 목소리가 힘을 얻고 있었다. 서방 연합국은 폴란드 정부에 대한 미해결 논쟁은 말할 것도 없고, 루마니아와 불가리아를 소련에 동화시키는 정책에 대해서도 불만을 품고 있었다. 스탈린은 미국인과 영국인을 신뢰하지 않았다. 그의 불신은 트루먼이 미국의 원자폭탄 실험에 대해 그에게 귀띔했을 때 더욱 증폭되었다. 독일의 무장 해제, 탈나치화, 민주화는 만장일치로 승인되었지만, 그 외의 다른 모든 문제에 연합국은 격렬히 반발했다. 그럼에도 타협과 상호 양보를 모색하게 한 동력은 전쟁으로 피폐한 세계가 새로운 충돌 속으로 빨려 들어갈지도 모른다는 두려움, 서방과의 경제 협력에 대한 소련의 희망, 소련의 대일본전 참전에 대한 서방의 희망이었다. 결국 스탈린은 폴란드가 독일 쪽으로 영토를 확장하고 소련이 쾨니히스베르크를 합병하는 내용의 조약을 확정하는 데 성공했다. 하지만 전쟁 배상금이나 터키 해협과 지중해에 소련 기지를 설치하는 문제에 대해서는 그의 뜻을 관철하지 못했다.

유럽에서 얻을 수 있는 것을 얻어 낸 스탈린은 일본 영토를 획득하고 중국 북부에 발판을 마련하는 쪽으로 주의를 돌렸다. 얄타에서 그는 독일이 항복하고 2~3개월 후 대일본전에 참전하는 데 동의했다. 당시 미국에게 소련의 도움이 얼마나 아쉬운지를 잘 알았던 스탈린은 아주 유리한 조건을 얻어 낼 수 있었다. 몽골인민공화국은 '현상'을 유지하여 사실상 소련의 통제 하에 있게 되었다. 소련은 1905년 러일전쟁 때 잃었던 사할린 남부, 그리고 중국 북부의 상업 항구와 군사 기지를 이곳까지 연결된 철도와 더불어 되찾아왔다. 연합국이 전략적으로 중요한 쿠릴 열도에 대한 소련의 주권을 인정하는 데 동의한 것은 소련에게 근본적인 중요성을 띠었다.

이 모든 합의는 베를린 회담 무렵까지 유효했다. 그런데 이제는 역사상 처음으로 핵이라는 변수가 작용했다. 미국이 원자폭탄을 보유하고 있다는 사실은 그들에게 훨씬 큰 영향력을 부여했다. 한편으로, 이 막강한 신기술에 대한 공포는 소련이 미처 참전하기도 전에 일본을 항복으로 이끌 가능성이 있었다. 스탈린은 그런 위험을 감수하지 않기로 했다. 그는 유럽에서 썼던 전략—영토의 실제 군사 점령이 협상 테이블에서의 합의보다 더 중요하다는—을 극동에서도 적용했다. 미국이 일본을 상대로 원자 폭탄을 사용한 뒤, 스탈린은 얄타에서 얻어낸 양보를 움직일 수 없는 현실로 바꾸기 위해, 1945년 8월 9일 붉은 군대에 기습 공격을 명령했다. 소련의 수적 우위와 높은 사기와 경험 많은 전투 병력은 신속한 승리를 가져다주었다. 심지어 일본이 항복한 뒤에도 소련군은 얄타에서 승인 받은 모든 영토를 점령할 때까지 계속 진격했다. 스탈린은 그 위에 추가로 보너스를 챙기려 했다. 극동에서 이는 독일에 적용된 것과 비슷한 모델을 써서 일본 본토를 공동 점령할 권리를 요구함을 의미했다. 이런 시도는 진짜 요구라기보다는 아마 신임 미국 대통령의 의지를 시험하려는 시도에 더 가까웠겠지만, 여기에는 군사적 준비 또한 수반되었다. 스탈린은 미국에게 일언지하에 퇴짜를 맞은 뒤 재빨리 물러섰지만 그 원한은 잊지 않았다. 일본을 둘러싼 갈등은 그 후 몇 달 동안 미소 관계에서 골칫거리로 남았다. 일본 자신은 소련의 쿠릴 열도 점령을 정당한 행위로 인정하지 않았다.

전쟁의 공포에서 살아남은 수많은 소련 인민에게 정치인들의 분쟁과 야망은 지엽적인 문제였다. 마침내 평화를 찾은 나라는 희망을 품고 미래를 바라볼 수 있게 되었다.

가족

1953년 3월 2일, 근처 다차. 딸이 도착하다.

스탈린의 상태가 위중함이 확실해지자, 그의 자녀인 스베틀라나와 바실리가 다차로 불려왔다. 이는 많은 부분 상징적인 제스처였다. 스탈린의 삶에서 가족의 역할은 시간이 갈수록 점점 더 줄어들었다.

스탈린은 아직 젊은 혁명 모험가였던 시절에 첫 번째 아내를 만났다. 그는 1905년 첫 번째 유형에서 탈출하여 자캅카지예를 떠돌다 트빌리시로 돌아온 뒤 스바니제 가족의 집에 기거했다. 이 가족은 혁명 운동에 관여했던 알렉산드르 스바니제, 그의 누이들—사시코, 카토(예카테리나), 마쇼—그리고 스탈린이 신학교에서 알고 지냈던 사시코의 남편으로 이루어진 총 다섯 식구였다. 사시코와 카토는 이 도시에서 유명한 재봉사로 혁명 운동과 아무런 관련도 없었다. 그래서 알렉산드르는 이오시프 주가시빌리를 집으로 데리고 왔을 때 이 외부인을 누이들로부터 최대한 멀리 떨어뜨려 놓으려고 애썼다.[1] 그럼에도 둘 다 젊고 매력적이었던 이오시프와 예카테리나는 서로에게 푹 빠지게 되었다. 카토의 언니와 여동생은 그녀가 가난한 신학교 중퇴생과 사귀는 것이 흡족할 리 없었다. 그로부터 40년 뒤인 1946년에 스탈린에게 온 한 편지를 통해 이 시기를 살짝 엿볼 수 있다. 트빌리시 시절에 스탈린과 스바니제 가족을 알고 지냈던 이 사람은 스탈린에게 도움을 청하며 그가 자기에게 빚이 있음을 다소 투박하게 암시했다. 첫째로 스탈린은 이 편지 발신인의 방을 예카테리나와의 밀회 장소로 이용했다. 둘째로 카토에 대한 스탈린의 청혼에 '친척들이 반대'했을 때, "그를 좋아한다면 누구의 말도 듣지 말라고 내가 그녀에게 말했습니다. 그녀는 내 충고에 귀를 기울였습니다."[2]

어쨌든 스바니제 가족은 이미 기정사실이 된 것을 무시할 수 없었고, 이 커플은 1906년 7월에 결혼했다.[3] 이 새로운 가족 구성원이 들어오면서 스바니제 가족은 어쩔 수 없이 그의 세계에 휘말리게 되었다. 결혼식을 올린 지 얼마 안 되어, 예카테리나는 혁명가들의 공범으로 체포되었다. 이 문제는 언니인 사시코가 경찰 부인들과의 친분을 동원해 준 덕분에 수습되었다. 예카테리나는 약 2개월간 구금되었지만, 양장점 고객이었던 서장 부인의 요청으로 감방에 갇히는 대신 이 지역 경찰서장의 집에 머물 수 있었다.[4] 그녀가 임신 중이었다는 사실도 예카테리나에 대한 수사를 종결하는 데 중요한 영향을 끼쳤다. 1907년 3월에 미래 독재자의 첫 아이인 야코프가 태어났다. 가정생활과 혁명은 융화되지 않았다. 이오시프는 처자식을 데리고 바쿠로 이사했는데, 그곳에서 예카테리나가 중한 병에 걸렸다. 그녀는 1907년에 사망했다. 아들을 제대로 보살필 수 없었던 그는 야코프를 처가에 맡겼다.

물론 스탈린의 삶에는 다른 여자들도 있었다. 지주 계급 출신의 젊은 혁명가 스테파냐 페트롭스카야와의 관계에 대한 증거가 남아 있다. 이 관계는 두 사람이 볼로그다 주의 솔비체고드스크에 유배되었을 때인 1909년에 시작되었다. 페트롭스카야는 형기를 마친 뒤 이오시프를 따라 바쿠로 왔다. 그가 1910년 6월에 체포되었을 때, 이 미래의 독재자는 경찰에게 그녀와의 '합법적 혼인'을 허가해 달라고 청하기까지 했다. 허가가 떨어졌지만 이 결혼은 이루어지지 않았다. 1910년 9월에 여전히 홀몸이었던 주가시빌리는 또다시 유배되었다.[5] 그렇게 해서 두 번째로 솔비체고드스크에 유배되었을 때 그는 동료 유형수였던 세라피마 호로셰니나를 동거인으로 하여 거처를 등록했는데(이 집의 주인은 M. P. 쿠자코바였다), 이는 두 사람이 친밀한 관계였음을 암시한다. 하지만 얼마 지나지 않아 호로셰니나가 솔비체고드스크에서 다른 곳으로 이송되었다.[6] 최근 일부 저널리스트들이 불을 지핀 루머에 따르면, 이 당시 스탈린은 집주인인 쿠자코바와 교제를 시작해서 둘 사이에 아들까지 하나 낳았다고 한다. 이 관계를 뒷받침하는 확실한 증거는 없다. 쿠자코바와의 소위 연애 사건이 있은 후 몇 달 뒤에 형기를 마친 주가시빌리는 한동안 볼로그다에 눌러 살았다. 이곳에서 그는 펠라게야 오누프리예바라는 18살짜리 여학생과 친해졌다. 그녀는 그의 동료 유형수인 표트르 치지코프와 약혼한 사이였다. 미래의 독재자는 이 소녀와 공공연히 시시덕거리고, "영리하고 심술궂은 폴랴에게, 괴짜 이오시프로부터"라는 헌사를 적은 책을 선물했다. 펠라게야가 볼로그다를 한동안 떠났을 때 주가시빌리는 그녀에게 경박한 카드를 보냈다. "페트카(치지코프)를 통해 네 키스를 빼앗았어. 키스를 돌려줄게. 그냥 키스가 아니라 뜨거운 것으로(그냥 키스는 무가치하니까). 이오시프."[7] 스탈린은 볼로그다 시절에 치지코프와 오누프리예바가 함께 찍은 사진 한 장 ─ 심각한 표정을 한 둥근 얼굴에 안경을 쓴 예쁜 소녀와, 역시 심각한 표정에 이목구비가 반듯하고 수염과 구레나룻을 기른 젊은이 ─ 을 자신의 아카이브에 보관했다.

이런 익살스러운 카드, 선물, 사진은 33세였던 주가시빌리가 이 젊은 여성에게 관심이 있었음을 입증해 주지만, 두 사람이 실제로 사귀었다는 증거는 없다. 우리에게는 몇 가지 모호한 단서만이 있을 뿐이다. 스탈린이 볼로그다를 떠났을 무렵인 1912년에 치지코프는 우크라이나에 있는 부모님을 만나러 갔다가 갑자기 병에 걸려 죽었다. 오누프리예바는 수많은 동포에게 닥친 불행을 고스란히 겪었다. 치지코프가 죽은 후에 오누프리예바는 다른 사람과 결혼했는데, 예전에 그녀에게 구애했던 남자의 통치 하에서 그녀의 남편이 체포당했다. 그녀가 스탈린에게 도움을 청하려고 시도했는지는 알려지지 않았다. 그녀는 남은 평생을 볼로그다에서 살다가 1955년에 사망했다.[8]

이오시프 주가시빌리가 마지막으로 투루한스키에 유배되었을 때 그보다도 더 어린 리디야 페레프리기나와 사귀었다는 증거는 더 확실하지만, 둘 사이에 아들이 있었다는 루머는 입증되지 않았다. 어쨌든 스탈린은 페레프리기나의 아들이든 그 어떤 다른 사생아든 간에 한 번도 자기 자식으로 인정한 적이 없었다.

1917년 2월 혁명 이후 상트페테르부르크로 돌아온 스탈린은 인생의 새로운 장으로 넘어갈 준비가 되어 있었다. 알릴루예프 가족은 험한 지하 활동에 몰두해 있던 그에게 따뜻한 안식처를 제공했다. 그가 이 가족에게 이끌린 것은 이해할 만한 일이었다. 스탈린은 트빌리시 시절부터 이들과 친분이 있었고, 쿠레이카에서 마지막 유배 생활을 할 때도 서신을 주고받았다. 이 집의 가장인 세르게이 알릴루예프는 고참 당원으로 여러 번 체포된 경력이 있었다. 어른의 감독 없이 방치되는 일이 잦았던 이 집의 두 아들과 두 딸은 자유분방한 생활을 영위했다. 이오시프는 그중에서도 특히 막내인 16살의 여학생 나데즈다에게 호감을 품었고, 그녀는 23살이라는 나이 차에도 불구하고 그의 감정에 화답했다. 혁명가 가정에서 나고 자란 어린 여성에게 그—용감하고 신비에 싸였을 뿐만 아니라 매력적인 검증된 혁명가—는 틀림없이 이상적인 남자로 비쳤을 것이다. 스탈린과 나데즈다는 1919년에 마침내 인연을 맺었다. 결혼 이전 둘의 관계가 어떠했는지는 그저 추측할 수 있을 따름이다.

1918년부터 당원이 된 나데즈다는 볼셰비키 아내의 모범이었다. 그녀는 레닌의 비서실에서 일했다(레닌은 알릴루예프 집안과 친분이 있었고 1917년에는 그들의 집에서 기거한 적도 있었다). 1921년에 둘 사이의 첫 아이인 바실리가 태어났다. 나데즈다는 육아와 일과 당 활동을 병행하는 데 어려움을 겪었고 명백히 그중 마지막 것을 소홀히 했다. 1921년 말 그녀는 "당 활동에 전혀 관심이 없는 무가치한 인물"로 낙인 찍혀 당에서 제명되었다. 그녀는 레닌을 포함한 당 고위 관료들의 중재 덕분에, 그것도 당으로 되돌아가길 염원하며 후보 당원으로서 꼬박 1년을 보낸 후에야 당적을 되찾을 수 있었다. 시절이 그러했다. 아마도 나데즈다 자신은 평등과 당 민주주의의 이상을 믿고 자기가 받은 처우에 불쾌해 하지 않았을 것이다. 그녀는 재가입을 요청하면서 "당의 임무를 수행할 만반의 준비를 갖추겠다"고 서약했다.[9]

바실리의 탄생 이외에도, 스탈린의 장남인 야코프가 가족의 일원으로 들어오면서 나데즈다의 삶은 더욱 힘들어졌다. 그녀는 1922년과 1923년 시어머니인 예카테리나 주가시빌리에게 보낸 편지에서 조심스럽게 불만을 토로했다. "야샤는 학교에 다니고 있어요. 노닥거리고 다니며 담배를 피우고 제 말을 듣지 않는답니다." "야샤는 건강합니다. 하지만 학업에 그다지 노력을 쏟지 않아요."[10] 1922년에 15살이었던 야코프는 새어머니보다 겨우 6살 어렸다. 몇 년 후인 1926년, 나데즈다는 한 여자 친구에게 야코프에 대해서 이렇게 썼다. "이제 나는 그 아이가 정신을 차리리라는 희망을 완전히 버렸어. 그 애는 전혀 아무 데도 관심이 없고 목표도 없어."[11] 이 소년은 자기 아버지와도 그리 잘 지내지 못했다. 야코프가 결혼하겠다는 의사를 표했을 때 빚어진 충돌은 비극적으로 끝났다. 아버지의 동의를 얻는 데 실패하자 자살을 기도한 것이다. 1928년 4월 9일 스탈린은 나데즈다에게 이렇게 썼다. "야샤에게 내 말을 전해 주시오. 너는 망나니나 공갈배처럼 행동했고, 나와 닮은 구석이 전혀 없으며 내가 너를 위해 더 해 줄 일도 없다고, 네가 원하는 아무나하고 네 멋대로 살라고."[12] 한동안 스탈린과 장남의 관계는 냉랭한 상태였지만, 전쟁 직전 야코프가 포병 군사학교에서 공부 중일 때 그는 확실히 아들에게 흡족해 했다. 1941년 5월 5일 야코프는 군사학교 졸업생들을 위한 크레믈 리셉션에 참석했다. 그 자리에 모인 사람들에게 스탈린은 이런 농담을 했다. "내가 아는 사람이 포병군사학교에서 공부했는데, 그의 공책을 어깨 너머로 보니 1916년에 퇴역한 대포들을 공부하는 데 엄청난 시간을 쏟고 있더라고."[13] 이는 분명히 야코프의 공책을 언급한 것이었고, 두 사람이 함께 시간을 보낸 적이 있다는 신호였다.

1926년 초에 나데즈다는 딸 스베틀라나를 낳았다. 나데즈다는 이 기쁜 소식을 당시 남부에서 휴가 중이던 오르조니키제의 아내 지나이다에게 알리면서 이렇게 썼다. "한 마디로 말해서 이제 우리는 온전한 가족이 되었어요."[14] 그러나 스탈린이 공무에 몰두하고 권력 투쟁에 휘말려 있는 한 그들은 평범한 가족이 될 수 없었다. 물론 그는 아내와 아이들을 사랑했지만 대개는 멀리서 거리를 두고 사랑했다. 그들은 모스크바 교외의 다차에서, 그리고 남부에서 휴가 중일 때 짧은 시간을 함께 지냈다. 나데즈다는 마치 남편과 경쟁이라도 하듯 일과 당 활동과 공부에 매진하느라 언제나 바빴다. 그녀는 스베틀라나를 낳기

한 달 전 친구에게 보낸 편지에서 이렇게 썼다. "새로운 가족의 의무에 다시 구속되고 만 것이 너무나 아쉬워." 명백히 이는 임박한 둘째 아이의 출산을 가리키는 말이었다. "요즘 시대에는 쉽지가 않아. 새로운 편견이 무지하게 많아서, 일하지 않으면 당연히 '바바'('아줌마', 농촌 아낙네, 여성 일반을 비하하는 표현)가 되어 버리지…'비서' 일을 하다 보면 누구의 심부름꾼 노릇을 하기 십상인데, 거기서 벗어나려면 전문 분야가 있어야 해. 자기 전문 분야와 관계있는 일은 전부 다 해야 해."[15] 젊고 활동적이었던 나데즈다는 새로운 '소련 여성'의 모범을 따르기를 진심으로 열망했다. 이 일은 쉽지 않았다. 남아 있는 편지들은 그녀가 말년에 쓴 글들이 문법적으로 오류투성이였음을 보여 준다. 그녀는 이런 교육상의 결함을 보완하기 위해 근면 성실한 학생이 되었다. 1929년 그녀는 당시의 시대적 기풍에 따라서 고등 기술 교육을 받기 위해 산업 전문학교에 입학했다. 자녀들은 주로 보모, 가정교사, 과외 교사들의 손에 맡겨졌다. 한 가정부 겸 요리사가 스탈린의 크레믈 아파트 살림을 돌보았다. 바실리와 스베틀라나의 삶에서 중요한 부분을 차지한 사람은 친척들, 그리고 크레믈에 사는 다른 소련 지도자의 자녀인 또래 친구들이었다. 그들은 떠들썩한 무리를 이루어 교외의 다차나 서로의 크레믈 아파트에서 함께 어울려 시간을 보냈다.

이런 식의 가정생활은 나름의 이점과 논리가 있었다. 서로 만나는 일이 비교적 드물었기 때문에 서로에 대한 '마음이 더 애틋해지고' 가족 간의 유대가 실제로 더 강해지는 측면도 있었다. 그러나 1929년과 1931년 사이의 휴가 기간에 스탈린과 나데즈다 사이에 오간, 남아 있는 몇 안 되는 편지들은, 그들의 관계에 사랑과 긴장이 둘 다 존재했음을 증언한다. "우리가 헤어질 때 당신이 해 준 것 같은 커다란 키스를 보내요." 나데즈다는 남편에게 이렇게 썼다. 그녀는 남편이 보고 싶다고 말하며 그의 건강과 병 치료에 대해 애정 어린 질문을 했다. 스탈린도 비슷한 답장을 했다. 그는 아내를 다정하게 '타티카' 혹은 '타토치카'라 부르고("전부 다 말해 줘요, 나의 타토치카") 심지어 아기처럼 철자를 일부러 틀리게 적기도 했다.("마니 마니 키스를 보내요") 그는 자상한 아버지로서 항상 자녀들의 안부를 물었다. "바시카는 어떤가요, 사탄카(그가 스베틀라나를 부른 애칭)는?" "사탄카가 쓴 편지를 보내 줘요. 바시카도." 그는 집에 있는 가족에게 레몬과 복숭아를 보냈다. 하지만 이런 다정함과 배려는 질투와 분노로 급작스럽게 어두워지곤 했다. 1930년 9월, 남편의 휴가 중 일부 기간을 그와 함께 보내고 모스크바로 돌아온 나데즈다는 질책으로 가득 찬 편지를 그에게 보냈다. "이번 여름에 당신은 내 출발이 연기된 것을 그리 반가워하는 것 같지 않았어요. 그 반대였죠. 작년 여름에는 정말로 그런 느낌이 들었는데, 이번에는 아니었어요. 물론 그런 기분으로 더 있어 봤자 아무 의미도 없었겠죠." 몇 주일 뒤에 그녀는 이렇게 썼다. "어떤 이유에선지 당신에게서 아무 기별도 없군요…아마 메추리 사냥에 정신이 팔려 있겠지요…어느 어여쁜 젊은 여자로부터, 당신이 아주 잘 지낸다는 소식을 들었어요…. 굉장히 들떠 있고 아무도 가만히 앉아 있게 놔두지 않는다고 하더군요…그런 말을 들으니 기쁘네요." 스탈린은 그녀가 암시한 내용을 건성으로 반박했다. "당신의 추측에 대해 말하자면 나는 당신이 소치에 머무르길 원치 않았던 것이 아니오. 당신의 비난은…옳지 않소." "당신은 내가 무슨 여행을 갔다고 하는데, 장담하건대 나는 아무 데도(전혀 아무 데도!) 가지 않았고 여행할 생각도 없소."[16]

나데즈다의 질투는 근거가 없지 않았다. 스탈린은 노골적인 바람둥

1932년 아내 나데즈다 알릴루예바, 보로실로프, 보로실로프의 아내 예카테리나와 함께 남부에서 망중한을 즐기는 스탈린(맨 오른쪽은 경호원). 나데즈다는 이로부터 몇 달 뒤에 자살했다. 러시아 국립사회정치사문서보관소.

이였을 수 있고, 그의 아내는 성미가 급했다. 그들의 관계를 옆에서 지켜 본 많은 이들은 나데즈다의 정신 건강이 허약했음을 언급했다. 그녀는 분명히 정신병의 가족력이 있었다. 그녀의 어머니가 그랬고 형제 중에서도 최소한 한 명이 이로 인해 고통 받았다. 비극의 뿌리는 아마도 이 부분, 즉 스탈린의 외도와 알릴루예바의 질병이 교차하는 지점에서 찾아야 할 것이다.

1932년 11월 8일, 그들 모두를 권좌에 올려 준 10월 혁명 기념일에 스탈린과 알릴루예바는 다른 소련 최고 지도자 및 그 부인들과 함께 크레믈의 기념 만찬회에 참석했다. 이 만찬회에서 정확히 무슨 일이 일어났는지는 알려지지 않았다. 어쩌면 스탈린이 술에 취해서 몇몇 부인들과 대놓고 시시덕거렸을 수도 있다.[17] 어쩌면 나데즈다가 단순히 기분이 좋지 않았거나 스탈린이 그녀에게 상처를 주는 말을 했을 수도 있다. 혹은 그녀가 먼저 싸움을 걸었을 수도 있다. 원인이 무엇이었든 그 자리에서 다툼이 벌어졌고, 나데즈다는 혼자서 크레믈 아파트로 돌아갔다. 그날 밤의 어느 시점에 그녀는 오빠인 파벨에게서 선물 받은 작은 권총으로 자신의 목숨을 끊었다.

혹자는 알릴루예바가 남편의 정책에 상심했고, 당시 수백만의 목숨을 앗아간 처참한 기근으로 죽은 사람들을 비롯하여 그 희생자들을 진심으로 동정했다고 추측했다. 그들의 딸인 스베틀라나는 어머니가 남긴 유서에 정치적 비난이 들어 있었다고 쓰기도 했다. 하지만 그녀는 이 유서에 대해 직접적으로 알지 못했고, 이는 다른 사람의 기술을 인용한 것이었다. 나데즈다가 남편의 국가 정책에 반대했다는 구체적인 증거는 전혀 없다. 그녀의 남아 있는 편지 중에 당시 나라에서 벌어지고 있던 끔찍한 사건들—폭력적인 집단화, 수십만 농민의 강제 이주, '적'으로 의심되는 수없는 사람들의 체포—을 언급한 것도 없다. 그녀의 편지들은 그녀가 다른 볼셰비키 엘리트들과 마찬가지로 크레믈 담장 바깥에 있는 수천만 명의 고통으로부터 완전히 격리되어 있었다는 인상을 준다. 기근이 맹위를 떨치고 있던 1932년 7월 10일, 농민 어머니들이 자식들이 굶어 죽어가는 모습을 지켜보고 있던 그 시기에 나데즈다는 스탈린의 보좌관인 알렉산드르 포스크료비셰프에게 평소에 외국에서 받아 보던 신간 소설책을 받지 못했다고 불평하는 쪽지를 보내고 오게페우 수장 야고다에게 이 문제를 해결해 달라고 부탁했다.[18] 물론 우리는 나데즈다가 죽기 전 몇 개월 동안 남편의 억압적 정책에 반대하는 말을 한 적이 있었는지 확실히 알지 못한다. 그 이유의 일부는 1932년 스탈린이 휴가를 떠난 동안 그와 아내 사이에 오갔을지 모르는 서신들이 유실되었기 때문이다. 어쩌면 이 편지들이 파기되었을 수도 있고, 혹은 나데즈다가 휴가 기간 내내 남편과 함께 있었을 수도 있다. 이 편지들이 없는 이유를 해명해 주는 증거는 발견되지 않았다.

아내의 자살은 스탈린에게 확실히 크나큰 충격이었다. 상실의 슬픔과 자식들에 대한 연민이 분노와 결합되었다. 나데즈다는 그를 배신하고 모욕했으며, 그의 평판에 그림자를 드리웠고, 그의 사생활을 오늘날까지도 이어지는 추잡한 억측의 소재로 만들었다. "그 여자는 아주 나쁜 짓을 했어…날 평생 불구로 만들었다고." 그로부터 약 2년 반이 흐른 뒤에 그는 가족들에게 이렇게 말했다.[19]

스탈린의 가족은 알릴루예바가 죽은 뒤에도 몇 년 간 습관에 따라 관성적인 생활을 영위했다. 거의 모든 가족 구성원이 집안에서 자기가 하던 역할을 계속했다. 스탈린은 고통스러운 기억에서 벗어나기 위해 크레믈의 새 관저로 이사하고 근처 다차를 짓기 시작했다. 자녀들은 가정교사와 보모들의 손에 맡겨진 채 모스크바와 옛 다차에 남았다. 스탈린, 바실리, 스베틀라나는 전과 똑같은 친척들, 특히 파벨과 안나 알릴루예프(나데즈다의 오빠와 언니), 알렉산드르 스바니제(스탈린의 첫 번째 아내의 남동생)의 가족들에게 둘러싸여 있었다. 이는 뒤숭숭하고 많은 경우 불미스러운 세계였다. 이 친척들은 서로 스탈린의 눈에 들기 위해 책략을 꾸몄다. 파벨 알릴루예프의 아내는 독재자와 짧은 불륜에 빠지기까지 했다.[20]

나데즈다가 죽은 뒤 스탈린은 자녀들과 더 많은 시간을 보내려고 노력했다. 그는 크레믈 관저에서 아이들과 함께 저녁을 먹으며 학교생활에 대해 묻기도 했고, 다차로 와서 아이들을 데리고 영화관에 가기도 했다. 이따금 남부로 휴가를 떠날 때 데리고 가기도 했다. 그는 촉망 받는 학생이고 아버지에게 애착이 깊었던 스베틀라나를 특히 귀여

1933년의 휴가. 스탈린의 딸 스베틀라나가 당시 조지아 당 총간사이던 라브렌티 베리야의 무릎에 앉아 있다. 러시아 국립사회정치사문서보관소.

워했다. 그는 딸을 '호자이카'('임자', '주인' 등으로 번역된다)라고 부르고 자신은 그녀의 명령을 받드는 '세크레타리시카'(작은 비서) 역할을 하며 서로 농담을 주고받곤 했다. "세탄카 주인마님의 비서인 천한 농군 J. 스탈린," 스베틀라나는 아버지에게 이렇게 명령을 적어 보냈다. "명령이다. 나는 내일 주발로보 다차에 가겠다." "내일 나와 함께 영화관에 갈 것을 명한다." "명령이다. 영화를 보러 갈 테니 〈차파예프〉와 미국 코미디를 틀라고 일러라." 이에 대해 스탈린은 "예이." "분부대로 하겠나이다." 같은 익살스럽고 점잔 빼는 대답으로 응수했다.[21] 스탈린의 다른 측근들도 스베틀라나의 '세크레타리시카'로 임명되어 수령의 장난에 장단을 맞추어 주었다. "스베틀라나 마님이 8월 27일 모스크바에 가실 것이다. 비서들을 둘러보기 위해 일찍 모스크바로 출발해도 되느냐고

다정한 아버지. 1933년 딸 스베틀라나와 함께. 러시아 국립사회정치사문서보관소.

하신다." 1935년 8월 19일 스탈린은 남부에서 카가노비치에게 이렇게 써 보냈다. 카가노비치는 8월 31일 이렇게 답장했다. "오늘 스베틀라나 주인마님께 저희 업무를 보고 드렸습니다. 마님께서는 흡족하신 듯했습니다."[22] 전쟁이 시작될 때까지 부녀는 애정 어린 편지들을 주고받았다. "진한 키스를 보내마, 나의 작은 참새." 그는 한때 아내에게 그랬던 것처럼 딸에게 이렇게 썼다.[23]

스탈린과 아들들과의 관계는 그보다 훨씬 더 삐걱거렸다. 그는 여러 해 동안 야코프와 그의 가족을 멀리 했고, 바실리 때문에 크게 골머리를 앓았다.[24] 이 소년은 자기가 막강한 권력자의 아들임을 아주 쉽게 이해했다. 그는 공부보다 축구를 더 좋아했고 주변 사람들에게 반항적으로 행동하곤 했다. "바실리는 스스로를 어른으로 여기며 바라는 것

흔치 않은 가족 모임. 1930년대 중반. 왼쪽부터 스탈린의 아들 바실리, 레닌그라드 당 총간사 안드레이 즈다노프, 딸 스베틀라나, 스탈린, 스탈린의 (첫 번째 부인의) 아들 야코프. 야코프는 나치 포로수용소에서 살해되었다. 러시아 국립사회정치사문서보관소.

을 갖겠다고 고집을 부리는데, 가끔은 어리석은 것을 바라기도 합니다." 바실리가 14살 때인 1935년에 주발로보 다차의 관리인은 스탈린에게 이렇게 보고했다. 이런 상황은 시간이 갈수록 더 나빠지기만 했다. 1938년, 지체 높은 제자의 괘씸한 행동거지를 참을 수 없었던 바실리의 선생 중 한 명이 그의 아버지에게 불만을 토로했다. 그는 바실리가 학교 당국으로부터 특별대우를 받고 있으며, 때때로 자살하겠다는 협박을 휘둘러 원하는 것을 얻어 낸다고 말했다. 스탈린은 선생의 솔직함에 감사를 표하고 아들을 지극히 부정적인 말로 묘사했다. "바실리는 범용하고 버릇없는 젊은이입니다. 항상 정직하지 못하고, 권위가 약한 선생을 위협하길 좋아하고, 툭하면 무례하고, 심지가 약한—아니 흐트러진—작은 야만인(스키타이인!)입니다. '영감과 여편네들'이 '스탈린의 아들'이라고 시종 떠받들어서 그 녀석을 망쳐 놓았습니다." 그는 선생에게 더 엄격한 지도를 부탁하고, 가끔씩 "녀석의 멱살을 잡아 놓겠다"고 약속했다. 많은 경우에 그러했듯이 이 편지는 순전히 겉치레였고, 이 문제는 결국 스탈린 특유의 방식대로 해결되었다. 학교를 상대로 숙청이 이루어져, 학교 관리자들이 스탈린에게 감히 불만을 토로한 그 선생과 더불어 해고된 것이다. 바실리는 크림의 항공 학교로 옮겨서 공부를 계속했고 이곳에서도 계속 특별대우를 받았다. 그는 기차역에서부터 우렁찬 팡파르와 함께 학교 관리자들의 영접을 받았고, 다른 생도들과 따로 떨어져 호텔에서 묵었으며 장교 식당에서 특식을 대접 받았다. 한번은 바실리가 어떤 특별한 음식을 주문했는데, 명백히 골탕 먹이려는 의도였다. 이곳의 요리사가 그 음식 만드는 법을 몰랐기 때문에 가까운 도시로 사람을 보내 구해 와야 했다. 바실리는 자동차나 오토바이를 타고 크림 전역을 휘젓고 다녔다. 모스크바의 고위 군 간부들이 그의 학업을 감독했다. 그는 1940년 졸업하면서 중위로 임관했다. 그는 비행기 조종을 좋아했지만 성미가 개선될 기미는 보이지 않았다. 아버지가 만든 체제는 그 아들에게 돌이킬 수 없는 해를 입혔다.

오랜 인연을 이어온 스탈린-알릴루예프-스바니제 가족이 해체된 것은 바실리가 크림으로 떠날 무렵이었다. 대숙청 기간에 스탈린은 자기 친척들을 몰살하기 시작했다. 1937년 말부터 1939년 말까지 알렉산드르 스바니제와 그의 아내, 그리고 안나 알릴루예바의 남편이 체포된 뒤 총살당했다. 명백히 압박감을 견디지 못했던 파벨 알릴루예프 또한 1938년 말에 사망했다. 스탈린은 체포되거나 사망하지 않은 나머지 친척들에게는 추가로 조치를 취하지 않았다. 전쟁이 터지면서 가족은 더 줄어들었다. 바실리와 달리 특별 보호를 받지 못했던 야코프가 개전 초기에 독일군 포로로 잡혔다. 스탈린은 야코프의 아내를 체포하라고 명령했지만 나중에 풀어 주었다. 스탈린이 야코프와 어떤 독일 장군(가장 많이 거론되는 이름은 파울루스이다)의 포로 교환을 제의 받았지만 거절했다고 주장하는 이야기들이 있다. 이 주장을 뒷받침하는 문서 증거는 없으며, 히틀러의 지도부가 어떤 동기에서 이런 교환을 추진했을지 이해하기 힘들기 때문에 이 이야기엔 신빙성이 없다. 전쟁이 끝났을 때, 야코프와 같이 포로 생활을 했던 동료의 증언이 스탈린에게 제출되었다.[25] 독일군이 패배한 뒤 야코프의 1941년 심문 기록이 압수되었고, 그가 죽은 수용소의 경비병들과 사령관에게서 증언이 확보되었다.[26] 이 모든 증거들은 야코프가 포로로서 명예롭게 처신했음을 보여 준다. 그는 1943년 수용소 구내에서 탈출하려 시도하다가 감시병의 총에 맞았다. 아마도 이 소식은 아들에 대한 스탈린의 평가를 높여 주었을 것이다. 그리고 수령이 말년에 야코프의 딸인 어린 손녀에게 관심을 기울인 이유를 설명해 줄 수도 있다.

바실리와 스베틀라나는 전쟁 중 스탈린에게 실망을 안겨 주었다. 모스크바 인근에 주둔 중이던 바실리는 주발로보 다차에서 흥청망청한 술잔치를 열었다. 1942년 말에 16세의 스베틀라나는 그런 비슷한 파티에서 소련의 영화 제작자인 38세의 알렉세이 카플레르를 만났다. 그는 레닌과 혁명에 대한 대중 영화의 시나리오 작가로 유명해진 사람이었다. 두 사람의 연애는 몇 달 뒤에 스탈린이 카플레르의 체포를 지시하면서 끝났다. 확실히 그는 스베틀라나와 그녀가 자기 첫사랑이라고 밝힌 카플레르의 관계에 펄펄 뛰었고, 전시인 만큼 더더욱 부적절하다고 여겼다. 스베틀라나에 따르면 이때 그가 보인 반응으로 두 사람의 친밀했던 관계는 영영 파괴되었다.

> 나는 아버지의 그런 모습을 한 번도 본 적이 없었다…그는 분노로 목이 메여 거의 말을 잇지 못했다…"너의 카플레르는 영국 스파이다. 그놈은 지금 체포됐어!"
> "하지만 저는 그를 사랑해요!" 나는 겨우 입을 열어서 마침내 말했다.
> "사랑한다고!" 아버지는 형언할 수 없는 증오가 담긴 목소리로 부르짖었다. 그리고 태어나서 처음으로, 내 얼굴을 두 차례 후려쳤다. "보시오, 유모, 저 애가 어떤 지경이 되었는지!" 그는 더 이상 자제하지 못했다. "전쟁이 한창인데 저 년은 몸이 달아서…!" 그는 다른 표현을 찾지 못하고 험악한 욕설을 내뱉었다.[27]

그 다음 번 충격은 바실리에게서 왔다. 1943년 초에 그는 대령 계급장을 달고 한 비행 연대를 책임지고 있었다. 그해 4월 그는 부하 한 무리와 함께 낚시를 하러 가기로 했다. 그들은 폭발물을 사용해서 물고기들을 기절시켰다. 그런데 포탄 하나가 땅 위에서 터져 그 연대의 장교 한 명이 죽고 바실리는 파편을 맞아 부상당했다. 물론 그는 모스크바에 있는 크레믈 병원에서 치료 받았다. 스탈린은 노발대발했다. 확실히 이 무모한 장난은 그가 저지른 무수한 비행 중의 하나에 불과했다. 이는 1943년 5월 26일 국방 인민위원 I. V. 스탈린이 내린 명령을 통해 확인할 수 있다.

> (1) I. V. 스탈린을 비행 연대 지휘관직에서 즉시 해임하고, 나의 지시가 있을 때까지 일체의 지휘관직을 맡기지 않는다.
> (2) 해당 연대와 이 연대의 전 지휘관 스탈린 대령에게, 그가 폭음

과 방탕, 그리고 연대를 타락시키고 문란케 한 행위로 인해 직위에서 해임되었음을 통보한다.[28]

아버지의 말뿐인 위협에 익숙해진 지 오래된 바실리는 그의 질책에 대해 그리 걱정하지 않았다. 실제로 그는 얼마 안 가서 더 높은 새로운 직위에 임명되었고, 전쟁이 끝날 무렵에는 24세의 장군이 되어 있었다. 스탈린의 아들은 거의 무슨 짓을 하고도 무사할 수 있었다. 그 무렵 이제 대학생이 된 스베틀라나는 옛 학교 동창과 결혼했다. 그녀는 곧 아들을 낳아서 할아버지를 따라 이오시프라고 이름을 지었다. 그럼에도 스탈린은 유대인인 데다가 전쟁에 나가 싸우지도 않은 사위를 만나기를 거부했다. 그가 이 결혼에 동의한 것은 오로지 카플레르와의 연애 사건 때 불거진 험악한 상황이 재연되는 것을 피하기 위해서였을 것이다.

독일이 패배하고 전시의 압박이 줄어든 뒤에도 스탈린은 가족에게 돌아가지 않았다―아니, 가족들이 그의 삶으로 들어오는 것을 허락지 않았다. 그는 고독과 야행성 생활 방식에 익숙해져 있었고, 자식들에게 거의 시간을 할애하지 않았다. 그는 손주들을 보는 데도 재미를 붙이지 않았다. 이제 노년에 들어 지치고 건강이 좋지 않았던 그는 배신과 적의 색출에 대한 생각에 골몰했다. 그의 가족에게 닥친 마지막 충격은 파벨 알릴루예프의 아내와 나데즈다의 언니 안나의 체포였다. 그들은 스탈린이 죽은 뒤에야 풀려났다.

사실 스탈린의 자식들은 그의 노년에 거의 위안을 주지 못했다. 바실리는 알코올 중독과 난봉에 급속히 빠져 들었고, 30세에는 이미 무수한 만성 질환에 시달려 노인이나 다름없었다. 그럼에도 그는 아버지의 아량 덕분에 군에서 점점 더 높은 지위에 올랐으며 마음 놓고 정부 예산을 탕진했다. 젊은 스탈린은 풍요로운 삶을 게걸스럽게 추구했다. 그는 교외의 사유지를 거듭해서 짓고 개보수했으며, 화려한 사냥용 별장을 짓는 데 돈을 물 쓰듯 썼고, 엄청난 몸값과 아파트를 미끼로 최고의 운동선수들을 유인하여 스포츠 팀을 만들었다. 또 독일에서 비행기로 사치품을 공수해 왔고 애인과 부인을 줄줄이 갈아치웠으며 아첨하는 식객들과 어울려 술을 퍼마셨다. 말년에 이르러 그가 또 다른 불명예스러운 사고를 친 뒤, 아버지는 그를 모스크바 군관구 공군 사령관이라는 핵심 직위에서 해임했다. 바실리는 군사학교로 보내져 공부를 하게 되었고, 그럼으로써 그나마 남아 있던 음주의 제한이 사라졌다. 한편 스베틀라나는 아버지가 좋아하지 않았던 남편과 이혼하고 아버지가 좋아하는 남자—스탈린의 작고한 동지의 아들인 유리 즈다노프—와 재혼했다. 그러나 이 결혼은 행복하지 않았고 오래 가지 못했다.

스탈린이 죽은 후 그의 자식들은 매우 상징적인 운명을 겪었다. 바실리는 술에 취해서 아버지의 후임자를 모욕한 죄로 형무소에 수감되었고 40세에 유형지에서 죽었다. 스베틀라나는 인도인 공산주의자와 결혼했다. 남편의 장례식에 가기 위해 인도 여행 허가를 받았을 때 그녀는 이를 미국 망명의 기회로 삼았고, 2011년에 미국에서 사망했다. 그녀는 미국으로 이주한 뒤 〈친구에게 보내는 편지 20통(Twenty Letters to a Friend)〉이라는 제목으로 스탈린 가족에 대한 향수와 미화에 젖은 회고록을 출판했다. 그녀는 아버지의 병적인 잔인성을 라브렌티 베리야의 책략과 아부 탓으로 돌렸다. 하지만 결국 아버지가 세운 체제에 대한 그녀의 태도를 가장 웅변적으로 표현한 것은, 그가 사회주의의 가장 무서운 적이라고 여겼던 나라로 그녀가 망명했다는 사실이었다.

6

대원수

종전 직후의 스탈린 대원수. 러시아 국립사회정치사문서보관소.

승리는 스탈린을 유례없이 높은 자리에 올려놓았다. 1945년 6월 붉은 광장을 행진한 군사력의 의기양양한 과시는, 이제 그 어느 때보다도 확고해진 그의 새로운 권력이 대원수 칭호와 더불어 정당화되었다는 중요한 상징이었다. 그러나 스탈린은 붉은 군대를 지구상에서 가장 가공할 군대로 변신시킨 승리가 전후에 세계열강으로서 소련의 지위를 회복하고 유지하기 위한 길고 힘든 여정의 첫 걸음에 불과함을 알 만큼 충분히 노련한 정치인이었다. 소련은 쇠약해진 국가였다. 이 나라에 닥친 고통과 파괴는 거의 상상할 수 없을 정도였다. 현대의 인구학자들은 소련이 2,700만 명을 잃었다고 말하며, 그중 다수는 젊은이—이 나라의 미래—였다. 수천 곳의 소도시와 마을이 폐허가 되었고, 수많은 사람들이 임시변통으로 몸을 누일 곳을 지어야 했다. 수백만에 달하는 상이군인들은 정부의 지원이 필요했다. 군인 1,100만 명의 제대와 평시 경제로의 이행 또한 상당한 자원을 요했다. 전후의 기근—집단화된 농업에 가해진 파괴와 스탈린식 분배 체계의 취약성을 보여준 비극적 증거—은 1946~1947년에 정점에 달했다. 150만이나 되는 사람들이 굶주림이나 질병으로 죽었다. 또 수천만 명이 영양실조에 걸리거나 기타 영구적 장애를 초래하는 심각한 질병을 앓았다. 예전에도 그랬듯이 기근 동안에 식인이 그 추악한 고개를 쳐들었다. 이 모든 고난에 더하여, 서부 우크라이나와 발트 해 연안 국가, 즉 전쟁 직전에 소련으로 흡수되어 스탈린의 테러를 맛보았던 영토에서는 처절한 게릴라전이 벌어졌다.

또한 새로운 국제적 도전들이 있었다. 연합국과의 관계는 현저히 냉각되었다. 나치의 공세 때문에 정략결혼에 합의했던 스탈린의 소련과 서방의 민주주의는 닮은 점이 거의 없었다. 전후 세계 분할을 마무리

짓기 위한 협상은 새로운 다툼의 장을 열었지만, 싸움으로 자웅을 판가름 짓기에 소련은 너무 약했다. 미국의 핵무기 독점이 불안했던 소련은 이를 종식하기 위해 막대한 자원을 투입했다.

스탈린 정권이 직면한 특별한 위험은 소련 사회의 상징적 승리와 일상의 냉엄한 현실 사이의 모순이었다. 전쟁 덕분에 수백만 소련 시민이 국경 너머 유럽 땅을 밟았고, 많은 이들에게 이는 충격적인 경험이었다. 이제 그들은 소련 공식 선전이 여러 해 동안 자기 눈을 속여 왔음을 깨달았다. 상당수가 전쟁에서 싸운 수천만 농민들은 집단농장 체제의 해체를 꿈꾸었고, 자신들이 전선에서 희생을 치름으로써 그런 보상을 받을 자격을 얻었다고 믿었다. 전후 소련 인민이 품었던 기대와 그들의 현실 사이에는 위협적인 간극이 벌어지고 있었다. 그들이 일상의 극심한 고난을 극복하려 발버둥치고, 망자들을 애도하고, 귀환한 병사들의 이야기를 들을 때, 사람들의 대화가 금기시되는 생각과 주제 — 전쟁과 승리의 대가, 당·정부 관료들이 누리는 미심쩍은 특권, 굶주림과 결핍의 원인 — 로 흘러가는 것은 자연스러운 수순이었다. 이런 '불온한' 사고에 대한 체제의 대응은 대개 '반소 선전' 혐의로 체포·기소하는 것이었다. 그러나 새로운, 전후의 소련에서도 과연 이러한 대응 방식이 먹힐 것인가?

분명 스탈린은 이런 도전을 어떻게 다룰지를 확실히 알지 못했다. 승전 직후에 그는 국민에게 자유화가 도래할 것임을 암시하는 등 엇갈린 메시지를 보냈다. 1945년 5월 24일 붉은 군대 지휘관들을 위해 베푼 리셉션에서의 발언은 그 한 예이다.

우리 정부는 적지 않은 실책을 범했습니다. 우리 군대가 우리가 태어난 마을과 도시를 버리고 후퇴 중이던 1941~1942년에는 절망의 순간들도 있었습니다…다른 나라의 인민이었다면 정부를 향해 이렇게 말했을 지도 모릅니다. 너희는 우리 기대에 미치지 못했다, 꺼져라, 우리는 너희 대신에 독일과의 휴전 조약에 서명하고 우리에게 평화를 보장해 줄 다른 정부를 세우겠다. 그러나 러시아 인민은 그렇게 하지 않았습니다. 정부의 정책이 옳음을 믿고, 독일을 패망시키기 위한 희생을 택했기 때문입니다. 그리고 러시아 인민이 소련 정부에 보낸 이 신뢰는, 인류의 적—파시즘—에 대항한 역사적 승리를 이끌어낸 결정적인 힘이 되었습니다. 러시아 인민이 보내 준 이 신뢰에 감사드립니다![1]

이런 참회의 표시는 자신감 있고 인기 있고 승리한 지도자가 취하는 효과적 제스처였다. 그러나 스탈린은 곧 이런 발언이 위험할 수도 있음을 감지하기 시작했다. 이는 지난 전쟁에 대해 비판적으로 질문할 여지를 열어 주었고, 이런 논의의 반향이 그에게 다다르기 시작하고 있었다. 1945년 11월, 부랴트-몽골 자치공화국의 한 선전원이 보낸 편지가 스탈린에게 올라갔다. 이 선전원은 강연 도중에 스탈린이 정확히 무슨 뜻으로 소련 정부의 실책을 언급했느냐는 질문을 받았다고 했다. "물론 저는 이 질문에 대답할 수 없었습니다…저는 솔직하게 스탈린 동무께, 이 문제의 정답이 무엇인가에 대한 당신의 설명을 부탁드립니다."[2] 사라토프 도의 말리 우젠 마을에서 N. M. 흐멜코프가 보내온 편지는 좀 더 단도직입적이었다. "전쟁이 터졌을 때 독일군이 우리 군대보다 더 우수했다니, 우리는 어떻게 이런 일이 벌어지도록 내버려 둘 수 있었습니까?" 흐멜코프는 붉은 군대가 곧 '적의 영토에서' 싸우게 될 것이라던 전쟁 전의 약속을 상기하고, 스탈린주의자들이 오늘날까지도 그 유효성을 부인하는 핵심적 질문을 스탈린에게 던지며 편지를 마무리했다. "승자는 비판 받지 않습니다. 그러나 승리한 사람들은 승리가 최소한의 수고와 자원을 들여 최소한의 사상자를 내며 이루어졌는지, 그리고 그렇지 못했다면 원인이 무엇이었는지를 파악할 의무가 있습니다. 우리가 전쟁 대비에 들인 시간이 너무 짧았는지, 복잡한 기계의 톱니들이 잘못 작동하여… 더 복잡한 부분을 망가뜨렸는지?"[3] 흐멜코프의 편지는 스탈린의 지시에 따라 그대로 아카이브로 직행했다.[4] 그는 이런 질문에 답하거나 정부가 어떤 '실책'을 범했는지 캐물을 의지가 없었다. 승리의 대가, 군사 지도자들의 공과, 전쟁 이후 자유화의 희망에 대한 바람직하지 못한 논의를 미연에 방지하기 위해, 그는 일련의 이데올로기적 역공을 개시했다.

그 첫 번째는 전쟁으로 입은 피해의 정도와 패배의 원인에 대한 재평가였다. 명백히 국가적 피해를 축소하려는 시도의 일환으로, 1946년 3월 스탈린은 "독일 침공의 결과, 소련은 독일군과의 전투, 독일군의 점령, 그리고 독일로 끌려간 소련 인민의 강제 노동 징용으로 인해 약 700만 명을 영구히 잃었다"고 공식적으로 발표했다.[5] 이는 정확한 통계와는 거리가 먼 엉뚱한 수치였지만, 이 숫자가 어디서 나온 것인지는 짐작해 볼 수 있다. 참모본부의 추산에 따르면 붉은 군대 약 700만 명이 전사하거나 부상 또는 질병으로 사망했다.[6] 점령의 희생자와 나치 노동 수용소로 끌려간 사람들까지 이 수치에 포함시켰을 때 그는 자기가 진실을 왜곡하고 있음을 틀림없이 알았다. 이제 소련의 전쟁 피해는 어마어마하게 끔찍해 보이지 않았고, 그 후 이 문제는 여러 해 동안 묻히게 되었다.

소련의 정확한 전쟁 사망자 수를 은폐하기는 비교적 수월했을지 몰라도, 붉은 군대의 처참한 퇴각은 또 다른 문제였다. 어떻게 독일군이 무려 볼가 강까지 진격할 수 있었는가? 이 치욕적인 에피소드에 대한 논의는 그저 억누르는 수밖에 도리가 없었다. 개전 후 첫 18개월간 겪은 끔찍한 패배는 승리의 설계자로서의 그의 위신을 실추시키고 정권과 스탈린 자신에게 수치스런 그림자를 드리웠다. 소련 선전에는 이 초기의 패배를 설명하는 몇몇 상투적 논거들—유럽 대륙을 예속시킨 히틀러 전쟁 기구의 힘, 붉은 군대가 재무장을 미처 완료하지 못했던 점, 신의를 저버린 나치의 기습 공격—이 있었다. 분명 스탈린은 이런 논거만으로는 충분치 못함을 알았다. 서서히 용의주도하게, 그는 총사령관인 자신의 결백을 입증해 줄 또 하나의 생각을 선전 무기로 도입하려 노력했다. 붉은 군대의 퇴각은 적을 지치게 하기 위해 의도적으로 계산된 행보였다는 주장이었다. 이를 익숙하고 이해할 만한 주장으로 만들어 주는 유명한 역사적 선례가 있었다. 바로 1812년 쿠투조프가 나폴레옹 군대를 러시아 영토 깊숙이 끌어들이고 심지어 모스크바까지 내주었다가 역공을 펼쳤던 전략이었다. 이는 군대를 보존하고 나라를 구한 전략이었다고 인정되었다.

퇴각에 대한 이런 새로운 설명 방식을 내세울 기회는 1946년 초에 스탈린이 군사학교 교수 Ye. A. 라진에게서 받은 편지의 형태로 찾아왔다. 라진이 수령에게 보낸 편지는 군사 교리의 일반적인 문제에 대한 것이었지만, 스탈린이 보낸 답장은 소련 군사사를 이해하기 위한 구체적이고 원대한 지침을 제시하는 내용이었다. 그는 두 가지 중심 개념을 강조했다. 첫째로, 레닌은 내전 시기에도 그 어느 때에도 "군사 전문가가 아니었다." 따라서 스탈린은 총사령관으로서 진정한 자격을 갖춘 유일한 소련 지도자였다. 두 번째로 그는 처참했던 전쟁 초기 단계에 대해 좀 더 호의적인 해석을 제시했다. 스탈린은 이렇게 썼다. "일부 불리한 상황에서의 후퇴는 공격만큼 합리적인 형태의 전투이다." 그는 "적의 공격이 성공한 후, 방어하는 쪽이 힘을 끌어 모아 역공으로 전환하여 적에게 결정적 패배를 안겨 주는" 경우의 역공을 좀 더 자세히 살펴 볼 것을 지적했다. 스탈린은 비슷한 역사적 사례를 들어 이 개념을 뒷받침하기 위해, 로마군을 영토 깊숙이까지 "유인한" 뒤 "역공을 가하여 그들을 섬멸한" 고대 파르티아의 예를 들었다. 그는 또 쿠투조프가 프랑스군에게 역공을 가한 사례도 제시하며 그를 "위대한" 지휘관으로 칭했다.[7]

물론 스탈린은 이런 역사적 선례와 1941~1942년의 사건을 대놓고 비교하지는 않았지만, 그 암시는 명백했다. 전쟁 첫 단계의 패배는 역공을 준비하는 관리 가능한 국면으로, 최고 지도부의 터무니없는 실수와 지휘 계통의 붕괴로 초래된 재앙이 아닌 '합리적인 형태의 전투'로 변신했다. 이런 논리의 타당성에 의문의 여지가 있음을 인식한 스탈린은 처음부터 자기 서신을 널리 퍼뜨리지 않았다. 이는 1946년 2월에 쓰였지만 그로부터 1년 뒤에야 발표되었다.

라진에게 보낸 편지에는 전쟁 첫 몇 달간 스탈린이 집착하고 있던 또 다른 중요한 생각이 담겨 있었다. 이는 "독일의 군사 전문가들"에게 "불필요한 존경"을 표하는 등 "서방에 굽신거리지" 말아야 한다는 것이었다. 이런 감정이 최초로 표출된 것은 1945년 가을 남부에서 휴가 중이던 스탈린이 모스크바의 동지들에게 쓴 편지에서였다. 그는 외국 지도자들의 칭찬에 "어린애처럼 기뻐 날뛰는" 모 "고위 간부들"을 비난하면서, "나는 이런 경향이 우리 안에 외국 거물들에 대한 노예근성을 키우기 때문에 위험하다고 본다. 외국인에 대한 노예근성을 뿌리 뽑는 가차 없는 투쟁을 벌여야 한다"고 썼다.[8]

이처럼 막연히 표현된 생각들은 소련 사회가 서방 동맹국의 이데올로기적 영향력에 '감염'되는 데 대한, 그리고 힘없는 승전국 국민이 열등감에 빠질 위험에 대한 스탈린의 반응이었다. '노예근성을 뿌리 뽑는 투쟁'은 점차 구체적인 캠페인과 제도의 형태를 띠게 되었다. 1946년 8월에 당중앙위원회 결의문인 '잡지 〈즈베즈다〉와 〈레닌그라드〉에 대하여'가 발표되었고, 당중앙위원회 간사 안드레이 즈다노프가 레닌그라드의 문필가들을 상대로 격앙된 연설을 하여 이를 뒷받침했다. 그의 분노는 풍자 작가 미하일 조셴코와 시인 안나 아흐마토바를 겨냥했다. 즈다노프에 따르면 조셴코의 글은 "소련 체제에 대한 동물적 적대감의 독소"로 오염되어 있었다. 아흐마토바는 "음탕함과 기도를 뒤섞은 매춘부 수녀"로 낙인 찍혔다.[9] 전국의 당 회의―지역 당 조직, 공장, 집단농장―에서 이 결의문에 대한 토론이 의무화되었고, 이로써 창의적 지식인들을 성토하는 캠페인이 시작되었다.

작가들에 대한 공격의 주된 모티프는 "서구 현대 부르주아 문화에 대한 굴종"을 폭로하는 것이었고, 이는 명백히 스탈린 자신의 펜 끝에서 나온 표현이었다. 실제로 문서고 기록을 보면, 즈다노프가 토한 독설의 배후에 스탈린이 있었으며 스탈린이 즈다노프의 연설문을 작성하고 편집했음을 확인할 수 있다.[10] 나아가 이 문서들은 이데올로기적 획일성을 강요한 다른 조치들의 주동자 또한 스탈린이었음을 드러낸다. 모스크바에서 암 치료제를 개발 중이던 부부 과학자 니나 클류예바와 그리고리 로스킨의 유명한 사건이 그 좋은 예였다. 1947년에 그들은 기밀 정보를 미국에 넘겨주었다는 근거 없는 죄목으로 기소되었

다. 당국은 이 부부가 "외래적인 것에 대한 굴종과 노예근성"에 물들었다고 비난했다.[11]

이처럼 과장된 이데올로기적 상투어는 레닌주의와 스탈린주의의 고전적 주세의 변주였다. 소련은 가장 진보한 사회 체제를 건설하고 있으므로 언제나 모든 측면에서 나머지 세계보다 더 우월하며, 스스로의 필연적 종말을 예감하는 자본주의 열강은 사회주의의 본산을 향해 언제라도 전쟁을 일으킬 태세가 되어 있다는 것이었다. 최근 벌어진 전쟁과 냉전을 향한 점진적 움직임은 이런 사고방식을 더욱 굳혀 주었다.

여러 해에 걸쳐, 특히 구소련과 사회주의 블록의 문서고가 개방된 이후로 행해진 연구들은 냉전의 기원에 대한 풍부한 정보를 제공했다. 그럼에도 학자들은 그 진짜 기원에 대해, 어느 쪽 진영의 책임이 더 큰지에 대해, 두 적대 세력의 진짜 동기와 계산에 대해 합의에 이르지 못할 듯하다. 냉전은 뚜렷한 출발점을 갖는 하나의 사건이라기보다 점진적 과정에 더 가까웠다. 이 과정에 참여한 세계 지도자들은 단순히 자기 나라의 주요 이익을 추구했던 것만이 아니라, 종종 예기치 못했던 구체적 상황에 대해 자주 비논리적인 결정으로 대응했다. 스탈린도 예외가 아니었다.

제2차 세계대전 연합국들 사이의 갈등은 두 체제의 근본적인 양립 불가능성, 각자의 영향권을 확대하려는 열망의 충돌, 전쟁 이전까지 거슬러 올라가는 서로에 대한 불만, 외부의 적을 상정할 필요성 때문에 더욱 고조되었다. 특수한 문제들이 쉽게 보편적 의구심과 적대로 비화되었다. 미국이 핵무기를 독점하고 일본 점령에 러시아인들을 끼워주기를 꺼린 것은 스탈린이 미국을 상대하면서 느낀 많은 불만의 원인 중 일부였다. 스탈린은 1945년 10월 남부의 다차에서 애버렐 해리먼과 만났을 때, 미국이 "일본에서 동맹국이 아니라 위성국이 필요한 것이 아닙니까? 소련은 그런 역할에 적합지 않다고 말해야겠습니다… 소련이 붙박이 가구로 일본에 머무르느니 차라리 완전히 철수하는 편이 명예로울 것입니다."라고 소리 높여 화를 내며 의구심을 표했다.[12] 한편 스탈린은 붉은 군대와 현지 공산주의자들을 동원하여 동유럽을 소련화하려는 열망을 노골적으로 드러냄으로써, 이미 소련 공산주의에 근본적으로 적대적이었던 서방 지도자들의 화를 돋우었다.

과연 어떠한 상호 양보를 통해 이처럼 완전히 다른 두 체제의 관계가 와해되는 것을 막을 수 있었을지 상상하기 힘들다. 이런 와해가 지연될 수 있었던 요인은 오로지 전술적 계산과 정치적 요소, 예를 들어 영구적 동맹이 실현 가능하리라는 서방 측 여론의 환상(소련 측 여론은 이런 환상을 전혀 품지 않았다)뿐이었다. 특히 스탈린이 경제 원조와 독일로부터의 전쟁 배상금 문제에서 서방이 양보하리라는 희망을 품고 있는 동안은 예의 바른 관계가 유지되었다. 전후 소련에 닥친 파괴와 기근 때문에 원조는 각별히 절실했다. 그리고 이제 소련 영향권으로 들어온 동유럽이 자체적인 기근과 파괴로 고통 받고 있을 뿐만 아니라 상당한 반공주의 감정의 온상이라는 사실 때문에도 그는 신중하게 행동해야 했다.

스탈린은 서방 지도자들과의 개인적인 관계에서도 자제했다. 그는 외교 협상 중에 강경한 태도를 취하는 일은 몰로토프에게 맡기고, 자신은 이따금씩 끼어들어 서방측의 체면을 세워 주거나 회담 결렬을 막기 위한 과시적인 양보를 베푸는 편을 선호했다. 전쟁 중에도 그랬듯이 스탈린은 미국과 영국을 서로 이간질 하려고 시도했다. 그는 미주리 주 풀턴에서 처칠이 '철의 장막' 연설을 한 뒤인 1946년 4월에 모스크바에서 미국 대사와 만났다. 안전면도기와 트랜지스터라디오를 선물로 받은 스탈린은, '처칠과 그의 친구들'이 그들만의 이익을 추구하여 미국을 소련으로부터 밀어내려 할 수도 있다고 '우호적으로' 경고했다.[13]

이러한 대면 외교로 현실에서 작용하는 강력한 힘들을 당해 낼 수는 없었다. 트루먼은 이란, 터키, 그리스에 거점을 확보하려는 소련의 시도에 유럽의 재건을 돕는 계획으로 응수했고, 그중 가장 중요한 계획이 마셜 플랜이었다. 스탈린은 이 플랜의 일환으로 제안 받은 원조를 거부하고(소련의 압박을 받은 다른 동유럽 국가들도 이를 거부했다) 국제 공산주의 조직인 코민포름을 창설함으로써 이에 대응했다. 제1차 코민포름 대회에서 즈다노프는 세계가 '두 진영'으로 분리되고 있다는 스탈린의 생각을 앵무새처럼 따라 했다.[14] 전시의 동맹을 유지하려는 노력은 '국제적 제국주의'에 맞서라는 전통적 외침으로 바뀌었다.

국내에서는 전쟁 이전의 정치적 사고와 관습으로의 회복이 더욱 일찍 일어났다. 스탈린의 보수적 성향은 여기에 적지 않은 역할을 했다. 그가 70세 생일을 바라보는 시점에 직면하고 있었던 일련의 복잡한 문제들을 고려할 때, 그는 개혁이나 실험에 관심이 없었고 자국의 장기적 경제 개발 목표를 수정할 이유를 찾지도 못했다. 1946년 2월 9일 소비에트 연방 최고회의 선거 연설에서 그는 석탄 5억 톤, 강철 6,000만 톤, 주철 5,000만 톤, 석유 6,000만 톤 등 많은 생산 목표를 제시했다. 1946년의 실제 생산량—석탄 1억 6,380만 톤, 강철 1,330만 톤, 주철 990만 톤, 석유 2,170만 톤—을 고려할 때 이는 확실히 엄청나게 야심적인 목표였다. 게다가 경제사가인 유진 잘레스키가 지적했듯이, 순전히 산출량 목표에만 초점을 맞춘 스탈린의 프로그램은 경제

발전에 대한 극도로 단순한 이해의 산물이었다.[15]

1946~1947년의 기근 때에 스탈린은 과거에 효과를 보았던 방식을 적용했다. 1932년에 그랬던 것처럼 국가 재산의 절취를 가혹하게 처벌하는 법률이 제정되었다. 1947년 6월 2일에 제정된 두 법령에 의하면 절도죄에는 최소 5년에서 최대 25년의 징역을 선고할 수 있었다. 1947년부터 1952년까지 200만 명 이상이 이 죄목으로 유죄를 선고 받았다. 그중 대부분은 아니더라도 다수가 극심한 물질적 결핍에 내몰려 사소한 범죄를 저지른 평범한 사람이었다. 굶주린 자식들을 위해 상점에서 빵 한 덩이를 훔친 부모들이 수용소에서의 장기 징역형을 선고 받았다. 대규모 탄압은 절도 기소에만 국한되지 않았다. 정치적 범죄에 대한 체포가 계속되었고, 작업장 규율 위반과의 투쟁을 위해 가혹한 법률이 시행되었다. 이런 선고가 1946년부터 1952년까지 약 700만 건, 1년에 100만 건 꼴로 내려졌다.[16] 굴라크는 꾸준히 팽창하여 스탈린이 사망할 무렵에는 이 나라의 삶에서 중대한 부분을 차지하는 거대한 구조물로 자라났다. 1953년 1월 1일에 250만이 넘는 사람들이 수용소, 유형지, 형무소에 수감되어 있었고, 추가로 외딴 지역의 이른바 '특별 거주지'에 280만 명이 수용되어 있었다.[17] 전체 인구의 약 3퍼센트가 감금되었거나 국내에 유배된 상태였다.[18]

이제 대량 체포, 처형, 강제이주의 형태를 띤 대규모 탄압은 주로 소련에 새로 흡수되어 격렬한 게릴라전이 벌어진 지역에 집중되었다. 스탈린은 반란이 일어난 지역의 평정에 대해 정기적으로 보고서를 받았다.[19] 불완전한 공식 통계에 따르면, 1944~1952년에 리투아니아, 라트비아, 에스토니아에서 약 50만 명이 죽거나 체포되거나 강제 유배되었고 우크라이나 서부에서도 그와 비슷한 인원이 희생되었다.[20] 총 인구가 몇 백만 명에 불과한 이 작은 공화국들과 지방의 입장에서 이는 경악할 수치였다. 스탈린 체제는 변하지 않았고 탄압이 줄어들지도 않았다.

동료 지도자들에 대한 단속

전후 스탈린의 권력 공고화 과정의 한 중요한 측면은, 정부 상층부를 주기적으로 갈아엎고 그에게 헌신·복종하는 동지들에게 예방 차원에서 모욕을 주던 관행으로 되돌아갔다는 것이다. 아마도 스탈린은 전시에 나라를 통치했던 안정적 리더십을 상황 때문에 어쩔 수 없이 용인한 타협으로 여긴 것 같다. 영향력 있는 원수들과 국방위원회 위원들은 이제 그 임무를 완수했으므로 더 이상 스탈린에게 필요치 않았다. 그리고 그의 몸 상태가 쇠약해지면서 의심하는 성향이 더 심해졌다.

1945년 10월 9일 정치국은 스탈린이 '한 달 반 동안 휴식'을 취할 수 있도록 그에게 휴가를 주는 결의안을 채택했다.[21] 이는 그가 9년 만에 처음으로 남부에서 보내는 휴가였고, 그는 아마 마지못해 떠났을 것이다. 외국 언론에서는 추측이 무성했다. 10월 11일 그는 자신의 좋지 않은 건강과 잠재적 후계자들 사이의 권력 다툼에 대해 서방에서 떠도는 말에 대한 타스 통신의 뉴스 요약본을 받아 보았다. 이 요약본에 따르면 〈시카고 트리뷴〉의 런던 통신원은 외교 소식통들을 인용하여, 주코프와 몰로토프가 스탈린의 자리를 차지하기 위해 막후에서 치열한 권력 투쟁을 벌이고 있다는 기사를 썼다. 주코프는 군의 지지를, 몰로토프는 당의 지지를 등에 업고 있다는 것이었다.[22] 그로부터 일주일 뒤의 타스 통신 요약본에는 프랑스 주재 소련 대사의 이런 발언이 실렸다. "지난 10개월간 우리는 스탈린이 사망했다는 소식을 확인해 달라는 요청을 15차례나 받았다." 몰로토프에 대해 한 노르웨이 신문에 실린 기사는 이렇게 쓰여 있었다. "미국, 영국, 기타 자유를 사랑하는 시민들의 여론에 의하면 몰로토프는 세계 열강들 사이에서 동등한 지위를 요구하는 새롭고 강한 소련을 대표한다."[23] 여기에 스탈린은 언급되지 않았다. 이 기사는 그의 후계자들에 대해서만 이야기했다.

이런 외신 보도에는 전후의 권력 배치를 보는 서방의 시각이 반영되어 있었다. 길고 무시무시했던 전쟁과 더불어, 승리를 이룩한 지도자들 또한 역사의 뒤편으로 사라지고 있었다. 루스벨트는 사망했다. 영국의 처칠은 보수당의 패배로 은퇴했다. 스탈린은 이제 고령이었고 와병중이라는 소문이 돌았다. 서방의 관찰자들에게 이 모두는 하나의 일관된 그림을 이루는 요소들이었다. 물론 스탈린은 이런 시각에 동의하지 않았다. 소련 지도자가 교체될지도 모른다는 암시들은 그의 분노와 의심만 더욱 높여 놓았고, 그 타격은 그의 최측근 동지들에게 고스란히 가해졌다. 그 주된 표적은 가능한 후계자 리스트의 일순위에 올라 있는 몰로토프였다. 몰로토프에 대한 공격은 또 다른 대대적 권력 재편을 단행할 편리한 구실이기도 했다. 전시 내내 지배 '5인방'은 스탈린, 몰로토프, 베리야, 말렌코프, 미코얀으로 이루어져 있었다. 이 그룹은 불편할 정도로 오랫동안 유지되어 왔다.

몰로토프에 대한 스탈린의 짜증은 1945년 9월 새로운 전후 질서와 패전국들과의 강화 조건을 논의하기 위해 소집된 런던 외무장관 회의에서 노골적으로 드러났다.[24] 회의 시작부터 몰로토프는 절차적 문제에 대한 재량권을 행사했다. 그는 서방 연합국의 요청에 응하여, 소련, 미국, 영국 이외에 프랑스와 중국도 조약의 초안 작성에 참여시키는 데 동의했다. 이전의 합의에 의하면 프랑스와 중국은 각각 이탈리아와 일본과의 강화 조건 수립에만 참여하기로 되어 있었다. 몰로토프는 이런 변경에 별 문제가 없다고 보았고, 엄밀히 보면 정말로 그랬다. 프랑스와 중국은 조약의 논의에 참여하여 조언만 할 수 있었고 투표권은 없었다. 몰로토프가 이에 동의한 것은 완벽히 합리적이었다. 회의가 생산적으로 진행되길 희망했던 그는 부차적인 문제를 놓고 갈등을 자극해서 시간을 낭비하고 싶지 않았다.

협상이 극복하기 힘든 교착 상태에 부딪치지 않았다면 아마 그의 양보는 별로 주목 받지 않고 넘어갔을 것이다. 스탈린은 소련이 일본의 운명을 결정하는 실질적 역할을 부여 받아야 한다고 요구했다. 서방측은 이 문제를 심지어 의제로 올리지도 않았다. 또 스탈린은 지중해에 확고한 발판을 마련하기 위해, 북아프리카의 이탈리아 식민지 중 한 곳을 소련의 신탁 통치령으로 만들 것을 요구했다. 그러나 서방측은 거부했다. 양측은 루마니아와 불가리아를 놓고도 막다른 골목에 부딪쳤다. 이 나라들을 자신의 '위성국'(스탈린은 이 회의 기간에 몰로토프에게 보낸 전문에서 실제로 이 단어를 사용했다)으로 여긴 소련 정부는 이곳에 이미 친공산주의 정부를 수립해 놓았다.[25] 미국과 영국은 이 정부들을 승인하거나 그들과 협정을 맺기를 거부했다. 스탈린은 심지어 회의가 결렬될 것처럼 보이는 와중에도 동맹국들에 대한 압박을 더 강화하는 쪽을 택했다. 영미가 지지한 프랑스와 중국의 참여 문제는 그 편리한 구실을 제공했다. 9월 21일 스탈린은 몰로토프가 행한 절차적 양보에 대해 질책했고, 몰로토프는 참회했다. "제가 중대한 실수를 저질렀음을 인정합니다. 즉시 조치를 취하겠습니다."[26] 다음날 그는 자신의 동의를 철회했다. 서방 연합국은 분개했다. 표면적으로는 회담이 이 단순한 절차적 문제 때문에 답보 상태에 다다른 것처럼 보였다.

이 사건은 스탈린의 기만적 성향을 생생히 보여 준다. 그는 동료 연합국의 눈에 온건하고 예측 가능한 정치인으로서의 이미지를 심어 주면서 더러운 일은 자기 동지들에게 떠넘겼다. 프랑스와 중국의 참여에 대한 동의 철회가 그의 지시에 의한 것임을 몰로토프가 밝혔을 때 그는 격노했다. 그 후로 오랫동안 그는 몰로토프에게 이 사건과 그 유사한 사례들을 들먹이면서, 몰로토프가 스스로를 '소련 정부와 스탈린'의 경직성에 대한 합리적인 대안인 양 내세우려 한다며 비난했다.[27]

몰로토프에 대한 이런 무차별 공격은 더욱 심각한 공격이 다가오고 있다는 신호였다. 스탈린이 휴가 중에 꼼꼼히 읽은 타스 통신의 외신 요약은 이 드라마에서 본질적인 역할을 수행했다. 몰로토프의 곤경은 영국 〈데일리 헤럴드〉 특파원의 1945년 12월 1일자 기사 한 토막과 더불어 시작되었다. 기사는 스탈린이 인민위원회의 의장직에서 물러나고 몰로토프가 이 자리를 되찾을지도 모른다는 루머를 보도했다. 타스 통신 요약문은 "현재 소련의 정치 지도부가—물론 정치국의 총괄적 지침 하에서—몰로토프의 수중에 있다"는 특파원의 말을 인용했다.[28] 특히 스탈린이 여러 해 만에 처음으로 모스크바를 떠나 있는 상황에서, 몰로토프에게 이보다 더 치명적인 추측은 없었을 것이다. 화가 머리끝까지 난 스탈린은 12월 2일 몰로토프에게 전화를 걸어, 외국 특파원들이 송고하는 기사에 더욱 엄중한 검열을 행할 것을 요구했다.[29] 그런데 바로 다음 날 관료적 실수가 빚어졌다. 통제를 강화하라는 스탈린의 지시가 있기 이전인 12월 1일 〈뉴욕타임스〉에 실린 기사가 12월 3일자 타스 통신 요약문에 포함된 것이다. 〈데일리 헤럴드〉 기사처럼 〈뉴욕타임스〉 기사 역시 소련 지도부 내의 불협화음과 스탈린의 지위 약화를 암시하고 있었다.[30] 스탈린이 〈뉴욕타임스〉 기사에 대한 타스 통신의 요약문을 읽은 것은 12월 5일이었다. 그는 소련 주재 외국 특파원들에 대한 검열이 느슨해지고 있음을 언급한 12월 3일자 로이터 통신 기사도 같은 날 읽은 것이 분명하다. 이 통신사는 서방 언론인들이 소련 당국에 집단적으로 불만을 제기한 이후, 11월 7일에 열린 리셉션에서 몰로토프가 한 미국인에게 이렇게 말했다고 주장했다. "특파원 여러분이 러시아의 검열을 없애고 싶어 한다는 걸 압니다. 만약 내가 상호주의적 조건 하에 이에 동의한다면 어떻게 하시겠습니까?" 로이터에 따르면, 그로부터 며칠 뒤에 서방 기자단은 실제로 통제가 느슨해진 신호를 목격했다.[31]

이런 보도들은 몰로토프가 자신에 대한 음모를 꾸미고 있다고 뒤집어씌우기에 충분하고도 남는 정보를 스탈린에게 제공했다. 12월 5일 수령은 몰로토프, 베리야, 미코얀, 말렌코프에게 이 문제를 조사하라고 요구하는 전문을 보냈다.[32] 네 사람은 그 다음날 스탈린에게 상세한 답장을 보냈다. 〈뉴욕타임스〉 기사는 간단하게 설명할 수 있었다. 이는 스탈린이 몰로토프에게 통제 강화를 요구하기 3일 전인 11월 30일에 검열을 거친 것이었다. 로이터 보도에 대한 설명 역시 설득력이 있었다. 몰로토프는 11월에 정말로 검열 완화를 지시했다. 검열이 "외국 특파원들이 송고하는 전문에서 낱낱의 어구와 표현을 불필요하게 삭제할 때가 많기" 때문이었다. 11월 7일 리셉션에서의 대화에 대해, 몰로토프는 자기가 하지 않은 말이 자신의 말인 것처럼 왜곡되었다고 주장했다.[33]

이 답장을 받은 스탈린은 격노했다. 그가 정말로 화를 냈는지 짐짓 화난 체한 것인지는 알 수 없다. 같은 날인 12월 6일 그는 굉장히 가시 돋친 전보를 모스크바에 보냈다. 그는 네 사람이 제시한 일체의 합리적인 해명을 무시하고, 외국 언론의 '소련 정부에 대한 명예훼손'이 발생한 데 몰로토프가 책임을 져야 한다고 못 박았다. 나아가 외국 특파원들에 대한 몰로토프의 자유주의적 태도는 '우리의 정책 방향'을 바꾸려는 의도적 노력을 드러낸다고 썼다. 그는 말렌코프, 베리야, 미코얀이 이를 방조했다고 비난한 뒤, 몰로토프를 겨냥해 극도로 혹독한 언사를 퍼부었다. "나는 몰로토프가 외국의 특정 패거리에게 인기를 끌기 위해서라면 우리나라의 이익과 우리 정부의 명예 따위는 내버린다고 확신합니다. 나는 그런 동지를 더 이상 나의 수석 대리로 여길 수 없습니다." 더한 굴욕을 주기 위해, 스탈린은 이 전보를 말렌코프, 베리야, 미코얀에게만 보내고 그들에게 몰로토프를 불러서 이 내용을 읽어주되 그 사본은 넘겨주지 말라고 지시했다. 그가 설명한 이유는 몰로토프에게 극도로 모욕적이었다. "몰로토프의 일부 측근들이 의심스럽기 때문에 그에게는 (이 전문을) 보내지 않았습니다."[34]

이 전문에는 스탈린이 지금껏 (물론 그가 처형한 정치국원들을 제외하면) 자기 측근에게 가한 가장 강한 비난이 담겨 있었다. 네 사람은 당연히 겁에 질렸다. 12월 7일 베리야, 말렌코프, 미코얀은 그들이 동료에게 단호한 행동을 취했음을 보고하는 암호 전문을 스탈린에게 보냈다. "우리는 몰로토프를 불러서 전보문 전문을 읽어 주었습니다. 몰로토프는 잠시 생각한 뒤, 자기가 많은 잘못을 저질렀지만 자기에 대한 불신은 부당하다고 말했습니다. 그리고 눈물을 흘렸습니다."[35] 그들이 당시의 상황을 정확하게 묘사했는지는 알 길이 없다. 이는 극장에 있지도 않았던 단 한 명의 관객을 위해 연출된 드라마였다. 중요한 것은 드라마 자체가 아니라, 이 사건이 해결된 방식에 대한, 스탈린을 만족시키기 위해 고안해야 했던 설명이었다. 몰로토프는 여기에 동참했다.

같은 날 그는 스탈린에게 직접 전문을 보냈다. "당신의 암호 전문은 볼셰비키이자 한 인간으로서의 저에 대한 깊은 불신으로 가득 차 있었습니다. 저는 이를 그 어디에서든 제가 앞으로 행할 모든 일에 대한 가장 엄중한 당의 경고로서 받아들입니다. 저는 제 행동으로써 당신의 신뢰를 얻으려 노력할 것입니다. 모든 정직한 볼셰비키에게 당신의 신뢰는 단순한 개인적 신뢰가 아닌 당의 신뢰이며 제게는 생명보다 더 소중합니다."[36] 그 후에 이어진 서신으로 판단할 때, 스탈린은 자기가 바라는 효과를 거두었다고 판단했다. 명백히 그는 몰로토프의 '죄'가 그리 대단치 않으며, 자기 부하들이 그 어떤 직접적 명령에도 불복한 적이 없음을 잘 알았다. 몰로토프는 그저 멀리서 내려오는 스탈린의 지침이 간헐적이고 모호한 경우에 자신의 재량을 발휘했을 뿐이었다.

몰로토프 스캔들은 곧 가라앉았다. 그 진짜 목적이 다른 데 있었기 때문이었다. 스탈린은 최고 지도부에 변화를 일으키기를 원했다. 그는 모스크바로 돌아오자마자 개편에 착수했다. 1945년 12월 29일 그는 오랜 동지 안드레이 즈다노프를 측근 그룹에 끼워 주었다. 5인방은 6인방이 되었다. 1946년 10월에는 니콜라이 보즈네센스키도 입회를 허락받으면서 이제 7인방이 나라를 지배하게 되었다.[37]

'레닌그라드 파'—즈다노프와 보즈네센스키—가 스탈린 측근 그룹으로 귀환하면서 정치국 내에 경쟁이 붙었다. 전쟁 기간에 레닌그라드 출신들을 밀어냈던 말렌코프와 베리야는 이제 그들에게 권력을 내주어야 했다. 1946년 5월에 스탈린은 말렌코프가 전쟁 때부터 책임져 온 분야인 항공 산업의 부조리를 은폐했다고 비난하며 그를 당중앙위원회 간사직에서 해임했다. 당중앙위원회를 감독하던 말렌코프의 책무는 즈다노프에게 넘겨졌다. 그와 비슷한 시기에 베리야에게도 타격이 가해졌다. 스탈린은 베리야의 심복인 프세볼로트 메르쿨로프[38] 국가보안부 장관을 불명예 퇴직시켰다. 베리야에게 특히 위험했던 일은 스탈린이 소련군 방첩총국의 수장을 지낸 빅토르 아바쿠모프[39]를 메르쿨로프의 자리에 임명한 것이었다. 베리야는 그와 사이가 좋지 않았다. 스탈린식 대개편의 규칙에 따라, 신임 장관은 전임자의 권력 남용, 아니 범죄를 밝혀내야 했다. 아바쿠모프는 이 역할에 적임이었다. 메르쿨로프와 베리야는 둘 다 분명히 위험에 처했다. 스탈린이 죽은 뒤 메르쿨로프는 이렇게 증언했다. "내가 국가보안부 장관직에서 퇴직된 사건으로 베리야는 불쾌한 순간을 많이 겪었다. 베리야는 자기가 나 때문에 스탈린 동무와 불편한 관계가 되었다고 말했다."[40]

베리야와 말렌코프의 시련은 비교적 혹독하지 않았다. 둘 다 최고 지도부 내에 계속 머물렀다. 아마 스탈린은 누가 우두머리인지만을 확실히 보여 주고 그들이 언제라도 대체 가능한 존재임을 상기시키려 했던 것인지도 모른다. 스탈린이 이미 굳어진 절대 권력 체제를 해체할 생각이 없었음은 명백하다. 그는 새로운 평형추, 경쟁의 새로운 중심을 만들고 싶었을 뿐이다.

스탈린은 군 지도부를 다루는 데도 계산적이었다. 전쟁이 끝날 무렵 소련 원수와 장군들의 위상은 당연히 하늘을 찌를 듯했다. 사령관으로서 자신의 명성을 소중히 여겼던 스탈린에게 그들의 인기는 정치적으로 바람직하지 못했다. 승리는 오로지 천재 한 명의 작품이어야 했다. 또한 스탈린은 음모의 가능성도 우려했다. 자만심에 취한 장군들의 언행은 지도자를 더욱 자극할 뿐이었다. 군과 항상 경쟁 관계에 있던 공안 기관은, 장군들이 기념 만찬회에서 서로를 입에 침이 마르도록 추켜세우며 수령을 폄하한 대화 내용을 스탈린에게 보고했다. 스탈린의 자연스러운 반응은 탄압이었다. 전시의 군사 지도자 중에서 가장 유명하고 영향력 있는 주코프가 그의 첫 번째 표적이 된 것은 필연적인 일이었다. 이제 주코프의 목숨은 경각에 달렸다. 스탈린은 주코프와 가까운 많은 장군들의 체포를 명령하고 주코프 본인에 대한 수사를 개시했다. 말렌코프의 좌천과 메르쿨로프의 해임이 있은 지 한 달 뒤 주코프와 기타 군 지도자들이 문책을 당했다. 스탈린이 서명한 1946년 6월 9일자 국방부 명령은 전시 사령관의 일탈 행위를 이렇게 기술했다. "모든 겸허함을 상실하고 개인적 야심에 휩쓸린 주코프 원수는, 자신의 공을 충분히 인정받지 못했다고 여기고 부하들과의 대화에서 자신과 무관한 작전들을 포함한 대조국전쟁의 모든 주요 작전의 계획 및 수행을 자신의 공적으로 돌렸다."[41] 명백히 이 비난은 이 국민 영웅과 기타 군 지도자들이 자기에게 제대로 경의를 표하지 않는 데 대한 스탈린의 질시와 분노, 그리고 그들의 콧대를 꺾고자 하는 욕망에서 비롯된 것이었다. 하지만 그를 물리적으로 제거하는 데까지 나아가기에 주코프는 너무 상징성이 크고 스탈린과 긴밀히 결부된 인물이었다. 이 명령에 의해 주코프는 한 군관구를 지휘하는 2등 직위로 좌천되었다. 그 시대에 스탈린의 다른 동료들이 맞았던 운명을 생각하면 이런 명령은 오히려 상으로 볼 수도 있었다. 주코프는 많은 것을 잃었지만 전부를 잃지는 않았다. 말년에 스탈린은 주코프를 다시 당중앙위원회에 받아들이는 데 동의했다. 이는 그가 마침내 수령의 승인을 받아 복귀했다는 신호였다.

이런 재편 끝에 1946년 말쯤에 스탈린의 동료들 사이의 세력 균형은 안정을 되찾았다. 해임과 좌천과 공개적 모욕은 전쟁 이전에 존재했던 최고 지도부 구조를 거의 복원시켰다. 이제 스탈린은 동료들을

1947년 1월 한 기념식에 참석한 스탈린과 그의 동지들. 왼쪽부터 베리야, 카가노비치, 말렌코프, 몰로토프, 쿠즈네초프, 스탈린, 코시긴, 보즈네센스키, 보로실로프, 시키랴토프. 보즈네센스키는 이로부터 2년 뒤에 체포·총살당했다. 러시아 국립사회정치사문서보관소.

비교적 조용히 내버려 두고 국가의 긴급한 경제 문제에 매달릴 수 있게 되었다.

체제의 반영으로서의 화폐 개혁

사회 전체의 군사화, 물리적 파괴, 기근, 비효율적 배급제, 빈사 상태의 농업, 퇴보한 사회 인프라, 강제에 의존한 노동력 동원. 이상이 전후 소련 경제의 특징이었다. 물론 전쟁의 부담은 딱한 지경에 처한 정부 예산에도 반영되었다. 정부는 주로 돈을 찍어서 막대한 전쟁 비용을 댔다. 급격한 인플레이션은 예측 가능한 결과였다. 시중에 유통되는 잉여 통화에 대해 무슨 조치를 취해야 했다. 통화량을 줄이기 위해, 소련 지도부는 새 루블화를 찍고 구 루블화의 가치를 절하한다는 명령을 내렸다.

전시에 재무 인민위원이었던 아르세니 즈베레프는 회고록에서 자신이 이미 1938년 말에 스탈린과 이런 조치를 논의했다고 말했다.[42] 재무 인민위원이 그렇게 일찍부터 화폐 개혁을 계획 중이었다는 증거는 문서고에서도 발견된다. 1943년 말, 전쟁이 끝난 후에 물가 인상을 통해 루블화의 구매력을 줄이고 구 루블화를 새 루블화로 교체하고 배급제를 폐지하는 개혁을 도입한다는 결정이 내려졌다.[43] 이는 그로부터 몇 년 후에 시행된 프로그램과 많은 부분 일치했다.

전쟁이 끝난 지금, 국가 재정을 안정시키고 배급을 없애는 문제는 엄청난 정치적 중요성을 띠었다. 자본주의 국가들보다도 더 빨리 배급제를 폐지한다면 사회주의의 우월성을 과시할 수 있을 터였다. 개혁 조치는 원래 1946년에 시행할 계획이었지만 기근 때문에 어쩔 수 없이 지연되었다. 그 해에 재무 인민위원 아르세니 즈베레프는 앞으로의 개혁에 대한 몇 통의 메모를 스탈린에게 보냈다. 이 문서에 스탈린이 덧붙인 주석으로 판단할 때 그는 이 주제에 지대한 관심을 기울였다.[44] 개혁 준비가 마지막 단계에 접어들면서 즈베레프가 수령과 직접 만나는 횟수는 급격히 증가했다. 스탈린 집무실의 방문 일지에 따르면, 즈베레프는 1947년 12월 14일 개혁을 도입하기까지의 기간에 집무실을 13번 방문했다.[45]

마침내 1946년 12월 13일, 정치국은 화폐 개혁을 도입하고 배급표를 폐지하는 내용의 기본 문서를 표결로 승인했다. 이 조치는 12월 14일 저녁 6시에 라디오로, 그리고 익일 신문에 발표한다고 명기되었다. 12월 14일에서 15일로 넘어가는 밤 사이에 국민들은 저축의 대부분을 빼앗겼다. 수중에 있던 돈 10루블당 1루블씩만을 받게 된 것이다. 은행 예금을 처리하는 데는 좀 더 복잡한 시스템이 적용되었다. 잔액 3천 루블 미만의 계좌는 영향이 없었지만, 3천에서 1만 루블까지는 구 화폐 3루블당 신 화폐 2루블, 1만 루블을 초과하는 예금은 2대 1의 비율로 보상받았다.

정치국은 개혁이 환영받지 못할 것임을 잘 알았다. 발표 목적으로 작성된 결의문의 상당 부분은 이 조치의 필요성, 효용성, 공정성에 대한 상세한 설명에 할애되었다. 이 글은 만연한 편견에 기민하게 동조하여, 이 개혁이 "대량의 현금을 축적한 투기 분자들"에게 가장 큰 타격을 줄 것이라고 주장했다. 이 주장은 틀렸다. 가장 부유한 소련 시민들이야말로 자기 현금을 다른 형태의 부로 전환할 가장 유리한 위치에 있었다. 그럼에도 화폐 개혁이 부당 이익을 몰수하기 위한 수단이라는 생각은 대단히 크게 환영 받았다. 대개 그러했듯이 이 결의문도 자본주의 사회의 하층 노동 대중이 처한 재정적 곤란을 언급하는 것을 빼놓지 않았다. 그 문구들을 보면 스탈린이 이 글의 초고를 작성하는 데 적극적인 역할을 했음을 짐작할 수 있다. 이것이 소련 인민의 "마지막 희생"이 될 것이라고 약속하는 내용을 육필로 추가하여 글을 손본 흔적도 있다.[46]

중대한 개혁에는 항상 무수한 어려움이 뒤따른다. 1947년 말에 도입할 신 루블화는 1946년부터 인쇄되기 시작했지만 초기에는 불량률이 높았다. 신 화폐는 비밀 유지를 위해 고스반크(소련 중앙은행)의 수많은 각 지점이 아니라 전국에 고르게 분포시켜 특별히 마련한 창고 시설로 운반되었다. 새 루블화는 삼엄한 경비 하에 특수 화물차에 실려 수송되었다. 끝으로, 루블화를 교환해 줄 때가 되자 고스반크 정규 지

점 이외에 4만 6천 곳의 환전소가 추가로 설치되고 여기서 일할 직원 17만 명이 고용되었다.[47]

물론 아무리 비밀 엄수에 만전을 기해도 이처럼 거대한 작전을 대중의 눈으로부터 감출 수는 없었다. 소문이 퍼지기 시작했고, 11월 하반기의 봉급과 연금이 예정보다 빨리 지급된 이후에는 더더욱 끈질겨졌다. 그러나 대중은 이것이 정확히 어떤 개혁인지 대체로 알지 못했다. 서로 모순되는 루머에 자극된 사람들은 저마다 밑천을 확보하려 아우성쳤다. 초기의 공황은 내구재와 가치재의 구매에 영향을 끼쳤다. 1947년 11월 29일 내무부 장관 세르게이 크루글로프는 사람들이 공산품을 사러 상점으로, 예금을 인출하러 은행으로 몰려들고 있다고 스탈린에게 보고했다. 상점 선반이 텅 비었고 심지어 예전에는 수요가 없었던 물건들까지 모습을 감추었다. 몇만 루블짜리 가구 세트가 상점에서 매진되었다. 당시 노동자와 사무직원들의 평균 연봉이 약 7,000루블이었음을 고려하면 이는 엄청난 가격이었다. 전시실에 수년째 방치돼 있던 10만 1,000루블짜리 가구 한 세트를 동시에 4명이 사겠다고 앞다퉈 나서기도 했다. 사람들은 모피, 직물, 시계, 보석, 피아노, 양탄자를 샀다.[48] 11월 30일 크루글로프는 모스크바의 한 백화점에서 개점 시간이 되기도 전에 수백 명이 줄을 섰다고 보고했다. 이웃한 도에서 사람들이 도시로 몰려들었다. 은행 바깥에도 최대 500명에 달하는 사람들이 장사진을 쳤다. 이 쇼핑 광란이 이틀째 이어지자 당국이 조치에 나섰다. 크루글로프는 스탈린에게 대부분의 상점이 내부 수리나 재고 조사를 구실로 문을 닫았다고 알렸다. 여전히 문을 연 상점들은 금 세공품 같은 고가품의 판매를 중단했다. 그리고 일부 상점은 더 팔 물건이 없어서 어쩔 수 없이 문을 닫아야 했다.[49]

크루글로프의 12월 2일 보고서도 별로 다르지 않았다. 이제 소비재 공급이 부족해지자 사람들은 악기와 축음기를 비롯해서 눈에 보이는 것은 닥치는 대로 사들이기 시작했다. 1년 동안 피아노 여섯 대를 팔았던 한 상점은, 창고에 있던 피아노 11대를 11월 30일과 12월 1일 이틀 동안에 몽땅 다 팔아치웠다. 공산품이 부족해지자 훈제 소시지, 통조림, 사탕, 차, 설탕 같은 장기 보존 식품에 대한 수요가 폭등했다. 사재기가 벌어지자 이런 물품에 대해서도 판매 중지 명령이 떨어졌다. 식당들은 갑자기 호황을 맞았고, "술 취한 사람들이 주머니에서 돈다발을 꺼내 흔들며 '봐라, 종잇조각이 얼마나 많은지.' 하고 외치곤 했다." 다른 지역에서도 비슷한 소비 열풍이 불었다.[50] 스탈린이 이런 보고서들을 읽었다면—읽었다고 믿을 만한 이유는 충분하다—아마 평범한 소련 시민들의 삶과 경제 논리에 대해 정신이 번쩍 드는 교훈을 얻었을 것이다.

당국이 이런 광란을 멈추기 위한 억압적 조치를 자제한 것은 주목할 만하다. 12월 초부터 은행에 소액 예금 계좌가 눈에 띄게 증가했다. 이는 명백히 예금을 다수의 소액 계좌에 분산하기 위한 노력이었고, 루블화를 유통에서 제거한다는 개혁 의도를 거스르는 일이었다.[51] 하지만 이에 대해서도 아무런 조치가 취해지지 않았다. 스탈린은 이 개혁이 얼마나 인기가 없는지를 알 수 있었고 반감을 더 부채질하고 싶지 않았다.

12월 15일이 되자 이 모든 소동은 끝나고, 구권을 신권으로 교환하고 예금 가치를 절하하는 단순 작업이 시작되었다. 스탈린은 1947년 12월 16일부터 23일까지 8일 동안 자기 집무실에서 총 다섯 차례 방문객을 맞았는데, 그 다섯 차례의 방문객 명단에 모두 즈베레프가 끼어 있었다. 개혁 첫 이틀인 12월 16일과 17일 즈베레프가 방문했을 때는 면담에 2시간씩이 소요되었다. 상당수의 정치국원 또한 매번 이 자리에 참석했다.[52] 1948년 1월 3일 즈베레프는 스탈린에게 개혁의 결과에 대한 보고서를 제출했다. 이는 정부에게는 고무적이지만 나머지 국민에게는 낙담을 주는 통계 수치들로 채워졌다. 개혁 이전인 1947년 12월 1일 시중에 유통되고 있던 통화량은 590억 루블이었는데, 소비열풍과 루블화 교환의 결과로 이제는 40억 루블에 불과했다. 구 루블화로 186억 루블이었던 예금 계좌 잔액은 새 루블화로 150억 루블이 되었다.[53] 사람들의 주머니에서 사라진 루블화 액수에 비하면 배급표 폐지 이후의 물가 하락률은 근소했다. 빵 값은 20퍼센트, 고기 값은 겨우 12퍼센트 하락했다. 일부 물품 가격은 오히려 상승했다. 일례로 의류는 전체적으로 가격이 11퍼센트 올랐고, 모직물은 무려 27퍼센트나 올랐다. 전체적으로 보면 개혁 이후 소련의 소매물가지수는 이전보다 83퍼센트 하락했다.[54] 구권 10루블을 신권 1루블로 교환한 뒤 소비자의 구매력은 8분의 1로 줄어들었다. 예금의 상당 비율은 몰수되었다.

'진열장 효과'—사람들이 물건 살 돈은 부족해도 상점에 물건이 많아져서 풍족해졌다는 인상을 주는 착시 현상—가 충격을 어느 정도 완화해 줄 수도 있었다. 그러나 스탈린의 소련에서 상점 진열장은 여전히 초라했다. 농업·소비재 부문의 보잘 것 없는 생산량과 국영 경제의 총체적 무기력은, 심지어 개혁 이후의 상대적으로 미약한 수요마저도 충족시킬 수 없음을 의미했다. 늘 그러했듯이 대도시 중심부—최우선적으로 모스크바와 레닌그라드—에는 특별 조치가 취해졌다. 다량의 식량과 공산품이 이들 지역으로 우선 운송되었다. 그러나 심지어 이런 도시에서도 구매에 제한이 가해졌다. 예를 들어 소비자 한 명당 빵은 2킬로그램, 육류와 식육 제품은 1킬로그램, 소시지 0.5킬로그램, 우유 1리터, 신발 1켤레, 양말 2켤레, 비누 1개, 성냥 2갑까지만 살 수 있었다.[55] 수도와 일부 대도시에서는 배급 중단이 공급 부족 문제로 이어졌다. 몇 주일 뒤 모스크바에는, 텅 빈 상점 선반, 배급이 끝났다면서도 구매량을 계속 제한하는 정책, 관료 전용 특별 상점에 대한 불만이 접수되기 시작했다. 벨고로트에서 온 한 편지에는 이렇게 쓰여 있었다. "제 아내가 빵을 사기 위해 오전 2시부터 10시까지 줄을 선 것이 오늘로 엿새째입니다. 그런데 아아, 6일 연속 허탕이었습니다." 기나긴 줄, 높은 물가, 텅 빈 상점을 마주한 사람들은 배급표를 받던 시절을 향수 어린 눈으로 돌아보았다.[56]

모든 주민이 똑같이 고통 받은 것은 아니었다. 대도시 사람들, 특히 높은 봉급을 받거나 다른 수입원이 있어서 부유한 이들은 개혁에 크게 영향 받지 않았다. 그들은 평가 절하가 시행되기 이전에 비교적 간단히 구 루블화를 물품으로 교환할 수 있었다. 또 개혁 이후에는 물품을 상대적으로 쉽게 구할 수 있고 도시 '리노크'(농민들이 자기 텃밭에서 생산한 농산물을 시장 가격으로 판매할 수 있는 시장)의 상품 가격이 떨어진 덕에 이득을 보았다. 그러나 가격 하락은 농민들에게 큰 타격을 주었다. 예금을 빼앗기고 집단농장에서의 노동을 보상 받지도 못하고 무거운 세금까지 물어야 했던 그들에게는 현금이 절실했다. 물가 하락이 아무리 근소했어도 이는 리노크의 농산물 가격을 끌어내렸다. 다시금 이 나라의 대다수 농촌 주민이 스탈린 정책의 주된 희생자가 되었다.

정부는 이 개혁을 부의 부정 취득과 투쟁하는 수단이라고 홍보했지만, 실제로는 정반대의 효과를 냈다. 부패한 관료와 지하 경제에 종사하는 이들은 가진 현금을 사치품으로 바꿀 수 있었고, 평가 절하가 시행된 후에 이것을 되팔아 이익을 보았다. 일례로 모스크바 투시노 구의 상점 관리인 두 명(둘 다 공산당원이었다)은 대규모의 돈벌이 계획에 착수했다. 그들은 가진 돈으로 의류, 직물, 신발 수백 켤레 등 대량의 물품을 사들여 쟁여 두었다가 개혁이 시행된 뒤 자기 상점에서 혹은 중개상을 통해서 리노크에 조금씩 내다 팔았다. 다음의 수치를 보면 이런 사업이 얼마나 보편적으로 행해졌는지 짐작할 수 있다. 1947년 12월의 마지막 2주 동안 소매 부문에 종사하는 사람이 약 3,000명 체포되었는데, 그중 1,100명이 상점 관리인이고 약 900명이 당원이었다. 이런 식의 체포는 1~2월 내내 같은 속도로 계속되었다.[57] 그리고 이는 빙산의 일각에 불과했다.

루블화 평가 절하로 촉발된 또 다른 흔한 탈법 관행은 개혁이 발표된 이후에 개설된 예금 계좌의 날짜를 소급하는 것이었다. 많은 고액 계좌들이 3천 루블 한도 미만의 소액으로 쪼개졌다. 이런 부정행위의 실제 규모는 알 수 없지만 기록을 보면 전국의 모든 지역에서 관료 중 상당 비율이 이런 속임수를 썼다. 1948년 3월의 불완전한 데이터에 따르면, 겨우 26개 도, 변경주, 자치공화국에서 당과 사법 기관의 간부를 포함한 2천 명 이상의 관료가 화폐개혁법 위반 혐의로 기소되었다.[58] 지역당 간사, 국가보안부와 내무부 간부들이 이런 행위로 유죄 판결을 받았다. 지역 고위 관료들이 수사 방해에 가담한 사건들도 드러났다. 당중앙위원회 기록에는 "특정 지역의 당 기관이 화폐개혁법 위반과 관련된 사건 수사를 지연시키고, 일부 경우에는 당·정부의 '거물급' 관료를 보호하기 위해 주변적인 인물에게 전체 혐의를 떠넘긴" 사례가 여러 건 지적되어 있다.[59] 또 다른 사건 기록에는 "고위 당·정부 관료 중 상당 비율이 사실상 처벌 받지 않았다"고 기술되어 있다.[60]

이런 부정행위에 스탈린이 어떻게 반응했는지 보여 주는 증거는 아직 발견되지 않았다. 화폐 개혁에 뒤이어 대대적 인사 개편이 행해지지 않은 사실로 볼 때, 그는 이런 노골적인 부패에 상당히 너그러운 태도를 유지했음을 짐작할 수 있다. 이런 자세는 새로운 것이 아니었다. 스탈린은 자기에게 충성하는 부하들의 윤리적 결함에 한결같은 관용을 보여 주었다. 그가 중시한 것은 정치적 충성과 관리 능력이었다.

화폐 개혁으로 스탈린 체제의 많은 결함이 부각되긴 했지만, 이는 국가의 경제 발전에 긍정적인 영향을 주기도 했다. 1948년의 야심적 재건 계획은 초과 달성되었다. 인민의 호주머니에서 막대한 돈을 앗아 간 정부는 인플레이션을 초래할 걱정 없이 더 많은 돈을 찍어 낼 수 있었고, 이는 예산 부족분을 메우는 데 큰 도움이 되었다. 또 1949년 초에 이룩한 상대적인 재정 안정 덕택에 중공업의 도매가격을 개혁할 수 있었으며, 이는 다시 산업 발전의 전제조건이 되어 주었다. 1948년의 경제 지표들은 소련이 전쟁의 가장 파괴적인 여파를 극복했고 전후 복구의 주요 목표들을 달성했음을 시사한다. 1946~1947년의 치명적 기근이 종식된 것은 특히 중요했다. 1948년의 총 곡물 수확량은 전쟁 이전 수준에 근접했고, (소련의 주식인) 감자 생산량은 전쟁 이전과 비교해도 신기록을 달성했다. 도널드 필처의 말을 빌면 소련은 '희미한 회복'의 시기로 들어섰다. 그럼에도 스탈린식 산업화는 오로지 인민의 가장 기본적인 수요만을 충족시킬 수 있었다.[61]

소련 영향권의 공고화

소련에서 이러한 경제 회복이 이루어지는 동안, 그 이웃 나라들은 여전히 정치적 불안으로 들썩이고 있었다. 1948년 초에 체코슬로바키아의 자유민주주의 정부가 쿠데타로 무너지면서, 체코슬로바키아는 공산주의 블록에 마지막으로 합류한 유럽 국가가 되었다. 그러나 이들 국가에 공산주의적 통제를 수립하는 일은 긴 여정의 첫 걸음에 불과했다. 그들은 스탈린식 내부 발전 모델을 채택하고, 소련의 충성스러운 위성국이 될 것을 서약하고, 이 블록의 최고 지도자인 스탈린에게 무조건 복종해야 했다. 그렇게 되기까지는 수많은 장애물이 놓여 있었다. 탄압, 붉은 군대의 주둔, 사회 식자층 억압, 경제에 대한 국가 통제의 확대에도 불구하고, 신규 공산 국가들은 어느 정도의 사회경제적·문화적·정치적 다양성을 한동안 유지했다. 게다가 동유럽인의 대다수는 공산주의자를 적대시했고, 공산당 내의 권력 투쟁 때문에 스탈린식 사회주의의 실행에 필요한 독재적 성향의 지도자가 출현할 수 없었다. 설상가상으로, 많은 동유럽 지도자들은 소련 모델보다 좀 더 유연한 사회주의 모델을 선호하며 용납할 수 없는 '자유주의'의 징후를 드러냈다.[62]

유고슬라비아의 유시프 브로즈 티토는 갈팡질팡하는 모든 공산주의자들의 '나쁜 본보기'였다. 그는 1948년 봄에 소련과의 갈등에 휘말렸고 이는 급속히 악화되었다. 스탈린은 호적수와 맞부딪쳤다. 다른 공산주의 지도자들과 달리, 티토는 모스크바의 힘을 빌지 않고 나치와의 투쟁을 통해 스스로 권력을 쟁취한 자생적 독재자였다. 유고슬라비아에는 소련군 부대가 주둔하지 않았기 때문에 그의 입지는 더더욱 공고했다. 티토는 정치적 독립을 주장하고 스스로 공산 블록의 지도자가 되기를 열망했으며, 이런 주장을 행동으로 옮겼다. 요컨대 그는 스탈린화의 핵심 원칙 중 하나인 모스크바에 대한 절대 복종을 무시했다.

신랄한 공개적 비난을 통해 유고슬라비아 지도부를 분열시키고 티토에 대한 반란을 일으키려는 스탈린의 희망은 좌절되었다. 티토는 유고슬라비아 내의 크레믈 끄나풀들을 신속히 처리하고 자신의 권력을 더욱 강화했다. 이 패배는 스탈린에게 쓰라린 타격이었다. 트로츠키와의 투쟁 이후 처음으로, 그는 공산주의 운동 내부의 주요 지도자와 적대 관계에 놓이게 되었다. 그리고 트로츠키와 달리, 티토는 스탈린이 보낸 전문 암살자의 얼음 피켈로부터 자신을 지킬 수 있는 실질적인 힘과 세력을 갖추고 있었다. 티토의 불복종은 단순히 스탈린의 자부심에 대한 타격을 넘어서 그 자체로 위험한 선례이자 단일한 소련 블록 내의 균열이었다. 다른 나라들이 티토의 본을 따를 수도 있었다.

티토주의의 위험은 서방과의 갈등을 심화시켰다. 독일에서 소련과 구 연합국 사이에 최초의 심각한 대립이 빚어진 것도 1948년이었다. 소련의 서베를린 봉쇄가 결연한 저항에 부딪친 것이다. 서베를린 구역에 비행기로 물자를 조달한 시스템 – 베를린 공수 – 은 서방 블록의 효율성을 과시했을 뿐만 아니라 그들의 단결을 강화했다. 1949년 4월에 나토를 수립하는 조약이 체결되었다. 스탈린은 어쩔 수 없이 봉쇄를 풀어야 했고, 그해 가을에 독일은 별개의 두 국가로 분단되었다.

이러한 외교 정책의 차질은 스탈린의 의심과 불안감을 자극하고 동유럽 공산 블록에 스탈린화를 강제하려는 결심을 더욱 굳혀 놓았다. 위성국들에 대한 모스크바의 내정 간섭이 강화되었고, 소련에 대한 동화를 가속화하라는 요구는 더욱 끈질기고 조급해졌다. 스탈린은 숙청과 조작된 정치 재판이라는 익숙한 방식을 활용하여, 사회주의 국가 지도부 내의 '적'에 대항한 캠페인을 개시하고 감독했다. 1948년 말에 그는 폴란드의 뻣뻣한 지도자인 브와디스와프 고무우카를 제거하는 데 성공했다. 헝가리에서는 모스크바의 고문들이 전 내무장관 라이크 라슬로가 이끌었다는 대규모 간첩 조직 사건을 기획하는 데 관여했다. 1949년 9월 라이크는 유죄 판결과 사형 선고를 받았다. (다시금 소련 공안 기관 고문들의 도움으로) 혐의를 조작하는 기나긴 과정 끝에, 1949년 12월에는 불가리아 당중앙위원회 전 간사 트라이초 코스토프가 처형되었다. 스탈린은 이 모든 사건들을 면밀히 주시하고 그 증거 위조와 사형 선고를 직접 승인했다. 라이크와 코스토프의 재판을 시작으로 다른 공산 국가에서도 체포가 이루어졌다.[63] 이런 전술은 스탈린에게 전적으로 의존하고 그가 좋아하는 정책이라면 무조건 실행할 자세를 갖춘 독재자의 손에 권력을 집중해 주었다.

소련 독재자는 공산 블록의 스탈린화를 감독하면서도 한편으로 국내에서 권력을 다질 — 아니, 권력이 약화될 가능성을 미연에 방지할 — 시간을 할애할 수 있었다. 스탈린은 국내에서 또 다른 숙청의 물결을 일으킴으로써 위성국들에게 본보기를 보였다. 그 테마와 희생자는 얼마간 우연적 국면에 의존했다. 그러한 한 국면이 1948년 8월 스탈린의 가까운 동지인 안드레이 즈다노프의 죽음이었다. 스탈린의 당무 대리인이자 당중앙위원회 수장으로서 즈다노프가 맡았던 임무는 게오르기 말렌코프에게 넘어 갔는데, 이러한 변화는 스탈린 측근 내부의 세력 균형을 깨뜨렸다. 고스플란(국가계획위원회) 의장 보즈네센스키와 당중앙위원회 간사 쿠즈네초프로 대표되는 레닌그라드 파는 그 후원자를 잃고 세력이 약해진 반면, 이 그룹의 라이벌인 베리야와 말렌코프는 이제 더 막강해졌다. 이런 변동으로 새로운 막후 투쟁이 촉발되었다. 이러한 음모, 국제적 긴장, 그리고 스탈린의 정치적 계산이 소련 권력 상층부를 뒤흔든 최후의 숙청인 '레닌그라드 사건'을 낳았고,

끝내 유혈로 마무리되었다.[64]

말렌코프와 베리야의 노력을 통해 스탈린은 레닌그라드 파에 대한 의심스러운 자료들을 전달 받았다. 아마 두 사람은 자기들의 행동이 그처럼 큰 재난을 몰고 오리라고는 예상치 못했을 것이다. 이 자료에서 폭로된 잘못들은 비교적 사소했다. 관련 당국과 상의하지 않은 채 레닌그라드에서 대규모 산업 박람회를 개최한다는 결정을 내렸다든지, 보즈네센스키가 책임진 고스플란의 계획 입안 과정에서 실수를 범하고 일부 서류를 분실했다든지 — 고도로 관료적인 소련 체제에서 이는 흔한 일이었다 — 하는 등의 일이었다. 또 지역 지도자들 — 주로 레닌그라드인들 — 이 보즈네센스키와 쿠즈네초프에게 줄을 대려 한 사례들도 몇 건 있었지만, 이 역시 통례를 벗어난 일이 아니었다. 이 모두는 스탈린이 그냥 무시해 버릴 수도, 공격 꼬투리로 활용할 수도 있는 전형적인 변칙 관행이었다. 그는 후자를 택했다.

1949년 2월 스탈린이 주재한 정치국 회의에서, 쿠즈네초프, 보즈네센스키, 그리고 그들과 가까운 관료들은 레닌그라드 당 조직을 그들의 사조직으로 만들려 했다는 비난을 받았다. 특히 불길했던 것은, 그들의 행동을 1920년대에 지노비예프가 "레닌그라드 조직을 반레닌주의 분파의 세력 기반으로 변질시키려 했던" 것에 빗댄 결의안 내용이었다.[65] 그 후 몇 달간 사면초가에 몰린 레닌그라드 파의 죄목은 눈덩이처럼 불어났다. 그들은 이적 행위와 심지어 간첩 혐의로 기소되었다. 1950년 9월, 몇 달간에 걸친 심문과 고문 끝에 보즈네센스키와 쿠즈네초프와 여러 다른 지도자들이 레닌그라드 비공개 재판에서 사형 선고를 받았다. 그 외에도 수백 명이 사형 선고를 받거나 투옥되거나 유배되었다. 이 숙청은 레닌그라드 출신이 고위직에 있거나, 레닌그라드 출신의 모스크바 고위 인사들에게 줄을 대려 했던 다른 지역에까지 미쳤다.

레닌그라드 사건이 전개된 방식은 스탈린이 여러 가지 목표를 동시에 추구하는 데에 이를 활용하고 있었음을 시사한다. 이는 그가 권력 공고화를 위해 지속적으로 취한 협박 패턴의 일부였을 수도 있다. '연고주의'에 대한 집요한 비난과 레닌그라드에서 경력을 쌓은 관료 네트워크의 대대적 해체는, 스탈린이 노멘클라투라 내의 비공식적 조직망을 상대로 즐겨 가했던 선제공격의 전형이었다.[66] 또한 그는 '레닌그라드 사건'을 상층부에 대한 더 광범위한 재편의 일부로 보았을 수도 있다. 어떤 경우든, 레닌그라드 파에 대한 증거 조작은 스탈린의 오랜 동지 몰로토프와 미코얀에 대한 공격과 동시에 전개되었다. 이 두 공격이 상호 연계되었을 가능성이 높은 것은 몰로토프가 보즈네센스키와 업무적으로 유대가 긴밀했고 서로 돈독한 관계였기 때문이다. 게다가 '레닌그라드 사건'이 맹위를 떨치고 있을 때 미코얀의 아들은 마침 쿠즈네초프의 딸과 결혼을 준비 중이었는데, 다소 놀랍게도 이 결혼은 계획대로 진행되었다.

스탈린이 불쾌감을 품은 이유가 무엇이든, 몰로토프와 미코얀은 가장 자연스러운 타격 대상이었다. 그들은 가장 오래되고 가장 공로가 큰 동지이자 집단 지도 체제의 가능성을 상징하는 인물이었고, 이제 고령에 이른 수령의 잠재적 후계자였다. 그는 자신의 개인적 권력 강화 — 스탈린이 최고로 집착한 것 — 를 위해서는 가장 영향력 있는 동료들을 주기적으로 찍어 눌러 그들의 영향력을 떨어뜨려야 한다고 보았다.

1945년 말에 스탈린이 몰로토프에게 취한 행동은 몇 년간 정치국 내의 극소수에게만 알려져 있었다. 몰로토프는 정부 핵심 관료로서의 역할을 계속 수행했다. 각료회의의 여러 운영위원회에서 의장을 맡았고, 외무부 수장이었으며, 광범위한 문제에 목소리를 냈다. 이런 지위는 1948년에 변하기 시작했다. 스탈린은 다양한 구실로 문책을 가하고 권한을 제한하여 몰로토프의 입지를 약화시켰다. 그리고 몰로토프의 유대인 아내인 폴리나 젬추지나가 유대 '반소' 조직에 연루되었다는 증거를 조작해서 주로 압력을 가했다. 스탈린은 몰로토프에게 그녀와 이혼할 것을 종용했다. 훗날 몰로토프는 이렇게 회고했다. "당중앙위원회에서 스탈린이 내게로 다가와 이렇게 말했다. '자네는 아내와 이혼해야 돼!' 아내는 말했다. '당을 위해서 필요하다면, 헤어집시다.' 그래서 우리는 1948년 말에 이혼했다."[67]

1948년 12월 29일, 공안 기관이 젬추지나 사건에 대해 확보한 '증거'가 정치국에 제출되었다. 그녀는 당에서 축출되었고 이는 체포가 임박했다는 뜻이었다. 몰로토프는 표결에서 기권했지만, 이 행동 때문에 스탈린과 정면충돌하게 되었다.[68] 1949년 1월 20일 몰로토프는 수령에게 서한을 보내어 공식적인 참회의 뜻을 표했다.

> 제가 P. S. 젬추지나를 당에서 축출하는 당중앙위원회 표결에서 기권한 것은 정치적으로 잘못이었음을 인정합니다. 저는 이 문제를 깊이 생각하였고, 당과 국가의 이익에 합당하며 공산당원의 의미에 대한 올바른 이해를 가르쳐 준 당중앙위원회의 결정에 찬성표를 던지는 바입니다. 또한 저와 가까웠던 사람인 젬추지나가 잘못된 길로 들어서서 미호엘스 같은 반소 유대 민족주의자들과 관계 맺지 않도록 제때에 제어하지 못한 저의 중대한 죄를 인정합니다.[69]

1949년 3월에 몰로토프는 내무 장관직에서, 미코얀은 대외무역 장관직에서 해임되었다. 하지만 두 사람이 정부에서 축출된 것은 아니었다. 둘은 여전히 정치국원이자 정부 부의장이었고 그 직위에서 중요한 행정적 역할을 수행했다. 그러나 그들의 정치적 권위는 손상되었고, 그것이야말로 스탈린의 진짜 목적이었다.

젬추지나에 대한 혐의를 조작하는 데 그녀의 혈통을 이용한 것은, 스탈린이 서방과의 대립을 강화하기 위해 개시한 국가적 반유대주의 정책의 일환이었다. 1948년 초에 그는 저명한 유대계 지식인이자 무대 감독인 솔로몬 미호엘스의 암살을 공안 기관에 지시했다. 또 그해 말에는 전시에 소련에 대한 국제적 지원을 동원하기 위해 설립된 '소련 반파시즘 유대인 위원회'의 해산을 명령했다. 정부는 이 위원회를 외국 정보기관과 연결된 스파이의 온상으로 보기 시작했다. 이후 몇 년간 '반파시즘 유대인 위원회 사건'은 점점 더 많은 희생자를 집어삼켰고, 1952년 5월부터 7월까지 열린 비공개 재판으로 막을 내렸다. 단 한 명을 제외한 모든 피고인이 총살되었다.[70] 1949년에는 유대계 유명 인사들의 체포와 더불어 '코스모폴리타니즘'을 배격하는 광범위한 캠페인이 행해졌다. 많은 소련 유대인이 체포되고 직장에서 해고되고 차별과 경멸의 표적이 되었다.

새롭게 입수 가능해진 문서들은 대부분의 역사학자가 오랫동안 믿어 온 사실을 재확인해 준다. 이 캠페인은 스탈린의 지원과 관여 없이는 수행될 수 없었다. 이 사실은 스탈린의 반유대주의 배후의 동기에 대한 자연스러운 의문으로 이어진다. 그의 총체적 인간 혐오증의 예측 가능한 한 측면으로서 그가 항상 품고 있던 유대인 혐오증이 말년에 들어 더 노골적으로 드러났을 뿐이라는 가정은 솔깃하다. 그러나 증거는 그가 전후에 택한 반유대주의가 주로 국내·대외 정책적 계산의 산물임을 시사한다. 그가 반유대주의를 정치적 도구로서 취한 이면에는 복잡다단하게 엮인 일련의 역사적 요소들이 있다.

이중 가장 중요한 요소는 소련 내의 반유대주의가 눈에 띄게 고조된 현상이었다. 적지 않은 부분 나치 선전의 영향으로 소련 사회의 일각에 반유대 감정과 신념이 확산되었다. 전시에는 심지어 소련 고위 관료들도 보고서에 반유대주의적 의견을 주저 없이 끼워 넣곤 했다. 1944년 1월 소련 공군 부사령관인 그리고리 보로제이킨 장군은 스탈린과 기타 소련 지도자들에게, 너무 많은 군인들이 사령부나 매점 같은 편안한 보직에서 일하고 있는 문제에 대해서 썼다. 군부대를 상대로 물건을 파는 매점—'보옌토르그'—에서 일하는 이들에 대해 그는 이렇게 썼다. "전선에서는 그들을 '보옌토르그'라고 하지 않고 '아브람토르그'*라고 부릅니다… 이런 '아브람토르그'들은 전부 전투병으로 내보내야 합니다."[71] 전후 스탈린이 자기 개인 아카이브에 보관한 편지들 중에는 반유대 감정이 표현된 것도 있고 반유대주의의 확산에 불만을 표한 것도 있다. 한 편지는 유대인들이 육체노동을 회피한다고 비난하며 그들을 '재교육'하는 방안을 제안했다. "유대인을 명실상부한 하나의 민족으로서 개별 공화국으로 분리하여…그들이 정확한 규율에 의거하여 일하게끔 만든다면, 소련의 다른 모든 인민들이 이에 널리 찬성할 것입니다."[72] 분명히 스탈린은 이런 감정이 팽배해 있음을 인식하고 고려했다.

다른 전체주의 정권들이 그렇듯이 스탈린 독재 체제도 사회를 동원

* '아브람'은 흔한 유대계 이름이고 토르크는 장사, 상점이라는 뜻이다.

상태로 유지해야 했다. 스탈린은 외부의 적에 대한 불안감을 자극하고 국내의 집단을 희생양으로 삼아 국가 지도자들에 대한 불만을 딴 곳으로 돌림으로써 이 목표를 이루었다. 반유대주의의 확산은 유대인이 사회적으로 낙인찍기에 가장 편리한 표적이었음을 보여 준다. 그러나 스탈린은 전쟁 직후에는 대중적 반유대주의를 이용할 수 없었다. 국제무대에서 펼쳐지는 게임이 복잡다단했고 서방과의 동맹으로부터 끌어낼 수 있는 이익이 여전히 존재했기에 그는 신중할 수밖에 없었다. 서방에 대한 '노예근성'이라는 다소 막연한 개념을 뿌리 뽑자는, 전쟁 직후 몇 년간의 이데올로기 캠페인은 인텔리겐차를 겨냥한 '이념 교육'용이었으므로 아마도 일반 대중에게는 반향이 적었을 것이다.

그런데 서방과의 긴장이 첨예해지고, 막강한 유대인 공동체를 지닌 미국이 서방의 화신으로 떠오르면서 상황이 변했다. 신생 유대 국가인 이스라엘과의 관계가 악화되면서 이스라엘은 미국과 동맹을 맺게 되었고, 소련계 유대인은 더욱 적합한 표적이 되었다. 유리 슬료스킨의 말을 빌면, "이제 소련 국적의 유대인은 적대 국가에 잠재적으로 충성하는 민족 디아스포라가 되었다."[73] 1948~1949년에 출현한 새로운 이념적 패러다임은 스탈린의 반 '노예근성' 캠페인과 반유대주의를 결합시켰다. 이 두 가지는 '코스모폴리탄'을 배격하는 캠페인으로서 합체되었고, 소련 대중의 이해에 따르면 이는 곧 소련계 유대인과 그들의 외국 후원 세력을 겨냥한 것이었다. 1949년 스탈린에게 전달된 한 편지는 이 캠페인의 본질을 이렇게 파악했다. "독일인 전체가 히틀러의 침략 행위를 책임지는 것처럼 유대인 또한 부르주아 코스모폴리탄의 행위를 책임 져야 합니다."[74] 국가적 반유대주의는 사회 조작의 수단으로 변질되었다.

정치 노선의 이 새로운 전환에는 확실히 스탈린의 개인적 편견도 주요한 역할을 했다. 그가 전쟁 이전과 전쟁 중에 폴란드인, 독일인, 북캅카스인을 그렇게 취급했던 것처럼, 말년에 그가 유대인을 '반혁명적' 민족으로 보았다는 신호들이 많이 있다. 1930년대의 탄압, 전시에 스탈린 정권이 자국민을 홀로코스트로부터 보호하지 못한 것, 전후의 반유대주의, 이 모두는 혁명 시기와 그 이후에 많은 소련계 유대인이 품었던 혁명의 열의를 꺾어 놓았다. 스탈린은 유대인이 이제 서방과 미국으로 시선을 돌렸으며 그들이 한때 혁명을 위해 바쳤던 열정으로 서방을 섬길 준비가 되었다고 여겼다. 스탈린은 1952년 당 최고 지도자 회의에서 이렇게 말했다. "유대 민족주의자는 모두 미국 정보기관의 첩자입니다. 유대 민족주의자들은 미국이 자기 민족을 구원해 주었다고(미국에 가면 부자나 부르주아 등등이 될 수 있다고) 믿습니다. 그들은 미국에 부채 의식을 갖고 있습니다."[75] 몇몇 측근의 유대인 아내들, 딸의 유대인 남편은 그의 이런 의심을 더욱 증폭시켰을 뿐이다. 스탈린의 말년에 깊이 뿌리박은 정치적 반유대주의는 국내·국외 정책의 핵심 변수가 되었다.

마오와의 만남

유럽에서 스탈린이 겪은 차질은 아시아에서 공산주의가 거둔 승리로 어느 정도 상쇄되었다. 1949년 10월 1일, 기나긴 중국 내전에서 승리한 공산당이 마오쩌둥의 지도하에 중화인민공화국을 선포했다. 소련 지도부는 곧 이 새로운 정부와 외교 관계를 수립하고 패배한 국민당과의 모든 관계를 단절했다.

중국에서 공산당이 거둔 승리로 냉전에서 소련의 입지가 강화된 것은 분명했지만, 이는 중소 관계의 정립과 연관된 새로운 문제들을 끌고 들어왔다. 비록 소련에 의존하고는 있었지만 공산 중국은 그저 또 하나의 위성국으로만 남기에는 너무 거대한 세력이었다. 스탈린은 마오가 유고슬라비아처럼 자기에게 고집스럽게 대드는 처치 곤란한 존재가 될지도 모른다고 의심할 이유가 있었다. 중국의 규모와 제3세계에서의 중요성을 고려할 때, 이런 반항은 훨씬 더 심각한 결과를 초래할 터였다. 마찰이 일어날 수 있는 지점은 주로 경제 문제였다. 전쟁으로 찢긴 우방국에게 원조를 제공해야 할 필요성은 재정 압박을 겪고 있는 소련에게는 무거운 부담이었다.

스탈린은 중국 공산주의자들이 권력을 장악하기 전부터 그들과의 연락을 자기 손에 집중시키고 통제했다. 그는 소련 군사 정보부를 통해, 중국 동북부에 군대를 주둔 중이던 마오와의 무선 통신을 구축했다. 소련 특사들이 이 통신선을 유지하고 동시에 마오의 주치의 역할도 했다. 마오와 스탈린은 서신 교환을 지속했지만, 이것만으로 성에 차지 않았던 중국 혁명 지도자는 소련을 방문하고 싶다는 소망을 거듭 표시했다. 아마 그에게 이 방문은 실용적일 뿐만 아니라 상징적인 의미도 있었을 것이다. 그는 중국 인민의 지도자이자 스탈린의 (비록 하위 파트너일지라도) 파트너로서 자기 지위를 확인 받을 필요가 있었다. 하지만 스탈린은 이런 저런 구실을 대면서 그의 방문을 막았다. 처음에 그는 중국 공산당이 그 나라의 공식 정부가 아닌 시점에 그들과의 가까운 유대를 과시하는 것이 현명치 못하다고 생각했다. 중국의 상황은 극도로 유동적이었고, 공산당의 승리는 아직 전혀 확실치 않아 보였다.

모스크바 측이 방문 일정을 거듭 연기하자 마오는 인내심을 잃었다. 1948년 7월 그는 스탈린에게 하얼빈으로 출발하여 그곳에서 비행기편으로 모스크바에 오겠다고 통보했다. 그는 열흘 뒤에 이런 답장을 받았다. "수확기가 시작된 관계로 지도자 동무들이 8월에 전국 각 지방으로 떠나 11월까지 머무를 예정입니다. 따라서 당중앙위원회는 마오쩌둥 동무가 지도자 동무들을 모두 만나볼 수 있도록 모스크바 방문 시점을 11월 말로 잡아 주실 것을 요청하는 바입니다."[76] 마오는 이에 따를 수밖에 없었지만 짜증을 뚜렷이 드러냈다. 마오는 스탈린이 내세운 핑계가 말이 안 되고 심지어 조롱하는 것처럼 들린다는 사실을 숨기지 않았다. 마오에게 배속된 소련 연락 장교는 이런 마오의 반응을 스탈린에게 알릴 필요가 있다고 생각했다.

> 저는 마오쩌둥을 6년 넘게 알아 왔으므로, 그가 번역 내용을 들으며 미소 짓고 "하오, 하오, 좋소, 좋소"라고 말한다고 해서 그것이 전보문 내용에 만족한다는 뜻이 아님을 파악할 수 있습니다…그는 지금 가겠다는 의지가 확고합니다. 아마도 그에게 이 방문이 절실해진 것 같습니다. 그는 답장을 간절히 기다렸습니다…마오쩌둥은 이미 여행 가방을 쌌고 가죽 신발을 구입했으며(이곳에서는 누구나 천으로 된 신을 신고 그도 예외가 아닙니다) 두터운 모직 코트를 맞추었습니다…지금 그는 겉으로는 중국인 특유의 방식대로 침착하고 예의 바르고 정중합니다. 그러나 그의 진짜 속내는 파악하기 힘듭니다.

이 방문은 심각한 두통거리가 되고 있었다. 중국 공산당이 결정적인 연승을 거둔 1948년 8월부터 12월까지 마오는 계속해서 오겠다고 고집했다. 그는 1948년 9월 28일자 전문에 이렇게 썼다. "여러 가지 문제에 대하여 당중앙위원회와 '다라오반'(大老板, 큰 주인어른)에게 반드시 면전에서 직접 보고해야 합니다." 1949년 1월, 그는 다시금 모스크바로 와서 '다라오반'에게 보고하겠다는 소망을 표시했다. 스탈린은 꿈적도 하지 않았다. 1949년 1월 소련 측은 다시금 방문 일정을 취소했다. 대신 아나스타스 미코얀이 중국에 파견되었다. 나중에 미코얀이 회고한 바에 따르면, 스탈린은 이 문제를 논의하면서 만약 마오가 온다면 "소련의 지령을 받기 위해 모스크바에 방문한 것으로 서방에 해석될 수 있다…이는 공산당의 평판 훼손으로 이어질 것이며, 제국주의자들과 장제스 도당이 이를 중국 공산당에게 불리하게 이용할 것"이라면서 자신의 거절을 정당화했다고 한다.[77] 이런 설명은 조심스럽고 겉으로 중립을 내세우는 스탈린의 정책과 잘 맞아 떨어진다.

1949년 2월 미코얀이 방문했을 무렵 중국 공산당의 승리 행진은 결정적인 단계로 접어들었다. 소련의 군사 · 경제적 지원 조건에 대해, 그리고 소련과 국민당이 맺었던 조약을 어떻게 할지에 대해 협상이 시작되었다. 소련은 1945년 8월 장제스 정부와의 우호동맹조약에 서명한 바 있었다. 이 문서는 얄타에서 연합국과 맺은 조약으로부터 유래되었다. 스탈린의 대일전 참전 약속의 대가로, 미국과 영국이 1905년 러일전쟁 때 러시아 제국이 잃었던 영토를 소련에게 주는 데 동의했던 것이다. 국민당 정부는 소련 위성국인 외몽골(몽골인민공화국)의 독립을 승인했고, 소련이 뤼순 항에 군사 기지를 설치하고 다롄 항을 장기간 조차할 권리를 인정했다. 뤼순과 다롄을 소련 본토와 연결하는 중국장춘철도는 소련의 관할로 들어갔다. 중국에는 이 강제 조약에 대한 불만이 남아 있었다. 중국 내에 주둔한 소련군은 시간이 갈수록 정치적으로 점점 더 위험한 시대착오로 보이기 시작했다. 모스크바와 중국 공산당 지도부는 이 점을 이해했다. 정도의 차이가 있을 뿐 서로 양보가 필요하다는 것은 양측 모두에게 분명했다.

중국 공산당이 마침내 승리를 거두자 스탈린은 더 이상 마오의 방문을 회피할 근거가 없어졌다. 더욱이 이 새로운 상황에서 중소 관계의 핵심 문제를 해결하기 위한 대면 회담이 지극히 절실해졌다. 마오는 1949년 12월 6일 베이징을 출발하여, 열흘간의 여행을 거친 후 12월 16일 정확히 정오에 모스크바의 야로슬라블 역에 도착했다. 마오의 통역관은 기차가 멈춘 순간에 역사의 시계가 12시를 쳐서 그들의 도착을 더욱 극적으로 만들어 주었다고 회고했다.[78] 역 플랫폼에서의 만남을 찍은 유명한 한 장의 사진에는 맨 앞줄에 칼을 빼든 의장대장, 원수 제복을 입은 불가닌, 몰로토프, 그리고 마오의 모습이 나와 있다. 털로 된 커다란 외투 깃을 두르고 높은 털모자를 쓴 중국의 공산 지도자는 그 옆에 왜소하게 찍힌 몰로토프와 불가닌에 비해 키가 크고 풍채가 당당해 보인다. 그날 저녁 스탈린은 크레믈 집무실에서 마오를 맞았다.

소련과 중국의 지도자는 서로를 좋아했을까? 확실히 그들은 공통점이 많았다. 둘 다 외딴 시골 지방의, 가난하지만 극빈하지는 않은 가정에서 태어났다. 둘 다 자기 아버지를 경멸했고 어머니를 사랑했다. 둘 다 물질적 궁핍에도 불구하고 교육을 받았고 청년 시절에 지하 혁명 운동에 참여했으며, 보잘 것 없는 사회적 출신을 극복했다. 둘 다 책을 많이 읽어서 독학했고 추상적·철학적 주제와 급진적 사상에 경도되었다. 둘 다 시를 썼고, 단호한 성격, 물리적인 힘, 불굴의 의지를 지닌 반란자와 호걸을 이상화한 문학 작품을 즐겨 읽었다. 둘 다 언어에 재능이 없어서 단 한 가지 외국어도 하지 못했으며 주로 쓰는 언어조차 유창하게 구사하지 못했다. 스탈린의 러시아어에는 조지아 억양이, 마오의 베이징 말에는 후난 성 사투리가 강하게 배여 있었다.[79] 둘 다 과단성 있고 무자비했나. 마오는 유일 독재 권력의 획득과 지배에 대해 스탈린과 견해를 공유했다. 그리고 많은 부분 소련 지도자의 방법론을 빌어 숙청을 단행했고, 오랜 혁명 동지들을 제거했으며, 대약진 운동과 대기근을 주도했다. 의사이자 무선 통신 전문가인 A. Ya. 오를로프는 1949년 소련 지도부에 제출하기 위해 준비한 보고서에서 마오의 성격을 이렇게 묘사했다. "서두르지 않고 오히려 더딥니다… 그는 자신이 설정한 목표를 향해 꾸준히 움직이지만 항상 일직선을 따라가지는 않으며 자주 우회합니다… 그는 타고난 연기자입니다. 자신의 감정을 숨기는 법을 알고 필요한 역할을 연기할 수 있습니다."[80] 여기에 묘사된 모습은 스탈린과 대단히 유사하다. 스탈린이 70회 생일을 기념하고 있던 1949년 12월에 마오는 막 59세를 앞두고 있었다. 이해할 만한 일이지만 마오는 스탈린을 우러러보았다. 중국 지도부 내에서는 스탈린을 '큰 주인어른(大老板)'이라고 불렀다.[81]

1949년 12월 16일의 회담에서 마오는 스탈린에게 경의를 표시했다. 그는 아무런 요구나 주장도 내세우지 않았으며 스탈린의 조언을 구하고 이를 경청했다. 물론 스탈린은 이런 식의 의사소통에 이의가 없었다. 마오가 1945년 중소 우호동맹조약의 향방에 대해 달갑지 않지만 충분히 예상했던 질문을 던지자 그는 장황한 설명에 들어갔다. 그는 소련 측이 기존 조약을 '공식적으로' 유지하길 원한다고 강조하고, 그러나 중국에 유리한 쪽으로 변경할 준비가 되어 있다고 말했다. 스탈린은 조약 전체를 파기할 경우 일어날 수 있는 정치적 문제점을 일일이 열거하며 이것이 영미와 맺은 얄타 조약의 일부였다고 설명했다. 만약 조약을 무효화한다면 "영미는 이 조약의 쿠릴 열도와 사할린 남부에 대한 조항들도 수정해야 한다고 문제를 제기할 수 있는 법적 근거를 갖게 될 것이다." 이것이 얼마나 억지 주장인지를 마오가 그 자리에서 간파했는지는 알 수 없지만, 나중에 알아차린 것은 확실하다. 여하튼 그는 이해한다는 투로 대응했고, 대화는 좀 더 기분 좋은 주제로 넘어 갔다. 스탈린은 마오의 원조 요청에 응했다. 회담은 화기애애한 분위기로 끝났다. 스탈린은 마오의 저작을 모아 러시아어로 출판하겠다고 제안하여 그에게 경의를 표하기까지 했다.[82]

호의적이고 훈훈한 분위기에도 불구하고 이 만남은 확실히 마오에게 엇갈리는 감정을 남겼다. 물론 그는 많은 것을 약속 받았고 후한 대접을 받았다. 하지만 결국 스탈린은 그의 희망사항 중 거의 맨 꼭대기에 있는 항목 — 1945년 조약을 대체할 합의안 — 을 내주기를 거부했다. 이 합의는 마오에게 정치적 최우선순위였다. 이후의 전개를 보면 그가 적당한 때를 기다리기로 했음을 알 수 있다.

이후 며칠 동안 부산한 행사가 이어졌지만 이것이 묵직한 주제에 대한 논의로 이어지지는 않았다. 스탈린의 70회 생일을 축하하기 위해 많은 외빈들이 도착했다. 12월 21일에 볼쇼이 극장에서 성대한 기념식이 열렸다. 마오는 최고회의 상임위원회 맨 앞줄에 스탈린과 함께 앉았고 외빈 중 첫 번째로 연설을 했다. 헝가리 공산당 총간사 라코시 마차시는 훗날 이렇게 회고했다. "마오가 연단에 올랐을 때 볼쇼이 극장에서 일찍이 본 적이 없었을 엄청난 박수가 터져 나왔다. 나는 마오 쩌둥이 이러한 열광과 환대에 상기된 것을 볼 수 있었다."[83]

이런 경의의 표시에도 불구하고, 팡파르가 수그러들었을 때 마오는 자신이 그리 부러워할 만한 위치가 못 됨을 확인했다. 스탈린이 새로운 조약에 서명하는 데 거부했으므로 그는 주된 방문 목적을 달성하지 못했다. 대부분의 역사학자들은 그가 모스크바에 머문 나머지 기간에 펼쳐진 사건들을 비뇨한 신경전으로 해석한다. 확실히 스탈린은 누가 우두머리인지를 과시하고 있었다. 마오도 이에 대응하여 나름의 방식으로 압력을 가했다. 스탈린이 죽은 뒤 그는 자기가 요구를 끝까지 밀어붙여서 관철했다고 주장했지만, 이는 아마 과장이었을 것이다. 실제로 그는 병을 핑계로(그는 정말로 몸 상태가 좋지 않았다) 일정에 잡혀 있던 여러 행사에 참석을 거부하고 보란 듯이 두문불출했으며, 예정보다 한 달 일찍 중국에 돌아가기로 했다고 발표했다.[84] 이는 의도한 성과를 얻기 위한 전술이었다.

학자들은 스탈린의 입장 변화에 대해 다양한 설명을 제시해 왔지만, 아마 그는 처음부터 타협할 준비가 되어 있었을 것이다. 능란한 협상가였던 스탈린이 회담을 거절로 시작한 것은 민족주의 성향이 강한 중국의 새 지도자가 과도한 요구를 할지도 모른다는 경계 때문이었다. 이는 효과적인 책략이었다. 한편 마오는 확실히 스탈린의 꿍꿍이를 감지하고 자신이 만만치 않은 파트너임을 입증했다. 스탈린이 후속 협상에 동의하자 마오는 이제 늑장을 부리기 시작했다. 협상은 중국 지도자들의 후발대가 도착한 뒤에 시작하기로 되어 있었지만, 마오는 그들에게 더 시간을 끌라고 지시했다. 처음에 그들은 중국에서 출발하는 날짜를 연기했고, 그 다음에는 느린 교통수단—기차—을 택해서 소련 수도로 왔다.

스탈린, 마오, 그리고 마오의 동료들이 스탈린의 집무실에서 회담을 재개한 것은 1950년 1월 22일이 되어서였다. 스탈린과 마오 둘 다 새로운 조약을 체결하려는 의도를 재확인하고 이를 기초하기 위한 지침을 마련했다. 힘겨운 협상 끝에 2월 14일 소비에트 연방과 중화인민공화국은 스탈린의 집무실에서 중소 우호동맹상호원조조약에 서명했다. 소련 측은 얄타 협정과 1945년 중소 조약을 통해 획득했던 거의 모든 이권을 잃었다. 1945년 조약은 중국장춘철도와 뤼순을 30년간 소련에게 넘겨주었지만, 이제 1950년 조약에 의해 이를 1952년까지 중국에 반환해야 했다. 또 중국은 다롄 항에서 소련에게 임대한 재산을 거의 즉시 돌려받게 되었다. 그 결과로 소련은 태평양에 면한 부동항과 상당한 가치를 지닌 물적 자원을 잃었다. 일부 저자들은 이 조약이 "국제 조약에서 유례가 없는 아량"이었다고 평가했다.[85] 그러나 중국의 새 지도자들 역시 대가를 치렀다. 그들은 외몽골에 대한 일체의 영토권 주장을 포기했고, 만주와 신장에서 제3국 시민의 채굴권 및 사업권 인가를 금하는 비밀 의정서에 서명함으로써 소련이 이 국경 지방에 대한 배타적 특권을 보유하도록 허용했다.

이로써 소련은 많은 전술적 이권을 포기하는 대신에 세계적으로 중대한 우위를 획득했다. 지구상에서 가장 인구가 많은 나라가 소련 블록에 속하게 된 것이다. 이제 중국은 아시아 전 지역에서 서구 영향력에 대항하는 수많은 운동의 무게 중심이자 실질적 원조처가 되었다. 소련이 자본주의 국가들에게 포위되어 있다는 생각—소련 선전의 항구적인 테마—은 이제 완전히 뒤집혔다. 이제는 사회주의가 서방 세계를 포위하고 있다고 말할 수 있게 되었다.

조약에 서명한 직후, 스탈린은 같은 날인 2월 14일 중국 대사관이 메트로폴 호텔에서 개최한 리셉션에 참석함으로써 다시금 중국의 새 지도자들에 대한 존중을 표했다. 스탈린의 통역관이었던 니콜라이 표도렌코에 따르면, 스탈린과 마오는 리셉션 개최 장소를 놓고 의견이 충돌했다고 한다. 스탈린은 크레믈을 제안했지만 마오는 국가 위신을 들어 다른 장소를 선호했다. 그는 이렇게 설명했다. "크레믈은 소련 정부가 국가 리셉션을 개최하는 장소입니다. 우리나라는 주권 국가로서 이것이 부적절하다고 봅니다." 스탈린은 그런 리셉션에는 참석할 수 없다고 응수했다. "나는 식당이나 외국 대사관에서 열리는 리셉션에는 참석하지 않습니다. 절대로." 마오는 고집을 꺾지 않았다. 긴장된 침묵이 이어지는 동안 그는 스탈린에게서 한 번도 눈을 떼지 않았다. 결국 스탈린이 한 발 물러섰다. "좋습니다, 마오쩌둥 동무, 당신이 그토록 원한다면 가겠습니다."[86] 중국 대사관 명의로 소련 정부에 스탈린 대원수 부처의 참석을 요청하는(이 초청 대상은 외교 관례를 반영한 것일 수도 있지만, 그보다는 중국인들이 스탈린의 사생활에 얼마나 무지했는지를 드러낸 것이었을 가능성이 높다), 손으로 쓴 초대장이 도착했다. 복장은 제복에 훈장 착용이었다.[87]

스탈린의 등장은 리셉션의 하이라이트였다. 그는 늦게 도착했는데, 표도렌코의 묘사에 따르면 연회장은 기대감으로 들떠 있었고 모두가 같은 질문을 속삭였다. 그가 나타날까? 표도렌코에 따르면 그는 "우레 같은 박수와 떠나갈 듯한 환성으로 환영받았다." 스탈린은 발을 멈추고 잠시 섰다가 마오를 향해 걸어갔다. 건배가 한 차례 돌았다. "축사를 한 사람들과 하지 않은 사람들 모두의 시선이 두 사람에게 향했다. 둘은 나란히 서서 이따금 서로 대화를 주고받았다." 길고 지루한 건배와 갈채가 끝난 뒤 스탈린이 손짓을 했다. 소음이 가라앉자 그는 마오와 중화인민공화국의 승리를 위해 건배했다. 모두가 동시에 잔을 비웠다. "또 한 차례 박수와 열광적인 함성, 그리고 모두의 환호가 터져 나왔다."[88]

2월 16일 스탈린은 중국인들을 위한 송별 오찬회를 열었다. 대표단은 그 다음날 기차를 타고 베이징으로 출발했다. '중소 우호'의 번영기가 시작되었다. 중국은 소련의 지원을 받아 경제를 복구하고 가장 중요한 경제 부문에 수백 개의 신규 공장을 지었다. 수만 명의 중국인 학생과 노동자가 소련에서 교육 받았다. 마오쩌둥이 방문하고 얼마 안 있어 발발한 한국전쟁은 특히 군사 분야에서 두 정권의 유대를 더욱 강화했다. 그러나 마오의 방문 중에 이미 드러났던 긴장이 수면 아래에 잠재하고 있었다. 공동의 이념적 목표와 공동의 적에 대항한 단결을 선언했어도 서로 엇갈리는 국익에 뿌리를 둔 차이를 숨길 수는 없었다. 중국 공산당의 권력 장악은, 국제 공산주의 운동에서 저마다 지도적 역할을 자임하는 두 나라의 풀기 어려운 관계의 시작에 불과했다. 스탈린이 이 거대한 이웃과의 관계를 관리하기 위해 수립한 원칙은, 중국 지도부가 소련의 원조와 지원에 의존할 필요성을 느끼는 동안에만 작동할 터였다. 스탈린이 그 후계자들에게 남긴 다른 많은 유산이 그랬듯이 이 원칙 또한 오래 유지되지 못했다.

제3차 세계대전의 위협

중국에서 공산주의가 승리하고 있을 때 또 다른 중요한 사건이 동시에 전개되고 있었다. 소련이 핵 보유력 개발에 막대한 자원을 퍼부은 끝에 1949년 8월 최초의 원자폭탄 실험을 수행한 것이다.[89] 이 실험의 성공으로, 스탈린 체제는 최우선적 군사 목표를 달성하기 위해 무엇이든 감행할 준비가 되어 있음을 드러냈다. 원자폭탄 프로젝트의 책임자는 라브렌티 베리야였는데, 그가 무자비함과 과단성으로 명성을 떨쳤음을 고려할 때 이는 인상적인 선택이었다. 그는 이 중대 임무에 실패하면 자신의 경력이—심지어 목숨도—일시에 끝장날 수 있음을 확실히 알았다. 나중에 스탈린이 사망한 뒤, 그는 자신이 카자흐스탄의 핵 실험장으로 떠날 때 '침울한 기분'이었다고 회고했다.[90] 하지만 그는 곧 안도의 한숨을 내쉴 수 있었다.

핵 보유는 군사 강국으로서 소련의 지위에 대단한 중요성을 띠었지만, 그렇다고 해서 스탈린이 마음을 놓았을 것 같지는 않다. 아마도 그는 이런 무기를 사용할 수 있는 상대적으로 제한된 선택지와 세계의 실질적 세력 균형을 냉정히 고려했을 것이다. 서방 세력은 소련 진영에 대항하고 이미 인상적인 그들의 군사 잠재력을 개발하는 데 과단성을 보여 주었다. 스탈린은 군사력에만 의존할 수 없었다. 외교 정책 영역에서 그는 (국내 정책에서보다 훨씬 더) 신중하고 실용적이었다. 서방과 공산 진영 사이에 최초로 '뜨거운' 전쟁이 벌어진 한반도의 상황은 스탈린의 실용적 외교 정책이 드러난 한 사례였다.

1945년 일본의 패배 이후 한반도는 38도선을 따라 남북으로 분단되었다. 일본은 38선 이북에서 소련군에 항복했고 그 이남에서는 미국에 항복했다. 유럽에서 그러했듯이, 소련이 점령한 지역에는 친소 정부가, 미국이 점령한 지역에는 친서방 정부가 수립되었다. 이 과정의 시발점은 남북에 각각 꼭두각시 정권이 들어선 것이었다. 미국은 33년간 미국에 망명하여 이곳에서 교육 받은 70세의 교수 이승만을, 모스크바는 33세의 붉은 군대 장교 김일성을 권좌에 앉혔다.

일본이 항복하고 몇 년이 흘렀어도 한반도는 전혀 안정될 기미가 없었다. 소규모 군사적 충돌과 무력시위가 일상적으로 벌어졌다. 이러한 두 정권하에서 한반도의 통일로 가는 유일한 길은 전쟁뿐임을 양측 모두가 분명히 인식했지만, 미소 주둔군이 전쟁을 억제하고 있었다. 직접 충돌이 두려웠던 스탈린과 미국 지도자들은 조심스럽게 행동하는 편을 선호했다. 스탈린의 접근 방식은 1947년 5월 그가 북한에 파견한 소련 대표단에게 내린 지시에 요약되어 있다. "우리는 한반도 문제에 너무 깊이 개입해서는 안 됩니다."[91] 1948년 말에 소련군이 북한에서 철수했고, 미국도 다음해 여름까지 부대를 철수시켰다.

북한 지도자들은 미군의 철수와 더불어 군사 행동을 취할 기회가 열렸다고 판단했지만, 1949년 가을까지도 스탈린은 남한에 대한 무력 공세를 승인해 달라는 그들의 끈질긴 요청을 여전히 거부하고 있었다. 그런데 1950년 초, 마오쩌둥이 중국에서 승리를 거둔 뒤 중국 공산당 편에서 싸웠던 북한 군인들이 대거 귀국하면서 상황이 달라지기 시작했다. 김일성은 중국이 그 보답으로 북한의 공산주의자들에게도 지원을 제공해 주기를 바랐다. 그는 자신이 중국으로 방향을 틀 가능성을 넌지시 암시하면서 모스크바에 대한 압박을 강화했다.[92] 스탈린은 전쟁에 반대하는 주장과 찬성하는 주장이 서로 복잡하게 뒤얽힌 — 오늘날까지도 역사학자들이 정리하는 데 애를 먹고 있는 — 그물을 풀어야 했다.

국제무대에서 스탈린이 따른 현실 정치의 원칙은 신중함을 우선시했다. 그에게는 한반도 분단 정책을 계속 고수하면서 공산주의 북한을 미국에 대한 대항 세력으로서 강화하는 것이야말로 최선의 선택으로 보였다. 나라를 무력으로 재통일하게 해 달라는 김일성의 요구, 아니 끈질긴 요청을 계속 거절하는 것은 그에게 쉬운 일이었다. 중국이라는 변수만 제외하면 북한 지도자들은 여전히 스탈린의 꼭두각시였다. 오로지 소련만이 북한 정부의 생존에 필요한 무기와 기타 필수 자원을 북한에 제공할 수 있었다. 중국 자신도 소련의 원조에 의지하고 있었다.

저울을 반대쪽으로 기울인 것은 강대국의 팽창 욕구, 권력의 공백을 메우고 확실한 주인이 사라진 영토를 장악하려는 본능적 성향이었다. 많은 학자들은 미국 국익의 범위를 규정한 1950년 1월의 애치슨 선언에 한반도에 대한 언급이 없었던 것이 스탈린을 대담하게 만들었다고 믿는다. 이는 미국이 중국에서 패배한 이후 취약해졌음을 시인하는 선언으로 들렸다. 여기에 김일성의 낙관적인 장담과 남한 후방에서 친공산주의 봉기가 일어나리라는 계산이 더해지면서, 점령을 조기에 기정사실화하고 미국이 효과적으로 개입할 시간을 주지 않는 기습 공격을 타진해 볼 길이 열렸다. 소련과 스탈린 자신이 제3세계 혁명 운동의 지도자 역할을 자임하고 있었다는 사실 또한 저울을 이쪽으로 크게 기울였다. 끝으로 스탈린은 유럽에서 겪은 실패를 보상 받기를 원했을 수도 있다.

스탈린의 생각이 어떠했든 간에, 1950년 그는 군사 행동을 취하기로 결정하고 김일성에게 침공 준비를 개시해도 좋다는 신호를 보냈다. 김일성은 4월에 모스크바로 와서 스탈린을 만나 세부 사항을 논의했다.[93] 그들은 함께 전쟁 계획과 시간표를 짰고, 북한은 소련의 도움을 받아 긴급히 전쟁 준비에 돌입했다. 전투가 시작될 무렵 그들은 남한보다 월등한 우위를 획득했다. 1950년 6월 25일 김일성의 부대가 공세를 개시했다. 다른 숱한 기습 공격 시도들이 그러했듯이 이 또한 패배에 직면했다. 스탈린은 미국의 신속한 대응을 우려했으면서도 결국 무시하기로 결정했는데, 바로 이것이 상황을 극적으로 반전시켰다. 미국 지도부는 북한의 침략을 궁극적으로는 유럽까지 포함될 더 광범위한 소련 공세의 시작으로 보았다.[94] 개입을 결정한 미국은 소련 블록을 외교적으로 신속히 제압했다. 군사 작전이 개시된 바로 그날 소집된 유엔 안전보장이사회는 북한을 침략국으로 규탄했다(유고슬라비아는 기권했고 소련 대사는 불참했다).[95] 곧 이어 미군이 한국에 상륙했고, 15개국 군대가 신속히 합류했다. 후자는 군사적이기보다는 정치적인 의미가 더 컸다.

초기에 북한군이 거둔 승리에도 불구하고, 이러한 출발은 김일성의 자신감을 꺾어 놓았다. 스탈린은 전쟁을 계속할 것을 주문하고 조언과 더불어 군사 장비를 새로 전달하며 북한을 격려했다. "우리 견해로는 반드시 진격을 계속해야 합니다. 남한이 빨리 해방될수록 개입의 기회는 줄어들 것입니다." 스탈린은 1950년 7월 1일 평양 주재 소련 대사에게 이렇게 썼다.[96] 그러나 미군 주력 부대가 한반도에 다다르기 전에 전쟁을 승리로 마무리한다는 도박은 실패했다. 북한군은 9월에 남한의 거의 전역을 점령했지만 남한 정부를 완전히 축출해 내지는 못했다. 미군은 강한 역공을 개시했다. 유엔 깃발 아래 연합군이 빠르게 진격하여 10월 말에는 북한 대부분을 점령하고 평양을 손에 넣었다. 소련 측이 중국의 '의용군'이라는 최후의 카드를 꺼내 들 시간이 되었다.

이제 스탈린과 중국 지도부 사이에, 아직까지 제대로 연구가 이루어지지 않은 혼란스러운 협상이 시작되었다. 협상이 실패로 끝난 것처럼 보인 시점도 있었다. 10월 13일 스탈린은 김일성에게 다음과 같은 지시를 보냈다. "우리는 계속 저항하는 것이 무의미하다고 봅니다. 중국 동지들이 군사적 참여를 거부하고 있습니다. 이 상황에서 당신은 중국 또는 (그리고) 소련으로의 완전 철수를 준비해야 합니다. 부대와 군사 장비를 전부 철수시키는 것이 지극히 중요합니다. 이런 방향으로 상세한 작전 계획을 세워서 그것을 철저히 따르시오. 미래에 적과 싸울 수 있는 역량을 보존해야 합니다."[97]

소련 대사는 북한 지도자들과 긴급히 만나 스탈린의 전문을 읽어 주었다. 소련 대사의 전언에 따르면, "김일성은 (스탈린의 권고를 받아들이기가) 매우 힘들지만, 조언이 그러하다면 따르겠다고 말했다."[98] 스탈린의 지시는 얼마나 진지한 것이었을까? 그는 정말로 북한을 포기할 생각이었을까? 확실히 그러했다. 스탈린은 소련군을 투입한다는 생각을 결단코 거부했기 때문에 중국이 군대를 보내기를 거부하면 다른 선택지가 없었다. 하지만 그가 군대를 철수하겠다고 결정하면 중국이 한 번 더 생각할 것이라고 판단했을 가능성도 있다. 게다가 스탈린은 철수 의도를 선언하고서도 계속해서 중국을 끌어들이려고 노력했다. 그는 무기 공급 문제에서 양보하고 소련군의 공중 엄호 제공을 좀 더 구체적으로 약속했다. 이런 노력은 결실을 보았다. 마오는 참전에 동의했다. "큰 주인어른이 우리가 나서야 한다고 하셨습니다." 그는 스탈린의 요구를 동지들에게 이렇게 전했다.[99]

중공군에게 두들겨 맞은 국군과 연합군은 북한에서 후퇴했다. 1951년 초에 그들은 서울을 두 번째로 잃었다. 그 다음 남쪽에서 역공이 재개되었다. 둘 중 어느 편도 결정적인 승리를 거두지 못할 것처럼 보이기 시작했다. 스탈린은 김일성과 마오쩌둥의 군대에 공중 엄호를 제공하겠다는 약속을 정말로 지켰지만, 소련은 조심스럽게 막후에 머물러 있으려 했다. 열강들 사이에 빚어진 이 대립의 주된 희생자는 분단된 국가에서 살아가야 했던 한국인들이었다. 북한 사람들은 역사상 가장 잔혹한 독재—많은 부분 스탈린 모델을 본뜬 정권—를 겪어야 했다.

한국전쟁은 국제적 긴장을 고조시키고 군비 경쟁을 촉발했다. 소련 지도부에게 군수 산업의 발전은 언제나 의문의 여지 없는 우선순위였지만, 스탈린의 말년에는 군비 증강이 새로운 차원으로 올라섰다. 1951년 1월에 소련 지도부와 동구권 고위 관료들 간의 회담이 열렸다. 이 회담에 대한 공식 기록은 아직까지 기밀로 분류되어 있다. 이 일이 다양한 회고록에 언급되어 있지 않았다면 역사학자들은 아마 이런 회담이 열렸다는 사실조차 알지 못했을 것이다. 이 자리에서 일어난 일에 대한 가장 상세한 묘사는 라코시 마차시 헝가리 공산당 총간사의 회고록에 담겨 있다. 그의 증언에 따르면 소련 측에서는 스탈린과 몇몇 정치국원과 군 고위 인사들이, 동유럽 국가에서는 당 총간사와 국방장관이 참석했다(폴란드 공산당 총간사만이 불참했다). 소련군 참모총장 세르게이 시테멘코가, 나토의 위협이 고조되고 있으며 사회주의 국가들이 군사력 증강으로 이에 대항해야 한다고 연설했다. 소련 지도부는 위성국들에게, 향후 3년 이내에 병력 규모를 크게 늘리고 이런 군사력 증강을 뒷받침할 군수 산업 기반을 마련하는 임무를 할당했다.

라코시는 시테멘코가 제시한 수치가 논쟁을 불러일으켰다고 전한다. 그의 인용에 따르면 폴란드 국방장관 콘스탄틴 로코숍스키는, 폴란드가 이미 병력 증강을 계획 중이지만 소련이 1953년까지 소집하라고 요청한 병력 규모에 다다르려면 1956년은 되어야 할 것이라고 말했다. 다른 대표들도 자국이 그처럼 빠른 증강을 감당할 능력이 있을지 의문을 표했다. 하지만 소련은 요지부동이었다. 스탈린은 로코숍스키에게, 폴란드가 제시한 일정표는 (로코숍스키가) 1956년 이전에 새로운 전쟁이 터지지 않는다고 장담할 수 있을 때에만 유지 가능하다고 응수했다. 그런 보장이 없는 상황에서는 시테멘코의 제안을 받아들이는 편이 더 낫다는 것이었다.[100]

소련이 어떤 군사 계획을 준비 중이었는지, 그것이 어느 정도나 실현되었는지 지금으로서는 알 길이 없다. 하지만 스탈린이 진지한 군사력 증강을 목표로 삼고 있었다고 결론 내릴 만한 증거는 충분하다. 공식 수치에 따르면, 1949년에 290만까지 줄어들었던 병력은 1953년 580만에 이르렀다.[101] 무기 및 군수 장비 생산과 더불어 육해공군을 관할하는 부처에 대한 투자는 1951년까지 60퍼센트, 1952년에는 40퍼센트 증가했다. 그에 비해 소련 경제의 비군사 부문에 대한 정부 투자는 1951년에 6퍼센트, 1952년에 7퍼센트 증가했을 뿐이다.[102]

핵무기와 그 운반 체계의 개발은 여전히 최우선순위이자 가장 큰 비용이 들어가는 군사 계획이었다. 핵무기 프로젝트 이외에 로켓 기술, 제트 추진 항공기, 모스크바 방공 시스템에도 상당한 자원이 투여되었다.[103] 죽기 전 몇 달간 스탈린은 군비 경쟁에서 라이벌들을 앞지르겠다는 결의를 보여 주었다. 그는 1953년 2월 대규모의 항공기 및 해군 선박 건조 프로그램을 승인했다. 그 첫 번째 프로그램은 1953년에 32개였던 폭격기 사단을 1955년 말까지 106개로 증설하는 것이었다. 신규 사단을 창설하기 위해 1953~1955년에 비행기 1만 300대를 건조하고 공군·해군 병력을 29만 명 증원한다는 계획이었다. 두 번째 프로그램은 1959년 이전까지 중·대형 순양함을 건조하기 위해 막대한 자원을 할당했다. 미국과의 해상 국경선과 가까운 극동의 캄차트카와 추콧카 지역에 소련 군사 기지가 설치되었다.[104]

이러한 증강은 스탈린이 선제공격을 가하여 새로운 세계대전을 일으킬 계획이었음을 의미하는 것일까? 이런 식의 추측을 뒷받침하는 증거는 없다. 이 대규모 군비 증강 프로그램은 수년에 걸쳐 수행하기로 계획되었음을 지적하는 것이 중요하다. 또한 소련 외교 정책을 연구하는 역사학자들은 스탈린이 국제무대에서 취했던 조심성과 실용주의를 지적한다. 그가 전후에 서방에 취한 행동은 그가 전전에 나치 독일을 대했던 방식과 유사했다. 그는 직접 부딪치기보다는 막후에서 책략을 꾸미는 편을 선호했다. 이런 접근 방식은 한국전쟁에서도 드러났다. 그는 전쟁의 지속을 부추기면서도 미국과의 정면충돌은 끝끝내 피했다. 이 전쟁을 제삼자의 손을 빌려 미국을 약화시킬 수단으로 보았던 그는 휴전 협정에 서명하지 않고 의도적으로 시간을 끌었다. 스탈린은 죽기 몇 달 전 중국 지도자 저우언라이와의 개인적인 대화에서 이를 솔직하고 냉소적으로 설명했다. "이 전쟁은 미국에 큰 두통을 일으키고 있습니다. 반면에 북한은 전쟁에서 발생한 사상자를 빼면 아무것도 잃은 것이 없습니다…자제와 인내가 필요합니다. 물론 한국인들을 이해해야겠지요—사상자가 많이 났으니까요. 하지만 이것이 중대한 문제임을 그들에게 잘 설명해야 합니다. 인내심을 갖고 더 큰 자제력을 발휘해야 합니다."[105]

한국인들은 스탈린이 죽은 이후에야 비로소 타국의 이익을 위해 자국의 인명을 희생해야 하는 의무에서 벗어날 수 있었다. 그의 후계자들은 국제적 긴장을 완화하고 군비 경쟁의 부담을 줄이는 정책을 추구했다. 1953년 7월에 한반도에서 휴전 협정을 체결한다는 결정이 내려졌다. 스탈린의 죽음은 대규모 폭격기 부대의 창설을 비롯한 소련의 파괴적 군비 증강에 종지부를 찍었다. 이 나라는 군비 경쟁의 압박을 견딜 수 없었고 일찍이 스탈린이 거부했던 개혁이 필요했다.

완고한 보수주의자

군비 지출이 스탈린의 말년에 정부 예산을 부풀린 유일한 원인은 아니었다. 수령이 말년에 막대한 비용이 드는 대규모 프로젝트에 열정을 쏟았음을 보여 주는 풍부한 증거가 있다. 공식 선전에서는 이런 프로젝트들을 '스탈린식 공산주의 건설'이라고 표현하곤 했다. 여기에는 대규모 수력 발전소, 운하, 그리고 접근이 불가능했던 북극 외진 지역까지 들어가는 철도 등이 포함되었다. 새로 획득한 극동 영토와의 연결을 강화하기 위해, 사할린 섬으로 연결되는 페리 항로와 전장 13.6킬로미터의 지하 터널, 그리고 이 터널을 본토의 철도망과 잇는 철로 건설이 계획되었다. 스탈린주의에 결부된 것들이 대개 그러했듯, 매력적인 외관을 띤 선전의 이면에는 불미스러운 현실이 도사리고 있었다. 공산주의는 많은 부분 죄수들의 노역으로 건설되었다.[106]

기반 시설에 대한 과도한 지출은 다시금 소련 경제를 재정 위기에 빠뜨렸다. 프로젝트의 무질서한 난립은 미완의 건설 사업으로 인한 손실로 이어졌다. 이는 나중에 애초 기획했던 것보다 훨씬 더 많은 비용을 들여 완공해야 했다. 이러한 낭비는 1951년과 1952년에 한계에 도달했다. 건설 사업 일정이 지체되었고 새로운 프로젝트의 착수는 연기되었다. 농업과 소비 지출 – 중공업에 자본을 공급하는 부문 – 의 침체는 이런 상황을 더욱 부채질했다. 스탈린은 이에 굴하지 않고 1953년 다시금 새로운 대규모 자본 투자를 위한 계획을 세웠다.[107] 말년의 그는 1차 5개년 계획 때 범했던 강제적 산업화의 실책을 고집스럽게 반복했다.

입수 가능한 문서들로 판단할 때, 이 위기는 권력 상층부에서 심각하게 논의되지 않았다. 스탈린은 마지막 순간까지 그 어떤 희생을 치르고라도 중공업을 팽창시키고 군사력을 증강할 것을 요구했다. 과거에도 그러했듯이, 그는 문제가 너무 심각해져서 도저히 다른 도리가 없을 때에만 제한적 양보와 정책 수정에 동의했다. 또 시스템 전반의 위기를 인정하려 들지 않고 위기가 가장 명백히 발현된 개별적인 문제에 대해서만 마지못해 대응했다.

자주 그러했듯이, 다가오는 재앙의 최초 신호는 소련 경제에서 가장 불우한 부문인 농업으로부터 왔다. 소련 농촌은 불균형한 경제 정책과 늘어나는 정부 지출을 지탱하기 위한 새로운 세금 부담의 타격을 고스란히 받았다. 비효율적인 집단농장 체제 하에서 농업은 침체되었고 나라를 먹여 살릴 능력이 없었다. 축산업의 상황은 특히 나빴다. 심지어 공식 소련 통계로 보아도 1953년 초 전국의 가축 두수는 1939년보다 더 늘지 않았고, 이는 1928년보다 3분의 1이 더 적은 수였다. 1953년의 돼지 수는 1928년과 동일했다.[108] 전국의 농촌에서 모스크바로 쏟아져 들어온 수많은 민원에는 절망적인 상황이 묘사되어 있다. 이런 외침 중의 일부는 스탈린의 귀에까지 닿았다.

1952년 10월과 11월에 접수되어 스탈린에게 전달된 편지 중에는, 소련의 다양한 지역에서 집단농장의 고초를 토로한 불만들이 담겨 있다.[109] 모스크바 도 오레호보-주예보 구의 수의사인 N. I. 홀로도프는, 사실상 무보수 강제 노동을 하고 있는 집단농장 노동자들에게 일할 의욕을 북돋을 동기가 필요하다고 주장했다. 그는 이렇게 썼다.

> 우리 언론에 따르면, 우리는 농업에서 엄청난 성과를 거두었습니다…실제로 현실에서는 무슨 일이 벌어지고 있는지 보겠습니다. 호밀 수확량이 보잘 것 없습니다. 추수 과정에서 막대한 낭비가 이루어지기 때문입니다…감자는 어느 정도 수확되었지만, 과연 감자 수확이 어떻게 이루어질까요? 공장에서 동원된 노동자들이 감자를 캡니다. 이 기간에 그들은 평소 임금의 50퍼센트밖에 받

지 못합니다. 이 일에서 얻는 이득이 없기 때문에 감자를 빠짐없이 캐내려고 노력하지도 않습니다. 그저 최대한 빨리 일을 끝내려고 맨 위에 있는 것들만 대충 걷어낼 뿐입니다….

이제 축산업을 보겠습니다. 이에 대해서는 말하는 것조차 창피스럽습니다. 연간 우유 생산량은 사료를 먹인 젖소 한 마리당 1,200~1,400리터를 넘기지 못합니다. 한 마디로 우스울 뿐입니다—이는 보통 염소 한 마리에서 나오는 양입니다.[110]

1952년 말 스탈린의 우편함에는 농촌의 이런 한심한 현실에 대한 고발과 더불어 도시의 텅 빈 상점 선반을 생생히 묘사한 편지들도 있었다. 11월 초에 스탈린은 랴잔 도에 있는 한 철도역의 당 사무국 간사인 V. F. 데이키나가 보낸 편지에 주목했다. 그 편지는 이러했다.

이제 10월인데, 여기에서는 흑빵을 사기 위해 줄을 서서 기다려야 하고 그러고도 단 한 개도 구하지 못할 때가 있습니다. 그러면 노동자들은 욕설을 얼마나 많이 하는지 모릅니다. 그들은 [신문에] 쓰인 말을 믿지 않으며 자기들이 속았다고 말합니다…저는 엄밀한 사실만을 적겠습니다. 종이가 부족하여 길게 적어서 편지로 보낼 수가 없기 때문입니다.

1. 흑빵을 사기 위해 줄을 서야 합니다.
2. 흰 빵은 전혀 구할 수 없습니다.
3. 버터도 식물성 기름도 없습니다.
4. 상점에 고기가 없습니다.

5. 소시지가 없습니다.

6. 알곡이 전혀 없습니다.

7. 마카로니나 기타 밀가루 제품이 없습니다.

8. 설탕이 없습니다.

9. 상점에 감자가 없습니다.

10. 우유나 기타 유제품이 없습니다.

11. 동물성 지방(라드 등)이 없습니다….

저는 중상을 하려는 것도 아니고 앙심을 품은 것도 아닙니다. 저는 쓰라린 진실을 말하고 있습니다. 그러나 이것이 진실입니다… 지방 관료들은 모든 물건을 불법적으로, 말하자면 뒷거래로 얻습니다. 부하들이 모든 물건을 그들의 집으로 배달해 줍니다. 모두가 그들의 비위를 맞춰 주므로 그들은 신경도 쓰지 않습니다… 저는 위원회를 파견하여 범죄자들을 재판에 회부하고, 적임자를 뽑아 그들에게 수요를 계획하는 법을 가르쳐 주실 것을 요청합니다. 배부른 자들은 배고픈 자들의 말을 믿지 않습니다.[111]

이 편지는 비록 비판적인 어조를 띠고 있지만 정치적으로 지극히 '올바른' 내용이었다. 데이키나는 제대로 '수요를 계획'하는 법을 모르는 지방 관료들의 결함과 직권 남용에 맞서 투쟁하려 하고 있었다. 이 편지는 나라에 식량이 부족한 근본 원인을 파고들지 않았다. 이는 스탈린에게 좋은 인상을 줄 수 있는 그런 종류의 편지였다. 최근 지역 당 조직을 관할하는 당중앙위원회 간사로 임명된 아베르키 아리스토프가 이 문제를 조사하기 위해 파견되었다. 1952년 11월 17일 스탈린은 자신의 집무실에 당중앙위원회 간사들을 불러 회의를 열었다. 그로부터 몇 년 뒤에 아리스토프가 증언한 내용에 따르면, 스탈린은 그에게 조사 내용을 보고할 것을 지시했다. 아리스토프는 랴잔 도에 이미 오래전부터 빵과 식용유와 기타 식품이 부족했다고 보고했다. 스탈린은 크게 화를 내며 해당 도의 당 간사를 직위에서 해임하라고 지시했다. 아리스토프와 다른 참석자들은 랴잔의 관료들을 대신하여 선처를 호소했다. 그들은 소련의 '빵 바구니'인 우크라이나를 비롯하여 다른 많은 지역의 상황도 다르지 않다고 설명했다.[112]

이 회의의 결과로 랴잔 도에는 정부 비축 식량이 배분되었다. 물론 이런 조치로는 문제를 해결할 수 없었다. 국가 지도부는 다시금 농업 부문을 구출해야 하는 과제에 직면했다. 상황의 압력에 짓눌린 스탈린은 집단농장에서 생산한 가축에 대한 정부 수매가를 인상하자는 제안을 검토하는 데 동의했다. 여기에는 농민이 노동에 대한 보상을 받을 자격이 있는가를 묻는 근본적인 문제가 걸려 있었다. 집단농장원에게 지불되는 극도로 낮은 '수매가'로는, 그들이 국가를 위해 생산하는 모든 것이 사실상 몰수된다는 사실을 숨길 수 없었다. 농사로 전혀 수익을 낼 수 없었으므로 농민들은 생산성을 높일 동기가 없었다.

1952년 12월, 니키타 흐루쇼프가 주재하는 한 위원회에서 가축 수매가를 인상하는 결의안 초안이 수립되었다.[113] 몇 주 동안의 논의 끝에 이 위원회는 결국 스탈린의 심기를 자극했다. 수령은 농촌에서 자원을 쥐어 짜내는 기존의 체제를 바꾸려는 시도에 큰 의구심을 품었다. 가축 수매가 인상에 동의한 동지들의 입장에서는 낭패스럽게도, 스탈린은 농민들에게 매기는 세금을 대폭 인상할 것을 제안했다. 아나스타스 미코얀의 회고에 따르면 스탈린의 생각은 이러했다. "농민이 뭔가? 남는 닭이나 내놓고는 그만이지."[114] 흐루쇼프와 위원회의 정치적으로 노련한 동지들은 일단 기다리며 기회를 엿본다는 가장 안전한 행동 방침을 택했다. 소련 지도자들은 스탈린의 분노로부터 몸을 숨기고 그가 죽을 날을 기다렸다. 마침내 그날이 되자 오랫동안 미루었던 농업 개혁이 즉시, 애초에 계획했던 것보다 더 대규모로 시행되었다. 스탈린의 후계자들은 수매 가격을 인상하고 농민에 대한 세금을 인하했다. 비록 집단농장 체제의 깊이 뿌리박힌 결함은 그대로였지만, 이런 조치는 긍정적인 효과를 냈다. 수십 년 만에 처음으로 조금이나마 농민들의 숨이 트였고, 농업 생산의 일부 개선이 이루어졌다.

농촌의 재정 부담 완화는 필연적으로 대규모 기반 시설 사업에 대한 낭비성 지출의 절감과 더불어 이루어졌다. 스탈린이 사망하고 불과 며칠 뒤인 1953년 3월 10일, 고스플란 의장은 '완공 일정이 지체된' 대규모 건설 사업들에 대한 보고서를 소련 정부의 새 수장인 게오르기 말렌코프에게 제출했다.[115] 이 보고서에는 이것이 말렌코프의 요청으로 제출되었음이 명시되어 있다. 분명히 최고 지도부 성원들은 수령 생전에 금지되었던 변화를 지체 없이 실행하고 있었다. 그들은 스탈린의 수많은 야심적 프로젝트들—운하, 수력 발전소, 험난한 지역을 통과하는 철도 건설—을 신속히 중단시켰다. 군사 부문에 대한 투자도 줄어들었다.[116] 이렇게 풀려난 예산을 이제는 농업과 사회 복지 부문의 심각한 위기에 대처하는 쪽으로 돌릴 수 있게 되었다. 국민들의 생활수준을 낮추고 농촌을 내부 식민지처럼 착취함으로써 가능했던 스탈린식 산업화 체제 또한 이제 서서히 해체될 수 있었다.

이런 결정들은 스탈린 사후 불과 몇 개월 동안에 유례없는 속도로 채택·실행되었다. 새 지도자들의 과단성은 오랜 세월 동안 변화를 막아 온 주된 장애물이 다름 아닌 스탈린이었음을 명백히 보여 준다. 마지막 순간까지도 독재자 스탈린 개인의 정치·경제 운용 방식은 극도로 보수·방어적이었다. 그의 죽음은 오래도록 지체된 혁신으로 통하는 문을 열었다.

독재의 단말마

죽기 직전의 스탈린은 권력의 정점에 있었다. 그의 권위는 난공불락이었고 누구도 이를 위협할 수 없었다. 하지만 그는 그렇게 생각하지 않았다. 다른 독재자들처럼 그도 권력을 향한 투쟁을 멈추지 않았고 부하들을 그다지 신뢰하지 않았다. 권력을 향한 끝없는 투쟁에서 그가 사용한 방법은 보편적이고 단순했다. 그는 자기 측근 내에서 일체의 잠재적 위협을 제거하고, 비밀경찰의 감시를 늦추지 않았으며, 다양한 정부 기관들 사이에 경쟁과 상호 통제를 부추기고, 이른바 내부와 외부의 적에 대항하여 사회를 동원했다.

레닌그라드 파를 분쇄한 이후 스탈린은 말렌코프와 베리야의 확대된 영향력에 맞설 평형추를 배치함으로써 정치국 내의 세력 균형을 조정하기 시작했다. 1949년 그는 우크라이나 당 총간사 흐루쇼프를 모스크바로 데려와 그를 당중앙위원회 간사이자 모스크바 당 조직의 수장으로 앉혔다. 그리고 얼마 안 있어 국방 장관으로서 자신을 충직하게 섬긴 불가닌을 적극적으로 밀기 시작했다. 1950년 4월에 불가닌은 스탈린의 추천으로 각료회의의 초대 부의장이 되었다. 불가닌은 이 승진으로 얼마 동안 수령과 긴밀히 접촉하는 특권을 누렸다. 그러나 스탈린은 자신의 총아에게 곧 실망하고 그의 권한을 박탈했다. 이 일은 특별한 스캔들 없이 이루어졌고, 불가닌은 최고 지도부에 그대로 머물렀다. 핵심 정치국원들 사이에 비교적 평형이 이루어진 시기가 시작되었지만, 이는 폭풍 전의 고요에 불과했다.

스탈린의 마지막 권력 투쟁에서 중요한 변수는 바로 그의 건강 악화였다. 일부 직무를 포기하거나 권한을 부하들에게 나누어 주어 업무량을 줄이는 일은 상상할 수도 없었다. 대신에 허약해지는 수령은 줄어든 기력을 호전성으로 보완하며 경탄할 만한 에너지로 독재 체제를 공고화했다. 권력 위계의 가장 취약한 지점에 맹렬한 타격이 가해졌다. 그 첫 번째는 바로 스탈린이 단단한 통제의 고삐를 한 번도 놓지 않은 비밀경찰 기관이었다. 그 다음으로 국가보안부에 다시금 체포의 물결이 밀어닥쳤다. 1951년 7월, 스탈린은 늘 그렇듯 갖가지 날조된 혐의와 고발에 근거하여 자기가 아주 최근까지도 총애했던 국가보안부 장관 빅토르 아바쿠모프의 체포를 지시했다. 당 관료인 세묜 이그나티예프가 그 자리에 임명되었다. 아바쿠모프의 체포로 국가보안부 내에 대규모 숙청의 문이 열렸다.

스탈린은 체키스트들에게 겁을 준 뒤 4개월 넘는 휴가를 떠났다. 그는 남부에 있는 동안에도 국가보안부를 면밀히 주시했다. 1951년 8월 11일부터 12월 21일까지, 160건 이상의 국가보안부 메모와 보고서를 포함한 자료 목록이 스탈린에게 배달되었다. 그는 또 국가 보안과 관련된 정치국 및 각료회의의 결의문과 더불어, 정확한 수효는 알 수 없지만 국가보안부에서 보내오는 암호 전문들도 받아 보았다.[117] 10월에 스탈린은 이그나티예프를 남부로 불러, 국가보안부에서 "유대인들을 쫓아내라"고 지시했다. 이그티예프가 "어디로 말입니까?"라고 순진하게 묻자 스탈린은 이 미숙한 장관에게 이렇게 설명했다. "지금 나는 그들을 길거리로 쫓아내라는 말이 아니오. 감옥에 가두어 놓으라고."[118] 이그나티예프는 곧 말귀를 알아들었다. 겁에 질린 그는 고분고분히 자기 부처 내에서 '시오니스트 음모' 사건을 조작하고 사람들을 줄줄이 체포했다. 국가적 반유대주의 캠페인을 국가보안부로 확대하는 것은 스탈린에게 완벽히 논리적인 수순이었다. 의심스러운 민족이자 세계 제국주의의 잠재적 공범인 유대인들을 정권의 성소聖所에서 일하도록 방치할 수는 없었다. 그 다음번 표적 역시 논리적이었다. 스탈린은 국가보안부를 휩쓴 직후 몇몇 당-국가 기관의 고위 관료들을 상대로 숙청을 개시했다.

그 다음 번 탄압 역시 남부에 있는 그의 다차에서 계획되었다. 1951년 9월에 조지아 국가보안부 장관 니콜라이 루하제가 그를 방문했다. 나중에 루하제가 체포되어 심문 받으면서 증언한 내용에 따르면, 스탈린은 만찬을 들며 조지아에서 밍그렐리아인(메그렐인)의 세력이 크다는 이야기를 꺼냈다. 그는 베리야가 밍그렐리아인이며 자기 민족 출신들을 끌어 주고 있다고도 했다.[119] 이 말은 다음 번 캠페인의 타격 대상—조지아 관료들과 그들의 후원자—을 최초로 암시한 징후였다. 루하제가 방문하고 얼마 안 되어, 스탈린의 경호팀장 니콜라이 블라시크는 조지아의 전문학교나 대학교에 입학하기 위해 뇌물을 주어야 해서 사람들의 불만이 많다고 수령에게 보고했다. 이 정보가 스탈린의 새로운 표적과 완벽히 일치한 것은 놀랄 일이 아니었다. 일생의 상당 부분을 스탈린의 곁에서 보낸 블라시크는 그의 기분을 예리하게 감지했고 그가 듣고 싶어 하는 말을 들려주는 재능이 있었다. 그는 스탈린이 피에 굶주려 있음을 알아채고 상관의 욕구를 충족할 만한 의심스러운 증거를 찾아 헤맸다. 루하제는 블라시크가 주장한 혐의를 조사하는 임무를 맡았다.

1951년 10월 29일, 루하제는 뇌물 혐의를 대부분 확인하지 못했다고 스탈린에게 보고했다.[120] 그러나 상황은 달라지지 않았다. 스탈린은 조지아에서 숙청을 단행하기로 결심했고, 그 구실을 만들어내는 일은 단지 시간 문제였다. 11월 3일 그는 루하제에게 전화를 걸어, 전 수후미 시 검찰관이었고 뇌물수수죄로 기소된 미하일 바라미야 조지아당 제2간사의 비호 행위에 대한 정보를 제출하라고 지시했다. 루하제는 그의 지시에 따라, 바라미야가 밍그렐리아인 관료들의 범죄를 묵인했음을 암시하는 서류들을 준비했다.[121] 이 사건은 신속히 처리되었다. 스탈린의 적극적인 관여로 조지아에서 광범위한 탄압이 개시되었다. 바라미야를 포함하여 조지아 공화국의 지도자들 다수가 체포되었다. 1만 1천 명 이상이 소련의 외딴 지역으로 추방되었다.[122]

'밍그렐리아 사건'은 많은 부분 '레닌그라드 사건'과 동일한 틀을 따라 진행되었다. 둘 다 권력 남용 및 정치적 비호(셉스트보) 행위를 고발하면서 시작되어, 파면된 관료들에 대한 체포와 고문, 그리고 '반소' '간첩' 조직에 대한 증거 조작으로 신속히 이어졌다. 레닌그라드 때와 마찬가지로, 여기서도 스탈린은 영향력 있는 특정 국가 지도자—이 경우에는 베리야—와 연결된 소련 관료 사회 내의 특정 파벌을 겨냥했다.[123] 그를 조롱하려는 의도였는지, 그저 모욕을 주어 따끔하게 혼내려는 의도였는지는 몰라도, 스탈린은 1952년 조지아 당중앙위원회 총회의 주재를 베리야에게 맡겼다. 이 자리에서 그는 예전 자기 부하들의 죄과를 폭로하고 그들의 행위에 충격과 분노를 금치 못하는 척 연기해야 했다. 의심의 여지없이 베리야는 조지아에서의 숙청을 자

사망 4개월 전, 1952년 당 대회에서의 스탈린. 이렇게 미화되지 않은 사진들은 공개되지 않았다. 러시아 국립사회정치사문서보관소.

신에 대한 개인적 위협으로 받아들였다. 그는 스탈린이 사망하자마자 '밍그렐리아 사건'을 서둘러 종결짓고 그 희생자들을 고위직으로 복귀시켰다.[124]

베리야는 위험한 고비를 무사히 넘겼다. 하지만 그 이전의 많은 동료들이 그랬듯이 그 역시 자신의 정치적·물리적 존재가 얼마나 취약한지를 다시금 뼈저리게 느껴야 했다. 이 시점에 스탈린의 눈은 좀 더 중요한 표적을 주시하고 있었다. 그 첫 번째 총탄은 1952년 10월, 무려 13년 만에 소집된 제19차 당 대회가 끝난 뒤에 발사되었다. 여기서 스탈린은 기조연설을 하지 않았고 폐회사를 할 때만 대회장에 모습을 드러냈다. 마치 그날의 주요 이벤트—새로 선출된 당중앙위원회의 총회—를 위해서 줄어든 기력을 아끼고 있는 듯했다. 대회 직후에 열린 이 총회에서는 당 최고 통치 기구—특히 가장 중요한 정치국—의 구성을 결정하기로 되어 있었다. 선거가 그저 형식적인 절차임은 모두가 아는 사실이었다. 당중앙위원회 위원들은 토론에 쓸데없이 기력을 낭비하지 않고 주로 윗선에서 제안한 후보에게 투표했다. 하지만 여기서 스탈린은 뜻밖에도 몇 가지 놀라운 변화를 도입했다.

그의 주된 혁신은 정치국을 폐지하고 두 개의 새로운 기구를 창설한 것이었다. 그 첫째는 '소비에트연방공산당 중앙위원회 상임위원회'였다.[125] 정치국이 의결권을 지닌 9명의 정국원과 2명의 후보국원으로 구성되었던 반면, 새로운 상임위원회는 그보다 훨씬 규모가 커져서 25명의 정위원과 11명의 후보위원으로 구성되었다. 이렇게 확대되면서 더 젊고 비교적 무명의 당 지도자들이 상임위원회에 추가되었고, 스탈린은 나이든 동지들을 전보다도 더 마음대로 휘두를 수 있게 되었다. 아나스타스 미코얀은 이 재편의 정치적 의미를 이렇게 요약했는데 아마도 정확한 관찰이었을 것이다. "상임위원회의 구성이 대단히 광범위해졌으므로, 이제 필요하다면 스탈린의 눈 밖에 난 상임위원회 위원들을 제거하더라도 별로 눈에 띄지 않게 되었다. 다음 번 당 대회 때까지 25명 중 한 5~6명이 사라지더라도 엄청난 변화로 보이지는 않을 것이다. 반면에 정치국원 9명 중 5~6명이 사라진다면 이는 훨씬 더 두드러져 보일 것이다."[126]

이런 식의 우려야말로 스탈린이 고참 당원과 잠재적 후계자들의 의지를 꺾기 위해 정확히 의도했던 것이었다. 스탈린은 확대된 당중앙위원회 상임위원회를 통해 위협을 암시하는 데서 만족하지 않고 심리전을 계속했다. 그의 다음 번 제안 — 상임위원회를 지도하는 역할을 할, 9인으로 구성된 사무국 설치 — 또한 예상 밖이었다. 원칙적으로 상임위원회 사무국은 합리적인 제안이었다. 거추장스러운 상임위원회는 효율적인 의사 결정을 할 만한 능력이 없었다. 하지만 전에도 자주 그러했듯이, 스탈린은 물론 당중앙위원회 총회의 공식적 승인 없이도 소수의 지도 집단을 만들 수 있었다. 그가 이렇게 민주주의를 농락한 진짜 목적은 그가 사무국의 후보로 제안한 명단을 공개한 뒤에 곧 분명해졌다. 그의 가장 오랜 두 동지 — 몰로토프와 미코얀 — 를 후보 지명에서 제외한 것이다. 이 모욕에 소금을 뿌리기라도 하듯, 그는 두 사람을 공개적으로 호되게 비난하면서 이 발표의 대미를 장식했다.

두 사람 — 특히 몰로토프 — 은 당과 인민들 사이에서 수령의 당연한 후계자로 여겨지고 있었다. 스탈린이 그들을 당과 국가의 합당한 지도자로 인정하지 않음을 널리 알림으로써 그들에게 공개적으로 망신을 준 것은 바로 이 때문이었다. 이 총회의 속기록이 작성되지 않았으므로 우리는 그가 몰로토프와 미코얀을 정확히 어떤 이유로 비난했는지 알지 못한다. 이 자리에 참석한 사람들의 서로 모순된 기억들을 가지고 판단할 때, 스탈린은 사실과 유사 사실을 자기 입맛에 맞게 왜곡하고 혼합해서 정치적 비방을 지어냈다. 그는 몰로토프가 외신 기자들에게 양보했다는 일화와 1945년 외무장관 회담에서의 실책을 새삼스럽게 폭로했다. 그리고 몰로토프가 농민들의 노동을 장려하기 위해 곡물 수매가 인상을 제안했으며 미코얀도 이를 지지했다고 주장했다. 이런 죄상들은 '우익 기회주의'로 채색되었다. 스탈린은 몰로토프의 아내와 그의 유대인 동조 혐의에 대해서까지 언급했던 것 같다.[127] 결국 비판의 내용은 중요하지 않았다. 요점은 명백했다. 아무도 스탈린을 계승할 자격이 없다는 것이었다. 유일한 희망은 그가 오래오래 사는 것뿐이었다. 몰로토프와 미코얀은 연단에 올라 스탈린에 대한 충성을 표시했다. 이 장면 또한 그의 위대함을 더욱 강조했을 뿐이다. 그 자리에 모인 청중에게, 스탈린의 태도는 몰로토프와 미코얀의 변명이 들을 가치도 없다는 신호나 마찬가지였다. 한 목격자에 따르면 스탈린은 미코얀이 말을 다 끝맺기도 전에 무시하듯이 한 손을 내저었다. "그 즉시 강당에 모인 사람들은 대단히 격앙된 반응을 보이며 이렇게 소리치기 시작했다. '변명은 그만 하라!'…'당중앙위원회를 농락하려 들지 마라!' 미코얀은 무슨 말을 더 하고 싶은 듯했지만 청중의 방해로 그냥 자리에 앉을 수밖에 없었다."[128] 결국 총회는 수령에 대한 이런 충성과 변절자에 대한 경멸의 표시로 적절히 마무리되었다.

몰로토프와 미코얀은 이런 파문을 당한 후에도 형식적으로 대부분의 공식 권한을 – 그리고 가장 중요하게는 목숨을 – 그대로 유지했지만, 그들은 물론이고 스탈린 측근 중의 그 누구도 진정으로 안심할 수 없었다. 그리고 사회주의 이웃 나라로부터 놀라운 소식이 전해졌다. 제19차 당 대회가 끝나고 얼마 지나지 않은 1952년 11월에 체코슬로바키아 지도자 루돌프 슬란스키가 다른 당 고위 관료들과 함께 재판에 회부된 것이다. 피고인들은 유죄 판결을 받고 처형되었다. 최근의 연구들을 보면 스탈린이 슬란스키 재판을 직접 긴밀히 통제했음을 확인할 수 있다.[129] 슬란스키는 유대인이었고, 그의 재판은 스탈린이 연출한 다음 번 위협—'의사들의 음모'—의 서곡 역할을 했다.

스탈린이 죽기 직전 몇 달간 상당 시간을 쏟아 부은 '의사들의 음모' 사건은 광범위한 국가적 반유대주의 캠페인의 일환으로서 전개되었다. 이 사건의 근거는 정부 의료 기관에서 일하는 '살인자 의사'들—그 대부분이 유대인이었다—에 대해 국가보안부가 '발굴해 낸' 정보였다. 소련 지도자들을 살해했거나 살해 음모를 꾸몄다는 '의사 해독 분자'들에 대한 기소는 1930년대 정치 재판의 주된 모티프 중 하나였다. 말년의 스탈린이 이 테마로 되돌아온 것은 아마도 자신의 죽음에 대한 불안 때문이었을 수도 있고, 크레믈 의사들에 대한 사건 조작을 그 환자들에게 압력을 가하는 한 수단으로 보았기 때문이었을 수도 있다. 스탈린은 유대인 의사들과 국가보안부 내에 있다는 그 후원자들에 대한 증거 조작을 여러 달에 걸쳐 강박적으로 주도했다. 그는 이 집단을 쓸어버리고 싶어 조급한 나머지, 국가보안부 요원들을 비대한 '하마'라고 부르며 그들을 "양떼처럼" 몰아서 "낯짝을 후려갈기겠다"는 험악한 말로 이그나티예프를 위협하기도 했다.[130]

정부 상층부에서 펼쳐진 드라마의 1막이 끝난 1952년 10월과 11월에 스탈린은 여러 의사들의 체포를 승인했다. 그중에는 크레믈 의료 감독 기관장 표트르 예고로프, 스탈린의 주치의 블라디미르 비노그라도프, 그리고 교수인 미론 봅시와 블라디미르 바실렌코가 포함되어 있었다. 스탈린은 국가보안부 간부들을 불러 체포된 사람들을 고문할 것을 지시했다.[131] 1952년 11월 15일, 이그나티예프는 그에게 지시대로 수행했음을 보고했다. "예고로프, 비노그라도프, 바실렌코에게 물리적 조치를 취했고, 특히 외국 정보기관과 관련한 심문을 강화했습니다…. 특히 중요하고 위험한 범죄자들과 관련하여 (물리적 처벌을 동원한) 특수 임무의 수행이 가능한 일꾼 두 명을 뽑아서 이미 사건에 투입했습니다."[132]

스탈린은 무자비한 고문 기술을 통해 뽑아낸 '자백'을 즉시 활용했다. 1952년 12월 1일 당중앙위원회 상임위원회 회의에서 '의료계 내의 사보타주' 및 '소련 국가보안부의 상태에 대한 정보'에 대한 질문이 제기되었다. 스탈린의 주된 공격 대상은 '유대 민족주의자'와 체키스트였으며, 이는 '의사 해독 분자'와 국가보안부 '음모자들' 사이의 결탁에 대해 그가 애초에 품었던 의심과 일치했다. 12월 4일의 다음 번 당중앙위원회 상임위원회 회의에서는 정보기관에 대한 '적극적이고 공세적인 조치'와 국가보안부에 대한 당의 통제 강화를 촉구하는, '국가보안부의 상황에 대하여'라는 제목의 결의안이 채택되었다. 이 결의안은 "많은 체키스트들이⋯견제 작전과 테러의 활용이 마르크스-레닌주의와 양립 불가하다는 퇴폐적이고 유해한 논리⋯뒤에 숨어 있다. 이런 쓸모없는 체키스트들은 혁명적 마르크스-레닌주의의 태도로부터 부르주아 자유주의와 평화주의의 태도로 빠져들었다"고 주장하며, 모든 극단적 수단을 동원하여 '적'과 투쟁할 것을 옹호했다.[133] 스탈린은 비공개 회의에서 이런 태도를 다음과 같이 좀 더 간단명료하게 요약했다. "보안 기관과 체카의 업무를 삐딱한 시선으로 보는 공산주의자들, 자기 손을 더럽히길 두려워하는 자들은 구덩이 속에 거꾸로 처박아야 합니다."[134]

어느 시점에서 스탈린은 '의사들의 음모'를 대규모 캠페인으로 전환하기로 결심했다. 1월 초에 그의 적극적인 관여로 두 건의 기사가 준비되었다. '의사 해독분자' 그룹의 체포에 대한 타스 통신 기사와, 같은 주제를 다룬 〈프라우다〉의 사설이었다. 이들 기사는 "파괴적 의료 행위를 통해 소련 주요 인사들의 수명을 단축시키는 것을 목표로 한 의사들의 테러 집단"이 발각되었으며, 이 범죄는 국제적 유대 부르주아-민족주의 조직과 영미 정보기관의 지시로 자행되었다고 발표했다.[135] 아울러 소련 인민에게 제국주의 세계의 지원을 받는 적에 대한 경각심을 촉구했다.

1953년 1월 13일 이 기사들이 게재됨과 동시에, 반유대주의를 촉발하고 이 히스테리에 '경각심'을 불어넣기 위한 대대적인 이데올로기 캠페인이 실시되었다. 소련계 유대인에 대한 집단 학살과 강제 이주가 행해질 것이라는 루머가 널리 확산되었다. 이후 수십 년에 걸쳐, 이런 루머는 스탈린이 의사들을 상대로 전시용 공개 재판을 열고 전쟁 중 캅카스인들에게 했던 것처럼 유대인들을 소련의 유럽 지역에서 극동으로 이주시킬 계획이었을지도 모른다는 추측으로 발전했다. 최근 공개된 문서고에 대해 철저한 조사가 행해졌지만 이런 추측을 뒷받침하는 직·간접적 증거는 나타나지 않았다. 전시용 재판이나 한 민족 집단 전체를 상대로 한 소탕 작전에는 엄청난 물적 자원이 소요되었을 터이므로, 그 증거가 부재한 것은 그런 계획이 없었다는 뜻으로 봐도 무리가 없을 것이다.[136]

그 무렵의 스탈린은 정말로 병자였지만, 심지어 광기에 사로잡힌 그마저도 강제 이주 프로그램이나 대규모 체포를 실시할 필요성은 느끼지 못했다. '의사들의 음모' 캠페인은 그의 목표를 완벽히 충족했다. 행동보다는 사고의 영역에서, 이는 아무런 임박한 전쟁이 없는 상황에서 대중의 분위기를 조종하고 전쟁 대비 심리를 조장함으로써 인민의 주의를 일상의 고초로부터 다른 곳으로 돌렸다. 또 거물급 의사들이 체포되자, 스탈린의 동료들은 루뱐카의 지하실에서 자기 주치의로부터 어떤 증언이 나올지를 두려워하며 불안한 상태에서 생활해야 했다. 이와 비슷한 다른 본보기성 처벌들이 그러했듯이, '의사들의 음모' 또한 대외 정책적인 측면이 있었다. 일부 역사학자들은 스탈린이 이 새로운 반유대주의 캠페인을 서방 적대 세력, 특히 미국에게 압력을 가하는 수단으로 보았다고 믿는다. 그는 유대인 집단 학살의 암묵적 위협을 이용하여 서방 지도자들로부터 양보를 얻어 내려 하고 있었다. 사실 서방 지도자들로서는 양보 이외에 그에게 영향을 끼칠 다른 수단이 없었다.[137]

역사학자들은 스탈린의 마지막 캠페인에 가장 큰 영향을 미친 것이 그의 계산이었는지 혹은 광기였는지를 놓고 논쟁할 수 있다. 둘 중 어느 경우든, 그의 행동은 그가 죽음이라는 최후의 장애물에 다다를 때까지 권력을 놓치지 않기 위해 끈질기게 투쟁했음을 증언한다. 이 장애물로 향하는 여정의 마지막 행보는 1953년 2월 28일 토요일 저녁, 그가 당시 가장 가까웠던 네 동지들—말렌코프, 베리야, 흐루쇼프, 불가닌—을 그의 다차에서 열린 인생 최후의 만찬에 초대했을 때부터 시작되었다. 다음날 그가 마비된 채 쓰러져 있는 것을 경호원들이 발견했고, 대단히 미심쩍은 의료계 종사자들을 불러야 할지 말아야 할지를 놓고 고뇌가 시작되었다.

독재가 무너지다

1953년 3월 2~5일, 크레믈에서의 회의. 스탈린의 사망.

1953년 3월 2일 아침 의사들이 도착하면서 상황은 근본적으로 바뀌었다. 그들이 스탈린의 다차로 불려 왔다는 사실 자체가 그의 상태의 심각성이 공식적으로 인정되었다는 뜻이었다. 의사들은 스탈린이 최악의 상태임을 확인해 주었다. 뇌졸중이 수령을 죽음의 문턱으로 데려다 놓은 것이다. 수십 년 만에 처음으로, 그리고 완전히 불시에 소련은 최고 권력의 교체에 직면했다.

레닌과 마찬가지로 스탈린도 자기 후계자를 지명하거나 평화로운 권력 승계를 위한 법률적 메커니즘을 마련해 놓지 않았다. 대신에 그는 후계자의 출현을 저지하고 자기 동료들이 정치적 무자격자라는 인식을 주입하기 위해 전력을 다했다. 그는 높은 수준의 의사 결정을 자기 손에 집중하는 한편, 다른 정치국원들은 심지어 그들이 직접 책임진 분야에 대해서조차 충분한 정보와 권한을 갖지 못하게끔 만들었다. 권력을 향한 갈증과 노년기 특유의 불안정한 감정에 휘둘린 스탈린은 자기 이후의 미래에 대해 '될 대로 되라'는 태도를 보였던 듯하다.

그러므로 스탈린의 후계자들이 이 최고 권력의 중대한 공백기를 순조롭게 헤쳐 나온 데 대해서는 그저 놀랄 수밖에 없다. 그들이 그럴 수 있었던 데는 많은 이유가 있었다. 하나는 스탈린의 동지들이 그가 살아 있었던 동안에도 일정한 독립성과 협업 능력을 키웠다는 점이다.

그들 각각은 당-국가 기구의 특정 부분을 감독했다. 스탈린 없이 그들끼리 만나서 특정한 실용적 정부 현안을 처리하는 것은 드문 일이 아니었다. 특히 각료회의에 소속된 여러 집행 · 관리 기구들은 아주 정기적으로 서로 만나 논의했다. 공식적으로는 스탈린이 이들 기관의 수장이었지만, 그는 이런 기관의 일상 업무에 전혀 관여하지 않았다. 게다가 그가 남부에서 기나긴 휴가를 보내는 동안 정치국은 스탈린 없이 숙의하는 데 익숙해졌다. 또한 독재자에 대한 공통된 공포는 지도부 성원들을 하나로 묶어 주었다. 물론 그에게 좀 더 가까이 다가가려는 경쟁도 있었지만, 스탈린의 동료들은 그의 분노를 자극하지 않기 위해 조심했고 지도 그룹 내의 평형을 유지하기 위해 노력했다. '레닌그라드 사건'은 그 누구도 안전할 수 없음을 보여 주었다. 자기 보호 본능은 기관의 이익과, 또 체제에 대한 위협 인식과 교묘히 상호작용했다. 국가를 운영한다는 도전에 일상적으로 대응해야 했던 스탈린의 동료들은, 그가 일부러 눈 감고 있는 듯한 긴급한 변화의 필요성을 예민하게 인식했다. 이런 인식은 해결책을 도출하려는 비공식적 노력으로 이어졌고, 스탈린은 그 실현을 막는 유일한 장애물이었다. 서서히 그러나 거침없이, 독재의 그늘 아래서 과두 체제가 그 배아 형태를 띠었다. 스탈린의 병이 위중하다는 소식이 처음 전해지고 나서 과두제가 하나의 세력으로 출현하기까지는 단 며칠밖에 걸리지 않았다.

3월 2일 오전 10시 40분에 소련 공산당 당중앙위원회 상임위원회 사무국의 공식 회의가 소집되었다. 스탈린의 크레믈 집무실에서 스탈린 없이 회의가 열린 것은 몇 년 만에 처음이었다. 이 자리에는 (스탈린을 제외한) 사무국 위원 전원 이외에도 몰로토프, 미코얀, 니콜라이 시베르니크(소련 최고회의 의장), 마트베이 시키랴토프(당 감찰위원회 의장), I. I.

쿠페린(크레믈 의료-위생 관리국장), 신경병리학자인 R. A. 트카초프가 참석했다. 그들은 "3월 2일 발생하여 I. V. 스탈린 동무의 건강에 심각한 상태를 초래한 뇌출혈에 관한 의료진의 결론"을 20분간 논의했다.[1] 사무국은 의료진의 진단을 승인하고, 지도부 성원들이 수령의 침대 옆에서 불침번을 서는 일정을 짰다. 몰로토프와 미코얀이 스탈린의 신임을 잃고 사무국에서 공식적으로 배제되었음에도 불구하고 이 자리에 참석한 사실은 큰 중요성을 띤다. 그들이 여기에 포함된 것은 위기의 시기에 통합을 유지하기 위한 자연스럽고 합리적인 수순이었지만, 또한 수령에 대한 불복 행위이자 옛 집단 지도 체제를 복구하려는 노력이기도 했다. 스탈린이 회복하지 못할 것임을 확신한 소련 지도자들은 그가 수립한 최고 권력 체제의 변경에 착수하고 있었다.

갓 태동한 이 과두 모임은 "3월 2일 저녁의 I. V. 스탈린 동무의 건강 상태에 대하여" 공식적인 치료 경과를 논의하기 위해 그날 저녁 8시 25분에 스탈린의 집무실에 다시 모였다.[2] 스탈린이 오래 살지 못할 것임은 시간이 경과할수록 점점 더 분명해지고 있었다. 의사인 알렉산드르 먀스니코프는 나중에 이렇게 회고했다. "3일 아침에 의료진은 환자의 예후를 묻는 말렌코프의 질문에 답변을 해 주어야 했다. 우리는 부정적인 대답을 내놓을 수밖에 없었다. 사망은 부득이했다. 말렌코프는 그런 결론을 예상했다고 말했지만, 의료 조치를 통해 생명을 구하지는 못하더라도 충분한 시간 동안 연장할 수 있기를 바란다고 덧붙였다. 우리는 그 말이 새 정부를 조직하는 동시에 여론에 대비할 시간을 벌어야 한다는 뜻임을 이해했다."[3]

기록을 보면, 3월 2일 아침에 소련 지도자들은 이미 스탈린이 회복하지 못할 것이라 전제하고 이에 맞추어 계획을 짜고 있었음을 확인할 수 있다. 정오에 이번에는 의사들이 참석하지 않은 또 다른 회의가 열렸고, 이 자리에서 스탈린의 와병을 언론에 발표하고 당중앙위원회 총회를 소집하는 결의안이 채택되었다.[4] 비록 새 지도부의 정확한 구성은 아직 미결로 남아 있었지만, 총회 소집 결정은 곧 권력 양도를 준비한다는 신호였다. 말렌코프와 베리야는 구체적인 제안을 정식화하는 임무를 맡았다. 그 일을 할 시간은 충분했다. 상임위원회 성원들은 스탈린의 다차에서 둘씩 짝지어 불침번을 섰다. 흐루쇼프와 불가닌이 한 팀이었고 말렌코프와 베리야가 또 한 팀을 이루었다. 교대 근무가 여러 시간 동안 이어졌으므로 그 사이에 광범위한 논의를 할 시간이 있었다.

3월 4일은 전환점이었다. 그날 신문에 스탈린의 와병에 대한 최초의 공식 발표가 실렸다. 회복할 가망이 없었으므로 국민과 세계인이 이 상황에 서서히 익숙해지게끔 하는 수밖에 도리가 없었다. 같은 날 베리야와 말렌코프는 권력 상층부 재편을 위한 제안들을 준비했고, 이는 나중에 몰로토프와 미코얀을 포함한 지도부 그룹에서 논의되었다. 이 제안이 담긴 3월 4일자 문서는 1956년에 말렌코프 보좌관의 금고에서 압수되었다.[5] 현재로서 우리는 원래의 초안에 어떤 내용이 담겨 있었는지 알지 못하지만, 그 다음날 공식 채택된 주요 결정의 윤곽이 담겨 있었음은 알고 있다.[6]

스탈린의 후계자들은 그가 죽기 전 몇 달간 수립해 놓은 정부 구조를 해체했다. 1952년 10월 스탈린의 명령으로 만들어진 당중앙위원회 확대 상임위원회는 일거에 폐지되었다. 당중앙위원회 상임위원회 사무국은 멤버 교체를 발표했다. 몰로토프와 미코얀이 추가되었고, 스탈린이 확대 상임위원회에 발탁 등용했던 젊은 멤버들은 축출되었다. 본질적으로, 이러한 전복은 이름만 바뀌었다 뿐이지 과거에 정치국이라는 이름으로 존재했던 집단 지도 체제로의 복귀를 의미했다. 스탈린의 각료회의 의장 직위는 말렌코프가 이어받았다. 하지만 그렇다고 해서 말렌코프가 스탈린의 후계자로 승인받았다거나 스탈린의 권력을 소유하게 된 것은 아니었다. 새로운 체제는 또 다른 폭군의 출현을 방지하기 위한 균형추가 많이 포함되도록 설계되었다. 스탈린과 달리 말렌코프는 당중앙위원회 총간사직을 겸임하지 않았다. 이 직위는 흐루쇼프에게 돌아갔다. 말렌코프의 수석 대리로 임명된 사람들 — 베리야, 몰로토프, 불가닌, 카가노비치 — 도 노멘클라투라 체제에서 전혀 그의 하급자가 아니었다. 이 재편은 권력의 균형을 창출했고 최고 지도부 모든 성원의 이익에 부합했다. 재편에 참여한 이들 중 이 과정에서 논란이나 원한이 있었다고 회고한 사람은 전혀 없었다.

이 새로운 정부 배치는 1953년 3월 5일 당중앙위원회 총회, 각료회의, 소련 최고회의의 합동회의에서 과두들에 의해 공식적으로 승인되었다. 크레믈 대궁전의 한 강당에 소련의 고관들이 모였다. 참석자 중 한 명이었던 작가 콘스탄틴 시모노프는 그 대회의 분위기에 대해 다음과 같은 기록을 남겼다.

> 나는 예정된 시각이 되기 한참 전에, 약 40분 일찍 도착했다. 하지만 그때 이미 참석자 중 절반 이상이 강당에 모여 있었고, 그로부터 약 10분이 경과하자 전부가 다 모였다. 시작 시간이 되기 30분 이내에 도착한 사람은 아마 두세 명에 불과했을 것이다. 그 자리에 모인, 거의 모두가 서로 안면이 있는 수백 명이… 완전한 침묵 가운데 앉아 회의 시작을 기다렸다. 우리는 서로 어깨를 맞대고 다닥다닥 붙어 앉아 서로를 쳐다보았지만 아무도 서로에게 한 마

디 말도 걸지 않았다…시작하는 바로 그 순간까지 강당 안이 너무나 고요해서, 만약 나 자신이 40분 동안 그렇게 조용히 앉아 있지 않았다면, 그토록 빽빽이 붙어 앉은 3백 명의 사람들이 그토록 조용할 수 있음을 절대로 믿지 못했을 것이다.[7]

마침내 선출될 상임위원회 위원들이 모습을 드러냈다. 전체 행사는 저녁 8시부터 8시 40분까지 40분간 이어졌다. 최고 지도부에서 이미 합의된 결의안이 여느 때처럼 고분고분히 승인되었다. 스탈린 변수는 간결하고 심지어 품위를 갖추어 처리되었다. 그들은 스탈린의 국무총리직과 당중앙위원회 총간사직을 박탈하고 형식적으로 당중앙위원회 상임위원회에 편입시켰다. 이 시점부터 스탈린의 육체적 운명과 무관하게, 그의 정치적 미래와 더불어 동료들이 그의 폭압적 권력으로부터 해방되었음이 기정사실화되었다. 시모노프의 언급을 빌면 "바로 그 자리, 상임위원회에서, 사람들을 짓누르고 속박했던 무언가로부터 자유로워졌다는 느낌이 있었다."[8]

스탈린이 자신의 권력 박탈을 감수해야 했던 시간은 겨우 한 시간 남짓이었다. 그는 저녁 9시 50분에 사망했다. 오로지 의인만이 편안한 죽음을 맞이할 수 있다는 속설을 입증하기라도 하듯, 그의 죽음은 고통스러웠다. 아버지의 임종을 지켜 본 딸 스베틀라나는 이렇게 회고했다.

죽음의 고통은 지독했다. 그는 모두가 지켜보는 가운데 말 그대로 숨이 막혀서 죽었다. 최후의 순간에 – 확실히는 모르지만 내게는 그렇게 보였다 – 그는 별안간 눈을 부릅뜨고 주위에 선 사람들을 흘깃 둘러보았다. 미쳤거나 어쩌면 노여운 것 같기도 하고 죽음과 그에게로 몸을 기울인 낯선 의사들의 얼굴에 대한 공포로 가득 찬, 무시무시한 눈빛이었다. 그 눈빛이 순식간에 우리 모두를 훑고 지나갔다. 그리고 내가 오늘날까지 잊을 수도 이해할 수도 없는 불가해하고 두려운 일이 일어났다. 그는 마치 저 위의 무언가를 가리키며 우리 모두에게 저주를 내리는 것처럼 불현듯 왼손을 들어올렸다. 이해할 수 없지만 악의에 찬 그 손짓이 누구를 혹은 무엇을 향한 것인지 아무도 알지 못했다. 다음 순간, 최후의 몸부림 끝에 영혼이 그 육신으로부터 빠져나갔다.[9]

스탈린의 동지들은 그의 침대 곁에서 꾸물거리지 않았다. 30분 뒤인 밤 10시 25분에 그들은 이미 거기서 수 킬로미터 떨어진 그의 크레믈 집무실로 돌아와 있었다.[10] 국가 중대사들은 모두 해결되었다. 남은 것은 장례식 준비였다. 새 지도자들은 그 준비를 책임질 위원회를 꾸리고 흐루쇼프를 위원장으로 임명했다. 또 그들은 방부 처리한 스탈린의 시신을 안치한 석관을 레닌의 묘에 안장하기로 결정했다. 공안 기관과 선전 기관에 명령이 내려졌다. 〈프라우다〉 편집장 드미트리 셰필로프는 이 회의에 10분간 참석했다. 한 의미심장한 장면이 그에게 강렬한 인상을 남겼다. "스탈린이 30년간 의장으로서 차지했던 의자는 비어 있었다. 아무도 그 자리에 앉지 않았다."[11]

한동안 소련 지도자들은 정말로 평등했고 또 다른 폭군의 출현을 막겠다는 결의로 뭉쳐 있었다. 스탈린 치하에서 저마다 고초를 겪은 그들은 설령 일부 달갑잖은 정치적 결과가 뒤따른다 해도 공포 체제를 철폐하겠다는 의지가 충만했다. 1953년 4월 3일, 적절한 준비를 끝낸 당중앙위원회 상임위원회는 "이른바 '의사 해독 분자 사건'에 연루되어 체포된 의사와 그 가족들을 석방하고 복직시키"기로 결의했다. 37명이 풀려났다. "이 선동적인 사건의 조작에 특별히 관여한" 국가보안부 관료들은 재판에 회부되었다.[12] 이 결의문이 그 다음날 신문에 발표되자 다양한 반응이 엇갈렸고 수령의 가장 열렬한 지지자들은 당혹했다. 집단 지도부 성원들이 개인적으로 관련된 다른 정치적 사건들은 조용하고 신속하게 재조사되었다. 몰로토프의 아내는 감옥에서 풀려났다. 전쟁 직전에 '사보타주' 혐의로 기소되어 스스로 목숨을 끊은 카가노비치의 형에게는 무죄가 선언되었다. 베리야의 평판에 그림자를 드리웠던 '밍그렐리아 사건' 역시 재조사되었다. 그 밖에 정치적 탄압의 많은 희생자들이 풀려나거나 사후 복권되었다. 각자의 개인적 사안을 해결한 스탈린의 후계자들은 나머지 국민들에게 상대적인 자유를 부여하기 시작했다. 그들을 이런 방향으로 떠민 것은 비단 양심뿐만이 아니었다. 스탈린 치하에서 이미 뚜렷해지고 있던 위기의 고조 때문이기도 했다. 변화에 대한 그 어떤 말도 받아들이지 않았던 인간의 죽음과 동시에 마침내 개혁으로 향한 문이 열리자 그것은 놀라운 속도와 과단성으로 실행되었다.

독재 체제의 두 기둥—공안 기관과 굴라크—은 크게 개혁되었다. 이 개혁의 한 상징은 체포된 사람들에 대한 고문을 금지한 1953년 4월 4일자 내무부 명령이었다. 이 명령은 "무고한 소련 시민이 체포"당하고 "체포자에 대한 잔혹한 구타, 주야 연속으로 어떤 경우에는 몇 개월씩 등 뒤로 수갑 채워 놓기, 장시간 잠 안 재우기, 체포자의 옷을 벗기고 추운 징벌방에 가두기 등의 다양한 고문 수단이 광범위하게 활용"되는 문제를 인정했다. 내무부는 이 명령을 위반하는 자들을 가혹하게 처벌하겠다고 위협하며, 감옥의 고문실을 폐쇄하고 고문 기구들을 폐기할 것을 지시했다.[13] 이 명령이 전국 모든 공안 기관의 요원들을 상대로 낭독되었을 때 이는 필시 지울 수 없는 인상을 남겼을 것이다. 이런 개혁은 1953년 봄과 여름까지 계속되며 수용소 체제에 주요한 변화를 몰고 왔다. 비정치적 범죄로 유죄 판결을 받은 사람들에 대한 대규모 사면이 발표되면서 재소자 수가 절반으로 줄었다. 아직까지 죄수들의 노동력을 동원하고 있던 내무부 관할 하의 여러 공장과 건설 현장들은 폐쇄되거나 경제 부처 관할로 넘겨졌다.[14] 스탈린 테러 희생자들에 대한 대규모 복권 역시 멀지 않았다.

경제 정책의 상당한 변화가 불과 몇 주일 만에 이루어졌다. 거추장스러운 건설 사업의 규모가 축소되었고, 경제에 과중한 부담을 주었던 '공산주의 건설'과 소련 군사력 증강 정책은 중단되었다. 이렇게 확보한 자원은 농업의 위기를 완화하고 일반 시민의 수요를 충족하는 쪽으로 전환되었다. 농산물 수매가가 인상되고 농민에 대한 세금이 경감되었다. 특히 축산업에서의 생산량이 놀라운 속도로 눈에 띄게 개선되었다.[15] 주택 공급의 대대적 확대를 비롯하여 일반 시민들의 곤궁을 덜기 위한 야심적인 프로그램이 곧 추진되었다.

국내 개혁과 더불어 외교 정책 또한 온건해졌다. 1953년 3월 19일 각료회의는 "한국에서의 전쟁을 최대한 빨리 종결한다"는 결의안을 통과시켰다.[16] 팽팽한 협상 끝에 1953년 7월 27일 휴전 협정이 체결되었다. 그리고 모스크바의 승인 하에 동유럽 공산 정권의 자유화가 시작되었다. 1953년 6월 2일 각료회의 명령은 소련이 동독 정부의 강압적 사회주의 건설 정책에 반대함을 천명하고 독일민주공화국의 정치 상황을 개선하기 위한 조치를 촉구했다.[17]

요컨대, 스탈린의 '배은망덕한' 후계자들은 수령 개인이 초래한 많은 패악들을 거의 힘들이지 않고 제거했다. 그들의 개혁은 소련 정권의 성격을 근본적으로 바꾸었다. 이는 더 이상 '스탈린주의' 정권이 아니었다. 즉 덜 잔혹하고 좀 더 예측 가능하며 유연해졌다. 소련 정부의 한 형태로서의 독재 체제는 돌이킬 수 없는 일격을 맞았다. 정부 상층부 내의 투쟁은 이후 몇 차례의 권력 교체로 이어졌지만, 그 어떤 소련 지도자도 스탈린이 행사한 것 같은 유일 권력을 휘두르지는 못했다.

장례식:
수령, 체제, 그리고 인민

1953년 3월 6일부터 사흘간 이오시프 스탈린에 대한 고별식이 거행되었다. 그의 관은 모스크바 중심부, 과거 모스크바 귀족들의 연회장으로 쓰였고 이제는 소련 지도자들의 전통적인 공개 추모 장소가 된 노동조합회관 내 '원주圓柱의 강당'에 안치되었다. 6일 오후 4시부터 일반인 참배객의 입장이 시작되었다. 행사 진행은 무질서했고, 노동조합회관으로 향하는 군중에 대해 통제가 제대로 이루어지지 않았다. 독재자의 모습을 마지막으로 한 번 보려는 사람들이, 차벽 역할을 하기 위해 경찰과 트럭이 가득 배치된 비좁은 거리로 쏟아져 들어왔다. 혼돈과 공황 속에서 많은 사람들이 깔려 죽거나 다쳐서 불구가 되었다. 이 사건에 대한 조사 기록은 아직까지 역사학자들에게 공개되지 않았다. 1962년에 소수의 사람들이 모인 어느 자리에서 흐루쇼프가 발언한 바에 따르면, 이날 군중 가운데서 사망한 사람은 109명이라고 한다.[1]

소련이 겪은 수없는 비극 중의 하나인 이 사건은 물론 신문에 게재되지 않았다. 신문 지면은 수령의 서거에 따른 슬픔과 비통의 과장된 수사로 가득 채워졌고, 애도와 맹세의 편지들이 쇄도했다. 그러나 이 비극을 목격한 사람들이 다양한 정부 기관에 보낸 불만의 편지들도 남아 있다.

> 대규모 군중이 이동할 때 경찰이 무기력한 조직으로, 아니 질서 위반의 주범으로 전락한 것은 이번이 처음이 아닙니다. 그들이—수백 명의 군중과 카메라를 들고 이리저리 뛰어다니는 외국인들 앞에서—다치고 짓밟힌 사람들을 끌어내어 구급차에 태워 보내기 시작했을 때 얼마나 참담했는지 모릅니다. 그야말로 충격적인 광경이었습니다.[2]

> 5시간에 걸쳐 사람들이 모스크바 전역으로 몰려들었는데, 줄이 어디인지를 아는 경찰이 한 명도 없었습니다! 수만의 인파로 이루어진 줄을 경찰 차량들이 들이받아 사상자와 울부짖음과 신음이 난무했습니다. 원주의 강당으로 통하는 길이 봉쇄되어 수십 만 명이 빙 둘러서 걸어가는데, 들어가는 길을 찾을 수가 없었습니다!…4시에 입장 시작이라고 발표해 놓고 그리로 찾아 가는 길을 9시에 발표한 자는 해독 분자임이 분명합니다.[3]

여러 가지 면에서 이 편지들에는 스탈린 시대의 본질이 포착되어 있다. 여기에 쓰인 어휘—"카메라를 들고 이리저리 뛰어다니는" 외국인들과 "해독 분자"에 대한 언급—와 묘사된 사건—공공질서 위반의 주범으로 전락한 경찰—은 매우 전형적이다. 독재 체제는 잔혹한 폭력에 의지하고 수많은 사람을 희생시켜 가며 그 목적을 달성했다. 합리적인 질서와 파괴적인 혼돈 사이의 경계는 흐릿했다. 질서 유지를 책임진 자들이 결국에는 아수라장을 만들었다.

모스크바의 비극은 스탈린의 후계자들이 경찰국가의 결함을 재고해 볼 계기였겠지만, 당장은 독재 체제로부터 물려받은 제도와 방식에 의지하는 수밖에 도리가 없었다. 3월 9일로 예정된 스탈린의 장례식은 아마 좀 더 주의를 기울였겠지만 역시 이전의 대본에 따라 준비되었다. 최우선순위는 보안이었고, 이를 위해 2만 2,600명의 비밀경찰 요원과 경찰과 군인이 배치되었다. 그리고 도로를 막기 위해 차량 3,500대가 동원되었다.[4] 정부가 승인한 장례식 일정은 노동조합회관에서 관을 운구하여 붉은 광장의 레닌 묘 앞에 놓고 장례식을 거행한 뒤 관을 묘 안에 안치하기까지의 식순이 분 단위로 촘촘히 짜여 있었다. 식이 시작되기 몇 시간 전부터 군인 6천 명과 '노동자 대표' 1만 5천 명을 붉은 광장에 데려다 놓았다.[5] 이번에는 모든 일이 계획대로 진행되었다.

모스크바에서 사상자가 발생한 데는 무능한 관료들의 책임이 컸지만, 수령을 마지막으로 잠깐이라도 보려는 사람들이 너무 많이 몰려든 것도 이 비극의 또 다른 원인이었다. 그들은 무엇에 이끌렸을까? 사랑, 호기심, 집단 정신병, 혹은 감정을 즉흥적으로 드러낼 수 있는 드문 기회였을까? 분명 이 모든 요소와 더불어 다른 많은 요소들이 작용했다. 당시 대중의 분위기를 엿볼 수 있는 문서 중에 입수 가능한 것은 드물지만, 이들은 수령의 와병과 죽음에 대한 복잡하고 다양한 반응들을 보여 준다. 1953년 3월 5일 이그나티예프 국가보안부 장관은 스탈린이 위중하다는 소식에 병사들이 어떤 반응을 보였는지에 대한 보고서를 소련 지도부에 제출했다. 이 문서에는 '충성스러운 사람들'이 보인 반응의 일정한 패턴이 묘사되어 있다. 그중 두드러진 것은, 소련 선전에 따르면 선과 자비의 화신으로서의 스탈린에 대한 연민이었다. "우리 가족에게 이 소식은 우리나라에 닥친 크나큰 슬픔으로 느껴진다." "그는 너무 열심히 일한 나머지 자신의 건강을 해쳤다." '긍정적인' 반응에는 흔히 나라의 미래와 응답자 자신의 미래를 걱정하는 표현이 따라오곤 했다. 소련 선전에서 오랫동안 강조되어 온 두 가지 명제—스탈린은 대체 불가능하며 전쟁이 다가오고 있다—가 여기에 작용하고 있었다. "좀 두렵다. 그가 죽은 뒤 누가 그 자리를 이어받을 수 있겠는가?" "어쩌면 이로써 3차 대전의 발발이 가속화될지도 모르겠다." 체키스트들은 '부정적'이고 '적대적'인 반응들도 보고했다. "인과응보다." "잘 됐다." "스탈린은 어차피 오래 가지 못했겠지만 더 잘 되었다. 봐라, 곧 모든 게 바뀔 것이다."[6] 이런 말을 한 사람들은 모두 체포되거나 최소한 조사를 받았다.

1953년 3월에는 스탈린의 죽음에 만족감을 표시하거나 다른 식으로 그를 폄하해서 '반소 선동' 혐의를 받은 사람들이 대거 체포되고 유죄 판결을 받았다. 한 과학 연구소에서 일하는 44세의 모스크바 시민 S. M. 텔렌코프는 통근 기차 안에서 술에 취해 이렇게 떠들었다. "오늘 참 좋은 날이오. 오늘 우리는 스탈린을 묻었소. 세상에 악당 하나가 줄었으니 우리도 이제 다시 살아갈 수 있겠군." 로스토프 도에 사는 28세의 노동계급 여성 R. S. 리발코는 스탈린에 대한 불경스러운 말을 하여 유죄 판결을 받았다. 카자흐스탄으로 강제 이주 당한 Ya. I. 페이트는 공식 추모 행사가 끝난 뒤 스탈린의 초상화를 찢고 짓밟은 죄로 형을 받았다. 우크라이나의 도시 로브노에 사는 32세의 철도 노동자 P. K. 카르페츠는 스탈린의 사망 소식을 듣고 이렇게 욕설을 했다. "냄새 안

나냐? 시체가 벌써 썩었다.” 자캅카지예의 철도 노동자인 48세의 여성 Ye. G. 그리드네바는 참지 못하고 동료에게 이렇게 말했다. “개가 개죽음을 당했네. 죽어서 잘 되었다. 이제 집단농장도 없어지고 조금 살기 편해지겠지.”7

반스탈린 감정이 표출되어 비밀경찰의 귀에까지 들어간 예는 빙산의 일각에 불과했다. 대부분의 사람들은 자기 견해를 드러내지 않게끔 훈련받았다. 어디에나 있는 밀고자들과 습관적인 공포가 자유로운 표현을 최소한으로 억눌렀고, 더 적극적인 형태의 항의는 말할 것도 없었다. 선택은 단순했다. 공식적 가치를 수용하–는 척하–든지, 아니면 수용소에 갇히거나 사형 집행인과 대면하든지 둘 중의 하나였다. 이러한 상황은 일반적으로는 진솔한 출처로 여겨지는 일기 등의 사료적 가치를 떨어뜨린다. 소련 시민들은 자기 집에 혼자 있을 때조차 머릿속에서 자기 검열을 행했고 일기를 고백의 수단이 아닌 잠재적 알리바이로서 이용했다고 가정해야 한다. 대중 집회에 대한 신문 보도, 대중 정서에 대한 공안 기관의 보고서, 일반 시민들이 당국에 보낸 편지들은 전체상의 일부에 불과하다. 게다가 이런 문서 중의 상당수는 아직까지도 비공개 문서고에 숨겨져 있다. 스탈린 시대 집단적 정서의 전모를 가늠하려 시도하는 역사학자들은 여전히 큰 장애물에 가로막혀 있다.

스탈린의 사망 전야에 그가 통치하는 소련에 살고 있던 1억 9천만 인민은 소련 잡지의 표지들에 등장하는 ‘새로운 소련인’의 이미지와는 전혀 닮지 않은, 지극히 복잡다단한 공동체를 이루고 있었다.8 많은 요소들이 소련 사회를 응집하고 정권을 뒷받침하는 데 기여했지만, 이러한 지지의 동기는 진심 어린 열광에서부터 어쩔 수 없는 상황과의 타협, 압도적인 권력에 대한 습관적인 복종에 이르기까지 저마다 달랐다. 거대한 규모의 폭력과 테러는, 스탈린 체제의 근간이—비록 열광이라는 허울을 뒤집어쓰고 있었을망정—공포와 억압이었음을 시사한다. 그러나 체제와 독재자에 대한 충성과 믿음이 언제나 거짓이었던 것만은 아니었다. 인민을 통일하고 독자적 생각을 억압하는 주된 수단은 항구적인 공포였지만, 이와 더불어 '긍정적인' 사회 조작 메커니즘 또한 활용되었다. 소련 사회를 의도한 방향으로 이끄는 데는 당근과 채찍이 둘 다 동원되었다.

이 정권이 추진한 정책의 한 가지 부산물은 대규모 특권 관료 계급의 형성이었다. 당 · 정부에서 중간 이상의 직위를 차지한 이들은 높은 사회적 지위와 상당한 물질적 부를 포함한 많은 특혜를 누렸다. 1930년대 후반의 대규모 숙청 이후 소련의 노멘클라투라 구조는 안정되었다. 전후 시기에는 관료에 대한 탄압이 일상보다 예외에 가까웠다. 그리고 스탈린이 사망하기 직전 시기에 관료와 그 가족들이 사실상 기소 면책을 누리고 있었다는 증거도 있다. 당원에 대한 일체의 체포나 기소 요구는 당 위원회 지도부의 승인을 거쳐야 했으므로, 이는 사법 체계의 이분화로 이어졌다. 많은 경우에 노멘클라투라 성원과 그 가족들은, 일반 시민에게는 가혹한 처벌이 적용되는 행정적 · 형사적 범죄로 인한 기소를 피할 수 있었다.[9]

또 다른 범주의 집단—'나라에서 가장 훌륭한 사람들'—은 거대 당-국가 기구 내 관료의 지위에 근접했다. 이 '가장 훌륭한 사람들'은 사회 모든 부문과 직군—노동자, 농민, 작가, 예술가, 과학자 등—에서 찾아볼 수 있었다. 그 가장 유명한 예는 이른바 '스타하노프 노동자', 즉 생산 최전선의 돌격 노동자였다. 그들의 사례가 모두 진짜는 아니었지만 이들은 소련 정신의 '횃불'로서 존경받았다. 일반 시민과 관료의 중간 정도 지위를 누린 스타하노프 노동자들은, 이론적으로는 전과 마찬가지로 일을 계속했지만 급속히 후자의 가치 체계에 동화되었다. 그들은 상당한 물질적 특권을 누리며 자신이 속한 사업체와 지역의 이익을 위해 로비하는 대변인 역할을 했다. 스탈린 체제에서 수혜를 입은 이 범주의 전형적 사례가 바로 그 명칭의 원조가 된 광부 알렉세이 스타하노프였다. 기록적인 생산성을 거두어 큰 명성을 얻고 스탈린의 총애를 입은 그는 재빨리 노멘클라투라의 생활방식에 취미를 붙였고 스탈린에게 갖가지 청원을 퍼부었다.

> 이오시프 비사리오노비치! 좋은 차 한 대를 주시면 당신의 신뢰에 값하겠습니다. 저는 곧 스타하노프 운동 10주년을 맞아 돈바스로 가서 다시금 일하는 법을 시연할 예정입니다. 그동안 수도 없이 요청했지만 계속 다 부서진 전리품 고물차만 받고 있습니다. 하지만 딱 한 번만 좋은 차를 주시면 더 이상 귀찮게 굴지 않겠습니다…또 아파트와 관련하여…여태껏 한 번도 수리를 하지 못했습니다. 벽은 지저분하며 가구는 너덜너덜하고 부서졌습니다…어떤 사람들은 한 달에 두 번씩 비단으로 벽을 도배하고 온갖 가구를 들여놓습니다. 이는 옳지 않습니다. 그러므로 사람들을 아파트로 초대하기 부끄럽지 않도록, 집수리와 새 가구를 부탁드립니다.[10]

소련 사회 상층부에 대한 혜택 집중의 또 한 가지 결과는 자원을 도시—특히 대도시—로 편중하여 할당하는 정책이었다. 강제적 산업화와 군사화는 다수 농촌 주민과 소수 도시민 사이에 생활수준 및 사회적 지위의 격차를 심화시켰다.[11] 특히 수도와 주요 산업 중심지의 많은 도시민들은 상대적으로 보수가 넉넉한 특권 계층에 속해 있었다. 기근 때는 그들도 배를 곯았지만, 정부 배급을 받았으므로 농민들처럼 굶어 죽지는 않았다. 그들은 농민들과 달리 국내 여권을 소유했고 상대적인 이동의 자유가 있었다. 또 도시 주민들은 더 나은 의료 혜택과 발달된 문화 · 교육 인프라를 누렸다. 대부분의 식료품과 소비재가 배달되는 모스크바와 레닌그라드의 상점에서는 쇼핑객들이 필요한 물품을 찾을 수 있었고 심지어 어느 정도의 선택권까지 누렸다.[12] 교육 기관과 고소득 직장에 상대적으로 쉽게 접근할 수 있는 도시인들은 훨씬 더 나은 경제적 전망을 가질 수 있었다. 국영 상점의 가격을 인하하는 한편 농민의 생산물에 붙는 세금을 인상한 화폐 개혁은 수도와 산업 중심지의 주민들에게 불균형하게 유리했다. 이런 조치 때문에 농민들은 개인 텃밭에서 키운 농작물을 도시의 시장에서 더 낮은 가격에 팔아야 했다. 분명히 스탈린은 이러한 정책의 부작용에 신경 쓰지 않았다. 무역과 상업을 담당하고 있던 미코얀은 다음과 같은 증언을 했다.

> 나는 그[스탈린]에게 고기와 버터와 흰 빵의 가격을 내릴 수 없다고 말했다. 첫째로 공급이 부족하고, 둘째로 해당 농산물의 생산에 부정적인 영향을 미칠 것이기 때문이었다. 공급이 달리는 상황에서 가격이 인하되면 줄이 길게 늘어설 것이고, 사재기가 발생할 것이다. 어차피 노동자들은 일과 시간에는 상점에 갈 수 없으므로 투기꾼들이 물품을 몽땅 사들일 것이다…하지만 스탈린은 인텔리겐차의 이익을 위해 필요하다고 말하며 고집을 꺾지 않았다.[13]

여기서 미코얀은 정치적 동기로 물가를 인하할 때 예측할 수 있는 결과—공급 부족, 긴 줄, 암시장—를 잘 요약하고 있다. 하지만 스탈린은 이런 것에 거의 무심했다. 그의 주 관심사는 정권의 보루인 대도시의 사회 특권층이었다. 정부의 편중된 자원 분배는 평균적인 도시민까지도 농촌 주민보다 몇 배나 더 윤택하게 만들어 주었다. 이런 불평등의 한 가지 부작용으로, 수많은 젊은 농촌 여성들이 도시로 흘러들어와 도시 가정에서 겨우 숙식만 제공받으며 가정부로 일하게 되었다. 분명히 소수 도시 주민과 다수 농촌 주민의 현실 인식은 서로 확연히 달랐다. 회고록과 일기를 통해 목소리를 내고, 스탈린 치하의 일상에 대한 오늘날의 이해에 불균형하게 큰 영향을 끼친 것은 바로 도시민의 관점이었다.

소련 사회가 독재를 감내하고 심지어 지지하게 만든 또 다른 요소는 바로 전쟁이었다. 제1차 세계대전과 내전의 참혹한 기억, (2,700만 명의 목숨으로 대가를 치른) 나치에 대한 승리, 3차 대전의 공포, 이 모두가 세계관에 크나큰 영향을 끼쳤고, 그 영향은 비단 소련에만 국한되지 않았다. 스탈린은 세계를 끔찍한 악으로부터 구해 낸 구원자의 이미지를 즐겼다. 1945년의 승리는 그부터 수십 년 동안 스탈린과 그 후계자들의 정권에 정당성을 부여해 주었다.[14]

스탈린 체제가 지속될 수 있도록 만든 역사적 상황들은 계속해서 열거할 수 있겠지만, 심지어 이를 항구적인 탄압과 결합했어도 소련 사회에 내재된 모순을 완전히 은폐하거나 만연한 불만을 억누르지는 못했다. 급진적 혁명 정당으로서 권력을 장악한 순간부터, 볼셰비키는 사회를 분열시켜서 출신 계급이나 사회적 역할을 이유로 사회주의에 적대적이라 여겨지는 분파를 억압하는 전략에 의지했다. 이 전략에는 적대적 집단의 성원을 죽여 없애는 일도 포함되었다.[15] 스탈린주의 혁명은 사회에서 이런 '분자'들을 숙청하는 데 엄청난 자원을 투입했다. 게다가 귀족, 부르주아, 차르의 장교 및 관료, 기타 1917년 이후 기피 인물로 선언된 모든 사람들과 더불어, 국민 중 가장 큰 인구 집단인 농민에게 낙인이 찍혔다. 집단화 시기에 많은 농민들이 쿨라크로 지목되어 총살당하거나 추방되거나 태어난 고장에서 쫓겨났다. 온갖 부문에 속한 수백만의 사람들이 갖가지 구실로 박해 받고 수용소에 갇히거나 죽임을 당했다. 스탈린은 이런 조치들이 독재 체제의 진짜 적을 만들어 냈음을 인식하고 예방 차원의 숙청을 강화했는데, 그것이 가장 뚜렷이 행해진 것이 1937~1938년의 대숙청 시기였다. 탄압이 탄압을 낳았다. 그의 통치 말년에 이르면, 소련 시민의 대다수까지는 아니더라도 상당수가 한 번 이상 수용소에 갇히거나 강제 이주 당하거나 보다 약한 형태의 차별적 조치를 당한 경험이 있었다.

정권의 희생자들이 반드시 의식적인 적대자로 변한 것은 아니었다. 테러는 흔히 그 반대의 효과를 냈다. 위협 받은 인민은 통제하기 쉽고 고분고분해졌으며 겁에 질려 충성을 표시했다. 하지만 복종만이 유일한 반응이었다고 가정한다면 잘못일 것이다. 사료들은 광범위한 반정부 정서나 심지어는 적극적인 저항이 존재했음을 입증한다. 자연스러운 일이겠지만, 저항은 독재가 최초로 공고화되는 시점에 가장 흔했다. 1930년대의 집단화와 그 여파로 인한 농민 봉기가 대표적이다.[16] 대숙청과 체제 안정 이후로는 공공연한 행동을, 특히 대규모로 취할 기회가 크게 줄어들었다. 그러나 스탈린 시대 후기의 실제 정세가 반영된 비밀경찰 문서에 대한 접근이 지극히 제한되어 있음을 지적하는 것이 중요하다. 우리는 1940년대가 침묵과 복종의 시대였다는 기존의 이미지가 잘못된 정보에 기초해 있음을 알게 될지도 모른다.

불만이 만연한 근본 원인은 소련의 낮은 생활수준이었다.[17] 집단화로 생산성이 심하게 저하된 농업은 위기와 침체 사이에서 휘청거렸다. 스탈린 정부는 1931~1933년과 1946~1947년처럼 국토의 상당 부분까지는 아니더라도 일부 특정 지역이 기근이나 '식량 곤란'을 겪고 있음을 거의 매년 인정해야 했다. 심지어 가장 호시절에도 평균 식사량이 빈약했다. 대부분의 사람들은 주로 빵과 감자에 의존해 살았다. 스탈린 사망 직전, 비교적 풍요로웠던 해인 1952년에 행해진 예산 조사에 따르면 노동자 및 농민 가구의 일일 영양 섭취량은 이러했다. 평균적인 소련 시민은 밀가루 음식(주로 빵) 약 500그램, 소량의 곡물, 감자 400~600그램, 우유나 유제품 약 200~400그램을 소비했다. 이 식품들이 전형적인 식단의 대부분을 이루었다. 그 이외의 식품, 특히 고기는 특별한 때에만 먹을 수 있었다. 일인당 육류 및 육가공품 소비량은 하루 평균 40~70그램, 지방(동물성·식물성 기름, 마가린, 돼지비계) 소비량은 15~20그램이었고, 여기에 설탕 몇 티스푼과 약간의 생선을 더하면 끝이었다. 평균적인 시민은 달걀을 6일마다 1개꼴로 먹을 수 있었다. 이런 식단은 수용소 수감자의 표준 식단과 거의 동일했다.[18] 이는 중앙통계국에서 산출한 수치인데, 이 기관은 항시 정치적 압력을 받고 있었으므로 현실을 장밋빛으로 착색했을 가능성이 높다. 예를 들면 급여수준이 높은 노동자나 사정이 비교적 넉넉한 집단농장의 농민들을 조사 대상으로 선별해서 평균치를 부풀렸을 수도 있다. 체르니고프 도에 사는 한 주민은 1952년 11월 스탈린에게 이런 편지를 썼다. "이제는 흑빵을 굽고 있고 그마저도 질이 나쁩니다. 그런 빵은 도저히 먹을 수가 없습니다. 특히 환자들에게는 불가능합니다."[19]

공산품의 공급 사정 역시 마찬가지로 나빴다. 공장에서 제조한 물건의 가격은 전통적으로 특별히 높게 매겨졌다. 사람들은 단순하고 상대적으로 값싼 물건을 택할 수밖에 없었지만, 그런 물건을 살 형편이 되는 사람도 드물었다. 예를 들어 1952년에 가죽 신발을 구입할 수 있는 농민은 4명 중 1명꼴이었다.[20] 가장 간단한 신발과 옷조차 갖추지 못한 사람들도 있었다. 탐보프 도에 있는 한 마을의 주민은 1952년 12월 스탈린에게 이런 편지를 썼다. "우리 집단농장의 농장원들은 3~4인 가족이 겨울옷 한 벌을 돌려 입으며, 아이들 중 60퍼센트는 입을 옷이 없어서 학교에 가지 못합니다."[21]

대다수 주민에게는 주택 사정도 더 나을 것이 없었다. 스탈린 치하에서 주택 공급 사업은 만성적으로 예산이 부족했고 우선순위 사업을 먼저 처리한 뒤 남은 자원을 받아다 쓰는 천덕꾸러기 취급을 받았다. 주택 부족은 해가 갈수록 점점 더 악화되었고 그러다가 결국 전쟁이 터졌다. 1953년 초의 도시 거주 면적은 1명당 평균 4.5제곱미터였다.[22] 임시 거주민과 공식 등록이 안 된 사람들까지 계산에 넣으면 이 비율은 더더욱 줄어들었다. 주거의 질 또한 낮았다. 국유 주거 공간 중에서 수도가 설치된 곳은 46퍼센트, 하수 배관이 설치된 곳은 41퍼센트, 중앙난방이 되는 곳은 26퍼센트, 온수가 나오는 곳은 3퍼센트, 욕조가 있는 곳은 13퍼센트에 불과했다.[23] 심지어 이 수치마저도 대도시, 주로 수도 두 곳의 높은 생활수준을 반영한 것이다. 도시에 '바라크'—수도 시설 없이 임시로 엉성하게 지은 공동 주거용 가건물—가 널리 퍼져 있었고, 이런 바라크를 주거지로 등록한 사람들이 늘고 있었다는 사실은 주택 위기를 뚜렷이 보여주는 지표이다. 1945년에 약 280만 명이 이런 도시 바라크에서 살고 있었는데, 1952년에는 그 수

가 380만 명으로 늘어났다. 모스크바에서는 33만 7,000명 이상이 바라크에서 살았다.[24]

소련 인민의 고난을 초래한 또 다른 요인은 공업과 농업 부문의 지극히 열악한 노동 조건이었다. 물질적 보상 체계가 제대로 수립되지 않아 작업장에는 폭압이 만연했다. 노예 노동은 물론 굴라크 내에서 가장 노골적으로 행해졌지만, 소위 자유롭다고 하는 산업 및 농업 노동자들도 흔히 강압적인 환경에서 중노동을 했다. 일부 산업의 작업장, 특히 가장 임금이 낮고 위험한 곳에서는 청년들을 강제 동원하여 작업이 수행되었다. 동원을 회피할 경우에는 노동 수용소의 징역형이 기다리고 있었다. 1940년 초부터 노동자들을 고용 장소에 묶어 두기 위해 비상노동법이 활용되었다. 집단농장에서 사실상 무보수 노동을 하는 농민들은 작업 할당량을 채우지 못하면 기소되었다. 1940년부터 1952년까지 약 1,700만 명이 지각, 근무지 무단이탈, 동원 회피로 유죄 판결을 받았다.[25] 여기에 작업장 규율 위반 건수는 포함되지 않았다. 이 엄청난 숫자는 소련 노동자들의 이타적 열정을 과시하는 의기양양한 선전이 거짓이었음을 폭로한다.

정권에 대한 헌신과 적대의 양 극단 사이에는, 겉으로는 짐짓 충성하는 척하지만 정치에 거의 무관심한 절대 다수의 사람들이 존재했다. 상당수 사람들은 선전의 영향에 적당한 정도로만 반응하고 탄압의 손아귀를 피하기 위해 최선을 다하며 전통과 관습에서 위안을 얻었다. 사제와 활동적인 신자들에 대한, 특히 1930년대의 국가적 탄압에도 불구하고 대다수 소련 시민들은 신앙을 버리지 않았다. 1939년 1월의 인구조사에서 16세 이상 응답자의 57퍼센트(5,500만 명 이상)가 종교가 있다고 대답했다. 분명히 그 나머지 응답자 중에도 처벌이 두려워서

신앙을 숨긴 사람들이 많이 있었을 것이다.[26]

민족 관계의 영역에서 스탈린은 문제적 유산을 남겼다. 역사학자 테리 마틴이 '소수민족 우대 제국(affirmative action empire)'이라고 부른 초기 볼셰비키 정권의 상대적 자유주의는 1930년대 초에 종말을 고했다.[27] 스탈린 치하에서 민족 정책은 점점 더 억압적으로 바뀌었다. 민족 정체성에 근거한 대규모 체포와 처형, 한 민족 집단 전체의 강제 이주, 러시아화를 통한 소련 단일 정체성의 추구는 국가의 미래를 지뢰밭으로 만들었다.[28] 그 최초의 폭발은 스탈린이 아직 살아있을 때, 서부 우크라이나와 발트 해 연안에서 게릴라전이 휘몰아치면서부터 일어나기 시작했다. 실제로 어느 정도의 민족 간 통합이 이루어지기는 했지만, '민족들의 우정'을 격찬하는 선전의 허울 이면에는 수많은 민족 간 갈등이 부글부글 끓고 있었다.[29] 다수 러시아 민족의—소련 제국의 보루인 동시에 그 주된 희생자인—모순적 위치로부터 생겨난 '러시아 문제'는 점점 더 불안을 조장했고, 제프리 호스킹이 내놓은 해석에 따르면 궁극적으로 소비에트 연방을 파괴했다.[30]

스탈린은 '그의' 인민의 현실을 얼마나 알고 있었을까? 알바니아 공산 지도자 엔베르 호자의 회고에 따르면, 1947년 그가 모스크바를 방문했을 때 스탈린은 이렇게 말했다. "다스리려면 대중을 알아야 하고, 알려면 대중 속으로 들어가야 합니다."[31] 스탈린이 이런 자신의 금언에 충실했다고는 도저히 말할 수 없을 것이다. 거의 대부분의 시간을 관료들과 회의하며 보낸 1928년의 유명한 시베리아 출장 이후로, 그는 거의 전혀 '대중 속으로' 들어가지 않았다. '노동자 대표'들과의 공식 회의는 사전에 용의주도하게 조율된 선전 행사였다. 연극적 효과를 즐겼던 스탈린은 시절이 좋을 때에 가끔 불시에 대중 앞에 모습을 드러내기도 했다. 하지만 이런 즉흥적인 대면들조차도 '인민 앞에 임하신 수령'의 아우라를 띠는 것을 피할 수 없었다. 1935년 9월에 그는 몇몇 소련 지도자들과 함께 소치 부근을 여행하다가 일단의 휴양객들과 마주쳤다. 스탈린이 먼저 나서서 그들은 우연한 '친교'를 허락받을 수 있었다. 그중 한 휴양객은 이 일화에 대해 생생한 증언을 남겼다.

> 스탈린 동무는…이런 말로 우리를 불러 세웠다. "왜 가려고 하십니까, 동무들? 너무 콧대가 높아서 우리 일행을 꺼리는 겁니까? 이리들 오십시오. 어디에서 오셨소?" 우리는 그에게로 걸어갔다.…"자, 서로 인사합시다." 스탈린 동무는 이렇게 말하고 우리에게 자기 일행을 돌아가며 한 명씩 소개한 뒤 자신도 소개했다. "이쪽은 칼리닌 동무이고, 이쪽은 몰로토프 동무의 부인이고…그리고 나는 스탈린이오." 그는 이렇게 말하면서 모두와 악수를 나누었다. "이제 우리 다 같이 사진을 찍읍시다." 스탈린 동무는 그러면서 우리를 자기 옆자리에 세웠다…사진사들이 준비하는 동안 스탈린 동무는 계속 그들을 놀려댔다. 그는 그들이 '철천지원수'이고 항상 서로를 방해하려 든다고 말했다. 또 자기만 찍지 말고 '전 인민'을 찍어 달라고 그들에게 부탁했다…그런 다음 스탈린 동무는 가판대에서 사과를 파는 여인과…노천 식당의 상인을…불러서 함께 사진을 찍자고 했다. 당황한 노점상을 설득하여 가판대 밖으로 나오게 만드는 데는 오랜 시간이 걸렸다. 스탈린 동무는 그녀에게 "그렇게 뻣뻣하게 굴면 좋지 않소"라고 말하고는 사진사들에게 그녀가 올 때까지 사진을 찍지 말고 기다리라고 말했다. 그는 이렇게 선언했다. "저 노점상은 우리나라에서 가장 존경

받는 여성이 되어야 하오." 마침내 그녀가 와서 사진 촬영이 계속 되었다. 빈 버스 한 대가 와서 서자…스탈린 동무는 운전사와 차장도 불러서 같이 사진을 찍었다.[32]

이런 식으로 '인민 속으로' 들어감으로써 인민에 대한 스탈린의 이해가 거의 증진되지 않았음은 명백했고, 이마저도 1930년대 이후로는 거의 중단되었다. 수령은 소련 인민이 어떤 환경에서 생활하는지, 그들이 어디서 무엇을 구매하는지, 어떤 식의 의료나 교육 서비스를 받고 있는지를 눈으로 확인하는 데 전혀 관심이 없었다. '대중'에 대한 그의 지식은 주로 집무실에 앉아서 얻은 것이었다. 그가 대중의 일상에 대한 지식을 얻은 주된 출처는 현재까지 두 가지가 알려져 있다. 여론 동향에 대한 공안 기관의 요약 보고서와 일반 시민들의 민원 서신이었다. 이런 서신들은 관청으로 꾸준히 들어왔고, 그중에는 스탈린에게 직접 보내는 편지도 있었다.

문서고 연구 결과로 판단할 때, 공안 기관의 보고서는 1920년대와 1930년대에 소련 지도부의 주된 정보 출처였다. 비록 모든 위기와 난관을 적의 공작으로 여기는 체키스트의 관점에서 본 것이긴 하지만, 이들 보고서에는 나라의 상황에 대한 좀 더 솔직한 평가가 담겨 있다. 보고서의 유형은 다양했다. 사회정치 과정을 총괄하는 내용도 있고, 경제나 정치 문제에 집중적으로 할애한 것도 있었다. 이러한 보고서의 한 가지 문제적 측면은 그 분량이었다. 이를 보고 받은 지도자들이 그 내용을 끝까지 숙독하는 데는 오랜 시간이 걸렸다. 최근에 역사학자들은 전쟁 이전의 많은 공안 정보 보고서들을 묶어서 편찬했다.[33] 그러나 이런 출판물은 스탈린의 개인 아카이브가 아니라 공안 기관의 문서 보관소에서 발굴된 자료에 근거한 것이다. 현재로서는 이중 얼마나 많은 문서가 어떤 형태로 (러시아연방대통령문서보관소의 일부인) 정치국 문서 보관소에 보관되어 있는지 알 수 없다. 따라서 역사학자들은 지도부 전체나 스탈린 개인이 이런 비밀경찰 보고서를 어느 정도나 읽었는지 확실히 모른다. 그들이 이런 보고서에 담긴 내용을 거의 알지 못했음을 암시하는 증거들도 있다.

소련 시민들이 보낸 편지를 스탈린이 얼마나 읽었는지에 대해서는 그보다 잘 알려져 있다. 거의 전 국민이 갖가지 관청에 광범위한 주제에 대한 불만, 요청, 청원을 보냈다고 해도 과언이 아닐 것이다. 이런 편지 쓰기는 지극히 흔한 관행이었고 심지어 당국에서 장려하기까지 했다. 고도로 중앙 집중화된 체제에서, 정부에 보내는 편지는 일상의 문제를 해결하는 드문 수단 중의 하나였다. 정부는 거의 모든 일자리를 틀어쥔 사실상 유일한 고용주였다. 또 정부는 주택을 건설하거나 배정할 권한을 갖고 있었다. 국영 상점에서는 모든 기본 필수품을 공급했다(혹은 공급하는 것으로 되어 있었다). 국영 병원은 중한 질병을 치료받을 수 있는 유일한 장소였다. 정부는 연금이나 보조금을 받을 자격이 있는 몇몇 범주의 사람들을 선정하고 그 수급액을 결정했다. 사법체계에 결함이 있었으므로 시민들은 갈등과 분쟁 해결을 관료들에게 의존했다. 거대 관료 기구에 속한 공직자들의 권한 남용은 수없는 불만을 야기했다. 수천만 명의 체포, 강제이주, 수용소 구금, 사형 선고로 인해 수백만 건의 민원과 석방 탄원이 발생했다. 체포된 사람 본인과 그 가족들이 편지를 썼고, 심지어 당사자와 혈연관계가 없는 사람들도 때때로 용기를 내어 지인이나 동료를 대신해 탄원서를 썼다. 이런 식의 '정의 추구'는 국가가 불편부당하다는 환상을 심어 주었기 때문에 처벌 받지 않았다.

권한 남용이나 '이적 행위'에 대한 고발 또한 장려되었다. 스탈린 자신이 고발자나 제보자를 높이 치하하고 이를 널리 알렸다. 익명의 투서를 포함한 모든 고발 내용은 조사 대상이 되었다. 심지어 일체의 권리를 박탈당한 죄수들도 고발장을 제출할 권리가 있었다는 사실은 정부의 태도를 여실히 드러낸다. 1936년 2월에 엔카베데 수장은 자기 자신이나 굴라크 총국장 앞으로 편지를 써서 넣을 수 있는 투서함을 모든 수용소, 형무소, 유형지에 설치하는 명령에 서명했다. 이 명령은 "투서함은 수용소 총국의 직인으로 봉인하며, (수용소의 경우) 수용소장과 부소장, (형무소와 유형지의 경우) 형무소장과 부소장만이 열어 볼 수 있다"고 규정했다. 모든 서신은 엔카베데 수장에게 직접 배달되고 "그 어떤 상황에서도 비밀이 보장"되었다. 그리고 '이 함의 목적'을 재소자들에게 알리도록 했다.[34]

적을 색출하려는 정권의 일념과 고발자들이 누린 거의 완벽한 면책 특권에 힘입어, 많은 소련 시민들이 체제를 조종하는 수단으로써 밀고를 이용했다. 제보자들은 정부를 이용해서 묵은 원한을 갚고, 얄미운 이웃을 공영 아파트에서 쫓아내고, 같은 일자리를 노리는 경쟁자를 제거하는 등 사리사욕을 채웠다. 사회 밑바닥의 무력한 대다수 사람들에게는 밀고야말로 막강한 관료들에게 복수할 수 있는 유일한 수단이었다. 국가는 사람들이 이런 치사한 방법을 써서 이권 다툼을 벌이게끔 암묵적으로 조장했다.

문서고에는 민원과 밀고 이외에 '건설적인' 편지들도 넘쳐날 만큼 많다. 정부 기관을 재편하거나 신규 공휴일 또는 기념식을 도입하자는 아이디어를 제안하는 편지도 있고, 언론의 '오류'를 시정하는 편지도 있다. 이런 편지를 쓰는 일은 일반 시민들이 취할 수 있는 몇 안 되는 사회적 행동 중 하나였다. 일부 편지에는 최고 지도부의 주의를 끌려는 이기적인 동기가 함유되어 있기도 했다.

물론 최고 권위자인 스탈린은 이 모든 편지들의 주요 수신자였다. 그의 앞으로 작성된 편지의 정확한 숫자는 알기 힘들지만, 매년 수십만 통을 넘어섰음은 확실하다.[35] 물론 그 전부가 스탈린의 책상에 올라가지는 않았고 선별된 일부만이 전달되었다. 이렇게 선별된 편지들의 성격은 여러 가지 관점에서 볼 때 흥미롭다. 우선 이는 스탈린이 인민의 삶을 얼마나 알았는지, 또 그가 무엇을 보는 데 관심이 있었는지를 알려 준다. 그에게 보일 편지를 기관에서 선정하는 데는 분명히 일정한 기준이 있었다.

스탈린 앞으로 배달된 편지들을 처리하는 일은 복잡한 관료적 절차였다. 스탈린의 개인 비서실 역할을 하는 당중앙위원회 특별부 내에는 그의 우편물만을 처리하는 부서가 있었다. 전쟁 이후 이 부서는 특별부 '제5과'로 불렸다. 1950년대 초에 이 과의 직원은 20명이었다.[36] 그들은 스탈린 앞으로 온 편지들을 받아서 기록하고 그중 상당 비율을 다양한 기관에 검토용으로 전달했다. 그중 가장 중요하고 흥미로운 편지들은 특별부의 간부들, 특히 스탈린의 개인 비서관인 알렉산드르 포스크료비셰프에게 제출되었다.[37] 포스크료비셰프는 이중에서 상관이 가장 관심 있어 할 몇 통의 편지만 남기고 나머지는 걸러 냈다. 스탈린은 수십만 통의 편지 중에서 이렇게 여러 단계를 거쳐 전달된 극소수만을 읽었고 그마저도 시간이 갈수록 줄어들었다. 1947년 초에 스탈린은 매달 약 열 통의 편지를 읽었지만 1952년에는 겨우 한두 통씩밖에 읽지 않았다.[38]

스탈린의 저작은 온갖 언어로 수백만 부가 인쇄되었다. 그 대부분은 스탈린 사후에 폐기되어 제지용 펄프로 생을 마감했다. 러시아 국립사회정치사문서보관소.

이 극소수의 편지들도 소련의 현실을 거의 드러내 주지 못했다. 스탈린의 책상에 올라간 편지들은 대부분 세 가지 범주 중 하나에 속했다. 이론적인 문제에 대한 문의, 오랜 지인으로부터의 편지, 그리고 수많은 시시 서한이었다. 그가 소련 현실의 일부 불쾌한 측면을 조심스럽게라도 건드린 서한을 받아 보는 일은 지극히 드물었다. 대체로 그가 받아 본 편지들에는, 과거의 기억에 안주하거나 미래에 대한 희망을 즐기려는 수령의 욕망이 반영되어 있었다. 부정적 감정을 자극할 가능성이 있는, 실질적 중요성을 띤 긴급한 주제들은 환영받지 못했다.

수령도 인민의 삶에 무지했지만, 인민은 그의 본모습에 그보다 더 무지했다. 스탈린은 다른 많은 독재자들과 달리 대규모 군중 앞에 나서서 발언하는 일이 드물었다. 이는 그의 성격 탓이기도 했지만 의도적 계산의 결과이기도 했다. 그는 글로 자신을 표현하는 편을 더 선호했다. 스탈린의 글과 인터뷰와 이론적 저작에 드러난 공격적 프로파간다는, 눈에 보이지 않는 수령이 언제 어디에나 편재하며 전지전능하다는 인상을 창출했다. 수수께끼 같은 경구로 가득 찬 그의 글들은 그에게 모종의 카리스마를 부여했다.

스탈린 공식 문헌에 대한 철저히 통제된 연금술은, 스탈린과 그의 업적을 갑절로 부풀린 거짓된 이미지를 창조했다.[39] 이 이미지는 그가 죽은 뒤에도 살아남았고 심지어 현재의 러시아에까지 호소력을 미치고 있다. 소련의 붕괴, 이행기의 스트레스, 부패, 빈곤, 확연한 사회적 불평등, 이 모두가 사회적 유토피아에 대한 갈증을 심화시킨다. 러시아 사회의 상당수가 스탈린 시대를 돌아보며 현 상황을 타개할 비책을 구하고 있다. 스탈린 제국의 위대함—평등, 부패와의 싸움, '적'에게 짓밟힌 그 머나먼 삶의 기쁨과 순수—에 대한 대중적 이미지가 파렴치한 언론인과 정치가들에 의해 이용되고 있다. 역사적 무지와 환멸과 사회적 불만의 결합이 친 스탈린주의의 거짓과 왜곡이 뿌리내릴 비옥한 토양이 될 위험은 얼마나 큰가?

21세기의 러시아는 과연 20세기의 실수를 반복할 위험에 처해 있는가?

해설

러시아 역사가의 스탈린 신화 깨기 기획*

노경덕(이화여자대학교 교수)

I

20세기의 역사적 인물 중 소련의 독재자 스탈린만큼 양극단의 평가를 받았던 경우는 없을 것이다. 대중 서적은 물론이고, 매우 전문적인 학술 저작에서조차 그는 매우 상반된 이미지로 재현된다. 그가 폭력적인 독재자였다는 사실을 부정할 사람은 없겠지만, 스탈린 정책의 성격 및 효과, 역사적 기능, 그리고 후대의 영향 등을 두고는 첨예한 논쟁이 계속되고 있다. 서양의 자본가 계급과 제국주의, 파시즘으로부터 공산주의 운동과 체제를 지켜낸 영웅, 그리고 러시아를 초강대국으로 이끈 지도자라는 이미지가 한 쪽 끝에 있다면, 20세기 최대의 학살자, 그리고 사회주의 이념을 '타락'시킨 기회주의적 권력자의 그것이 그 반대편에 위치한다.

이런 스탈린에 대한 양극단의 평가는 20세기와 현 세기의 정치적 맥락과 연결되어 있다. 냉전시대의 반공주의와 반미주의, 그리고 진보 진영 내부의 노선 논쟁은 각기 스탈린의 이미지를 매우 다른 것으로 만드는 이념적 원천이었다. 냉전이 사실상의 서방 진영 승리로 끝나고 페레스트로이카 시대에 소련 스스로가 스탈린을 철저히 비판하면서, 소련 독재자의 이미지는 부정적인 것으로 최종 정리되는 듯 했다. 하지만 소련 해체 이후 신생 러시아가 겪은 대혼란 속에 피어난 반서방주의 정서와 소련 시대에 대한 노스탤지어는 스탈린 긍정론을 다시 대두시켰다. 더 최근에는, 정관계와 부유층의 계속된 타락과 부패에 진력이 난 러시아인들이 스탈린 숙청을 이런 모습에 대한 '정화' 작업으로 해석하고 그 당시를 평등의 시대로 기억하는 스탈린 향수까지 나타나고 있다. 한편, 러시아의 시민사회나 일부 지식인들은 스탈린 긍정론과 향수를 푸틴 정부의 장기집권 및 독단적 국정운영에 대한 정당화 기제로 규정하며, 이에 대한 우려의 목소리를 높이고 있다. 그들은 스탈린과 그의 시대에 대한 비판적 평가를 시급히 재생시켜야 한다고 느끼는 듯하다.

이런 상황에서, 현존 최고의 스탈린 시대 역사 전문가 중 하나이며 서방 학계에 가장 널리 알려진 러시아 역사가 올레크 흘레브뉴크(О. В. Хлевнюк)가 스탈린 전기를 펴냈다. 러시아의 비판적 지식인으로서 그는 본서에 스탈린 신화 깨기라는 분명한 현실 정치적 목표를 담았다. 흘레브뉴크의 전기는 지금까지 그를 비롯한 수많은 스탈린 전문가들이 쌓아왔던 연구 성과들의 차분한 학문적 종합이라기보다는 현재 러시아의 정치 및 사회 분위기에 대한 시의적 대응으로 기획된 것이다.[1] 본서의 이런 측면은 이보다 십 년 전에 출간된 서방 역사가 서비

* 본 해제는 필자의 「러시아 역사가의 스탈린 신화 깨기 기획」, 『인문논총』 제73권 제2호(2015), 545~558쪽을 수정 보완한 것이다.

1 본서는 러시아와 미국에서 동시에 출판되었다. 러시아 판에는 주로 러시아 독자를 위한 「스탈린 신화」라는 장이 마지막에 붙어있는데, 이는 미국 번역서에는 극히 일부분만 포함되었다. Oleg V. Khlevniuk, *Stalin: New Biography of a Dictator*, translated by Nora S. Favorov (New Haven: Yale University Press, 2015).

스(Robert Service)의 스탈린 전기와의 가장 중요한 차이점이다.[2] 서비스의 저작이 냉전 종식과 소련 해체 이후의 반공·반소주의 흐름 속에서 탄생했다면, 흘레브뉴크의 작업은 스탈린 향수 시대의 산물이라 할 것이다. 따라서 서비스가 소련 '실패'의 근원을 스탈린 개인보다는 공산주의 이념과 체제의 모순성에서 찾았고, 그 결과 역으로 스탈린을 (포악하지만) '능력 있는' 정치가로 그릴 수 있었다면, 흘레브뉴크는 이념과 체제의 문제보다는 스탈린 개인에 착목하면서, '무능한' 독재자의 실정 부각에 집중하게 되었다.

서비스의 전기와 또 다른 큰 차이점을 찾자면, 흘레브뉴크의 저작이 훨씬 더 세밀하고 구체적인 자료 조사 및 분석에 기초하고 있다는 점을 들 수 있다. 흘레브뉴크는 '러시아 문서고 자료의 달인'이라는 그의 별칭에 걸맞게 방대한 문서들을 소화했다. 우선 그는 공간된 기록들은 물론이고, 의사록이나 의결문 등 문서고 속에 있는 정책 결정 관련 미출간 문건들을 두루 활용했다. 그리고 이런 공식 자료들만으로는 당시의 정황이나 스탈린의 의도를 파악하기 어렵다는 판단 아래, 흘레브뉴크는 스탈린 개인 파일철에 소장된 보다 '구체적인' 사료들도 적극적으로 이용했다. 그 중 스탈린의 서간문, 특히 소련 독재자가 남러시아 다차에서의 휴가 기간 중 국정 논의를 위해 그의 '수하' 정치인들과 주고받았던 서신들은 흘레브뉴크의 자료 중 가장 핵심적인 위치를 차지한다. 스탈린 시대 고위 정책은 극소수 인원에 의해 결정되었고, 많은 경우 그들의 목소리를 직접 기록한 속기록과 같은 자료가 남아 있

2 Robert Service, *Stalin: A Biography* (Cambridge: Belknap Press, 2004). 국역본, 『스탈린: 강철권력』, 윤길순 역 (교양인, 2010).

지 않다. 따라서 스탈린과 여타 정치인들 간의 실제 대화 내용에 상응하는 이같은 서신들은 귀중한 의미가 있다는 것이 흘레브뉴크의 생각이다. 또한, 스탈린과 그 주변의 생생한 일화를 담고 있는 회고록들도 그의 자료 목록 중 중요한 자리를 점했다. 다만, 회고록 특유의 주관성 문제 때문에 흘레브뉴크는 가장 객관적이라 공인된 문건만을 활용하겠다고 서론에서 약속하기도 했다. 한편, 흘레브뉴크의 전기는 정치가 스탈린의 정책이 사회 전반에 미친 구체적인 결과에도 함께 주목했기에, 정치사가들을 넘어 사회사가들이 관심을 가질 법한 자료들까지도 분석 대상으로 삼았다. 스탈린 시대 일반민들이 직접 남긴 글과, 그들의 상황과 생각을 보여주는 정보 보고서들은 그 주요한 예이다.

전기라는 역사학 장르는 책의 구성 면에서 특이한 형식을 취하기 어렵다. 본서는 스탈린의 성장기부터 최후까지를 순서대로 따라가는 일반적인 연대순 구성을 근간으로 하면서도, 동시에 스탈린 연구의 핵심 쟁점들을 그 사이사이에 배치시키는 주제별 구성 방식을 함께 사용했다. 흘레브뉴크는 그 주제들을 스탈린이 뇌출혈로 쓰러졌던 1953년 3월 1일 직전부터 그의 사망, 그리고 장례까지의 일상을 묘사하는 가운데 하나씩 제시했다. 이에는 스탈린의 국정운영 스타일, 정치적 억압, 세계관, 가족, 그리고 건강 문제 등이 포함되었다.

II

본서의 궁극적 목표인 스탈린 신화를 깨기 위한 흘레브뉴크의 전략은 크게 두 가지로 정리해 볼 수 있다. 첫 번째는 스탈린이 펼쳤던 여러 정책을 실정으로 규정하고 그 실정을 낳은 원인들을 파헤치는 작업이다. 그리고 두 번째 작업은 그 실정이 야기한 결과, 즉 소련 사회가 겪었던 크나큰 희생과 피해를 드러내는 것이다.

우선, 스탈린 실정의 원인을 흘레브뉴크는 크게 세 가지로 나누어 보고 있다. 첫 번째 원인은 스탈린 독재 체제의 성격과 운용방식에 있었다. 흘레브뉴크에 의하면, 스탈린은 도전받을 수 없는 유일무이한 권력의 소유자였다. 이런 그의 지위는 좌파와 우파 경쟁자들을 물리친 1920년대 말 이후 공고화되었다. 일부 정치국 지도자들의 손에 남아있던 약간의 자율성조차 1936년 키로프 암살 사건 이후 불어 닥친 대숙청으로 완전히 사라지면서, 스탈린의 개인 권력은 그 정점을 찍었다. 전쟁 기간 동안 일부 국내 현안의 처리가 여타 지도자들에게 맡겨지는 권력 이완 현상이 보이기도 했지만, 전후에 독재자는 곧 그의 독점적 권력을 되찾아왔다. 이와 같은 묘사를 통해, 흘레브뉴크는 일부 서방 학자들이 제기했던 소위 '약한 독재자'론을 전면적으로 부정한다. 사실, 구소련 문서고가 개방된 이후에는, 대부분의 연구자들이 소련 고위 정치에서 스탈린의 권력은 절대적인 것이었음을 인정한다.[3] 하지만 스탈린과 그 주변의 핵심 정치인들 관계에 대한 평가는 현재에도 여전히 논란 중이다. 게티(J. Arch Getty)를 비롯한 몇몇 서방의 진보적 학자들이 몰로토프나 즈다노프 등을 나름의 자율적 권력을 가진 힘 있는 정치인으로 묘사했던 것에 비해,[4] 흘레브뉴크는 이들이 스탈린의 하수인, 또는 심지어 노예에 불과했다고 주장한다. 스탈린은 공개적 모욕, 좌천 그리고 주기적인 숙청과 위협 등의 방법을 통해 이들을 통제했으

3 James Harris, "Was Stalin a Weak Dictator?," *Journal of Modern History* 75, no. 2 (2003) 참조.

4 J. Arch Getty, "Stalin as Prime Minister: Power and the Politburo," in Sarah Davies and James Harris eds., *Stalin: A New History* (Cambridge: Cambridge University Press, 2005).

며, 그 결과 이 '노예'들에게 '주인'은 그저 공포의 대상일 뿐이었다는 것이다. 따라서 제2차 대전 중후반만을 예외로 한다면, 스탈린이 주재한 회의에서는 진정한 토론이나 그의 의견에 대한 심각한 도전이 있을 수 없었다. 중요 사안은 스탈린이 혼자 결정한 것이나 다름없었으며, 이 독단은 수많은 실정의 원인이 되었다는 것이 흘레브뉴크의 주장이다.

스탈린 실정의 또 하나의 원인을 흘레브뉴크는 그의 세계관에서 찾는다. 스탈린은 마르크스 레닌주의에 매몰되어 있었으며, 이는 그의 독서 목록과 장서를 통해서 증명된다. 스탈린에게 그것은 사회를 계급투쟁이라는 틀로 단순화해서 이해하는 것이었고, 그 결과 실제 사회의 복잡한 관계와 양상들은 그의 안중에서 사라졌다. 그의 이념은 경직된 교조주의일 뿐이었다. 더욱이 스탈린은 계급간의 적대성을 과장해서 이해하는 경향이 있었다. 이런 단순하고 전투적인 인식틀 속에서, 계급의 적들, 또는 인민의 적들이라는 상상이 나올 수 있었으며 스탈린에게 이는 소련 내부와 외부 모두에 있는 것이었다. 따라서 스탈린의 세계관에서는, 이 적들에 대한 탄압과 대결은 필연이었으며, 그 과정에서 생기는 피해는 무시될 수 있었다. 한편, 흘레브뉴크에 의하면, 스탈린은 강력한 국가주의자이기도 했는데, 이 부분은 러시아의 정치 전통과 관련이 있었다. 그는 국가의 절대 권력을 신봉하면서 국가의 오류나 과오를 인정하려 하지 않았고 그 정책들의 필연성만을 강조했다는 것이다.

스탈린 체제의 실정을 낳았던 세 번째 원천은 이런 세계관과 결합되었던 스탈린 개인의 성격이었다. 흘레브뉴크의 스탈린 성격 이해는 과거 반공주의 감성으로 무장했던 서방 학자들의 정신 병리학적 해석과는 전혀 다르다. 그는 우선 스탈린의 유년 시절 그의 아버지로부터 받았던 구타와 학대를 성격 형성에 중요한 경험으로 보았던 터커(Robert

Tucker) 등의 연구를 받아들이지 않는다.[5] 스탈린이 아버지로부터 받은 체벌이나 구타는 당대 러시아 제국의 일반적 분위기에 비추어 전혀 특별한 것이 아니었다. 오히려 스탈린은 독자로서 어머니의 물심양면의 지원을 받으며 나름 편안한 유년 시절을 보냈다.[6] 스탈린의 독재 권력에 대한 추구는 정신 병리학적 성격의 소산이 아니라 차가운 '합리성', 즉 계산의 결과였다는 것이 흘레브뉴크의 생각이다. 그는 훗날의 독재자가 신학교를 나와 전업 혁명가가 되었던 밑바탕에는 그것이 권력을 쥐는 현실적으로 가장 가능성 있는 길이라는 스탈린의 계산적 판단이 있었다고 본다. 1920년대 말의 농업집산화 시도나 무리한 공업화 목표치 설정 등도 비이성적인 것으로 보이지만, 모두 그의 독재 권력 달성을 위한 '합리적' 정치 수단으로 의도된 것이었다. 특히, 그가 이미 제거했던 좌파의 경제 정책을 스탈린이 1920년대 말 차용했던 것은 우파 정치인들과의 집단 지도체제를 파괴하기 위한 계산된 책략이었다. 1930년대 말 대숙청의 회오리 역시, 스탈린 편집증의 역할을 부정할 수는 없지만, 독재 체제 유지와 강화의 수단으로서 그가 계획적으로 일으킨 면이 더 크다는 것이다.

이런 차가운 '합리성'은 그의 냉혹한 성격과 공존했다. 흘레브뉴크는 스탈린의 냉혹함을 드러내기 위해 구체적 예화들을 제시하는 방법을 주로 사용한다. 그리고 그 과정에서 소련 독재자에 대한 감정어린

5 Robert Tucker, *Stalin as Revolutionary, 1879-1929: A Study in History and Personality* (New York: W. W. Norton, 1973).

6 이는 다른 전기 작가들의 최근 연구와도 일맥상통한다. A. B. Островский, **Кто стоял за спиной Сталина?** СПб., 2002. Robert Service, *Stalin: A Biography*, 그리고 Ronald G. Suny, *Stalin and the Russian Revolutionary Movement: From Koba to Commissar* (Oxford: Oxford University Press, forthcoming).

논평, 또는 도덕적인 공격을 서슴지 않는다. 흘레브뉴크에 의하면, 스탈린은 일반민들의 고통스런 현실이나 심지어 목숨까지도 크게 개의치 않는 냉혹한 성격을 가지고 있었다. 1920년대 말 농업정책의 실패로 농촌의 대혼란과 참상이 빚어지는 현실 속에서도 그는 무자비하게 농업집산화를 밀어붙였다. 1941년 9월 키예프가 나치 군에 포위된 절망적 상황에서도, 스탈린은 수많은 목숨이 걸려있던 후퇴 작전을 단호히 거부해 거대한 수의 인명이 사라지게 만들었다. 전후에 다시 닥쳤던 기근 시기에도, 스탈린은 비극을 겪는 농민들의 실상보다는 곡물 등 국가 재산 관리의 엄중성에 더 신경을 썼다. 또한 스탈린은 처형이라는 수단에 거리낌이 없는 냉혈한이었다. 내전 시기 그의 책임 아래 있던 차리친 부대에서의 구舊제국 장교들 집단 처형이나, 1930년대 초의 가혹했던 부농 척결 운동, 그리고 1930년대 말 대숙청 시기의 수많은 총살은 모두 그가 직접 내린 결정에 의해 집행되었다. 흘레브뉴크에 의하면, 스탈린은 "손을 더럽히는 것"을 두려워하는 공산주의자는 필요 없다는 언급을 할 정도의 인물이었다(517쪽). 이런 스탈린의 냉혹함에 첨병 역할을 했던 것이 일종의 테러 기구였던 비밀경찰이었다. 흘레브뉴크는 1920년대 경쟁자들과의 권력투쟁 시기부터 이미 스탈린은 비밀경찰과 가까웠고, 이 관계는 그의 최후까지 이어졌다고 말한다. 물론 스탈린의 냉혹함은 자신의 첨병에게도 예외가 없었다. 1930년대 중반 이후 비밀경찰은 스탈린이 가장 자주 건드렸던 숙청 대상이었던 것이다. 이와 같은 정치적 숙청을 넘어, 스탈린은 이 테러 기구를 사실상의 '개인적' 살해에까지 이용했다고 흘레브뉴크는 주장한다.

요컨대, 스탈린의 거듭된 실정은 그의 독단을 가능케 했던 독재 정치와 그의 세계관 및 성격이 결합된 결과였다는 것이 흘레브뉴크의 논지이다. 이런 실정을 양산한 스탈린 체제는, 그에 의하면, 전체주의 사회라는 개념으로 규정될 수 있다. 테러의 국가도구화, 전통적 사회관계의 파괴, 사회의 원자화, 그리고 이데올로기 조종 모두가 소련 체제에 존재했다고 인정한다는 점에서 흘레브뉴크의 개념은 과거 1950년대 서방 사회과학자들과 페레스트로이카 시대 소련 지식인들의 전체주의론을 부활시킨 것이다. 그간 이미 많은 이들로부터 비판을 받았던, 이 낡은 틀을 그가 다시 꺼내든 이유를 추정해보는 것은 어렵지 않다. 그것은 전체주의론의 이론적 적실성을 학문적으로 주장하고자 함이 아니라, 스탈린 체제에 대한 수사적인 공격을 위함일 것이다.

스탈린 실정 원인을 드러내는 작업과 더불어, 흘레브뉴크 저작의 또 하나의 주축이 되는 것은 그 실정 탓에 초래된 당대 소련의 참상과 고통을 묘사하는 것이다. 이를 위해 흘레브뉴크는, 본서의 장르가 한 정치가 개인의 전기임에도 불구하고, 지면 중 많은 부분을 사회상과 사회문제를 구체적으로 보여주는 사회사적 서술에 할애한다. 여기서 그가 핵심적으로 이용하는 자료는 다양한 소련 시민들이 작성한 서간문과 투서이다. 이를 기초로 그는 먼저 농업집산화 정책이 야기한 농민들의 참담한 상황 및 1930년대 초의 기근 사태를 상세히 묘사한다. 농민들의 지위는, 흘레브뉴크의 표현에 따르면, '농노' 또는 국가에 완전히 예속된 상태로 떨어졌으며(206쪽), 기근이 덮친 소련의 농촌에는 영아살해나 식인행위와 같은 끔찍한 상황이 펼쳐졌다. 이런 모습들을 두고도 스탈린은 소련 사회와는 물론 정치권 내부와도 소통하지 않았다. 농촌의 실상은 그의 정책 변화에 별반 영향을 끼치지 못했으며, 고통을 호소하는 수많은 농민들의 편지는 대부분 스탈린의 책상에까지 이르지도 못했다. 다음으로, 1930년대 말 대숙청이 야기한 피해 역시 흘레브뉴크가 자세히 다루는 부분이다. 그에 의하면, 이 대숙청이 본질적으로 당원이나 관료 등의 엘리트를 겨냥한 것이었다는 몇몇 서방 학자들의 주장은 그 기간의 초반에만 적용될 수 있는 것이었다.[7] 이에 못지않게 중요했던 숙청의 후반기는 보다 넓은 계층과 민족 일반을 표적으로 하는 전반적인 테러였다. 그 결과, 전인구의 3퍼센트에 해당되는 거대한 수가 소위 강제 노동 수용소에 끌려가게 되었다. 강제 노동 수용소, 즉 굴라크(ГУЛаг)는 스탈린 시대 소련 삶의 '가장 중대한' 부분이었다고 그는 선언한다(455쪽). 또한, 흘레브뉴크에 의하면, 대독 전쟁 초기의 대대적 군사적 피해, 그리고 1942년 초 소련군의 무모한 반격으로 인한 손실 등도 독단적인 스탈린 실정의 결과에 포함시킬 수 있다. 전후 1946~7년의 기근 역시 자연재해라기보다는 스탈린의 정책 실패로 발생한 것이었다. 그 직후의 화폐개혁으로 인한 대혼란도 마찬가지라는 것이 흘레브뉴크의 주장이다.

흘레브뉴크에 따르면, 이 모든 참담한 결과들은, 전문가들이나 주변의 조언을 듣지 않고 본인의 세계관에 입각한 '나름의' 확신만으로 정책을 강행했으며, 특유의 냉혹한 성격 때문에 그 모순과 피해가 발생하더라도 좀처럼 멈추지 않았던 스탈린 개인의 책임이 절대적이고, 심지어 유일하기까지 하다. 그리고 스탈린은 이같은 실정 양산의 체제를 유지하려 했다는 점에서도 또한 그 책임이 무겁다. 그는 혁명가라기보다는 '완고한 보수주의자'였다(501쪽). 스탈린이 사망한 직후, 다양한 분야에서 개혁이 곧바로 시작되었던 것은 이를 방증한다. 이렇게 볼 때, 스

7 Sheila Fitzpatrick, *The Russian Revolution*. The 3rd edition (Oxford: Oxford University Press, 2008).

탈린 개인 그리고 그의 시대에 대한 향수는 역사적 근거를 가진 것이 아니다. 오히려 철저한 스탈린 비판을 통해 21세기 러시아에서는 그와 같은 실정이 반복되지 않아야 한다고 흘레브뉴크는 결론짓는다.

III

최근 스탈린 향수와 더불어 그의 업적을 과대평가하는 움직임이 생기고, 나아가 이 현상이 푸틴 정권 정당화의 간접적인 기제로 작동하는 현재 러시아의 상황에서, 위와 같은 흘레브뉴크의 스탈린 신화 깨기 작업은 충분히 이해가 가는 시도이다. 하지만 그는 이런 '현실 정치적' 목표를 이루기 위해 자신의 책의 학문적 질을 일부 희생하는 대가를 치러야 했다. 흘레브뉴크는 과거 냉전시대의 정치성 짙은 스탈린 전기들의 서술을 연상시키는 자료의 선택적 이용, 비약과 억측, 맥락의 생략 등을 선뜻 감수했다. 심지어 몇몇 경우에서 그는 자료의 출처를 밝히지 않거나, 또는 아예 문서 근거 없이 주장을 펼치기도 했다. 일례로, 1920년대 권력 투쟁 시점부터 이미 긴밀했다는 스탈린과 비밀경찰 간의 관계는 문서고 자료를 통해 입증되지 않았다. 전후에, 전쟁 승리의 공을 독차지할 마음에 스탈린이 군 장성들을 질투했다는 서술은 스탈린의 독점적 권력욕을 보여주는 사례 중 하나로 사용되었지만, 역시 문서 증거를 포함하고 있지 않았다. 나아가, 흘레브뉴크는 서론에서의 약속과는 달리 학계에서 매우 의심스러운 것으로 판단되어 온 자료들을 무비판적으로 이용하기도 했다. 특히 그가 스탈린의 냉혹함을 증명하고자 할 때, 이런 모습은 두드러지게 나타났다. 앞서 언급된 공산주의자는 "손을 더럽히는 것"을 두려워하지 말아야 한다는 스탈린의 발언은 그가 서론에서 그토록 사용을 경계해야 한다고 말했던 미심쩍은 회고록에서 뽑아낸 것이었다. 대숙청 기간 중의 스탈린의 '개인적' 살해 사례라는 것도, 믿기 어려운 역사가 네베진(B. A. Невежин)[8]이 편집한 자료집에 근거했다. 역으로, 흘레브뉴크는 자신 책의 '현실 정치적' 목표에 부합되지 않는 역사가들의 주장이나 자료는 매우 꼼꼼히(?) 따져서 부정하는 편의적인 모습을 드러냈다. 일례로, 그는 말년의 레닌이 그의 '유언' 등을 통해 스탈린을 공격했다는 주장을 트로츠키주의자들의 왜곡으로 보았던 모스크바 대학 정치사가 사하로프(B. A.Сахаров)의 이론은 근거 없는 것이라며 몰아붙였다.[9]

이에 더해, 흘레브뉴크의 책에는 억지스런 주장과 비약의 예도 제법 많은데, 그 중 대표적인 것을 들어보면 다음과 같다. 흘레브뉴크는 스탈린이 그의 둘째 아들의 중등학교 내 비행을 나무랐던 교사와 그 학교장을 숙청시켰다고 주장했지만, 여기에 이용된 자료는 그 교사의 교육관에 대해 스탈린이 보낸 감사 편지뿐이었다. 얄타 회담 당시, 미국과 영국 대표단에 대한 엄중한 검문을 스탈린의 반서방주의 감정의 소산이라고 본 것은 황당한 수준의 해석이었다. 내전 말기 소련 폴란드 전쟁에서의 패배 이후, 스탈린이 건의한 예비군 수립안을 자신의 책임을 모면하기 위한 술책이라고 묘사한 부분은 저자의 군사 지식 박약을 드러낸 억측이었다. 스탈린 시대 소련인들 중 '상당 부분'이 연행 경험

---

8 네베진은 흘레브뉴크 스스로가 비학문적이라 무시했던 소위 수보로프 테제의 열렬한 지지자이다. 수보로프 테제는 제2차 세계대전 직전 스탈린이 독일에 대한 선제공격을 계획했었다는 근거 없는 주장을 말한다. 수보로프 테제에 관해서는 황동하, 「'Icebreaker' Thesis: 1941년 소련의 대독 선제공격 계획설」, 『독일연구』 5호 (2003년).

9 이는 흘레브뉴크의 전기와 거의 동시에 출판된 미국 프린스턴 대학 코트킨(Stephen Kotkin)의 스탈린 전기 1편이 사하로프의 책을 높게 평가하고 있는 것과 대조된다. Stephen Kotkin, *Stalin: Paradoxes of Power, 1878-1928* (New York: Penguin Books, 2014). 그리고 B. A. Сахаров, «Политическое завещание» В. И. Ленина: реальность истории и мифы политики. Москва, 2003 참조.

이 있었다는 표현도 체제의 억압성을 다분히 인상주의적 수준에서 드러내기 위한 비학문적인 전략에 불과했다.

또한, 흘레브뉴크의 전기에는 당대 소련이 처했던 국내외적 상황을 심노 있게 고려하지 않은 채 스탈린의 정책을 설명하는 부분들이 자주 등장한다. 그 결과 스탈린의 실정과 악행에 대한 규범적 비판은 수월해졌는지 모르겠지만 이들을 그 시대의 맥락 속에서 해석할 여지는 크게 줄어들었다. 우선, 1920년대 권력 투쟁의 결과를 단지 스탈린 개인의 총간사로서의 권력, 야비한 권모술수, 그리고 비밀경찰의 지원으로만 설명하려 했던 흘레브뉴크는 일부 학자들이 소련 문서고 자료 공개 이후 밝혀온 당시의 복잡했던 중앙당 상황과 중앙지방 관계의 중요성[10]에 착목할 수 없었다. 둘째, 스탈린이 모두의 반대를 위협으로 잠재우고 농업집산화를 강행한 것으로 보는 흘레브뉴크의 입장으로는, 그 스스로가 인정한 지방 관료들의 이에 대한 열광적 반응을 해명하기 어렵다. 균형 잡힌 역사가라면 농업집산화 자체에 대한 정당성만을 논하는 것이 아니라, 어떤 맥락 속에서 그것이 상상 가능하고 추진되었느냐를 함께 보여주어야 했다. 마찬가지로, 최근 연구들[11]이 드러낸 대

10 James Harris, *The Great Urals: Regionalism and the Evolution of the Soviet System* (Ithaca: Cornell University Press, 1996) 참조.

11 대표적인 예를 몇몇 든다면 다음과 같다. Sheila Fitzpatrick, *Everyday Stalinism: Ordinary Life in Extraordinary Times* (Oxford: Oxford University Press, 1999); J. Arch Getty, "Excesses are not permitted: Mass Terror and Stalinist Governance in the Late 1930s," *Russian Review* 61, no. 1 (2002); Wendy Z. Goldman, *Terror and Democracy in the Age of Stalin: The Social Dynamics of Repression* (Cambridge: Cambridge University Press, 2007); David R. Shearer, *Policing Stalin's Socialism: Repression and Social Order in the Soviet Union, 1924-1953* (New Haven: Yale University Press, 2009); Paul Hagenloh, *Stalin's Police: Public Order and Mass Repression in the USSR, 1926-1941* (Baltimore: Johns Hopkins University Press, 2009); James Harris ed., *The Anatomy of Terror: Political Violence under Stalin* (Oxford: Oxford University Press, 2013).

숙청 시기의 정치 및 사회적 맥락들을 생략한 채, 오로지 스탈린의 '범죄'에만 집중한 그의 서술은 몇몇 중요한 역사적 문제들에 대한 답을 줄 수 없었다. 특히, 소련 사회를 원자화시키고 파멸로 이끌고 갔다는 대숙청 직후에 벌어진 대독 전쟁에서 소련 시민들이 보여준 방위 의지를 설명할 공간은 좁다.

한편, 스탈린 실정의 결과를 구체적으로 보여주기 위해서 흘레브뉴크가 사용했던 사회사적 방법은 그의 주장에 반례가 되는 경우를 스스로 자주 드러내기도 했다. 그가 소련 사회에 널리 퍼진 관행이라 인정했던 투서 문화, 즉 심지어는 굴라크 내의 죄수들도 가지고 있었고 당국도 반관료주의 '투쟁'의 일환으로 독려했던 투서 보낼 권리는 그가 그린 스탈린 시대의 일방적인 위로부터의 압제 이미지와 어울리지 않는다. 또한 흘레브뉴크가 보여준 전후 화폐 개혁 실시 과정에서의 하급 관료들의 악행과 비리는 그가 주장하는 스탈린 개인의 실정 책임론으로 설명되기 어렵다. 이런 모습은 차라리 게티 등의 학자들이 펼쳤던 논리, 즉 '아래로부터'의 관료제적 혼란이 소련 사회 폐해의 주요 원인이었다는 주장의 근거가 된다.[12] 또한, 스탈린 지도부가 화폐 개혁 실시 직전 그 정책이 가져올 일반민들의 불만을 크게 우려했던 모습은 흘레브뉴크의 핵심 논지, 즉 스탈린은 사회와의 상호작용 없이 자신이 믿는 정책만을 일방적이고 폭력적으로 관철시키는 인물이었다는 논지에 반례가 되는 셈이다.

12 J. Arch Getty, *Origins of the Great Purges: The Soviet Communist Party Reconsidered, 1933-1938* (Cambridge: Cambridge University Press, 1985); Gabor T. Rittersporn, *Stalinist Simplifications and Soviet Complications: Social Tensions and Political Conflicts in the USSR*, 1933-1953 (Philadelphia: Harwood, 1991).

IV

위와 같은 심각한 문제점들을 안고 있다고 해서, 흘레브뉴크의 이번 저작을 흡사 소설을 방불케 했던 냉전 시대와 그 직후 출간된 많은 스탈린 선기들과 동일한 수준으로 볼 수는 없을 것 같다. 그들과 달리, 흘레브뉴크의 전기는 나름 객관적이고자 노력한 흔적들을 함께 담고 있기 때문이며, 이는 과거의 전기들과는 학문적 깊이를 달리했던 서비스의 저작보다도 훨씬 더 진지하게 이루어졌다. 1905년 혁명 이후, 스탈린이 이중첩자로 활동했다는 몇몇 전기 작가들의 상상에 대해서 흘레브뉴크는 문서 근거를 가지고 이를 부정한다. 또한, 그는 키로프 암살을 스탈린의 조작극으로 보았던 일부 서방 학자들의 억측도 받아들이지 않았다. 제2차 대전 초기 스탈린이 나치에 대해 선제공격을 계획했다는 소위 수보로프 테제 역시 그는 학문적인 것으로 보지 않았다. 더욱이, 나치와의 불가침조약이 스탈린 팽창욕의 소산이었다는 견해, 또는 유럽의 전쟁을 일부러 유도한 것이라는 비난에 대해서도 흘레브뉴크는 스탈린 외교 정책의 수세적 성격을 강조하며 이들을 적절히 논박했다. 한국전쟁, 그리고 그 시기의 군비 증가가 새로운 세계대전을 준비하기 위한 스탈린의 획책이었다고 주장했던 극단적 반공주의 시각과도 그는 함께 하지 않았다. 스탈린이 유대인 학살과 그들의 극동으로의 강제 이주 계획을 구체적으로 가지고 있었다는 추정에 대해서도 흘레브뉴크는 이에 대한 문서 증거가 존재하지 않는다며 부정했다. 아마도 반세기 전의 도이처의 고전을 예외로 한다면, 흘레브뉴크의 이번 저작은 지금까지 출판된 스탈린 전기, 특히 그의 전 생애를 다루는 전기들 중 가장 읽을 만한 것임에는 틀림없는 것 같다.[13] 하지만 이는 그의 책이 스탈린 전기의 결정판이 될 것이라는 의미는 아니다. 여전히 흘레브뉴크도 과거, 특히 냉전시대 스탈린 전기 작가들이 가졌던 공통적 한계, 즉 자료 이용의 자의성, 비약과 억측, 맥락 무시 등에서 완전히 벗어나지 못했다. 분명 현재의 러시아 상황, 특히 스탈린 노스탤지어 현상이 그가 보다 객관적으로 스탈린의 생애와 그 시대에 접근하는데 방해가 되었으리라 추정해 볼 수 있다. 그 스스로가 이전과 다른 "새로운 스탈린 전기"라고 주장했고(20쪽), 많은 이들이 스탈린 전기의 새로운 고전이 될 것이라 기대했던 흘레브뉴크의 전기는 이런 상황 때문인지 그렇게까지는 되지 못한 느낌이다. 하긴, 스탈린과 같은 거대한 논란 속의 정치가에 대한 전기의 결정판을 성급히 기대할 수는 없는 노릇이다. 이번 흘레브뉴크의 저작이 그 기다림의 시간을 줄여주는 중대한 기여를 했다는 점은 잊지 말아야 할 것이다.

---

13 Isaac Deutscher, *Stalin: A Political Biography* (London: Oxford University Press, 1949). 코트킨의 스탈린 전기 역시 이 예외에 속할 것이다. 하지만 그의 전기는 아직 미완성으로서 총 3부작으로 기획된 전기 중 제 1권만이 출간되어 있을 뿐이다. Stephen Kotkin, *Stalin: Paradoxes of Power, 1878-1928* (Penguin Press, 2014).

주석 및 찾아보기

주석

서문

1 Adam. B. Ulam, *Stalin: The Man and His Era* (New York, 1973); Robert C. Tucker, *Stalin as Revolutionary, 1879-1929: A Study in History and Personality* (New York, 1973); *Stalin in Power: The Revolution from Above, 1928-1941* (New York, 1990).

2 Robert Service, *Stalin: A Biography* (London, 2004) [로버트 서비스, 『스탈린: 공포의 정치학, 권력의 심리학』, 윤길순 옮김, 교양인, 2010]; Hiroaki Kuromiya, *Stalin: Profiles in Power* (New York, 2005); Sarah Davies and James Harris (eds.), *Stalin: A New History* (New York, 2005); Miklos Kun, *Stalin: An Unknown Portrait* (Budapest; New York, 2003); Ronald Grigor Suny, *Stalin and the Russian Revolutionary Movement: From Koba to Commissar* (출간 예정, Oxford University Press). 독재자 스탈린과 다른 소련 지도자들과의 관계에 대해서는 Oleg V. Khlevniuk, *Master of the House: Stalin and His Inner Circle* (New Haven, London, 2008)과 Yoram Gorlizki and Oleg Khlevniuk, *Cold Peace: Stalin and the Soviet Ruling Circle, 1945-1953* (New York, 2004) 참조. 스탈린의 내면을 엿보려 시도한 저작으로는 A. J. Rieber, "Stalin, Man of the Borderlands," *American Historical Review* 106, no. 4 (2001), pp. 1651–1691; Erik van Ree, *The Political Thought of Joseph Stalin: A Study in Twentieth-Century Revolutionary Patriotism* (London, New York, 2002); B. S. Ilizarov, *Tainaia zhizn' Stalina* (Moscow, 2002); Donald Rayfield, *Stalin and His Hangmen: The Tyrant and Those Who Killed for Him* (New York, 2005) 등이 있다. 또 스탈린 테러와 굴라크에 대한 많은 저작들은 대규모 탄압을 기획하는 데 스탈린이 개인적으로 수행한 역할을 이해하는 데 기여했다. Jonathan Brent and Vladimir Naumov, *Stalin's Last Crime: The Plot against the Jewish Doctors, 1948–1953* (New York, 2003); V. N. Khaustov and L. Samuel'son, *Stalin, NKVD i repressii. 1936-1936* (Moscow, 2009); Jörg Baberowski, *Verbrannte Erde: Stalins Herrschaft der Gewalt* (München, 2012). 제2차 세계대전에 대한 문헌이 방대함에도, 스탈린이 최고사령관으로서 수행한 역할은 아직 제대로 연구되지 않았다. 냉전과 스탈린의 외교 정책 운용에 대해서도 비슷한 공백이 존재한다.

3 Dmitri Volkogonov, *Stalin: Triumph and Tragedy* (New York, 1991); Edvard

Radzinsky, *Stalin: The First In-Depth Biography Based on Explosive New Documents from Russia's Secret Archives* (New York, 1997); Simon Sebag Montefiore, *Stalin: The Court Of The Red Tsar* (London, 2003); *Young Stalin* (London, 2007) [사이먼 시백 몬티피오리, 『젊은 스탈린: 강철 인간의 태동, 운명의 서막』, 김병화 옮김, 시공사, 2015].

4 몇몇 중요한 서간집이 '공산주의 연대기 시리즈(Annals of Communism Series)'의 일부로 출간되었다. Lars Lih, Oleg Naumov, and Oleg Khlevniuk (eds.), *Stalin's Letters to Molotov, 1925-1936* (New Haven, 1995); R. W. Davies, et al. (eds.), *The Stalin-Kaganovich Correspondence, 1931-1936* (New Haven, London, 2003).

5 A. A. Chernobaev (ed.), *Na prieme u Stalina. Tetradi (zhurnaly) zapisei lits, priniatykh I. V. Stalinym (1924-1953 gg.)* (Moscow, 2008).

6 S. V. Deviatov et al., *Moskovskii Kreml' v gody Velikoi Otechestvennoi voiny* (Moscow, 2010), pp. 113- 114.

7 RGASPI, f. 558, op. 1-11. 여기서 '오피스(Opis', 약자로 Op.)'는 문서 보관함의 서랍 번호를 가리킨다. '오피스 11'은 스탈린의 개인 아카이브로 이루어져 있다. 이 아카이브는 원래 러시아연방 대통령문서보관소(과거 정치국 문서보관소)에 있다가 RGASPI(러시아 국립사회정치사문서보관소)로 옮겨졌다.

8 '주제별' 서류철(Tematicheskie papki) ―정치국과 스탈린 앞으로 제출된 서류들을 주제별로 정리한 폴더―은 대통령문서보관소에 소장된 사료의 근간을 이루고 있다.

9 Sergei Khrushchev (ed.), *Memoirs of Nikita Khrushchev, Volume 1: Commissar* (University Park, PA, 2004); *Memoirs of Nikita Khrushchev, Volume 2: Reformer* (University Park, PA, 2006); *Memoirs of Nikita Khrushchev, Volume 3: Statesman* (University Park, PA, 2007); A. I. Mikoian, *Tak bylo. Razmyshleniia o minuvshem* (Moscow, 1999); Anastas Ivanovich Mikoyan, *The Memoirs of Anastas Mikoyan* (Madison, CT, 1988).

10 러시아에서 미코얀의 회고록이 나온 뒤, 마이클 엘먼은 곧 이에 대한 훌륭한 서평을 발표하여 미코얀의 최초 텍스트가 변경되었음을 설득력 있게 논증했다. (Michael Ellman, "The Road from Il'ích to Il'ích," *Slavic Review* 60, no. 1, 2001, p. 141). 이에 대해 미코얀의 아들 세르고는 "나는 아버지의 말을 '수정'하지 않았다"고 주장했다.(*Slavic Review* 60, no. 4, 2001, p. 917). 이 애매한 표현에는 중요한 암시가 숨어 있었다. 즉 세르고 미코얀은 자신이 구술 원고에 손대지 않았다고는 말하지 않음으로써, 나중에 아버지가 남긴 '부정확한' 증언을 최초 구술 원고에 끼워 넣었음을 인정할 가능성을 열어 놓았다. 이런 식으로 추가된 부분은 확실히 명시하든지 주석으로 처리했어야 했다.

11 예를 들어 Sergo Beria, *Beria, My Father: Inside Stalin's Kremlin* (London,

2001) 참조.

12 E. Yu. Zubkova, "O 'detskoi' literature i drugikh problemakh nashei istoricheskoi pamiati," in G. A. Bordiugov (ed.), *Istoricheskie issledovaniia v Rossii. Tendentsii poslednikh let* (Moscow, 1996), pp. 155-178.

스탈린 권력의 소재지들

1 게오르기 막시밀리아노비치 말렌코프(Georgy Maksimilianovich Malenkov, 1902-1988)는 당 관료로서 여러 해 동안 당중앙위원회에서 일했다. 1930년대 말에 대규모 탄압의 물결을 타고 스탈린에 의해 권력 최상층부로 진입했다. 독재자의 말년에는 정부와 당중앙위원회 간사국에서 스탈린을 대리했다. 스탈린이 사망한 뒤 소련 정부 총리로 임명되어 스탈린의 비공식적 후계자로서 물망에 올랐다. 그러나 최고 권력을 둘러싼 투쟁에서 흐루쇼프에게 패배하여 굴욕적으로 낮은 직위로 좌천된 뒤 정계에서 은퇴하여 여생을 보냈다. 말렌코프를 비롯한 흐루쇼프의 정적들은 소련의 상대적 민주화 덕분에 너그러운 운명을 맞았다. 스탈린 치하에서 축출된 정치인들은 보통 목숨을 대가로 치러야 했다.

라브렌티 파블로비치 베리야(Lavrenty Pavlovich Beria, 1899-1953)는 공안 기관에서 경력을 시작했다. 스탈린은 1930년대 초에 베리야를 오게페우의 조지아 지역 책임자로 앉혔고, 1938년에는 그를 모스크바로 불러서 내무 인민위원(주요 국가보안 기관인 엔카베데의 수장)으로 임명, 비밀경찰 내부를 숙청하고 대숙청을 종결짓는 임무를 맡겼다. 이후 베리야는 스탈린의 최측근 중 한 명이 되었다. 그는 정부 내에서 부총리로서 스탈린을 대리했고 소련 핵 개발 프로젝트를 총괄했으며, 그 외에도 굴라크를 포함한 소련 체제의 중요한 부문들을 감독했다. 스탈린 사후에 베리야는 일체의 '숙청 기관'들을 자신의 통제 하에 두었는데, 이를 경계한 다른 소련 지도자들이 하나로 뭉쳐 베리야를 체포하고 수많은 범죄 혐의로 기소하여 총살형에 처했다. 그가 스탈린에게 특별한 영향력을 행사했고 스탈린의 정권의 많은 범죄가 실은 그의 작품이라는 전설이 떠돌았다. 하지만 실제로 그는 스탈린의 명령을 수행한 사람 중 한 명에 불과했으며 대량 탄압을 수행하는 과정에서 눈에 띄게 독자적인 역할을 하지도 않았다. Amy Knight, *Beria: Stalin's First Lieutenant* (Princeton; NJ, 1993) 참조.

니키타 세르게예비치 흐루쇼프(Nikita Sergeevich Khrushchev, 1894-1971)는 우크라이나 출신으로, 모스크바의 산업 전문학교에서 공부하면서 스탈린의 아내인 나데즈다 알릴루예바와 알게 되었고 이 친분을 계기로 경력을 끌어올려 이후 모스크바 당 위원회에서 승승장구했다. 그리고 1930년대 말에 다른 관료들이 탄압으로 쓰러지고 새로운 승진 기회가 열리면서, 소련에서 가장 중요한 공화국 중 하나인 우크라이나의 당 총간사로 임명되었다. 전후에 스탈린은 그를 모스크바 당 조직의 책임자로 앉혔다. 스탈린 사후에 흐루쇼프는 당중앙위원회 총간사가 되었다. 이 직위 덕에 그는 스탈린의 다른 정치적 후계자들을 압도하고 소련의 새 지도자가 될 수 있었다. 그러나 흐루쇼프는 스탈린이 아니었다. 그의 민주적 개혁('흐루쇼프 해빙기'), 스탈린 개인숭배 비판, 굴라크 죄수들의 석방은 소련 체제 발전의 새로운 원동력이 되었지만 저항도 일으켰고, 아울러 수많은 전술적 실책 탓에 그에 대항한 음모가 조직되기에 이르렀다. 그는 1964년 말에 순수하게 합법적인 수단으로 직위를 박탈당했으나 목숨은 보존했고, 이후 연금을 받으며 천수를 누렸다. 은퇴 이후에 유명한 회고록을 구술했다. William Taubman, *Khrushchev: The Man and His Era* (New York, 2003) 참조.

니콜라이 알렉산드로비치 불가닌(Nikolai Aleksandrovich Bulganin, 1895-1986) 역시 대숙청으로 소련 권력 기구에 생긴 공백을 메우며 떠오른 신예 중 하나였다. 스탈린은 전쟁이 끝날 무렵부터 그를 승진시키기 시작했다. 민간 관료 출신인 불가닌은 직업 군인들에 대한 세력 균형추로서 국방 인민위원부의 고위직에 임명되었고 마침내는 국방장관이 되었다. 당대인들은 불가닌을 그저 명령만 따르는 무표정한 관료로서 묘사했다. 스탈린 사후에는 축출된 말렌코프의 후임으로 각료회의 의장이 되었지만, 흐루쇼프가 부상하는 과정에서 줄을 잘못 서는 바람에 권력에서 밀려나 은퇴했다.

2 뱌체슬라프 미하일로비치 몰로토프(Viacheslav Mikhailovich Molotov, 1890-1986)는 스탈린의 오랜 동지이자 최측근이었다. 두 사람의 관계는 혁명 이전까지 거슬러 올라간다. 그때부터 몰로토프는 스탈린의 충직한 지지자로서 그를 섬겼고 스탈린이 최고 권력을 얻기까지의 투쟁 과정에서 핵심적인 역할을 했으며 그 대가로 정부 최고 직위에 임명되었다. 1930-1941년에는 소련 정부(인민위원회의)의 총리를 지냈고, 1941년 스탈린 자신이 이 직위를 차지했을 때는 부총리가 되었다. 또 그는 여러 해 동안 외무를 책임졌고, 국내와 당내에서 스탈린의 후계자로 여겨졌다. 이러한 이유로 스탈린은 말년에 들어 몰로토프를 찍어 누르기 시작했고 1952년 말에는 결국 지도 그룹에서 축출했다. 그럼에도 몰로토프는 심지어 스탈린 사후까지도 그에게 충성을 바쳤다. 이런 충성심은 몰로토프와 개인숭배 비판을 장려한 흐루쇼프 사이에 긴장이 조성된 한 원인이 되었다. 그는 1957년 흐루쇼프와 결정적으로 충돌한 뒤 패배했고, 이후 한직을 전전하다가 은퇴해야 했다. Derek Watson, *Molotov and Soviet Government: Sovnarkom, 1930-1941* (Basingstoke; UK, 1996) 참조.

아나스타스 이바노비치 미코얀(Anastas Ivanovich Mikoyan, 1895-1978)은 자캅카지예의 혁명가이자 당 활동가 출신으로 스탈린의 눈에 들어 모스크바에서 눈부신 경력을 쌓을 수 있었다. 미코얀은 수십 년간 소련의 무역과 식량과 소비재 산업을 책임졌다. 1952년 말에 몰로토프와 더불어 스탈린의 총애를 잃었지만, 스탈린 사후에 직위로 복귀하여 흐루쇼프에게 충성을 바쳤다. 그는 1962년 쿠바 미사일 위기를 해결하는 데 중요한 역할을 했다. 흐루쇼프의 실각 이후 경력이 내리막길을 걸었지만, 그럼에도 그는 남다른 적응력으로 유명했고 소련 정치의 모범적 생존자로 여겨졌다.

클리멘트 예프레모비치 보로실로프(Kliment Yefremovich Voroshilov, 1881-1969)는 1918-1920년의 내전 기간에 스탈린의 가장 절친한 친구 중 한 명이었다. 스탈린은 1920년대 중반 그에게 붉은 군대의 지휘를 맡겼는데, 이는 확실히 그에게 부적합한 직위였다. 1941년 독일이 침공하기 직전에 스탈린은 그를 해임하고 다른 사람을 앉혀야 했다. 제2차 세계대전 중에 그는 공식적으로 국가 최고 지도부의 일원이었지만 실제로는 부차적인 임무를 수행했다. 스탈린 사후에 그는 명목상의 국가원수 직위에 임명되었다. 1957년에 몰로토프 등 흐루쇼프에 반대하는 소련 지도자들을 지지했고, 그 뒤 얼마 안 되어 떠밀려 은퇴했다.

3 Yoram Gorlizki, "Ordinary Stalinism: The Council of Ministers and the Soviet Neopatrimonial State, 1946-1953," *Journal of Modern History* 74, no. 4 (2002), pp. 699 - 736.

4 I. S. Isakov in K. Simonov, *Glazami cheloveka moego pokoleniia* (Moscow, 1989), p. 433에 수록된 해군장성 I. S. 이사코프와의 인터뷰.

5 A. A. Chernobaev (ed.), *Na prieme u Stalina. Tetradi (zhurnaly) zapisei lits, priniatykh I. V. Stalinym* (1924-1953 gg.) (Moscow, 2008), p. 7.

6 V. Bogomolova et al. (comps.), *Moskovskii Kreml' tsitadel' Rossii* (Moscow, 2009), pp. 310-313.

7 이 기록들은 슈먀츠키가 체포된 뒤 스탈린에게 넘겨져 그의 개인 아카이브에 보관되었다. 이 기록은 K. M. Anderson et al. (comps.), *Kremlevskii kinoteatr. 1928-1953* (Moscow, 2005), pp. 919- 1053에 실렸다.

8 나데즈다 세르게예브나 알릴루예바(Nadezhda Sergeevna Allilueva, 1901-1932)는 스탈린과 오랜 친분이 있는 프롤레타리아 혁명가 가정에서 성장했다. 두 사람은 1919년에 결혼했다. 알릴루예바는 레닌의 비서실과 모스크바의 한 잡지 편집실에서 일한 뒤 모스크바 산업 전문학교에 입학하여 공부했다. 더 자세한 설명은 6장 앞에 실린 스탈린의 가족에 대한 절 참조.

9 스탈린의 다차에 대한 정보는 1953 god. *Mezhdu proshlym i budushchim* (exhibition catalogue) (Moscow, 2003); S. Deviatov, A. Shefov, and Iu. Iur'ev, *Blizhniaia dacha Stalina. Opyt istoricheskogo putevoditelia* (Moscow, 2011)를 참조했다.

10 Svetlana Alliluyeva, *Twenty Letters to a Friend* (New York, 1967), p. 21.

11 Deviatov, Shefov, and Iur'ev, *Blizhniaia dacha Stalina*, p. 287. 로즈가초프가 제공한 정보는 전후 시기의 것이지만, 스탈린이 더 이른 시기에도 다차의 관리에 적극적인 관심을 기울였다는 증거가 있다.

12 라자르 카가노비치는 F. I. Chuev, *Kaganovich. Shepilov* (Moscow, 2001), p. 137에서 그런 공책이 있었다고 언급했다.

13 1931년 9월 24일 라자르 카가노비치에게 보낸 편지. R. W. Davies, et al. (eds.), *The Stalin-Kaganovich Correspondence, 1931-1936* (New Haven, London,

2003), p. 98.

14 Khrushchev, *Memoirs of Nikita Khrushchev, vol. 2: Reformer* (University Park, PA, 2006), p. 117.

15 Khrushchev, *Memoirs of Nikita Khrushchev, vol. 1: Commissar* (University Park, PA, 2004), p. 290.

16 M. Dzhilas [Milovan Djilas], *Litso totalitarizma* (Moscow, 1992), p. 108.

17 헝가리 지도자 라코시 마차시의 증언. (*Istoricheskii arkhiv*, no. 3 [1997]: 117).

18 *1953 god. Mezhdu proshlym i budushchim*, p. 75.

19 안드레이 알렉산드로비치 즈다노프(Andrei Aleksandrovich Zhdanov, 1896-1948)는 혁명 이전에 볼셰비키 당에 입당했고 그 이후로 여러 지방 당직을 거쳤다. 1934년 스탈린은 그를 모스크바로 불러서 당중앙위원회 간사로 앉혔다. 키로프가 살해된 이후 즈다노프는 그의 뒤를 이어 레닌그라드 당 총간사가 되었다. 그는 죽을 때까지 스탈린의 오랜 동지이자 최측근이었고 지도자와 좋은 관계를 유지했다. 즈다노프의 아들이 스탈린의 딸과 결혼했지만 얼마 안 있어 이혼했다.

20 *Khrushchev, Memoirs of Nikita Khrushchev*, vol. 1, pp. 102-103.

21 Khrushchev, *Memoirs of Nikita Khrushchev*, vol. 2, p. 68.

22 Ibid., p. 117.

23 Ibid., pp. 146-147.

24 Dmitri Volkogonov, *Stalin: Triumph and Tragedy* (New York, 1991), p. 571.

25 이에 대한 논의는 Erik van Ree, *The Political Thought of Joseph Stalin: A Study of Twentieth-Century Revolutionary Patriotism* (London and New York, 2002)에서 전개되었다.

26 G. Dmitrov, *Dnevnik* (Sophia, 1997), p. 128에서 재인용.

27 V. M. Berezhkov, *Riadom so Stalinym* (Moscow, 1999), p. 371에서 재인용. 베레시코프(Berezhkov)는 스탈린의 통역관이었다.

1. 혁명 이전

1 L. M. Spirin, "Kogda rodilsia Stalin: popravki k ofitsial'noi biografii," *Izvestiia* 25 (June 1990); *Izvestiia TsK KPSS*, no. 11 (1990), pp. 132-134.

2 A. Ostrovskii, *Kto stoial za spinoi Stalina?* (Moscow, 2002), pp. 88-89. 오스트롭스키의 책은 스탈린의 어린 시절에 초점을 맞추어, 모스크바와 조지아의 문서고에서 새로 발굴된 문서들을 근거로 집필한 최초의 전기였다. 나중에 다른 저작들도 나왔다. Miklos Kun, *Stalin: An Unknown Portrait* (Budapest; New York, 2003); 사이먼 시백 몬티피오리, 『젊은 스탈린: 강철 인간의 태동, 운명의 서막』, 김병화 옮김 (시공사, 2015); Ronald Grigor Suny, *Stalin and the Russian*

Revolutionary Movement. From Koba to Commissar (출간예정, Oxford University Press). 스탈린의 초년기에 대한 나의 설명은 이 책들을 참고했다.

3 Ostrovskii, *Kto stoial za spinoi Stalina?*, pp. 86-88, 93, 99.

4 RGASPI, f. 558, op. 11, d. 878, l. 73.

5 R. G. Suny, "Beyond Psychohistory: The Young Stalin in Georgia," *Slavic Review* 46, no. 1 (1991), p. 52.

6 1931년 12월 13일, 독일 작가 에밀 루드비히와의 인터뷰, I. V. Stalin, *Works,* vol. 13 (Moscow, 1954), p. 115.

7 Iu. G. Murin (comp.), *Iosif Stalin v ob"iatiiakh sem'i. Iz lichnogo arkhiva* (Moscow, 1993), pp. 6-19에서 재인용.

8 RGASPI, f. 558, op. 11, d. 1549, l. 83.

9 Ostrovskii, *Kto stoial za spinoi Stalina?*, pp. 96-97, 102-104.

10 RGASPI, f. 558, op. 11, d. 876, l. 12.

11 RGASPI, f. 558, op. 4, d. 4, l. 1; d. 5, l. 1.

12 Dmitri Volkogonov, *Stalin: Triumph and Tragedy* (New York, 1991), pp. 7-8.

13 L. D. Trotskii, *Stalin,* vol. 1 (Benson; VT, 1985), pp. 32-33.

레프 다비도비치 트로츠키(Lev Davidovich Trotsky, 1879-1940)는 신생 소비에트 러시아에서 국내적으로도 국제적으로도 한동안 레닌 다음 가는 레닌 볼셰비키 혁명 지도자로 인식되었다. 그는 붉은 군대를 승리로 이끈 내전 시기에 영광의 절정에 올랐다. 전쟁 이후, 특히 레닌 사후 소비에트 지도자들 사이에 권력과 영향력을 얻기 위한 투쟁이 벌어졌을 때 중추적 역할을 했지만, 투쟁에서 패한 후 1928년에 국외 추방되었다. 그는 망명 중에도 정치적 숙적인 스탈린의 실체를 폭로하며 활발한 정치 활동을 벌였다. 스탈린의 지령으로 1940년 멕시코에서 소련 요원에게 암살당했다.

14 Ostrovskii, *Kto stoial za spinoi Stalina?*, pp. 108-111.

15 Ibid., pp. 124-125.

16 I. V. Stalin, *Works,* vol. 13, pp. 115-116. 1931년 12월 13일, 독일 작가 에밀 루드비히와의 인터뷰.

17 V. Kaminskii and I. Vereshchagin, "Detstvo i iunost' vozhdia: dokumenty, zapiski, rasskazy," *Molodaia gvardiia,* no. 12 (1939), p. 65에서 재인용.

18 Robert C. Tucker, *Stalin as Revolutionary, 1879-1929* (New York, 1973), pp. 80-82에서 재인용.

19 RGASPI, f. 558, op. 4, d. 600, Ⅱ. 1-7; f. 71, op. 10, d. 266, Ⅱ. 7-11.

20 RGASPI, f. 558, op. 4, d. 32, Ⅱ. 1-2.

21 Suny, *Stalin and the Russian Revolutionary Movement*, ch. 3.

22 RGASPI, f. 558, op. 4, d. 53, Ⅱ. 1-15; Ostrovskii, *Kto stoial za spinoi Stalina?*, p. 148.

23 Ibid., p. 149.

24 V. Kaminskii and I. Vereshchagin, "Detstvo i iunost' vozhdia," pp. 84-85.

25 RGASPI, f. 558, op. 4, d. 53, l. 13.

26 Ibid., op. 4, d. 60, ll. 1-3.

27 Ibid., op. 11, d. 879, l. 45.

28 Ibid., op. 4, d. 65, ll. 1-4.

29 Trotskii, *Stalin,* vol. 1, p. 44.

30 Ostrovskii, *Kto stoial za spinoi Stalina?,* pp. 154-155.

31 A. J. Rieber, "Stalin, Man of the Borderlands," *American Historical Review* 106, no. 5 (2001), pp. 1651–92; Alfred J. Rieber, "Stalin as Georgian: The Formative Years," in Sarah Davies and James Harris (eds.), *Stalin: A New History* (Cambridge, 2005), pp. 18–44.

32 I. Baberovskii [J. Baberowski], *Vrag est' vezde. Stalinizm na Kavkaze* (Moscow, 2010), p. 15.

33 Iu. G. Fel'shtinskii and G.I. Cherniavskii in *Voprosy istorii,* no. 14 (2012), p. 16에 인용 게재된 보리스 니콜라옙스키의 아카이브 문서.

34 RGASPI, f. 558, op. 4, d. 72, l. 9.

35 Ostrovskii, *Kto stoial za spinoi Stalina?,* pp. 188-189.

36 RGASPI, f. 558, op. 4, d. 619, ll. 175-177.

37 Ostrovskii, *Kto stoial za spinoi Stalina?,* pp. 212-218.

38 Erik van Ree, "The Stalinist Self. The Case of Ioseb Jughashvili (1898-1907)," *Kritika* 11, no. 2 (2010), pp. 265-266; Suny, *Stalin and the Russian Revolutionary Movement,* ch. 4.

39 Erik van Ree, "Reluctant Terrorists? Transcaucasian Social-Democracy, 1901-1909," *Europe-Asia* Studies 40 no. 1 (2008); R. G. Suny, op. cit. ch. 9.

40 Ostrovskii, op. cit., p.254.

41 RGASPI, f. 558, op. 11, d. 896, l. 115.

42 이 강도 사건에 대한 좀 더 자세한 설명은 사이먼 시백 몬티피오리, 『젊은 스탈린』 참조. 또 *Suny, Stalin and the Russian Revolutionary Movement,* ch. 11도 참조. 미클로스 쿤(Miklos Kun)은 스탈린이 카모의 작전 준비를 도왔다는 일부 증거를 발굴했다. (*Stalin*, pp. 77-79).

43 Iu. G. Fel'shtinskii and G. I. Cherniavskii in *Voprosy istorii,* no. 7 (2010), p. 34; no. 9, p. 11에 인용 게재된 보리스 니콜라옙스키의 아카이브 문서.

44 Ostrovskii, op. cit., p. 292.

45 Z. I. Peregudova, *Politicheskii sysk Rossii (1880-1917 gg.)* (Moscow, 2000), pp. 242-274.

46 Ostrovskii, op. cit., pp. 329-330.

47 Peregudova, op. cit., p. 246에서 재인용.

48 로만 바츨라보비치 말리놉스키(Roman Vatslavovich Malinovsky, 1876-1918)는 금속 노동자, 노조 활동가이자 볼셰비키 당원으로서 레닌의 특별한 후원을 받았다. 1912년 국가두마 의원으로 선출되었고 1913년에는 두마 내 볼셰비키 교섭단체의 의장이 되었다. 한편 그는 여러 해 동안 경찰의 이중 첩자로 활동했는데, 노출될 위협에 처하자 1914년 러시아에서 탈출했다. 1918년에 사면을 기대하고 소비에트 러시아로 돌아왔다가 총살형에 처해졌다.

49 이 편지들은 경찰의 검열을 거쳤기 때문에 경찰 문서 보관소에 남아 있다. 스탈린 컬렉션에도 그 사본이 보관되어 있다. (Ostrovskii, op. cit., pp. 396-398; RGASPI, f. 558, op. 11, d. 1288, ll. 12-14, 18, 28, 32-35).

50 1913년 11월 말에 로만 말리놉스키에게 보낸 편지.

51 T. A. 슬로바틴스카야에게 보낸 1913년 11월 20일자 편지.

52 RGASPI, f. 558, op. 1, d. 52, l. 1; Ostrovskii, op. cit., pp. 402-403.

53 RGASPI, f. 558, op. 1, d. 5394, ll. 2-3; A. V. Kvashonkin et al. (comps.), *Bol'shevistskoe rukovodstvo. Perepiska. 1912-1927* (Moscow, 1996), p. 19.

54 Ia. M. Sverdlov, *Izbrannye proizvedeniia,* vol. 1 (Moscow, 1957), p. 227.

55 A. S. Allilueva, *Vospominaniia* (Moscow, 1946), p. 115.

56 Khrushchev (ed.), *Memoirs of Nikita Khrushchev,* vol. 2, p. 132.

57 Ia. M. Sverdlov, *Izbrannye proizvedeniia,* vol. 1, p. 280.

58 RGASPI, f. 558, op. 11, d. 1288, ll. 15-16; B. S. Ilizarov, *Tainaia zhizn' Stalina* (Moscow, 2002), pp. 289, 291, 294-297; Ostrovskii, op. cit., p. 393.

59 RGASPI, f. 558, op. 11, d. 773, ll. 79-82; Ilizarov, op. cit., pp. 297-298.

60 여하튼 스탈린은 곧 페레프리기나와의 모든 관계를 끊었다. 그가 유배지를 떠난 뒤에 그녀는 결혼했고 훗날 여덟 자녀를 둔 과부가 되었다. (Ilizarov, op. cit., p. 310).

61 O. Ye. 알릴루예바에게 보낸 1915년 11월 25일자 편지. RGASPI, f. 558, op. 1, d. 55, l. 2; Kvashonkin et al., *Bol'shevistskoe rukovodstvo,* p. 21.

62 Trotsky, *Stalin,* vol. 1, pp. 248-249.

63 Kvashonkin et al., *Bol'shevistskoe rukovodstvo,* pp. 17-20; Ostrovskii, op. cit., pp. 397-401, 412-413, 415.

64 RGASPI, f. 558, op. 1, d. 54, l. 1.

65 V. I. Lenin, *Polnoe sobranie sochinenii,* vol. 49 (Moscow, 1970), pp. 101, 161.

 # 스탈린 권력의 보루들

1 스탈린의 마지막 와병과 죽음이 베리야가 독살을 모의한 결과였다고 보는 전통이 있다. 이 견해의 의학적 증거를 검토하려는 가장 최근의 시도 중 하나는 Jonathan

Brent and Vladimir Naumov, *Stalin's Last Crime: The Plot against the Jewish Doctors, 1948–1953* (New York, 2003)에서 찾아볼 수 있다.

스탈린이 죽기 직전 며칠간의 기본 정황은 여러 출처를 참조하여 재구성할 수 있다. 스탈린의 죽음을 지켜본 지도자 중 한 명이었던 흐루쇼프의 유명한 회고록(Sergei Khrushchev [ed.], *Memoirs of Nikita Khrushchev, vol. 1: Commissar* [University Park, PA, 2004], pp. 147-149) 외에도, 드미트리 볼코고노프와 에드바르트 라진스키가 기록한 스탈린 경호원들의 증언(Dmitri Volkogonov, *Stalin: Triumph and Tragedy* [New York, 1991], pp. 571-572; Edvard Radzinsky, *Stalin: The First In-Depth Biography Based on Explosive New Documents from Russia's Secret Archives* [New York, 1997], pp. 566-572)을 비롯하여 새로운 자료들이 나타났다. 여기서 나는 세 권의 출판물을 모두 참조했다.

2 이 부분과 그 뒤에 이어지는 내용과 관련하여 경호총국에 대해서는 RGASPI, f. 17, op. 166, d. 858, Ⅱ. 2–20 참조. 문제의 문서만으로는 이 정보가 스탈린의 모든 다차를 아우르는 것인지, 볼린스코예 다차에만 해당되는 것인지 불분명하다. 어쨌든 경호원과 직원들은 주로 스탈린이 지냈던 볼린스코예 다차에 집중 배치되어 있었다.

3 S. V. Deviatov et al., *Garazh osobogo naznacheniia. 1921-2011* (Moscow, 2011), pp. 162-163.

4 RGASPI, f. 17, op. 162, d. 9, l. 54; V. N. Khaustov et al. (comps.), *Lubianka. Stalin i VChK-GPU-OGPUNKVD. Ianvar' 1922 - dekabr' 1936* (Moscow, 2003), pp. 255-256.

5 합동국가정치부(오게페우) 간부들이 스탈린에게 제출한 보고서에 따르면, 해당 조직에 침투하여 이 해외 요원과 동행 중이던 오게페우 소속 비밀 요원이 그의 스탈린 암살을 저지했다고 한다. 심문에서 이 해외 요원은 최초 암살 시도시에 권총을 옷 안 너무 깊숙이 숨겨서 꺼내지 못했다고 진술했다. 스탈린을 수행 중이던 대규모 경호팀이 그의 두 번째 암살 시도를 저지했다. ("Zapiska OGPU Stalinu. 18 noiabria 1931 g.", *Istochnik*, no. 3 [1996], pp. 161-162; Khaustov et al., *Lubianka. Stalin i VChK-GPU-OGPU-NKVD*, p. 286).

6 *Gosudarstvennaia okhrana Rossii. 1881-2006* (exhibition catalogue) (Moscow, 2006), pp. 47-49.

7 세르게이 미로노비치 키로프(Sergei Mironovich Kirov, 1886-1934)는 러시아의 혁명가이며 내전 영웅이었다. 1921-1926년에 아제르바이잔 당 총간사를 역임했다. 그는 자캅카지예에서 스탈린의 부하 중 한 명이었고 그와 개인적 친분이 있었기에 순탄한 경력을 쌓을 수 있었다. 스탈린의 반대파 숙청 결과로 1926년 지노비예프를 대신하여 레닌그라드 당 조직의 수장으로 임명되었고, 이 직위를 발판으로 정치국 후보국원에까지 올랐다. 1934년 12월 1일 단독 테러범의 총에 살해되었다. 스탈린이 키로프의 암살을 사주했다고 오랫동안 믿어졌지만, 대부분의 역사학자들은 그 가능성을 부인해 왔다.

8 니콜라이 시도로비치 블라시크(Nikolai Sidorovich Vlasik, 1896-1967)는 벨라루스의 농민 가정에서 태어나 초등교육만 몇 년 받고 비숙련 노동자로 생계를 유지했다. 제1차 세계대전 때 제국군에서 싸웠고 나중에 붉은 군대에 입대했다. 1919년에 체카에 들어가 밑바닥부터 경력을 쌓았다. 1937-1938년의 대량 체포로 수많은 자리가 공석이 된 틈을 타 고속으로 승진했다. 그는 1952년 체포되있고, 스탈린이 죽고 2년 뒤에 10년 유배형을 선고받았다가 1956년에 사면되었다.

9 그는 장기간 조사를 받은 뒤에 1950년에야 총살형에 처해졌다.

10 S. V. Deviatov et al., *Moskovskii Kreml' v gody Velikoi Otechestvennoi voiny* (Moscow, 2010), pp. 161, 164-167.

11 이 수치는 1950년의 것이다. E. Iu. Zubkova et al. (comps.), *Sovetskaia zhizn'. 1945-1953* (Moscow, 2003), p. 501; V. P. Popov, *Rossiisskaia derevnia posle voiny* (Moscow, 1993), p. 146.

12 N. V. Petrov, *Pervyi predsedatel' KGB Ivan Serov* (Moscow, 2005), pp. 87-89.

13 블라시크가 1955년 자기의 재판에서 증언한 내용. V. M. Loginov, *Teni Stalina. General Vlasik i ego soratniki* (Moscow, 2000), p. 152.

14 RGASPI, f. 17, op. 166, d. 858, Ⅱ. 2-8.

15 세묜 데니소비치 이그나티예프(Semen Denisovich Ignatiev, 1904-1983)는 농민 가정에서 태어나 콤소몰(공산주의청년연맹)에서 경력을 시작했다. 1935년 산업 전문학교에서 공부한 뒤 당중앙위원회 기구에 취직했다. 그는 여러 해 동안 다양한 지역 당 조직의 수장을 역임했다. 1950년에 당 인사 문제를 관할하는 당중앙위원회 부서를 책임지는 요직에 올랐다. 소련 국가보안부 간부들이 대규모로 체포된 이후인 1951년 스탈린에 의해 국가보안부 장관으로 임명되었다. 그는 스탈린의 명령으로 수많은 정치 사건을 조작했다. 스탈린 사후 이 때문에 경력은 물론 목숨까지 대가로 치를 뻔했지만, 흐루쇼프의 지원으로 무사할 수 있었다. 그는 지방 관직으로 좌천되었고 1960년에 은퇴했다.

16 러시아 국립현대사문서보관소(RANI), f. 5, op. 29, d. 3, l. 2; d. 16, Ⅱ. 94, 108.

17 여기에 제시된 통계의 출처는 O. Khlevniuk, *Stalin u vlasti. Prioritety i rezul'taty politiki diktatury. Istoriia stalinizma: Itogi i problemy izucheniia* (Moscow, 2011), pp. 63-65 참조.

18 1937년 초 소련의 전체 인구는 1억 6,200만 명이었고, 1953년 초에는 1억 8,700만 명에 이르렀다. 물론 성인 인구는 그보다 훨씬 적어서 1937년을 예로 들면 약 1억 명이었다.

19 소련의 공안 기관은 수많은 재편과 명칭 변경을 거쳤다. 전통적으로 이 조직은 그 최초의 약자인 *ChK*('체카', '특별위원회'의 약자)로 계속 불렸는데, 이것이 '체카' 또는 '체키스트'라는 말의 어원이 되었다. 스탈린 자신도 이 명칭을 자주 사용했다.

20 그리고리 이바노비치 쿨리크(Grigory Ivanovich Kulik, 1890-1950)는 내전 때

스탈린과 함께 싸웠다. 그는 스탈린의 후원으로 성공적인 군 경력을 쌓았고 1940년에는 원수로 승진했다. 내전 때 지휘관을 지낸 많은 이들이 그러했듯 그도 독소전에서 별로 능력을 발휘하지 못했다. 그는 1942년 재판에 회부되어 강등된 뒤 하급 지휘관 직위를 전전했다. 쿨리크에 대한 스탈린의 불신은 회복되지 않았다. 그는 1947년 대화 중에 스탈린을 비판한 혐의로 다른 몇몇 장성들과 더불어 체포되었고, 1950년에 총살되었다.

21 1940년 5월 당 감찰위원회 위원장 안드레이 안드레예프가 쿨리크 사건과 관련하여 스탈린에게 보낸 서한. K. A. Stoliarov, *Palachi i zhertvy* (Moscow, 1998), pp. 272-276. RGASPI, f. 73, op. 2, d. 17, Ⅱ. 128-148.

22 Ibid., pp. 267-271.

23 솔로몬 미하일로비치 미호엘스(Solomon Mikhailovich Mikhoels, 1890-1948)는 무대감독 겸 배우이며 유대인 공동체의 지도자였다. 제2차 세계대전 당시 '소련 유대인 반파시스트 위원회'의 위원장을 맡아 소련에 대한 서방 국가의 광범위한 지원을 이끌어 냈다. 그가 종전 직후에 스탈린 상(문화계 인사에게 수여되는 최고상)을 받았다는 사실은 그가 세운 공적의 중요성을 증언한다. 그럼에도, 그로부터 얼마 안 있어 미호엘스는 스탈린의 대외 정책 우선순위 변경과 소련 내 반유대 캠페인에 희생된 최초의 인물 중 한 명이 되었다.

24 G. V. Kostyrchenko, *Tainaia Politika Stalina. Vlast' i antisemitizm* (Moscow, 2001), pp. 388-392.

25 N. V. Petrov, *Palachi* (Moscow, 2011), pp. 66-68.

26 스탈린 사후인 1953년 3월 27일 이그나티예프가 증언한 내용. (ibid., p. 307).

2. 레닌의 그늘 아래서

1 레프 보리소비치 카메네프(Lev Borisovich Kamenev, 1883-1936)는 기술자인 아버지 밑에서 태어나 모스크바 대학에서 공부하다가 혁명 활동으로 제적당했다. 레닌의 최측근 중 한 명이었고, 자캅카지예에서 혁명 운동을 하던 중에 스탈린을 처음 만났다. 그는 1917년 혁명 이후 소련 정부의 많은 고위직을 역임했고 레닌 사후 권력 투쟁에 뛰어든 이들 중 한 명이었다. 1920년대에 반대파 지도자가 되었다. 스탈린은 일단 반대파에 대한 승리를 굳히자 옛 친구를 무자비하게 다루었다. 1934년 카메네프와 동료 반대파들은 키로프의 살해에 가담했다는 조작된 죄목으로 체포되었다. 1936년 8월 제1차 모스크바 재판에서 간첩 및 테러죄로 유죄 판결을 받고 총살당했다.

2 Lars T. Lih, Oleg V. Naumov, and Oleg Khlevniuk (eds.), *Stalin's Letters to Molotov, 1925-1936* (New Haven, 1995), pp. 101-103, 131-132.

3 러시아 혁명기 볼셰비키의 활동에 대해서는 E. N. Burdzhalov, *Russia's Second*

Revolution: The February 1917 Uprising in Petrograd, trans. and ed., D. J. Raleigh (Bloomington and Indianapolis, 1967); Alexander Rabinowitch, *The Bolsheviks Come to Power* (Chicago; London, 2004); Richard Pipes, *The Russian Revolution* (New York, 1990)을 비롯하여 방대한 문헌이 존재한다. 혁명에서 스탈린이 수행한 역할에 대해서는 Robert M. Slusser, *Stalin in October: The Man Who Missed the Revolution* (Baltimore and London, 1987); Ronald Grigor Suny, *Stalin and the Russian Revolutionary Movement: From Koba to Commissar* (Oxford University Press, forthcoming), chs. 18 and 19 참조.

4 A. V. Kvashonkin et al. (comps.), *Bol'shevistskoe rukovodstvo. Perepiska. 1912-1927* (Moscow, 1996), p. 16.

5 V. I. Lenin, *Polnoe sobranie sochinenii,* vol. 31 (Moscow, 1969), pp. 11-22, 504.

6 Ibid., pp. 103-112.

7 N. N. Sukhanov, *Zapiski o revoliutsii,* vol. 2, bk. 3 (Moscow, 1991), p. 16에서 재인용.

8 *Sed'maia (Aprel'skaia) Vserossiiskaia konferntsiia RSDPR (bol'shevikov). Petrogradskaia obshchegorodskaia konferentsiia RSDPR (bol'shevikov). Protokoly* (Moscow, 1958), p. 323에서 재인용.

9 그리고리 옙세예비치 지노비예프(Grigory Yevseevich Zinoviev, 1883-1936)는 레닌의 최측근이자 오랜 동지 중 한 명이었다. 혁명 이후에 레닌그라드 당 조직과 코민테른의 수장을 역임했다. 레닌 사후 당 지도권 장악에 실패한 뒤 반대파 지도자가 되었고, 반대파가 궤멸되면서 박해를 받았다. 1934년 키로프의 암살을 공모했다는 조작된 증거에 의거하여 카메네프와 함께 체포되었다. 1936년 8월 카메네프와 함께 제1차 모스크바 공개 재판에서 유죄 판결을 받고 총살당했다.

10 1917년 8월 3일 러시아 사회민주노동당(RSDRP) 제6차 당 대회에서 스탈린이 행한 연설. *Shestoi s"ezd RSDRP (bol'shevikov). Avgust 1917 g. Protokoly* (Moscow, 1958), p. 250.

11 RGASPI, f. 558, op. 11, d. 890, l. 8.

12 최근 발견된 문서를 기초로 이 일화를 상세히 조사한 예로는 V. T. Loginov, *Neizvestnyi Lenin* (Moscow, 2010), pp. 261-264 참조.

13 1917년 10월 11일 당중앙위원회에서 지노비예프와 카메네프의 발언. *Protokoly Tsentral'nogo Komiteta RSDRP(b). Avgust 1917-fevral' 1918* (Moscow, 1958), pp. 87-92.

14 RGASPI, f. 558, op. 1, d. 66, l. 1.

15 *Protokoly Tsentral'nogo Komiteta RSDRP(b). Avgust 1917-fevral' 1918,* p. 115.

16 Robert William Davies, Mark Harrison and S. G. Wheatcroft (eds.), *The*

Economic Transformation of the Soviet Union. 1913-1945 (Cambridge, 1994), pp. 62-64.

17 정치국 회의 기록. RGASPI, f. 17, op. 3, dd. 1-125.

18 1918년 6월 22일 스탈린이 레닌과 트로츠키에게 보낸 편지. RGASPI, f. 558, op. 1. d. 5403, l. 1; Kvashonkin et al., *Bol'shevistskoe rukovodstvo*, p. 40.

19 1918년 7월 7일 스탈린이 레닌에게 보낸 편지. RGASPI, f. 558, op. 1. d. 248, l. 1; I. V. Stalin, *Sochineniia*, vol. 4 (Moscow, 1947).

20 1918년 7월 11일 스탈린이 트로츠키와 레닌에게 보낸 전문. RGASPI, f. 558, op. 1, d. 1812, Ⅱ. 1-2; Kvashonkin et al., *Bol'shevistskoe rukovodstvo*, p. 42.

21 1918년 10월 3일 스탈린이 레닌에게 보낸 편지. RGASPI, f. 558, op. 1. 5410, l. 1; Kvashonkin, op cit., p. 52.

22 RGASPI, f. 558, op. 1, d. 5718, Ⅱ. 177, 178, 191, 195, 197.

23 Ibid., op. 1, d. 5718, Ⅱ. 196-198.

24 1919년 3월 제8차 당 대회에서 보로실로프의 연설. *Izvestiia TsK KPSS*, no. 11 (1989), p. 160.

25 1918년 8월 31일 스탈린이 레닌에게 보낸 편지. RGASPI, f. 558, op. 1. 5408, l. 4; Kvashonkin et al., *Bol'shevistskoe rukovodstvo*, p. 46.

26 I. S. Rat'kovskii, *Krasnyi terror i deiatel'nost' VChK v 1918 godu* (St. Petersburg, 2006), pp. 151, 170.

27 *Izvestiia TsK KPSS*, no. 11 (1989), pp. 157, 168.

28 Kvashonkin et al., *Bol'shevistskoe rukovodstvo*, p. 54에서 재인용.

29 Ibid., pp. 52-53.

30 I. V. Stalin, *Works*, vol. 4 (Moscow, 1947), p. 271.

31 V. I. Lenin, *Polnoe sobranie sochinenii*, vol. 50 (Moscow, 1970), p. 389.

32 RGASPI, f. 558, op. 1, d. 1815, Ⅱ. 2-4; Kvashonkin et al., *Bol'shevistskoe rukovodstvo*, pp. 142-143.

33 RGASPI, f. 558. op. 1, d. 5521, Ⅱ. 2. Kvashonkin et al., *Bol'shevistskoe rukovodstvo*, p. 148.

34 RGASPI, f. 558, op. 1, d. 4137, l. 1; d. 1943, l. 1; Kvashonkin et al., *Bol'shevistskoe rukovodstvo*, p. 155.

35 RGASPI, f. 558, op. 1, d. 1961, Ⅱ. 1-2; I. V. Stalin, *Works*, vol. 4, p. 358.

36 RGASPI, f. 558, op. 1, d. 4681, l. 1.

37 RGASPI, f. 558, op. 1, d. 4458, Ⅱ. 1-3; I. V. Stalin, *Works*, vol. 4, pp. 360-362.

38 RGASPI, f. 558, op. 11, d. 126, l. 4.

39 Ibid., op. 1, d. 5213, l. l; Kvashonkin et al., *Bol'shevistskoe rukovodstvo*, p. 156.

40 RGASPI, f. 17, op. 3, d. 106, l. 5.

41 Ibid., Ⅱ. 3, 4.

42 *Izvestiia TsK KPSS*, no. 3 (1991), p. 167.

43 *Deviataia konferentsiia RKP(b). Protokoly* (Moscow, 1972), pp. 60-61, 76-77; Iu. N. Amiantov et al. (comps.), V. I. Lenin. *Neizvestnye dokumenty. 1891-1922* (Moscow, 1999), pp. 382, 390.

44 RGASPI, f. 558, op. 1, d. 5541, Ⅱ. 1-2; Kvashonkin et al., *Bol'shevistskoe rukovodstvo*, pp. 160-161.

45 스탈린이 1920년 겨울과 봄에 소위 '우크라이나 노동군' 조직에 관여한 것은, 주로 우크라이나의 석탄 광산에서 군대를 노동력으로 활용함으로써 노동을 군사화하려는 시도였다.

46 1923년 4월 25일 제12차 당 대회, 민족 문제 분과 회의. *Izvestiia TsK KPSS*, no. 4 (1991), p. 170. 스탈린이 민족 인민위원으로서 한 일에 대한 상세한 설명은 Jeremy Smith, "Stalin as Commissar of Nationalities," in Sarah Davies and James Harris (eds.), *Stalin: A New History*, pp. 45-62; V. Denningkhaus [Victor Dönninghaus], *V teni "bol'shogo brata". Zapadnye natsional'nye men'shinstva v SSSR. 1917-1938 gg.* (Moscow, 2011), pp. 84-91 참조.

47 RGASPI, f. 17, op. 3, d. 234, l. 2.

48 Ibid., d. 310, l. 2.

49 1922년 10월 19일 정치국 결의안. RGASPI, f. 17, op. 3, d. 318, l. 4.

50 그리고리 콘스탄티노비치 오르조니키제(Grigory Konstantinovich Ordzhonikidze, 1886-1937)는 스탈린의 가장 친한 친구이자 오랜 동지 중 한 명이었다. 1920년대에 자캅카지예 당 최고 지도자였고 이후 모스크바로 올라와서 당 감찰위원회 의장이라는 요직을 맡았으며, 이 직위를 활용하여 스탈린의 권력 장악을 도왔다. 1930년대에는 소련의 중공업을 책임졌다. 주요 간부들에 대한 스탈린의 탄압을 막으려 하다가 그와 갈등을 빚었다. 그는 1937년 2월에 자살했는데, 그가 죽은 경위는 스탈린 사후에야 널리 알려졌다. Oleg V. Khlevniuk, *In Stalin's Shadow: The Career of "Sergo" Ordzhonikidze* (New York, 1995) 참조.

51 1922년 7월 14일과 8월 9일 이후에 나자레티얀이 오르조니키제에게 보낸 편지. RGASPI, f. 85, op. 1c, d. 13, Ⅱ. 6, 10; Kvashonkin et al., *Bol'shevistskoe rukovodstvo*, pp. 256, 257, 262, 263.

52 1922년 7월 12일과 8월 9일 이후에 나자레티얀이 오르조니키제에게 보낸 편지. RGASPI, f. 85, op. 1c, d. 13, Ⅱ. 7, 10; Kvashonkin et al., *Bol'shevistskoe rukovodstvo*, pp. 259, 263.

53 1922년 8월 9일 이후에 나자레티얀이 오르조니키제에게 보낸 편지. RGASPI, f. 85, op. 1c, d. 13, l. 10. Kvashonkin et al., *Bol'shevistskoe rukovodstvo*, p. 263.

54 스탈린이 아직 절대 권력을 수립하기 전인 1925년 1월에 N. A. 우글라노프가 쓴 회고담. *Izvestiia TsK KPSS*, no. 4 (1989), p. 196.

55 니콜라이 이바노비치 부하린(Nikolai Ivanovich Bukharin, 1888-1938)은 볼셰

비키 지도자이자 이론가였다. 트로츠키, 지노비예프, 카메네프와의 충돌에서 스탈린 편에 섰지만, 스탈린이 반대파에게 승리를 거둔 뒤에는 그 자신이 스탈린의 희생자가 되었다. 부하린은 좀 더 온건한 경로와 네프로부터의 점진적 이행을 지지했다. 스탈린은 부하린과 그의 지지자들을 '우익 일탈파'로 낙인찍었고, 당 지도부에서 우익을 축출함으로써 독재를 공고화했다. 부하린은 1937년에 체포되어 이듬해 총살되었다. Stephen F. Cohen, *Bukharin and the Bolshevik Revolution: A Political Biography, 1888-1938* (New York, 1973); Paul R. Gregory, *Politics, Murder, and Love in Stalin's Kremlin: The Story of Nikolai Bukharin and Anna Larina* (Stanford; CA, 2010) 참조.

56 *Izvestiia Ts KPSS,* no. 12 (1989), p. 198. 울리야노바가 회고한 이 일화의 또 다른 버전은 *Izvestiia TsK KPSS,* no. 3 (1991), p. 188 참조.

57 *Izvestiia Ts KPSS,* no. 4 (1989); RGASPI, f. 17, op. 3, d. 303, l. 5.

58 *Izvestiia Ts KPSS,* no. 12 (1989), p. 198. 마리야 울리야노바의 회고록은 그녀의 사후에 서류 더미 속에서 발견되었다. 확실히 이는 출판을 목적으로 쓴 글이 아니며, 두드러지게 진솔하고 고백적인 성격을 띠고 있다. 따라서 상당히 믿을 만한 출처로 인정할 수 있다.

59 *Izvestiia TsK KPSS,* no. 9 (1989), pp. 191-216.

60 Ibid., p. 209.

61 *Izvestiia TsK KPSS,* no. 12 (1989), p. 191.

62 Ibid., pp. 189, 191.

63 Ibid., pp. 198-199.

64 V. I. Lenin, *Polnoe sobranie sochinenii,* vol. 45 (Moscow, 1970), p. 345.

65 Ibid., p. 346.

66 펠릭스 에드문도비치 제르진스키(Feliks Edmundovich Dzerzhinsky, 1877-1926)는 러시아 혁명 운동의 정력적인 지도자로 유형지와 감옥과 노동 수용소에서 여러 해를 보냈다. 혁명 이후에는 볼셰비키의 악명 높은 공안 조직인 특별위원회, 즉 체카의 수장이 되었다. 1920년대에는 체카의 수장직을 유지하면서 운수 및 산업 인민위원을 겸하기도 했다. 그는 죽을 때까지 활발히 일하다가 심장마비로 사망했다.

67 V. I. Lenin, *Polnoe sobranie sochinenii,* vol. 54 (Moscow, 1975), p. 329.

68 Ibid., pp. 329-330.

69 Robert C. Tucker, *Stalin as Revolutionary, 1879-1929* (New York, 1973), p. 277.

70 V. I. Lenin, *Polnoe sobranie sochinenii,* vol. 54, p. 330.

71 *Izvestiia TsK KPSS,* no. 9 (1990), p. 151. 강조 표시는 카메네프.

72 Ibid., no. 12 (1989), p. 193.

73 Ibid., no. 9 (1990), pp. 151-152.

74 V. A. Sakharov, *Politicheskoe zaveshchanie Lenina: real'nosti istorii i mify politiki* (Moscow, 2003). 다음 책에 담긴 비판적 논의 또한 참조. "Prodolzhenie sporov vokrug 'Politicheskogo zaveshchaniia' V. I. Lenina. Chetyre vzgliada na odnu knigu," *Otechestvennaia istoriia,* no. 2 (2005), pp. 162-174.

75 Moshe Lewin, *Lenin's Last Struggle* (New York, 1968).

76 V. P. Vilkova (comp.), *RKP(b). Vnutripartiinaia bor'ba v dvadtsatye gody. Dokumenty i materialy. 1923* (Moscow, 2004), p. 129에서 재인용. 강조 표시는 지노비예프.

77 Ibid., pp. 135-136. 강조 표시는 스탈린.

78 1923년 8월 21일 정치국 회의 중 국제 상황에 대한 논의의 속기록. *Istochnik,* no. 5 (1995), pp. 118, 124.

79 Ibid., p. 126.

80 알렉세이 이바노비치 리코프(Aleksei Ivanovich Rykov, 1881-1938)는 유명한 볼셰비키로 레닌 사후에 소련 총리를 역임했다. 경제적 온건파로서 스탈린 편에 가담하여 트로츠키, 지노비예프, 카메네프와 대립했다. 부하린과 더불어 '우익 일탈파'로 규탄 받고 지도부에서 제거되었다. 1937년 체포되어 1938년에 처형당했다.

81 Ibid., p. 126.

82 Vilkova, *RKP(b). Vnutripartiinaia bor'ba,* pp. 147-151.

83 *Trinatsatyi s"ezd PKP(b). Stenograficheskii otchet* (Moscow, 1963), pp. xxi-xxii.

84 RGASPI, f. 558, op. 11, d. 126, l. 68.

85 Yu. Nadtocheev, "'Triumvirat' ili 'semerka'?", in V. V. Zhuravlev (ed.), *Trudnye voprosy istorii* (Moscow, 1991), pp. 68-70.

86 *Izvestiia TsK KPSS,* no. 8 (1991), p. 182.

87 RGASPI, f. 558, op. 11, d. 777, Ⅱ. 27-28.

88 키로프가 오르조니키제에게 보낸 1926년 1월 10일과 16일자 편지. Kvashonkin et al., *Bol'shevistskoe rukovodstvo,* pp. 315, 318.

89 Lih, Naumov, and Khlevniuk, *Stalin's Letters to Molotov,* pp. 115-116.

90 A. G. Egorov (ed.), *KPSS v rezoliutsiiakh i resheniiakh s"ezdov, konferentsii i plenumov TsK,* vol. 4 (Moscow, 1984), pp. 49-50.

91 예를 들어 스탈린이 리코프, 보로실로프, 몰로토프에게 보낸 1927년 9월 20일자 편지 참조. (RGASPI, f. 558, op. 11, d. 797, Ⅱ. 84-85).

92 발레리안 발레리아노비치 오신스키(Valerian Valerianovich Osinsky, 1887-1938)는 고참 볼셰비키로서 다양한 반대파 운동에 참여했으며 한때 트로츠키를 추종하기도 했다. 스탈린에게 이 서한을 보낸 지 얼마 안 되어 중앙통계국장 직위에서 해임되었지만, 그 뒤에도 다양한 경제 기구의 고위직을 지냈다. 대숙청 때 총살되었다.

93 블라디미르 미하일로비치 스미르노프(Vladimir Mikhailovich Smirnov, 1887-

1937)는 고참 당원으로 혁명과 내전에서 활약했고 1920년대에 반대파에 가담했다. 1928년 우랄 지방으로 3년간 유배되었다가 다시 형기가 연장되어 1935년까지 복역한 뒤 곧 다시 체포되었다. 1937년 총살당했다.

94 티모페이 블라디미로비치 사프로노프(Timofei Vladimirovich Sapronov, 1887-1937)는 고참 당원이자 모스크바 볼셰비키 지도자였다. 혁명 뒤에 정부 고위직을 역임했다. 1920년대에 반대파에 가담했다. 1928년 아르한겔스크 지역으로 3년간 유배되었다. 스미노로프처럼 그의 형기도 1935년까지 연장되었고, 1935년에 다시 체포되었으며, 1937년 총살당했다.

95 율리 오시포비치 마르토프(Yuly Osipovich Martov, 1873-1923)는 러시아 사회민주주의 지도자였다. 혁명 경력 초기에 레닌과 협력했지만 1903년 둘의 관계가 깨진 이후로 멘셰비키 당을 이끌었다. 러시아의 혁명 운동에 참여했으나 1917년 볼셰비키의 임시 정부 전복을 비판했다. 그 뒤 볼셰비키와 함께 일해서 볼셰비키 독재를 민주화하려고 시도했다. 1920년에 외국으로 추방되었고 그 후 결핵으로 사망했다.

96 오신스키의 편지와 이에 대한 스탈린의 답장은 RGASPI, f. 558, op. 11, d. 780, ll. 12-14; *Istochnik,* no. 6 (1994), p. 88에 있다.

97 그리고리 야코블레비치 소콜니코프(Grigory Yakovlevich Sokolnikov, 1888-1939)는 고참 당원으로, 시베리아로 유배되었다가 외국으로 탈출하였다. 혁명 이후 최고 지도부의 일원이 되었다. 그의 가장 큰 업적은 1920년대에 도입한 화폐 개혁으로, 이는 소비에트 러시아에 안정적 통화를 공급해 주었다. 반대파에 가담하여 박해 대상이 되었지만 1927년 반대파와의 결별을 선언했고 한동안 여러 정부 고위직을 역임했다. 대숙청 때 총살당했다.

98 스탈린은 1927년 12월 제15차 당 대회 연설에서도 소련에 대한 개입이 준비되고 있다고 언급하며 이를 사라예보 저격 사건에 빗대었다. (I. V. Stalin, *Works,* vol. 10 [Moscow, 1949], pp. 281, 288).

99 RGASPI, f. 558, op. 11, d. 71, ll. 2-4ob.

100 얀 에르네스토비치 루주타크(Yan Ernestovich Rudzutak, 1887-1938)는 고참 볼셰비키로 제정 러시아 감옥에서 여러 해 복역했다. 혁명 이후 당과 정부의 고위직을 역임했고 대숙청 때 총살당했다.

101 RGASPI, f. 558, op. 11, d. 767, ll. 35-39, 45-48, 56-60.

102 미하일 이바노비치 칼리닌(Mikhail Ivanovich Kalinin, 1875-1946)은 고참 볼셰비키로 혁명 직후 소비에트 의회(전연방 집행위원회) 의장으로 임명되었으며 죽을 때까지 명목상의 소련 국가원수 직위에 있었다. 볼셰비키 지도부 중 온건파에 속했지만 권력에 복종했고, 다소 주저하다가 스탈린에게로 지지를 옮겼다. 칼리닌의 아내는 1930년대에 체포되었다가 남편이 사망한 직후에 석방되었다.

103 RGASPI, f. 558, op. 11, d. 767, ll. 35-39, 45-48; d. 71. ll. 11, 13-14.

104 몰로토프가 이 단어를 사용한 것은, 비단 정치국원들뿐만 아니라 당 감찰위원장이며 직위상 정치국원에서 제외되는 오르조니키제 또한 투표에 참여했기 때문이다.

105 RGASPI, f. 558, op. 11, d. 767, ll. 56–60.

106 Lih, Naumov, and Khlevniuk, *Stalin's Letters to Molotov,* p. 139에서 재인용.

107 RGASPI, f. 558, op. 11, d. 1110, l. 181.

 # 독서와 사색의 세계

1 RGASPI, f. 558, op. 11, d. 105, ll. 20-126; d. 117, ll. 1-173.

2 Ibid., op. 11, d. 70, ll. 85-114.

3 B. S. Ilizarov, *Tainaia zhizn' Stalina* (Moscow, 2002), p. 143.

4 M. Ia. *Vaiskopf, Pisatel' Stalin* (Moscow, 2000), pp. 17-22.

5 RGASPI, f. 558, op. 3, dd. 1-392. 스탈린의 친필 메모가 담긴 모든 책을 그의 아카이브에 보관할 것을 지시한 법률 문서(*akt*)가 존재한다. 크레믈 및 다차 서재의 소장 도서 중 스탈린의 친필이 담기지 않은 모든 책은 마르크스레닌주의연구소나 기타 연구소의 도서관에 보관되어 있다. 스탈린이 사망시에 남긴 소장 도서가 제대로 기록 · 보존되었는지 여부는 의문의 여지가 있다. 그의 친필이 담긴 것을 포함하여 일부 책들이 소실되었기 때문이다. 그럼에도 스탈린 아카이브 컬렉션에 소장된 책들은 대표성을 띤 샘플로 여겨진다.

6 전 소련 교통 인민위원 I. V. 코발료프와 역사학자 게오르기 쿠마뇨프의 인터뷰. *Novaia I noveishaia istoriia,* no. 3 (2005), p. 165에서 재인용.

7 R. W. Davies, et al. (eds.), *The Stalin-Kaganovich Correspondence, 1931-1936* (New Haven, London, 2003), p. 381.

8 A. Artizov and O. Naumov (comps.), *Vlast' i khudozhestvennaia intelligentsiia* (Moscow, 1999), pp. 499, 583, 613에서 재인용. 1943년 9월 13일 스탈린이 영화 〈이반 뇌제〉의 각본에 대해 적은 메모; 1946년 8월 9일 조직국 회의에서 스탈린의 발언; 1947년 2월 26일 스탈린이 영화 〈이반 뇌제〉 제작자들과 나눈 대화. Maureen Perrie, *The Cult of Ivan the Terrible in Stalin's Russia* (Basingstoke; New York, 2001)도 참조.

9 B. S. 일리자로프는 한 도서관에서 스탈린의 친필 메모가 적힌 표도르 도스토옙스키의 『카라마조프씨네 형제들』을 발견했다고 주장한다. (Ilizarov, *Tainaia zhizn' Stalina,* p. 411).

10 미하일 아파나시예비치 불가코프(Mikhail Afanasyevich Bulgakov, 1891-1940)는 소설가이자 극작가이다. 그의 일부 초기 희곡이 1920년대에 공연되었지만 이념적 결함이 있다는 가혹한 비판을 받았고, 이후 그의 작품이 점차 금지되면서 생계가 끊겼다. 그의 작품을 좋아한 스탈린이 얼마간 지원을 해 주어, 비록 주요 작품은 금서가 되었어도 약간의 일거리를 받을 수 있었다. 그의 가장 유명한 작품인 『거장과 마르가리타』는 스탈린이 사망하고 여러 해가 지나서야 출판되었다.

11 1936년 4월 14일 고리키가 공산주의 청년 조직 지도자에게 보낸 편지. L. V. Maksimenkov (comp.), *Bol'shaia tsenzura. Pisateli i zhurnalisty v Strane Sovetov. 1917-1956* (Moscow, 2005), p. 413.

12 앞에서도 언급했듯이, 소련 영화 산업의 수장이었던 보리스 슈먀츠키는 1934-1936년 스탈린이 다른 최고 지도자들을 초청하여 주최한 수십 차례의 영화 상영회에 대해 기록을 남겼다. K. M. Anderson et al. (comps.), *Kremlevskii kinoteatr* (Moscow, 2005), pp. 919-1053.

13 1929년 2월 28일 스탈린이 러시아 프롤레타리아작가협회 회원들에게 보낸 편지. Artizov and Naumov, *Vlast' i khudozhestvennaia intelligentsiia,* p. 110.

프세볼로트 예밀리예비치 메이예르홀트(Vsevolod Emilyevich Meyerhold, 1874-1940)는 연극 연출가이자 제작자로서 혁명의 이상을 담은 연극적 실험을 주창했다. 스탈린의 '사회주의 리얼리즘' 교리가 선포된 이후 그의 작품은 비난의 대상이 되었다. 그는 1939년 체포되어 이듬해 총살당했다.

14 드미트리 드미트리예비치 쇼스타코비치(Dmitry Dmitryevich Shostokovich, 1906-1975)는 20세기의 가장 중요한 작곡가 중 한 명으로 여겨진다. 스탈린의 지시로 그는 1936년과 1948년에 '형식주의자'로 낙인 찍혀 공개적으로 비난받았다. 그는 정권을 달래기 위해서 이념적으로 허용되는 '건전한' 작품을 주기적으로 작곡해 내야만 했다.

15 V. A. Nevezhin, *Zastol'ía Iosifa Stalina. Bol'shie kremlevskie priemy 1930-kh – 1970-kh gg.* (Moscow, 2011), pp. 282 – 308.

16 스탈린이 쓴 어색한 러시아어 표현들의 사례는 번역으로 전달하기 힘들다. 예를 들어 M. Ia. Vaiskopf, *Pisatel' Stalin*, p. 23 참조.

17 예를 들어 RGASPI, f. 17, op. 163, d. 471, l. 16; d. 494, l. 14 참조.

18 A. Ostrovskii, *Kto stoial za spinoi Stalina?* (Moscow, 2002), pp. 399, 400-401, 409, 413에서 재인용.

19 Iu. G. Murin, (comp.), *Iosif Stalin v ob"iatiiakh sem'i. Iz lichnogo arkhiva* (Moscow, 1993), pp. 30-31.

20 Ethan Pollock, *Stalin and the Soviet Science Wars* (Princeton, 2006).

3. 스탈린의 혁명

1 RGASPI, f. 558, op. 11, d. 767, l. 76.

2 1928년 1월 19일 스탈린이 참석한 시베리아 변경주 당 지도부 회의록. *Izvestiia TsK KPSS,* no. 5 (1991), pp. 196-199.

3 Ibid., pp. 199-201.

4 1928년 1월 20일 시베리아 변경주 당 지도부 비공개 회의에서 스탈린의 발언.

RGASPI, f. 558, op. 11, d. 118, ll. 23-34; *Izvestiia TsK KPSS*, no. 6 (1991), pp. 203-212.

5 RGASPI, f. 558, op. 11, d. 119, l. 84.

6 Ibid., l. 106; *Izvestiia TsK KPSS*, no. 7 (1991), p. 178.

7 I. I. Ikonnikova and A. P. Ugrovatov, "Stalinskaia repetitsiia nastupleniia na krest'ianstvo," *Voprosy istorii KPSS*, no. 1 (1991), p. 76에서 재인용.

8 미하일 파블로비치 톰스키(Mikhail Pavlovich Tomsky, 1880-1936)는 볼셰비키 당의 고참 멤버이며 혁명 이후 소비에트 노동조합의 지도자였다. 1922년 전연방 노동조합 중앙평의회의 의장이 되었고 국가 최고 지도부에 합류했다. 우파가 스탈린에게 패배한 뒤 낮은 직위로 좌천되었다. 1936년 체포 위협에 직면하여 스스로 목숨을 끊었다.

니콜라이 알렉산드로비치 우글라노프(Nikolai Aleksandrovich Uglanov, 1886-1937)는 볼셰비키 당의 고참 멤버로 혁명 이후 중앙과 지방에서 고위직을 역임했다. 1924년 모스크바 당 조직의 수장으로 임명되면서 권력 상층부에 진입했다. 1928년 스탈린의 음모로 직위에서 해임 · 좌천되고 공개적으로 비난받았다. 대숙청 때 체포 · 총살당했다.

9 RGASPI, f. 85. 이 문서는 최근 '폰트(*fond*, 서고)'에 추가되어 아직 오피스 번호가 부여되지 않았다: d. 2, ll. 1-11, 28-30.

10 A. V. Kvashonkin et al. (comps.), *Bol'shevistskoe rukovodstvo. Perepiska. 1912-1927* (Moscow, 1996), p. 58에서 재인용.

11 부하린과 카메네프의 대화 및 그 대화 내용이 폭로된 정황에 대한 새로운 문헌이 공개되었다. V. P. Danilov and O. V. Khlevniuk et al. (eds.), *Kak lomali nep. Stenogrammy plenumov TsK VKP(b). 1928-1929 gg.*, vol. 4 (Moscow, 2000), pp. 558-567, 685-699 참조.

12 1931년 2월 4일 제1차 전연방 사회주의 산업일꾼 대회에서 스탈린의 연설. I. V. Stalin, *Works*, vol. 13 (Moscow, 1954), p. 43.

13 RGASPI, f. 558, op. 11, d. 145, ll. 43-54.

14 여기서 '농민과의 전쟁'이라는 표현은 Andrea Graziosi, *The Great Soviet Peasnat War: Bolsheviks and Peasants, 1917-1933* (Cambridge, MA, 1996)에서 빌려 온 것이다.

15 V. P. Danilov et al. (eds.), *Tragediia sovetskoi derevni. Kollektivizatsiia i raskulachivanie. 1927-1939*, vol. 2 (Moscow, 2000), pp. 35-78.

16 Ibid., pp.. 75-76, 85-86.

17 Ibid., p. 11.

18 Ibid., pp. 703, 789. 그리고 Lynne Viola, *Peasant Rebels under Stalin: Collectivization and the Culture of Peasant Resistance* (New York; Oxford, 1996)도 참조.

19 1960년대에 V. P. 다닐로프가 이와 관련된 정치국 문서고 자료를 접할 기회를 가졌지만, 아직까지 이 문서들에 대한 역사학자들의 접근은 허락되지 않고 있다. Danilov et al. (eds.), *Tragediia sovetskoi derevni*, vol. 2, p. 833.

20 Ibid., pp. 279, 324. Lynne Viola et al. (eds.) *Riazanskaia derevniia v 1929-1930 gg. Khronika golovokruzheniia* (Moscow, 1998).

21 Danilov et al. (eds.), *Tragediia sovetskoi derevni,* vol. 2, p. 270.

22 Ibid., pp. 303–305.

23 Ibid., p. 804. 1930년 오게페우가 집계한 수치에 따르면 (총 13,800건 중) 1만 건의 소요에 250만 명이 가담했다. 소요 한 건당 평균 245명으로 치면 총 13,800건의 소요에 340만 명이 가담했다는 계산이 나온다. 그러나 오게페우의 수치에 실제 건수가 제대로 반영되지 않았을 가능성을 염두에 두어야 한다.

24 V. Vasil'ev and L. Viola, *Kollektivizatsiia i krest'ianskoe soprotivlenie na Ukraine* (Vinnitsa, 1997), pp. 213–219, 221.

25 RGASPI, f. 85, op. 1c , d. 125, l. 2; Vasil'ev and Viola, *Kollektivizatsiia i krest'ianskoe soprotivlenie,* p. 233.

26 V. N. Zemskov, *Spetsposelentsy v SSSR. 1930-1960* (Moscow, 2003), pp. 16, 20.

27 Lynne Viola, *The Unknown Gulag: The Lost World of Stalin's Special Settlements* (New York, 2007).

28 Robert William Davies, Mark Harrison and S. G. Wheatcroft (eds.), *The Economic Transformation of the Soviet Union. 1913-1945* (Cambridge, 1994), p. 289.

29 스탈린이 1933년 1월 7일 당중앙위원회 총회에서 한 연설, I. V. Stalin, *Works,* vol. 13, pp. 161-217.

30 O. Latsis, "Problema tempov v sotsialisticheskom stroitel'stve," *Kommunist,* no. 18 (1987), p. 83.

31 R. W. Davies and Stephen G. Wheatcroft, *The Years of Hunger: Soviet Agriculture, 1931-1933* (Basingstoke, 2004), pp. 412-415.

32 James C. Scott, *Weapons of the Weak: Everyday Forms of Peasant Resistance* (New Haven, 1985).

33 1932년 스탈린에게 제출된, 곡물 수매에 고정 비율을 도입하자는 제안에 대해서는 N. A. Ivnitskii, *Kollektivizatsiia i raskulachivanie (nachalo 30-kh godov)* (Moscow, 1994), p. 191 참조.

34 1932년 4월 29일 정치국 결의안. RGASPI, f. 17, op. 162, d. 12, l. 115.

35 조달위원회 위원장이 스탈린에게 보낸 1933년 7월 1일자 – 즉 1933년 추수한 곡물이 들어오기 이전의 – 보고서로 판단할 때, 당시 소련의 곡물 보유량은 모든 종류를 합산해서 약 140만 톤이었고 그중 100만 톤 이상이 식용이었다(APRF[러시아연

방 대통령문서보관소], f. 3, op. 40, d. 27, ll. 123, 133). 데이비스와 위트크로프트는 조달위원회 문서 보관소에서 이 수치를 발굴했다(Davies and Wheatcroft, *The Years of Hunger,* p. 229). 당시 러시아 농가 1인당 연간 평균 곡물 소비량은 262킬로그램이었다고 알려져 있다. 이는 당시 국가 보유량이 정상적인 배급량으로 1년간 약 4백만 명, 기준 이하 배급량으로는 그 이상을 먹여 살리기에 충분한 양이었음을 시사한다. 더욱 충격적인 수치는 기근 중에 수출된 곡물 양이다. 정부가 어쩔 수 없이 삭감해야 했음에도 1932년의 곡물 수출량은 여전히 총 180만 톤이었고 1933년 상반기에는 22만 3천 톤이었다(Danilov et al., *Tragediia sovetskoi derevni,* vol. 3, pp. 33-34; Davies and Wheatcroft, *The Years of Hunger,* p. 440).

36 Oleg V. Khlevniuk, *The History of the Gulag from Collectivization to the Great Terror* (New Haven; London, 2004), p. 62; V. N. Zemskov, *Spetsposelentsy v SSSR,* p. 20.

37 북캅카스는 공식적으로 러시아연방에 속해 있었지만, 지리적·경제적·민족적(우크라이나인 인구가 매우 많았으므로)으로는 우크라이나와 이어져 있었다.

38 Davies and Wheatcroft, *The Years of Hunger,* pp. 448-449, 470.

39 Iu. Murin (comp.), *Pisatel' i vozhd'. Perepiska M. A. Sholokhova s I. V. Stalinym. 1931-1950 gody.* (Moscow, 1997), p. 68.

미하일 알렉산드로비치 숄로호프(Mikhail Aleksandrovich Sholokhov, 1905-1984)는 소련 문학의 고전 작가로 일컬어지며 스탈린의 특별한 후원을 누렸다. 그는 성공을 거둔 뒤에도 자신이 나고 자란 러시아 돈 지방의 마을에 계속 눌러 살았는데, 이곳에서 집단화와 숙청의 현실을 직접 목격했다. 그는 스탈린에게 몇 차례 직접 도움을 호소했다.

40 R. W. Davies et al. (eds.), *The Stalin-Kaganovich Correspondence, 1931-36* (New Haven, 2003), pp. 179-181.

41 Hiroaki Kuromiya, *Stalin: Profiles in Power* (London, 2005), pp. 111-112. 역사학자들은 이 기근의 반(反) 우크라이나적 성격과 이를 제노사이드의 사례로 볼 수 있을지를 놓고 계속 논쟁 중이다. 예를 들어 Andrea Graziosi, *Stalinism, Collectivization and the Great Famine* (Ukrainian Studies Fund, 2009) 참조.

42 I. V. Stalin, *Works,* vol. 13, pp. 253-254.

43 여기서 스탈린이 말하는 법률은 1932년 8월 7일에 제정되었다. 집단농장 재산의 절도에 대해 사형 등의 중형을 부과하는 내용이었다.

44 RGASPI, f. 558, op. 11, d. 799, ll. 24-25, 30-31. 이 대화 기록은 1951년에 처음 공개되었다.: I. V. Stalin, *Sochineniia,* vol. 13 (Moscow, 1951), pp. 260-273. 이 발표 원고는 편집을 거친 것이었다. 그리고 농촌의 상황에 대해 언급한 본서의 인용 부분은 삭제되었다.

45 Danilov et al., *Tragediia sovetskoi derevni,* vol. 3, pp. 527-528, 661-665.

46 Murin, *Pisatel' i vozhd',* pp. 28-58에서 재인용

47 Ibid., pp. 68, 145-147.

48 당내의 많은 사람들은 트로츠키의 논설에 대해 알고 있었다. 이는 1933년 1월 당중앙위원회 총회에서 – 비록 '중상비방'이라는 꼬리표가 붙긴 했지만 – 인용되기까지 했다. (RGASPI, f. 17, op. 2, d. 514. vyp. 1, l. 55).

49 Khlevniuk. *The History of the Gulag,* pp. 56, 57-58, 68.

50 RGASPI, f. 558, op. 11, d. 779, l. 47.

51 RGASPI, f. 17, op. 162, d. 15, ll. 154–155. G. M. Adibekov et al. (eds.), *Politbiuro TsK RKP(b)-VKP(b) I Evropa. Resheniia 'osoboi papki'* (Moscow, 2001), pp. 305-306.

52 I. V. Stalin, *Sochineniia,* vol. 13 (Moscow, 1951), p. 252.

53 Davies, Harrison and Wheatcroft, *The Economic Transformation of the Soviet Union,* p. 127.

54 RGASPI., f. 17, op. 2, d. 530. ll. 78-98.

55 Khlevniuk. *The History of the Gulag,* p. 63.

56 Peter H. Solomon, Jr., *Soviet Criminal Justice under Stalin* (New York, 1996), pp. 153-195.

57 APRF, f. 3, op. 58, d. 71, ll. 11–31.

58 RGASPI, f. 17, op. 162, d. 16, ll. 88–89. 그 후 알렉세이 셀랍킨은 비교적 성공한 삶을 살았다. 그는 1937-1938년의 탄압에서 살아남았고, 제2차 세계대전에서 싸워 대령 계급장을 달았다. 심지어 1980년대에는 회고록(A. I. Seliavkin, *V trekh voinakh na bronevikakh i tankakh* [Kharkov, 1981])까지 출간했는데, 이는 그가 소련 사회에서 존경받는 위치에 있었음을 보여 주는 증거이다.

59 Khlevniuk. *The History of the Gulag,* pp. 121-123.

60 RGASPI, f. 17, op. 162, d. 17, l. 31; V. N. Khaustov et al. (comps.), *Lubianka. Stalin i VChK-GPUOGPU-NKVD. Ianvar' 1922 - dekabr' 1936* (Moscow, 2003), p. 566; V. N. Khaustov and L. Samuel'son, *Stalin, NKVD i repressii. 1936-1938* (Moscow, 2009), p. 70.

61 이러한 해석이 널리 퍼진 데는 로이 메드베데프의 저작들이 큰 역할을 했다. 예를 들어 Roy Medvedev, *Let History Judge: The Origin and Consequences of Stalinism* (New York, 1972) 참조.

62 좀 더 자세한 내용은 Khlevniuk, *Master of the House,* pp. 108-116 참조.

63 그 가장 중요한 증거에 대한 검토는 Matthew E. Lenoe, *The Kirov Murder and Soviet History* (New Haven; London, 2010)에서 찾아볼 수 있다. 이 사건에 대한 나의 논의는 이 책의 매우 전문적이고 상세한 연구와 더불어 A. Kirilina, *Neizvestnyi Kirov* (St. Petersburg and Moscow, 2001)에 크게 의지하고 있다.

64 이 주제에 대해 가장 최근에 발표된 연구 중 하나는 고위 관료들에 대한 경호 기관인 연방경호청의 문서보관소 자료를 근거로 집필되었다. S. Deviatov et al., "Gibel'

Kirova. Fakty i versii," *Rodina,* no. 3 (2005), p. 64. 참조.

65 F. Chuev, *Sto sorok besed s Molotovym* (Moscow, 1991), p. 310에서 재인용.

66 *Voprosy istorii,* no. 2 (1995), pp. 16-17에서 재인용.

니콜라이 이바노비치 예조프(Nikolai Ivanovich Yezhov, 1895-1940)는 1935-1938년에 스탈린의 대규모 숙청 및 탄압 계획을 실행하는 데 중추적 역할을 했다. 처음에는 엔카베데 감시를 책임진 당중앙위원회 간사로서 이 캠페인을 감독하다가 1936년 말부터 엔카베데를 직접 책임지게 되었다. 스탈린의 지시 하에, 그는 대숙청의 핵심을 이루는 1937-1938년의 대규모 탄압 작전을 수행했다. 맡겨진 임무 수행이 끝난 뒤 체포·총살되었다.

알렉산드르 바실리예비치 코사레프(Aleksandr Vasilyevich Kosarev, 1903-1939)는 소련 청년 조직인 콤소몰의 수장이었다. 1938년에 체포되어 1939년 총살당했다.

67 A. N. Artizov et al. (comps.), *Reabilitatsiia: Kak eto bylo,* vol. 2 (Moscow, 2003), pp. 546, 548-549 and vol. 3 (Moscow, 2004), pp. 491-492.

68 니콜라예프의 가족들 역시 비극적 운명을 맞았다. 그들 거의 모두가—그의 어머니, 두 누이, 처남, 형수, 그리고 아내 밀라 드라울레와 그녀의 자매, 형부, 심지어 니콜라예프의 이웃까지—총살되거나 혹은 감옥에서 죽었다. (Kirilina, *Neizvestnyi Kirov,* p. 367).

69 겐리흐 그리고리예비치 야고다(Genrikh Grigoryevich Yagoda, 1891-1938)는 1923년 초부터 오게페우의 부부장을, 1934년부터 1936년까지 내무 인민위원(엔카베데 수장)을 지냈다. 1937년에 체포되어 1938년 총살당했다.

70 Artizov et al., *Reabilitatsiia,* vol. 3, pp. 466-467. 니콜라예프는 1924년과 1930년에 권총을 공식 등록했다.

71 Ibid., pp. 490, 499

72 Ibid., p. 493.

73 Kirilina, *Neizvestnyi Kirov,* pp. 344-347; Artizov et al., *Reabilitatsiia,* vol. 3, pp. 494-498.

74 Iu. G. Murin (comp.), *Iosif Stalin v ob"iatiiakh sem'i. Iz lichnogo arkhiva* (Moscow, 1993), p. 168에서 재인용.

75 RGASPI, f. 17, op. 163, d. 1052, l. 152.

76 Ibid., ll. 152, 153. 이 스탈린의 메모 전문은 ibid., f. 71, op. 10, d. 130, ll. 13-15 참조.

77 〈프라우다〉 1935년 12월 2일자.

78 마리야 스바니제의 일기 중에서. Murin, *Iosif Stalin v ob"iatiiakh sem'i,* pp. 173-175에서 재인용.

79 1937년 3월 당중앙위원회 총회 연설. *Voprosy istorii,* no. 3 (1995), p. 14.

80 D. A. Volkogonov, *Triumf i tragediia,* bk. 2, pt. 2, p. 249.

81 *Izvestiia TsK KPSS*, no. 7 (1989), pp. 86–93.

82 아벨 사프로노비치 예누키제(Avel Safronovich Yenukidze, 1877-1937)는 볼셰비키 당의 고참 당원으로, 자캅카지예에서 함께 지하 혁명 운동을 하던 시절부터 스탈린과 친구가 되었다. 혁명 이후에는 소비에트 의회에 해당하는 중앙집행위원회 간사를 지냈다. 그가 맡은 임무 중에는 소련 고위 지도층들에게 물자를 공급하는 일도 있었다. 그는 이 직위에 있을 때 사치스러운 생활을 즐기는 것으로 유명해졌는데, 이는 아마 그가 스탈린의 신임을 잃는 데 한몫했을 것이다. 그는 1935년 조작된 혐의를 근거로 고위직에서 해임되었고 1937년에 총살당했다.

83 Khaustov et al., *Lubianka. Stalin i VChK-GPU-OGPU-NKVD*, pp. 599, 601–612, 618–619, 626–637, 638–650, 663–669.

84 이 두 사람의 관계에 대한 설명은 Oleg V. Khlevniuk, *In Stalin's Shadow: The Career of "Sergo" Ordzhonikidze* (New York, 1995) 참조.

85 미하일 니콜라예비치 투하쳅스키(Mikhail Nikolaevich Tukhachevsky, 1893-1937)는 볼셰비키 내전 영웅으로, 붉은 군대의 고위직을 거친 뒤 클리멘트 보로실로프 국방 인민위원의 대리로 임명되었지만 보로실로프와 자주 부딪쳤다. 스탈린과 다른 많은 소련 군 지도자들은 트로츠키 밑에서 오래 복무한 그가 음모를 꾸밀지도 모른다고 의심했다. 투하쳅스키와 그의 여러 동료 간부들은 조작된 정치적 죄목에 의거하여 총살당했다.

86 Khaustov and Samuel'son, *Stalin, NKVD i represii*, pp. 106-121.

권력 최측근 집단 내의 공포

1 이 부분에 대한 경호원들의 증언은 흐루쇼프의 증언과 완전히 일치한다. Sergei Khrushchev, *Memoirs of Nikita Khrushchev, Volume 2: Reformer* (University Park, PA, 2006), p. 147; Edvard Radzinsky, *Stalin: The First In-Depth Biography Based on Explosive New Documents from Russia's Secret Archives* (New York, 1997), p. 573 참조.

2 Khrushchev, *Memoirs of Nikita Khrushchev*, Volume 2, p. 147.

3 Radzinsky, *Stalin*, p. 573.

4 A. L. Miasnikov, *Ia lechil Stalina* (Moscow, 2011), pp. 302, 304-305.

5 라자르 모이세예비치 카가노비치(Lazar Moiseevich Kaganovich, 1893-1991)는 1930년대에 스탈린의 최측근 중 한 명이었다. 1931년 초부터 당내에서 사실상 스탈린의 대리 역할을 했다. 전쟁 이전에 정치적 영향력이 다소 줄어들어 경제 분야의 직위로 보내졌지만, 스탈린에게 무한한 충성을 바친 덕에 계속 측근의 일원으로 남았다. 1957년 흐루쇼프의 당권 장악에 반대하다가 밀려나 은퇴했다. 그는 거의 백 살까지 살았고 죽을 때까지 완고한 스탈린주의자였다.

6 니콜라이 알렉세예비치 보즈네센스키(Nikolai Alekseevich Voznesensky, 1903-1950)는 러시아혁명 이후 스탈린주의자 당기관원 세대의 일원이었다. 내전 이후에 입당했고, 모스크바의 '붉은 교수단 전문학교'에서 공부한 뒤 몇몇 정부 직위를 거쳤다. 안드레이 즈다노프 바로 밑에서 일했던 것이 그의 경력의 발판이 되었다. 즈다노프가 최고 지도부로 승진하면서 부하들을 내려간 것이다. 그는 또 대량 탄압으로 많은 자리가 공석이 된 덕을 보기도 했다. 그는 1938년 국가계획위원회 의장으로 임명되었고, 1941년에는 인민위원회의 수석 부의장이 되었다. 전후에 국가 최고 지도부의 일원이 되었지만, 1948년 즈다노프가 사망한 뒤 즈다노프의 다른 피후견인들과 더불어 영향력을 잃기 시작했다. 1949년 스탈린이 '레닌그라드 사건'이라는 일련의 조작 사건을 기획하여 보즈네센스키를 체포·총살했다.

알렉세이 알렉산드로비치 쿠즈네초프(Aleksei Aleksandrovich Kuznetsov, 1905-1950) 또한 즈다노프의 후원에 힘입어 두각을 나타낸 인물이었다. 레닌그라드에서 여러 당직을 거친 뒤 전쟁 이후 모스크바로 발령받았고 당중앙위원회 간사로 임명되어 당중앙위원회의 인사를 총괄했다. '레닌그라드 사건'에 연루되어 체포·총살당했다.

7 M. A. Men'shikov, *S vintovkoi i vo frake* (Moscow, 1996), p. 138.

8 이그나티예프가 베리야에게 보낸 1953년 3월 27일자 해명서. N. V. Petrov, *Palachi* (Moscow, 2011), p. 299.

9 K. M. Simonov, *Glazami cheloveka moego pokoleniia* (Moscow, 1990), pp. 341-343.

10 파벨 수도플라토프는 스탈린이 1950년 몰로토프와 미코얀을 감시하기 위한 도청 장치 설치를 지시했다고 주장한다. (Pavel Sudoplatov et al., *Special Tasks: The Memoirs of an Unwanted Witness—A Soviet Spymaster* [New York, 1994], p. 332). 수도플라토프는 도청 시기와 대상을 잘못 알았지만, 소련 공안 기관의 고위 간부였던 그가 스탈린이 이런 지시를 했다고 언급한 것 자체는 사실을 반영한 것일 가능성이 높다.

11 Simonov, *Glazami cheloveka moego pokoleniia,* pp. 160-161. Yoram Gorlizki and Oleg Khlevniuk, *Cold Peace: Stalin and the Soviet Ruling Circle, 1945-1953* (New York, 2004), p. 83에서 재인용.

12 V. G. 트루하놉스키와의 인터뷰. *Novaia i noveishaia istoriia,* no. 6 (1994), pp. 78-79.

13 O. V. Khlevniuk et al. (comps.), *Politbiuro TsK VKP(b) i Sovet Ministrov SSSR. 1945-1953* (Moscow, 2002), p. 399에서 재인용. 또한 Yoram Gorlizki, "Ordinary Stalinism: The Council of Ministers and the Soviet Neo-patrimonial State, 1945-1953," *Journal of Modern History* 74, no. 4 (2002), pp. 723-725도 참조.

14 Khlevniuk et al., op. cit., p. 409.

15 O. V. Khlevniuk et al. (comps.), *Regional'naia politika Khrushcheva. TsK VKP(b) i mestnye partinye komitety. 1953-1964* (Moscow, 2009), p. 161.

16 1951년 초에 소련의 장관 월급은 2만 루블, 차관 월급은 1만 루블이었다(RGANI, f. 5, op. 25, d. 279, l. 17). 중앙과 지방의 기타 고위 관료들은 월급 수천 루블과 추가로 상당한 부수입을 챙겼다. L. V. Maksimenkov (comp.), *Bol'shaia tsenzura. Pisateli i zhurnalisty v Strane Sovetov. 1917-1956* (Moscow, 2005), p. 627에서는 총 수백만 루블의 원고료가 작가들에게 지급되었다고 기술한다. 그에 비해 1950년 농민 가구의 1인당 월 평균 수입은 1백 루블 미만이었다. (V. P. Popov, *Rossiiskaia derevnia posle voiny [iiun' 1945–mart 1953]* [Moscow, 1993], p. 146). 게다가 많은 고위 관료들은 세금을 내지 않았던 반면 일반 주민들의 세금 부담은 꾸준히 늘고 있었다.

17 Khrushchev (ed.), *Memoirs of Nikita Khrushchev,* Volume 2, p. 89에서 재인용.

18 N. Fedorenko, "Nochnye besedy," *Pravda,* 23 October 1988, p. 4.

19 *Izvestiia TsK KPSS,* no. 9 (1990), pp. 113, 118.

4. 테러와 다가오는 전쟁

1 Robert Conquest, *The Great Terror: Stalin's Purges of the 1930s* (New York, 1968). 1927-1938년의 대규모 작전과 관련된 명령문이나 기타 문서들은 영어로 번역되어 출판되었다. (Oleg V. Khlevniuk, *The History of the Gulag from Collectivization to the Great Terror* [New Haven; London, 2004], pp. 140-165를 보라). 이제는 테러가 수행된 메커니즘을 개관한 문헌들이 방대하게 존재한다. 이 주제를 개괄적으로 다룬 영문 저작으로는, J. Arch Getty and Oleg V. Naumov (eds.), *The Road to Terror: Stalin and the Self-Destruction of the Bolsheviks, 1932-1939,* Updated and Abridged Edition (New Haven, 2010); David R. Shearer, *Policing Stalin's Socialism: Repression and Social Order in the Soviet Union, 1924–1953* (New Haven, London, 2009); Paul Hagenloh, *Stalin's Police: Public Order and Mass Repression in the USSR, 1926-1941* (Washington D.C.; Baltimore, 2009) 등이 있다.

2 GARF(러시아연방 국립문서보관소), f. R-9401, op. 1, d. 4157, ll. 201–205. 이 수치는 수많은 출판물에 등장한다. 예를 들어 Khlevniuk, *History of the Gulag,* pp. 165-170, 289-290을 보라.

3 스베르들롭스크 오블라스티의 엔카베데 수장이 보낸 1937년 9월 10일자 전문에 스탈린이 적은 메모. V. N. Khaustov et al. (comps.), *Lubianka. Stalin i Glavnoe upravlenie gosbezopasnosti NKVD. 1937-1938* (Moscow, 2004), pp. 348-351.

4 1937년 9월 13일 (아마도) 예조프에게 내린 지시. ibid., p. 352.

5 '폴란드 첩보 요원 소탕 작전'과 관련하여 예조프가 보낸 1937년 9월 14일자 경과 보고서에 스탈린이 적은 메모. ibid., pp. 352–359.

6 체포자들의 증언에 대한 1938년 4월 30일자 엔카베데 보고서에 스탈린이 적은 지시 사항. ibid., pp. 527–537.

7 고무 산업계 내의 '테러 그룹'에 대한 1938년 9월 2일자 엔카베데 보고서에 스탈린이 적은 지시 사항. ibid., pp. 546–547.

8 N. S. Tarkhova et al. (comps.), *Voennyi sovet pri narodnom komissare oborony SSSR. 1–4 iiunia 1937 g.* (Moscow, 2008), p. 137에서 재인용.

9 V. A. Nevezhin (comp.), *Zastol'nye rechi Stalina. Dokumenty i materialy* (Moscow, 2003), pp. 132-135.

10 로젠골츠는 1937년 10월 7일 체포되었다. V. N. Khaustov and L. Samuel'son, *Stalin, NKVD i repressii. 1936-1936* (Moscow, 2009), pp. 138–139.

11 RGASPI, f. 17, op. 162, d. 20, l. 87.

12 APRF, f. 3, op. 65, d. 223, l. 90. Oleg Khlevniuk, "The Reasons for the 'Great Terror': The Foreign-Political Aspect," in Silvio Pons and Andrea Romano (eds), *Russia in the Age of Wars 1914–1945* (Milan, 2000), pp. 165-166.

13 APRF, f. 3, op. 65, d. 223, l. 142.

14 RGASPI, f. 558, op. 11, d. 772, l. 14.

15 Ibid., l. 88.

16 "Stenogramma zasedanii fevral'sko-martovskogo plenuma 1937 g.," *Voprosy istorii,* no. 3 (1995), pp. 13-14.

17 RGASPI, f. 558, op. 11, d. 203, Ⅱ. 62, 77–78.

18 Tarkhova et al., *Voennyi sovet pri narodnom komissare oborony SSSR,* p. 133.

19 Edward Hallet Carr, *The Comintern and the Spanish Civil War* (London; Basingstoke, 1984), p. 44.

20 RGASPI, f. 17, op. 162, d. 21, l. 157. N. F. Bugai, "Vyselenie sovetskikh koreitsev s Dal'nego Vostoka," *Voprosy istorii,* no. 5 (1994), p. 144.

21 F. Chuev, *Sto sorok besed s Molotovym* (Moscow, 1990), pp. 390, 391, 416.

22 L. M. Kaganovich, *Pamiatnye zapiski* (Moscow, 1996), pp. 549, 558.

23 A. S. Iakovlev, *Tsel' zhizni* (Moscow, 1987), p. 212.

24 (단독범이 아닌) '반혁명 조직'의 적발은 체포된 사람들에게서 자백을 짜내는 과정의 주된 목표 중 하나였다.

25 Khlevniuk, *History of the Gulag,* p. 163.

26 대숙청 기획에서 스탈린이 행한 역할에 대한 상세한 연구가 방대한 문서고 자료를 활용하여 수행되었다. Khaustov and Samuel'son, *Stalin, NKVD i repressii*를 보라.

27 이 수치는 Khaustov et al., *Lubianka. Stalin i Glavnoe upravlenie gosbezopasnosti NKVD*에 실린 예조프의 보고서에 붙은 문서 번호를 근거로 계산한 것이다. 이 출처를 활용할 수 있음을 지적해 준 N. V. 페트로프에게 감사한다.

28 Oleg V. Khlevniuk, *Master of the House: Stalin and His Inner Circle* (New Haven; London, 2008), p. 270.

29 RGASPI, f. 671, op. 1, d. 265, l. 22.

30 *Istoricheskii arkhiv*, no. 1 (1992), pp. 125-128.

31 공업 성장률의 공식 수치는 1936년 28.7퍼센트, 1937년 11.2퍼센트, 1938년 11.8퍼센트였다. 경제학자들은 현대적 방식을 적용했을 경우 이 수치가 각각 10.4퍼센트, 2.3퍼센트, 1.1퍼센트에 해당한다고 계산했다. Robert William Davies, Mark Harrison and S. G. Wheatcroft (eds.), *The Economic Transformation of the Soviet Union, 1913-1945* (Cambridge, 1994), pp. 302-303을 보라.

32 1937-1938년 붉은 군대에서 (공군과 해군을 제외하고) 총 35,000명의 지휘관이 면직되었고, 그중 다수는 체포되었다. 1940년 초까지 그들 중 약 11,000명이 군에 복직했으므로 약 24,000명을 잃은 셈이다. 이 수치를 1935-1937년 사관학교 졸업생 수 — 27,000명을 약간 넘는다 — 와 비교해 보면 그 손실 규모를 가늠할 수 있다 (*Izvestiia TsK KPSS*, no. 1 [1990], pp. 186-189). 면직 · 체포되었다가 복귀한 장교들이 겪은 정서적 트라우마가 임무 수행에 영향을 끼쳤음은 말할 것도 없다. 게다가 자신도 언제든 체포될 수 있다는 공포는 용케 탄압을 피한 이들에게까지 영향을 미쳤다.

33 GARF, R-8131, op. 37, d. 112, l. 16.

34 A. I. Kartunova, "1938-i. Poslednii god zhizni i deitel'nosti marshala V. K. Bliukhera," *Novaia i noveishaia istorii*, no. 1 (2004), p. 175.

35 RGASPI, f. 17, op. 162, d. 24, l. 17.

36 제18차 당 대회 속기록. *XVIII s"ezd Vsesoiuznoi Kommunisticheskoi Partii (b). 10-21 marta 1939 g.* (Moscow, 1939), pp. 12-15.

37 막심 막시모비치 리트비노프(Maksim Maksimovich Litvinov, 1876-1951)는 혁명 훨씬 전, 볼셰비키 당이 형성되기 이전부터 활동한 고참 당원으로서 평생 동안 소련 외무직에 종사했다. 외무 부인민위원과 인민위원을 역임하다가 1930년대 말에 스탈린의 신임을 잃고 해임되었다. 전시에 스탈린은 그가 서방에서 쌓은 친분과 명성을 활용하기로 하고 그를 주미대사로 임명했다. 전쟁이 끝날 무렵에 다시 직위에서 쫓겨나 영영 복귀하지 못했지만, 끝내 체포되지 않고 천수를 누릴 수 있었다.

38 A. I. Mikoian, *Tak bylo* (Moscow, 1999), p. 534. 39. S. Z. Sluch, "Stalin i Gitler, 1933-1941: Raschety i proschety Kremlia," *Otechestvennaia istoriia*, no. 1 (2005), pp. 98-119.

39 S. Z. Sluch, "Stalin i Gitler, 1933-1941: raschety i proschety Kremlia," *Otechestvennaia istoriia*, no. 1(2005), pp. 98-119.

40 RGASPI, f. 17, op. 166, d. 592, l. 107.

41 G. Ia. Rudoi (comp.), *Otkroveniia i priznaniia. Natsistskaia verkhushka o voine "tret'ego reikha" protiv SSSR* (Moscow, 1996), p. 65.

42 V. G. Komplektov et al. (eds.), *Dokumenty vneshnei politiki SSSR, 1939,* vol. 22 (Moscow, 1992); vol. 1, p. 624; vol. 2, p. 585. 이 서신은 스탈린의 개인 아카이브에도 보관되었다. RGASPI, f. 558, op. 11, d. 296, Ⅱ. 1-3.

43 S. Z. Sluch, "Rech' Stalina, kotoroi ne bylo," *Otechestvennaia istoriia,* no. 1 (2004), p. 114. 이 논문에서 슬루치는 이 '문서'의 상세한 내력을 소개하고 이것이 위조임을 설득력 있게 논증했다.

44 G. M. Adibekov et al. (eds.), *Politbiuro TsK PRP (b)-VKP (b) i Komintern. 1919-1943. Dokumenty* (Moscow, 2004), pp. 780-781.

45 Anna M. Cienciala, Natalia S. Lebedeva, Wojciech Materski (eds.), *Katyn: A Crime Without Punishment* (New Haven; London, 2007).

46 Alfred Bilmanis (comp.), *Latvian-Russian Relations. Documents* (Washington D.C., 1944), pp. 196-197.

47 L. E. Reshin et al. (comps.), *1941 god* (Moscow, 1998), vol. 2, pp. 595-596.

48 벨라루스 당중앙위원회 간사 포노마렌코가 스탈린에게 보낸 1939년 11월 13일자 암호 메시지에 스탈린이 적은 메모. RGASPI, f. 558, op. 11, d. 66, l. 13.

49 O. A. Rzheshevskii and O. Vekhviliainen (eds.), *Zimniaia voina 1939-1940* (Moscow, 1999), bk. 1, pp. 324-325.

50 Sergei Khrushchev (ed.), *Memoirs of Nikita Khrushchev, vol. 1: Commissar* (University Park, PA, 2004), p. 266.

51 Khlevniuk, *History of the Gulag,* p. 236.

52 1940년 11월 13일 몰로토프가 히틀러와 폰 리벤트로프와 나눈 소련 측 대화록은 G. E. Mamedov et al. (eds.), *Dokumenty vneshnei politiki* (Moscow, 1998), vol. 23, bk. 2, pt. 1, pp. 63-78에 실렸다.

53 Ibid., pp. 135-137.

54 G. A. *Kumanev, Riadom so Stalinym* (Smolensk, 2001), pp. 463-470.

55 앞의 책에 실린 차다예프의 주장에 따르면, 고스플란 의장 니콜라이 보즈네센스키도 이 회의에 참석했다고 한다. 하지만 그 당시에 보즈네센스키는 아직 정치국원이 아니었다.

56 A. A. Chernobaev (ed.), *Na prieme u Stalina. Tetradi (zhurnaly) zapisei lits, priniatykh I. V. Stalinym (1924-1953 gg.)* (Moscow, 2008), pp. 317-318.

57 알렉산드르 세르게예비치 셰르바코프(Aleksandr Sergeevich Shcherbakov, 1901-1945)는 혁명 이후 세대의 일원으로, 스탈린에 의해 당중앙위원회의 선전 책임자로 임명되었다. 1938년 모스크바 당 조직의 총간사이자 당중앙위원회 간사가 되었다. 그는 심장마비로 요절했다.

58 V. A. 말리셰프가 일기에 기록한, 1941년 1월 17일 회의에서의 스탈린의 발언. *Istochnik,* no. 5 (1997), p. 114.

59 Mikoian, *Tak bylo,* p. 346.

60 RGASPI, f. 558, op. 11, d. 769, Ⅱ. 176-176 ob.

61 *Istoricheskii arkhiv,* no. 5 (1994), p. 222.

62 Yoram Gorlizki and Oleg Khlevniuk, "Stalin and his Circle," in Ronald Grigor Suny (ed.), *The Cambridge History of Russia,* vol. III (Cambridge, 2006), p. 248.

63 실제로 스탈린은 이 리셉션에서 몇 차례에 걸쳐 발언했지만, 여기서는 편의상 한 차례의 연설로 취급했다. 이 자리에서 스탈린이 한 발언의 속기록은 남아 있지 않으나, 몇 명의 목격자들이 그가 기본적으로 같은 내용의 말을 했다고 증언한다. *Nevezhin, Zastol'nye rechi Stalina,* pp. 273-296을 보라.

64 모스크바·레닌그라드 지역 선전원들의 회의에서 스탈린의 연설. *Istoricheskii arkhiv,* no. 5 (1994), p. 13.

65 E. N. Kul'kov and O. A. Rzheshevskii (eds.), *Zimniaia voina 1939-1940* (Moscow, 1999), bk. 2, pp. 281-282.

66 이 주제를 둘러싼 논쟁은 지난 20년 사이에 특히 활발해졌다. 전체적으로 볼 때, 스탈린이 선제공격을 계획 중이었다고 하는 수많은 주장—그중 일부는 정치적 동기가 있는 것으로 보인다—들은 진지하게 주목할 가치가 없지만, 그래도 이 가설 덕분에 흥미로운 증거와 논증을 제시하는 연구들이 많이 쏟아져 나왔다. 일례로 나는 미하일 멜튜호프의 전체 주장에 동의하지는 않지만 그의 연구에서 제시된 통계 자료를 이용한다. M. Mel'tiukhov, *Upushchennyi shans Stalina. Sovetskii Soiuz i bor'ba za Evropu. 1939-1941* (Moscow, 2002) 참조.

67 Mel'tiukhov, *Upushchennyi shans Stalina,* pp. 360, 392-393.

68 Davies, Harrison and Wheatcroft, *The Economic Transformation of the Soviet Union,* p. 321.

69 Mel'tiukhov, *Upushennyi shans Stalina,* pp. 392, 393.

70 E. A. *Osokina, Za fasadom "stalinskogo izobiliia"* (Moscow, 2008), pp. 272-277에서 재인용.

71 *Voenno-istoricheskii zhurnal,* no. 1 (1991), p. 17.

72 1940년 9월에 정부는 이런 죄수들을 굴라크로 보내어 형기를 복역하게 했는데 그 자체가 위법이었다(GARF, f. R-5446, op. 57, d. 79, l. 31). 이 죄수들은 끔찍한 운명을 겪었고, 재판에서 선고받은 짧은 형기를 다 채운 뒤에도 모두가 다 석방된 것은 아니었다.

73 1942년 4월 14일, 기계화총국 간부 중 한 명이었던 니콜라이 비류코프 장군과 스탈린의 대화 중에서. N. Biriukov, *Tanki-frontu. Zapiski sovetskogo generala* (Smolensk, 2005), pp. 143-144.

74 Reshin et al., *1941 god*, pp. 54-55.

75 Mel'tiukov, *Upushchennyi shans Stalina,* p. 246; M. Iu. Mukhin, *Aviapromyshlennost' SSSR v 1921-1941 godakh* (Moscow, 2006), pp. 154-155, 291-299.

76 입수 가능한 전쟁 전야의 소련 정보보고서 전체를 주의 깊게 연구한 데이비드 머피는 소련의 첩보 능력에 상당히 높은 점수를 매긴다. 그러나 그는 소련 정보부 측이 스탈린의 선입견에 첩보를 끼워 맞추기 위해 노력했다고 지적한다. 이와 관련하여 머피는, 1930년대에 영국의 보수당 정부가 나치의 위협을 제대로 평가하지 않으려 했던 것, 이라크에서 대량살상무기를 색출하려 했던 미국 정보부의 근시안, 그 이전의 미국 행정부가 본토에 테러 공격이 임박했다는 단서를 무시한 예 등을 역사적 유사 사례로 들고 있다. David E. Murphy, *What Stalin Knew: The Enigma of Barbarossa* (New Haven; London, 2005), pp. xviii-xix.

77 Reshin et al., *1941 god,* vol. 2, pp. 382-383.

1번 환자

1 Sergei Khrushchev (ed.), *Memoirs of Nikita Khrushchev, vol. 2: Reformer* (University Park, PA, 2006), p. 148

2 A. L. Miasnikov, *Ia lechil Stalina* (Moscow, 2011), pp. 294-295.

3 Ibid., p. 302.

4 B. S. Ilizarov, *Tainaia zhizn' Stalina* (Moscow, 2002), p. 110.

5 RGASPI, f. 558, op. 1, d. 4327, l. 1.

6 Ibid., op. 4, d. 619, Ⅱ. 172, 173.

7 Ilizarov, *Tainaia zhizn' Stalina,* p. 110.

8 1913년 스탈린이 말리놉스키에게 보낸 편지. A. Ostrovskii, *Kto stoial za spinoi Stalina?* (Moscow, 2002), pp. 397-398.

9 Ilizarov, *Tainaia zhizn' Stalina,* p. 110.

10 RGASPI, f. 17, op. 3, d. 154, l. 2.

11 Ibid., d. 303, l. 5.

12 Svetlana Alliluyeva, *Twenty Letters to a Friend* (New York, 1967), p. 33.

13 단 1924년의 경우, 그해 8월에 정치국에서 스탈린에게 2개월의 휴가를 주는 결정을 내리긴 했지만 1924년 스탈린의 남부 여행에 대한 자료는 발견되지 않았다. RGASPI, f. 17, op. 3, d. 459, l. 2.

14 Ilizarov, *Tainaia zhizn' Stalina,* pp. 112-113, 118-119.

15 Lars Lih, Oleg Naumov, and Oleg Khlevniuk (eds.), *Stalin's Letters to Molotov, 1925-1936* (New Haven, 1995), p. 91.

16 RGASPI, f. 558, op. 11, d. 69, ll. 53-54.

17 Lih, Naumov, and Khlevniuk, *Stalin's Letters to Molotov,* p. 113.

18 RGASPI, f. 558, op. 11, d. 69, l. 67ob.

19 Ibid., l. 68.

20 발레딘스키의 회고록 중에서. *Istochnik,* no. 2 (1998), p. 68.

21 Lih, Naumov, and Khlevniuk, *Stalin's Letters to Molotov,* p. 138.

22 *Istochnik,* no. 2 (1998), p. 69.

23 Ibid., p. 69; Ilizarov, *Tainaia zhizn' Stalina,* pp. 112-113.

24 Lih, Naumov, and Khlevniuk, *Stalin's Letters to Molotov,* p. 175에서 재인용.

25 Iu. G. Murin (comp.), *Iosif Stalin v ob"iatiiakh sem'i. Iz lichnogo arkhiva* (Moscow, 1993), p. 32.

26 RGASPI, f. 558, op. 11, d. 728, l. 29.

27 Murin, *Iosif Stalin v ob"iatiiakh sem'i,* p. 37.

28 I. V. Stalin, *Works,* vol. 13, p. 136.

29 O. V. Khlevniuk et al. (comps.), *Stalin i Kaganovich. Perepiska. 1931-1936* (Moscow, 2001), p. 180에서 재인용.

30 S. V. Deviatov et al., *Garazh osobogo naznacheniia.* 1921-2011 (Moscow, 2011), p. 157.

31 1933년 8월 16일과 9월 13일에 스탈린이 예누키제에게 보낸 편지. RGASPI, f. 558, op. 11, d. 728, ll. 38, 40.

32 1933년 9월 7일자 편지. A. V. Kvashonkin et al. (comps.), *Bol'shevistskoe rukovodstvo. Perepiska. 1912-1927* (Moscow, 1996), p. 254에서 재인용.

33 마리야 스바니제의 일기 중에서. Murin, *Iosif Stalin v ob"iatiiakh sem'i,* p.158.

34 A. I. 우가로프에게 보낸 1934년 8월 16일자 편지. A. Kirilina, Neizvestnyi Kirov, p. 141.

35 마리야 스바니제의 일기 중에서. Murin, Iosif Stalin v ob"iatiiakh sem'i, p.183.

36 발레딘스키의 회고록 중에서. *Istochnik*, no. 2 (1998), p. 70.

37 Ibid., p. 70.

38 RGASPI, f. 558, op. 11, d. 377, l. 60.

39 스탈린은 1945년 10월 9일에 모스크바를 떠났다가 12월 17일에 돌아왔다. O. V. Khlevniuk et al. (comps.), *Politbiuro TsK VKP(b) i Sovet Ministrov SSSR. 1945-1953* (Moscow, 2002), p. 398.

40 Ibid., p. 398.

41 Deviatov et al., *Garazh osobogo naznacheniia. 1921-2011*, p. 201.

42 스탈린이 남부의 다차에서 어떻게 생활했는지에 대해서는, 젊어서 스탈린에게 발탁되어 그의 특별한 총애를 누렸던 조지아 당 총간사 아카키 므겔라제의 회고록에서 찾아볼 수 있다. A. I. Mgeladze, *Stalin. Kakim ia ego znal* (n.p., 2001).

43 스탈린의 의료 기록. RGASPI, f. 558, op. 11, d. 1483, Ⅱ. 1-101; Ilizarov, *Tainaia zhizn' Stalina*, pp. 126, 129.

44 M. Dzhilas [Milovan Djilas], *Litso totalitarizma* (Moscow, 1992), p. 60

45 *Istoricheskii arkhiv*, no. 3 (1997), p. 117.

46 Mgeladze, *Stalin*, p. 125.

47 E. Khodzha [Enver Hoxha], *So Stalinym. Vospominaniia* (Tirana, 1984), p. 137에서 재인용.

48 Alliluyeva, *Twenty Letters*, p. 22.

49 Ibid., pp. 206-207.

50 Miasnikov, *Ia lechil Stalina*, p. 302.

51 Alliluyeva, *Twenty Letters*, p. 207.

52 Miasnikov, *Ia lechil Stalina*, pp. 304-305.

53 Chuev, *Sto sorok besed s Molotovym*, p. 324에 공개된 1978년의 대화 기록.

5. 전쟁에서의 스탈린

1 1941년 6월 21일과 22일 스탈린 집무실에서 열린 회의에 대해 여기에 기술한 내용은 다음 문헌들을 근거로 한 것이다. G. K. Zhukov, *Vospominaniia i razmyshleniia* (Moscow, 2002), vol. 1, pp. 260-269; A. I. Mikoian, *Tak bylo. Razmyshleniia o minuvshem* (Moscow, 1999), p. 388; and A. A. Chernobaev (ed.), *Na prieme u Stalina. Tetradi (zhurnaly) zapisei lits, priniatykh I. V. Stalinym (1924-1953 gg.)* (Moscow, 2008), pp. 337-338.

2 세묜 콘스탄티노비치 티모셴코(Semen Konstantinovich Timoshenko, 1895-1970)는 내전 때 제1기병군의 지휘관으로 스탈린 가까이에서 근무했다. 그 뒤로 군에서 성공적인 경력을 쌓았으며, 대 핀란드전이 수렁에 빠지자 보로실로프를 대신하여 국방 인민위원이 되었고 원수로도 승진했다. 그러나 대 독일전에서는 특별한 능력을 입증하지 못하여 뒤로 밀려나야 했다. 전쟁 이후 1960년 은퇴할 때까지 다양한 군관구를 지휘하는 2등 직위에 머물렀다.

게오르기 콘스탄티노비치 주코프(Georgy Konstantinovich Zhukov, 1896-1974)는 내전 때 붉은 군대에서 복무한 후 군에서 경력을 쌓았다. 장교들이 대거 숙청되어 승진 기회가 열린 1930년대에 빠르게 진급했다. 1939년 일본군과의 전투에서 지휘 능력을 입증했다. 전쟁 이전에 참모총장으로 임명되었다. 대조국전쟁은 그의 가장 찬란한 시기였다. 그는 소련의 지도급 원수 중 한 명으로 올라섰고 최고사령관(스탈린)의 대리 역할을 수행했다. 전쟁이 끝난 뒤 스탈린의 눈 밖에 났지만 스탈린 사후에 잠시 권력의 정점으로 복귀하여 1955년부터 1957년까지 국방장관을 지냈다. 그러나 흐루쇼프가 그의 야심을 경계한 탓에 결국 은퇴해야 했다. 그는 흐루쇼프가 권력에서 축출된 이후에야 회고록을 출간할 수 있었는데(1969년에 초판이 나왔다), 비록 심한 검열을 거치긴 했지만 대조국전쟁을 연구하는 역사학자들에게 아직까지도 중요한 사료로 남아 있다. 최근에 출간된 판본에는 검열로 삭제되었던 내용들이 복원되었지만, 원본에 자기 검열이 얼마나 적용되었는지는 알 길이 없다.

3 Zhukov, *Vospominaniia i razmyshleniia,* vol. 1, p. 264.

4 Ibid. P. 264.

5 1956년 5월 스탈린 '개인숭배'에 대한 당중앙위원회 총회에서 연설하기 위해 주코프가 작성한 원고에서 재인용. 이 총회는 결국 열리지 않았다. *Istochnik,* no. 2 (1995), p. 147.

6 Chernobaev, *Na prieme u Stalina,* p. 337.

7 Zhukov, *Vospominaniia i razmyshleniia,* vol. 1, p. 265에서 재인용.

8 L. E. Reshin et al. (comps.), *1941 god* (Moscow, 1998), p. 432에서 재인용.

9 Chernobaev, *Na prieme u Stalina,* p. 337.

레프 자하로비치 메흘리스(Lev Zakharovich Mekhlis, 1889-1953)는 1920년대에 스탈린의 보좌관 중 한 명이었고, 이후 많은 고위직을 역임하며 스탈린의 전적인 신임을 누렸다. 독소전이 터진 이후 스탈린은 메흘리스를 붉은 군대 정치총국의 책임자로 앉혔는데 이는 지휘관들을 정치적으로 통제하는 자리였다. 스탈린은 메흘리스가 전선에서 저지른 실수에 격노했지만 충성스러운 부하에 대한 신임을 거두지는 않았다. 그는 여러 전선에서 많은 고위직을 역임했다. 전후에는 국가감찰부를 책임졌다가 건강 악화로 은퇴했다. 그는 스탈린보다 몇 주 앞서 사망했고, 크레믈벽 묘지에 다른 소련 지도자 및 영웅들과 나란히 안장되었다.

10 Zhukov, *Vospominaniia i razmyshleniia,* vol. 1, p. 265에서 재인용.

11 Reshin et al., *1941 god,* p. 431.

12 몰로토프가 한 연설문의 서로 다른 판본에 대해서는 *Istoricheskii arkhiv,* no. 2 (1995), pp. 34-39를 보라.

13 John Erickson, *The Road to Stalingrad* (London, 2003), p. 177.

14 보리스 미하일로비치 샤포시니코프(Boris Mikhailovich Shaposhnikov, 1882-1945)는 고위직에 오른 뒤에도 스탈린의 신임을 유지한 몇 안 되는 붉은 군대 장교 중 한 명이었다. 독소전 직전 및 초기 단계에 참모총장과 국방 부인민위원을 지냈지만 질병 때문에 사직해야 했다. 그는 베를린 함락을 몇 주 앞두고 사망했다.

15 Reshin et al., *1941 god,* pp. 439-440.

16 Zhukov, *Vospominaniia i razmyshleniia,* vol. 1, p. 268.

17 *Rodina,* no. 4 (2005), p. 4.

18 M. I. Mel'tiukhov, *Upushchennyi shans Stalina. Sovetskii Soiuz i bor'ba za Evropu. 1939-1941* (Moscow, 2002), p. 413.

19 Zhukov, *Vospominaniia i razmyshleniia,* vol. 1, p. 340.

20 *Otechestvennaia istoriia,* no. 2 (2005), p. 7에 실린 차다예프의 회고.

21 세묜 미하일로비치 부됸니(Semen Mikhailovich Budenny, 1883-1973)는 내전 때 제1기병군을 지휘했고 이 시기 스탈린의 지지자였다. 이후에 원수가 되었고 국방 부인민위원 등의 군 고위직을 역임했다.

22 니콜라이 게라시모비치 쿠즈네초프(Nikolai Gerasimovich Kuznetsov, 1902-1974)는 제독이었고 1939년부터 1946년까지 해군 인민위원이자 해군 총사령관이었다. 전후에 신임을 잃고 강등되었다가 1951-1953년에 다시 해군장관으로 복귀했다. 1955년 폭발 사고로 전함을 잃은 뒤 해군 사령관직에서 영영 해임되었다.

23 RGASPI, f. 17, op. 162, d. 36, l. 22; *Izvestiia TsK KPSS,* no. 6 (1990), pp. 196-197.

24 N. G. Kuznetsov, *Nakanune* (Moscow, 1989), p. 327.

25 N. V. Petrov, *Palachi* (Moscow, 2011), pp. 85-93.

26 *Otechestvennye arkhivy,* no. 2 (1995), pp. 29-32; *Izvestiia TsK KPSS,* no. 6 (1990), pp. 208-209, 212-214.

27 I. V. 코발료프와 게오르기 쿠마뇨프의 인터뷰. 전쟁이 터졌을 당시에 코발료프는 국가통제 부인민위원이었고 철도 수송을 책임지고 있었다. *Novaia i noveishaia istoriia,* no. 3 (2005), pp. 149-150.

28 Reshin et al., 1941 god, bk. 2, p. 497; F. Chuev, *Sto sorok besed s Molotovym* (Moscow, 1991), p. 52.

29 주코프는 회고록에서 스탈린이 국방 인민위원부를 두 차례 방문했다고 썼지만(Zhukov, *Vospominaniia i razmyshleniia,* vol. 1, p. 287), 이를 확증하는 다른 출처는 없다.

30 이 미코얀의 회고는 Reshin et al., *1941 god,* pp. 497-498에 실린 것이다.

31 라브렌티 베리야가 1953년 체포된 뒤에 소련 지도부 앞으로 보낸 편지. 출처는 *Istochnik,* no. 4 (1994), p. 7.; 아나스타스 미코얀의 회고. 출처는 Reshin et al., op. cit., pp. 498-499.

32 Reshin et al., op. cit., p. 498.

33 Chuev, *Sto sorok besed s Molotovym,* p. 330.

34 Reshin et al., *1941 god,* bk. 2, pp. 498-499에 실린 아나스타스 미코얀의 회고.

35 이 회고록의 원본은 RGASPI에 소장된 미코얀의 개인 서류들 가운데 있다.

36 Mikoian, *Tak bylo,* p. 391.

37 Iu. A. Gor'kov, *Gosudarstvennyi Komitet Oborony postanovliaet (1941-1945)* (Moscow, 2002), pp. 30-31.

38 *Izvestiia TsK KPSS,* no. 7 (1990), p. 208, and no. 8 (1990), p. 208; RGASPI, f. 17, op. 163, d. 1319, l. 93.

39 전시에 체신 인민위원이었던 이반 페레십킨과 게오르기 쿠마뇨프의 인터뷰. *Otechestvennaia istoriia,* no. 3 (2003), p. 65.

40 이 연설문은 〈프라우다〉 1941년 7월 3일자에 실렸다.

41 1941년 6월 28일 국방 인민위원 스탈린의 명령. V. A. Zolotarev (ed.), *Russkii arkhiv. Velikaia Otechestvennaia. Prikazy narodnogo komissara oborony SSSR. 22 Iunia 1941 g. –1942 g.*, vol. 13 (2-2) (Moscow, 1997), pp. 37-38.

42 G. F. Krivosheev et al., *Velikaia Otechestvennaia bez grifa sekretnosti. Kniga poter'* (Moscow, 2009), pp. 60-61.

43 1941년 7월 26일 스탈린과 서부 방면군 지휘관들의 대화. Zolotarev (ed.), *Russkii arkhiv. Velikaia Otechestvennaia. Stavka VGK. 1941 g.*, vol. 16 (5-1) (Moscow, 1996), pp. 92-93.

44 RGASPI, f. 17, op. 167, d. 60, l. 49.

45 D. A. Volkogonov, *Triumf i tragediia*, vol. 2, pt. 1 (Moscow, 1989), p. 167.

46 Zolotarev, *Russkii arkhiv*, vol. 16 (5-1), p. 361.

47 RGASPI, f. 558, op. 11, d. 492, l. 35; *Izvestiia TsK KPSS*, no. 9 (1990), p. 213.

48 V. N. Khaustov et al. (comps.), *Lubianka. Stalin i NKVD-NKGB-GUKR "Smersh". 1939-1946* (Moscow, 2006), pp. 317-318.

49 스탈린이 수정한 이 명령문의 문구는 *Vestnik arkhiva Preszidenta Rossiiskoi Federatsii. Voina. 1941-1945* (Moscow, 2010), pp. 37-40 참조.

50 Khaustov et al., *Lubianka. Stalin i NKVD-NKGB-GUKR "Smersh"*, pp. 317-318.

51 Reshin et al., *1941 god*, pp. 476-479.

52 *Izvestiia TsK*, no. 7 (1990), p. 209에서 재인용.

53 *Istoricheskii arkhiv*, no. 1 (1993), pp. 45-46.

54 *Novaia i noveishaia istoriia*, no. 3 (2005), pp. 160-161에 실린 I. V. 코발료프와 게오르기 쿠마뇨프의 인터뷰.

55 RGASPI, f. 558, op. 11, d. 235, l. 123.

56 Zhukov, *Vospominaniia i razmyshleniia*, vol. 1, pp. 350-353.

57 Krivosheev et al., *Velikaia Otechestvennaia bez grifa sekretnosti*, p. 84.

58 Zolotarev, Russkii arkhiv, vol. 16 (5-1), pp. 108-109; *Izvestiia TsK*, no. 9 (1990), pp. 199-200에서 재인용.

59 A. M. Vasilevskii, *Delo vsei zhizni* (Moscow, 1978), p. 132.

알렉산드르 미하일로비치 바실렙스키(Aleksandr Mikhailovich Vasilevsky, 1895-1977)는 대조국전쟁의 유명한 소련군 원수 중 한 명으로 참모차장, 그 후에 참모총장을 역임했으며 대일본전 때는 극동에서 소련군을 지휘했다. 전후에 국방장관을 지냈다.

60 Krivosheev et al., *Velikaia Otechestvennaia bez grifa sekretnosti*, p.85.

61 K. Simonov, *Glazami cheloveka moego pokoleniia* (Moscow, 1989), p.361에 실린 주코프와의 인터뷰.

62 Zolotarev, *Russkii arkhiv*, vol. 16 (5-1), p. 175.

63 Simonov, *Glazami cheloveka moego pokoleniia,* pp. 361-363.

64 *Voenno-istoricheskii zhurnal,* no. 1 (1992), p. 77 and no. 6-7, p. 17; ; Zolotarev, *Russkii arkhiv,* vol. 16 (5-1), pp. 378-379.

65 E. A. Golovanov, *Dal'niaia bombardirovochnaia*… (Moscow, 2004), p. 78.

66 *Izvestiia TsK KPSS,* no. 12 (1990), pp. 210-211.

67 *Izvestiia TsK KPSS,* no. 12 (1990), p. 217.

68 Mikoian, *Tak bylo* (Moscow, 1999), p. 417. 미코얀은 이것이 10월 16일이었다고 썼지만, 실제로는 10월 15일 채택된 모스크바 소개령에 대한 논의를 가리키고 있는 것이 확실하다. 이 회의는 분명히 스탈린의 관저에서 열렸다.

69 Simonov, *Glazami cheloveka moego pokoleniia,* p. 446에 실린 알렉산드르 바실렙스키와의 인터뷰.

70 *Istochnik,* no. 5 (1995), p. 152에 실린 1941년 10월 21일자 엔카베데 보고서.

71 M. M. Gorinov et al. (comps.), *Moskva voennaia. 1941-1945. Memuary i arkhivnye dokumenty* (Moscow, 1995), p. 550; *Izvestiia TsK KPSS,* no. 1 (1991), p. 217.

72 Gorinov et al., *Moskva voennaia,* pp. 111, 116-119; Mikoian, *Tak bylo,* pp. 419-420.

73 A. I. Shakhurin, *Krylia pobedy* (Moscow, 1990), pp. 156-157.

74 *Izvestiia TsK KPSS,* no. 1 (1991), pp. 215-216 and no. 4, pp. 210-214. *Istoricheskii arkhiv,* no. 3 (1997), p. 92.

75 S. V. Tochenov, "Volneniia i zabastovki na tekstil'nykh predpriiatiiakh Ivanovskoi oblast osen'iu 1941 goda," *Otechestvennaia istoriia,* no. 3 (2004), pp. 42-47; *Istoricheskii arkhiv,* no. 2 (1994), pp. 111-136.

76 Zhukov, *Vospominaniia i razmyshleniia,* vol. 2, pp. 26-27.

77 *Pravda,* 7 November 1941.

78 S. V. Deviatov et al., *Moskovskii Kreml' v gody Velikoi Otechestvennoi voiny* (Moscow, 2010), p. 87.

79 Ibid., pp. 57-61, 64.

80 〈프라우다〉 1941년 11월 8일자.

81 Deviatov et al., *Moskovskii Kreml',* p. 61.

82 K. M. Anderson et al. (comps.), *Kremlovskii kinoteatr. 1928-1953* (Moscow, 2005), p. 639.

83 Zolotarev (ed.), *Russkii arkhiv. Velikaia Otechestvennaia. Stavka VGK. 1942 g.,* vol. 16 (5-2) (Moscow, 1996), pp. 33-35.

84 R. V. Mazurkevich, "Plany i real'nost'," *Voenno-istoricheskii zhurnal,* no. 2 (1992), pp. 24-25.

85 Vasilevskii, *Delo vsei zhizni,* p. 189.

86 *Istochnik,* no. 5 (1995), p. 41.

87 GARF(미분류 문서). 야코프 차다예프의 회고 중에서.

88 Zolotarev (ed.), *Russkii arkhiv,* vol. 16 (5-2), pp. 236-239.

89 K. Simonov, *Glazami cheloveka moego pokoleniia,* p. 366에 실린 게오르기 주코프의 인터뷰.

90 Vasilevsky, *Delo vsei zhizni,* pp. 195-196.

91 Krivosheev et al., *Velikaia Otechestvennaia bez grifa sekretnosti,* p. 179.

92 Zolotarev, *Russkii arkhiv,* vol. 16 (5-2), pp. 263-264.

93 스탈린은 이 편지를 읽은 뒤 자신의 개인 아카이브에 보관했다. RGASPI, f. 558, op. 11, d. 762, Ⅱ. 6-8.

94 K. K. *Rokossovskii, Soldatskii dolg* (Moscow, 2013), p. 211.

콘스탄틴 콘스탄티노비치 로코솝스키(Konstantin Konstantinovich Rokossovsky, 1896-1968)는 대조국전쟁에서 큰 찬사를 받은 원수였다. 숙청 시기에 체포되어 1937-1940년을 감옥에서 보냈지만 석방되어 전쟁 중에 군과 전선군을 지휘했다. 1949-1956년에 폴란드 국방장관을 지낸 뒤 소련 국방부에서 고위직을 역임했다. 그의 비교적 진솔한 회고록인 『군인의 의무(*Soldatskii dolg*)』는 많은 부분이 삭제된 채로 1968년에 출간되었다. 무삭제판은 1997년에 나왔다.

95 Zolotarev, *Russkii arkhiv,* vol. 16 (5-2), pp. 276-279.

96 O. A. Rzheshevskii, *Stalin i Cherchill'. Vstrechi. Besedy. Diskussii* (Moscow, 2004), pp. 348-383.

97 Krivosheev et al., *Velikaia Otechestvennaia bez grifa sekretnosti,* pp. 60-61.

98 *Rodina,* no. 4 (2005), p. 65.

99 알렉세이 인노켄티예비치 안토노프(Aleksei Innokentievich Antonov, 1896-1962)는 소련군 고위 장교로 전시에 참모차장을 역임했고 스탈린에게 자주 직접 보고했다.

100 Vasilevsky, *Delo vsei zhizni,* p. 311.

101 A. Eremenko, *Gody vozmezdiia* (Moscow, 1986), pp. 36, 38; Dmitri Volkogonov, *Stalin: Triumph and Tragedy* (New York, 1991), p. 481; S. V. Deviatov et al., *Moskovskii Kreml' v gody Velikoi Otechestvennoi voiny* (Moscow, 2010), pp. 184, 186.

102 *Perepiska Predsedatelia Soveta Ministrov SSSR s prezidentami SShA i prem'er-ministrami Velikobritanii vo vremia Velikoi Otechestvennoi voiny 1941-1945 gg.* (Moscow, 1957). 스탈린이 처칠에게 보낸 1943년 8월 9일자 편지(vol. 1, pp. 141-142)와, 루스벨트에게 보낸 1943년 8월 8일자 편지(vol. 2, p. 77).

103 1943년 6월 24일 스탈린이 처칠에게 보낸 편지. 그는 이 편지를 같은 날짜에 참조용으로 루스벨트에게도 보냈다. *Perepiska*, vol. 2, pp. 72-75.

104 S. M. Shtemenko, *General'nyi shtab v gody voiny* (Moscow, 1989), p. 148.

105 Golovanov, *Dal'niaia bombardirovochnaia,* pp. 351-356.

106 RGASPI, f. 558, op. 11, d. 377, l. 61.

107 Gorinov et al., *Moskva voennaia,* pp. 694-695; *Istochnik,* no. 2 (1995), pp. 138-139에서 재인용.

108 *Istoricheskii arkhiv,* no. 1 (1997), pp. 66-68.

109 Zolotarev (ed.), *Russkii arkhiv, Velikaia Otechestvennaia. Stavka VGK. 1944-1945,* vol. 16 (5-4). (Moscow, 1999), p. 12.

110 지리적으로 독일과 소련 사이에 위치한 지역에서 스탈린과 히틀러가 저지른 대량 학살이 주민들에게 끼친 영향에 대한 연구는 Timothy Snyder, *Bloodlands: Europe between Hitler and Stalin* (New York, 2010)을 보라.

111 *Vestnik arkhiva Preszidenta Rossiiskoi Federatsii. Voina. 1941-1945,* pp. 346-348.

112 Khaustov et al., *Lubianka. Stalin i NKVD-NKGB-GUKR "Smersh",* p. 405.

113 Alexander Statiev, "The Nature of Anti-Soviet Armed Resistance, 1942-1944. The North Caucasus, the Kalmyk Autonomous Republic, and Crimea," *Kritika: Explorations in Russian and Eurasian History 6,* no. 2 (Spring 2005), pp. 285-318.

114 V. A. Kozlov and S. V. Mironenko (eds.), *"Osobaia papka" Stalina. Iz materialov Sekretariata NKVD-MVD SSSR. 1944-1953* (Moscow, 1994).

115 GARF, R-9401, op. 2, d. 64, l. 167.

116 Ibid., l. 166.

117 Ibid., l. 165

118 Ibid., d. 66, Ⅱ. 9-10, 40-46.

119 Ibid., l.. 334-340.

120 Ibid., d. 67, l. 319-324; d. 68, Ⅱ. 268-273.

121 N. M. Naimark, *Russians in Germany: A History of the Soviet Zone of Occupation, 1945-1949* (Cambridge, Mass., 1995).

122 Khaustov et al., *Lubianka. Stalin i NKVD-NKGB-GUKR "Smersh",* pp. 502-504.

123 M. Dzhilas [Milovan Djilas], *Litso totalitarizma* (Moscow, 1992), p. 82에서 재인용.

124 스탈린과 루스벨트의 대화록. RGASPI, f. 558. 11, d. 235, l. 8.

125 N. V. Petrov, *Po stsenariiu Stalina: rol' organov NKVD-MGB SSSR v sovetizatsii stran Tsentral'noi i Vostochnoi Evropy. 1945-1953* (Moscow, 2011), pp. 44-52.

126 Zolotarev, *Russkii arkhiv,* vol. 16 (5-3) (Moscow, 1996), p. 185.

127 RGASPI, f. 17, op. 3, d. 1045, l. 55.

128 Zolotarev, *Russkii arkhiv,* vol. 16 (5-2), p. 420.

129 Simonov, *Glazami cheloveka moego pokoleniia,* p. 446에 실린 알렉산드르 바실렙스키의 인터뷰.

130 Vasilevsky, *Delo vsei zhizni,* pp. 496-497.

131 Shtemenko, *General'nyi shtab v gody voiny,* pp. 102-104. Zolotarev (ed.), *Russkii arkhiv, Velikaia Otechestvennaia. General'nyi shtab v gody Velikoi Otechestvennoi voiny. 1941,* vol. 23 (12-1) (Moscow, 1997), pp. 11-12.

132 1965년 4월 2일 코네프 원수가 당중앙위원회 상임위원회에 보낸 메모 중에서. S. M. Shtemenko, *General'nyi shtab v gody voiny, pp. 104, 192; I. S. Konev, Zapiski komanduiushchego frontom* (Moscow, 2000), p. 498.

133 K. Simonov, *Glazami cheloveka moego pokoleniia,* p. 377에 실린 주코프의 인터뷰.

134 Konev, *Zapiski komanduiushchego frontom,* p. 498.

135 Vasilevsky, *Delo vsei zhizni,* p. 497.

136 인민위원회의 사무국의 현안위원회는 1941년 6월부터 1942년 12월까지 존속했다. 인민위원회의 사무국은 1942년 12월부터 1945년 8월까지 정기적으로 회의를 가졌다. 이 기구들이 수립된 배경은 RGASPI, f. 17, op. 163, d. 1326, l. 233; d. 1350, l. 40; d. 1356, Ⅱ. 120-121; d. 1406, l. 27에서 찾아볼 수 있다.

137 Ibid., d. 1356, Ⅱ. 120-121.

138 Ibid., d. 1406, l. 27.

139 1942년 2월 4일자 국방위원회 결의안. RGASPI, f. 644, op. 2, d. 36, Ⅱ. 32-35.

140 Mikoian, *Tak bylo*, p. 465.

141 APRF, f. 3, op. 52, d. 251, l. 93.

142 안드레이 안드레예프는 당중앙위원회 간사이자 정치국원으로, 1943년 12월에 농업 인민위원으로 임명되었다.

143 APRF, f. 3, op. 52, d. 251, l. 93; Mikoian, *Tak bylo,* p. 466.

144 RGASPI, f. 17, op. 163, d. 1420, l. 136.

145 불가닌은 스탈린의 기대에 못 미치는 성과를 낸 보로실로프를 대신하여 국방위원회 위원이 되었다. Ibid., op. 3, d. 1051, l. 44, 46.

146 Zolotarev (ed.), *Russkii arkhiv, Prikazy narodnogo komissara oborony SSSR. 1943-1945 gg.,* vol. 13 (2-3) (Moscow, 1997), p. 332.

147 Ibid., p. 337-338.

148 David Brandenberger, *National Bolshevism: Stalinist Mass Culture and Formation of Modern Russian National Identity, 1931-1956* (Cambridge MA; London, 2002).

149 Chernobaev, *Na prieme u Stalina,* p. 417.

150 러시아정교회문제 위원장 G. G. 카르포프가 스탈린과 정교회 지도자들의 회담에 대해 기록한 내용. GARF, f. R-6991, op. 1, d. 1, Ⅱ. 1-10; M. I. Odintsov, *Russkie patriarkhi XX veka* (Moscow, 1994) pp. 283-291.

151 Rzheshevskii, *Stalin i Cherchill'. Vstrechi. Besedy. Diskussii*, p. 420; Michael Ellman, "Churchill on Stalin: A Note," *Europe-Asia Studies* 58, no 6 (September, 2006), pp. 969-970.

152 GARF, f. R-9401, op. 2, d. 94, Ⅱ. 15-27. *Istoricheskii arkhiv*, no. 5 (1993), pp. 123-128.

153 D. Omel'chuk and S. Iurchenko, "Krymskaia konferentsiia: Neizvestnye stranitsy," *Svododnaia mysl*, no. 2 (2001), pp. 122-123에서 재인용.

154 *Perepiska*,. vol. 2, pp. 204, 205; V. Pechatnov, *Stalin, Ruzvel't, Trumen: SSSR i SShA v 1940-x gg.* (Moscow, 2006), pp. 305-306.

155 Perepiska,. vol. 2, pp. 211, 212; Commission for the Publication of Diplomatic Documents under the Ministry of Foreign Affairs of the U.S.S.R. (comp.), *Correspondence between Stalin, Roosevelt, Truman, Churchill and Atlee during WWII* (Honolulu, 2001), p. 214.

156 베를린 전투 전야에 스탈린이 드와이트 D. 아이젠하워에게 보낸 비밀 전문. *Novaia I noveishaia istoriia*, no. 3 (2000), pp. 180-181.

157 Krivosheev et al., *Velikaia Otechestvennaia bez grifa sekretnosti*, p.171.

158 S. M. Shtemenko, *General'nyi shtab v gody voiny*, p. 265.

159 V. A. Zolotarev and G. N. Sevastíanov (eds.), *Velikaia Otechestvennaia voina. 1941-1945. Voenno-istoricheskie ocherki* (Moscow, 1999), bk 3, p. 279.

160 *Rodina*, no. 4 (2005), p. 99.

가족

1 A. Ostrovskii, *Kto stoial za spinoi Stalina?* (Moscow, 2002), pp. 235-236.

2 이 편지는 스탈린 앞으로 온 서신들의 요약집에 수록되어 그에게 보고되었고, 그 후 발신인의 요청에 대한 지원을 검토하기 위해 불가닌에게 전달되었다. RGASPI, f. 558, op. 11, d. 895, l. 59.

3 Ostrovskii, *Kto stoial za spinoi Stalina?*, p. 249.

4 Ibid., pp. 251-252.

5 Ibid., pp. 308-309, 329, 332-334.

6 Ibid., pp. 340-341.

7 Ibid., pp. 349, 357에서 재인용.

8 *Izvestiia TsK KPSS*, no. 10 (1989), p. 190

9 *Izvestiia TsK KPSS*, no. 8 (1991), p. 150.

10 Iu. G. Murin (comp.), *Iosif Stalin v ob"iatiiakh sem'i. Iz lichnogo arkhiva* (Moscow, 1993), pp.7-8에서 재인용.

11 Ibid., p. 154.

12 Ibid., p. 22.

13 V. A. Nevezhin, *Zastol' a Iosifa Stalina. Bol'shie kremlevskie priemy 1930-kh-1970-kh gg.* (Moscow, 2011), p. 279에서 재인용.

14 "Pis'ma N. S. Alliluevoi Z. G. Ordzhonikidze," *Svobodnaia mysl'*, no. 5 (1993), p. 74.

15 1926년 1월 11일 나데즈다 알릴루예바가 마리야 스바니제에게 보낸 편지. *Murin, Iosif Stalin v ob"iatiiakh sem'i,* p.154.

16 Ibid., pp. 22-40.

17 *Stalin: The Court of the Red Tsar* (London, 2003)의 프롤로그에서 사이먼 시백 몬티피오리는 그날 저녁에 펼쳐졌을 가능성이 있는 시나리오들을 탐색하고 있다.

18 RGASPI, f. 558, op. 11, d. 786, ll. 123-124.

19 마리야 스바니제의 일기. Murin, *Iosif Stalin v ob"iatiiakh sem'i,* p.177.

20 Ibid., pp. 157-158.

21 Svetlana Alliluyeva, *Twenty Letters to a Friend* (New York, 1967), p. 151-152.

22 R. W. Davies et al. (eds.), *The Stalin-Kaganovich Correspondence, 1931-36* (New Haven, 2003), pp. 297, 304에서 재인용.

23 Alliluyeva, *Twenty Letters,* p. 151.

24 바실리와 스탈린의 관계에 대한 논의는 Murin, *Iosif Stalin v ob"iatiiakh sem'i,* pp.54-65, 68-69를 근거로 했다.

25 GARF, f., R-9401, op. 2, d. 93, 11. 276-278; Khaustov et al., *Lubianka. Stalin i NKVD-NKGB-GUKR "Smersh"*, pp. 493-494; Murin, *Iosif Stalin v ob"iatiiakh sem'i,* pp. 92-93.

26 Ibid., pp. 69-89, 96-100.

27 Alliluyeva, *Twenty Letters,* p. 180.

28 Murin, *Iosif Stalin v ob"iatiiakh sem'i,* pp. 91-92에서 재인용.

6. 대원수

1 〈프라우다〉 1945년 5월 25일자.

2 1945년 10월 23일 G. 치데노프가 보낸 편지. RGASPI, f. 558, op. 11, d. 865, l. 6.

3 1946년 2월 16일자 편지. RGASPI, f. 558, op. 11, d. 867, ll. 14-15; E. Iu. Zubkova et al. (comps.), *Sovetskaia zhizn'. 1945-1953* (Moscow, 2003), pp.

612-613.

4 스탈린의 개인 비서인 포스크료비셰프는 이 편지가 발췌된 요약본에 '아카이브'라는 표시를 달아 놓았다. 요약본에 수록된 다른 수많은 편지들은 전부 해당 관료에게 전달하여 처리하도록 했기 때문에 이는 스탈린의 지시에 의한 것임이 분명하다. RGASPI, f. 558, op. 11, d. 867, ll. 1-2.

5 〈프라우다〉 1946년 3월 14일자.

6 G. F. Krivosheev et al., *Velikaia Otechestvennaia bez grifa sekretnosti. Kniga poter'* (Moscow, 2009), p.42. 드미트리 볼코고노프는 스탈린이 1946년 1월에 사망자 1500만 명, 그중 전사하거나 부상으로 죽거나 실종된 병사가 750만 명이라는 수치를 제시했다고 썼지만 그 출처를 밝히지 않았다. Dmitri Volkogonov, *Stalin: Triumph and Tragedy* (New York, 1991), p. 505. 이 정보는 확인이 불가능하다.

7 스탈린이 손수 편집한 이 편지의 원본은 RGASPI, f. 558, op. 11, d. 794, ll. 85-89를 보라. 이 편지는 1947년에 잡지 *Bol'shevik* (no. 3, pp. 6-8)에 실렸다.

8 스탈린이 몰로토프, 베리야, 말렌코프, 미코얀에게 보낸 1945년 11월 10일자 암호 전보. L. V. Maksimenkov (comp.), *Bol'shaia tsenzura. Pisateli i zhurnalisty v Strane Sovetov. 1917-1956* (Moscow, 2005), pp. 556-557.

9 미하일 미하일로비치 조셴코(Mikhail Mikhailovich Zoshchenko, 1895-1958)는 유명한 풍자 작가이자 극작가였다. 1946년에 심한 비판을 받고 글을 발표할 권리를 박탈당했다. 스탈린 사후에 다시 잡지에 기고할 수 있었지만 여전히 차별의 표적이 되었다. 조셴고와 아흐마토바를 비판한 1946년의 결의문은 고르바초프의 페레스트로이카가 시작된 1980년대 말에야 철회되었다.

안나 안드레예브나 아흐마토바(Anna Andreevna Akhmatova, 1889-1966)는 러시아에서 가장 중요한 시인 중 한 명이다. 스탈린 치하에서 지속적인 박해를 받았다. 그녀의 첫 번째 남편은 총살당했고 두 번째 남편은 노동 수용소에서 사망했으며 외동아들도 수용소에서 여러 해를 보냈다. 반스탈린주의 정신이 담긴 수많은 작품들, 그중에서도 연작시 『레퀴엠』이 유명하다.

10 RGASPI, f. 558, op. 11, d. 732, ll. 1–19.

11 Nikolai Krementsov, *Stalinist Science* (Princeton, 1997); V. D. Esakov and E. S. Levina, *Stalinskie "sudy chesti": "Delo KP"* (Moscow, 2005).

12 V. Pechatnov, *Stalin, Ruzvel't, Trumen: SSSR i SShA v 1940-x gg.* (Moscow, 2006), pp. 392-393.

13 RGASPI, f. 558, op. 11, d. 382, l. 45. Pechatnov, *Stalin, Ruzvel't, Trumen*, p. 421.

14 G. Procacci and G. Adibekov et al. (eds.), *The Cominform: Minutes of the Three Conferences, 1947/1948/1949* (Milan, 1994), pp. 225-226.

15 Eugene Zaleski, *Stalinist Planning for Economic Growth, 1933-1952* (Chapel Hill, 1980), pp. 347-348.

16 N. Vert and S. V. Mironenko (eds.), *Istoriia stalinskogo Gulaga. Konets*

1920-x . pervaia polovina 1950-kh godov, vol. 1, *Massovye repressii v SSSR* (Moscow, 2004), p. 610.

17 A. I. Kokurin and N. V. Petrov (comps.), *GULAG. 1917-1960* (Moscow, 2000), pp. 435, 447; V. N. Zemskov, *Spetposelentsy v SSSR, 1930-1960* (Moscow, 2003), p. 225.

18 1953년 초에 소련의 전체 인구는 1억 8,800만 명이었다. V. P. Popov, *Ekonomicheskaia politika Sovetskogo gosudarstva. 1946-1953 gg*. (Moscow, Tambov, 2000), p. 16.

19 V. A. Kozlov and S. V. Mironenko (eds.), *"Osobaia papka" Stalina. Iz materialov Sekretariata NKVD-MVD SSSR. 1944-1953* (Moscow, 1994).

20 E. Iu. Zubkova, *Pribaltika i Kreml'* (Moscow, 2008), p. 256; V. Naumov and Iu. Sigachev (comps.), *Lavrentii Beriia. 1953. Stenogramma iul'skogo plenuma TsK KPSS i drugie dokumenty* (Moscow, 1999), p. 47.

21 RGASPI, f. 558, op. 11, d. 1481, l. 45.

22 RGASPI, f. 558, op. 11, d. 97, Ⅱ. 35-36.

23 Ibid., Ⅱ. 96-99.

24 V.O. Pechatnov, "'The Allies Are Pressing on You to Break Your Will…' Foreign Policy Correspondence between Stalin and Molotov and Other Politburo Members, September 1945-December 1946," Cold War International History Project, Working Paper No. 26 (September 1999).

25 Ibid, p. 2.

26 Ibid, p. 4에서 재인용.

27 O. V. Khlevniuk et al. (comps.), *Politbiuro TsK VKP(b) i Sovet Ministrov SSSR. 1945-1953* (Moscow, 2002), pp. 198-199.

28 RGASPI, f. 558, op. 11, d. 771, Ⅱ. 9-10. 이 인용문은 러시아어 문서에서 중역한 것이다.

29 Khlevniuk et al., *Politbiuro TsK VKP(b) i Sovet Ministrov SSSR. 1945-1953*, pp. 195, 196.

30 RGASPI, f. 558, op. 11, d. 771, l. 11.

31 Ibid., Ⅱ. 7-8.

32 Khlevniuk et al., *Politbiuro TsK VKP(b) i Sovet Ministrov SSSR. 1945-1953*, p. 195. 이 갈등은 V. O. Pechatnov, "The Allies are Pressing on you to Break your Will…," pp. 8-15에도 묘사되어 있다.

33 Khlevniuk et al., *Politbiuro TsK VKP(b) i Sovet Ministrov SSSR. 1945-1953*, pp. 196-197.

34 Ibid., pp. 197-198에서 재인용.

35 Ibid., pp. 198-199.

36 Ibid., p. 200.

37 Ibid., pp. 24-25, 38.

38 프세볼로트 니콜라예비치 메르쿨로프(Vsevolod Nikolaevich Merkulov, 1895-1953)는 베리야의 오랜 보좌역으로, 1938년에 그를 따라 모스크바로 와서 엔카베데 총수 베리야의 제1대리로 임명되었다. 1943년에는 내무 인민위원부(엔카베데)와 따로 독립된 기관으로 창설된 국가보안 인민위원부를 책임졌다. 그는 이 직위에서 불명예 해임된 후에도 고위직을 계속 유지했고 스탈린의 말년에는 국가감찰부 장관을 맡았다. 베리야의 심복으로서 베리야 자신에 이어 1953년 말에 체포되어 총살당했다.

39 빅토르 세묘노비치 아바쿠모프(Viktor Semenovich Abakumov, 1908-1954)는 공안 기관에서 경력을 쌓았고 전시에는 국방 인민위원부에서 스탈린의 대리로 일하며 군사 방첩을 책임졌다. 1946-1951년 국가보안부 장관을 지내다가 1951년에 체포되었다. 그는 스탈린의 사후에도 석방되지 않았고 결국 총살당했다.

40 메르쿨로프의 1953년 7월 23일자 비망록. V. A. Kozlov (ed.), *Neizvestnaia Rossiia XX vek,* vol. 3 (Moscow, 1993), p. 73.

41 RGASPI, f. 558, op. 11, d. 442, Ⅱ. 202-206; V. Naumov et al. (comps.), *Georgii Zhukov. Stenogramma oktiabr'skogo (1957 g.) plenuma TsK KPSS i drugie dokumenty* (Moscow, 2001), pp. 16-17.

42 A. G. Zverev, *Zapiski ministra* (Moscow, 1973), pp. 231-234.

43 Iu. I. Kashin (comp.), *Po stranitsam arkhivnykh fondov Tsentral'nogo banka Rossiiskoi Federatsii,* vol. 3 (Moscow, 2007), pp. 31-32.

44 Popov, *Ekonomicheskaia politika sovetskogo gosudarstva,* pp. 83-88. 1922-1924년 소련 화폐 개혁의 경험과 그 이후의 화폐 유통에 대해 개괄한 즈베레프의 1946년 10월 8일자 중요 메모는 스탈린의 주석이 붙어 *Istochnik*, no. 5 (2001), pp. 21-47에 실렸다. 이 메모는 APRF에 보관되어 있다.

45 A. A. Chernobaev (ed.), *Na prieme u Stalina. Tetradi (zhurnaly) zapisei lits, priniatykh I. V. Stalinym (1924-1953 gg.)* (Moscow, 2008), p. 617.

46 RGASPI, f. 17, op. 163, d. 1506, l. 22.

47 Kashin, *Po stranitsam arkhivnykh fondov Tsentral'nogo banka*, vol. 3, pp. 96-97.

48 E. Iu. Zavadskaia and T. V. Tsarevskaia, "Denezhnaia reforma 1947 goda: reaktsiia naseleniia. Po dokumentam iz 'osobykh papok' Stalina," *Otechestvennaia istoriia,* no. 6 (1997), pp. 135-137.

49 Zubkova et al., *Sovetskaia zhizn'*, pp. 561-564.

50 Ibid., pp. 564-567.

51 Iu. Aksenov and A. Uliukaev, "O prostykh resheniiakh neprostykh problem. Denezhnaia reforma 1947 goda," *Kommunist,* no. 6 (1990), p. 83.

52 Chernobaev, *Na prieme u Stalina,* pp. 495-496.

53 *Istochnik,* no. 5 (2001), p. 51.

54 Zubkova et al., *Sovetskaia zhizn',* p. 529.

55 1947년 12월 14일자 소비에트연방 각료회의 결의안 제3867호: "식품 및 공산품의 1인당 판매 기준에 대하여", GARF, f. R-5446, op. 1, d. 316, ll. 288-289. 이 제한은 1958년까지 적용되었다.

56 Aksenov and Uliukaev, "O prostykh resheniiakh neprostykh problem," pp. 84-85.

57 Julie Hessler, *A Social History of Soviet Trade: Trade Policy, Retail Practices, and Consumption, 1917-1953* (Princeton, 2004), p. 314.

58 Zubkova et al., *Sovetskaia zhizn',* p. 578.

59 RGASPI, f. 17, op. 122, d. 308, l. 183.

60 Ibid., op. 88, d. 900, l. 178.

61 Donald Filtzer, *Soviet Workers and Late Stalinism: Labour and the Restoration of the Stalinist System after World War II* (Cambridge, 2002), pp. 77-116.

62 최근 들어 동유럽의 소련화와 그 과정에서 스탈린의 역할에 대한 수많은 문헌이 출판되었다. 이 문제에 대한 다각적인 연구로는 T. V. Volokitina et al., *Moskva i Vostochnaia Evropa. Stanovlenie politicheskikh rezhimov sovetskogo tipa (1949-1953)* (Moscow, 2008)를 보라.

63 Volokitina et al., *Moskva i Vostochnaia Evropa,* pp. 430-550.

64 더 심층적인 설명은 Yoram Gorlizki and Oleg Khlevniuk, *Cold Peace: Stalin and the Soviet Ruling Circle, 1945-1953* (New York, 2004), pp. 79-89를 보라.

65 Khlevniuk et al., *Politbiuro TsK VKP(b) i Sovet Ministrov SSSR. 1945-1953,* p. 67.

66 '레닌그라드 사건'을 소련 노멘클라투라 내 후견-피후견 관계의 확산 및 강화에 대한 스탈린의 대응으로 해석한 연구로는 Benjamin Tromly, "The Leningrad Affair and Soviet Patronage Politics, 1949-1950," *Europe-Asia Studies 56,* no. 5 (July 2004), pp. 707-729를 보라.

67 F. Chuev, *Sto sorok besed s Molotovym* (Moscow, 1991), p. 475.

68 표결은 '오프로스', 다시 말해 정치국원들이 회의석상에 같이 앉아서 투표하는 것이 아니라 개별적인 원격 투표 방식으로 진행되었다. 정치국 결의의 사무적인 측면을 대부분 맡아서 처리했던 포스크료비셰프가 집계한 기록에 따르면, 스탈린, 불가닌, 보로실로프, 시베르니크, 카가노비치, 미코얀, 안드레예프, 베리야, 말렌코프, 코시긴이 젬추지나를 당에서 축출하는 안에 찬성표를 던졌다. "몰로토프 동무는 기권했다." RGASPI, f. 17, op. 163, d. 1518, l. 162.

69 Ibid., op. 163, d. 1518, l. 164; Khlevniuk et al., *Politbiuro TsK VKP(b) i Sovet Ministrov SSSR. 1945-1953,* p. 313.

70 Joshua Rubenstein and Vladimir P. Naumov (eds.), *Stalin's Secret Pogrom: The Postwar Inquisition of the Jewish Anti-Fascist Committee* (New Haven, 2001).

71 *Vestnik arkhiva Prezidenta Rossiiskoi Federatsii. Voina,* p. 333.

72 고르벤코라는 한 군인이 보낸 1945년 7월 15일자 편지. RGASPI, f. 558, op. 11, d. 863, ll. 79-86.

73 Yuri Slezkine, *The Jewish Century* (Princeton, 2004), p. 297.

74 1949년 3월에 종군기자 S. A. 립시츠가 보낸 편지. RGASPI, f. 558, op. 11, d. 876, l. 15; f. 17, op. 132, d. 118, ll. 1-3.

75 이 회의에 참석했던 각료 중 한 명인 V. A. 말리셰프의 일기 중에서. *Istochnik,* no. 5 (1997), pp. 140-141.

76 이 부분 이후로 마오의 방문과 관련한 문헌 인용은 Sergey Radchenko and David Wolff, "To the Summit via Proxy-Summits: New Evidence from Soviet and Chinese Archives on Mao's Long March to Moscow, 1949," *The Cold War International History Project Bulletin,* no 16. (Spring 2008), pp. 118-129에서 약간의 수정을 거쳐 발췌한 것이다.

77 A. M. Ledovskii, *SSSR i Stalin v sud'bakh Kitaia. Dokumenty i svidetel'stva uchastnika sobytii. 1937-1952* (Moscow, 1999), p. 55.

78 Chen Jian, "The Sino-Soviet Alliance and China's Entry into the Korean War," Cold War International History Project, Working Paper No. 1 (June 1992), p. 19.

79 A. V. Pantsov, *Mao Tzedun* (Moscow, 2007), p. 47.

80 A. V. Pantsov (comp.), *Mao Tzedun. Avtobiografiia. Stikhi.* (Moscow, 2008), p. 166에서 재인용.

81 A. M. Ledovskii, "Stalin, Mao Tzedun i koreiskaia voina 1950-1953," *Novaia i noveishaia istoriia,* no. 5 (2005), p. 106.

82 RGASPI, f. 558, op. 11, d. 329, ll. 10-17; Chen Jian et al. (eds.), "Stalin's Conversations. Talks with Mao Zedong, December 1949-January 1950, and with Zhou Enlai, August-September 1952," *The Cold War International History Project Bulletin,* nos. 6-7 (Winter 1995-1996), pp. 5-7.

83 라코시 마차시의 회고록 중에서. *Istoricheskii arkhiv,* no. 3 (1997), pp. 142-143.

84 Odd Arne Westad, "Fighting for Friendship: Mao, Stalin, and the Sino-Soviet Treaty of 1950," *The Cold War International History Project Bulletin,* nos. 8-9 (Winter. 1996-1997), pp. 227-228; Dieter Heinzig, *The Soviet Union and Communist China 1945-1950: The Arduous Road to the Alliance* (London, 2003), pp. 281-282, 286-289.

85 Ledovskii, *SSSR i Stalin v sud'bakh Kitaia,* p. 143.

86 N. Fedorenko, "Nochnye besedy," *Pravda,* 23 October 1988, p. 4에서 재인용.

87 RGASPI, f. 558, op. 11, d. 329, l. 51.

88 Fedorenko, "Nochnye besedy."

89 소련 핵폭탄 개발 프로젝트에서 스탈린이 수행한 역할에 대한 상세한 검토는 David Holloway, *Stalin and the Bomb: The Soviet Union and Atomic Energy, 1939-1956* (New Haven, 1996)를 보라.

90 1953년 7월 1일에 베리야가 감옥에서 소련 지도부 성원들에게 쓴 편지. V. Naumov and Iu. Sigachev, *Lavrentii Beriia. 1953. Stenogramma iul'skogo plenuma TsK KPSS i drugie dokumenty* (Moscow, 1999), p. 75.

91 A. V. Torkunov, *Zagadochnaia voina: Koreiskii konflikt 1950-1953* (Moscow, 2000), pp. 6-8에서 재인용.

92 Kathryn Weathersby, "To Attack, or Not to Attack? Stalin, Kim Il Sung, and the Prelude to War," *The International History Project Bulletin,* no 5. (Spring 1995), pp. 7-8.

93 Weathersby, "To Attack, or Not to Attack?", p. 9; Chernobaev, *Na prieme u Stalina,* p. 533.

94 K. Vezersbi [Weathersby], "Sovetskie tseli v Koree, 1945-1950 gg.," in M. M. Narinskii (ed.) *Kholodnaia voina. Novye podkhody, novye dokumenty* (Moscow, 1995), p. 316.

95 1950년 1월에 소련은 중국의 새 공산 정부에 대표 자격을 부여할 것을 요구하며 유엔을 보이콧하고 있었다. 소련이 안보리에 부재한 동안에 한국에서 전쟁이 시작된 것은 분명히 스탈린의 불찰이었고, 미국은 이를 십분 활용했다.

96 Kathryn Weathersby (introduction and translations), "New Russian Documents on the Korean War," *The Cold War International History Project Bulletin,* nos. 6-7 (Winter 1995/1996), p. 40에서 재인용.

97 Torkunov, *Zagadochnaia voina,* p. 97에서 재인용.

98 Alexandre Y. Mansourov, "Stalin, Mao, Kim, and China's Decision to Enter the Korean War," *The Cold War International History Project Bulletin,* nos. 6-7 (Winter 1995/1996), p. 118에서 재인용. (대괄호 안에 삽입한 문구는 만수로프의 것이다.)

99 Ledovskii, "Stalin, Mao Tzedun i koreiskaia voina," p. 106.

100 라코시 마차시의 회고록 중에서. *Istoricheskii arkhiv*, nos. 5-6 (1997), pp. 7-8. 이 회의가 열렸다는 사실은 체코슬로바키아 국방장관 알렉세이 체피치카에 의해서도 확인되었다. *Voprosy istorii,* no. 10 (1999), pp. 85-86.

101 Zaleski, *Stalinist Planning for Economic Growth,* pp. 668-669.

102 러시아 국립경제문서보관소(RGAE), f. 4372, op. 11, d. 677, ll. 9-10. 군사 지출 데이터는 스탈린 사후에 설치된 네 개 부처—(이전의 국방부와 해군부를 통합한)

국방부, (이전의 군수부를 기반으로 세워진) 방위산업부, 항공산업부, 중형기계제작부 — 의 것이다. 이 부처들은 군사 지출의 (전부는 아니더라도) 태반을 차지했다.

103 N. S. Simonov, *Voenno-promyshlennyi kompleks SSSR v 1920-1950-e gody* (Moscow, 1996), pp. 210–266.

104 1953년 2월 19일 각료 회의 결의. A. A. Danilov and A. V. Pryzhikov, *Rozhdenie sverkhderzhavy. SSSR v pervye poslevoennye gody* (Moscow, 2001), pp. 92–93.

105 RGASPI, f. 558, op. 11, d. 329, ll. 66; Ledovskii, *SSSR i Stalin v sud'bakh Kitaia*, p. 160.

106 A. I. Kokurin and Iu. N. Morukov, *Stalinskie stroiki GULAGA. 1930-1953* (Moscow, 2005).

107 RGAE, f. 4372, op. 11, d. 282, l. 66.

108 *Narodnoe khoziastvo SSSR. Statisticheskii sbornik* (Moscow, 1956), p. 118.

109 RGASPI, f. 558, op. 11, d. 882, ll. 57–58.

110 1952년 11월 1일자 편지. RGASPI, f. 558, op. 11, d. 903, ll. 42–46.

111 스탈린의 비서관은 날짜가 기재되지 않은 이 편지를 1952년 11월 4일 말렌코프에게 보내어 처리토록 했다. RGASPI, f. 558, op. 11, d. 901, ll. 39–40.

112 Chernobaev, *Na prieme u Stalina*, p. 551; N. Kovaleva et al. (comps.), *Molotov, Malenkov, Kaganovich. 1957. Stenogramma iiun'skogo plenuma Ts KPSS i drugie dokumenty* (Moscow, 1998), pp. 193-194.

113 이 위원회가 한 일과 이 문제에 대해 스탈린이 취한 입장은 Gorlizki and Khlevniuk, *Cold Peace*, pp. 139-140을 보라.

114 A. I. Mikoian, *Tak bylo. Razmyshleniia o minuvshem* (Moscow, 1999), p. 578.

115 RGAE, f. 4372, op. 11, d. 459, ll. 164–170.

116 Kokurin and Petrov, *GULAG. 1917-1960*, pp. 788–791; RGAE, f. 4372, op. 11, d. 677, l. 9.

117 문서고의 목록에는 암호 전문을 보낸 기관이 명시되어 있지 않다. RGASPI, f. 558, op. 11, d. 117, ll. 1-173.

118 이 이야기는 이그나티예프가 1953년 3월 27일에 증언한 내용이다. N. V. Petrov, *Palachi* (Moscow, 2011), p. 307.

119 K. A. Stoliarov, *Palachi i zhertvy* (Moscow, 1998), p. 163.

120 Ibid., pp. 225–226.

121 Ibid., pp. 167–168.

122 Naumov and Sigachev, *Lavrentii Beriia*, pp. 34–35.

123 좀 더 자세한 내용은 Timothy Blauvelt, "Abkhazia: Patronage and Power in the Stalin Era," *Nationalities Papers 35*, no. 2 (2007), pp. 220, 222–223을 보라.

124 Naumov and Sigachev, *Lavrentii Beriia*, pp. 29–40.

125 당명을 흔히 VKP(b)라는 약칭으로 통용되던 전연방공산당(볼)에서 좀 더 단순하게 소비에트연방공산당(KPSS)으로 바꾼 것도 제19차 당 대회 때였다. 이 명칭은 당과 국가가 붕괴된 1991년까지 유지되었다.

126 Mikoian, *Tak bylo,* p. 573.

127 Ibid., pp. 574–576; Chuev, *Sto sorok besed s Molotovym,* p. 469; L. N. Efremov, *Dorogami bor'by i truda* (Stavropol, 1998), pp. 12–16.

128 N. Mukhitdinov, *Reka vremeni. Ot Stalina do Gorbacheva. Vospominaniia* (Moscow, 1995), pp. 88-89.

129 Volokitina et al., *Moskva i Vostochnaia Evropa,* pp. 558-566.

130 1953년 3월 27일 이그나티예프가 베리야에게 보낸 해명서. Petrov, *Palachi,* p. 297.

131 Ibid., pp. 287, 299-300.

132 V. N. Khaustov et al., (comps.) *Lubianka. Stalin i MGB SSSR. Mart 1946–mart 1953* (Moscow, 2007), pp. 522–523에서 재인용.

133 N. V. *Petrov, Pervyi predsedatel' KGB Ivan Serov* (Moscow, 2005), p. 124에서 재인용.

134 1952년 11-12월, 국가보안부 정보부서의 재편을 위한 위원회에서 스탈린의 발언 기록. *Istochnik,* no. 5 (2001), p. 132.

135 이 신문 기사는 스탈린의 편집을 거친 것이었다. RGASPI, f. 558, op. 11, d. 157, ll. 9-14, 29–33; Khlevniuk et al., *Politbiuro TsK VKP(b) i Sovet Ministrov SSSR. 1945-1953,* pp. 392–397.

136 이 유대인 추방 가설을 상세히 고찰한 연구로는 G. V. Kostyrchenko, *Stalin protiv "kosmopolitov". Vlast' i evreiskaia intelligentsiia v SSSR* (Moscow, 2009), pp. 329–380을 보라.

137 B. S. Klein, "Politika SShA i 'delo vrachei,'" *Voprosy istorii,* no. 6 (2006), pp. 35-47.

 # 독재가 무너지다

1 A. A. Chernobaev (ed.), *Na prieme u Stalina. Tetradi (zhurnaly) zapisei lits, priniatykh I. V. Stalinym* (1924-1953 gg.) (Moscow, 2008), p. 553; O. V. Khlevniuk et al. (comps.), *Politbiuro TsK VKP(b) i Sovet Ministrov SSSR. 1945-1953* (Moscow, 2002), p. 436. 스탈린 집무실의 방문일지가 공개되었을 때는 트카초프의 이름이 '톨카초프'로 잘못 기재되어 있었다.

2 Chernobaev, *Na prieme u Stalina,* p. 553; Khlevniuk et al., op. cit., p. 436.

3 A. L. Miasnikov, *Ia lechil Stalina* (Moscow, 2011), p. 295.

4 O. V. Khlevniuk et al., *TsK VKP(b) i Sovet Ministrov SSSR. 1945-1953,* pp.

436-437.

5 N. Kovaleva et al. (comps.), *Molotov, Malenkov, Kaganovich. 1957. Stenogramma iiun'skogo plenuma Ts KPSS i drugie dokumenty* (Moscow, 1998), pp. 42, 45. 이 문서는 말렌코프의 보좌관이 체포됐을 때 파기되었다.

6 이 결정은 1953년 3월 5일 열린 당중앙위원회 총회, 각료회의, 소련 최고회의의 합동회의록에 기록되었다. *Istochnik,* no. 1 (1994), pp. 107-111.

7 K. M. Simonov, *Glazami cheloveka moego pokoleniia* (Moscow, 1990), pp. 257-258.

8 Ibid., p. 260.

9 Svetlana Alliluyeva, *Twenty Letters to a Friend* (New York, 1967), p. 10.

10 Chernobaev, *Na prieme u Stalina,* p. 553.

11 셰필로프의 회고록 중에서. *Voprosy istorii,* no. 3 (1998), p. 15.

12 A. N. Artizov et al. (comps.), *Reabilitatsiia: Kak eto bylo*, vol. 1 (Moscow, 2000), p. 19.

13 V. Naumov and Iu. Sigachev (comps.), *Lavrentii Beriia. 1953. Stenogramma iul'skogo plenuma TsK KPSS i drugie dokumenty* (Moscow, 1999), pp. 28-29.

14 Oleg Khlevniuk, "The Economy of the OGPU, NKVD and MVD of the USSR, 1930-1953: The Scale, Structure and Trends of Development," in Paul R. Gregory and Valery Lazarev (eds.), *The Economics of Forced Labor: The Soviet Gulag* (Stanford, CA, 2003), pp. 54-55.

15 공식 통계에 따르면 1953년 1월 1일과 10월 1일 사이에 젖소 수가 2,430만 두에서 2,600만 두로 늘었고, 그중 1백만 두는 집단·국영 농장 체제 바깥에서 증가했다. 같은 시기 돼지 수는 2,850만 두에서 4,760만 두로 늘었고 증가분 중 1,200만 두는 개인 소유였다. *Narodnoe khoziastvo SSSR,* pp. 119-120. 계절적 변동 가능성을 고려하더라도 이 수치는 의미심장하며, 이는 확실히 세금 경감과 수매가 인상 덕분이었다.

16 Torkunov, *Zagadochnaia voina*, pp. 272-279.

17 이 명령은 주로 다수의 사람들이 동유럽에서 서방으로 망명하는 현실에 대한 대응책이었다. Naumov and Sigachev, *Lavrentii Beriia*, pp. 55-59를 보라.

장례식: 수령, 체제, 그리고 인민

1 1962년 5월 16일 흐루쇼프가 불가리아를 공식 방문했을 때 바르나에서 열린 만찬회에서 발언한 내용. *Istochnik,* no. 6 (2003), p. 130.

2 일군의 시민들이 당중앙위원회와 소련 최고회의에 보낸 1953년 3월 10일자 편지. GARF, f. R-7523, op. 52, d. 18, Ⅱ. 94-95.

3 익명의 시민이 게오르기 말렌코프에게 보낸 1953년 3월 6일자 편지. RGASPI, f. 558, op. 11, d. 1486, l. 157.

4 Ibid., d. 1487, l. 55.

5 Ibid., Ⅱ. 66-71.

6 Kozlov, *Neizvestnaia Rossiia XX vek*, vol. 2, pp. 254-258에서 재인용.

7 V. A. Kozlov and S. V. Mironenko, *58-10. Nadzornye proizvodstva Prokuratury SSSR po delam ob antisovetskoi agitatsii i propagande. Annotirovannyi katalog. Mart 1953-1991* (Moscow, 1999), pp. 13, 21, 23, 32에서 재인용.

8 당시의 사회 분위기와 이를 조성하는 데 활용된 메커니즘, 사회적 적응, 스탈린주의가 형성하고자 한 특정한 사고방식에 대해서는 많은 문헌과 연구들이 나와 있다. 이런 연구들은 저자의 관점과 그들이 강조하고자 하는 현실의 측면에 따라서 다양하다. 예를 들어 Sheila Fitzpatrick, *The Cultural Front: Power and Culture in Revolutionary Russia* (Ithaca, NY, 1992); Stephen Kotkin, *Magnetic Mountain: Stalinism as a Civilization* (Berkeley; Los Angeles, CA, 1995); Sarah Davies, *Popular Opinion in Stalin's Russia: Terror, Propaganda and Dissent, 1934-1941* (Cambridge, UK, 1997); Elena Zubkova, *Russia After the War: Hopes, Illusions, and Disappointments, 1945-1957* (New York, 1998); Sheila Fitzpatrick, *Tear off the Masks! Identity and Imposture in Twentieth-Century Russia* (Princeton, 2005); Jochen Hellbeck, *Revolution on My Mind: Writing a Diary under Stalin* (Cambridge, MA, 2006)을 보라.

9 Yoram Gorlizki, "Political Reform and Local Party Interventions under Khrushchev," in Peter H. Solomon (ed.), *Reforming Justice in Russia, 1864-1996* (New York; London, 1997), pp. 259-260.

10 1945년 5월 스타하노프가 스탈린에게 보낸 편지. RGASPI, f. 558, op. 11, d. 891, l. 128. 그는 전쟁 전에 몰로토프에게도 비슷한 편지를 보냈다. GARF, f. R-5446, op. 82, d. 108, l. 145; d. 120, l. 74를 보라.

11 공식 통계에 따르면 1953년 초에 전체 국민의 40퍼센트 이상이 도시에 거주했다. 그러나 이는 생활수준이 농민에 근접하는 소도시와 읍 단위 주민들이 포함된 수치임을 염두에 두어야 한다.

12 1952년에 소련 전국의 국영·협동조합 매장에서 판매된 육류 22만 3천 톤 중 11만 톤이 모스크바로, 5만 7,400톤이 레닌그라드로 보내졌다. GARF, f. R-5446, op. 87, d. 1162, l. 171.

13 A. I. Mikoian, *Tak bylo. Razmyshleniia o minuvshem* (Moscow, 1999), p. 355.

14 Amir Weiner, *Making Sense of War: The Second World War and the Fate of the Bolshevik Revolution* (Princeton, 2000).

15 Golfo Alexopoulos, *Stalin's Outcasts: Aliens, Citizens, and the Soviet State*

1926–1936 (Ithaca; NY; London, 2003).

16 Lynne Viola, *Peasant Rebels under Stalin: Collectivization and the Culture of Peasant Resistance* (New York; Oxford, 1996); Lynne Viola (ed.), *Contending with Stalinism: Soviet Power and Popular Resistance in the 1930s* (Ithaca, 2002); Jeffrey J. Rossman, *Worker Resistance under Stalin: Class and Revolution on the Shop Floor* (Cambridge, MA; London, 2005).

17 최근에 역사학자들은 이 문제에 대한 귀중한 연구를 여럿 내놓았다. 예를 들어 Sheila Fitzpatrick, *Everyday Stalinism: Ordinary Life in Extraordinary Times: Soviet Russia in the 1930s* (New York, 1999); Elena Osokina, *Our Daily Bread: Socialist Distribution and the Art of Survival in Stalin's Russia, 1927-1941* (New York; London, 2001); Donald Filtzer, *The Hazards of Urban Life in Late Stalinist Russia: Health, Hygiene, and Living Standards, 1943-1953* (Cambridge, 2010)를 보라.

18 이 수치는 E. Iu. Zubkova et al. (comps.), *Sovetskaia zhizn'. 1945-1953* (Moscow, 2003), pp. 102–103; Khlevniuk et al., *Politbiuro TsK VKP(b) i Sovet Ministrov SSSR. 1945-1953,* pp. 388–389를 근거로 하여 계산한 것이다. 비교를 위해 제시한 수감자들의 급식 기준은 Kokurin and Petrov, *GULAG. 1917-1960,* pp. 543–551을 보라.

19 이 편지는 말렌코프에게 전달되었다. RGASPI, f. 558, op. 11, d. 901, l. 37.

20 Zubkova et al., *Sovetskaia zhizn',* p. 107.

21 Ibid., p. 263.

22 국영 · 민영 도시 주택 통계는 RGAE, f. 1562, op. 41, d. 56, Ⅱ. 30–33을, 1953년 초의 도시 인구 통계는 V. P. Popov, *Ekonomicheskaia politika Sovetskogo gosudarstva. 1946-1953 gg.* (Moscow; Tambov, 2000), p. 16을 참조했다.

23 RGAE, f. 1562, op. 41, d. 56, Ⅱ. 30–33. 이 공공 소유의 주거용 건물 중에는 지방 정부 평의회(소비에트) 및 기관에 소속된 최고급 주택들이 포함되어 있다. 하지만 도시 주택의 상당 비율은 민간 소유였고, 그런 건물들은 훨씬 더 상태가 나빴다.

24 Zubkova et al., *Sovetskaia zhizn',* p. 179.

25 N. Vert and S. V. Mironenko (eds.), *Istoriia stalinskogo Gulaga. Konets 1920-x–pervaia polovina 1950-kh godov,* vol. 1, *Massovye repressii v SSSR* (Moscow, 2004), pp. 623-624.

26 B. V. Zhiromskaia, I. N. Kiselev, and Iu. A. Poliakov, *Polveka pod grifom "sekretno": Vsesoiuznaia perepis' naseleniia 1937 goda* (Moscow 1996), pp. 98, 100.

27 Terry Martin, *The Affirmative Action Empire: Nations and Nationalism in the Soviet Union, 1923-1939* (Ithaca; NY; London, 2001).

28 이와 관련하여 최근에 나온 한 연구로는 Timothy Snyder, *Bloodlands: Europe*

Between Hitler and Stalin (New York, 2010)이 있다.

29 스탈린 통치 말기의 민족 간 갈등을 묘사한 문헌과 서신들은 L. P. Kosheleva et al. (comps.), *Sovetskaia natsional'naia politika. Ideologiia i praktiki realizatsii* (Moscow, 2013)를 보라.

30 Geoffrey Hosking, *Rulers and Victims: The Russians in the Soviet Union* (Cambridge, MA; London, 2006).

31 E. Khodzha [Enver Hoxha], *So Stalinym. Vospominaniia* (Tirana, 1984), p. 90.

32 RGASPI, f. 558, op. 11, d. 1479, Ⅱ. 14-18.

33 A. Berelovich and V. Danilov (eds.), *Sovetskaia derevnia glazami VChK-OGPU-NKVD: 1918-1939 gg.: Dokumenty i materialy v 4 tomakh* (Moscow, 1998-2005); G. N. Sevost'ianov et al. (eds.), *"Sovershenno sekretno": Lubianka–Stalinu o polozhenii v strane (1922-1934)* (Moscow, 2001-2008), vols. 1-8.

34 GARF, f. R-9401, op. 12, d. 100, Ⅱ. 91-92.

35 1939년 '특별부'가 재편되면서 스탈린 앞으로 발송된 편지를 읽을 15명의 상근 직원을 둔다는 규정이 생겼다. 이 편지들을 직접 읽고 분류하는 일이 그들의 직무였다(APRF, f. 3, op. 22, d. 65, l. 37). 직원 한 사람이 편지 한 통을 읽는데 평균 10분이 걸렸다고 가정하면, 15명이 일일 8시간씩 근무하면서 하루에 720통, 1년이면 약 26만 통을 읽을 수 있었을 것이다. 아마 실제 숫자는 이보다 훨씬 더 많았을 것이다. 특히 많은 편지들은 길이가 짧았으므로 숙련된 직원들은 더 빠른 속도로 편지를 처리했을 것이다. 게다가 이 기관은 교대제로 운영되어 사실상 24시간 내내 업무가 이루어졌고 근무 시간도 엄격히 8시간으로 제한되지 않았다.

36 APRF, F. 3, op. 22, d. 65, l. 51. 특별부 제5과에서는 스탈린의 서재를 관리하는 일도 했다.

37 1945-1953년에 특별부의 간부들이 검토한 편지들은 문서고에 보관되어 있다. RGASPI, f. 558, op. 11, dd. 888-904.

38 스탈린에게 제출하기 위해 선별된 서신철에는 "스탈린 동무 앞으로 수신된 서신 및 청원"이라는 제목의 일람표가 첨부되었다. 이 일람표에는 스탈린에게 온 편지들 이외에 다른 소련 지도자들에게 검토용으로 전달된 편지들의 목록도 포함되어 있었다. 이는 스탈린이 직접 읽을 필요는 없지만 그런 편지가 있다는 건 알아두어야 한다고 판단되는 것들이었다. 스탈린의 개인 아카이브에는 1945-1952년에 보고된 이 편지들의 비교적 충실한 목록이 보관되어 있다(그가 남부에서 휴가 중일 때 수신된 편지들의 목록은 빠져 있다). RGASPI, f. 558, op. 11, dd. 862-882.

39 Jan Plamper, *The Stalin Cult: A Study in the Alchemy of Power* (New Haven, 2012).

찾아보기

ㄱ

• 강제 이주 86, 278, 285, 304, 433, 518, 537, 543
• 개인 텃밭 206, 224-225, 243
• 검열 19, 180, 459-460, 538, 564, 591
• 겨울전쟁 303, 305, 317, 323
• 경제 36, 127, 155, 164-165, 188-191, 194, 199, 201-204, 206-207, 216-217, 225-226, 243, 249, 273, 275, 285, 299, 311-313, 319-321, 324-325, 358, 408, 420, 445, 453-454, 465, 469, 471, 473-474, 484, 500, 502-503, 508, 530, 541, 549
☞ 농업, 기근, 산업화, 신경제경책(NEP)
• 경호총국 79, 82-83, 583
• 계급 전쟁 37, 200-201, 205
• 고르바초프, M.(Gorbachev, M.) 332-333
• 고리 40-41, 43-44, 48-49, 60
• 고리 교회 학교 46-47, 49
• 고리키, 막심(Gorky, Maxim) 179-180, 575
• 고무우카, 브와디스와프(Gomulka, Wladyslaw) 475
• 고문 85, 88, 90, 216-217, 249-250, 270
~ 금지 529
• 곡물 보유량 595
• 곡물 징발[징수] 190, 193-194, 200, 204, 217-218, 222, 224, 411
• 골로바노프, 알렉산드르(Golovanov, Aleksandr) 368, 392-393
• 공군 323, 325, 368, 375, 392-393, 442, 481, 500
• 공안 기관 27, 88-90, 159, 171, 258, 315, 479-480, 529-530, 538, 549, 584, 600, 620
☞ 엔카베데, 체카, 체키스트
• 괴벨스, 요제프(Goebbels, Joseph) 18
• 구로미야 히로아키(Kuromiya Hiroaki) 23, 218
• 국민당 168, 270, 483, 486
• 국방위원회 15, 351, 355, 357-358, 363, 369
• 국제연맹 223, 303
• 군비 증강 320, 498, 500-501
• 군수 산업 319-320, 498-499
• 군수 생산 302-319
• 굴라크[수용소] 13, 83, 85-86, 116, 166, 206, 212, 216, 222, 217, 257, 268-269, 281-282, 285, 319, 322, 394, 396, 399, 448, 455, 529-530, 538, 543-544, 546, 550-551, 574, 576-577, 605
• 그리드네바, Ye. G.(Gridneva, Ye. G.) 538
• 극동 223, 273-274, 278, 287-288, 416, 421, 500, 502, 518, 611
• 근처 다차[블리즈나야] 25, 29-31, 77-78, 82, 173, 253, 327, 331, 423-434
• 기근 30, 36, 86, 110, 128, 213-220, 223, 225-226, 320, 336, 433, 445, 453
1920-1921년의 ~ 110
1932-1933년의 ~ 36, 86, 214, 217,

226
1936년의 ~ 225
전후의 ~ 445
우크라이나의 ~ 216-217
• 김일성 494-498

ㄴ

• 나자레탄, 아마야크(Nazaretian, Amaiak) 130-132
• 나치 223, 289, 291-294, 296-298, 302, 305, 318-319, 324, 337, 349, 352, 364, 372, 383-384, 388, 390-391, 396, 402, 413-415, 417, 419, 445, 449, 474, 481, 500, 542, 606
~의 정권 장악 223
~에 대한 유화 정책 273, 294
~와 뮌헨 협정 289, 294
전전 스탈린의 ~와의 친선 노력 290-293, 305, 337
전전 ~에 대한 스탈린의 태도 291-292, 318
~와 소련의 불가침 조약 292, 299, 337
~의 폴란드 침공 298
~와 핀란드 305
~와 삼국 동맹 305
전전 스탈린의 ~ 침공 의도 318
~의 군사력 323-324
~의 소련 침공 303, 306, 308, 344
~의 전후 처리[독일의 운명] 416
~의 항복 385, 417, 419
~ 부역자 279, 396, 399
☞ 독일, 독일군
• 나토 475, 499
• 나히모프, 파벨(Nakhimov, Pavel) 411
• 내전 94, 98, 100, 105, 190-110, 112-113, 119, 122, 126-128, 135, 151, 164, 181, 196, 202, 227, 247, 273-274, 279, 288, 302, 330-331, 372, 375, 449, 483, 542, 578, 580, 583-585, 591, 599-600, 608, 610
• 냉전 179, 416, 452, 484, 556
• 넵스키, 알렉산드르(Nevsky, Aleksandr) 411
• 노동 수용소 83, 85-86, 116, 166, 216, 227, 281-282, 448, 546, 589, 618
• 노동 조건 546
• 노동자·농민 감찰단 128
• 노르웨이 305, 457
• 노멘클라투라 84, 248-251, 262-263, 268, 279, 282, 478, 526
• 노예근성
• 농민
화폐 개혁이 ~에게 끼친 영향 471, 541
~에 대한 세금 507, 530
~의 봉기 543
~의 생활 수준 545
~과의 전쟁 203, 594
~에 대한 양보[농민에 대한 사소하지만] 224
☞ 농업, 쿨라크
• 농업 101-111, 188-189, 203, 206, 212, 214, 224-225, 384, 411, 445, 465, 470, 502-503, 506-507, 530, 544, 546
스탈린 사망 이후의 ~ 개혁 507
☞ 농민, 집단화, 곡물 보유량, 곡물 징발[징수], 축산업 생산, 신경제정책(NEP), 개인 텃밭
• 〈뉴욕타임스〉 459-460
• 니콜라예프, 레오니트(Nikolaev, Leonid) 231-238, 240, 598
• 니콜라엡스키, 보리스(Nicolaevsky, Boris) 59, 65, 581

• 니콜라이 2세(Nicholas II) 92

ㄷ

• 다닐로프, V. P.(Danilov, V. P.) 23, 577
• 다차 16-17, 25, 29-33, 77, 78-79, 82-83, 159, 173, 253, 255, 258, 262, 264, 308, 328, 331, 335-341, 353-357, 388, 400, 406, 408, 423-424, 429-430, 434-435, 437, 439, 452, 510, 519, 522, 525, 578, 583, 592, 607
• 달라디에, 에두아르(Daladier, Édouard) 289
• 당중앙위원회 16, 69, 80, 82, 84, 89, 99, 104, 108, 111, 113, 124, 129, 131, 137, 147, 150-151, 153-154, 156-157, 159-160, 168, 171, 182, 196, 205, 209-210, 225, 229, 246, 249, 254, 258, 261-262, 275, 278-279, 311, 313-315, 320, 328, 353, 370, 451, 462, 464, 472, 476, 479, 485, 486, 505-506, 508, 513-515, 517, 523, 525-528, 552, 576-577, 579, 584, 586, 595, 598, 600, 604, 609, 615, 626-627
  ~ 간사국 147, 150, 314, 576
  ~ 상임위원회 318, 517, 523, 525, 527-528, 615
  ~ 상임위원회 사무국 328, 523
  ~ 특별부 552
  1937년 2~3월 ~ 총회 249, 275
  스탈린의 ~ 재편 311
• 대숙청(Great Terror) 44, 88, 179, 230, 240, 250, 268, 270-272, 276, 280, 282, 284-286, 309-310, 337, 410, 438, 543, 576-577, 590-591, 598, 602
☞ 테러
• 대약진 정책(Great Leap policy) 201, 203, 213-215, 228, 488
• 대조국전쟁 464
☞ 동부 전선, 독소전, 제2차 대전
• "대회에 보내는 서한"(글) 139
• 데이키나, V. F.(Deikina, V. F.) 504-505
• 〈데일리 헤럴드〉 459
• 도시 주민[도시민] 226, 541-542
• 독소 불가침 조약 292
• 독소전 301, 591
☞ 제2차 대전, 대조국전쟁
• 독일 50, 102, 105, 110, 148-150, 183, 223, 269, 271-279, 287, 289-300, 303-308, 318-319, 323-325, 344-350, 352, 359-360, 362-369, 372-376, 383-384, 387, 391, 394-396, 400-404, 412-413, 416-421, 441-442, 447-448, 450, 453, 475, 482-483, 530, 578, 580, 608, 614
  레닌과 ~ 정부의 협상 97
  볼셰비키와 ~의 강화 조약 149
  ~에서의 혁명 149
  스탈린과 ~어 183
☞ 나치
• 독일군 113, 273, 318, 344-345, 349-350, 352, 359, 362-369, 372-377, 379-385, 387-388, 390-391, 394-396, 401, 404-405, 410, 412-413, 418, 439, 447-449
☞ 베르마흐트
• 동부 전선 384, 394, 417
☞ 독소 전선, 제2차 대전, 대조국전쟁
• 동유럽 292, 395, 453-454, 474, 499, 530, 621
  ~의 분할 292

~의 소련화 453, 603
~의 반공 감정 453
• 동청철도 270
• 두레이코, N. M.(Dureiko, N. M.) 238
• 드라울레, 밀다(Draule, Milda) 233-234, 598
• 디미트로프, 게오르기(Dimitrov, Georgy) 300

ㄹ

• 라셰비치, 미하일(Lashevich, Mikhail) 159
• 라이크, 라슬로(Rajk, Laszlo) 476
• 라진, Ye. A.(Razin, Ye. A.) 449-450
• 라진스키, 에드바르트(Radzinsky, Edvard) 11
• 라코바, 네스토르(Lakoba, Nestor) 335
• 라트비아 269, 293, 300, 302, 304
☞ 발트 3국
• 러시아 연방 136
• 러시아 정교 411-412
• 러시아연방대통령문서보관소(APRF) 18, 550, 557
• 러시아화 정책 547
• 러일전쟁 270, 486
• 레닌, 블라디미르 일리치(Lenin, Vladimir Ilyich) 27, 36-37, 62, 64-66, 69-70, 76, 80, 84, 88, 91-93, 95-109, 111, 116-121, 123-125, 127-129, 131-148, 151-152, 154-155, 157, 162-164, 171, 176-177, 184, 191, 209, 219, 230, 245, 264, 287, 314, 353-354, 375, 411, 428, 439, 449, 452, 517, 522, 528, 536, 578-580, 582-583, 585-587, 590-591
~과 독일 정부의 협상 97
-의 혁명 구상 97
~과 트로츠키의 관계 107
~과 스탈린의 관계 99
스탈린이 ~에게서 받은 영향[그는 레닌의 과단성과] 109
~의 리더십[레닌은 다른 종류의 리더였다] 98
소비에트-폴란드 전쟁과 ~ 120
~의 권력 투쟁[레닌의 최후의 투쟁] 143
~의 유언장 143, 152, 171
• 레닌그라드[상트페테르부르크, 페트로그라드] 64, 69, 71-72, 92-93, 95, 97-98, 102, 104, 126-127, 132, 157-158, 191, 228-235, 238-240, 292, 302, 358, 361-362, 364, 367, 369, 378, 394, 427, 437, 462, 470, 476-478, 508, 511, 541, 579, 583, 586, 605, 627
• 〈레닌그라드〉(잡지) 451
• 레닌그라드 봉쇄 368, 385
• 레닌그라드 사건 257, 476-478, 511, 600, 621
• 레빈, 모셰(Lewin, Moshe) 22-23, 143
• 로빈스, 레이먼드(Robins, Raymond) 219-220
• 로스킨, 그리고리(Roskin, Grigory) 451
• 로젠골츠, 아르카디(Rozengolts, Arkady) 272, 602
• 로즈가초프, P. V.(Lozgachev, P. V.) 31-32, 560
• 로코솝스키, 콘스탄틴 콘스탄티노비치(Rokossovsky, Konstantin Konstantinovich) 381, 499, 613
• 루드비히, 에밀(Ludwig, Emil) 50, 562
• 루마니아 121, 269, 304-306, 308, 394-395, 414, 420, 458
• 루스벨트, 프랭클린(Roosevelt,

Franklin) 191, 337, 364-366, 383, 389, 391-393, 401, 405, 417-418, 457, 613-614
• 루주타크, 얀 에르네스토비치(Rudzutak, Yan Ernestovich) 168, 197-198, 309, 591
• 루하제, 니콜라이(Rukhaze, Nikolai) 510-511
• 류시코프, 겐리흐(Liushkov, Genrikh) 287
• 리발코, R. S.(Rybalko, R. S.) 537
• 리버, 앨프리드(Rieber, Alfred) 58
• 리벤트로프, 요아힘 폰(Ribbentrop, Joachim von) 292-293, 297-299, 305-306, 604
• 리코프, 알렉세이 이바노비치(Rykov, Aleksei Ivanovich) 150, 154, 156, 168-170, 191, 194-195, 197-201, 246, 249, 331, 590
• 리투아니아 293, 300, 302, 304, 455
☞ 발트 3국
• 리트비노프, 막심 막시모비치(Litvinov, Maksim Maksimovich) 290-291, 603

ㅁ

• 마르크스주의 37, 50, 53, 101, 177, 263
• "마르크스주의와 민족 문제"(글)[1913년 빈에서] 69, 183
• 마르토프, 율리 오시포비치(Martov, Yuly Osipovich) 162
• 마셜 플랜 454
• 마오쩌둥(Mao Zedong) 264, 483, 485, 492-493, 495, 498
• 마틴, 테리(Martin, Terry) 23, 547
• 마흐롭스키, 콘스탄틴(Makhrovsky, Konstantin) 115-117
• 말렌코프, 게오르기 막시밀리아노비치(Malenkov, Georgy Maksimillianovich) 26, 28, 255-256, 310-311, 315, 328, 347, 349, 353, 355-356, 369, 371, 381, 386, 409-410, 457, 460-465, 476-477, 507-508, 519, 524-526, 576-577, 618, 621, 624, 626-628
• 말리놉스키, S. V.(Malinovsky, S. V.) 47
• 말리놉스키, 로만(Malinovsky, Roman) 70-72, 75-76, 582, 606
• 먀스니코프, 알렉산드르(Miasnikov, Aleksandr) 329, 524
• 머피, 데이비드(Murphy, David) 588
• 메르즐랴코프, M. A.(Merzliakov, M. A.) 74
• 메르쿨로프, 프세볼로트 니콜라예비치(Merkulov, Vsevolod Nikolaevich) 463-464, 620
• 메이예르홀트, 프세볼로트 예밀리예비치(Meyerhold, Vsevolod Emilyevich) 181, 593
• 메흘리스, 레프 자하로비치(Mekhlis, Lev Zakharovich) 347, 378-381, 591
• 멘셰비키 59, 62-63, 65-66, 93, 95, 99, 104-105, 159, 175, 591
• 멘시코프, 미하일(Menshikov, Mikhail) 258
• 명령 227호 382-383
• 명령 270호 363
• 모스크바 재판 585
• 모스크바 포위[포위된 모스크바 안에서] 368
~ 모스크바 방어 369
~ 모스크바 철수 결정 370
~ 10월 혁명 기념행사 374
~ 소요 370-372

• 모스크바 회담 365
• 몬티피오리, 사이먼 시백(Montefiore, Simon Sebag) 11, 575, 579, 581, 617
• 몰라, 에밀리오(Mola, Emilio) 274
• 몰로토프, 뱌체슬라프 미하일로비치 (Molotov, Vyacheslav Mikhailovich) 26, 80, 168, 170, 189-190, 234, 257-258, 261, 275, 282, 290-293, 297, 299-301, 305-308, 310-316, 332-333, 342, 346-349, 351, 353-358, 362, 365, 369, 371, 383, 386, 400, 408-409, 453, 456-462, 478-479, 487, 514-515, 523-525, 529, 548, 577-578, 590-591, 600, 604, 609, 618, 621, 627
• 무기대여법(Lend-Lease Act) 365
• 문서고 10-11, 15, 18, 20, 64, 67, 85, 90, 143, 155, 174, 229, 248, 250, 268, 270, 282, 295, 295, 341, 348, 353, 356, 372, 417, 451-452, 466, 518, 538, 549, 551, 595, 602, 624, 629
새로 공개된 ~ 20
☞ 시민들의 편지, 스탈린 컬렉션, 방문 일지
• 문학 19, 51, 176, 179-180, 182
스탈린의 ~ 취향 182
스탈린 서재의 ~ 작품 180
• 물가 320, 466, 470-471, 542
소매~지수 470
~ 인상 466
~ 인하 542
• 뮌헨 협정 289, 294
• 므겔라제, 아카키(Mgeladze, Akaky) 607
• 미국 38, 107, 219, 305, 324, 337, 364-365
• 미코얀, 세르고(Mikoyan, Sergo) 575
• 미코얀, 아나스타스 이바노비치 (Mikoyan, Anastas Ivanovich) 18, 34, 81, 196, 257-258, 291, 310, 312, 332-333, 353-354, 356, 358, 369, 386, 409-410, 457, 460-461, 478-479, 486, 506, 513-515, 523-525, 541-542, 575, 577, 600, 610, 612, 618, 621
• 미하일 대공(Mikhail, Grand Duke) 92
• 미호엘스, 솔로몬 미하일로비치 (Mikhoels, Solomon Mikhailovich) 89, 479-480, 585
• 민족 인민위원부 128
• 민족 집단 397, 518, 547
☞ 유대인, 소비에트
• 밍그렐리아 사건 511, 512, 529

ㅂ
• 바그라티온 작전 394
• 바라미야, 미하일(Baramiia, Mikhail) 511
• 바르샤바 봉기 414
• 바베로브슈키, 외르크(Baberowski/Baberovski, Jörg) 23, 59
• 바실렌코, 블라디미르(Vasilenko, Vladimir) 516
• 바실렙스키, 알렉산드르 미하일로비치 (Vasilevsky, Aleksandr Mikhailovich) 367, 370, 386, 388, 406-407, 611
• 바쿠 53, 66-68, 70, 281, 392, 425
• 바투미 60-61
• 반대파 66, 106, 140-141, 148, 158-165, 168-169, 171, 179, 188, 196, 200, 204, 234-235, 240, 243, 245, 247-249, 257, 268, 279, 305, 583, 585-586, 589-591
좌익 ~ 165, 188

☞ 우익 일탈파
• 반소 분자 268-270, 277
• 반유대주의 480-483, 510, 516, 518
• 반코민테른 협정 274
• 반파시즘 유대인 위원회 480
• 발레딘스키, L. A.(Valedinsky, L. A.) 333, 337, 607
• 발리츠키, 프세볼로트(Balitsky, Vsevolod) 211
• 발트 3국(발트 해 연안국, 발트 해 연안 국가) 299-300, 302, 304, 350, 445
☞ 리투아니아, 에스토니아, 라트비아
• 방문 일지 16, 466
• 배급제 225-226, 231, 243, 465
• 백색 운동 110
• 베르마흐트 318
☞ 독일군
• 베를린 (점령) 작전 402, 418-419
• 베를린 봉쇄 475
• 베를린 회담 421
• 베리야, 라브렌티 파블로비치(Beria, Lavrenty Pavlovich) 26, 34, 89, 254-256, 283-284, 310, 315, 328, 347, 352-353, 355-357, 364, 386, 394, 396, 398-400, 408-409, 435, 457, 460-463, 465, 476-477, 494, 508, 510-512, 519, 525-526, 529, 576, 582, 600, 610, 618, 620-621, 623, 625
• 베사라비아 293, 304
• 벨라루스 298-299, 301, 304, 350, 396, 416, 604
• 보로실로프, 클리멘트 예프레모비치(Voroshilov, Kliment Yefremovich) 26, 113-114, 118-119, 151, 168, 170, 196, 301, 310, 323, 335-336, 351, 355-357, 367, 378-379, 432, 465, 578, 587, 590, 599, 608, 615, 621
• 보로제이킨, 그리고리(Vorozheikin, Grigory) 481
• 보리소프, 미하일(Borisov, Mikhail) 231-232, 236-239
• 보이코프, 표트르(Voikov, Petr) 166
• 보즈네센스키, 니콜라이 알렉세예비치(Voznesensky, Nikolai Alekseevich) 257, 310, 312, 315, 35-358, 369, 409, 462, 465, 476-478, 600, 604
• 볼셰비키 13, 37-38, 62-66, 69-70, 75-76, 80, 84, 90, 93-94, 96-98, 100-112, 115-116, 118, 120-121, 126-127, 129, 131-132, 135, 140, 142, 144-146, 148-149, 155, 159, 161, 163-167, 170, 177-179, 182, 188, 199, 202-203, 216, 223-224, 230, 246-247, 269, 273, 287-288, 317, 330-331, 372, 375, 412, 428, 433, 462, 542, 547, 579, 582, 585, 589-591, 594, 599, 603
☞내전, 사회민주당, 집단 지도 체제, 레닌, 혁명
• 볼코고노프, 드미트리(Volkogonov, Dmitri) 11, 35, 583, 618
• 봅시, 미론(Vovsi, Miron) 516
• 부됸니, 세묜(Budenny, Semen) 351,
• 〈부친 살해자〉(책) 51
• 부코비나 304
• 부하린, 니콜라이 이바노비치(Bukharin, Nikolai Ivanovich) 163, 168-170, 191, 196-201, 246, 249, 332, 588-590, 594
• 북캅카스 113, 117, 146, 216-218, 220, 331, 384-386, 397-398, 596
• 불가닌, 니콜라이 알렉산드로비치(Bulganin, Nikolai Aleksandrovich)

26, 28, 255-256, 328, 410, 487, 508-509, 525-526, 577, 615-616
• 불가코프, 미하일 아파나시예비치(Bulgakov, Mikhail Afanasyevich) 180, 592
• 붉은 군대 112-114, 120-122, 125, 151, 164, 197, 247, 276-277, 285, 287-289, 297-298, 300, 302-303, 318, 321-323, 335, 346, 349-350, 352, 359-365, 368, 373, 376-378, 381, 383-384, 386-388, 390, 393-395, 400-405, 413-414, 418-419, 421, 445-449, 453, 474, 494, 578, 580, 584, 599, 603, 608-609
~ 내의 정치 위원[군사 위원] 404-405
☞ 소련군
• 브란겔, 표트르(Wrangel, Petr) 120
• 블라시크, 니콜라이 시도로비치(Vlasik, Nikolai Sidorovich) 510-511, 584
• 블류헤르, 바실리(Bliukher, Vasily) 288
• 비노그라도프, 블라디미르(Vinogradov, Vladimir) 516
• 비버브룩 경(Beaverbrook, Lord) 365
• 비신스키, 안드레이(Vyshinsky, Andrei) 260

ㅅ

• 사보타주[방해 공작] 200, 218, 274, 517, 529
• 사프로노프, 티모페이 블라디미로비치(Sapronov, Timofei Vladimirovich) 161, 591
• 사할린 307, 312-313, 420, 289, 502
• 사회민주당 53-54, 58-63, 65-70, 97, 107
☞ 볼셰비키, 멘셰비키
• 사회혁명당 93, 104-105, 117, 281
• 산업화 188-190, 199, 202-203, 207, 212, 214-215, 222, 225, 319, 322, 403, 405, 473, 502, 507, 540
• 살티코프 셰드린, 미하일(Saltykov-Shchedrin, Mikhail) 179
• 3국 동맹[삼국 동맹] 305-306, 308
• 생활수준 203, 226, 321, 541, 544-545, 627
• 샤포시니코프, 보리스 미하일로비치(Shaposhnikov, Boris Mikhailovich) 349, 609
• 샤후린, 알렉세이(Shakhurin, Aleksei) 371
• 샤흐티 사건 200
• "성공으로 머리가 어지럽다"(글) 209
• 세계 혁명 121, 125, 127, 148-150
• 세바스토폴 379
• 셀랍킨, 알렉세이(Seliavkin, Aleksei) 227
• 셰르바코프, 알렉산드르 세르게예비치(Shcherbakov, Aleksandr Sergeevich) 310, 371, 604
• 셰필로프, 드미트리(Shepilov, Dmitry) 528, 626
• 소련군 19, 287, 297, 303, 317, 320, 346, 349, 361-364, 366-367, 373-374, 376, 379, 384-385, 387-388, 390-391, 402, 413-414, 418-419, 421, 463, 474, 487, 494-495, 498-499, 611, 613
☞ 붉은 군대
• 소브나르콤 사무국 311-313, 315
• 소브나르콤[인민위원회의] 307-308, 311-316, 379
• 소비재 82, 213, 470, 541, 577
• 소수 민족 69, 136, 397-398

~ 정책 69
~ 정책에 대한 1913년 스탈린의 논문 [1913년 빈에서] 69, 183
~의 강제 이주 397
• 소콜니코프, 그리고리 야코블레비치(Sokolnikov, Grigory Yakovlevich) 165, 591
• 쇼스타코비치, 드미트리 드미트리예비치(Shostakovich, Dmitry Dmitryevich) 181, 593
• 숄로호프, 미하일 알렉산드로비치(Sholokhov, Mikhail Aleksandrovich) 217, 220-221, 596
• 수니, 로널드 그리고리(Suny, Ronald Grigor) 24, 42-43
• 수도플라토프, 파벨(Sudoplatov, Pavel) 600
• 수보로프, 알렉산드르(Suvorov, Aleksandr) 28, 411
• 숙청 81, 83, 85, 90, 114, 116, 158, 162, 166, 201, 228, 241, 243, 247-251, 257, 261, 270, 273-275, 278, 280, 282, 284-287, 298, 304, 309, 321, 337, 357, 382, 397, 411, 415, 438, 475-477, 488, 509, 511, 543, 576-577, 583, 590-591, 594, 596, 598, 602, 608, 613
차리친에서 스탈린이 행한 ~ 114
몰로토프의 아내의 ~ 257
스페인 공화파 내의 ~[프랑코 요원 및 공작원 숙청을] 275
히틀러의 ~[히틀러가 행한 숙청] 291
전전 소련 점령지에서의 ~[주민에 대한 집단 숙청이; 전쟁 이전 시기의 숙청은] 304, 321
소수 민족의 ~[민족 숙청 정책] 397-398
공안 기관의 ~[국가보안부 내에 대규모; 비밀경찰 내부를 숙청; 경찰 조직은 주요 숙청; 또 다른 대대적 숙청을; 숙청으로 체키스트들의] 81, 83, 90, 509, 558,
군에 대한 ~[소련 원수들의 숙청; 장교들이 대거 숙청; 숙청 시기에 체포되어; 붉은 군대 내 반혁명; 붉은 군대가 탄압으로] 277, 285, 287, 608, 613
~ 기관 576
1930년대 후반의 대규모 ~ 261, 539
☞ 레닌그라드 사건, 샤흐티 사건, 의사들의 음모, 밍그렐리아 사건, 대숙청
• 슈먀츠키, 보리스(Shumiatsky, Boris) 28-29, 578, 593
• 슐렌부르크, 프리드리히 폰 데어(Schulenburg, Friedrich von der) 346-347
• 스몰니 230-233, 237-238
• 스몰렌스크 전투 364
• 스미르노프, 블라디미르 미하일로비치(Smirnov, Vladimir Mikhailovich) 161-162, 590
• 스바니제 가족 424-425, 438
• 스바니제, 마리야(Svanidze, Maria) 240, 244, 598, 607, 617
• 스바니제, 알렉산드르(Svanidze, Aleksandr) 424, 434
• 스바니제, 예카테리나(Svanidze, Yekaterina) 64
• 스베르들로프, 야코프(Sverdlov, Yakov) 71-73
• 스베친, 알렉산드르(Svechin, Aleksandr) 179
• 스타하노프 노동자 539-540
• 스타하노프, 알렉세이(Stakhanov, Aleksei) 540
• 스탈린 (독재) 체제 13-14, 86-87, 211, 295, 310, 322, 330, 456, 473, 481,

493, 539-540, 542
• 스탈린, 나데즈다 알릴루예바(Stalin, Nadezda Allilueva) 30, 102, 427-434, 441, 576. 578, 617
☞ 알릴루예바, 나데즈다
• 스탈린, 바실리(Stalin, Vasily 아들) 244, 288, 428, 430, 434, 436-442, 599
• 스탈린, 스베틀라나(Stalin, Svetlana) 30, 244, 331, 340, 424, 429-431, 433-437, 439, 441-442, 527
☞ 알릴루예바, 스베틀라나
• 스탈린, 야코프(Stalin, Yakov 아들) 64, 425, 428-429, 436-439
• 스탈린, 예카테리나 스바니제(Stalin, Yekaterina Svanidze, 첫 번째 아내) 64, 66, 424-425
• 스탈린그라드 전투 407
• 스탈린의 측근 18, 228, 357, 379
• 스탈린 컬렉션 17
• 스페인 내전 274, 288
• 슬란스키, 루돌프(Slansky, Rudolf) 515
• 시민들의 편지 320, 447, 471, 481-482, 503-505, 535, 538, 544-545, 549-552, 554
• 시모노프, 콘스탄틴(Simonov, Konstantin) 258-259, 367, 526-527
• 시베르니크, 니콜라이(Shvernik, Nikolai) 621
• 시베리아 61, 67, 70, 92, 153, 172, 191-195, 197, 216, 228, 270, 353, 547, 591, 593
~에서의 곡물 징발 193
스탈린의 ~ 유형[시베리아에서의 4년] 70
• 시키랴토프, 마트베이(Shkiriatov, Matvei) 465, 523
• 시테멘코, 세르게이(Shtemenko, Sergei) 392, 418, 499
• 식량 부족 218
• 식인 217, 220, 445
• 신경제경책(NEP, 네프) 16, 127

ㅇ

• 아리스토프, 아베르키(Aristov, Averky) 505-506
• 아바쿠모프, 빅토르 세묘노비치 (Abakumov, Viktor Semenovich) 463, 509, 620
• 아흐마토바, 안나(Akhmatova, Anna) 451, 618
• 안드레예프, 안드레이(Andreev, Andrei) 410, 585, 615, 621
• 안토노프, 알렉세이 인노켄티예비치 (Antonov, Aleksei Innokentievich) 388, 613
• 알렉산드르 3세(Alexander III) 41
• 알렉세예프, N. P.(Alekseev, N. P.) 114-115
• 알릴루예바, 나데즈다(Allilueva, Nadezda, 두 번째 아내) 30, 102, 427-434, 441, 576, 578, 617
• 알릴루예바, 스베틀라나 (Allilueva(Alliluyeva), Svetlana, 딸) 30, 244, 331, 340, 424, 429-431, 433-437, 439, 441-442, 527
• 알릴루예바, 안나(Allilueva, Anna) 72, 438
• 알릴루예프 가족 102, 427, 428, 438
• 알릴루예프, 세르게이(Alliluev, Sergei) 427
• 알릴루예프, 파벨(Alliluev, Pavel) 240, 434, 438, 441
• 애치슨 선언 496
• 야고다, 겐리흐 그리고리예비치

(Yagoda, Genrikh Grigoryevich) 236, 250, 283, 433, 598
• 야코블레프, 알렉산드르(Yakovlev, Aleksandr) 279
• 얄타 회담 366, 401, 416,
• 에렌부르크, 일리야(Erenburg, Ilya) 402
• 에릭슨, 존(Erickson, John) 348
• 에스토니아 269, 300, 302, 304, 455
☞ 발트 3국
• 에이헤, 로베르트(Eikhe, Robert) 309
• 엔카베데(내무 인민위원회) 80, 227, 232, 234-238, 244, 248-250, 268-272, 274, 280-281, 283-285, 287, 292, 305, 309, 398, 404, 416-417, 551, 576, 598, 601-602, 612, 620
• 엔카베데 명령 00447호 268-269
• 엘먼, 마이클(Ellman, Michael) 575
• 엥겔스, 프리드리히(Engels, Friedrich) 177
• 연설 15, 98, 103, 107-108, 118, 138, 142, 145, 152, 176-178, 182, 231, 245, 249, 263-264, 272, 275-276, 290, 295, 300-301, 307, 347-350, 358-359, 374-377, 451, 453-454, 489, 499, 513, 586-587, 591, 594-595, 598, 605, 609-610
스탈린의 ~ 실력 108
스탈린의 개전 ~ 358
몰로토프의 개전 ~ 347
• 연합군 383, 391, 394-395, 402, 414, 417-418, 497-498
• 영국 166, 168-169, 273, 289-290, 294-298, 301, 303, 305, 324, 348, 365, 383-384, 391-393, 395, 408, 414, 420, 440, 454, 457-459, 486, 606
• 영화 상영회 176, 593
• 예고로프, 표트르(Yegorov, Petr) 335, 516
• 예누키제, 아벨 사프로노비치(Yenukidze, Avel Safronovich) 248, 334, 599, 607
• 예디노나찰리예(edinonachalie, 1인 책임제) 405
• 예방 전쟁 319-320
• 예조프, 니콜라이 이바노비치(Yezhov, Nikolai Ivanovich) 235, 248, 249-250, 271, 274, 279, 280-285, 598, 602-603
• 5개년 계획 202, 213, 224, 226, 502
1차 ~ 213, 224, 226, 502
2차 ~ 224
• 오누프리예바, 펠라게야(Onufrieva, Pelageia) 426-427
• 오르조니키제, 그리고리 콘스탄티노비치(Ordzhonikidze, Grigory Konstantinovich) 130, 140, 142-143, 147, 168, 191, 196, 198-199, 202, 211, 223, 239, 249, 332-333, 429, 588, 590-591
• 오를로프, A. Ya.(Orlov, A. Ya.) 488
• 오스트롭스키, 알렉산드르(Ostrovskii, Aleksandr) 54
• 오신스키, 발레리안 발레리아노비치(Osinsky, Valerian Valerianovich) 161-163, 590-591
• 외교 정책 166-167, 475, 494, 500, 530, 574
• 외국어 183, 488
스탈린의 ~ 실력 183
마오쩌둥의 ~ 실력 487-488
• 외세[외국인] 89, 165, 179, 183, 269, 278, 294, 417, 451, 535
~에 대한 스탈린의 반감 179
반~ 정책 450-452

· 우글라노프, 니콜라이 알렉산드로비치 (Uglanov, Nikolai Aleksandrovich) 196, 199, 201, 588, 594
· 우익 일탈파 249, 589-590
· 우크라이나 35, 113, 126, 136, 189-190, 208, 210-211, 216-218, 281, 292, 298-299, 304, 363-364, 366-368, 379-380, 390, 396, 416, 445, 455, 506, 508, 537, 547, 576, 588, 596
~에서의 곡물 징발 190, 217-218
~에서의 농민 소요 218
~ 기근 216-217
소련의 서부 ~ 점령 416
독소 전선에서의 ~ 366-367
· 우크라이나 노동군 588
· 울람, 애덤(Ulam, Adam) 11
· 울리야노바, 마리야 일리니치나 (Ulianova, Maria Ilinichna) 133, 138-139, 589
· 원자폭탄 420-421, 493
소련의 ~ 493
미국의 ~ 420-421
· 유고슬라비아 308, 400, 414, 474, 475, 484, 497
· 유엔[국제연합] 416, 497
· 〈유쾌한 친구들(Jolly Fellows)〉(영화) 181
· 유형지[유배지] 61-62, 67, 71-72, 86, 92, 212, 216, 223, 241, 269, 397-398, 442, 455, 551, 582, 589
· 의사들의 음모 516-519
· 이그나티예프, 세묜 데니소비치 (Ignatiev, Semen Denisovich) 254, 257-258, 509-510, 516, 536, 584-585, 600, 624-625
· 이반 뇌제 178, 574
· 이스라엘 482
· 이승만 494
· 이적 행위 299, 396, 477, 551
· 이탈리아 121, 274, 304-305, 391, 417, 458
· 인구시(인) 397-399
· 인민 전선 242
· 일본 223, 228, 242, 270, 272-274, 276-278, 288, 297, 305, 307, 338, 391, 393, 416, 420-421, 452-453, 458, 494, 608, 611
· 임시정부 94, 95, 97, 102, 104, 108, 110

ㅈ

· 자구멘니, 세르게이(Zagumenny, Sergei) 192-193
· 자녀 문학 19
· 자본 투자 201, 203, 225, 229, 502
· 자유화 137, 226, 242-243, 446, 530
· 자캅카지예 59, 61-64, 69, 126, 130, 141-142, 384, 424, 538, 583, 585, 588, 599
· 작가동맹 84, 180
· 장제스(Chiang Kai-shek) 486
· 저우언라이(Zhou Enlai) 501
· 저지 부대(Anti-retreat units) 382, 404, 411
· 전기 10-11, 14-15, 17-18, 20-22, 40, 49, 53, 56, 103, 293, 318, 561
· 전시 공산주의 188, 192, 203, 224
· 〈전연방공산당(볼)사: 단기 과정〉(책) 179
· 전염병 110, 216
· 정신 이상 271-272
나데즈다 알릴루예바의 ~[정신병] 432
스탈린의 ~ [심신이 제 기능을] 342
· 정치국 16, 79-80, 83, 111, 122-124,

128-130, 133, 135-136, 142, 145-146, 149, 151, 153-157, 159-160, 163-164, 167-168, 170, 177, 183, 188-191, 194-201, 203-204, 209, 211, 223, 227-229, 234, 241, 244-249, 257-258, 268-269, 274, 278, 282-284, 289, 295, 299, 307-314, 316, 321, 323, 330-331, 339, 344-345, 351-355, 357-358, 378-379, 386, 405-406, 408-410, 456, 459, 461-462, 466-467, 470, 477-480, 499, 508-509, 513, 522-523, 525, 550, 575, 587,-588, 590-591, 595, 604, 606, 615, 621
레닌 사후 ~ 146, 154, 156-157, 163, 191, 196-197
~ 문서고 295, 595
~ 내의 세력 균형 146, 508
~의 유명무실화[정치국이 더 이상 의미 있는] 310
~의 지도 그룹 314
~의 구성 310
~의 폐지 513
~의 자율성[정치국은 스탈린 없이] 523
집단 지도 체제로서의 ~ 168, 170, 199, 245, 525-526
~의 표결 방식[정치국 결의의 사무적인] 621
~ 회의록 16
• 제르진스키, 펠릭스 에드문도비치 (Dzerzhinsky, Feliks Edmundovich) 140-142
• 제5열 251, 274, 277-279, 287, 321
• 제2전선 383, 389, 391, 393
• 제2차 세계대전 191, 296, 298, 368, 452, 574, 578, 585, 597
☞ 동부 전선, 독소전, 대조국전쟁
• 제헌의회 94, 105, 110
• 젬추지나, 폴리나(Zhemchuzhina, Polina, 몰로토프의 아내) 479-480, 621
• 조셴코, 미하일(Zoshchenko, Mikhail) 451, 618
• 조지아 40-42. 44, 48, 51-53, 61, 63, 69, 72, 74, 99, 136, 140-142, 144-145, 182, 284, 332, 339, 397, 435, 488, 510-511, 579, 607
~문제 140-141, 144-145
~어 40, 42, 44, 48, 51, 61, 182
• 주가시빌리(겔라제), 예카테리나 [Jughashvili(Geladze), Ekaterine, 스탈린의 모친] 41, 42-47, 49, 56, 61, 336, 428, 487
• 주가시빌리, 베사리온(Jughashvili, Besarionis, 스탈린의 부친) 42-44, 47
• 주가시빌리, 이오시프(Jughashvili, Iosif) 40-42, 44-46, 48-49, 51-58, 60-61, 66, 70, 76, 182, 424-427, 534
☞ 스탈린
• 주코프, 게오르기 콘스탄티노비치 (Zhukov, Georgy Konstantinovich) 344-347, 349-351, 354, 361, 366-367, 369, 373-374, 380, 386, 388, 402-403, 410, 419, 456, 464, 608, 610-611, 615
• 주택 부족 262, 545
• 줍코바, 엘레나(Zubkova, Elena) 19, 23
• 중국 내전 483
• 중소 관계 484, 487
~에 대한 집단 지도 체제 내의 논쟁 169
한국전쟁에서의 ~ 497-498
마오의 소련 방문 487-493
1937년 중소 상호 불가침 조약 278
1945년 중소 조약 486, 491
1950년 중소 조약 491

- 즈다노프, 안드레이 알렉산드로비치(Zhdanov, Andrei Aleksandrovich) 34, 248, 310 437, 451, 462, 476
- 즈다노프, 유리(Zhdanov, Yuri) 442
- 즈베레프, 아르세니(Zverev, Arseny) 466
- 〈즈베즈다〉(잡지) 451
- 지노비예프, 그리고리 옙세예비치(Zinoviev, Grigory Yevseevich) 99, 102, 104-108, 135, 137, 146-160, 163, 168, 170, 183, 188, 190, 201, 234-235, 246-247, 249, 336, 477, 586, 589-590
- 지도 집단 26, 514,
- 지식인[인텔리겐차] 181, 211, 287, 299, 451, 480, 482
- 질라스, 밀로반(Djilas, Milovan) 33, 339, 400
- 집단 지도 체제 145, 149, 154-155, 168, 170-171, 191, 196, 199, 245, 248, 259, 309-310, 409, 478, 524, 526
- 집단화 204-209, 211-212, 214-215, 220, 225, 243, 433, 445, 543-544, 596

ㅊ

- 차다예프, 야코프(Chadaev, Yakov) 307-308, 316, 350, 479, 604, 610, 613
- 차르크비아니, 크리스토포르(Charkviani, Khristofor) 46
- 차리친[스탈린그라드] 111-119, 126, 202, 320, 381, 383-385, 391, 401, 405, 407
- 〈차파예프〉(영화) 435
- 처칠, 윈스턴(Churchill, Winston) 169, 191, 337, 383-384, 389, 392, 414-415, 453-454, 457, 613-614
- 〈1941년 11월 7일 모스크바 붉은 광장에서 거행된 우리 군의 열병식〉 375
- 체임벌린, 네빌(Chamberlain, Neville) 289
- 체임벌린, 오스틴(Chamberlain, Austen) 166
- 체첸(인) 397-398
- 체카 80, 84, 88, 115-117, 517, 584, 589

☞ 공안 기관
- 체코슬로바키아 121, 242, 289, 302, 474, 623
- 체키스트 88-90, 235, 398, 509, 517, 549, 584
- 초치아, 그리고리(Chochia, Grigory) 64
- [추바르, 블라스(Chubar, Vlas)] 309
- 추이코프, 바실리(Chuikov, Vasily) 301
- 축산(업) 212, 22, 503-504, 530
- 치지코프, 표트르(Chizhikov, Petr) 426-427
- 〈친구에게 보내는 편지 20통〉(책) 442
- 칭기즈칸(Genghis Khan) 247

ㅋ

- 카가노비치, 라자르 모이세예비치(Kaganovich, Lazar Moiseevich) 239, 261, 310, 312, 334, 358, 369, 436, 465, 526, 578, 599, 621
- 카르페츠, P. K.(Karpets, P. K.) 537
- 카메네프, 레프 보리소비치(Kamenev, Lev Borisovich) 93-95, 98-99, 102, 104-108, 135-138, 142, 146, 151-154, 156-158, 160, 164-165, 168, 199, 201, 235, 246-249, 331, 336, 585-586, 589-590, 594

• 카모(Kamo) 65-66, 581
• 카우츠키, 카를(Kautsky, Karl) 178
• 카즈베기, 알렉산드레(Kazbegi, Alexandre) 51
• 카틴 숲 학살 299
• 카플레르, 알렉세이(Kapler, Aleksei) 439-441
• 칼리닌, 미하일 이바노비치(Kalinin, Mikhail Ivanovich) 168, 170, 196-198, 257, 369, 548, 591
• 커, 아치볼드(Kerr, Archibald) 393
• 케렌스키, 알렉산드르(Kerensky, Aleksandr) 104
• 케츠호벨리, 라도(Ketskhoveli, Lado) 53, 58
• 켈바키아니 54-56
• 코르닐로프, 라브르(Kornilov, Lavr) 104
• 코민테른 242, 274, 296, 300, 586
• 코민포름 454
• 코발료프, I. V.(Kovalev, I. V.) 592, 610-611
• 코사레프, 알렉산드르 바실리예비치(Kosarev, Aleksandr Vasilyevich) 235, 598
• 코스토프, 트라이초(Kostov, Traicho) 476
• 코시긴, 알렉세이(Kosygin, Aleksei) 465
• 코시오르, 스타니슬라프(Kosior, Stanislav) 309
• 콘퀘스트, 로버트(Conquest, Robert) 268
• 콜호스[집단 농장] 204-205
• 쿠르스크 전투 388, 390, 407
• 쿠릴 열도 420-421, 489
• 쿠자코바, M. P.(Kuzakova, M. P.) 426
• 쿠즈네초프, 니콜라이 게라시모비치(Kuznetsov, Nikolai Gerasimovich) 351, 367, 610
• 쿠즈네초프, 알렉세이 알렉산드로비치(Kuznetsov, Aleksei Aleksandrovich) 257, 465, 476-477, 600
• 쿠투조프, 미하일(Kutuzov, Mikhail) 28, 411, 449-450
• 쿠페린, I. I.(Kuperin, I. I.) 524
• 쿨라크 86, 157, 192-194, 200, 204-209, 211-212, 214, 218, 242, 269, 279, 543
• 쿨리크, 그리고리 이바노비치(Kulik, Grigory Ivanovich) 88-89, 349, 584-585
• 쿨리크-시모니치, 키라(Kulik-Simonich, Kira) 88-89
• 크레믈 16-17, 26-29, 81, 181-182, 232, 244, 248, 272, 300, 310, 317, 334, 336, 338, 340, 345-347, 352-355, 358, 360, 371, 373-374, 384, 389-390, 406, 408, 411, 429-430, 432-434, 440, 475, 487, 492, 516, 523-524, 526, 592, 609
• 크레믈 사건 248
• 크론시타트 반란 127
• 크루글로프, 세르게이(Kruglov, Sergei) 468-469
• 크룹스카야, 나데즈다(Krupskaia, Nadezhda) 138, 141-142
• 크림 120-121, 338, 366, 378-381, 390-391, 397, 399, 401, 413, 415-416, 438
• 클라우제비츠, 카를 폰(Clausewitz, Carl von) 179
• 클류예바, 니나(Klіueva, Nina) 451
• 키로프, 세르게이 미로노비치(Kirov, Sergei Mironovich) 80-81, 158, 228-242, 247-248, 334, 336, 579, 583,

585-586, 590
• 키로프의 암살 81, 228-230, 235-236, 242, 247-248, 583, 586
• 키르포노스, 미하일(Kirponos, Mikhail) 366-367
• 키비로프, I. I.(Kibirov, I. I.) 74
• 키예프 53, 363-364, 366, 367, 390, 395
~ 신학교 53
~ 함락 367
~ 해방 390

ㅌ
• 터커, 로버트(Tucker, Robert) 11, 142
• 터키 해협 305-306, 420
• 테러 12-13, 36-37, 63, 81, 87, 89-90, 111, 115-117, 160, 162, 201, 222, 226-228, 232, 236, 240, 243-244, 247, 249, 262, 267, 287, 445, 517-518, 530, 539, 543, 574, 583, 585, 601-602, 606
'반소 분자' 작전 269-270
'민족' 작전 269-270
☞ 숙청
• 테르-페트로샨, 시몬(Ter-Petrosian, Simon) 65
☞ 카모
• 테헤란 회담 393
• 텔렌코프, S. M.(Telenkov, S. M.) 537
• 톨스토이, 레프(Tolstoy, Leo) 179
• 톰스키, 미하일 파블로비치(Tomsky, Mikhail Pavlovich) 196, 201, 249, 594
• 톱스투하, 이반(Tovstukha, Ivan) 333
• 투하쳅스키, 미하일 니콜라예비치 (Tukhachevsky, Mikhail Nikolaevich) 250, 335, 599
• 트로츠키, 레프 다비도비치(Trotsky, Lev Davidovich) 49, 75, 89, 107-108, 112, 118-119, 123-125, 129, 133, 135, 137-138, 141-144, 146-147, 149-156, 158, 160-161, 163-164, 168, 170-171, 178, 188, 201, 222, 247, 250, 275, 277, 304-305, 331, 475, 580, 587, 589-590, 597, 599
• 트루먼, 해리(Truman, Harry) 419-420, 454
• 트빌리시[티플리스] 41, 43, 49, 53-54, 57-58, 60-61, 64-66, 330, 332-333, 336, 424, 427
~ 강도 사건 65
~ 기상 관측소 57
~ 사회민주당 58, 60
~ 신학교 43, 53, 330
• 트카초프, R. A.(Tkachev, R. A.) 524, 625
• 티모셴코, 세묜 콘스탄티노비치(Timoshenko, Semen Konstantinovich) 344-347, 349, 351, 353, 358, 379-381, 608
• 티토, 유시프 브로즈(Tito, Josip Broz) 474-475

ㅍ
• 파르티잔 114, 359, 396
• 파블로프, 드미트리(Pavlov, Dmitry) 359
• 파울루스, 프리드리히(Paulus, Friedrich) 385, 439
• 표도렌코, 니콜라이(Fedorenko, Nikolai) 492
• 페레프리기나, 리디야(Pereprygina, Lidiia) 73-74, 427, 582
• 페트롭스카야, 스테파냐(Petrovskaia,

Stefaniia) 425
• 페트롭스키, 그리고리(Petrovsky, Grigory) 309
• 포로 90, 299, 359, 363, 381, 384-385, 394-396, 437, 439
• 포스크료비셰프, 알렉산드르(Poskrebyshev, Aleksandr) 433, 552, 618, 621
• 포스티셰프, 파벨(Postyshev, Pavel) 309
• 포이히트방어, 리온(Feuchtwanger, Lion) 287
• 폴란드 120-125, 166, 210, 218, 223, 269, 271-273, 279, 292-293, 295-296, 298-299, 301, 383, 393, 414, 416-418, 420, 475, 483, 499, 602, 613
소비에트-~ 전쟁 120
~와 농민 소요[폴란드가 우크라이나 위기를] 218
독일의 ~ 침공 292
독일과 소련의 ~ 분할[있던 폴란드 동부;사이좋게 폴란드를 나눠가지고] 293, 383
소련의 ~ 침공[붉은 군대의 폴란드 진입] 298
☞ 카틴 숲 학살
~의 전후 처리[전후 폴란드 국경;소련이 폴란드의 동쪽 영토;폴란드를 놓고 갈등;결국 스탈린은 폴란드가 독일] 393, 416-417, 420
~ 망명 정부 414
전후 ~의 병력 증강 계획 499
~ 첩보 요원 소탕 작전[폴란드 첩자 쓰레기] 271
• 표트르 대제(Peter The Great) 178
• 〈프라우다〉 95, 106, 152, 167, 175, 195, 207, 276, 334, 402, 517, 528, 598, 610, 612, 617-618
• 프랑스 161, 183, 223, 242, 273, 288-290, 294-298, 303-304, 321, 383-384, 389, 391-393, 414, 450, 456-459
• 프랑스, 아나톨(France, Anatole) 179
• 프랑코, 프란시스코(Franco, Francisco) 273-274
• 〈프로스베셰니예(계몽)〉(잡지) 178
• 플라톤 179
• 플레하노프, 게오르기(Plekhanov, Georgy) 177
• 핀란드 103, 269, 293, 302-303, 305-306, 323, 395, 608
☞ 겨울전쟁
• 필처, 도널드(Filtzer, Donald) 473

ㅎ
• 하리코프 전투 381
• 하산 호 전투 288
• 한국인 288, 498, 501
• 한국전쟁 493, 498, 501
• 해독 분자 212, 382, 517, 528, 535
• 해리먼, 에버렐(Harriman, Averell) 337, 393
• 해외 정보기관(에 대한 스탈린의 의심) 272, 276-277, 287, 480, 483, 516, 518
• 핵무기 446, 452, 500
☞원자폭탄
• 헌법 136, 241
• 헝가리 121, 308, 339, 414, 476, 489, 499, 579
• 혁명 13, 34, 36, 38-39, 50, 52-54, 57-67, 69-70, 76, 79, 90, 92-98, 100-121, 124-125, 127, 129, 148-151, 158-165, 167, 171, 176, 178-179,

182-183, 187, 191, 195-197, 201, 233, 241, 247, 262, 263, 273, 277-278, 280-281, 284, 286, 294, 309, 314, 330, 374-375, 411, 424-425, 427, 432, 439, 483-484, 487-488, 496, 517, 542, 577-580, 583, 585-586, 589, 591, 593-594, 599-600, 604
10월 ~ 38, 106, 158, 160-161, 374, 432
10월 ~ 기념행사 374
10월 ~ 기념일 432
1905년 ~ 66, 107
1917년 ~ [볼셰비키 혁명] 13, 90, 127, 585
2월 ~ 97, 100, 110, 427
☞ 레닌의 혁명 구상, 제헌의회, 임시정부
• 형벌 부대 382, 404, 411
• 호로셰니나, 셰라피마(Khoroshenina, Serafima) 426
• 홀로도프, N. I.(Kholodov, N. I.) 503
• 홉킨스, 해리(Hopkins, Harry) 364-365
• 화폐 개혁 465-467, 473, 541, 591, 620
~과정에서 발생한 부패 472-473
~으로 인한 사재기 468-469
• 화해 정책 242
• 회고록 11, 16, 18-20, 41-42, 48, 54-55, 98, 132, 138, 175, 255-256, 312, 314, 337-338, 344-345, 349, 356, 367, 371, 381, 387, 392, 406, 442, 466, 499, 542, 575, 577, 583, 589, 597, 607, 609, 610, 613, 622-623, 626
미코얀의 ~ 356
흐루쇼프의 ~ 255-256
주코프의 ~ 344-345
• 흐루쇼프, 니키타(Khrushchev, Nikita) 18, 26, 28, 33-35, 73, 230, 248, 255-256, 304, 310, 328, 363, 379, 506-508, 519, 525-526, 528, 534, 576-578, 583-584, 599, 608-609, 626
• 흐멜코프, N. M.(Khmelkov, N. M.) 447-448
• 히틀러, 아돌프(Hitler, Adolf) 18, 265, 273, 289-297, 302-303, 305-308, 324-325, 337, 346, 349, 364-365, 368, 372, 375, 381, 383-384, 390, 393, 395, 419, 439, 449, 482, 604, 614